영국 소설가 평전

주요 작가 18인의 생애와 문학

김용철 지음

신아사

머리말

이 책은 이미 출간된 졸저 『영국 소설 250년』(1994)를 바탕으로 새롭게 정리한 소설 연구서이다. 여기에서는 다니엘 디포오(Daniel Defoe)부터 윌리엄 골딩(William Golding)까지 도합 18인의 영국 주요 소설가들을 다루고 있다.

이 책에서 처음에 다루어진 영국 소설 『로빈슨 크루소(*Robinson Crusoe*)』가 나온 해가 1719년인데, 그때부터 마지막 골딩의 소설 『저 밑에 붙는 불(*Fire Down Below*)』이 나온 1989년까지 270년이란 세월이 흘렀다. 길다면 무척 길고 어찌 보면 그렇게 길지도 않은 그 시한을 진솔하게 메꾸어 온 18인 작가들의 생애와 문학은 그야말로 다채로운 인간적 경험이 약동하는 어엿한 연구 대상임에 틀림없다.

작가의 배열을 연대순에 따라 잡기는 했지만 그들의 생애와 작품 사이에 어떤 진화적 발전을 찾아보거나 작가들 간의 영향 관계 수립을 시도하지는 않았다. 다만 그들 사이에 면면히 흐르는 역사의식 같은 것을 그것이 나타나는 대로 짚고 넘어가려고 한 것만은 사실이다.

이 책은 실인즉 내가 20여년간 대학에서 영소설 강의를 하는 동안 학생들과 함께 머리를 맞대고 연구한 작가와 작품의 이야기를 정리하면서 생겨난 결실이라고 말할 수 있다. 한 작가, 한 작품을 새로 정리할 적마다 이전에 가졌던, 그리고 이전에 가르쳤던 나의 지식이 얼마나 엉성했던가를 나는 여러 번 느꼈었다. 이나마 한권의 정리된 문헌을 학계와 후진들에게 남길 수 있다는 생각으로 나 스스로 위안을 받기도 한다.

이 책은 영소설에 관심이 있는 우리나라 대학생·대학원생들에게 소설을 읽고 연구하는 지적·심미적 경험의 진미를 전달하려는 나의 염원에서 발족한 것이지만, 이제 나는 그 전파의 대상을 대학과정 이전의 중고교생들은 물론 대학과정 이후의 일반 독자들에게까지 넓히고 싶은 것이 솔직한 심정이다.

각 작가의 <생애와 작품>에서는 성장돼 가는 작가의 삶 속의 일상적인 사건·경험들이 작품에 끼친 영향이나 작품에 나타난 작가의 예술적 기교·특징 등을 중점적으로 다루었다.

소설을 연구·비평하는 입장에서 우리가 유의할 점이 한 가지 있다. 작품 속에 묘사되는 "인간적 경험"이 생애 속의 경험의 직접적 반사가 아니라 간접적 굴절이니 만치 작품의 비평은 거기서부터 출발해야 한다는 것이다.

이 책의 작가 생애 기술에서 작품 활동과 직접 관련이 없는 부분이 취급된 경우도 있는데 그것은 작가라는 창조능력을 가진 한 개인의 삶 자체가 소설 읽듯이 흥미로운 경험이 될 수도 있기 때문이었다. 뿐만 아니라 작품의 깊은 이해와 감상을 위해서는 작가 생애의 사소한 부분도 때때로 이해의 실마리가 된다는 실제 비평의 지혜를 살렸음을 말해둔다.

<생애와 작품> 다음에는 작가의 대표작이라 할 만한 것을 한 편씩 골라 연구 테마로 삼았으며 작품 선정은 그것이 영소설 비평에서 보편적으로 다루어지는 작품임과 동시에 우리나라 대학생들이 원본을 손쉽게 구해 읽을 수 있는 작품이라는 점 등에 기준을 두었다.

선정된 작품에는 우선 <플롯 개요>를 붙였다. 작품을 실제로 읽지 않고 이 <플롯 개요>에만 의존하는 독자에게는 나태를 조장할 뿐만 아니라 연구의 실효도 거두지 못할 것이지만, 작품을 읽고 음미하려고 하는 독자에게는 이 <플롯 개요>가 여러모로 유익하게 작용할 것이 분명하다.

선정된 작품에는 또 <비평과 분석>이 마련되어 있다. 작품의 구조적 의미와 인물의 구성 내용 등을 논하는 한편, 대체로 작가의 선점(先占)의식, 세계관, 인생관 등과 이어져서 표출되는 핵심적 주제에도 관심을 기울였다.

<참고서지>와 <찾아보기>에서는 이 책을 시발점으로 하여 앞으로 소설 연구를 계속할 독자에게 도움이 되도록 자료를 정비하였다. 서지에는 1960년대 이전의 긴요한 서지항목도 들어 있지만, 1970년대부터 1990년대까지 나온 연구 문헌 자료들이 더 큰 비중을 차지한다. <찾아보기>는 각 작가를 경력·작가·평가의 세 부분으로 나눔으로써 독자의 편의를 도모하였다. 대학의 소설 강좌에서 소논문이나 본격적인 작가론을 쓰게 될 독자는 이 <찾아보기>를 통해 유익한 실마리를 찾아 합당한 논제를 끌어낼 수 있으리라고 본다.

먼저 책 『영국소설 250년』이 영문학계 여러 선생님들과 영문과 학생들의 따뜻한 성원을 받았음을 고맙게 생각하며 새롭게 나오는 이 책 『영국

소설가 평전』 역시 많은 독자들의 애호를 받으며 읽혀지기를 바라 마지 않는다.

마지막으로 이 책의 출판을 쾌히 받아 주신 신아사 정현걸 사장님과 이 모습의 책이 나오기까지 애써 주신 편집부 여러분들에게 깊은 사의를 표하는 바이다.

2006년 가을
미국 캘리포니아에서
김용철

차 례

17. 그레암 그린 (Graham Greene) • 354

18. 윌리엄 골딩 (William Golding) • 374

1. 다니엘 디포오 (Daniel Defoe)

생애와 작품

DANIEL DEFOE
(1660~1731)

다니엘 디포오는 푸줏간을 하던 제임스 포오(James Foe)의 아들로 1660년에 런던에서 태어났다. 디포오라는 이름은 그가 30세 되던 어느 날 자신의 가문이 옛날 노르만의 후손에 속한다는 긍지를 느껴 바꾸게 된 것인데, 앞에 붙는 de는 귀족의 이름에 자주 붙는 것이다.

디포오의 아버지는 아들을 장로교회 목사로 만들었으면 했다. 이 장로교회는 엄연한 개신교 교회이면서도 영국 국교회(일명 성공회)와는 갈등이 심한 관계에 있었다. 장로교회를 지지하는 사람들은 1642년에 국왕 찰즈 1세에 맞섰던 청교도들, 그리고 국교회와 의견을 달리하는 여러 종파의 사람들로 구성되어 있었던 것이다. 이런 사람들을 당시에는 "비국교도(Dissenters)"라는 이름으로 불렀는데, 다니엘은 그런 비국교도들의 자녀들이 많이 가는 학교에 다녔다. 비교적 질이 좋은 이 사립 고등학교에서 디포오는 고전학을 비롯하여 과학, 수학, 그리고 간결한 영문을 읽고 쓰는 법을 배웠으니 장래 문필가로서의 준비가 이 시절에 이미 시작되었던 것이 아닐까 한다.

그런데 디포오는 아버지의 뜻이었던 목사가 되는 길을 택하지 않고 상공업에 투신하였다. 이 점에서 그는 자신이 속했던 중산 계급의 전형적인 상공인이었다. 중산 계급인이란 비록 서민 태생이기는 하되 자력으로 입신출세할 수 있을 정도의 교육을 받은 사람을 말하였다. 사회 하층에 있는 노동자 계급에 속한 것도 아니고 그렇다고 상류층에 있는 귀족계급에 속한 것도 아닌 이 신생 중산 계급의 사람들은 자신들의 상업에 필요한 권리와 자유를 수호하거나 자신들이 원하는 일을 신봉해 나가는데 있어서 국왕이나 국교회에 의존하기보다 의회의 힘에 의존하는 그런 사람들이었다.

사업에 투신한 디포오는 한 때는 성공한 젊은 사업가로 자부하기도 했지만, 결국 야심적인 사업의 확장으로 인해 대손실을 보고 파산 선고를 받기까지에 이르렀다. 그러나 끈기가 대단하였던 디포오는 다시 벽돌공장을 차리는 일을 비롯하여 보험업, 담배와 술을 파는 일 등으로 전전하여 그 후 약 25년간에 걸쳐 빚의 태반을 갚을 정도로 재력을 회복하였다.

팜플렛 필자로 등장

재산을 모으는 일에서 끝내 성공하지 못한 디포오는 문필가로서 명성을 올리는 일에서는 상당히 성공하였다. 그 명성은 우선 시사평론가로서 그리고 저널리스트로서 거둔 명성이었다. 그는 상공인으로서 파산 선고를 받기 이전부터 정치·경제 문제에 관한 시사적인 글들을 수없이 많이 내고 있었던 것이다. 이때는 오늘의 신문이나 잡지의 형태를 갖춘 간행물이 나오기 바로 직전이었으므로 디포오가 많이 사용한 간행 형식은 "팜플렛(pamphlet)"이라는 것이었다. 팜플렛은 표지가 없고 제본도 되지 않은 상태의 소책자인데, 필자가 대체로 이념적인 면에서 어떤 상대방을 공격하거나 자신의 대의명분을 주장하는 데 흔히 쓰던 간행물이었다. 그런 점에서 디포오는 "팜플렛 필자(pamphleteer)"로 널리 알려진 존재였다.

윌리엄 3세의 왕위 계승 변호를 골자로 하는 디포오의 장편 풍자시가 1701년에 팜플렛으로 나오면서 그의 명성이 나기 시작하였다. 「진솔 영국인(*The True-Born Englishman*)」이라는 이 풍자시에서 디포오는 소위 "명예혁명(*The Glorious Revolution*)"으로 네덜란드에서부터 맞아들인 국왕 윌리엄 3세가 외국인이라는 이유로 국민의 지지를 받지 못하고 있음을 보고, 어차피 영국은 유럽 여러 나라 민족이 모여 든 나라인데 진솔 영국인이란 게 어디 있는가 하는 반론을 펴서 국왕의 정적들의 생각을 돌려놓음과 동시에 국왕의 지위가 확고히 잡히는 데 일역을 하였다. 그 후 왕의 신임을 크게 얻었다고 하지만 왕은 그 이듬 해 서거하였고, 디포오의 신변에는 새로운 풍파가 밀려왔다.

그가 1702년에 낸 산문 팜플렛 『비국교도 처리 첩경(*The Shortest Way with the Dissenters*)』은 반체제적인 비국교도들을 모조리 교수형에 처할 것이라 하며, 마치 권세를 폭력적으로 행사하는 국교도들이 하는 것 같은 논리를 편 글이다. 이것이 국교회에 대한 야유라는 사실이 판명되자 디포오는 목과 손목이 형틀에 끼워진 채 공중 앞에 서는 형벌을 받았을 뿐만 아니라 투옥되기까지 하였다. 6개월 만에 옥살이에서 풀려 나온 디포오는 상당히 몸조심을 하는 가운데 시사평론을 쓰는 일로 다시 정력을 기울였다. 1704년부터 그는 무수히 많은—무려 400편에 달하는—팜플렛을 써 나갔으며, 이와 동시에 「시평(*The Review*)」이라는 신문을 창간하여 그 신문에 거의 혼자 노력으로 글을 썼다. 이 당시에 그의 많은 글은 감옥에서 만나 알게 된 악한, 해적, 밀매업자들에게서 얻은 생활 경험에 바탕을 둔 것들이다. 「시평」은 약 10년간 지속되었다. 거의 같은 시기에 디포오는 정부의 비밀 정보원으로서 가명을 써 가며 전국 각지를 순회한 적이 있었다. 그가 감옥에서 얻은 경험과 더불어 20년 이상 비밀 정보원으로서 죄수들의 생활에 대해 얻은 경험은 그가 후일 쓴 많은 도적과 해적들에 관한 이야기들의 밑거름이 되었던 것이다. 뿐만 아니라 자신의 신원을 감쪽같이 숨기고 능청스럽게 말을 꾸며대는 재간 역시 이때에 많이 길러졌을 것이다.

디포오는 여전히 날카로운 필봉을 가지고 정치 평론을 쓰는 일을 계속하였다. 집권당이 바뀔 적마다 그 쪽으로 기울어 글을 써 댔는데, 그럴수록 그의 위신은 떨어져 가고 건강상태도 말이 아니었다. 붓을 가지고 정치, 경제, 신앙, 상업은 물론 범죄, 결혼, 교육, 역사, 전쟁, 역병 등 온갖 논제들을 다루었었던 그는 이제 새로운 자료를 가지고 글을 써봐야겠다는 결심에 이르렀다. 이것이 그의 나이 60이 다 된 때의 일이다.

회고록 소설의 개척자

그가 새로 돌린 방향은 다름 아닌 소설이었다. 그의 첫 소설 『로빈슨 크루소(*Robinson Crusoe*)』(1719) (별항 해설 페이지 19~21 참조)는 세상에 나오자마자 많은 대중 독자들의 열광적인 호응을 받았으며 그 때 이후로 인기가 떨어져 본 적이 없다. 거의 1세기 이상 이 소설은 영어권의 초등학교에서 필독서로 채택되었다. 해난 사고를 당한 한 선원이 표류하여 닿은 무인도에서 24년이라는 세월을 사는 단조로운 이야기이기는 하나, 고독한 한 보통사람이 야생적인 자연과 맞서 생존을 지속하고 자기 나름의 비교적 편안하고 아늑한 삶의 터전을 구축하는 이 투쟁의 이야기는 대서사시적인 경지에까지도 이른다. 이 소설은 사건을 사실인 듯 아주 상세하게 그려가면서 이야기를 펴나가며, 주인공 크루소가 섬에서 실제로 경험하는 불안감이나 성취감 같은 것이 너무나도 설득력 있게 그려져 있어서 독자는 이 소설을 한 개인의 회고록을 읽는 느낌으로 읽게 된다. 이 소설은 그 때 이래로 디포오의 최대 걸작으로 꼽혀 왔을 뿐만 아니라 영국 근대 소설의 효시로 되어 온 작품이다.

『로빈슨 크루소』가 나오고 이어 5년 사이에 무려 6편의 소설이 쏟아져 나왔다. 『한 왕당원의 회고록(*Memoirs of a Cavalier*)』(1720), 『싱글튼 선장(*Captain Singleton*)』(1720), 『역병의 해 일지(日誌)(*A Journal of the Plague Year*)』(1722), 『몰 플랜더즈(*Moll Flanders*)』(1722), 『잭 대령(*Colonel Jacque*)』(1722), 『행운의 정부(情婦) 록사나(Roxana, or the Fortunate Mistress)』(1724)가 그것이다. 이들 중에서 오늘날까지 비교적 널리 읽히는 것은 『역병의 해 일지』와 『몰 플랜더즈』이다.

『역병의 해 일지』는 1665년에－그러니까 디포오가 다섯 살 되던 해에－런던을 휩쓸었던 무서운 역병의 정황을 마치 눈앞에 보듯이 박진감 나게 그린 작품이다. 그 기록이 너무나도 생생하여 이 책이 나오고 1세기 이상 되는 동안에는 그것이 역병 당시의 런던에 실제로 살고 있던 한 마구상의 실제 일기로 받아들여졌었다. 익명의 이 기록자는 로빈슨 크루소처럼 어려운 환경과 맞서 싸우려 드는 사람이 아니라 자기 주변에서 그날그날 일어나는 일들을 담담한 심정으로 기록하는 일에만 몰두하는 인물이다. 어떻게 보면 그는 천재(天災) 앞에서 무력해져 운명을 하늘에 맡길 수밖에 없었던 수많은 런던 시민들의 심정을 잘 대변하고 있다.

『몰 플랜더즈』는 불운하게 태어나 역시 불운이 연속되는 삶을 살아가는 모습을 여주인공 자신의 입을 통해 적나라하게 기술한 이야기이다. 이 책의 속표지에서 디포오는 여주인공을 "뉴게이트 형무소 안에서 어머니의 뱃속을 나와 그 후 60년이라는 파란 많은 인생을 사는 동안 어린 시절을 제외하고 12년을 창부로 살고, 다섯 번 남의 아내가 되고 (그중 한 번은 자신의 오빠의 아내가 되고), 12년을 도둑질로 살고, 8년을 중죄인으로버지니아에 압송되어 살고, 마침내 부자가 되어 정직하게 살다가 참회하고 죽은 사람"으로 묘사하고 있다. 디포오가 당시의 독자에게 강조하였던 것은 이 소설이 단순히 음란한 이야기만이 아니라 거기에 도덕적인 비난도 섞여 있다는 점이었다. 그러나 시간이 흐르면서 이 작품이 독자들에게 넌지시 말해 주는 깊은 뜻은 여주인공 몰의 범죄 행각이나 그녀의 회개라는 데에 있지 않고 몰의 환경이 그녀의 행동 방식과 도덕적 기준을 형성하고 만다는 인생의 깊은 진리를 우리에게 깨닫게 하고 그런 진리의 깨달음을 통해 몰과 같은 인물을 더 널리 이해하자고 하는 데에 있다.

몰의 삶에서 일어나는 많은 허세 부리기와 실제 행동 간의 괴리 때문에 디포오의 윤리 의식 자체를 의심하는 독자들이나 비평가들도 없지 않았다. 그러나 현대의 감수성이 강한 비평가들은 그 문제를 작가의 도덕성이 아니라 이중적 도덕률을 가지고 사는 작중 인물의 삶의 아이러니로 풀이하고 있다. 즉 몰은 젊어서부터 숙녀다운 삶을 사는 것이 꿈이었는데 여러 번 남자를 잘못 만나고 나니 결국은 도둑질에 손을 대어 목숨을 이어나갈 수밖에 없게 된다. 뿐만 아니라 도둑질만이 치부의 수단이 되자 얼마 후에는 도둑질이 곧 숙녀의 꿈을 달성시키는 유일한 수단이 된다는 엄청난 모순이 몰 앞에 다가선다. 그러나 몰은 이런 모순 앞에서 번민하여 행동이 위축되는 인물이 아니라 행동은 행동대로 하고 나중에 적당히 회개를 하여 고비를 넘기는 그런 인물이다. 디포오가 우리에게 보여주는 것은 그런 모순 많은 범속한 한 인간의 삶이라 할 것이다. 소설 『몰 플랜더즈』가 20세기에 와서 돌연 비평가들 사이에서 긍정적인 논의의 대상이 되었던 것은 작가 디포오가 아이러니를 가지고 여주인공의 삶과 그녀의 의식을 다루었다는 이유 때문이었다.

위에 열거한 6편의 작품들에서 디포오가 거의 공통적으로 사용했던 것은 소위 "회고록 소설(the memoir-novel)"의 서술 양식이다. 이 서술양식은 자서전과 실록(實錄)을 겸한 것인데, 디포오의 경우 작품의 내용이 대부분 또는 진적으로 작자의 상상력에 의해 꾸며진 것이다. 작자인 디포오는 자기가 설정한 작중 인물의 회고록의 내용을 "엮은이"로서 나타나는 것이 보통이다. 원래 17세기 프랑스에서 발생하였던 이 소설양식은 영국에 건너 와서 디포오에 의해 처음으로 솜씨 있게 다루어진 것이다.

디포오가 만년에 가서 이토록 정력을 기울여 소설을 쓴 것을 볼 때 정치, 경제, 종교에 관한 글보다 꾸며 낸 허구의 글이 훨씬 더 많은 독자들을 끌 수 있다는 것을 그가 뒤늦게나마 알게 되었던 것 같다. 디포오가 생애를 통해 낸 저작은 크고 작은 것을 망라하여 약 250편이 된다고 하지만 개별적으로 쓴 논설문들까지 합치면 약 400편, 그 방대한 저작량 가운데서 그래도 가장 많이 알려진 것은 그의 소설이었다. 디포오는 무척도 대기만성(大器晩成)형의 작가였다. 물론 이것은 그가 처음부터 의도하여 밟아온 궤도는 아니었다.

디포오는 18세기 작가이면서도 많은 고전주의적 작가들과는 부류를 달리한다. 그는 고전주의 문학의 제반 법칙들을 타파해 가면서 글을 쓴 사람이다. 그가 창시한 새로운 소설의 양식 자체가 고전주의 작가들의 시각에서는 한낱 잡종에 불과하였다. 이념적인 면에서도 디포오는 고전주의 작가들과 달리 훨씬 진보적인 사상을 가지고 있었다. 귀족주의적인 신화 또는 세계관을 믿으며 현상의 유지에만 급급하였던 고전주의 작가들에 비해 디포오는 사회 개혁을 주장하고, 경제적 개인주의와 산업의 진흥과 양심의 자유를 위해 활약을 아끼지 않았다.

디포오는 후세 작가들에게 몇 가지 모델을 제공한 원형적인 작가로서 역사에 남는다. 즉 역사 소설의 모델, 의사(擬似) 자서전의 모델, 실록소설의 모델, 그리고 어떤 면에서는 피카레스크 소설(악의 없는 악한 "피카로"가 세상을 방황하며 사는 이야기의 소설)의 모델을 제공하는 데 큰 역할을 다하였다. 특히 헨리 휠딩(Henry Fielding)과 토비아스 스몰렛트(Tobias Smollett)는 디포오에게서 받은 영향이 크다.

디포오의 소설들은 모두가 사회 규범에서 벗어난 이상(異狀) 성격자들—예컨대 범죄인, 탐험가, 해적—의 생애를 일인칭 시점에서 적은 것이다. 노년에 들어서 개심하고 참회하는 것으로 되어 있는 그의 주인공들은 대개 숨김없이 명쾌하게 지난날의 이야기를 하면서 여기저기에 훈계도 집어넣는다. 그들의 일생기에서 일어나는 변화는 대체로 그들의 사회적 지위나 경제적 상태의 변화를 말하는 것이지, 새무엘 리처드슨(Samuel Richardson)의 주인공들처럼 심리적 변화를 말하는 것은 아니다. 다시 말해서 현실 생활에 가까운 사회 환경 속에서 작중 인물들을 구상하고 발전시켰다는 점이 디포오의 소설의 주요한 특색인 것이다.

『로빈슨 크루소 *Robinson Crusoe*』(1719)

플롯 개요

영국의 중산 계급 출신인 로빈슨 크루소는 그의 아버지가 아들이 상인의 길로 나가 편안히 살기를 소원했지만, 젊은 크루소는 마치 아버지가 저더러 목사가 되기를 바랐던 만큼이나 집에 있는 것이 답답하고 그 대신 바다의 생활이 너무나도 그리웠던지라 아버지의 소원을 뿌리치고 어느 날 집을 빠져 나가 난생 처음으로 항해를 해본다. 그 배가 항구를 떠나서 얼마 안 되어 조난을 겪게 되지만 다행히도 크루소와 그의 일행은 영국 땅까지 다시 돌아간다. 순간적으로 크루소는 바다와는 이제 담을 쌓겠다고 맹세하지만 멀지 않아 바다에 대한 향수가 다시 일어서 또 다시 배를 타고 나간다.

아프리카의 어느 항구를 향해 떠난 이 배가 터키 해적들의 습격을 받자 포로가 된 크루소는 모로코의 한 항구로 이송되어 거기서 노예로 팔려 간다. 얼마 후 노예의 신세에서 빠져 나온 그는 포르투갈 화물선의 구조를 받아 결국 브라질까지 가게 되는데, 거기서 그는 작은 농장을 하나 차리고서 농장주의 삶을 영위한다. 그러나 얼마 안 가서 그는 그런 자극 없는 생활이 싫증나서 다시 영국 상선을 타고 아프리카로 향한다.

그런데 이것이 크루소의 운명을 결정하는 항해가 될 줄이야. 흑인 노예들을 잔뜩 싣고 가던 그 영국 상선이 무서운 폭풍을 만나 남아메리카의 북쪽 해안 앞 바다에서 산산 조각이 나 버린다. 배의 선원들은 모조리 바닷물 귀신이 되고, 로빈슨 크루소만이 살아남은 것이었다. 이튿날 아침 해변가에서 의식을 되찾은 크루소는 자기가 완전히 무인도에 와 있음을 알게 된다. 거기에는 야생 동물들도 있어 보이지 않는다. 표류자 크루소의 고독한 삶이 바야흐로 여기에서 시작되는 것이다. 그에게 도움을 줄 것이 있다면 그것은 신의 섭리일 뿐이었다.

용의주도한 크루소는 우선 쪽배를 하나 만들어 난파선에 가서 식량, 총기(銃器), 탄약. 의복, 각종 연장, 난파선에서 나온 쓸만한 재목 등을 모조리 끌어내어 섬으로 가지고 온다. 그가 맨 먼저 작은 산비탈에 지은 집은 돛 천으로 만든 천막집이다. 크루소는 새로운 삶에 관한 세세한 일들을 짐 속에서 찾은 잉크와 깃털 펜으로 적기 시작한다. 그리고 하나님에게 감사할 일들이 너무나도 많음을 그는 알게 된다. 열병을 한차례 앓고 난 그는 이제 영구적인 집을 서서히 짓기 시작한다. 연장을 가지고 테이블을 만들고, 의자를 만들고, 선반을 짜고 난 후 산에 올라가 식량으로 먹을 염소를 사냥하고 그 가죽을 무두질하여 옷으로 쓰기도 한다. 처음에는 보리와 옥수수를 심어 실패를 했지만 결국에는 곡식을 재배하는 법도 배우게 된다. 염소를 길러 젖을 짜 먹기도 하고 앵무새를 길러 훈련시켜 말벗이 되게 하기도 한다. 틈만 나면 해난에서 자신을 구조해 주신 하나님의 은혜에 감사하는 기도의 시간을 가진다.

이렇게 하여 완전한 무인도에서 12년의 세월을 살고 난 어느 날 크루소는 놀라운 발견을 하게 된다. 그의 오두막집에서 멀리 떨어진 해변가의 모래사장 위에서 인간의 발자국을 본 것이다. 형용할 수 없는 큰 공포감에 사로잡힌 그는 마침내 그 침입자가 누구인지 찾아내려고 결심하고 그 발자국 부근에 있는 한 동굴 속에 숨을 곳을 만들어 놓고 그 일대에 대한 감시를 계속한다. 그런대로 세월은 흘러간다.

이렇게 살다 보니까 크루소는 어느덧 이 섬에서 24년이라는 세월을 혼자 살게 되었다. 이 무렵에 그는 식인종들의 일당이 이따금 섬을 찾아드는 것을 본다. 마침내 하루는 밀려오는 야만족들을 총포로 위협하여 몰아낸 크루소는 그들 사이에서 포로 한 사람을 구출해 낸다. 이 야만인 포로를 보고 크루소는 그를 만난 날을 기념한다는 뜻에서 "프라이데이(Friday)"라고 명명한다.

프라이데이에게 크루소는 영어를 비롯한 문명을 서서히 가르치기 시작한다. 그리고 인근 섬에 17명의 백인들이 토착 야만인들에게 잡혀 있다는 소식을 프라이데이로부터 듣는다. 어느 날 야만인들이 다시 크루소의 섬으로 몰려 왔는데, 그들에게서 크루소가 구출해 낸 사람이 둘 있었다. 하나는 스페인 사람이고 또 한 사람은 프라이데이의 늙은 아버지였다. 아버지와 아들의 상봉의 기쁨은 이루 말할 수 없는 것이었다.

크루소의 보살핌을 받은 스페인 사람과 프라이데이의 아버지는 인근 섬에 자기네들과 같이 있던 백인들을 구해 낼 목적으로 그 섬으로 향한다. 그들이 돌아올 날을 기다리고 있던 크루소는 어느 날 영국 배 한 척이 섬에 와서 닿는 것을 본다. 알고 보니 그 배는 반란 선원들의 손에 들어간 배였다. 크루소의 도움으로 정식 선원들은 풀려난다. 반란 선원들을 섬에 남겨 둔 채, 크루소와 프라이데이와 선원들은 다시 배를 잡아타고 영국으로 향한다. 1687년 6월에—그러니까 집을 나온 지 35년 만에—로빈슨 크루소는 마침내 고국의 땅을 다시 밟게 되는 것이다.

비평과 분석

디포오가 단번에 성공을 거둔 소설 『로빈슨 크루소』는 정식 제목이 『요크의 뱃사람 로빈슨 크루소의 생애와 진귀한 모험담(*The Life and Strange Surprising Adventures of Robinson Crusoe, of York, Mariner*)』으로 되어 있다. 이 소설은 작자 디포오와 비슷한 상업에 종사하는 영국 중산층의 한 청년이 바깥 세계를 보겠다는 소망에서 배를 타고 나갔다가 해난 사고를 당해 무인도에 표류된 상황에서 자신이 등지고 떠났던 인간의 문명을 다시금 쌓아올려 가는 이야기를 자서전처럼 주인공 본인의 시점에서 서술한 것이다.

이 소설에 대한 인기가 오늘날까지 끊이지 않는 중요한 이유는 해양국민인 영국 사람들 (특히 청소년들)이 즐기는 바다, 그리고 그 바다 너머에서 일어나는 진귀한 모험담이라는 데에 있다. 이 소설의 이야기 줄거리는 극히 단순하고, 이야기의 구성도 별로 짜임새가 없다. 그러나 한 걸음 더 나가서 이 작품이 많은 독자들의 관심을 끌었던 요인을 살펴보면 무인도에 정착하게 된 청년 크루소가 험준한 자연과 맞서서 홀로 싸우면서 착실하게 자신의 생활의 근거지를 쌓아올려 가는 모습이 근면과 실속을 중시하는 영국인 독자들의 호감을 샀던 것인 듯싶다.

작품 『로빈슨 크루소』에 대하여 현대 비평가들 사이에는 단순한 모험담 이상의 의미를 부여하고 해석하는 경향이 짙어지고 있다(중요한 몇 가지 해석은 아래에서 다시 소개하기로 한다). 그러나 디포오 자신이 노년에 이르러 더 많은 독자들에게 읽힐 목적으로, 그리고 돈을 버는 한 수단으로서 담담하게 이 소설을 쓰게 되었다고 하는 경위를 미루어 볼 때 일단 이 작품을 모험담적 관점에서 고찰하는 것이 합당하다는 생각이 든다.

지리, 여행 그리고 탐험에 늘 관심에 많았던 디포오는 그 당시 일반 독자들을 크게 매료시키고 있었던 알렉산더 셀커크(Alexander Selkirk)라는 실재 인물의 표류 체험담에 지대한 관심을 돌려 그 표류기에서부터 그의 소설의 착상 작업에 임하였던 것이다. 셀커크는 1705년 남미 앞 바다 후안 페르난데즈(Juan Fernandez)제도의 어느 한 섬에 표류하여 상륙하였다가 그 무인도에서 4년간 갇혀 살고 난 다음 구조를 받고 영국에 돌아온 선원이었다. 셀커크의 이 뼈아픈 체험담을 좀 더 생생하게 그려서 독자들에게 강렬한 인상을 남겨준다는 생각에서 디포오는 셀커크의 섬 생활 4년을 28년으로 늘렸을 뿐만 아니라, 셀커크 외에 그 당시 이야기되고 있던 다른 표류자들의 체험담에서 나온 세부적인 내용도 첨부하면서 자신의 이야기 줄거리를 확대 심화시킨 것이다.

작자 디포오는 당시의 독자들에게 이 책이 "소설" 책이라는 감을 주지 않으면서 읽히게끔 무진히 애썼던 것 같다. 자신이 하는 일을 "정말 같은 거짓말"이라고 표현해 가면서까지 "허구의 실록"을 썼던 것이 디포오였다. 『로빈슨 크루소』의 표제지에 보면 이 책의 내용은 주인공 크루소가 직접 쓴 것으로 되어 있고, 크루소의 글을 엮었다고 하는 "엮은이"가 머리말에서 이 책이 "사실에 입각한 공정한 역사"임을 믿어 마지않는다고 진술하고 있다.

디포오가 왜 이토록 능청을 부리지 않으면 안 되었던가는 영국 사회가 소설이라는 신생 장르에 대해 가지고 있던 편견이나 부정적 인식을 생각해 보면 곧 이해가 가는 일이다. 청교주의 문화가 지배적이었던 17세기 말 영국 사회는 대체로 소설을 거짓말의 이야기로 보았을 뿐만 아니라 인심을 선(善)의 세계에서부터 홀려 끌어내는 사탄과도 같은 존재로 보았던 것이다. 따라서 디포오가 『로빈슨 크루소』의 머리말에서 시도하고 있는 것은 소설(또는 상상문학)에 대해서 그릇된 인식을 가진 많은 믿음 깊은 독자들의 의혹을 풀어 주면서 그들을 작품의 세계로 인도하려는 데 그 목적이 있었던 것이다. 그 좋은 증거로 디포오는 같은 머리말에서 부연하기를 로빈슨 크루소의 이야기를 "겸허하고 진지하게" 펴나갔을 뿐만 아니라 이야기 속의 사건들을 "종교적으로 선용하여 남들에게 가르침이 되도록" 하고, 나아가서는 "온갖 상황들에서 나타나는 하나님의 어진 섭리를 변호하고 공경하게" 될 것이라고 하였다.

작품 『로빈슨 크루소』가 영국 소설의 발달 과정에서 크게 공헌한 점은 그것이 보인 "박진감(verisimilitude)"이라는 표현 방식이라고 할 수 있다. 얼른 믿기 어려운 황당한 모험담에서 디포오는 실제 생활의 정황에 나타나는 여러 가지 일들을 너무나도 세세히 그려가면서 이야기를 진행하기 때문에 그러한 정황과 그 속에서 행동하는 인물의 참됨에 의심을 가질 여지를 남기지 않는다. 이것이 디오포가 개발한 가장 기본적인 차원의 사실주의 기법이다. 『로빈슨 크루소』에서 날이면 날마다 하는 일상적인 활동, 예를 들어 염소의 젖을 짜고, 음식을 만들고, 오두막을 짓고 하는 세세한 일들을 너무나도 차분하게, 그리고 정확히 묘사하고 있어서 독자는 그 모든 것이 지어낸 이야기라는 상상조차 하기 어려운 것이다. 뿐만 아니라 그토록 구체적인 상황 속에서 지속적으로 행동하는 인물의 행동 양식 속에서 독자는 그의 성격의 일면을 인지하고 그것을 참된 것으로 믿게 된다. 크루소가 무인도에 표류하기 전부터 겪었던 온갖 모험들을 통해 독자는 일단 이 주인공이 얼마나 강인하고 지모가 풍부한 인물인가를 어렴풋이 느끼게 되지만 무인도에서의 그의 일관된 행동 양식을 보고 나면 그를 완전히 실제로 산 인물로 더욱 믿게 되는 것이다. 독자가 크루소의 황당한 모험담을 믿는 것은 모험담의 주인공을 완전히 산 인물로 믿는 마음이 강하게 때문이다.

로빈슨 크루소가 보여주는 성격의 많은 부분은 작자 디포오가 지녔던 영국 서민의 성격 그것이기도 하다. 크루소는 실리적이며, 경험주의자이며, 자립심이 강한 정력가임과 동시에 주로 실리적인 배경에서 하나님을 머릿속에 그리고 그런 하나님과 영교(靈交)하는 영국인이다. 이러한 크루소의 모습은 상공인으로서의 경력을 오래도록 쌓았고, 신앙인으로서는 비국교도 또는 청교도로 자처하였고, 팜플렛 필자로서는 모든 실제적 문제들을 다루었던 디포오의 자화상과 흡사할 뿐만 아니라 당시 영국 사회 중하류 계층의 전형적인 영국인의 모습에도 상당히 가깝다고 할 수 있다. 자신이 겪은 수많은 놀라운 사건들을 차분히 가라앉은 어조로 서술해 나가는 크루소가 보통 영국 사람들의 속성을 너무나도 많이 지닌 인물이고 보니 당시의 많은 서민 독자들은 이 소설책을 읽고 얼마 만에 곧 그 주인공과 공감대를 느끼는 것이었다.

주인공 크루소를 영국 중산층의 한 표본으로 보았던 당시의 많은 서민 독자들의 시각과는 달리 그를 같은 맥락 속에서도 더욱 세분화된 범주의 인물로 보는 현대적 견해가 있다. 자기가 태어난 비교적 안락한 중산층 신분에 공연히 불만을 품고 바깥 세계에 나와서 고생하는 한 국외자(局外者)로 그를 보는 견해가 그것이다. 디포오 자신이 그의 긴 생애를 통해 수다한 논란을 일으키며 정신적 국외자로 지냈던 사실을 감안한다면 크루소가 그러한 모습으로 부각되는 것도 무리가 아닐 것이다.

그런데 국외자로서 고도에 와서 사는 크루소는 황무지의 밑바닥에서부터 시작하여 문명을 창설할 뿐만 아니라 정신면에서도 아버지가 믿던 개신교로 귀의함으로써 도덕적 국외자로만 남는 것은 아니다. 크루소는 자신의 삶터를 닦아 나가는 "고독한" 개척자임은 분명하지만 그 고독한 과정에서도 철저한 근면과 자조(自助)의 원리를 빈틈없이 실천하는 현실주의자이기 때문에 절망 속에서 헤매는 많은 현대의 나약한 이상주의적인 국외주의자들과는 근본적으로 성격을 달리한다.

섬에서 홀로 사는 크루소는 자연의 위해(危害)를 만날 때마다 신앙적인 차원에서 자기반성을 하거나 신의 은총에 감사를 드리는데, 이 점은 현대 독자들에게 크루소가 가진 믿음의 진지성을 의심케 할 수도 있다. 그런데 크루소의 믿음의 문제는 디포오 자신의 신앙의 문제를 좀 더 정확히 파악한다면 해결될 수도 있는 문제다.

디포오가 평생을 통해 착실한 비국교파 기독교신자였다고 함은 기록에 의해 확립된 사실이다. 그리고 역사가들이 그러한 디포오를 가리켜 "오른손에 성경을 들고 왼손에 회계장부를 든" 인물로 묘사한 것은 그가 지녔던 이중적 윤리 규범을 말해 주는 것이기도 하다. 디포오 자신은 이런 윤리 규범의 이중성 내지 모순성을 충분히 인지하면서 그것을 조정해 나가려는 집요한 노력 속에 자신의 신앙을 지켜 나갔다고 할 수 있다. 그런데 디포오의 윤리 규범의 이중성은 개인의 문제라기보다는 당시의 시대풍조의 문제였다. 신앙과 기업이 별개의 것이라는 사고방식은 18세기 중반 이후에야 비로소 깨우쳐진 것이며, 디포오가 살던 시기는 그런 사고방식이 겨우 싹트기 시작하던 과도기였던 것이다.

작품 『로빈슨 크루소』는 주인공 크루소의 신앙적인 성향을 가끔 드러냄으로써 이 소설이 믿음과 수양에 관한 이야기가 되기도 한다는 인상을 짙게 한다. 로빈슨 크루소는 고독한 섬 생활을 통하여 자기 자신에 대해서 더 알게 되고, 하나님에 대해 더 알게 되고, 인간의 기본적인 욕구와 인간의 본성에 대해 더 알게 된다. 따라서 이 작품은 17세기 후반에 정치, 사회, 문화적 여건 속에서 연루된 한 개인의 이야기임과 동시에 자연의 위해를 신의 섭리에 의해 아슬아슬하게 피해 나가는 인간 생존에 관한 우화로도 해석된다.

이 밖에도 로빈슨 크루소를 자본주의 체제를 대변하는 인물로 본다거나, 19세기 영국 제국주의를 예시하는 존재로 보는 해석들도 있다. 이러한 해석들에는 그 나름의 역점과 타당성이 있기는 하지만 개개의 시각과 해석을 작품 전체에서 묻어 나오는 의미와 동일시하려고 든다면 속단이 될 것이다. 그러나 작품 『로빈슨 크루소』는 위에서 말한 사회적, 경제적, 종교적 또는 철학적 요인들이 골고루 관여되는 그런 폭 넓은 삶의 이야기라고 하여 마땅할 것이다.

비록 로빈슨 크루소는 고독한 상황에서 비상한 용감성과 자기중심적인 개성을 착실히 보여준 문학적 주인공의 원형으로 자리를 굳혔지만, 디포오의 그 작품 속에서는 주인공의 성격적 발전이 없다든가, 그의 주변에서 일어나는 사건들도 일관된 인과율(因果律)이 없고 우연히 발생하는 일들이 연속될 뿐이라는 점이 가끔 지적되었다. 이런 이유 때문에 디포오의 소설이 완전한 소설이라고 할 수 없다는 견해도 없지 않다. 영국 근대 소설의 시조(始祖)로 디포오가 추대되지 않고 작중 인물의 심리와 성격에 더 큰 역점을 두었던 새무엘 리처드슨에게 그 자리가 주어지는 이유가 바로 그런 데에 있다.

2. 새무엘 리처드슨 (Samuel Richardson)

생애와 작품

SAMUEL RICHARDSON
(1689~1762)

새무엘 리처드슨은 목수의 아들로 1689년에 더비셔에서 태어났다. 디포오의 부모가 아들을 장로교회 목사로 만들고자 했다가 뜻을 이루지 못하였듯이 리처드슨의 부모도 아들을 영국교회 성직자로 만들었으면 했지만 뜻대로 되지 않았다. 어려서부터 이야기를 잘 하고 편지를 잘 쓰는 소년으로 소문이 났던 리처드슨은 13세 때에 벌써 젊은 여자들이 그에게 찾아와서 자기네 연애 비밀을 털어놓고 연애편지의 교정을 해 달라는 요청을 받았다고 한다.

17세 때 그는 스스로 런던의 한 인쇄소에 들어가 수습공이 되었다. 인쇄공이 되면 자기가 좋아하는 독서를 할 기회가 많을 것이라는 희망에서였다. 수습 인쇄공을 7년간 하고 나서 식자공, 교정공, 현장 감독 등을 차곡차곡 밟고 올라간 그는 인쇄소 주인의 딸과 결혼까지 하더니, 그의 나이 30세 될 무렵에는 몸소 인쇄소를 차리기에 이르렀다.

그는 첫째 아내와의 사이에서 자녀 여섯을 가졌지만 여섯이 모두 어려서 사망하였다. 아내까지 사망하자 그는 두 번째 아내를 맞았는데 그들 사이에서 다시 자녀 여섯을 보았다. 그의 사업은 번창하였지만 그의 건강은 신통치 않았다. 키가 작고 뚱뚱하였다고 하는 리처드슨은 남자들 앞에서는 늘 불편함을 느끼고 말도 적었지만, 여자들 앞에서는 언제나 마음이 편하였다.

인쇄소 주인이 된 이래로 약 20년 동안 리처드슨은 성공적인 사업가로서 조심성 있는 거래를 하고 대인 관계에서도 재치를 보이면서 정치권의 중요한 자료와 홍보물을 인쇄해 내는 일로 바빴다. 디포오의 경우와 거의 비슷하게 리처드슨은 50이 넘는 나이에 처음으로 소설을 써냈는데 그 때까지는 인쇄업에만 열중하고 있던 리처드슨, 그리고 조용한 성격의 리처드슨에게서 소설이 나오리라고는 아무도 예상하지 못하였다.

이 소설을 쓰게 된 동기와 배경은 그것대로 재미나는 데가 있다. 편지쓰기가 유행하고 있던 당시에 리처드슨은 그 일에 끊임없이 시간과 정력을 쏟고 있었다. 그는 특히 여성 친구들과 광범하게 문통(文通)을 지속하였을 뿐만 아니라 그들의 편지를 대필해 주기까지 하였다. 또 소박한 시골 여인들이 쓴 편지에 런던말의 세련된 맛을 가미해 주기도 하였다. 이러한 리처드슨에게 1739년의 어느 날 두 곳의 서적상으로부터 교육정도가 낮은 여성들에게 도움이 될 모범 서한 교본을 써 달라는 요청이 들어왔다. 실제 생활에서 사용되는 여러 가지 형식의 서한들, 즉 위로의 편지, 축하의 편지, 구혼할 때의 편지, 채권자가 보내는 편지, 채무자가 보내는 편지 등이 그 내용을 이루었다.

이와 같은 요청을 받으면서 그러한 서한들이 실용적인 목적으로 사용될 뿐만 아니라 도덕적인 교훈의 자료로서도 써야 한다고 리처드슨은 생각하였다. 교훈이 담긴 모범 서한을 쓰려면 좀 더 구체적인 상황을 꾸며내어 그 상황 속에서 편지 표본을 만들어야 하는 것인데, 어려서부터 이야기 꾸며 내기와 편지 쓰기에 남다른 재간을 보였던 리처드슨으로서는 땅 짚고 헤엄치기였다. 꾸며 낸 새로운 상황 속에서 편지 표본을 만들어 내는 일을 하고 있던 중 리처드슨의 머리에 떠오르는 이야기가 하나 있었다.

여성적 정감의 작가

그것은 어느 시골의 지주가 자기 어머니의 시중을 들던 시녀와 우여곡절 끝에 결혼하기까지 되었다는 이야기였다. 리처드슨은 이 이야기를 바탕으로 독자들에게 글 공부도 되고 도덕 교훈도 될 서한들로 구성된 책을 하나 내기로 결심하였다. 이 책은 원래 남의 집에 시녀로 사는 딸이 그녀의 정조를 범하려 드는 주인 때문에 고민하는 것을 보고 그 딸의 아버지가 엄한 충고의 편지를 보내는 것으로 시작되게 되어 있었다. 그러므로 그 다음 단계는 자연히 딸의 쪽에서 자신의 겪은 위기를 적은 편지를 쓰게 마련이었다. 여성 특유의 정감에 통달하고 있었던 리처드슨은 따라서 책의 초점을 그 주인공 여성의 정서적인 경험에 맞추었는데, 그 결과로 나온 것이 『패밀라(*Pamela*)』(1740)였다.

정식 제목이 『패밀라—보상받은 정절(貞節)(*Pamela, or Virtue Rewarded*)』로 되어 있는 이 소설은 굳은 의지와 발랄한 성격과 글재주와 뛰어난 지능을 가진 한 시녀가 자신의 몸을 탐내는 젊은 주인 남자와의 오랜 씨름 끝에 그를 회개시킬 뿐만 아니라 마침내는 사랑과 결혼에까지 이르는 수절(守節)의 미담이다. 성격 묘사가 참신하다는 점을 비롯하여 작중 인물의 의식 과정을 박진감 나게 그린 점, 그리고 독자를 작중 인물의 강렬한 환상 세계에까지 끌어 들이는 힘 등으로 해서 『패밀라』는 영어권에서 최초의 근대 소설로 일컬어진다. 『패밀라』는 또 서간체 소설이라는 점에서도 특색을 갖는다. 여주인공 패밀라의 솔직담백한 성격을 끈기 있게 내세운 리처드슨은 친숙한 편지란 개인의 영혼을 드러내 보이는 창문과도 같다는 생각을 이 서간체 소설의 전례로 삼았던 것이다.

『패밀라』는 세상에 나오자마자 명성을 떨쳤다. 당시 영국 문단을 휘잡고 있던 대 시인 알렉산더 포우프(Alexander Pope)는 밤을 새워 가며 이 책을 읽었는가 하면, 어느 유명한 성직자도 이 책을 설교 중에 극찬하였다. 당시의 유력한 교양 잡지 「젠틀맨즈 매거진(*The Gentleman's Magazine*)」은 "런던 시내에서 『패밀라』를 아직 읽지 않은 사람은 프랑스와 이탈리아의 무용단 구경을 못한 사람이나 마찬가지로 무취미한 사람"이라고 진술했다. 상류사회 여성들은 공식 석상에 나올 때마다 이 소설을 들고 나와 과시하는가 하면, 중하류 계급의 사람들도 한데 모여들어서 이 소설을 크게 낭독하는 소리를 들었다. 이 소설이 나오고 1년도 못되어 다섯 번의 증판이 나왔고, 해외에서는 프랑스어, 독일어, 네덜란드어로 번역 출판되었다.

이토록 『패밀라』가 인기를 모으고 있는 동안 포우프를 제외한 당시의 저명한 문인들 사이에서는 이 소설을 우롱하고 혐오하는 소리가 높아갔다. 학식도 없는 노인 장사꾼이 무게 있는 작가로서 그렇게 인정받는다는 사실이 문단의 많은 유식한 지성인들에게는 도저히 용납될 수 없는 일이었다. 『패밀라』에 가해진 비판의 소리에는 유식한 문인들의 질투와 경쟁의식이 크게 작용한 것이 사실이지만, 그것은 그렇다 치고 작품 『패밀라』가 담고 있는 몇 가지 결함에도 책임이 있기는 하였다.

우선 리처드슨의 주인공 패밀라는 정숙하고 순진한 여성이 아니라 말만 번지르르하게 해대는 위선자요, 음모 부리기를 좋아하는 여우같은 여자라는 것이다. 게다가 패밀라의 편지에 쓰여진 언어는 천하기 짝이 없고, 자기는 열심히 자신의 심경이나 딜레마를 분석하여 논하지만 그 자체가 지루하기 짝이 없다는 것이다. 뿐만 아니라 이 소설이 전체적으로 주는 도덕적 교훈이라면 "보상이 돌아오는 것이니까 착할지어다"와 같은 것이 되겠으나 작자의 윤리관의 수준이 여주인공의 도덕관의 수준 정도밖에 되지 않는 유치한 것이라는 주장이다.

『패밀라』에 대한 문단의 우롱과 혐오를 가장 잘 대표해 주는 것이 리처드슨보다 18세 어린 후배 작가 헨리 휠딩의 희문(戲文) 소설 『샤밀라(*Shamela*)』였다. 『패밀라』가 나오고 5개월 만에 나온 이 희문 소설은 그것 자체가 리처드슨의 글을 희화적으로 쓴다는 극히 간접 풍자의 역할 밖에 다하지 못하였으므로 휠딩은 그 다음에 좀 더 적극적인 풍자의 목적으로 『조제프 앤드루즈(*Joseph Andrews*)』를 쓰기에 이르렀다.

한편 『패밀라』의 인기에 편승하여 유사 작품들이 속출하게 되자, 리처드슨은 이에 맞서서 『패밀라 후편』을 1742년에 출간했다. 이 후편에서는 결혼한 패밀라가 상류 사회에 잘 수용되어 자신의 정숙한 행실에 알맞은 대접을 받는 정황을 그리고 있다. 패밀라와 시누이 사이에 교환되는 서한들이 무척 지루할 뿐만 아니라 이 속편에는 당시 사회의 풍속도를 나타내 보이는 장면들이 상당히 많다.

『패밀라』의 전편으로 성공을 거두기는 했지만 덜 세련되고 도덕성에 결함이 있다는 공격의 화살도 꽤 받았던 리처드슨은 전편을 개정하여 좀 더 심화된 작품으로 만들어 볼까 하는 생각도 해 보았지만 결국에는 작품 전체를 통하여 좀 더 세련된 사회적 환경이 반영되는 그런 작품을 새로 쓰기로 마음먹었다. 『패밀라』를 희문화한 사례라든가, 여주인공의 말씨나 행동이 천박해 보인다는 충고 때문에 리처드슨은 피해의식 같은 것을 느꼈던 것이다. 게다가 『패밀라』에서는 여주인공이 강한 의지력으로 악에 저항하여 보상을 받았던 것이므로 그것과는 정반대로 유혹에 굴복했다는 이유 때문에 신세를 망쳐 버리는 여자의 이야기를 펴내는 것도 어떨까 싶었다. 그 결과로 『패밀라』 전편보다 거의 4배정도 긴 『클러리싸

(*Clarissa*)』(별항 해설 페이지 32~39 참조)가 1747년에 나오기 시작했다.

서한체 소설 기법의 절묘

리처드슨은 이 두 번째 소설에서도 서한체 소설의 기법을 사용하였다. 여주인공을 비롯한 수명의 인물들이 쓰는 편지를 통하여 리처드슨은 그들이 겪는 정서어린 심리적 위기를 섬세하게, 명확히 그리고 있을 뿐만 아니라 독자들의 마음속에 끊임없이 애수의 정을 불러일으킨다. 『패밀라』에서와 같이 『클러리싸』에서도 여자의 수절이라는 주제를 담고 있는데 주제를 다루는 방향이 같지는 않다. 즉 물질적인 이득을 의식하고 수절하는 패밀라에 비해 클러리싸는 훨씬 더 고결하고 순수한 의미에서 정숙한 여인으로 부각되고 있다.

리처드슨의 걸작으로 보통 손꼽히는 소설 『클러리싸』는 출판되자마자 국내에서 뿐만 아니라 프랑스와 독일 등에서도 격찬리에 널리 읽혔다. 루소는 "소설 『클러리싸』에 비등하거나 심지어는 그것에 접근하는 소설이 어느 나라 말로도 여태 나온 적이 없다"고 단언했는가 하면, 『클러리싸』는 루소 자신의 소설 『신(新) 엘로이즈』에도 큰 영향을 미쳤다고 인식되고 있다. 루소의 『신 엘로이즈』에서 직접 감화를 받은 괴테의 『젊은 베르테르의 슬픔』도 그 나름으로 리처드슨의 소설의 영향을 받은 것이라 할 수 있다. 또 하나의 프랑스 작가 디데로는 『클러리싸』를 호머와 유리피데스의 작품들과 같은 서가에 꽂아 놓겠다고 하였고, 발작크와 조르즈 쌍드와 같은 작가들도 리처드슨의 소설에 대해 격찬을 아끼지 않았다. 현대에 와서는 헨리 제임즈(Henry James), 제임즈 조이스(James Joyce)와 같은 작가들이 리처드슨의 소설에서 직접, 간접으로 영향을 받은 흔적을 나타내 보인다.

서한체 소설의 형식은 18세기 말엽까지만 수용되다가 말았지만 그 형식이 노리는 효과의 하나가 현대 작가들에서 "의식의 흐름(stream of consciousness)"이라는 새로운 기법으로서 나타났던 것이다. 20세기의 소설 비평가 아놀드 케틀(Arnold Kettle)은 클러리싸가 자신이 살던 사회의 규범의 시각에서 볼 때 빠져 나갈래야 나갈 수 없는 딜레마에 처해 있는 모습을 보고 리처드슨이야말로 영소설에 처음으로 나타난 비극적 소설가라고 단정하였고, 역시 20세기 비평가 도로시 밴 겐트(Dorothy Van Ghent)는 『클러리싸』를 가리켜 "한 문화, 한 민족의 이상을 몸에 두른 서사적 차원의 엄청난 작품"이라고 높이 평가하고 있다.

리처드슨은 그의 처음 두 소설에서 여주인공들에 주력하였을 뿐만 아니라 거기에 등장하는 남주인공들은 도덕적 자질이 보통 이하로 떨어지는 인물로 묘사하였는데, 이제 그는 세 번째이자 마지막인 소설에서 미스터 B나 라블레이스와 대조적으로 도덕성이 드높은 남주인공을 창조해 냈으니 그 소설이 바로 『찰즈 그랜디슨경(*Sir Charles Grandison*)』(1754)이다.

찰즈 경의 일생기인 이 소설은 리처드슨 자신이 늘 소망하였던 바와 같이 믿음이 깊고 덕망이 높은 관대한 한 신사가 인생의 여러 가지 시련을 무난히 겪어 나가는 모습을 당대의 독자들에게 한 표본으로 제시한 것이다. 『클러리싸』의 특색이 인간 심리의 긴장된 국면과 사회면에서 일어나는 갈등의 비극성이라면, 이 소설은 찰즈 경의 귀족적 교양미와 완벽한 도덕적 품성이 잘 융합됨을 보여준다. 이탈리아에 사는 그는 자기를 사모하는 여인들에게 둘러싸여 과연 어떤 여자를 아내로 삼아야 하는가 하는 중대한 결정을 위해 많은 시간을 보낸다. 현대에 와서 이 소설은 별로 읽히지 않고 있지만 19세기 중엽까지는 상당한 영향력을 미친 소설이었다.

리처드슨이 이 소설에서 보여준 주제와 기법은 19세기에 이르러 제인 오스틴(Jane Austen), 앤소니 트롤로프(Anthony Trollope), 조지 엘리어트(George Eliot), 헨리 제임즈(Henry James) 등이 더욱 효율적으로 발전시켰다. 그들의 작품에서 안방에서 나타나는 사람들의 언행, 한 자리에 모여든 사람들 사이에서 일어나는 복잡한 인간관계 등은 점잔 빼는 사람들의 일상생활을 면밀히 파고들었던 리처드슨이 도덕적 주제를 중시하는 사실주의 소설을 발전시킴에 있어 공로가 컸음을 말해 주는 것이다.

리처드슨은 디포오와 비슷하게 중산 계급을 잘 대변한 작가였다. 그런데 두 사람이 상인 출신이었다는 점을 빼고는 서로 다른 점도 많았다. 디포오가 진보적인 비국교도였음에 반해 리처드슨은 국교도이자 보수적인 정견을 가진 사람이었다. 디포오가 반골적인 정치 평론을 쓰고, 정부의 비밀 정보원을 지내고, 세파에 많이 시달린 사람이었음에 반해 리처드슨은 착실하고 가정적이며 강직한 인쇄업자였다. 이러한 성격적인 차이에도 불구하고 디포오와 리처드슨에 관해 여전히 공통적으로 말할 수 있는 것은 두 작가가 세상을 보는 눈이 중산층이 보는 시각이었다는 것이다. 두 사람은 다 같이 부르주아적인 가치관을 존중하였다.

『클러리싸 *Clarissa*』(1747~48)

플롯 개요

귀족 가문 출신인 청년 로버트 라블레이스(Robert Lovelace)는 지방의 부유한 중산 상인 할로우(Harlowe)네 집안 맏딸 아라벨라를 약혼 상대로 소개받는다. 그런데 라블레이스는 맏딸에게서는 아무런 매력도 느끼지 못하고 오히려 그 누이동생 클러리싸의 미모와 순결에 반하고 만다. 클러리싸에게 계속 구혼해 대는 라블레이스는 자신의 새로운 사랑이 할로우 가문의 막대한 반발을 일으키고 있음을 알게 된다. 권위주의적인 아버지와 라블레이스를 옥스포드 학창 시절부터 무척 싫어하던 할로우네 장남 제임즈와 약혼에서 거절당한 맏딸이 제각기 앙심을 품고 도사리고 있는 것이었다.

한편 할로우네 가문에서는 클러리싸를 재산가이지만 교양도 정감도 없는 노신사 솜즈와 혼인시키려 일을 꾸미는데 본인인 클러리싸는 솜즈와의 혼인을 단연 거부한다. 권위주의적인 아버지는 딸을 방안에 가두어 버린다. 바깥 세계와 완전히 단절된 클러리싸는 유일하게 믿는 친구 미스 하우(Howe)로부터 기회만 있으면 집을 뛰쳐나가서 라블레이스의 도움이라도 받아야 한다는 충고를 받는다. 클러리싸는 라블레이스에 대해 매력을 느끼지 않은 것은 아니다. 다만 그는 클러리싸를 결혼의 대상자로 보는 것이 아니라 순간적인 정욕의 만족을 위해 구애하는 것이 확연하였기 때문에 접촉을 시도해도 클러리싸로부터 여러번 거절을 당하는 것이다.

거절에도 불구하고 라블레이스는 클러리싸를 그녀의 가족에게서 빼낼 결심을 하고 그녀와 은밀한 문통을 계속한다. 그러던 어느 날 저녁 할로우네 저택에 잠입한 라블레이스는 클러리싸를 붙잡고 함께 가출하자고 애원한다. 이에 약간 반항도 해 보지만 억압적인 아버지의 곁을 벗어나야겠다는 욕심이 앞서는 클러리싸는 라블레이스를 따라 집을 나와 버린다. 라블레이스는 클러리싸가 나중에 가족과 화해를 이룰 때까지 자기 친척 댁에 가 있도록 하기로 했는데, 그가 런던에 마련해 놓은 숙소는 그런 약속과는 달리 창녀들의 거처였다. 여기서 그는 클러리싸를 설득시켜 그의 아내로 행세하게 만든다. 완전히 갇힌 몸이 된 클러리싸는 이제 자신의 온 생존을 라블레이스의 손에 맡기게 되었음을 알고 깊은 비탄에 잠긴다. 라블레이스는 이러한 상황을 이용하여 결혼의 언약을 깡그리 잊은 채 본능적인 사랑만을 그녀에게 강요한다. 한번은 이 집을 뛰쳐나오기까지 했다가 다시 돌아오지 않을 수밖에 없었던 클러리싸에게 라블레이스는 약을 써서 실신시킨 다음 그녀를 강간으로 정복한다. 다시 도망쳐 나가려던 클러리싸를 말려 라블레이스는 더 이상 괴롭히지 않을 터이니 사촌 오빠나 미스 하우로부터 도움을 청하라고 말한다. 라블레이스가 며칠 런던을 떠나 있는 사이에 클러리싸는 변장하고 다시 도망치지만 창녀의 집의 주인 미시즈 싱클레어의 수배에 걸려 경찰에 넘겨져서 감옥살이를 하게 된다. 라블레이스의 친구 존 벨포드(John Belford)가 이 딱한 사정을 알고 클러리싸를 옥에서 나오게끔 도와주고 어느 개인 집에 거처를 마련해준다. 벨포드가 클러리싸를 위해 의사도 불러 오고 약사의 도움도 받지만 클러리싸는 몸이 자꾸 쇠약해 가기만 한다.

한편 클러리싸의 친구들은 그녀와 의절한 할로우 가족들에게 대놓고 용서를 베풀어 주라고 호소하는가 하면, 유럽에서 돌아온 클러리싸의 사촌 오빠 모오든(Morden) 대령도 가족들의 완고한 생각과 감정을 풀어 보려고 애쓰지만 큰 효과를 거두지 못한다. 라블레이스는 라블레이스대로 자기 가족도 클러리싸를 높이 평가하는 터이므로 이제는 언제라도 그녀와 결혼하겠노라고 모오든 대령에게 자꾸 다짐하는데, 장본인 클러리싸는 라블레이스의 제의를 조금도 받아들이지 않는다. 뿐만 아니라 그녀는 이제 죽고 말겠다는 결심을 굳힌다. 아버지와 오빠가 여전히 그녀를 받아들이지 않는다고 하였을 때 클러리싸는 장의사에 가서 관을 하나 사가지고 와서 거기에 자기가 죽는 날짜를 적어 붙이기도 한다. 아버지의 집을 그녀가 뛰쳐나왔던 그 날이 죽음의 날짜였던 것이다.

목숨을 끊겠다는 클러리싸의 의지가 너무나도 분명해지자 아버지, 오빠, 언니 등 할로우네 가족 전원은 비로소 자신들의 강경했던 태도를 버리기 시작한다. 그들은 모두 클러리싸에게 편지를 써서 지난날을 용서해 달라는 애원을 하고 하루 속히 집에 돌아와서 건강이 회복되기만 빈다고 말한다. 그러나 이런 편지들이 날아 들어온 것은 클러리싸가 이미 숨을 거두고 난 후였다.

클러리싸는 이제 관 속에 누운 숨진 몸으로서 아버지의 집에 말없이 돌아온다. 가족 묘지에 들어가는 그녀는 공교롭게도 할아버지의 묘소 바로 밑에 안장되는데, 그 할아버지에게서 클러리싸가 받은 거액의 유산이 그녀가 일생동안 받았던 시련의 한 원인이기도 하였던 것이다.

클러리싸의 죽음으로 인해 심신이 극도로 쇠약해진 라블레이스는 유럽으로 떠나는데, 거기서 그는 클러리싸의 사촌 오빠 모오든 대령과 결투를 하게 된다. 대령과의 결투에서 라블레이스는 치명상을 입고 죽어가면서 자신의 죽음이 과거에 지은 죄를 씻어 주기 바란다는 소원을 말한다. 클러리싸의 슬픈 운명에 대한 원한이 이렇게나마 풀린 것일까.

비평과 분석

이 소설은 초판 때 세 번에 나누어서 출판되었다. 즉 1747년 12월에 1권과 2권이 나왔고, 1748년 4월에 3권과 4권이, 그리고 그 해 12월에 5권, 6권, 7권이 나왔다(그리고 중판 때부터는 8권짜리 소설로 나왔으며 모든 현대판에서는 한권으로 압축되어 나온다). 초판의 앞 쪽 권들에서 독자의 흥미를 충분히 돋우었던지라 후반부가 나오는데 1년이라는 세월이 걸렸는데도 독자들은 여주인공 클러리싸의 운명이 어떻게 결정될까 하는 데에 마음 졸임을 금할 수가 없었던 것이다. 소설 전체에 담긴 낱말의 수는 무려 백만 이상에 달하였으니, 영국 소설에서 길이가 가장 긴 소설이라는 일반적인 추정이다(보통 장편 소설은 최저 7만 단어가 관례적 길이로 되어 있다).

소설 『패밀라』에서 그러하였듯이 리처드슨은 『클러리싸』에서도 서한을 통한 서술 방식을 쓰고 있다. 『패밀라』에서는 네 편의 서한이 전부 여주인공이 쓴 것으로 되어 있지만, 『클러리싸』에서는 적어도 네 명의 인물들이 주로 서한을 교환하는 것으로 1백만어 이상에 달하는 거대한 길이의 대부분이 인물들의 성품과 행동 동기를 묘사하는 데 쓰여졌다. 사실 말해서 리처드슨은 이 소설을 쓰면서 자꾸 늘어나 가는 소설 내용의 길이가 가장 신경에 거슬린다고 실토한 바 있다. 길이가 너무나도 긴 이 소설의 서한들은 이야기의 신속한 진행을 방해하고 독자를 지루하게 만드는 것이 뻔했기 때문이다. 바로 이런 점 때문에 후일 새무엘 존슨(Samuel Johnson)은 그 나름의 권위를 부리면서 말하기를 우리가 리처드슨의 작품을 읽을 때는 이야기 줄거리에 중점을 두느니보다 작품이 풍기는 "정감(sentiment)"에 중점을 두어야 한다고 하였던 것이다.

서한체 소설의 뻔한 단점을 극복하고 오히려 그것의 장점을 살린 "순간 포착 기술법(writing to the moment)"이라는 수법이 다행히도 리처드슨으로 하여금 사실주의 소설의 기법에 이바지하게 만든 것이었다. 사건이 발생하는 순간순간마다 그것을 포착하여 적는다는 것이 엄연한 논리에서는 불가능하고 있을법한 일이 못 되지만, 하나의 문학적인 관례로 사용될 때 그 표현이 주는 생동감은 매우 크며 독자의 마음을 끊임없이 잡는데 이바지하였던 것이다. 리처드슨은 작자의 머리말에서 서한체 서술방식의 장점을 다음과 같이 피력한다. "여기에 담긴 모든 서한은 그것을 쓰는 사람들의 심령이 서한의 논제에 전적으로 몰두되어 있다는 전제하에 쓰여진 것이다. 따라서 그 서한에는 위급한 상황뿐만 아니라(젊은 독자의 심금을 울리기에 알맞은) 즉흥적인 묘사와 명상이라고 할 수 있는 것들로 충만되어 있다." 그는 이어 말하기를 "어떤 사람이 자기가 극복해야만 할 난관이나 위험을 말하고자 할 때 무미건조한 생기없는 체로 말하는 것 보다 이런 체의 글로 하면 더욱 활력있고 감동적인 것이 될 수 있다. 화자가 아주 편안하게 앉아서 자기가 하는 이야기에 감동되어 있지 않으면 독자에게 감동을 줄 가능성이란 아주 적은 것이다." 한마디로 말해서 서한체 소설의 독자는 서한을 쓰는 사람이 겪는 여러 가지 정서와 심경, 즉 믿음이나 회의, 희망이나 공포 등에 저도 모르게 젖어들게 마련이라는 것이다.

"순간 포착 기술법"이라는 생동감 나는 문체로 독자로 하여금 작중 인물들의 심경을 있는 그대로 들여다보게 만든 리처드슨은 또한 많은 수의 긴 서한들에서 인물들의 긴장된 정서를 나타내는 대화의 장면들을 발전시킴으로써 전반적인 극적 효과를 더욱 증대시키기도 한다. 이러한 극적 효과와 긴밀히 연관되는 가운데 이 소설 속에 적어도 네 명의 주요 인물들이 자기의 서한의 문체를 통해 보여주는 제각기의 시각은 소설의 진행 내용에 복합성을 부여할 뿐만 아니라 그것을 독자가 공감적으로 이해하는 데에도 도움을 준다. 예를 들어 두 쌍을 이루는 여자 인물들과 남자 인물들에서 보면 클러리싸는 전적으로 감성에 치우친 이상주의적 인물임에 반하여 그녀의 절친한 친구 미스 하우는 정감적이기도 하지만 양식이 풍부하고 비교적 세속적이고 실리적인 여성임을 알 수 있다. 라블레이스와 그의 친구 벨포드와의 대비도 유사한 데가 있다. 라블레이스는 성격이 불안하고 잔인하고 음계를 잘 꾸미는 인물임에 반하여 벨포드는 안정되고 건전하고 온정적인 인물로 나타난다.

이 소설의 정식 제목은 『클러리싸―젊은 여인의 생애(*Clarissa, or the*

History of a Young Lady)』로 되어 있다. 먼저 소설의 주인공 패밀라가 신분이 낮은 시녀임에 반하여 클러리싸는 부유한 중산층 상인의 집안 딸이다. 사실 말해서 패밀라를 제외하고 리처드슨의 주요한 작중 인물들은 모두 중·상류층에 속한다. 상류 사회에 정통하지 못한 리처드슨이 중·상류층의 인물들을 그렸다는 비난이 없었던 것도 아니지만, 리처드슨의 주된 관심은 사실인즉 중·상류층의 표면적 생활양식을 그리는 일이 아니라 그런 계층인들의 사회·윤리적 문제에서 야기되는 긴장된 정서나 심리 상태를 그리는 것이었다.

이 소설 초판의 속표지에서 리처드슨이 "특히 이 책은 부모와 자녀들의 그릇된 행실에 수반되는 고충을 나타내 보일 것"이라고 말한 것을 보아도 알 수 있듯이, 이 소설의 저변에는 우선 사회적 요소가 가미된다. 즉 할아버지에게서 클러리싸만 유독 큰 유산을 받았다고 하여 질투하는 오빠와 언니, 극도로 물질주의적이며 다른 가족에 대해 온정을 베풀 줄 모르는 이들에 맞서서 아버지가 택한 사윗감을 근본적으로 싫어할 뿐만 아니라 오빠가 싫어하는 동창생이자 언니와의 약혼 주선에서 언니를 싫다 하고 나온 청년에게 반동적으로 정을 느끼기도 하는 여주인공—이들 사이의 여러 갈래의 충돌과 갈등은 이 소설을 끝내 비극적인 종말로 치닫게 만드는 씨앗이 되는 것이다.

리처드슨은 이 소설을 "극적인 설화(Dramatic Narrative)"라고 명명하면서 그것이 니콜라스 로우(Nicholas Rowe)의 가정 비극 작품들과 종류를 같이 함도 시인하였다. 그는 또 이 소설의 후기(後記)에서 자기가 작품의 주제를 아리스토텔레스가 규정한, 그리고 희랍 비극작가들과 셰익스피어가 실천한 원리들에 따라 다루었음을 넌지시 시사하였다. 이것은 리처드슨이 다분히 고전 비극의 전통을 염두에 두고 클러리싸의 비운을 구상했으리라는 추정을 가능하게 한다. 실제로 리처드슨은 1748년에 상류 사회의 브래드샤이 귀부인(Lady Bradshaigh)에게 보낸 서한에서 클러리싸를 여주인공으로 구상한 과정을 설명하면서 그녀가 "대단히 어려운 일들과 고귀하게 싸우는 모습과 여러 가지 고민들을 겪는 가운데서도 가장 훌륭한 마음을 써서 승리를 거두는 모습을 귀감으로 보여주었을 뿐만 아니라.... 그녀가 자라난 환경 때문에 다정다감하고 부유한 집안에 태어나서 원래 유순하지만 기백을 발휘할 필요가 있을 때면 자신이 진정한 여걸임을 나타내 보이는 그런 모습도 보여주었다"고 하였다. 리처드슨은 또 작자의 머리말에서 자신이 구상한 작중 인물로서의 클러리싸를 다음과 같이 논하였다. 클러리싸는 "모든 측면에서 볼 때 완전무결한 성격의 인물은 아니다. 그녀에게 어떤 성격적 결함이 있다는 것은 당연할 뿐만 아니라 필요한 일이었다.... 그것이 인간 본연의 약점과 맥을 같이 하는 한에서는, 그녀가 상대해야 했던 사람들과 그녀와 떨어질래야 떨어질 수 없는 사람들이 어떤 사람들인가를 감안해 볼 때, 그녀는 그야말로 완전무결한 존재이다."

소설의 전반부에 나오는 클러리싸는 건전한 마음씨와 유순한 성격을 지닌 18세의 시골 처녀로서 기백도 있거니와 인간적인 취약점도 꽤 있다. 그녀의 기백은 결혼 문제를 가지고 집안의 어른들이 무리한 요구를 해 댈 때 결연히 반대하고 나서는 태도에서 엿볼 수 있다. 1750년대의 사회 풍습에 의하면 딸이 몹시 싫어하는 결혼을 부모가 강요하는 것은 독재적이라 할 수는 있어도 전혀 불가능한 일은 아니었다. 그 대신 아버지가 몹시 싫어하는 사람과 딸이 결혼한다는 것은 당시의 사회 상식으로서는 용납되지 않는 일이었다. 그런 환경 속에서 클러리싸가 가족이 미워하는 라블레이스와 결혼한다는 생각을 조금이라도 품었다는 것은 대단한 용기라고 하지 않을 수 없다. 이런 점에서 클러리싸는 19세기 영소설에서 자주 나오는 드높은 기백의 여주인공들—제인 에어(Jane Eyre), 매기 털리버(Maggie Tulliver), 도로시아 브루크(Dorothea Brooke), 이자벨 아처(Isabel Archer) 등—을 예시하는 선구적 존재라고 할 수 있다.

그런데 라블레이스에 대해서 클러리싸는 이성으로서 느끼는 야릇한 상반(相反) 감정을 자주 나타내 보인다. 라블레이스가 애인으로서 표하는 성실성을 믿지 못하면서도 그녀는 그에게 한없이 마음이 끌리는 것을 막지 못한다. 시간이 갈수록 결혼의 언약에서부터 교묘히 빠져 나가는 라블레이스를 보고 그녀는 분노를 금치 못하다가도 다음 순간에는 그의 앞에서 흐늘흐늘해지는 자신을 발견하곤 한다. 그러나 방탕자 라블레이스의 음계가 하나하나 그 참 모습을 드러내고 마침내 그것이 능욕이라는 형태로 나타나자 클러리싸는 이제 자기에게 남은 마음의 단정함과 정절의 얼을 사수한다는 단호한 태도를 지킨다. 클러리싸에 의하면 라블레이스가 자신의 저속한 도덕적 수준에까지 여자를 끌어내리고서야 비로소 그 여자를 아내로 삼겠다는 것은 언어도단이며 용납될 수 없는 일이라는 것이다. 결혼 전의 남녀 관계에 있어서도 1750년대의 사회 풍습은 여자를 희롱한 남자가 결혼만 해주면 희롱당한 여자의 면목은 지켜진다는 것이었다. 패밀라의 이야기가 바로 이러한 당대의 윤리와 관습에 도전하고 있는 것이며, 이것은 결국 리처드슨 자신이 당대의 안이한 도덕률에 붙인 도전으로 해석될 수도 있다.

남자로부터 능욕을 당하고, 창녀의 집 주인으로부터 엄청나게 치욕적인 대접을 받고, 자기 가족으로부터 여전히 혹심한 의절을 당한 클러리싸는 이제 그들을 모두 용서하는 마음에서 세속적인 것과의 관계를 끊고 죽음을 결의하는데, 그녀가 바라보는 죽음은 공포와 비통으로서 보는 죽음이 아니라 저승에서의 평화를 바라다보는 성자가 느끼는 그런 죽음이다. 클러리싸가 죽음을 준비하는 과정이 소설의 후반부에서 너무나도 장황하게 다루어지고 있다든가, 클러리싸가 마지막 부분에서 신의 은총을 기원하는 정성이 지나치다는 독자의 불만은 18세기부터 오늘날까지 계속되고 있는 불만이다. 그러나 클러리싸의 단정함이나 정절, 또는 그녀가 단정한 윤리에 대해서 가졌던 헌신적인 태도를 궁극적으로 뒷받침해 주는 것이 다름 아닌 정통적 종교의 믿음이라고 생각한다면 클러리싸의 초월적인 이상주의가 이해될 수 있을 것이다.

종교적인 차원에서 볼 때 클러리싸가 속화된 물질주의 문화에 의해 파멸당하는 순교자라면 라블레이스는 악마의 화신이다. 세속적인 의미에서는 영국 왕정복고기의 희극 작품에 자주 나오는 방탕한 귀족의 전형적 인물에 흡사한 그는 돈 많고, 허영 많고, 앙심 많고, 사악한 계략을 꾸미는 재간도 많다. 그러나 그도 클러리싸 못지않게 성격이 다소 복잡한 인물로 부각된다. 예를 들어 소설의 처음 부분에 나오는 그는 생기가 돌고 재기 발랄한 청년으로서 재치 있는 편지를 쓰는가 하면, 클러리싸의 순박함과 매력 앞에서는 사악한 품성을 능히 지켜내지 못한다. 그러나 클러리싸를 보고 점차 부풀어 나는 욕망을 그는 자기 분석의 말로 설명하여 이렇게 말한다. "나를 번갈아 지배하는 세 가지 열정이 있는데, 모두가 거대한 것들이다. 사랑, 복수심, 야심(또는 정복욕)이 그 세 가지다." 얼핏 보기에 일관성이 없는 듯한 그의 행동을 분석해 보면 클러리싸에 대한 야릇하면서도 정열적인 사랑이 그의 행동 동기의 일부가 되며, 할로우 가문의 사람들에 대한 증오심이 동기의 일부가 되며, 또 정력이 넘치는 남성으로서 내세우는 정복욕이 동기의 일부가 된다. 대체로 말해서 라블레이스에게서 결여된 것은 품위나 관대와 같은 자질이다. 이것은 클러리싸 자신이 번번히 그를 보고 성격상 결함이라고 꾸짖던 바이다. 그리고 클러리싸가 마지막에 라블레이스의 결혼 제의를 단호히 거절한 이유 중에는 표면상에 나타나는 능욕 사건뿐만 아니라 쌍방의 성격의 불화합도 크게 작용했다는 지적도 비평가들 사이에서 자주 나온 바 있다.

리처드슨은 분명히 디포오보다 도덕성이 뚜렷이 몸에 배인 사람이었다. 그런데 리처드슨의 걸작 소설『클러리싸』가 지니는 큰 힘은『패밀라』의 경우에서와 같이 범속한 도덕률을 그대로 추종하고 권장하는 것이 아니라 인간의 성적 본능 색정의 속악함과 인간의 천사와도 같은 마음의 단정함과의 각투를 극적으로 부각시켰다는 데에 있다. 악의 속성을 드러내겠다고 마음먹은 리처드슨은 그런 목적을 위해 자신이 반드시 찬동하지 않는 인물을 작품 속에 포함시키기까지 하였다. 동굴 같은 인간의 마음의 컴컴한 후미진 곳을 우리에게 보여준 리처드슨의 솜씨는 후일의 도스토에프스키나 D. H. 로렌스(Lawrence)의 솜씨를 예시해 주는 바 있다. 리처드슨을 상당히 흠모하였던 19세기 영국 시인 새무엘 코울리지(Samuel Coleridge)가 리처드슨의 심성을 가리켜 "매우 천하며 너무나도 질척질척하며 너무나도 위선적이며... 너무나도 호색적"이라고 평한 것을 우리는 위와 같은 배경에서 풀이해야 할 것이다.

3. 헨리 휠딩 (Henry Fielding)

생애와 작품

HENRY FIELDING
(1707~1754)

헨리 휠딩은 디포오나 리처드슨과는 달리 비교적 지체 높은 가문에서 1707년에 태어났다. 그의 증조부가 백작이었고, 그의 아버지는 육군 장교였는데 나중에 장성급에까지 올랐으며, 그의 어머니는 이름난 판사의 딸이었다. 휠딩은 아버지가 직업 군인이었다는 사실에는 긍지를 느끼지 못했지만 증조부 대에서 내려온 귀족적 가풍에 대해서는 늘 긍지를 느꼈다고 한다. 유년 시절을 그는 영국 남부 도세트 지방의 시골 마을에서 지냈는데, 아마 그때 어린 동심에서 경험한 시골의 자연미와 순박함이 내내 그의 마음속에 간직되어 도시 생활의 속악함과 겉치레에 맞서는 가치로서 후일 그의 소설 작품에 담겨 나왔던 것 같다. 휠딩은 교육도 으뜸가는 교육을 받았으니, 유명한 대학 예비 사립학교인 이튼 고교에 다녔다. 거기서 그는 서양의 고전 문학을 즐겨 배웠는데, 그때 그가 고전 문학의 고대적, 현대적 해석에 관해 얻은 지식은 후일 그가 쓴 모든 글과 그의 소설론에까지 반영되어 있다. 이튼에서 그는 또 자신처럼 재치 있고 귀족적 배경을 지닌 학우들을 만났는데, 후일 그에게 관대한 후원자가 되었던 조지 리틀튼(George Lyttleton), 대정치가로 이름난 윌리엄 핏트

(William Pitt) 등은 이 때 사귄 벗들이다.

이튼 고교를 졸업하고 한참동안 휠딩은 런던의 상류 사회에서 한량으로 살면서 어느 부잣집 딸과 눈이 맞아 달아날 계획을 세웠다가 이에 실패하자 주저앉아 극작가로서 생계를 이어 나가기로 마음먹었다. 1728년에 그의 첫 희극 작품 『여러 얼굴의 사랑(*Love in Several Masques*)』이 성공리에 공연되었는데, 같은 해에 휠딩은 인문학과 법학을 공부할 목적으로 네덜란드 라이든 대학으로 갔다. 거기서 고전 문학에 대한 지식을 많이 습득한 그는 1년 반 만에 경제적인 이유로 다시 귀국하여 그 때부터는 극작가로서의 생활로 완전히 되돌아갔다. 이 시기에 그는 아주 참한 여인 샬로트 크래독과 결혼하였다. 그녀의 모습을 우리는 휠딩의 소설 속의 두 인물 소피아 웨스턴(Sophia Western)과 아밀리아(Amelia)에서 각각 엿볼 수 있다. 1730년부터 1737년까지 휠딩은 25편 내외의 잡다한 종류의 희극을 썼는데, 대체로 그것들은 소극(笑劇) 아니면 풍자극에 속하는 작품들이다. 이 극작품들 중에서 상업적으로 가장 성공한 작품은 『구두쇠(*The Miser*)』(1733)였는데, 그것은 17세기 프랑스의 극작가 몰리에르의 같은 제목으로 된 유명한 희곡 『구두쇠』(1668)에 바탕을 둔 것이다. 『구두쇠』에 못지 않게 널리 알려진 극은 『비극 중의 비극—대영웅 톰 섬의 일대기(*The Tragedy of Tragedies : The Life and Death of Tom Thumb the Great*)』(1730)이다. 이 작품은 당시 유행하던 영웅체 비극을 우스꽝스럽게 흉내 내어 가면서 사회에 풍미하는 위선과 소위 “위대한 사람에 대해서 일반이 가지고 있는 통념을 풍자한 것이다.

이 밖에 다른 작품들을 통해 휠딩은 좀 더 노골적으로 정계의 지도급 인사들을 풍자하고 있던 차에 1737년에 낸 정치 풍자극 『역사 기록부(*The Historical Register*)』에서 영국 수상 로버트 월폴(Robert Walpole)을 대놓고 공격한 것이 화근이 되었다. 집권당에서는 더 이상 용납될 수 없는 인신공격이라고 하여 “1737년 면허법”을 즉시 통과시킴으로써 극작품들을 검열에 붙이든가 아니면 출판 금지시키는 강경 조치를 취하기에 이르렀다.

풍자 소설의 개조(開祖)

극작가로서의 활동을 강제로 정지당한 휠딩은 이제 새로운 생계수단을 찾지 않으면 안 되었다. 결국 그는 다시 법학 공부를 하기 위해 법학원에 들어가야만 했다. 3년 후 1740년에 그는 변호사 자격을 얻었지만 건강이 나빠지기 시작하더니 통풍으로 무척 신음하였다. 이렇게 앞 일이 묘연하던 때에 휠딩에게 극작가에서 소설가로 전향할 우연한 계기가 마련되었다. 사실 이 우연한 계기를 통해 휠딩은 18세기 영국 소설을 대표하는 대작가의 위치에까지 오른 것이었다.

1740년에 때마침 리처드슨의 소설 『패밀라』가 세상에 나와 서민 독자들의 대인기를 모으고 있었다. 그러나 정절을 사수하면 훌륭한 보답이 있다고 작가가 내세운 패밀라의 정숙함에는 일종의 사회적 야심이 있는 것이 아닌가 하고 식자들 간에는 비판과 조롱의 소리도 높았다. 그 한 표현으로서 1741년에 『샤밀라 앤드루즈 부인의 변명(*An Apology for the Life of Mrs. Shamela Andrews*)』이라는 소책자가 하나 나왔다. 익명으로 되어 있는 이 책은 분명히 패밀라의 정조관을 위선 덩어리라고 몰아붙여 리처드슨의 소설을 흉내 내어 풍자한 것인데, 휠딩이 그 작자인 것으로 단정되고 있다. 그런데 이 희문 소설이 『패밀라』의 애처로운 장면들을 너무 잔인한 수법으로 흉내 내었다는 작자의 자의식 때문이었는지는 몰라도 휠딩은 『패밀라』를 풍자한 또 하나의 소설을 1742년에 출간했다. 『조제프 앤드루즈의 모험기(*The History of Adventures of Joseph Andrews*)』가 그것이다.

이 희문 소설에서 주인공 조제프는 "그 고명한 패밀라"의 남동생으로 등장하며 패밀라의 남편 미스터 B의 숙모인 레이디 부비(Lady Booby)는 자신이 거느리는 시종 조제프를 자꾸 유혹하는 상황으로 발전되어 간다. 그런데 리처드슨의 소설 『패밀라』를 풍자한다고 가볍게 시작한 이 소설은 처음 10장 정도가 끝날 무렵에는 그러한 의도와는 달리 좀 더 심각한 희극 소설로 방향을 돌린다. 리처드슨의 얇쌀한 소시민적인 윤리관을 겨냥했던 당초의 풍자가 이제는 그 야유의 대상에서 범위를 넓혀 사회 계층 간에 일어나는 부정과 비리, 그리고 인간성 안에 나타나는 이기와 탐욕 등으로 옮겨 간다. 그 결과로 애담즈 목사(Parson Adams)가 대두한다.

레이디 부비를 끝내 물리치고 해고당한 조제프는 그의 참한 연인 패니(Fanny)를 만나 결혼할 결심으로 시골로 떠나는데, 가는 길에 그는 애담즈라는 매우 희극적인 성품의 목사와 만나서 그와 함께 돈키호테식의 모험 여행을 벌린다. 휠딩은 이 책의 속표지에서 이 소설을 "세르반테스의 작풍에 따라 쓴 것"이라고 공언하였다. 세르반테스의 명작 『돈키호테』(1605)에 나오는 돈키호테와 그를 수행하는 산초 판자와 마찬가지로 애담즈와 조제프는 전국 각지를 다니면서 온갖 좋은 일, 궂은 일들을 겪는다. 그 다사로운 사건들을 통하여 인간의 교태와 허영과 아둔이 하나하나 드러난다. 어린이처럼 순박하고 믿어지지 않을 정도로 마음이 착한 애담즈 목사는 휠딩이 창조해낸 인물 가운데서 가장 악의 없고 인간미가 넘쳐흐르는 희극 인물이다. 그는 늘 하나님의 말씀과 의로움을 설교하지만 그 대신 근엄한 티를 낼 줄을 모른다. 때로는 돈키호테처럼 만용을 부려 부상도 당하고, 때로는 흙탕물 세례나 돼지피의 세례를 받는 등 사람들의 조롱거리가 되기도 하지만, 그는 마음에 아무런 손상도 받지 않는다. 아무리 어려운 지경에 이르더라도 그는 끝까지 신의 섭리를 믿으며 타고난 선한 마음씨를 잃지 않는 초세속적인 데가 있다. 조제프와 애담즈 목사는 가는 곳마다 그들의 몸에 배인 순박함으로 위선과 허세 덩어리인 인간의 풍습을 자기들도 모르게 폭로한다. 이 피카레스크 양식의 소설을 통하여 우리는 허식을 미워하고 서민의 선량한 마음씨를 사랑하는 작자의 태도를 어김없이 감지할 수 있다.

결론적으로 『조제프 앤드루즈』는 『패밀라』를 흉내 내어 쓴 얕은 희문 소설의 경지를 넘어서서 세르반테스의 희극 정신에 충실한 희극 소설로 완성되기에 이른 것이다. 소설을 "산문체의 희극적 서사시"로 규정한 휠딩의 소설 이론을 실천에 옮겨 보고 있다는 데서도 이 소설은 새로운 의미를 갖는다. 휠딩이 말하는 그런 희극 소설의 제재는 인간성 안에 있는 "진정으로 우스꽝스러운 것"을 다루는 것인데, 그런 것이 이 책에서 여러 가지 모습으로 폭로될 뿐만 아니라 그러한 "인간 희극"을 연출하고 진행시키는 휠딩의 온화하면서도 전능한 화자가 작품 전체에 명쾌한 분위기를 주면서 군림하고 있는 것이 독자의 주목을 끈다.

1743년에 휠딩은 『잡문집(*Miscellanies*)』 세 권짜리를 출판했는데 그 속에 『대도(大盜) 조나산 와일드 전기(*The Life of Mr. Jonathan Wild the Great*)』가 수록되었다. 중편 소설과도 비슷한 이 작품은 1725년에 처형된 실재의 도적 조나산 와일드의 이야기를 전기의 형식을 빌려 쓴 창작품이다. 얼핏 보기에 이 폭악한 도적을 영웅으로 미화 한 듯한 이 소설은 사실은 범죄인들의 전기를 통해 그들을 미화하는 버릇이 있는 저속한 신문・잡지를 간접으로 꼬집고 있을 뿐만 아니라 한 걸음 더 나아가서는 성공이라면 아무런 도덕적인 판단 기준도 없이 찬미하는 당시의 사회의 경향을 풍자한 것이다. 『조나산 와일드』는 형식면에서 통일성이 잘 갖추어진 작품이라고 할 수는 없다. 아마 집필은 『조제프 앤드루즈』보다 먼저 했던 것인데, 자신의 작가적 명성이 나기 시작하자 약간의 수정을 한 후 출판한 것이 아닌가 하는 추정도 더러 나오고 있다.

이듬해인 1744년에 아내 샬로트가 사망함으로써 격심한 충격을 받은 휠딩은 1년 남짓 저술에 손을 대지 못하였다. 학자들의 연구 결과에 의하면 휠딩의 『톰 존즈』 집필이 1745년에 시작되었을 것이라는 증거가 여기저기에 나타나 있다. 그런가 하면 퇴위한 제임즈 2세를 옹립하는 정치세력의 항거가 1745년부터 1746년 사이에 영국 정계에 먹구름을 던졌던지라 휠딩은 소설 창작보다는 제임즈 2세 옹립파를 반대하는 팜플렛을 쓰는 일에 더욱 바빴던 것도 사실이다. 아마 이와 같은 정치 평론을 쓰는 작업은 그 후 1, 2년 동안 『톰 존즈』를 쓰는 일과 병행했던 것이 아닌가 싶다. 뿐만 아니라 『톰 존즈』가 출판되기 전해인 1748년에는 친구 리틀튼의 도움을 받아 휠딩은 웨스트민스터시의 치안 판사로 임명되었고, 역시 치안 판사로 있는 아우 존과 협력하여 이 시에서 격증하고 있는 범죄율을 억제하는 일과 시의 경찰력을 창건하는 일에 전력을 기울이고 있었다. 풍자적인 정치 평론가로서, 그리고 치안판사로서 휠딩은 사회를 더 아름다운 삶의 터전으로 만들고 악덕을 잡아내어 추방하고 어리석은 심성을 고치는 일에 정성을 다하였다. 이런 가운데서도 약 2년 반 정도로 추정되는 시간을 그의 다음 소설에 쏟았으니, 이러한 과중한 일이 그의 건강을 해쳐 끝내 47세의 단명(短命)으로까지 가게 한 것이었다.

"희극적 서사시"로서의 소설

휠딩의 대표작으로 일컬어지는 『톰 존즈(*Tom Jones*)』(별항 해설 페이지 47~57 참조)가 세상에 나온 것은 1749년인데, 이것이 리처드슨의 『클러리싸』가 나온 다음 해였다는 것은 우연의 일치만은 아닐 것이다. 휠딩과 리처드슨은 이제 숙명적인 라이벌의 입장에 서 있었기 때문에 두 사람이 서로 상대를 의식하였다는 것은 너무나도 당연한 일이다. 『톰 존즈』는 『조제프 앤드루즈』보다 3배 정도 더 긴 장편인데, 세상에 나오자마자 수많은 서민 독자들의 환호를 받았다. 『조제프 앤드루즈』는 이야기 줄거리가 다소 허술하게 짜여져 있지만 『톰 존즈』는 처음부터 끝까지 짜임새 있는 구조를 지키고 있다. 코올리지는 이 소설의 구조면의 우수성을 지적하면서 소포클레스의 희곡 『에디프스』와 벤 존슨의 희곡 『연금사』와 휠딩의 『톰 존즈』는 세계 문학에서 "가장 완벽하게 플롯이 꾸며진 3대

작품"이라고 말하였다. 이것은 휠딩의 극작가로서의 경험이 그의 소설에서 구조면의 우수성을 발휘하는 데에 크게 작용하였음을 단적으로 말해주는 것이다. 19세기의 대소설가 색커리(Thackeray)도 『톰 존즈』의 유기적인 구성이 다른 어떤 소설 작품보다도 더 신묘하게 이루어져 있다고 격찬하였다. 게다가 휠딩이 『조제프 앤드루즈』의 머리말에서 공표한 자신의 소설관 "산문체의 희극적 서사시"가 이 소설에 와서 더욱 성실히 반영되었다는 느낌을 준다. 『톰 존즈』의 또 하나의 특색은 그 짜임새 있는 구성 속에 작자가 실감나게, 그리고 깊은 공감을 가지고 묘사한 인물들이 잘 짜여 들어가 있다는 것이다. 이 인물들을 통하여 당시 사회 각계각층 인사의 부정과 부패와 비열함을 휠딩은 너무나도 생생하게, 우스꽝스럽게 그려내고 있다.

휠딩은 1751년에 다음 소설 『아밀리아(*Amelia*)』를 출판하였다. 이 작품은 초판이 하루 만에 다 팔렸다고 할 정도로 당초에는 모여드는 독자들이 많았지만 휠딩의 먼저 소설처럼 박력도 유머도 없다는 것을 독자들이 알자 인기가 저조해졌다. 이 소설은 휠딩의 다른 소설들과는 달리 여성인물이 주인공으로 되어 있으며 정숙하기 짝이 없는 가정부인 아밀리아가 무책임한 남편 때문에 누추한 환경에서 고생하는 이야기이다. 우울한 분위기가 소설의 전반에서 감돌다가 여주인공이 의외로 큰 유산을 받게 되고, 나약한 남편이 설교집을 읽고 깨달은 바 있어 힘차게 살아간다는 이야기의 종말은 너무 인위적이라는 평을 듣고 있다. 경쾌하고 박력 있는 남성 인물들을 즐겨 다루어 오던 휠딩이 이 소설에서는 연약하고 애처로운 여성적 감성으로 전환하였을 뿐만 아니라 소설 전반을 통하여 사회 정의를 진지하게 부르짖고 정통 기독교적 윤리를 강조하고 있는 것이 특색이다.

1752년에 휠딩은 다시 정치 평론으로 돌아가 빈민 구제를 위한 글도 활발히 썼다. 뿐만 아니라 그는 당시 런던 시내에 들끓고 있던 범죄 폭력배들을 타파하는 계획도 세워서 그것을 성공적으로 실천에 옮겼다. 그러나 통풍, 천식 등으로 다시 건강이 악화된 휠딩은 1754년에 요양차 포르투갈로 떠났다가 그 해 10월 리스본에서 세상을 떠났다. 그때의 여행 경험을 활력 있게 옮긴 『리스본 여행 일지(*The Journal of a Voyage to Lisbon*)』는 그의 사망 후 1755년에 세상에 발표되었다. 그는 이 책에 "플롯 없는 소설"이라는 부제를 달았다.

귀족적 혈통을 받아 자란 휠딩은 이념적 차원에서는 양반 신사였다.

그가 내세운 이상은 풍요하고, 질서정연하고, 선과 덕이 지배하는 그런 희망적인 세계였다. 그것은 기독교와 인본주의 사상이 병합하여 만들어진 세계관이었다. 휠딩은 영국 교회의 정통교리, 즉 인간관계 본래 타락된 존재이며 하나님의 은총만이 타락된 인간을 구제할 수 있다고 하는 교리를 믿은 것은 아니었다. 그는 영국 교회 내의 "광(廣) 교회파"라고 일컬어지는 종파가 내세우는 좀 더 합리적이며 덜 신비적인 교리, 즉 인간의 성선(性善)과 자유 의지를 더 적극적으로 믿는 입장을 택했다.

그러면서도 휠딩은 실제 생활면에서는 늘 수입이 나오는 일을 찾아다니고, 언론인으로서 그리고 치안 판사로서 많은 활약을 하다 보니 상공인이나 노동자들과도 많은 접촉을 가지고 살아서, 세상에는 반드시 착한 사람들만 있는 것은 아니라는 경험을 하였다. 그의 정치 평론은 당시 영국 사회의 무질서와 부패상을 신랄히 비판하는 것이었고, 그의 희곡은 그의 조롱의 대상자들의 비위를 실컷 건드려 놓는 그런 작품들이었다. 소설가로서 휠딩은 영문학에서 이미 토머스 내쉬(Thomas Nashe), 다니엘 디포오 등이 쓴 피카레스크 형식의 소설은 물론, 피카레스크 소설의 한 원천인 세르반테스가 『돈키호테』에서 보여준 사회 풍자의 정신에서 배운 바가 크다. 문체에 있어서는 당시 언론에서 자주 쓴 박력 있는 산문을 많이 썼으며, 상류층과 하류층 사회에서 각각 그가 몸소 겪은 생활 경험도 아울러 작품 속에 많이 반영시켰다.

『톰 존즈 *Tom Jones*』 (1749)

플롯 개요

영국 남서부쪽 소마세트셔주의 덕망 높은 양반 지주 올워시(Allworthy) 영감은 누이 동생 미스 브리제트(Bridget)와 함께 시골 저택에서 태평스러운 은퇴생활을 하고 있다. 올워시는 일찍이 가정을 이루어 세 자녀를 보았었으나 자녀들이 모두 어려서 사망하고 약 5년 전에는 사랑하는 아내와도 사별한 터였다. 그래서 이제는 30을 좀 넘은 노처녀 누이동생과 같이 살고 있었다. 어느 날 그는 런던에 갔다가 저녁에 시골 저택의 자기 침실에 들어서는 순간 침대 위에 고이 잠들고 있는 어린 아기를 보고 깜짝 놀란다. 누군가가 어린 아기를 무명천에 감싸서 이 저택 침실에 버리고 간 것이다. 놀람과 당황을 금치 못한 올워시는 가정부 윌킨즈 부인과 누이동생 미스 브리제트를 불러들여 상의한 끝에 결국 집에서 이 아기를 기르기로 뜻을 모은다.

이튿날 올워시와 누이동생은 온 동네를 수소문하여 버려진 아기의 어머니를 찾는데, 얼마 만에 제니 존즈(Jenny Jones)라는 여자가 의혹의 대상으로 낙착된다. 학교 선생 파트리지(Partridge)의 집에서 시녀로 일하던 제니는 선생의 가르침을 받아 글을 좀 알게 되자 무식한 동네 아낙네들의 시기의 대상이 되어 오던 차, 미스 브리제트가 오래 병석에 누워 있었을 때 올워시 영감 댁에 와서 간호한 적이 많아 수상쩍다는 것이었다. 올워시는 제니를 점잖게 꾸짖고 나서 아기는 올워시 가문에서 잘 기르겠노라고 말한다. 그러고도 동네에 좋지 않은 소문이 나돌 것이 염려되어 올워시는 제니를 딴 데로 보내 버린다. 그리고 톰이라는 이름을 지어준 어린 아기에게 떠나간 어머니의 성을 따서 톰 존즈라는 성명을 부여한다. 제니가 낳은 아기의 아버지가 파트리지 선생이라는 소문이 어느새 퍼져서 그의 가정에까지 파문이 일자 올워시는 학교 선생을 불러 인륜 도덕에 관한 장황한 설교를 해 댄다. 이윽고 학교 선생 파트리지는 제니와의 추문 때문에 교직과 가정을 다 버리고 이 고장을 떠나는 신세가 된다.

한편 노처녀 브리제트가 얼마 후에 재산에 눈독을 들이는 성질 고약한 블라이휠(Blifil) 대위와 혼인이 되어 그 사이에서 곧 아들을 보게 된다. 올워시는 어차피 아이들이 그리운 터이라 누이동생의 아들 블라이휠과 톰 존즈를 함께 기르기로 마음먹는다. 대위가 얼마 후에 세상을 떠나게 되자 그의 아들 블라이휠은 이제 올워시의 상속자가 되어 이 집에서 자라난다. 그리고 톰은 톰대로 올워시의 극진한 사랑과 평등한 대우를 받으며 자라난다. 톰은 정직하고 의협심 많고 온정이 깊으면서도 호탕한 성격을 지닌 젊은이여서 때로는 본의 아닌 실수도 저지른다. 그러나 블라이휠은 간악하고 음흉하며 손위 사람에게는 공경심도 못 느끼면서 겉으로 예의 바른 흉내만 잘 내는 청년이다.

이 두 젊은이를 위해 목사 스왜컴(Thwackum)과 철학가 스퀘어(Square)가 각각 가정교육의 책임을 맡게 되는데, 스왜컴은 짓궂고 잔인한 성격이고 스퀘어는 무절조한 기회주의자이다. 이들의 눈에는 톰 존즈가 문제 많은 장난꾸러기로 밖에 보이지 않아 일이 있을 때마다 그들은 이 집의 상속자인 블라이휠의 편을 들고 톰에게는 누명만 씌운다. 블라이휠은 두 선생의 행위에서 더욱 기운을 얻어 톰을 미워하는 감정이 갈수록 커진다. 그러나 이상하게도 블라이휠의 어머니는 톰을 그렇게 싫어하는 눈치가 아니다. 어떤 때는 자기가 낳은 아들보다 톰에 대해 애정을 더 보이는 것 같기도 한다. 한편 마음이 비단 같은 올워시는 자기에게 늘 공손하게 구는 블라이휠에게 더욱 애정을 주기 시작하고 겉으로 사고만 잘 내는 톰에 대해서는 눈살을 찌푸리고 바라볼 뿐이다.

같은 동네에 역시 양반 지주 웨스턴(Western) 영감이 살고 있는데, 그에게는 소피아(Sophia)라는 귀여운 딸이 있다. 어려서부터 톰은 소피아를 위해 수없이 많은 친절을 베풀었던 터이라 소피아도 이제는 톰에 대해서 상당한 호감을 가지고 있다. 톰은 소피아의 이러한 감정을 모르는 바 아니나 최근에 올워시의 사냥지기의 딸 몰리 씨그림(Molly Seagrim)을 알게 되면서부터는 그 시골 처녀에게 마음이 더욱 쏠리는 것을 자기도 어찌할 수가 없다. 그러나 그가 소피아에 더욱 가까워질 기회가 찾아온다. 어느 날 소피아가 타고 가던 말의 고삐가 풀려 나가 낭패를 당하고 있는 현장에서 그녀를 구출해 내려다가 톰은 팔을 다쳐 소피아네 집에 실려 간다. 그 집에 머물며 그가 상처 치료를 받고 있는 동안 두 남녀는 서로 사랑을 고백하는 단계에까지 이른다. 그러나 소피아의 아버지가 그들의 결혼을 승낙하지 않으리라는 것을 톰은 알고 있다.

바로 이 무렵에 올워시 영감이 중병으로 눕게 된다. 급히 달려온 가족들 앞에서 노인의 재산 처분의 내역을 발표하기까지 한다. 마침 런던에 가 있다가 오라버니의 병환 소식을 듣고 집으로 돌아오던 블라이휠 부인이 도중에서 사망하고 만다. 그와 때를 같이하여 중병에 들었다고 하던 올워시 영감은 기적적으로 병이 나아 병석에서 일어난다. 양아버지이자 자기에게 유산까지도 분배해준 올워시 영감의 병이 회복되었음을 알게 된 톰은 너무나도 기뻐서 축하의 뜻으로 술을 마시다가 그만 취해 버려서 블라이휠과 언쟁을 벌인다.

톰에 대한 애정을 되도록이면 겉으로 나타내지 않는 소피아가 블라이휠에게도 친절히 대함을 본 소피아의 고모 웨스턴 부인은 소피아가 블라이휠에 호감을 가지고 있다고 판단하고 오라버니 웨스턴 영감에게 그 말을 전하자 웨스턴 영감은 곧 올워시 영감과 의논하여 블라이휠과 소피아를 혼인시키자고 말한다. 고모가 올워시 영감네 아들과의 혼사를 소피아에게 전하자 순간적으로 그것을 톰으로 착각하였던 소피아는 톰에 대한 열렬한 감정을 저도 모르게 나타낸다. 고모는 가족도 재산도 없는 젊은이에게 자기 딸을 줄 오라버니가 아니라고 소피아에게 말하면서 블라이휠을 결혼상대로 받아들이지 않으면 톰을 몰래 사랑한다는 것을 아버지에게 일러바치겠다고 위협한다. 소피아와 톰은 정원에서 밀회를 가지고 그 자리에서 영원한 사랑을 기약한다. 이 장면을 본 웨스턴 영감은 곧 올워시 영감에게 가서 이 사실을 알린다. 아버지의 건강에 대해 그토록 무관심했다는 톰의 행실이 너무나도 괘씸하다고 생각한 올워시 영감은 톰을 불러들여 꾸짖는다. 블라이휠의 흉계도 흉계지만 스왜컴과 스퀘어의 지원 사격에 힘을 입어 톰 존즈는 마침내 양아버지의 집에서 쫓겨나고 만다. 사랑하는 양아버지와 자기의 사이가 이토록 벌어졌다는 사실, 그리고 소피아를 비롯하여 20년 동안 이 고장에서 자라면서 정들었던 모든 것을 버리게 된다는 사실로 비탄과 절망에 빠진 톰은 배 타는 일을 할 작정으로 브리스틀로 향해 떠난다. 블라이휠과의 결혼 강요를 거부한다는 이유로 집 안에만 갇혀 있던 소피아는 소피아대로 자기의 시녀 오너(Honour) 부인을 데리고 아버지의 집을 나온다. 그녀는 런던에 사는 친지 벨라스톤(Bellaston) 귀부인을 혹시나 찾아볼까 하고 떠난다.

길에 나서서 정처 없이 걸음을 서둘던 톰은 때마침 제임즈 2세 옹립파의 폭동을 제지하러 나선 군인들과 만나게 되자 뱃사람이 된다는 꿈을 어느새 버리고 함께 길을 가다가 어떤 여관에 머무른다. 여관에서 일어난 싸움에서 톰이 부상을 입게 되는데, 상처를 치료하러 온 이발사가 공교롭게도 톰의 시골 마을에서 학교 선생을 하다가 제니 존즈와의 추문으로 그 것을 떠났었던 파트리지임이 밝혀진다. 톰의 상처가 낫자 톰과 파트리지는 다시 길로 나선다. 얼마 안 가서 그들은 한 여인이 군인한테 겁탈당하여 고함을 지르고 있는 것을 본다. 톰은 얼른 그녀를 구해내어 업튼이라는 그 부근 마을의 여관에 데리고 가는데, 옷이 남루하게 찢어진 여자를 보고 여관집 주인 아낙네는 손님을 받으려 들지 않는다. 그러나 그 여인이 봉변을 당하였다는 사실과, 사실은 그 여인이 워터즈(Waters) 대위의 부인으로 군인들과 같이 여행하다가 그렇게 되었다는 사실을 알게 되자 여관집 주인도 안심하고 숙박을 허락한다. 워터즈 부인은 자기를 구출해 준 은인 톰에게 사의를 표하며 저녁 식사 대접을 한다.

한편 같은 여관에 한 부인과 시녀가 숙박하고 있는데, 이 여인은 집을 뛰쳐나온 가정부인이자 소피아의 아버지 웨스턴 영감의 질녀이다. 몇 시간 후에 그 뒤를 따라 성난 휘츠패트릭(Fitzpatrick)이 자기 아내를 찾아 들어온다. 객실 담당 청소부의 실수로 워터즈 부인의 방 문을 두들기고 들어간 그는 거기에서 톰 존즈가 워터즈 부인과 같이 있는 것을 보고는 당황하여 나와 버린다. 이런 소동이 일어나고 얼마 안 되어 소피아와 시녀 오너 부인이 같은 여관에 당도한다. 잠시 워터즈 부인에게 마음이 끌려 있는 톰의 이야기를 파트리지로부터 듣게 된 소피아는 톰의 변덕스러운 사랑에 낙심하고 발길을 돌린다. 떠나면서 그녀는 톰이 전에 즐겨 매만지고는 하던 자기의 토시를 톰이 없는 빈 방의 침대 위에 놓고 간다.

얼마 만에 소피아는 간밤에 여관에 들었다가 남편이 소동을 부려 여관에서 빠져나왔던 휘츠패트릭 부인을 따라 잡게 된다. 소피아와 사촌간인 휘츠패트릭 부인은 둘이서 같이 런던에 가기로 결심한다. 소피아가 런던에 가서 찾아보겠다고 하는 벨라스톤 귀부인도 사실은 고모를 통해 알게 된 사람인데, 소피아가 집을 나온 사연을 듣고 동정하는 눈치를 보인다. 그러나 벨라스톤 귀부인은 재산가의 집 딸인 소피아를 자신의 방탕한 남자친구 헬라마(Fellamar)와 혼인시킬 음모를 꾸민다.

한편 톰은 파트리지와 함께 런던에 와서 밀러(Miller)부인의 집에 유숙한다. 밀러 부인 댁은 올워시 영감이 런던에 올라올 때면 늘 와서 묵는 집이다. 톰은 이 집 식구들에게 친절을 많이 베풀어 호감을 산다. 런던에서 벨라스톤 귀부인과 휘츠패트릭 부인을 여러 번 찾아간 톰은 마침내 소피아를 만나볼 기회를 갖게 된다. 소피아는 톰과 벨라스톤 귀부인과의 관계를 잠시 오해하기는 하지만 다시 예전의 사랑을 확인한다. 이때 톰을 휄라마의 라이벌이라고 생각한 벨라스톤 부인은 휄라마를 설득시켜 톰을 강제 징모대(徵募隊)에 잡혀 가도록 흉계를 꾸민다.

벨라스톤 귀부인의 계략으로 소피아가 한참 난관에 처해 있는데, 하루는 웨스턴 영감이 휘츠패트릭 부인으로부터 소피아의 거처를 알아내고서 찾아와 딸을 자기의 숙소로 데려간다. 소피아의 시녀로부터 웨스턴 영감이 상경했다는 소식을 들은 톰은 낙심천만이 된다. 그러자 또 파트리지가 말을 전해 오기를 올워시 영감도 블라이휠을 소피아와 혼인시키기 위해 상경하는 중이라는 것이다. 깊은 고민에 빠진 톰은 휘츠패트릭 부인을 보러 갔다가 그녀의 질투하는 남편으로부터 문전에서 구타를 당한다. 구타 현장에서 자기 방어를 한다는 것이 톰은 오히려 상대에게 상해를 주어 그것 때문에 경찰에 구류된다.

옥에 갇힌 톰은 이제 여러 가지 불운에 덮싸인다. 우선 상해를 받은 휘츠패드릭이 죽었다고 하니 살인죄를 범한 것이 된다. 뿐만 아니라 감옥에 찾아온 워터즈 부인을 만난 파트리지는 그녀가 톰 존즈를 낳았다는 소문이 돌았던 제니 존즈임을 알게 되어 그 사실을 만나는 사람마다에게 퍼트리니, 그 이야기가 런던에 와 있는 올워시 영감의 귀에까지 들어간다. 런던에 와서 톰이 밀러 부인 댁에서 보여준 착한 마음씨에 대해 이야기를 듣고 영감은 톰에 대해 지금까지 가지고 있던 부정적인 생각을 바꾸어 보려고 하던 참이었다. 톰은 톰대로 제니 존즈가 자기를 낳아준 어머니라면 자기는 근친 상간죄를 지은 것이 된다고 고민한다.

그런데 여러 가지 불운에 휩싸였던 것도 한 순간, 그 하나하나를 거두어 내는 사건들이 속속 일어난다. 우선 톰이 집에 있을 때 올워시 영감으로부터 유산으로 받은 500파운드의 거금을 톰이 가지고 떠난 것이 아니라 사냥지기 블랙 조지(Black George)가 가로채어 썼다는 사실을 올워시는 우연히 알게 된다. 그리고 병석에서 죽기 전에 옛날 선생 스퀘어가 올워시 영감에게 편지를 보내어 자신이 과거에 톰에 대해서 험담을 했던 사실을 밝히고 톰이 집을 나가게끔 만들었던 그 옛날의 죄과에서 그를 풀어준다고 말한다. 톰과의 싸움에서 치명상을 입어 죽었다고 하던 휘츠패트릭은 상처가 나아 일어났으니 톰은 살인범의 누명을 벗게 된다. 뿐만 아니라 휘츠패트릭은 자신이 먼저 톰에게 손을 대었다는 사실도 시인하여 톰은 감옥에서 풀려나온다. 마지막으로 톰의 친부모에 대한 이야기가 완전히 밝혀진다. 즉 파트리지는 자기가 톰의 아버지가 아니라는 사실을 분명히 하고, 워터즈 부인이 된 제니 존즈도 톰이 자기가 낳은 아들이 아니라 올워시 영감의 누이동생 브리제트가 올워시 영감댁에 와 있던 청년 학생과의 사이에서 낳은 아이라는 놀라운 사실을 밝힌 것이다. 브리제트는 죽기 직전에 변호사에게 사실을 고백하고 오라버니에게 쪽지 한 장을 전해 달라고 당부하였는데, 블라이휠이 중간에서 아마 그것을 없애 버린 모양이다.

블라이휠의 악독한 처사들이 이렇게 폭로되자 올워시 영감은 블라이휠 대신에 톰 존즈를 자기의 정식 상속자로 정한다. 톰의 혈통과 배경이 밝혀지자 자기 딸을 블라이휠과 혼인시킨다고 고집하던 웨스턴 영감도 이제는 톰과의 혼인에 동의할 뿐만 아니라 열띤 축복을 보낸다. 톰은 마지막으로 다시 소피아를 만나 서로의 사랑을 확인한다. 벨라스톤 귀부인과의 관계에서 생겼던 복잡한 사연들도 마음속에서 정리하면서. 그리고 톰은 자기에게 해를 끼쳤던 모든 사람들을 관대한 마음으로 용서한다. 사악한 블라이휠까지도 포함해서. 오랜 시련 끝에 톰과 소피아는 남편과 아내가 되고 시골에 있는 웨스턴 영감의 저택에서 안락한 살림을 차린다.

비평과 분석

영국 소설에서 휠딩이 차지하는 진정한 위상은 그가 자기의 선배 소설가 리처드슨에 대한 비판 의식에서부터 출발한 작가라는 데에 있다. 『조제프 앤드루즈』가 『패밀라』에서 자극을 받아 나온 소설이라면 『톰 존즈』는 『클러리싸』에 대한 한 답변이라고도 할 수 있는 소설이다. 그리고 리처드슨보다 무언가 새로운 것을 내어 보겠다고 한 휠딩에게 있어서 『조제프 앤드루즈』는 주제면에서나 형식면에서나 『톰 존즈』의 서막을 이루는 작품인 것이다. 그러므로 우선 『톰 존즈』의 형식적인 측면을 보려면 『조제프 앤드루즈』의 그것으로 거슬러 올라가 보는 것이 좋다.

휠딩은 『조제프 앤드루즈』의 초판의 머리말에서 이 소설이 "우리말로 여태껏 시도되어 본 적이 없는 그런 체의 글로" 표현되어 있다고 장담하였다. 그것을 그는 "산문체의 희극적 서사시(a comic epic poem in prose)"라는 구절로 표현했다. 휠딩의 특이한 소설 이론을 말해 주는 이 구절은 얼른 납득이 안 가는 점이 있기는 하나, 이것을 휠딩이 젊어서부터 심취해 있던 서양 고전 문학의 이론과 실제를 감안하여 생각하면 그 실마리를 찾을 수가 있다.

우선 "희극적"이란 말은 휠딩이 보는 견지에서는 단순히 우습다는 말일 뿐만 아니라 그리스와 로마의 고전극에서 사용된 "희극"이라는 말이 지니는 여러 가지 함축적 의미까지 내포한다. 즉 고전 희극에서는 옛날의 전설을 소재로 삼는 것이 아니라 현세에 실제로 일어나는 일을 다루는데, 그와 함께 영웅적인 사회의 영도자가 아니라 하류층의 인물들을 설정하며, 아울러 불완전한 인간 사회를 극작가가 비판적으로 분석하며 제시하였던 것이다. 따라서 휠딩의 소설에서 "희극적"이라는 것은 고전극이 지녔던 여러 가지 의미를 이어 받는다는 말이 된다.

그 다음에 "서사시"라는 말은 보통 곡절이 많은 사건들을 이야기체로 길게 서술한 시를 뜻하는데, 여기서도 휠딩은 아리스토텔레스 이래로 옛 사람들이 논해 온 서사시의 정연한 구조를 유독히 생각하며 이 말을 사용했음이 분명하다. 왜냐하면 『조제프 앤드루즈』에서 휠딩은 독자에게 자기는 호머의 신격화된 인물들로 소급하는 문학 전통에 따라서 "희극 서사시"를 새로 창출하고 있다고 말했던 것이다. 그러나 고전 문학의 서사시가 대체로 중대한 소재의 비극을 연출하기가 일쑤인데 비해 휠딩의 "희극 서사시"는 비교적 하찮은 우스꽝스러운 주제를 장대한 서사시적인 구조 속에 풀어 나간다는 일종의 부조화의 장르이며, 이것은 휠딩이 살던 신고전주의 시대에 고대의 풍자 문학에서부터 성실히 이어 받은 문학 전통이었다. 어쨌든 "희극 서사시"라는 용어는 작품의 구조를 강력히 암시하는 말임에 틀림없다. 『톰 존즈』의 5편 1장에서도 이 용어를 쓰고 있는 휠딩은 이 작품을 그 이전에 나온 다른 어떤 영국 소설 작품보다도 응집성이 강한 구조의 작품으로 만드는 데 성공하였다.

이 소설의 정식 제목은 『기아(棄兒) 톰 존즈의 인생 경력(*The History of Tom Jones, A Foundling*)』이라고 되어 있다. 이 소설의 구조적 특성을 보면 작품 전체가 18편으로 면밀히 나누어져 있는 모습이 작가 휠딩이 공공연히 찬미한 서사시의 구조와 흡사한 데가 있다. 그 18편은 다시 1편부터 6편까지, 7편부터 12편까지, 13편부터 18편까지로 세 부분으로 나누어져 있다. 첫 부분(Ⅰ~Ⅵ)은 올워시 영감이 사는 소마세트셔 지방의 시골 저택 환경에서 톰 존즈가 스무살되는 해까지 자라나는 이야기다. 둘째 부분(Ⅶ~Ⅻ)은 톰이 집을 떠나서 런던에 도착할 때까지 여러 마을과 숙소를 거치는 노상 여행 경험을 다룬 것이다. 이 소설의 중간점이 되는 9편과 10편에서는 업튼의 여인숙에서 톰이 워터즈 부인과 우연히 만나 연애에 빠지고, 그를 뒤따라오던 소피아가 이 연애 사건을 알고 런던으로 급히 올라가는 동안의 떠들썩한 사건들이 자리를 메운다. 셋째 부분(XⅢ~XⅧ)은 런던을 배경으로 하여 톰과 소피아가 다같이 도시인들의 계략과 음모 때문에 많은 고초를 겪다가 행복과 사랑을 되찾는 이야기다. 첫 부분이 20년 세월을 망라하고 있는 데 비해, 둘째 부분과 셋째 부분은 톰이 집을 나가 정처 없이 헤매며 고생하는 38일의 시간을 집중적으로 다루고 있다. 올워시 영감 저택의 태평스러운 분위기에서 출발하여 38일간의 요동 끝에 평화로운 시골 양반 저택으로 회귀하는 이 소설의 구조가 지니는 상징적 의미는 『톰 존즈』를 통해서 작가 휠딩이 자신이 신봉하는 18세기의 질서 정연한 양반 체제를 재연하였다는 것이다.

이러한 질서 정연한 우주와 사회의 질서를 정당화하는 힘이 자선과 덕행이라고 휠딩은 믿었다. 『톰 존즈』에서 그러한 질서의 중추를 이루는 인물인 올워시 영감은 선덕의 상징이다. 『조제프 앤드루즈』의 애담즈 목사에서 이미 시범되었던 순박과 선덕과 덕행은 올워시 영감을 통하여 톰 존즈에게까지 미친다. 이 세 인물들은 "본성적"인 신사의 품성을 지닌 사람들이다. 그들의 선덕이나 선행은 사회적인 지위나 표면상으로만 세련되어 보이는 품행에서 나오는 것이 아니라 착한 마음에서 자연발생적으로 우러나오는 것이다. 휠딩은 자신이 리처드슨의 소설에서 보았다고 생각한 패밀라의 허식적인 정숙이나 도덕 대신에 이 "본성적"인 순수한 선덕 또는 선행을 자기 소설의 모랄로 내세웠던 것이다. 물론 휠딩의 이 세 인물들은 선덕 그것만을 대변하지는 않는다. 애담즈 목사는 그 나름대로 목자의 오만을 나타내기도 하고, 올워시 영감은 이따금 어리석은 판단을 내리기도 하고, 톰은 톰대로 번번이 경솔한 행동이나 이성 관계를 나타내 보이기도 한다. 이러한 성격 구성은 인성을 근본적으로 선한 것으로 보되 악의 요인도 개입될 수 있다는 휠딩의 입체적인 인간관에서 온 것이며, 그의 입체적인 성격 구성은 그의 소설 이전에 로맨스 소설에서 자주 보던 흑백으로만 갈라진 단순한 인물 성격에서 일보 전진한 것이다. 그리고 이런 것이 휠딩의 인물들에 더욱 인간미를 부여하는 점이기도 하다. 이들에 비하면 체질적으로 선덕의 힘이 스며들 여지도 없고 짓궂고 악랄한 블라이휠 같은 인물도 있는가 하면, 그 보다도 더 적은 역할을 하는 스왜컴과 스퀘어 같은 인물들은 우의적(寓意的) 의미만 지니는 평면적인 성격들이다.

『톰 존즈』에는 적어도 두 가지 중요한 주제가 깔려 있다. 하나는 18세기의 질서정연한 세계관이 암시하는 현명하고 전능한 신의 섭리로써 우주가 통치되고 있다는 원리를 적극 내세우는 것이다. 휠딩이 정열적으로 나타내는 인간의 "본성적"인 선덕과 순박은 신의 섭리의 단적인 표현이라고 말할 수 있다. 그런데 삶을 근본적으로 밝게 보면서도 인생의 조건으로 가끔 나타나는 불의의 어려움을 충분히 겪었던 휠딩은 자신이 구축한 질서의 세계에 또 하나의 조건을 제시한다. 그것이 바로 올워시 영감의 입을 통해 천거되는 prudence다. 합리적이며 실제적인 성격을 띤 이 덕성은 인간의 윤리 도덕의 차원에 관한 한, 섭리로써 우주를 관장하는 현명하고 전능한 신과 맞먹는 개념이다. Prudence는 보통 두 가지 의미를 가지는데, 그 가장 세속적인 의미는 "신중, 세심, 타산, 빈틈없음"을 말한다. 편의주의나 사리(私利)가 주안점이 되는 세속적인 의미의 이 지혜는 로빈슨 크루소나 패밀라와 같은 신생 중산 계층의 새로운 대변자들의 행동 양식을 잘 대변해 주는 말이다. 『톰 존즈』에서는 윤리적인 면에서 별로 공경을 받지 못하는 인물들—블라이휠, 벨라스톤 귀부인, 제니 존즈, 파트리지, 웨스턴 부인—이 모두 빈틈없고 타산적이고 세심한 인물로 나타난다. Prudence의 좀 더 사변적인 의미는 "사려 분별, 총명"을 말하며 그런 차원에서는 플라톤이 썼던 Sophia(즉 지혜)라는 말과 깊은 연관성이 있다. 사려와 분별과 총명을 가진다는 것은 선과 악을 판별하고, 나아가서는 선을 행하고 악을 피하는 힘을 암시하는 것이다. 그러므로 톰 존즈가 소피아라는 이름의 여인을 사랑하고 그녀의 사랑을 추구하였다는 『톰 존즈』의 줄거리 자체가 상징적인 의미를 지니는 것이다. 뿐만 아니라 톰 존즈는 생모로부터 버림받은 자식이라는 사회적인 오점에서부터 출발하여 자신의 경망스러운 실수 등을 거쳐 마침내 양아버지인 올워시 영감과 화해를 하고 사랑하는 여인 소피아와의 진정한 사랑을 확인할 때까지 "사려, 분별, 총명"의 경지를 찾아 방황하는 때가 한 두 번이 아니다. 이러한 의미에서 소설 『톰 존즈』는 주인공의 인격 형성이나 그의 성격의 교육적 발전의 과정을 추적한 "교양소설(Bildungsroman)"의 한 예라고 말할 수도 있다.

휠딩은 원래 소설가의 과업을 인간성과 인간사를 적어 나가는 "역사가"라고 보았다. 따라서 그가 쓰는 소설의 임무는 한 역사적인 시대의 정신과 그 의미를 추구하는 일이었으며, 그런 견지에서 소설과 서사시를 결부시켜 생각했던 것이다. 비록 역사가의 입장에서 쓰는 소설이기는 하지만 그런 소설에서 "박진감"이라는 구상(具象)이 절대로 필요하다는 것을 휠딩은 알고 있었다. 그러나 박진감을 내는 방법에 있어서는 실제 생활상을 드러낸다고 하는 데에 주력하였다. 즉 자신이 실제로 경험한 구체적인 사실들을 보편적 관련성을 지닌 상징으로 전환시키는 것이었다. 예를 들어 『톰 존즈』의 첫 부분에 나오는 올워시 영감의 저택 전경은 휠딩의 절친한 친구이자 재정 후원자였던 조지 리틀튼과 랠프 앨런(Ralph Allen)의 저택을 각각 모델로 한 것이다. 그리고 톰이 글래스톤 베리에서부터 웰지 글로스터, 업튼, 메리든, 카벤트리를 거쳐 런던에까지 올라간 그 길은 휠딩 자신이 이따금 왕래하던 길이었고, 시기도 제임즈 2세 옹립파들이 찰즈 에드워드 스튜어트의 영도 하에 폭거를 일으키던 1745년 가을의 정황을 잘 나타내고 있다. 이 소설의 주요 인물들도 휠딩의 친구나 친지를 모델로 삼은 경우가 더러 있다. 올워시 영감의 모델로 리틀튼과 앨런이 각각 사용되었음은 널리 알려진 일이며, 톰의 애인 소피아는 휠딩의 첫 아내 샬로트 크래독크가 일부 소재로 되었다는 확증이 있다. 그리고 소피아가 결혼 문제를 놓고 자기 가족과 겪는 고충은 리처드슨의 클러리싸의 고충과 흡사한 데가 있다. 소피아의 아버지 웨스턴 영감의 성급함과 여우 사냥을 무척 즐기는 성향 등이 당시의 보수당 소속 지방 유지의 전형적 모습을 보여준다고 역사가들은 말한다.

소설을 역사가처럼 써 나간다고 한 휠딩은 또 그 나름대로의 소설 기법을 창안해 내어 그 기법 자체가 소설 『톰 존즈』의 특징적인 구성 형식을 이루는 데 한 몫을 하였다. 디포오는 자서전적인 실록을 쓰는 듯 소설을 씀으로써 독자들에게 작가의 모습을 드러내지 않는 가운데 이야기의 사실적 효과를 늘리려 했던 것이다. 그리고 리처드슨은 일기나 편지의 형식으로 된 소설을 씀으로써 역시 독자에게 작자의 존재를 숨기면서 이야기가 더욱 실감나게 전달되도록 하였다. 이러한 소설 기법과는 전혀 달리 휠딩은 일부러 작자의 존재나 모습을 독자에게 알리는 방법을 쓰고 있다. 작자와 독자 사이에 화목한 대화의 분위기를 조성해 가면서 독자의 신망을 얻으려고 하는 휠딩의 접근 방법은 오히려 태연하고 솔직한 데가 있다.

휠딩이 『톰 존즈』에서 설정한 화자는 반드시 휠딩 자신이 아니라, 20세기 비평가 웨인 부스(Wayne Booth)의 표현대로 한다면 "함축된 작자"의 목소리이거나 작자가 의도적으로 특별히 설정한 한 인물이다. 그는 소설 속에서 사건이 일어날 때마다 그 사건의 의의를 독자에게 해설해줄 뿐만 아니라 때로는 뒤로 물러서서 그러한 사건이 그려진 글의 문학적 양식 같은 것까지도 논한다. 『톰 존즈』의 서두에서 독자는 음식점에 온 손님으로 대해지며 그 손님 앞에 휠딩의 화자는 음식점 주인의 자격으로 맛

있는 음식을 차려 놓는다. 그리고 18편의 맨 첫 장마다 독자에게 대놓고 문학 일반을 논하기도 하고 어떤 특정한 식단(食單)에 대한 이야기를 하기도 한다. 이렇게 화목한 분위기 속에서 독자와 담소하는 가운데서 화자는 이 소설을 오직 문학 작품으로서만 천거할 뿐만 아니라 이토록 작자가 문학 작품으로서 내세우는 작품이야말로 어떤 가장된 사실을 적은 작품(예컨대 리처드슨의 소설) 보다 인생에 관한 도덕적 진실을 더 많이 보여줄 수 있는 것이라고 주장하였다. 작자가 자신의 모습을 노골적으로 드러내는 휠딩의 이런 서술 방식은 현대 독자들이나 비평가들의 호감을 별로 사지 못하였을 뿐만 아니라 그러한 방식을 통해 그가 내세운 소설의 미학은 20세기의 독자가 볼 때 구체성이나 철저함이 결여되어 있다는 난점을 드러낸다. 다만 영국 소설의 초창기에 그나마도 소설 장르의 위상과 기능, 그리고 소설 기법이 가지는 한계성까지도 어느 누구보다 잘 알고 있었다는 것은 휠딩이 영국 소설의 발달에 끼친 최소한의 공헌이라고 할 수 있다.

이 밖에도 더 지대한 공헌은 그가 새무엘 리처드슨과 더불어 현대 영국 소설이 택하게 된 두 갈래의 방향을 구획하였다는 것이다. 리처드슨이 『패밀라』와 『클러리싸』에서 내면세계로 파고 들어가 인간 성품의 깊은 구석을 탐색하였던 것에 비해 휠딩은 『조제프 앤드루즈』와 『톰 존즈』에서 외면 세계를 망라하면서 사회의 다양한 파노라마를 그렸던 것이다. 리처드슨의 소설이 성격 위주의 소설이라면 휠딩의 소설은 사회 풍습을 주로 다룬 소설이었다. 그런데 휠딩이 20세기 독자들에게 유독히 크게 호응을 받고 있는 이유는 그의 작품 속에 면면히 흐르고 있는 발랄한 기지(機智)와 풍부한 유머, 그리고 그의 인간미 흐르는 관용 때문이라 하겠다.

4. 제인 오스틴 (Jane Austen)

생애와 작품

JANE AUSTEN
(1775~1817)

제인 오스틴은 영국 남해안의 햄프셔주 스티븐튼에서 1775년에 그 교구 목사 조지 오스틴의 일곱 번째 자녀로 태어났다. 교양이 있고 경제적으로도 제법 괜찮게 살았던 오스틴 목사는 딸 제인에게 글을 많이 가르치고 읽기와 쓰기를 늘 권장하였다. 그 덕분에 소녀 시절부터 제인은 많은 문학 작품을 읽었는데 소설가로는 리처드슨, 휠딩, 로랜스 스턴(Laurence Sterne), 패니 버어니(Fanny Burney), 시인으로는 월터 스코트(Walter Scott), 윌리엄 쿠퍼(William Cowper), 조지 크래브(George Crabbe) 등이 그 명단에 들어간다. 그녀는 겉으로는 큰 사건이 없는 평탄한 일생을 지냈다. 결혼은 한 적이 없지만 약혼을 청한 남자는 몇 사람 있었다. 그 중의 한 남자는 어느 날 저녁에 그녀가 약혼을 수락했다가 다음 날 아침에 그 결정을 취소한 일도 있었다. 집안의 분위기는 명랑하고 화목하였다. 제인이 26세 되는 해까지 오스틴 가족은 스티븐튼에서 내내 살다가 1801년에 오스틴 목사가 정년퇴직하면서 제인은 부모와 함께 바아스로 옮겨 갔다. 1805에 부친이 세상을 떠나자 제인은 어머니와 함께 써담튼으로 이사하였고, 그 다음에는 1809년부터 1817년까지 초튼에 가서 살았다. 같은 해에 그녀는 윈체스터로 가서 수주일 묵고 있다가 거기에서 42세의 아까운 나이에 병사하였다.

제인 오스틴은 20대 초반에 쓴 습작 몇 편 외에 장편 소설 6편의 작가로 알려져 있는데, 그 중 세편은 초고를 모두 스티븐튼에 살 때, 즉 18세기가 저물어 가던 1790년대 후반에 썼다가 새로운 제목을 붙여 1810년대에 가서야 세상에 처음으로 나오게 되었다. 이 세편이 어려운 곡절을 겪고 나서 출판되기까지의 내력을 간단히 살펴보면 다음과 같다.

1795년경 제인은 『엘리노와 매리안(*Elinor and Marianne*)』이라는 제목의 서한체 소설을 탈고하였다. 이 소설은 당시 세상에 많이 나돌던 감상주의 소설의 터무니없는 면을 드러내 보이는 것이 주목적이었다. 1796년부터 1797년 사이에 제인은 『첫 인상(*First Impressions*)』이라는 3인칭 서술 방식의 소설을 완료하였다. 제인이 자비 출판을 할 용의가 있다고 했는데도 출판사에서는 이 소설의 출판을 거절하였다. 왜냐하면 이 소설이 당시 널리 읽히던 감상주의 소설이나 공포소설과 너무나도 색다른 것이기 때문이었다. 제인은 굴하지 않고 1797년에 『수잔(*Susan*)』이라는 제목의 소설을 또 하나 썼다. 이 소설 역시 당시 유행하던 고딕 소설을 비웃는 데 목적을 둔 것이었다. 『수잔』의 원고를 또 한 출판사가 받아 출판 예고까지 하더니 출판을 무기한으로 연기하고 말았다. 한편 제인은 『엘리노와 매리안』을 서한체에서 3인칭 서술 방식으로 바꾸면서 전반적인 수정 작업을 시작하였다. 수차에 거친 수정 작업 끝에 이 소설은 1811년에 『분별과 다감—한 여인의 소설(*Sense and Sensibility : A Novel by a Lady*)』이라는 제목 하에 출판되었다. 제인은 『첫 인상』의 원고를 수정하는 작업에도 힘을 기울였고, 출판사측은 『분별과 다감』이 제법 수익을 올리자 1813년에 『첫 인상』을 『자만과 편견(*Pride and Prejudice*)』이라는 새 제목으로 출판하기에 이르렀다. 그리고 『수잔』의 원고는 1803년에 다른 한 출판사가 사들였지만 출판되지 못했다(이 원고는 1816년에 대폭 수정된 다음 제인이 세상을 떠난 다음 해인 1818년에 『노생거 저택(*Northanger Abbey*)』이라는 제목으로 세상에 나왔다).

사회 풍습의 코메디

제인 오스틴의 여섯 편의 소설은 기본적으로 같은 주제를 다루고 있지만 한 소설에서 다른 소설의 주제가 반복되고 있다는 느낌은 별로 주지 않는다. 그러나 기본적인 틀을 결혼 적년기가 된 여주인공이 얼핏 보기에 바람직한 남편감 몇 사람을 만나서 깊은 사려 끝에 바람직하지 않은 사람을 버리고 알맞은 사람을 선택한다는 여성의 인생에 있어서 가장 중요한 결심을 둘러싼 이야기로 집중되어 있다. 오스틴의 소설 배경은 중류 계급의 상층에 속하는 신사와 숙녀들의 사교 세계이다. 남성 인물로는 교회 목사와 해군 장교와 시골 지주들이 많은데 그들은 대체로 상업을 천시하는 경향이 있다. 경제적으로 제법 잘 사는 편이지만 귀족계급의 사람들처럼 호화스러운 살림을 영위하지는 않는다. 그렇다고 진짜 중류 계급의 사람들처럼 생활을 위해 일만 하고 사는 사람들도 아니다. 여성 인물들은 대체로 음악이나 무용에 취미가 많으며, 불어, 이태리어 등의 외국어에도 능통하다.

『분별과 다감』은 대쉬우드(Dashwood) 가문의 두 자매 엘리노와 매리안이 각각 결혼 상대자를 결정하는 과정에서 겪는 고충과 성공의 이야기이다. 엘리노는 분별을 지닌 성숙한 여인이고 매리안은 소녀적인 다감성에 눈이 어두어져 남자의 선택을 분별 있게 하지 못한다. 엘리노는 인격자로 보이는 에드워드 훼라스(Edward Ferrars)를 사랑하는데, 그의 이전의 약혼 문제로 사랑이 결혼에까지 연결되지 못할 듯 보이다가 엘리노의 사려 깊은 침착과 인내가 결국은 에드워드와의 결합을 가능하게 만든다. 이와는 대조적으로 감상주의 소설을 읽던 감흥에서 완전히 벗어나지 못한 매리안은 비열한 사나이 존 윌로비(John Willoughby)의 허울 좋은 모습에만 현혹되는데, 존은 매리안을 버리고 돈 많은 여자와 결혼하고 만다. 존 윌로비는 리처드슨의 라블레이스를 방불케 하는 남성 인물이다. 뒤늦게야 자신의 과오를 깨달은 매리안은 시련을 의연하게 겪어낸 엘리노에게 배운 바도 있어 그나마 인격이 확실한 남자인 브랜든(Brandon)에게로 간다. 『분별과 다감』은 제인 오스틴의 작품들 가운데서 우수작이라 할 것은 못되지만, 엘리노의 성격 묘사가 당시 영소설에서 처음 보는 기품 있는 영국 숙녀의 상을 이룩하였다는 점, 그리고 다른 군소 인물들의 사리(私利)와 간교를 통해 엿볼 수 있는 영국 사회의 풍습에 관한 제인 오스틴 나름의 예리한 관찰이 인상적이다.

『자만과 편견』은 영국 소설에서 언제나 변함없이 많은 독자들의 인기를 모은 작품의 하나로 꼽힌다. 독자들의 반응이 좋았던 이유는 작중 인물들의 인간관계 속에 일관되어 흘러나오는 깊은 정서와 유머, 그리고 베네트(Bennet)가문의 전 가족의 묘사가 균형 있게 되어 있다는 것 때문이다. 영소설에서 전 가족을 진지하게 다룬 최초의 소설이라고 일러지기도 한다. 만사에 태연자약한 아버지 베네트 씨, 변덕스럽고 말이 많은 베네트 부인, 상냥하고 매력 있는 맏딸 제인(Jane), 재치 있고 발랄한 둘째 딸 엘리자베스(Elizabeth), 분별없고 무모한 셋째 딸 리디아(Lydia) 등 가족의 성격 묘사가 다양하고도 실감을 준다.

『자만과 편견』은 그 제목이 암시하고 있듯이 자만과 편견이 불러일으키는 결혼 전 남녀 간의 갈등의 이야기이다(출판 전의 초고의 제목 『첫 인상』이 암시해 주는 바로도 그릇된 첫 인상이 자아내는 웃지 못할 아이러니를 말하는 것이다). 이 갈등은 주로 돈 많은 집안 아들 다아시(Darcy)가 부리는 거드름과 그런 계층의 남자로부터 인격을 깡그리 무시당했다고 생각하는 엘리자베스의 예민한 자존심과 편견 때문에 일어나는데, 이 갈등 관계가 유발시키는 두 사람 간의 재치 있는 입 싸움과 장난은 이 소설의 좋은 피륙을 이룰 뿐만 아니라 이 소설이 담고 있는 정감과 지성의 깊이를 대표해준다. 멋진 균제를 지켜 가며 구축된 작품의 플롯은 제각기 알맞은 남편감을 잡으려 드는 네 여인의 사랑을 다루고 있다. 즉 제인은 빙글리(Bingley)를, 엘리자베스는 다아시를, 리디아는 위캄(Wickham)을, 그리고 샬로트 루카스(Charlotte Lucas)는 콜린즈(Collins)를. 이 네 갈래의 사랑이 번갈아 고충과 위기를 겪으면서 소설은 극적인 긴장감을 더하여 가는데, 다아시에 대한 엘리자베스의 편견 섞인 오해가 하나하나 풀리기 시작하면서 여타 남녀 짝들의 고충도 해결의 실마리를 찾는다. 작중 인물들의 세상 보는 눈이 어두워져서 그릇된 인식을 하며 고통을 겪고 있는 광경을 인간 상정의 작은 결함으로 보는 오스틴의 섬세하면서도 알찬 풍자와 유머가 도처에 펴져 있지만, 그 풍자와 유머는 어디까지나 점잖은 것이지 혹독한 것은 못된다. 인생을 한낱 세련된 코메디로 보았던 오스틴에게 있어서는 선남선녀들의 뜻만 있으면 이 세상에서 해결하지 못할 일이란 없는 것이다.

『노생거 저택』은 래드클리프(Radcliffe) 여사의 고딕 소설의 분위기에 매혹되고 있는 여주인공 캐서린 몰랜드(Catherine Morland)가 애인 헨리 틸니(Henry Tilney)의 아버지 틸니 장군의 시골 중세풍의 저택에 찾아가서 고딕 소설의 환상을 그대로 재연하는 매우 흥겹게 그려진 풍자 소설이다. 래드클리프 여사의 소설 『유돌포의 미스테리(*The Mysteries of Udolpho*)』(1794) 자체를 흉내내어 풍자한 제인 오스틴은 래드클리프의 소설의 여주인공 에밀리의 경험과 심경을 방불케 하는 젊은 캐서린의 심경을 비웃고 풍자하기도 하지만, 궁극적으로 그러한 심경에서 깨어나는 캐서린은 패니 버어니의 『에블리나(*Evelina*)』(1778)의 여주인공 에블리나처럼 이성과 분별을 찾는다.

1811년경 초튼에서 집필을 시작하여 1814년에 출판한 『맨스휠드 파아크(*Mansfield Park*)』는 제인 오스틴의 소설 중에서 가장 교훈적인 작품으로서, 자녀를 올바르게 기르는 일의 중요성을 강조한다. 어떻게 보면 작자의 사회 풍습 관찰의 범위가 더 확대되었다는 느낌을 주는 작품이다. 맨스휠드 파아크 저택에 사는 토머스 버트램(Thomas Bertram)백작은 자녀들을 극진히 사랑하는 온정 깊은 아버지이지만 가정 교육면에서 아이들을 제대로 다루지 못한다. 그래서 둘째 아들 에드먼드(Edmund)를 제외하고는 세 자녀들이 모두 엉뚱하고 믿음직하지 못하다. 특히 두딸 마리아(Maria)와 줄리아(Julia)는 버릇없는 졸장부들과 눈이 맞아 사랑의 도피를 하는 정도다. 에드먼드는 가정 형편이 어려워서 맨스휠드 파아크에 와서 살고 있는 고모의 딸 패니 프라이스(Fanny Price)와 어느새 이야기가 통해 자기가 관심이 있는 여자들 이야기까지 나누지만 자기에게 알맞은 아내감이라는 것을 아주 뒤늦게까지 깨닫지 못한다. 차분하고 온유한 패니는 에드먼드가 천박한 집안의 딸 매리(Mary)에게 매혹되어 있는 광경만 지켜보면서 자신의 연정은 가슴 속에 숨긴 채 혼자 고민하는데, 매리의 가치관이 어떻다는 것을 매리의 오빠 헨리와 마리아가 사랑의 도피를 하는 게제를 통해 알게 되자 에드먼드는 비로소 패니의 진가를 인정하게 된다. 패니의 미점은 온유한 가운데 말없이 지켜나가는 인내인 것이다. 결국 여기에서도 선남선녀가 자기에게 알맞은 배우자를 어려운 경험 끝에 찾아낸다는 제인 오스틴적인 주제가 드러난다. 이 소설은 패니와 에드먼드의 이야기가 물론 가장 큰 가닥이지만 이밖에도 에드먼드의 두 여동생들의 연애 사건, 마을에 새로 들어와 사는 크로포드(Crawford) 가족의 남매가 벌려 놓는 연애 사건 등 사소한 가닥들이 많다. 그러나 제인 오스틴의 다른 소설들에 비해 극적인 효과는 크게 내지 못하고 있다.

심리 탐사의 정교

제인 오스틴의 소설이 한정된 독자들이기는 해도 계속 늘어나는 독자들 사이에서 읽힌다는 현상이 출판인의 눈을 끌어 그녀가 쓴 다음 소설 『에머(*Emma*)』(별항 해설 페이지 66~73 참조)는 당시 가장 유력한 출판사였던 존 머리 출판사에서 맡아 1816년에 출판하였다. 이 소설은 제인 오스틴의 생전에 맨 마지막으로 나온 작품이었다. 부잣집에 태어나 걱정할 것이 별로 없는 미모의 영리한 20대 처녀가 남들을 자기 손아귀에 놓고 뒤흔들 수 있다는 자만심에서 방자한 언행으로 사람들을 대하여 웃지 못할 실수를 여러 번 저지르다가 점차로 남에 대한 배려를 하는 법을 배움과 동시에 자기 자신까지도 더 알게 되는 순간에 합당한 배우자도 발견한다는 이야기의 이 소설은 제인 오스틴의 다른 어떤 소설보다도 인물의 심리 탐사가 정교하고 구성이 치밀하여 20세기에 와서는 많은 소설 연구가들이 이 작품을 그녀의 최우수 작품으로 꼽고 있다. 이 소설은 또 거의 한 인물만 집중적으로 다루고 있다는 점에서 제인 오스틴의 소설로는 이색적인 것이라 할 수 있다.

제인 오스틴이 이토록 완벽한 기교를 다스리며 소설을 쓴다는 소문이 널리 퍼지더니 한번은 섭정 왕자의 사서(司書)로부터 "앞으로 나오는 책은 전하에게 헌정하여도 무방하다"는 친서까지 전달되었다. 다음에는 역사 소설을 써 주었으면 하는 권고도 받았지만 제인 오스틴은 자기가 공들여 닦은 기량을 살려 그 범위 안에서 다음 소설을 쓰기 시작하였다. 이와 동시에 1803년에 한 출판사가 사들이고서 출판으로까지 성사시키지 못했던 『수잔』의 원고를 도로 사들여 수정 작업을 하였다. 그런데 1817년에 제인의 건강이 급격히 악화되어 윈체스터로 옮겨 갔는데 거기서 수주일 만에 세상을 떠났다. 제인이 쓴 마지막 소설은 『설득(*Persuasion*)』이라는 제목으로, 그리고 이미 언급된 바와 같이 『수잔』의 수정 원고는 『노생거 저택』이라는 새 제목으로 1818년에 함께 출판되었다.

『설득』은 제인 오스틴의 소설 중에서 가장 친근한 느낌을 주는 사랑의 이야기임과 동시에 가장 감동적인 소설이다. 남자가 돈이 없고 장래도 별로 밝지 못하다는 등, 주로 경제적인 이유 때문에 그와의 약혼을 취소하는 것이 좋겠다는 설득을 손윗사람으로부터 받고 파혼한 열아홉 살의 앤 엘리어트(Anne Elliot)는 7년이라는 세월을 노처녀로 방황하다가 다시 만나게 된 그 약혼자 프레데릭 웬트워스(Frederick Wentworth)에게서 진정한 사랑을 찾아 그의 청혼을 수락한다. 앤 엘리어트는 차분하고 온유한 면에서는 패니 프라이스를 많이 닮았는데, 패니 보다 좀 더 성숙한 티를 보여준다. 재치와 상식을 갖춘 엘리자베스 베네트가 젊은 시절의 원기왕성한 제인 오스틴을 가장 잘 나타내주는 인물이라면 앤 엘리어트는 장년기의 성숙한 제인 오스틴의 모습을 그대로 나타내 준다는 견해도 있다.

7년이라는 세월을 방황하면서 앤이 정신적으로 겪는 고민은 사랑보다는 경제적인 조건이 선행하는 물질 위주 사회의 통념과 싸우는 일이다. 이 소설 전체에 감도는 원숙미와 풍부한 자연 묘사, 그리고 뛰어난 구성 등으로 인해 극소수의 제인 오스틴 찬미가들은 이 작품을 그녀의 최대 걸작이라고 말하기도 한다.

제인 오스틴을 18세기, 아니면 19세기 영국 소설가로 볼 것인가? 한마디로 말해서 오스틴은 본질적으로 18세기 작가이면서도 18세기적 규범과 양식을 초월하여 19세기 중반 이후의 소설을 내다본 듯한 면까지도 있다. 18세기 영국 전성기의 문화는 불변한 사회·윤리 규범에 대한 의식이 강한데다가 정서나 상상력이 통제되지 않는 상태를 못 마땅히 여기고 목전에 나타나는 사실을 정확히 관찰·기록하는 특성이 있었다. 오스틴은 어떤 의미에서 이러한 18세기 문화의 본질을 수용한 마지막 소설가로 볼 수가 있다. 그녀가 리처드슨과 패니 버어니는 다 같이 중산 계급의 모랄을 수호하려고 애쓴 작가들이므로 위에 있는 귀족 계급의 허례와 허식에서 악영향을 받는 일이나 아래 계층의 비속한 풍속에 의해 오염되는 것을 막으려했던 것이다. 리처드슨은 자신의 사회적 지위의 발판이 되고 있는 부르주아 가치관을 찬미하는 데 만족했지만 제인 오스틴은 그것으로 만족하지 않았다. 도덕규범의 판정에 있어 리처드슨보다 더 신축성을 보였던 오스틴은 아이러니와 굴절이 들어간 복잡한 구조의 이야기를 가지고 사회 풍습을 그림으로써 안이한 흑백 논리가 아니라, 상반되는 감정이 병존하며 긴장감이 도는 가치 세계로 독자를 이끌어 간다. 뿐만 아니라 아이러니의 기법을 가지고 그녀는 작중 인물들이 외면적인 사회 환경이 부과하는 책무를 끊임없이 준수하는 가운데 그들의 내면세계도 함께 드러내 보임으로써 주로 외면 세계를 탐구한 휠딩과 내면세계를 탐구한 리처드슨의 창작 방식들을 하나로 융합한 셈이 된다.

제인 오스틴은 사회의 정경을 재미있는 눈길로 바라본 점에서도 패니 버어니와 별로 다를 바 없지만, 풍습 소설의 작가만은 아니었다. 그녀는 작중 인물의 성격과 플롯의 전개에 같이 주의를 기울였고, 사소한 사건들을 의미 있는 구조와 패턴에 넣는 것을 마치 브로지에 보석을 끼워 넣듯이 하였다. 그리고 그녀는 교양 있는 사회의 사람들을 지켜보고는 그들의 마음속에 일어나는 동기는 물론 그들의 결심, 행동, 태도 등이 사회면에 남기는 영향까지도 면밀히 평가하였다. 그녀가 내리는 평가는 냉철하고 비낭만적이며, 비감성적인 것이었다. 그녀의 소설들이 아이러니컬하게도 당시 사회에 유행하던 감상주의 소설이나 공포 분위기의 고딕소설의 양식을 비꼬는 경향이 짙은 것도 같은 맥락에서 볼 수 있다.

제인 오스틴의 소설 세계가 너무도 한정된 세계라는 부정적인 비평시각도 없지 않다. 특히 대규모의 사건과 거대한 풍경을 선호하였던 19세기 초의 영국 독자들이 그런 의견이었고 19세기 여류 소설가 샬로트 브론테(Charlotte Bronte)와 여류 시인 엘리자베스 브라우닝(Elizabeth Browning)도 오스틴의 한정된 상상 세계를 흠으로 보았다. 그러나 거대한 사건과 풍경을 즐겨 썼던 동시대의 작가 월터 스코트는 오히려 오스틴의 소설이 감명적이라고 하면서 “일상생활에서 보는 평범한 일과 인물들을 흥미진진하게 그려내는 그 섬세한 필치”가 놀랍다고 격찬하였다. 스코트 이후로 많은 비평가들은 오스틴이 그 한정된 상상 세계 속에서도 일상적으로 보는 인간관계의 다양한 면들을 선명한 눈을 가지고 관찰·기록하고 때로는 점잖이 비웃기까지 하였음을 지적하였다. 그런 점에서 제인 오스틴은 19세기 중반 이후부터 싹튼 “순수 소설(pure novel)”을 예시한 작가라고도 볼 수 있다. 그녀의 소설은 이제 플로벨이나 헨리 제임즈의 소설과도 나란히 비교되고 있는 것이다.

『에머 *Emma*』 (1816)

플롯 개요

런던의 남쪽 하이베리라는 조그만 마을의 부자 영감 우드하우스(Woodhouse)씨는 그의 하트휠드 저택에서 스물 한 살 난 딸 에머와 딸의 가정교사 앤 테일러(Anne Taylor)와 셋이서 한가로운 나날을 보내고 있었는데, 미스 테일러가 최근에 이웃에 사는 남자 웨스튼(Weston)과 결혼하여 떠나게 되어 하트휠드 저택에는 늙은 아버지와 젊은 딸만 둘이서 얼굴을 맞대고 살게 되었다. 우드하우스 영감은 연로하기도 하지만 성격이 좁쌀같은데다가 관심사라고는 자기 건강과 다이어트라는 것 밖에 없이서 딸 에머와는 대화 상대가 되지 않는다. 게다가 이 하이베리 마을에는 카드놀이나 같이 할 중년 부인들이 좀 있을 뿐 미모와 명석한 두뇌를 가진 안하무인의 에머가 속을 털어놓고 사귈만한 젊은 여자 친구도 없다. 정을 주고 받고 같이 지내던 앤 테일러가 떠나고 나자 에머는 집 안에 홀로 앉아 한숨만 쉬고 있다.

하이베리의 부근 마을의 기숙사제 학교에 다니는 해리어트 스미스(Harriet Smith)라는 17세 난 여학생은 예쁘장하고 무척 천진스러운데, 사생아라는 소문도 있고 지금 교장 댁에서 특별 기숙생으로 있다. 무료한 일과 속에서 무슨 일에든 집착해 봐야 하겠다고 마음먹은 에머는 이 가엾은 해리어트에게 도움이 되기는커녕 해로운 간섭이 되거나 면목 없는 망신거리가 되고 만다. 우선 에머는 마을에서 농사를 짓는 청년 로버트 마틴(Robert Martin)이 해리어트에게 청혼해 오는 것을 보고 그것을 거절해 버리라고 유인한다. 해리어트의 아버지 신분이 분명치 않은 것을 귀족 가문이라서 그럴지도 모른다는 억측을 해 가며 에머는 해리어트에게 마틴 같은 사람은 남편감이 되기에는 신분이 너무 낮다고 강조한다. 하트휠드 저택 바로 옆에 있는 다운웰 저택에는 조지 나이틀리(George Knightly)라는 40대의 미혼 남자가 사는데, 그는 에머의 언니와 결혼한 런던의 한 변호사의 형이다. 그는 에머에게서 아버지처럼 존대를 받고 에머의 성격의 장단점을 이 동네에서 누구보다도 잘 알고 있는 사람이다. 에머가 해리어트와 유난히 가까이 지내는 것을 보고 신경이 쓰이던 나이틀리는 에머가 로버트 마틴과 해리어트 사이에 끼어들어 그들의 혼인을 망쳐 놓았다는 사실을 알고서 몹시 불쾌해하면서 그런 짓은 아무에게도 이로울 것이 못된다고 경고한다.

해리어트를 마틴에게서 떼어 버린 에머는 그 다음에 마을의 젊은 목사 엘튼(Elton)씨가 해리어트에게 맞는 배우자라고 단정하고 그들 두 사람을 맺어주는 일을 꾸민다. 한 동안 엘튼 목사가 해리어트에게 여러 가지로 친절을 베푸는 것을 보고 에머는 일이 제대로 되어 간다고 믿었었는데, 어느 날 에머와 단 둘이 있는 자리에서 엘튼이 에머에게 청혼하는 것을 보고 에머는 아연실색한다. 에머가 여태 해리어트를 위해 호의를 베풀 적마다 엘튼 목사는 그것을 자기 자신에 대한 에머의 호의로 오해하였던 것이다. 에머는 미련한 엘튼이 자기에게 청혼한다는 것부터가 뻔뻔하다고 여겨져 기분이 상하는데 이런 이야기를 순진한 해리어트에게 전해야 한다고 생각하니 막막하기 짝이 없다. 문제는 그것만이 아니다. 에머에게 보기 좋게 거절당해 분격한 엘튼 목사는 자기가 여자에게 함부로 거절당하는 그런 남자가 아니라는 것을 보여준다고 바아스 온천장에 급히 가서 얼마 만에 아주 촌스러운 여자와 결혼하고 그 교양 없는 여자를 버젓이 하이베리로 데리고 돌아온다.

얼마 후에 프랭크 처칠(Frank Churchill)이라는 멋있는 젊은이가 하이베리로 찾아온다. 그는 에머의 전 가정교사 앤 테일러와 결혼한 웨스튼씨가 먼저 부인과의 사이에서 낳은 아들인데, 지금은 외가의 성을 따서 자기 딴에는 아버지보다 가문이 낫다고 자부하는 터였다. 에머는 프랭크의 미끈한 용모와 교양 있는 언행을 보고 그에 대해 다소 호감을 갖게 된다. 프랭크도 우드하우스씨 댁에 자주 찾아오는데, 그가 역시 자주 찾아가는 이 마을의 수다쟁이 베이츠(Bates)여사네 댁에는 여사의 여조카 제인 훼어확스(Jane Fairfax)가 지금 다니러 와 있다. 제인이 용모나 교양 면에서 에머에 하나도 떨어질 것이 없다는 것이 나이틀리의 객관적인 평가에서도 지적된 바 있다. 게다가 프랭크와 제인은 그 전부터 아는 사이이다. 그러나 에머가 보기에 웨스튼씨 내외는 프랭크와 에머 두 사람의 사이에서 좋은 결실이 이루어지기를 바라는 눈치이고, 프랭크가 대체로 제인보다 자기에게 더 관심을 쏟고 있다는 인상을 받는다.

마침내 프랭크가 방문을 끝내고 하이베리를 떠나게 되자 마지막 인사차 하트휠드 저택에 들른다. 프랭크는 에머에게 무슨 중요한 말을 건넬 듯한 표정인데 에머는 그것이 사랑의 고백 직전의 표정이라고 생각하면서도 그의 기분을 북돋아 주거나 하지 않는다. 그리고 그와는 그냥 친구로서만 지내는 것이 좋겠다는 그 전부터의 생각을 다시 해 본다.

한편 에머는 프랭크를 해리어트에게 붙여 보는 것이 좋겠다는 생각을 하기 시작한다. 그래서 해리어트 앞에서 프랭크를 칭찬하는 말을 했더니 해리어트는 에머가 나이틀리의 칭찬을 한 것으로 오해한다. 통찰력이 강한 나이틀리씨마저도 에머가 프랭크에게 정을 느끼고 있지 않나 하는 생각을 해 본다. 그러던 차에 프랭크와 제인 사이에 무슨 은밀한 약조 같은 것이 있지 않나 하는 조짐을 나이틀리씨가 간파하고, 이어 프랭크 자신이 웨스튼씨 내외에게 고백한 내용을 통해 두 사람이 비밀리에 약혼하고 있었다는 사실이 밝혀진다. 웨스튼씨 내외는 프랭크가 제인과 약혼했다는 사실이 에머에게 충격을 줄까 염려했지만, 에머는 자기가 프랭크를 좀 좋아했던 것은 벌써 오래 전 이야기라고 하며 그들을 안심시킨다. 이제 에머의 걱정은 프랭크에 관해서 해리어트의 마음을 잔뜩 들뜨게 해 놓은 것을 어떻게 처리하느냐 하는 것이다.

막상 해리어트에게 가서 에머가 그 이야기를 했더니 해리어트는 조금도 자극을 받는 눈치가 아니다. 몇 마디 이야기를 더 주고받고 하니까 해리어트가 마음을 두고 있는 사람이 프랭크 처칠이 아니라 나이틀리씨라는 것을 에머는 알게 된다. 해리어트의 말에 의하면 자기가 나이틀리씨에 대해서 느낀 감정에 못지않게 나이틀리씨도 자기에 대해서 느끼는 감정이 있다고 믿게끔 하는 행동을 했다는 것이다. 이 말에 자극을 받은 에머는 자기야말로 나이틀리씨에 대해서 그렇게 느껴야 하며 나이틀리씨야말로 자기와 같은 여자와 결혼해야 한다는 것을 새삼 깨닫는 자기 성찰의 순간을 갖는다. 그리고 나이틀리씨와는 어울리지도 않는 해리어트가 나이틀리와의 결혼을 꿈꾼다는 발상 자체가 말도 되지 않는다고 그녀는 생각한다.

에머의 자만심의 소치로 저질러진 어지러운 사태는 마침내 나이틀리씨가 에머에게 구혼해 옴으로써 말끔히 해소된다. 남은 문제는 에머가 결혼함으로써 그녀의 아버지의 신변에 변화가 생긴다는 것인데, 그 문제는 나이틀리씨가 장인어른이 살아 계시는 한, 해트휠드 저택에 들어와서 같이 살겠다고 양해함으로써 금방 해결된다. 그 다음 문제는 나이틀리씨와의 결혼을 꿈꾸던 해리어트를 설득시키는 일인데, 그것은 나이틀리씨가 자기 농장의 소작인 로버트 마틴을 잘 설득시켜 해리어트에게 다시 구혼을 하게끔 함으로써 문제가 해결된다. 나이틀리씨가 그 전에 해리어트에게 신경을 쓴다는 인상을 주었던 것도 사실인즉 해리어트가 로버트 마틴에게 정을 붙이라고 그렇게 한 것이었다. 해리어트의 장래문제가 이렇게 풀리자 에머가 좋아하는 것은 물론 해리어트 자신도 비로소 안정을 찾는다. 해리어트와 로버트 마틴이 결혼식을 올리고 한 달도 되기 전에 에머는 나이틀리씨와 결혼식을 올린다. 교양이 부족한 사람으로 이름난 엘튼씨 부인도 식에 참석하고 식에 차린 것이 너무 볼품이 없다고 그 검소한 식을 흉보지만, 같은 식에 참석한 소수의 참된 친구들의 축원과 소망은 이 날의 신랑 신부의 결합의 기쁨으로 달성된다.

비평과 분석

제인 오스틴은 그녀의 서한 속에서 시골에 사는 서너집의 가족들만 있으면 자기 소설의 재료로는 꼭 알맞다고 말한 바 있다. 시골 중류 계층의 그 사회의 풍습과 가치관의 테두리 안에서 그린 오스틴의 소설은 인간 사회의 풍습과 관행(慣行) 속에 나타나는 우매함과 결점들을 들추어내어 풍자하였다. 『에머』는 오스틴의 다른 작품들과는 좀 달리 한 인물에 거의 모든 관심을 기울인 것이라고 하지만, 리처드슨이 『패밀라』나 『클러리싸』에서 각각 여주인공에 관심을 집중시켰던 것과는 성질이 다르다. 제인 오스틴이 보는 인간관은 가정이나 사회 공동체에 뿌리를 박고 있는 개인을 전제로 하였을 뿐만 아니라 그녀가 그린 삶의 모습도 평범한 생활환경 속에서 보는 것이었다. 이러한 점에서 제인 오스틴의 소설은 17세기 중반부터 18세기 말까지 영문학에 잔잔한 물결을 일으켰던 "풍습희극(comedy of manners)"과 맥락을 같이 하는 것이다.

영국의 풍습 희극은 17세기 프랑스의 희극 작가 몰리에르에까지 거슬러 올라가는데, 오스틴의 『에마』가 몰리에르의 작품과 흡사하다는 비평적 견해도 있다. 몰리에르는 그의 합리적인 인생철학을 작품을 통해 주장하는데, 사회가 수립한 행동 규범—예컨대 중용, 양식(良識) 등—에서 너무 많이 빗나가는 인물들을 비웃음의 대상으로 삼는 것이 그 나름의 방법이었다. 몰리에르의 『염세가(厭世家)』의 주인공 알세스트(Alceste)는 사회에서 보통 통용되는 가치를 도저히 받아들일 수 없는 지나치게 강직한 인물이라는 데에 문제가 있으며, 그러한 그의 관성(慣性)은 그의 삶에 불행한 결과를 가져올 뿐만 아니라 양식을 가진 관찰자에게는 우스꽝스럽게 보이기까지 한다.

『에머』는 여주인공 에머가 하나의 관성으로서 생긴 자만심에서 여러 가지 방자한 언행을 하여 실수를 범하다가 반성과 뉘우침을 통해 사회의 정상적인 가치 체계로 수용되는 이야기이다. 리얼리즘이 생활의 관습인 양 되어 버린 20세기의 독자에게는 제인 오스틴의 작품이 별로 참신감 같은 것을 주지 않을 수도 있지만, 1세기 반 전의 그 때로 올라가서 영국 소설이 처해 있던 상황을 보면 그녀가 영국 소설에 이바지한 바가 얼마나 큰가를 알 수 있다. 즉 그녀 이전의 근대 소설 작가들을 보면 상식적인 일상생활을 그대로 그리고 그 속에서 개인이 차지할 올바른 자리를 오스틴처럼 집요하게 모색한 작가는 아무도 없었다. 디포오는 무인도의 표류자라든가 범죄자의 비상한 체험에 더 역점을 두었으며, 리처드슨은 연애 경험에 관계되는 음모와 폭력에 더 집착하였으며, 휠딩은 사회 체제 속에 속해 있는 개인을 그리기는 하였으나 서사시적인 고양(高揚)을 목표로 삼았으며, 스턴은 기인(奇人)이나 괴인(怪人)이 상식의 세계에서 탈선하는 모습을 즐겨 그렸다.

『에머』의 주요 무대가 되는 하이베리 마을은 풍습과 관행이 오랜 세월을 두고 굳어진 곳으로서, 만약 이러한 예식이 하나라도 지켜지지 않는다면 그로 인해 누군가가 상처를 입거나 마을에 소동이 나거나 하는 그런 예절 바른 공동 사회인 것이다. 이 공동 사회는 그러나 귀족이 권세를 부리는 곳은 아니다. 대체로 중류 계급의 사람들이 살지만 그 중류계급 자체가 집안의 경제적인 지반 여하에 따라 미세하게 구분되면서 그것에 대한 의식이 사람들의 행동에 제약을 주고 있다. 경제적인 지반을 나타내는 것으로는 우선 선조에서부터 물려받은 땅이 큰 비중을 차지하며 그 다음은 상공업에 종사함으로써 생기는 수입이다. 젊은 남자들의 직업으로는 변호사, 목사, 군인 장교 등이 있고, 그 밑으로 소작농, 여자 가정교사 등이 하부 구조를 이룬다. 미세한 계급 차의 의식이 주는 행동의 제약 중에는 자기보다 지체가 낮은 사람에게 어떤 식의 말을 거는가 하는 따위의 문제도 있지만, 그런 사람과 이성 관계를 맺을 것인가, 또는 결혼할 것인가 하는 문제가 제인 오스틴의 소설에서 더욱 크게 부각되는 문제이다. 이 소설에서 남녀 간의 사랑이나 결혼 문제가 나올 때면 진정한 사랑이나 알맞은 결혼은 사회 성분이 같고, 교육 수준이 같고, 지식수준이 같고, 품행이나 용모에서도 같은 사람들끼리 해야 한다는 불문율이 자주 적용됨을 볼 수 있다.

제인 오스틴은 에머라는 여주인공을 설정하면서 "나 외에는 어느 누구도 많이 좋아하지 않을 여주인공을 내가 택하게 될 것"이라고 말했다. 지나치게 응석을 받아 주는 가정교사와 병약(病弱)한 아버지 밑에서 버릇없이 자란 에머인지라 작자가 그렇게 말한 것도 무리는 아니다. 이 소설이 시작하는 첫 문장에서부터 에머의 이러한 성향이 밝혀져 있다. 좋은 환경에서 바깥세상이나 걱정이란 걸 모르고 스물한 살이 될 때까지 자라온 그녀는 바로 그런 이유 때문에 이제부터 걱정거리를 만들면서 사는 것이다. 안하무인인 그녀는 상식을 벗어난, 종작없는 망상에 많이 빠져서 엉뚱한 판단을 내리곤 한다. 『에머』는 어떤 의미에서는 에머가 여러 가지 망상을 하다가 생긴 실수에서 헤어나서 그럴 때마다 자기의 생각이 미치지 못한 다른 사람들의 느낌과 생각을 더 알게 되고 자신의 모습도 더 알게 되는 그런 이야기이다.

처음에 에머는 신분이 서로 맞지 않는다는 속물적인 생각에서 해리어트 스미스와 로버트 마틴의 좋은 사이를 떼어 놓더니, 그 다음에는 사회적 지위가 좀 낫다고 보여지는 엘튼 목사를 해리어트의 남편감으로 골라 그에 대해서 수를 쓴다. 그런데 에머는 엘튼 목사의 단정한 용모는 보아도 그가 부리는 허세는 제대로 보지 못한다. 그리하여 에머가 해리어트를 위해 베푸는 호의를 자기에 대한 사랑의 표시로 오해한 엘튼이 에머에게 사랑을 고백하자 에머는 심한 곤혹을 느낀다. 그녀는 해리어트에 관해 엉뚱한 망상을 하고, 엘튼의 허세를 잘못 해석한 자신의 실수를 인정하면서도 엘튼이 자기와 결혼하여 사회적으로나 경제적으로 상승하려드는 것이 무척 경멸스러워 보이는 것이다. 그리고 해리어트와 마틴의 사이를 떼어 놓은 것은 여전히 잘 한 일이라고 자위하면서 해리어트에게 알맞은 남편감을 다시 새로이 찾아 볼 생각을 한다.

그 다음에 에머가 저지른 큰 실수는 해리어트를 다시 누구에게 붙여주려는 노력의 과정에서 일어난다. 우선 외지에서 오는 프랭크 처칠이라는 청년이 하이베리에 도착하기 전부터 에머는 그녀의 망상 속에서 프랭크에게 호감을 가지더니, 만나서 몇 번 이야기하면서 활기 있고 재치가 있는 그와 자기가 호흡이 맞을 뿐만 아니라 서로 알맞은 배필이 될지도 모른다는 생각을 한다. 그러나 사랑을 고백할 듯이 보이던 프랭크가 무슨 영문인지 더 이상 적극적인 태도를 보이지 않자 에머는 이제 프랭크를 해리어트와 붙여주는 것이 좋겠다는 생각을 해 본다. 에머가 프랭크와 공개 석상에서 시시덕거리는 것을 보고 옆의 사람들은 아직도 에머가 프랭크에 관심이 있다고 생각하는 가운데 에머는 해리어트에게 좋은 사람을 소개 해준다는 암시를 자꾸 준다. 에머가 그동안 은근히 질투를 느끼기까지 했던 제인 훼어확스와 프랭크가 오래 전부터 비밀 약혼을 한 사이라는 것이 어느 날 밝혀지자 에머는 종작없는 생각에서 해리어트를 그런 남자에게 붙여주려고 했던 일을 비롯하여 자기가 프랭크와 함께 제인 훼어확스의 사생활에 관해 허물없이 이야기를 주고받던 자신의 과오를 다시 뉘우친다. 그런데 에머의 고민은 그것으로 끝나지 않는다. 에머가 프랭크를 두고 암시조로 이야기한 것을 동네의 존경 받는 유지 나이틀리씨를 이야기하는 것으로 해리에트가 착각하고 그에게 정을 두고 있었고 또 그가 정을 해리어트에게 주고도 있었다고 듣자, 에머의 머릿속에는 나이틀리씨는 자기하고나 결혼할 사람이지 다른 사람하고는 할 수 없는 것이라는 생각이 번개같이 스치고 지나간다. 그러면서 그녀는 나이틀리씨에 대해서 그런 생각을 하세끔 되는 자신의 심정이 여태껏 해리어트를 통해서 늘 남의 일같이 보던 관념으로서의 애정이 아니라 저도 모르게 가슴 속에 싸여 있다가 우러나오는 그런 애정임을 느끼게 된다.

이것이 바로 에머의 실존적인 자기 인식의 순간인 바, 이러한 순간이 있기까지 에머는 몇 번에 걸쳐 자기 성찰과 반성을 해 왔던 것이다. 그리고 그런 성찰과 반성의 적극적인 계기가 되었던 인물이 조지 나이틀리이다. 에머를 포함한 하이베리 마을 사람들로부터 골고루 존경을 받는 나이틀리씨는 합리적이며 곧은 생각과 예리한 투시안을 가지고 있어서 에머의 비합리적인 망상의 경향과는 좋은 대조를 이룬다. 이 소설에서는 에머의 약점을 나이틀리씨만큼 꿰뚫어 보는 사람이 많지 않고, 그것을 솔직히 그녀에게 말해 주는 사람은 사실 나이틀리씨 밖에 없다. 에머를 친딸처럼 아끼는 그는 에머가 실수를 할 때마다 걱정하고 야단도 치지만 너그러운 마음과 유순한 태도로 하기 때문에 언제나 에머의 존경을 샀던 것이다. 나이틀리에게서는 에머에게서 보다 더 많이 제인 오스틴의 기질을 찾을 수 있다는 평도 있다. 프랭크 처칠에 대해 한 때는 질투 같은 것을 느꼈던 나이틀리는 모든 것을 알고 나서 에머에게 사랑을 실토한다. 그릇된 판단의 연속으로 어지러웠던 과거를 말끔히 씻고, 다년간 자기를 아껴 주고 키워준 신사와 짝이 된 에머는 이제 이 소설의 끝을 장식하는 세 쌍이 혼인 대열에 들어선다. 나머지 두 쌍은 프랭크 처칠과 제인 훼어확스, 그리고 초지(初志)를 굽히지 않은 로버트 마틴과 해리어트 스미스이다. 과연 그들은 하이베리 마을에서 모두 마음을 쓰던 "서로 알맞은 쌍쌍"이다.

에머 우드하우스가 이 소설의 시작부터 끝까지 우매한 실수를 거듭하면서 인생 공부를 하는 동안 제인 오스틴은 에머의 사회적, 문화적 환경과 그녀의 재능과 약점이 한데 합쳐져서 사회 질서에 얼마나 위협을 주었던가를 독자에게 보여주고 있다. 이 소설의 이야기를 풀려 나가는 시점은 거의 대부분 에머의 시점이지만 오스틴은 교묘한 이중 구조를 만들어서 에머가 의식하지 못하는 부분을 독자가 의식하게끔 한다. 그럼으로써 에머가 진실을 못보고 넘어 간다든가 속물적이거나 자기 위주의 생각을 하는 대목들이 분명히 나타나서 희극적인 아이러니를 불러일으키는 원천이 되는 것이다. 뿐만 아니라 에머가 의식하지 않는 가운데서 독자는 또 그녀의 활력 있는 성미와 옆의 사람 에블린 워오 대한 진정한 애정, 그리고 인생을 되도록이면 재미있게 살겠다는 태도 같은 것을 엿보게 된다. 에머는 우매한 실수를 꽤 하지만 대체로 동기가 선하였고, 자기의 잘못을 겸허하게 시인할 줄 아는 인물이므로 마침내는 적절한 인생의 보답도 받고 독자들의 공감도 사게 되는 것이다.

이 소설에서 잘 잊혀지지 않는 희극적인 인물들로는 베이츠 여사와 에머의 아버지 우드하우스씨가 있다. 젊음도 없고 돈도 없고, 결혼도 하지 않은 베이츠 여사는 입에서 끝없이 말을 뱉아 내는 재주를 가지고 있다. 20세기 소설가의 "의식의 흐름"을 방불케 하는 두서없는 그녀의 말은 무료한 하이베리 마을의 삶에 활기를 불어 넣어 주기도 하지만 에머의 신경을 돋우는 원인도 된다. 그리고 그 두서없는 말을 통해 독자는 플롯의 방향을 잡을 수 있게도 되어 있다. 우드하우스 영감은 건강에 과도하게 신경을 쓰는 심기증(心氣症) 환자인데, 그것이 하나의 관성이 되어 그는 만나는 사람마다 그들의 건강과 다이어트를 걱정한다. 따라서 그가 남에게 표하는 세심한 관심은 사실은 자기 자신의 건강에 대한 이기적인 생각의 연장에 지나지 않는다. 이 소설은 에머의 이기심을 비롯하여 우드하우스씨의 이기심의 알쏭달쏭한 면을 보여주기도 한다.

5. 윌리엄 색커리 (William Thackeray)

생애와 작품

WILLIAM THACKERAY
(1811~1863)

윌리엄 색커리는 1811년 인도의 칼카타에서 태어났다. 윌리엄의 아버지 리치몬드 색커리는 반관 반민 기관인 동인도 주식회사의 고위 관리였다. 색커리는 파란 많은 인생을 유년 시절부터 겪기 시작하였다. 네 살 때 아버지를 여윈 윌리엄은 본국인 영국에 있는 친척 집에서 사립 초등학교를 다녔는데, 어린 그로서는 매우 비참한 심정으로 지낸 시절이었다. 인도에서 다시 결혼한 그의 어머니는 1820년에야 본국으로 돌아가 아들 윌리엄과 함께 살게 되었다. 어머니를 열렬히 흠모하였을 뿐만 아니라 어머니가 자기 옆을 다시 떠날지도 모른다는 두려움에 늘 싸여 있었던 윌리엄은 그리 명랑한 사춘기를 보내지 못하였다. 챠터하우스 고등학교 시절은 좀 행복한 학창 시절이었고 의붓아버지와는 언제나 화목한 관계를 유지하였다, 1829년에 그는 케임브리지 대학교 트리니티 칼리지로 진학하였는데 1년 반 정도만 다니고 말았다. 대학 시절의 가까운 친구로는 후에 대시인이 된 테니슨(Tennyson)과 역시 시인이 된 에드워드 핏제럴드(Edward Fitzgerald)가 있었다. 그 후 아무 일도 하지 않고 유산금으로 도박을 하다가 크게 돈을 잃었다. 그는 파리 여행길로 나섰다가 와이마르에 들러 괴테를 만나 보기도 하였다.

귀국 후 그는 법학원에 들어가 법학 공부를 시작했지만 법률에 대한 열의보다 문필에 더 관심이 많아 법률 공부를 중단하고 저널리즘으로 방향을 돌렸다. 재력이 충분히 있는 터이라 그는 1833년에 주간지 「내쇼널 스탠다드(*The National Standard*)」를 매입하고 경영주가 되었을 뿐만 아니라 그 잡지에 원고 기고도 하였다. 주간지는 일 년 만에 문을 닫았다. 그러나 이 출판 경력으로 인해 색커리는 런던의 문단에 얼굴을 내밀 수 있게 된 것이다. 같은 해에 칼카타의 대리상이 파산되는 통에 색커리가 기대하고 있던 유산금을 몽땅 잃는 재해가 있었다. 그는 이제 생계 수단으로서 그림을 그리고 잡지에 원고를 쓰는 방법 밖에 없다고 생각하고 파리에 가서 4년 동안 그림 공부를 했다. 파리에서 그는 이자벨라 쇼오를 만나 1836년에 그녀와 결혼했다. 이자벨라는 유순하고 정감적이기는 하지만 어려운 세파를 헤쳐 나갈 능력은 전혀 없는 연약한 여인이었다. 이듬해에 아내와 함께 런던에 돌아온 색커리는 저널리스트로서 열심히 뛰기 시작하여, 「프레이저즈 매거진(*Fraser's Magazine*)」의 정규 기고가가 되었다. 그리고 「모닝 크로니클(*The Morning Chronicle*)」, 「뉴 만슬리 매거진(*The New Monthly Magazine*)」, 「타임즈(*The Times*)」 등에도 많은 기고를 하였는데, 이들은 대개 희문체(戱文體)의 짧은 이야기이거나 스켓취였다.

그가 초기에 잡지에 기고한 비소설 산문, 또는 소설을 목표로 하여 쓴 산문 중에서 잘 알려진 것으로 『옐로우 플럿쉬 서한집(*The Yellowplush Correspondence*)』(1837~38)이 있다. 이것은 제임즈 옐로우 플럿쉬라는 학식이 좀 있는 시종이 부유한 가문에 대놓고 하는 풍자 서한들을 모은 것이다. 그 다음에 쓴 『캐서린(*Catherine*)』(1839~40)은 디포오의 몰 플랜더즈를 방불케 하는 범죄를 일삼는 여인의 이야기인데, 캐서린에게는 몰 플랜더즈의 참회하는 모습조차도 없다. 원래 색커리의 의도는 당시 유행하던 소위 "뉴게이트 감옥 소설(Newgate Novels)"에서 빈번히 미화되고 있는 범죄인이나 악한들을 있는 그대로 보여준다는 데에 있었다. 그러나 이 여인의 악독함을 끝까지 그려내지 못한 채 연재를 중단하고 말았다. 1840년에 시작한 또 하나의 연재 작품 『점잔빼기들의 초라한 이야기(*A Shabby Genteel Story*)』는 중하류층 사회에서 일어나는 추잡한 사건들을 다룬 것이다. 같은 해에 마이클 앤젤로 티트마아쉬(Michael Angelo Titmarsh)라는 필명으로 색커리는 그 나름으로 최초의 단행본 『파리 스켓취북(*The Paris Sketch Book*)』을 출간했다. 이 무렵 그의 아내 이자벨라는 가정생활에서

그리고 있기는 하지만 그가 궁극적으로 도달하고자 하는 세계는 순결과 선덕의 세계이다. 다만 그러한 세계로 향해 가는 주인공의 움직임에 박력이 결여되어 있다는 것이 이 소설에 대한 많은 독자들의 불만이었다. 그러나 이 소설은 색커리의 소설적 기법을 연구하는데 있어 중요한 역할을 하고 있는 것만은 사실이다. 다음에 나오는 소설 『뉴캄씨 집안 사람들』의 화자가 될 인물의 배경을 제시함과 동시에 빅토리아 시대의 점잔빼기 사회 윤리와 각투를 벌이고 있는 색커리의 모습을 나타내주고 있기 때문이다.

자서전적 역사 소설

색커리의 세 번째 소설 『헨리 에즈몬드의 인생 경력(*The History of Henry Esmond*)』(1852)은 영문학에서 가장 뛰어난 역사 소설의 하나로 꼽히고 있다. 이전의 그의 작품들은 모두 우선 연재 형식으로 나왔지만 이 소설만은 처음부터 단행본으로 출판되었으므로 구성면에서도 짜임새가 있다. 18세기 작가들의 유머 성향을 주제로 하여 강연 시리즈를 이미 1년 전에 가졌던 색커리는 윌리엄 3세와 앤 여왕의 치세(治世)를 망라하는 17세기 말과 18세기 초의 영국 역사, 특히 주인공 에즈몬드의 인생 경력과 관련되는 영불(英佛)전쟁, 영국 내 정치 음모, 런던의 문단 동인들을 배경 삼아 이야기를 펴 나간다. 이 작품에서 가장 주목할 만한 점은 에즈몬드를 18세기의 모범적인 신사로서 부각시키고 있다는 것이다. 에즈몬드는 얌전하고 과묵하고 좀 병적이라 할 정도로 우울한 성격의 소유자인데, 색커리가 내세우는 그의 적극적인 덕목은 강한 충성심과 사심(私心)없는 희생정신, 그리고 위선자의 기미를 전혀 풍기지 않는 가운데 나타내는 자존심 같은 것이다.

『펜데니스』가 주인공의 젊은 시절까지를 주로 다룬 데 비해 『헨리 에즈몬드』는 이 작품을 쓰고 있는 40세의 작자 자신의 연대에서 일어나는 정서적인 위기를 드러내 보인다. 색커리는 친구의 부인 제인 브루크필드에게 연정을 가짐으로써 옛 친구와의 우정 관계에도 큰 금이 가게한 일이 있었다. 이 때 색커리의 연정을 이해하면서도 가정을 끝까지 지켰던 성실한 아내 제인 브루크필드를 색커리는 가장 이상적인 여성으로 보고 그것을 여주인공인 캐슬우드 귀부인(Lady Castlewood)으로 재연시킨다. 그리고 에즈몬드는 자기가 한때 사랑에 빠졌던 나이가 비슷한 지성적인 여인 비아트릭스와는 결합하지 못하고 자기보다 여덟 살 연상인 이 과부 귀부인과 결혼하는 것으로 소설을 맺는다. 이 소설의 묘미는 이런 반(反)낭만적인 플롯에 있는 것이 아니라 색커리가 흠모하고 사랑했던 18세기적인 분위기와 정경과 인물들이 그대로 되살아났다는 점에 있다.

『뉴캄씨 집안 사람들(*The Newcomes*)』(1853~55)은 한 집안의 3대의 이야기를 다룬 소설이며, 『펜데니스』의 자매편이라고도 할 수 있을 정도로 자전적 요소도 많다. 색커리 자신이 어려서 인도로부터 본국에 보내지던 과거가 주인공 클라이브 뉴캄(Clive Newcome)의 유년 시절의 이야기로 재연된다. 그 후 미술을 공부하고 유순한 성격의 로오지(Rosey)와 결혼하는 이야기도 작자 자신의 몹시 불행한 결혼 생활과 유사한 데가 있다. 클라이브가 정말로 사모하는 에슬(Ethel)은 색커리의 소설에서 가장 매력적인 여성 인물이라고 지적되고 있다. 그녀는 베키 샤아프와 비어트릭스 에즈몬드가 가진 발랄함과 지성미를 모두 지니고 있으면서 두 여자가 가진 이기심이나 각박함은 나타내지 않는다. 편의와 형편 위주로 하는 정략결혼을 끝까지 반대한 그녀는 로오지가 사망함으로써 클라이브와 의미 있는 결혼을 하게 된다. 그릇된 근거를 가지고 시도한 결혼을 공박하는 색커리는 이 소설에서 그런 결혼을 여섯 건이나 다루고 있다.

색커리는 또 이 소설에서 클라이브의 아버지인 뉴캄 대령의 성격 구성에 상당히 심혈을 기울인 흔적이 보인다. 그가 어려서부터 존경하고 사랑을 받았던 의붓아버지 카마이카엘 스마이스 소령을 주로 모델로 한 뉴캄 대령은 천성적으로 선하고 가식이 없는 영국 신사의 표본이다. 빅토리아 시대의 유명한 신학자이자 사상가 뉴만(Newman) 추기경을 비롯하여 많은 사람들이 이 소설을 즐겨 읽었던 큰 이유는 영국인의 상상력으로 창조된 뉴캄 대령의 신사적 인격 때문이었다.

색커리의 마지막 본격 소설 『버지니아 사람들(*The Virginians*)』(1857~59)은 『헨리 에즈몬드』의 후속편으로서 미국 버지니아로 이주하여 갔던 에즈몬드가 미국 땅에서 본 손자들의 인생 경력, 특히 그들이 미국 독립전쟁에 참전하는 이야기를 다룬 것이다. 영국 작가가 소설에서 다룬 미국인의 초상으로서는 이 소설이 가장 뛰어난 것이라는 일부 평가들의 언급도 있지만, 이 소설에서는 색커리 특유의 사회 비평은 많이 악화되고 노경에 든 작가가 인생을 되돌아보며 느끼는 환멸과 우울이 감돌고 있다. 미국의 정경 묘사는 색커리가 강연을 위해 1855~56년에 두 번째로 미국을 순방하였을 때 넓힌 견문을 바탕으로 한 것이다.

색커리는 위에 열거된 본격적인 소설 다섯 편으로 가장 잘 알려져 있지만 에세이집, 연설집, 소품집 등도 꽤 있다. 1851년에 정견(政見)의 차이 때문에 주간지 「펀취」를 떠난 그는 생계 수단으로서 공개 강연을 시작하였다. 그는 영국 각지와 미국을 순방하면서 18세기 영국의 문물에 관한 강연을 하였는데, 이 강연 내용은 후에 『18세기 영국 유머 작가들(*The English Humourists of the Eighteenth Century*)』(1853)이라는 제목 하에 출판되었다. 유머 작가를 근본적으로 온화하고 다정하고 경우에 따라서는 감상적인 성품까지 지닌 인물로 규정한 색커리는 그가 특히 좋아하는 휠딩, 스틸(Steele), 골드스미스(Goldsmith) 같은 작가들은 이 선집에 담았지만 존슨과 셰리단(Sheridan) 같은 문인들은 넣지 않았다. 1860년부터 2년간 그는 창간된 「콘힐 매거진(*The Cornhill Magazine*)」의 초대 편집인으로 일하면서 일련의 스켓취들을 기고하였는데, 그것은 『네 조지(*Four Georges*)』(1860)로 출판되었다.

「콘힐 매거진」 구독자들의 간청으로 색커리는 소설을 더 시도해봤지만, 만년에 완성한 두 편의 소설 『홀아비 라블(*Lovel the Widower*)』(1860), 『필립의 모험(*The Adventures of Philip*)』(1861), 그리고 1864년 사후 출판된 미완성 작품 『데니스 듀발(Denis Duval)』은 모두 독자들에게 실망을 안겨주었다. 만년의 색커리의 상상력은 그의 건강이나 생에 대한 의욕이 그러하였듯이 쇠퇴 일로에 있었던 것이다. 1863년에 그는 심신이 지친 상태에서 고달팠던 일생을 끝내 마치고 말았다.

색커리는 동시대 작가 디킨즈와 마찬가지로 런던에서 저널리스트로서 문필 생활을 시작하였다. 그런데 그가 활동하였던 런던은 디킨즈의 런던과는 달리 상류 인사들이 모이는 클럽이나 유한계급이 교체하는 금전 위주의 사회였다. 색커리는 그의 소설에서 이런 "점잔 빼는" 모습의 19세기 영국 사회를 비웃기는 했지만 사실은 그 자신이 그런 사회에 많이 젖어든 터였다. 그는 자기가 18세기의 소설가들처럼 성(性)문제에 관해서, "하류"계층 생활에 관해서, 그리고 평범한 취향을 가진 평범한 사람들에 관해서 구속 없이 글을 쓰지 못하는 것이 아쉽다는 듯이 말하기도 하였다. 그러나 자기 작품 속의 인물들에 대해 판단을 내리는 것을 보면 "점잖은" 티를 내는 19세기 도학자나 사상가들에 못지않게 그는 인습적이며, 도덕적이며 감상적인 면을 나타냈다. 그의 윤리 규범에는 이중 기준이 있다는 감을 더러 주기도 한다. 즉 속물이라면 끝까지 따라가서 공격하는 그였지만, 디킨즈가 그의 소설에서 다룬 더 큰 사회악 같은 것을 보고서는 그대로 묵과하는 것이 색커리이기도 하였다. 그런가 하면 디킨즈는 타고난 이야기꾼으로서 거의 무의식적인 차원의 대소설가였음에 반하여 색커리는 문재(文才)를 많이 닦아 올린 의식적인 차원의 대소설가였다. 그의 소설에서 가장 현저하게 나타나는 것은 18세기의 우아하고 선명한 산문체라고 할 수 있다.

색커리의 작품에는 사회의 풍습을 나타내는 개별적인 초상들이 많이 삽입되어 있지만 특히 그의 우수 작품들에서는 그러한 개별적인 초상들이 단절적으로 나타나는 것이 아니라 한 재치 있는 화자의 지휘 하에 인성(人性)과 사회를 파노라마처럼 관조하게 되는 경우가 많다. 무대 감독역을 맡고 있는 그 화자는 세상을 보는 눈이 다분히 풍자적이지만, 등장인물들이 지니는 취약점을 자기 자신도 같이 향유하고 있다는 의식 때문에 날카로운 풍자가 공감과 감상(感傷)의 맛으로 누그러짐을 볼 수 있다. 색커리가 특이하게 설정한 이 무대 감독역의 화자는 헨리 휠딩이 『톰 존즈』에서 시도한 소설 속의 화자의 구조에 유래한다. 그리고 색커리의 화자가 보여주는 냉철한 인생관은 새무엘 존슨의 『아비씨니아의 왕자 래실라스의 인생 경력(*The History of Rasselas, Prince of Abyssinia*)』(1759)에서 비쳐진 냉철한 극기적(克己的)인 인생관과도 맥을 같이 한다. 많은 현대 독자들은 작자의 분신(分身)처럼 들리는 색커리의 화자가 소설의 플롯의 항구적인 요인으로 쓰이는 것을 19세기 독자들처럼 탐탁하게 생각하지는 않는다. 하지만 색커리는 특히 초기 소설에서 사회 여러 계층의 사람들을 사실적으로 그려낸 점과 『허영의 장터』의 머리말에서와 같이 인간의 취약점들을 자비로운 눈으로 바라보는 도덕적 시각을 나타내 보인 점에서 영문학에 현저한 발자취를 남긴 작가로 언제나 남게 될 것이다.

『허영의 장터 *Vanity Fair*』 (1848)

플롯 개요

아밀리아 세들리(Amelia Sedly)와 베키 샤아프(Becky Sharp)는 핑카튼 여사가 교장으로 있는 특수 여자 고등학교에 같이 다니던 사이좋은 친구들인데, 어느 날 학업을 마치고 교문을 나선다. 아밀리아는 예쁘게 생긴 부잣집 딸인데 아주 영리하지는 못하다. 그러나 학교 공부는 열심히 하는 얌전한 처녀다. 베키는 가난뱅이 미술가와 프랑스 오페라 가수 사이에서 태어난 사생아로 이제부터는 아르바이트로 살아가야 할 처지다. 무척 영리하고 재간은 있으나 학교 공부가 재미도 없고 아밀리아를 제외하고는 좋아하는 친구도 없다. 그것은 남에게 얄밉게 구는 베키의 이기적인 성향에도 불구하고 마음씨가 착한 아밀리아가 그녀에게 늘 친절을 베풀었기 때문이다.

이날도 집으로 돌아가는 아밀리아는 베키를 자기 집으로 데리고 가서 잠시 같이 지낼 참이다. 핏드 크롤리(Pitt Crawley)경(卿)의 집에 가서 가정교사로 일할 예정인 베키는 세들리씨 댁에서 아밀리아의 오빠 조즈(Jos)(조제프의 약칭)를 만나자마자 그를 자기의 상대로 얽어매고 말겠다고 마음먹는다. 인도에 가서 군복무 중 휴가로 집에 와 있는 조즈는 둔하고 엉성하고 게으르지만 베키에게는 그런 것이 큰 문제가 되지는 않는다. 그녀로서는 그가 부잣집 아들이고 사회적 신분이 보장되어 있다는 것이 더 중요한 것이다. 아밀리아는 베키가 자기 오빠를 정말로 사랑하게 된 줄로만 믿고 두 사람의 관계가 잘 진전되도록 조심스럽게 노력한다. 그런 목적에서 아밀리아는 파티를 열어 베키와 조즈는 물론 자기 자신이 좋아하는 조지 오즈본(George Osborne)과 역시 인도에서 군 복무중인 몸집이 큰 도빈(Dobbin) 대위를 초대한다. 도빈 대위는 오래 전부터 아밀리아를 몰래 사랑하고 있지만 아밀리아에게는 씩씩한 조지 오즈본이 더 적당한 상대라는 것도 알고 있는 터이다. 요염한 베키와 상냥한 아밀리아가 파티에서 온갖 공작을 다 해도 밤새도록 펀취만 마셔 대는 조즈를 유혹할 수가 없다. 게다가 조지 오즈본은 가정교사 노릇이나 하는 베키를 무시하고 대하니 베키는 낙심천만이다.

세들리씨 댁에 더 오래 묵고 있을 이유가 없어진 베키는 아밀리아와 감격적인 작별 인사를 하고 나서 핏트 크롤리경의 댁으로 향해 떠난다. 신경질 바가지인 늙은 크롤리경은 주위 사람들한테 구두쇠로 알려져 있다. 크롤리 귀부인은 남편의 엉뚱한 신경질 때문에 늘 공포 분위기 속에서 살다 보니 이제는 만사에 불감증이 되고 말았다. 겁에 질려 사는 부인을 두려워할 이유가 없다고 생각한 베키는 대부분의 시간을 크롤리 영감의 비위를 맞추는 데 보내고 나니 자기가 맡은 두 여학생을 지도하는 일은 소홀히 할 수밖에 없게 된다.

이 집의 노처녀 고모 미스 크롤리가 어쩌다가 한번 런던에서 오빠 집으로 찾아 왔는데, 베키는 이 노처녀 고모에게 무척 신경을 쓴다. 베키가 신경을 쓰는 까닭은 미스 크롤리가 무척 돈이 많은 여자이기 때문이다. 미스 크롤리는 이 집 주인 크롤리 영감과 그의 아이들에게는 별로 신경을 쓰지 않는데 조카 로오든 크롤리(Rawdon Crawley)만은 무척 아끼고 사랑한다. 육군 대위인 로오든 크롤리는 크롤리 영감의 먼저 부인과의 사이에서 낳은 아들이다. 미스 크롤리가 로오든을 얼마나 귀여워하는가는 그녀가 그의 학비를 모조리 대주고 그가 도박장에서 진 빚도 모조리 갚아 주었다는 사실로 미루어 봐도 알 수가 있다.

미스 크롤리가 와 있는 동안 로오든도 집에 와 있었는데 이 미남의 장교는 금방 베키의 꾀임에 빠져 그녀를 필사적으로 따라 다닌다. 로오든을 성공적으로 얽어맨 베키는 그 다음에 돈줄인 미스 크롤리의 비위를 맞추는 일에 더욱 힘을 쓴다. 미스 크롤리는 베키의 애교와 재치에 완전히 반해서 크롤리 가문의 온 가족들이 다 합쳐도 베키 한 사람을 당해낼 수 없다는 자기 소견을 서슴치 않고 말한다. 그런가 하면 핏트 크롤리 영감은 영감대로 베키에게 관심을 나타내니 아들 로오든과 라이벌이 된 셈이다.

이윽고 미스 크롤리가 런던으로 돌아가면서 베키에게 같이 가자고 우겨댄다. 사실 베키는 런던에 가서 미스 크롤리와 며칠 동안만 지내다가 돌아올 계획으로 떠나는데, 런던에서 갑자기 병석에 눕게 된 미스 크롤리가 베키 아닌 다른 사람에게는 병간호를 허용하지 않아 베키는 미스 크롤리의 옆을 떠나지 못하게 된다. 그 후에 다른 여러 가지 핑계를 대면서 베키는 귀가를 계속 늦춘다. 베키는 하나도 답답할 것이 없을 것이 미스 크롤리와 같이 있는 동안 로오든 크롤리가 끊임없이 찾아와서 구혼을 해 대는 것이다. 그러다 크롤리 귀부인이 세상을 떠났다는 소식이 전해지는데, 그 소식을 듣고 아무도 걱정하는 기색이 없다. 며칠 후에 핏트 크롤리경 자신이 나타나서 베키를 만나자고 한다. 베키와 만난 크롤리경은 그녀 앞에 무릎을 꿇고 앉아서 자기와 결혼하자고 청하여 베키를 깜짝 놀라게 한다. 베키로서는 애석하게도 이 청혼을 거절할 수밖에 없는 것이 자기는 벌써 로오든 크롤리와 비밀리에 결혼한 상태였다. 하는 수 없이 이 비밀 결혼을 공공연히 알린 로오든과 베키는 브라이튼으로 신혼여행을 간다. 이 일에 격분하고 상심한 미스 크롤리는 병이 나서 드러눕고 유서까지 바꾸어 조카 로오든에게는 한 푼도 유산을 남기지 않은 채 그와 의절하고 만다. 핏트 크롤리경은 그 나름대로 이 문제 때문에 노발대발한다.

한편 아밀리아는 아밀리아대로 결혼 문제로 풍파를 겪는다. 조지 오즈본과의 연애 관계가 결혼으로까지 순조롭게 무르익어가는 듯하더니 어느 날 갑자기 아밀리아의 아버지가 사업에서 큰 실패를 보게 된다. 조지의 아버지는 그의 속 근성을 나타내어 돈도 없는 집안의 딸하고는 혼인할 이유가 없다고 아들에게 말한다. 원래부터 아밀리아를 변변하게 사랑한 것도 아니었던 조지는 아버지의 엄명대로 따를까 하고 마음을 먹는다. 그러자 아밀리아가 조지와의 문제로 남몰래 애태우고 있는 것을 본 도빈 대위가 마침내 조지에게 설득시켜 부모님의 의향이 어떻든 간에 아밀리아와의 결혼을 성사시키도록 만든다. 두 사람이 신혼여행으로 브라이튼에 와 보니 로오든과 베키가 돈 한푼도 없으면서 호화스럽게 지내고 있는 것이다.

그들의 뒤를 따라 도빈 대위도 브라이튼에 도착한다. 그는 조지 오즈본의 아버지와 의논 끝에 부자(父子)간에 화해를 시킬 목적으로 찾아 온 것인데, 그가 내려온 사이에 오즈본씨는 다시 생각이 바뀌어 아들 조지와 의절을 선언하게 됨으로써 도빈이 안고 온 꿈이 무산되고 만다. 도빈은 또 영국군이 벨기에로 파병 출동하게 된다는 소식도 전한다. 엘바섬에서 빠져 나와 유럽 대륙에 상륙한 나폴레옹의 위협에 대처하기 위해 군에 몸을 담고 있는 조지와 로오든과 도빈 대위 등 모두가 이제 유럽으로 향해 떠나게 된 것이다.

유럽에 간 그들은 브럿셀에서 다시 만난다. 인도 근무에서 이쪽으로 돌아온 조즈 세들리의 얼굴도 보인다. 그런데 조지 오즈본은 아내 아밀리아를 내팽개치고 베키한테 홀려 있고, 우직한 도빈 대위는 남편의 버림을 받은 아밀리아를 열심히 시중들고 있다. 나폴레옹의 군대가 어떻게 나올지 몰라 웰링튼 장군 휘하의 전 군대가 대기 태세로 있는 동안 장교들은 환락의 무드에 잔뜩 잠겨 있다. 오즈본 내외와 크롤리 내외는 수없이 많은 무도회에 참석하는데, 그럴 때마다 베키 샤아프는 참석한 사람들의 이목을 끈다. 특히 남성들 앞에서는 교태를 잘 부려서 상대가 장군이든 졸병이든 모두 홀딱 반해 버린다. 1815년 6월 15일 밤에는 브럿셀에서 리치몬드 후작부인이 베푸는 대무도회가 열렸는데, 이 자리에서 조지 오즈본이 베키에게 관심을 너무 많이 표하는 것을 보고 아밀리아는 참다못해 파티에서 나와 버린다. 같은 날 밤에 대기 태세에 있던 장병들은 긴급 출동 명령을 받고 전지로 나간다. 나폴레옹 군대가 벨기에 국경을 넘어 들어와서 큰 전투가 곧 벌어질 판국이다.

형세가 이렇게 되자 브럿셀 시내는 공포의 도가니로 변하고 사람들은 혼란에 빠진다. 이 도시를 빠져 나가는 민간인 피난민들의 수가 자꾸 늘어 간다. 그러나 베키와 아밀리아는 움직일 생각을 하지 않는다. 베키는 하나도 두려워하는 눈치가 아니고, 아밀리아는 남편 조지를 위태로운 지경에 두고 자기만 떠나갈 수 없다고 한다. 그러다가 며칠 만에 아밀리아는 조지가 워털루 전투에서 전사했다는 비보(悲報)를 듣는다. 로오든 크롤리는 같은 워털루 전투에서 무사히 귀환한다. 로오든은 베키와 함께 파리로 가서 한참 흥청거리며 지낸다. 거기서도 베키는 미모와 재치를 가지고 많은 남자들을 현혹시킨다. 베키는 그곳에서 아들을 낳는다.

깊은 수심에 잠겨서 런던으로 돌아와 심신을 가누지 못하고 있던 아밀리아도 아들을 낳아 그때부터 다소 원기를 회복하는 듯한 기색이다. 파리의 환락 생활에 이제는 지쳐 버린 크롤리 내외는 런던으로 돌아온다. 돌아오자마자 그들은 대궐 같은 집을 전세로 얻어 아무 수입도 없이 호화 생활을 계속해 나간다. 수입이라고는 로오든이 도박을 해서 이따금 벌어들이는 돈 밖에 없는데, 나머지는 베키의 재간으로 떵떵거리며 사는 것이다. 베키는 어느새 영국의 귀족 사회에서 모르는 사람이 없을 정도가 된다. 특히 스타인(Steyne)경(卿)이라는 늙은 부자 영감의 호감을 사게 되자 젊은 크롤리 부인과 늙은 스타인경이 서로 좋아한다는 소문이 상류사회에 쫙 돈다.

스타인경이 힘을 쓴 덕택으로 베키는 왕실에서 베푸는 자리에까지 나가게 된다. 한번은 베키가 그런 좌석에서 핏트 크롤리경과 그의 젊은 부인을 만나게 된다. 늙은 핏트 크롤리경은 그동안 이미 사망하고 둘째 부인이 낳은 맏아들이 작위를 물려받은 것이다. 로오든은 귀족이 된 아우가 선심으로 주는 돈을 고맙게 받아쓰는 것으로 만족하고 있을 뿐, 아내 베키가 상류 사회에서 즐기고 있는 삶에 대해서는 하나도 아는 바가 없다. 스타인경과 베키에 관한 스캔들에 대해서도 전혀 모르고 있다. 도박을 하지 않고 집에 있을 때는 어머니의 보살핌을 전혀 못 받는 어린 아들과만 시간을 보낼 뿐이다. 얼마 후에 로오든은 크게 빚을 진다. 베키에게 돈을 주선해 달라고 애걸해도 그럴 돈이 어디 있느냐고 베키는 잡아뗀다. 빚 때문에 감옥에 들어가게 된 로오든이 베키에게 편지를 써서 일을 수습해 달라고 해도 돈이 마련되지 않았다는 답장만 날아온다. 마침내 아우인 핏트경에게 호소해서 겨우 풀려 나온 로오든은 집에 돌아오자 베키가 스타인경에게 아양을 부리고 있는 광경을 목격한다. 그로 인해서 폭력이 개입되는 장면이 벌어진다. 얼마 후에 로오든은 이 불성실하고 계략 많은 아내를 더 이상 보지 않겠다고 해외 근무로 나간다. 그러나 이 근무처도 사실은 베키가 스타인경에게 몸을 팔아 얻어낸 것이다.

한편 아밀리아는 쪼들리는 경제 사정 때문에 아들의 양육에 대단한 지장을 받는다. 형편이 어렵게 된 친정 부모로부터 아무런 도움을 받지 못하는 그녀는 하는 수 없이 시부모에게 아이를 맡겨 기르기로 마음먹는다. 시아버지인 오즈본씨는 자신의 바램을 거역하면서 아들이 결혼하였던 아밀리아에 대해 아직까지도 편견을 버리지 못하고 있다. 그러나 아밀리아에게도 형편이 풀리는 날이 온다. 친정어머니는 돌아가셨지만 오빠인 조즈 세들리가 귀국하면서 아버지와 아밀리아는 좀 더 나은 집에서 자리 잡고 살게 된다. 게다가 인도에 가서 복무하던 도빈도 귀국하여 아밀리아에게 사랑을 고백한다. 아밀리아는 도빈을 친구로서는 인정하지만 아직 그의 사랑을 받아들일 마음의 준비가 되어 있지 않았다. 사태를 파악한 도빈은 아밀리아의 시아버지인 오즈본 영감에게 가서 며느리와 잘 화해하도록 권유한다. 그 덕분에 오즈본씨는 세상을 떠나면서 많은 재산을 손자에게 물려주고 아밀리아를 그 아이의 후견인으로 지정한 것이다.

아밀리아는 이제 아들과 오빠 조즈와 도빈 대위와 함께 유럽 대륙 여행을 떠나 평생 처음으로 즐거운 시간을 갖는다. 도빈 대위의 변함없는 충성과 정성 어린 보살핌에 탄복한 그녀는 그와 결혼하는 방향으로 마음을 굳힌다. 유럽 대륙 여행 중 독일의 어느 휴양지에서 그들은 베키와 또 다시 마주친다. 로오든과 헤어진 그녀는 아이를 시동생 댁에 맡기고 유럽에 건너 와 형편이 닿는 대로 이 남자 저 남자와 만나 사는 터였다.

안정된 부유한 생활을 하는 조즈를 보자마자 그녀는 이번에는 그전처럼 그를 놓치지 않을 것이라고 다짐한다. 아밀리아와 조즈는 베키를 보고 친절하게 대하지만 도빈 대위만은 그녀를 진실하게 대하려는 눈치가 아니다. 베키에 관해서는 그는 조즈에게 조심하라고 경고도 해 보지만 조즈는 베키의 아양 떠는 모습 앞에서 어쩔 수 없이 넘어간다.

베키는 조즈가 가는 곳마다 따라 다닌다. 아직 로오든과는 정식 이혼도 하지 않은 사이인데, 그런 베키를 조즈는 마치 아내처럼 대우한다. 그리고 도빈 대위가 반대하는데도 불구하고 베키의 이름으로 거액의 보험을 든다. 수개월 후에 조즈가 엑스 라 샤펠(Aix-la-Chapellle)에서 베키와 함께 묵고 있다가 사망했다는 소식이 그의 가족에게 전달된다. 그의 사인(死因)은 완전히 밝혀지지 않은 채 베키가 보험에서 거액의 보상금을 받아 냈다는 것만은 확실했다. 베키는 여생을 유럽 대륙에서 보냈는데, 대부분 후덕한 미망인으로 거동하고 선덕과 자선을 아낌없이 베푼다는 평판이 널리 퍼지고 있다. 그녀의 아들은 어머니를 찾아보지는 않지만 이제는 작위를 이어 받아 어머니에게 상당한 생활비를 대어주는 것이다. 교회에 열심히 나가는 그녀는 각종 "자선 명단"에서 이름이 빠지는 적이 없다.

비평과 분석

이 소설의 제목 "허영의 장터"는 존 번연의 알레고리 소설『천로 역정』에 나오는 "허영(Vanity)"이라는 마을에 세워진 장터의 이름에서 유래된 것이다. 이러한 사실이 색커리의 소설을 해독하는데 유익한 지침이 되기는 하지만, 색커리의 소설이 알레고리는 아니므로 번연의 맥락과 색커리의 맥락을 비교 · 감안하여 생각해 볼 필요가 있다. 번연의 "허영의 장터"는 악령(惡靈)들이 세운 곳인데, 그 곳을 주인공 크리스챤(Christian)과 동행자 충실(Faithful)이 통과하다가 붙잡혀 동행자 충실은 화형을 당하고 크리스챤은 잘 빠져 나와 순례를 마친다는 이야기이다. 즉 번연의 작품에서 "허영의 장터"가 가지는 의미는 믿음을 가진 자가 항상 멀리해야 할 악의 장소라는 것이다. 색커리의 소설의 어느 한 구절에 보면 이야기를 이끌어 가는 화자가 "허영의 장터"를 가리켜 "온갖 속임수와 허위와 가식이 충만해 있는 아주 허식 많고, 사악하고, 쑥스러운 곳"이라고 적고 있다. 이것은 다분히 번연을 방불케 하는 도덕가 색커리의 일면을 말해 주는 것이다. 그러나 색커리의 "허영의 장터"는 단순히 악의 장소라는 것만은 아니다.

색커리는 이 소설의 머리말에서 자기 자신을 (또는 자기 자신과 거의 동일시되는 화자를) "무대 공연 감독(The Manager of the Performance)"으로 정해 놓고 시작한다. 그의 무대가 바로 인생이라는 장터인데, 개막되기 바로 전에 그는 그 무대(또는 장터)를 굽어보면서 독자들에게 같이 관람하자고 청한다. 그는 그 장터에 들어와 서로 부딪히고 밀어 젖히고 하는 온갖 종류의 사람들을 가리키면서 앞으로 온갖 종류의 쇼를 보게 될 것인데, 어떤 때는 우리가 웃겠지만 더 많은 경우에는 울게 될지도 모른다고 말한다. 소설이 다 끝나는 순간에 가서 이 화자는 여태까지 연출하던 인형극의 막을 내리는데, 알고 보니 그의 인형들이 다름 아닌 우리 자신들, "허영의 장터"라고 하는 이 세상에 사는 사람들인 것이다. 그는 "아! 허무하고 허무하도다! 이 세상에 사는 우리들 가운데 그 누가 과연 행복하단 말인가? 우리들 가운데 그 누가 과연 욕망을 가지고 있단 말인가? 아니, 가지고 있다 한들 충족된 욕망일까?" 하고 묻는다.

결국 색커리의 맥락에서 "허영의 장터"란 인간의 생존 조건 그 자체를 표현하는 말이다. 번연의 크리스챤처럼 우리 독자들이 거기를 통과하다가 유혹을 되도록이면 피해야 한다는 소극적인 의미의 장소가 아니라, 작자와 독자가 다 함께 그 장터와(또는 그 무대공연과) 일체가 되어 그것을 관조하는 마음으로, 그리고 자비를 베푸는 마음으로 경험하라고 되어 있는 그런 장소인 것이다. 따라서 색커리의 소설의 주제가 되는 "허영의 장터"는 인간 생활의 표면에 나타나는 위선, 속물근성, 허위허식 등의 천박한 가치들을 밝혀낼 필요성 뿐만 아니라 세속적인 성공을 추구하는 것의 무익함까지 함께 나타내고 있다(영어로 vanity란 말에는 원래 "허영"과 "무익함"의 뜻이 함께 들어가 있다).

작품 속에 작자의 모습을 한 화자가 늘 존재하는 특이한 설화 구조는 물론이거니와 인간 사회의 전경(全景)을 한 눈에 보게끔 다룸과 동시에 그 내용을 세밀하게 사실적으로 다루는 색커리의 솜씨를 보고 많은 서평가들은 그를 "19세기의 휠딩"이라고 지칭하였다. 『허영의 장터』의 사실주의는 주로 배경의 구체적인 묘사와 관계되는 사실주의라고 말할 수 있다. 이것은 색커리가 이 소설을 쓴 동기와도 깊은 관련이 있다. 그는 1847년 초에 이 소설을 연재물로 내기 시작했는데, 그 때 부제를 "펜과 연필로 그린 영국 사회의 스켓취"라고 붙였다. 그러한 부제는 우선 작자 자신이 삽화를 그려 넣었다는 것을 세상에 알리는 것이기도 하였고, 나아가서는 이 소설을 바로 전까지 나온 『영국의 속물들』의 연장판처럼 생각하면서 19세기 중엽 사회의 생활상을 그린다는 의도를 밝히는 데에도 목적이 있었다.

이 소설에서 일어나는 사건들은 대체로 1813년부터 1830년까지의 기간을 망라한다. 색커리 자신이 1811년 태생이기 때문에 소설의 앞부분에서 일어나는 일들은 그의 유년기나 청소년기에 있었던 사건에 속할 뿐만 아니라 역사적인 사실과 픽션이 마구 섞여져 있다. 예를 들어 소설의 서두에 베키 샤아프가 핑카튼 여사가 하는 여자 고등학교를 나온 1813년은 나폴레옹이 라이프지히 전투에서 패배를 맛본 해이고, 그 다음 해 나폴레옹이 왕좌에서 물러나 엘바 섬으로 추방되는 뉴스를 듣고 아밀리아는 좋아서 마구 손뼉을 친다. 나폴레옹이 엘바 섬에서 나오자 유럽 대륙에 불안이 감돌아 영국 군대의 파병 출동 명령이 내리더니, 1815년 여름 워털루 전투에서 조지 오즈본이 전사한 다음 나폴레옹은 다시 세인트 헬레나로 유배된다. 지명(地名)에 있어서도 실제 지명을 그대로 사용하여 그 이름만 들어도 런던이 생생하게 살아나는 감을 준다. 핑카튼 여사의 학교가 있는 치즈윅 몰(Chiswick Mall)을 비롯하여 중상류층이 많이 사는 주택가들, 베키 샤아프가 호화 주택을 꾸미고 살던 고급 주택가 메이훼어(Mayfair), 젊은 쌍쌍들이 저녁이면 산책하러 자주 가는 복스홀 공원가(Vauxhall Garden) 등이 그것이다.

"허영의 장터"라는 인생 무대를 관망하고 관조하는 설화적 시각은 한 중심인물의 일생기를 소설의 패턴으로 삼던 이전의 작가들의 전통을 지양하고 한 눈에 보이는 사회의 전경 속에서 몇 쌍의 대조되는 인물들을 그리는 새로운 인물 구성을 시도하게끔 하였다. 그리하여 『허영의 장터』가 1848년에 완성될 무렵에는 먼저 부제를 "히어로 없는 소설(A Novel Without a Hero)"이라는 새 부제로 바꾸었다. 이것은 이 소설에 영웅적인 자질을 가진 남성의 중심인물이 하나도 없고, 있다면 여걸적인 자질을 가진 여성의 중심인물(heroine) 베키 샤아프 밖에 없다는 말로 일단 해석된다. 좀 더 나아가서 이 부제는 이 소설 속에 전통적인 의미의 영웅적 성격이나 인물이 전혀 들어 있지 않다는 암시도 된다.

서양 문학에서 말하는 "히어로(hero)"는 보통 사람보다 뛰어나게 힘, 능력, 재능 또는 용기를 각각 가졌거나 그런 자질이 어느 정도 섞인 사람을 뜻한다. 바꾸어 말하자면 히어로는 전쟁에서 남보다 유난히 용맹을 떨친 사람이라든가, 다른 상황에서 고귀한 영혼을 지닌 사람을 지칭하는 것이다. 그런데 색커리가 그린 섭정기 영국의 런던 중상류 사회는 천박과 사악으로 특징지어지는 문화를 가지고 있었으니 그 속에서 히어로의 가치를 인정받기란 그렇게 용이한 일이 아니었다. 조지 오즈본은 얼핏 보기에 미남이고 활발하고 남들의 사랑을 받는 청년이다. 아밀리아는 처음에 그녀에게 청혼한 조지 오즈본을 아무 결점도 없는 용맹스러운 귀공자로 본다. 그러나 그의 아내 아밀리아를 제외한 다른 사람의 눈에는 그의 허영 많고 천박하고 우쭐대는 모습이 나타난다. 워털루 전투에서 그는 장렬하게 죽지만 그를 영웅으로 간직하는 사람은 어리석은 아밀리아밖에 없다. 중류층의 밑바닥에서 혼자 고운 마음씨를 가지고 희생적인 사랑을 하는 윌리엄 도빈은 번연의 『천로 역정』에 나오는 동행자 충실을 방불케 하여 그런 의미에서는 히어로의 물망에 오를 수도 있지만, 그가 평생토록 희생적 사랑을 바친 아밀리아가 보잘 것 없는 대상이었다는 환멸감이 생겨 그의 말로(末路) 역시 반(反) 영웅적인 것으로 끝난다. 초년에는 멋진 기병부대 장교로 나온 로오든 크롤리도 나중에는 도박에 빠져 방탕 생활을 하는 청년으로 변하더니, 자기 아내 베키가 돌보지 않는 아들을 집에 들어가서 보살피는 가련한 아버지가 되고, 베키와 헤어진 다음에는 그녀의 기둥서방이 주는 일자리를 받아 멀리 떠나가는 신세가 된다.

여성 인물들 중에서는 아밀리아 세들리가 전통적인 의미의 히로인으로 내세워지고 있다는 느낌을 소설의 앞부분에서 가질 수도 있다. 우선 핑카튼 여사의 고등학교에 다닐 때 아밀리아는 부잣집의 유순한 따님이라는 평을 받으며, 건방져서 사람들이 눈살을 찌푸리는 베키 샤아프에게 유일한 친구가 되어주기도 하였다. 그러나 안락한 생활환경에서 자라나면서 아밀리아는 타고난 연약한 마음씨와 감상적인 성벽이 더욱 자라나서 남편 조지의 이기심이라든가 자신에 대한 냉대를 보고도 올바르게 판단하지 못할 뿐만 아니라 남편이 죽은 후에도 오히려 자기 본위에 가까운 망상적인 태도로 그에게 충성심을 바친다. 그녀가 조지에게 바치는 사랑은 그가 용모가 멋졌다는 사실에 주로 근거를 두며 그가 정말로 상스러운 남자였다는 사실은 무시하고 만다. 그런가 하면 아밀리아는 볼품은 없어도 속사람이 진짜 신사인 도빈 대위의 가치는 알아주지 못한다.

아밀리아라는 인물은 색커리가 자신의 어머니와 둘째 아이를 낳고 정신 이상이 되었던 그의 아내 이자벨라, 그리고 그가 사모하며 지냈던 친구의 부인 제인 브르크휠드를 각각 생각하면서 구상한 것이라고 그 자신이 주장한 바 있다. 색커리가 아밀리아의 유순한 성격에 마음이 끌려서 전통적인 문학의 히로인으로 부각시켜 보려고 했던 것이 사실이지만, 소설의 후반부에 가서 꾸준히 강조되는 아밀리아의 성품은 적극적인 덕목으로서의 유순함이 아니라 부정적인 덕목으로서의 유순함이다. 아밀리아의 성격에 대해 색커리가 보인 이중적인 태도를 비난하는 비평가들도 없지 않다. 그러나 색커리가 그린 아밀리아는 너무 성격이 소극적이었던 아내에 대해 색커리가 가졌던 전후가 모순되는 느낌을 정확하게 표현한 것이다.

그러고 보면 이 소설에서 가장 여걸적인 자질을 보여준 베키 샤아프가 남는다. 베키는 그녀의 유명한 재치와 야망 때문에 대부분의 독자들이 더 좋아했고, 색커리 자신도 그녀를 귀엽게 보았다고 확신케 하는 부분이 이 소설에 많이 나온다. 그러나 아밀리아에 대한 그의 태도에서 그러하였듯이 색커리는 베키에 대해서도 그녀의 원기왕성한 성품을 한편 좋아하면서 또 한편으로는 싫어하였던 것이다.

베키가 이 소설에서 처음으로 소개되는 것은 핑커튼 여사의 특수 여자고등학교의 재학생으로서인데, 부유한 집안의 자제들이 많이 다니는 이 학교에 그녀는 고아의 자격으로 들어와서 자선을 받고 있었던 것이다. 부잣집 딸들 사이에 끼어 교육을 받은 그녀는 얼마 후에 돈의 힘이 크다는 것을 알게 됨과 동시에 돈을 벌기 위해서는 무슨 수단이라도 써야겠다는 결심을 하게 된다. 학업을 마치고 나오는 날 그녀는 유명한 새무엘 존슨의 『영어 사전』을 졸업 선물로 받아 들고 나오는데 그 때 베키는 선물로 받은 사전을 흙먼지 땅에 반항하는 태도로 내던져 버린다. 이러한 행동은 그녀의 모험적인 인생의 첫 걸음을 말해 주는 것이며 또 앞으로 그녀가 어떤 행동 양태를 보일 것인가 하는 지표로서도 해석될 수 있다. 그녀가 다른 무엇보다도 돈에 가치를 두며 극도의 자기 위주의 가치관을 유지하였다는 점에서 베키는 "허영의 장터"의 무자비하고 허무한 가치들의 상징으로 여겨지지만, 또 한편 그녀는 보헤미안적인 가난한 가정환경을 헤치고 일어나 오직 열심히 살기 위해 그렇게 할 수 밖에 없었던 사회 불균형의 한 희생자이기도 하였다.

열심히 살기 위해 그렇게 할 수 밖에 없었던 일들 가운데에는 독자들이 세심히 가려서 판단해야 할 것들이 상당히 많이 있다. 그녀는 가난뱅이 소녀의 위치에서부터 귀족 사회의 정상에까지 올라가는 동안 피카레스크적인 여정을 겪는데, 우선 처음에 조즈 세들리와, 그 다음에는 핏트 크롤리경의 비위를 맞추어 그들과 각각 결혼까지 해 보려 하다가 실패함으로써 부귀를 누릴 기회를 놓친다. 그러고 나서 돈 한 푼 없는 귀족 청년 로오든 크롤리와 결혼한 후부터는 남들을 감언으로 속이면서 사실상 공짜로 살다가 런던과 파리의 상류 사회에 들어가 서서히 그들의 비위를 맞춘다. 이러한 과정에서 그녀는 퇴폐성을 상당히 드러내지만—예를 들어 그녀가 스타인경과 벌이는 수상한 내연의 관계라든가, 조즈의 생명 보험금을 탐내어 조즈가 죽는 데에 한 몫을 한 듯한 암시—그 모든 것에도 불구하고 그녀는 용기 있고 기략이 풍부하고 붙임성이 좋은 면을 동시에 드러내어 독자들의 공경의 대상이 되기도 한다. 결국 베키 샤아프는 전통적인 의미의 "히로인"은 아니고 사람의 마음을 끌고야 마는 "앤티 히로인"이라고 하여 마땅하다.

"앤티 히로인"으로서의 베키에 대한 색커리의 태도가 직접적으로 진술된 바는 없다. 다만 『허영의 장터』의 마지막 부분에 가서 베키는 아름다운 인어(人魚)의 모습으로 그려지는데 그 때 그 인어의 무시무시한 꼬리는 물밑에 미끌어 들어가서 보이지 않는다. 한편으로는 계략 많고 부도덕한 여우와도 같으면서 또 한편으로는 악의 없는 악한녀(惡漢女)요, 매력 있는 기회주의자인 베키 샤아프는 영문학에서 가장 이름난, 그리고 가장 화제를 많이 일으킨 작중 인물들 중의 하나로 꼽힌다. 19세기의 영국 소설가 앤소니 트롤로프는 베키 샤아프를 가리켜 그녀는 "소설의 세계에서 자력으로 자리를 굳혔으며 우리 문학에서 자리가 확고해진 인물들 중의 하나"라고 말했다.

작중 인물을 다루는 일에서 양면적인 견해를 보였던 색커리는 사회의 정경이나 인생 그 자체를 해석하는 마당에서도 역시 그 나름의 양면성을 지니고 있다. 그의 정견(政見)만으로 보자면 자유주의와 인도주의를 주장하였으므로 당시의 많은 작가들과 마찬가지로 부르주아 심성에서 생기는 개인주의적인 물질문명에 반대하는 입장이었다. 그런데도 불구하고 색커리는 문명된 삶이 주는 위락(慰樂)이라든가 교양 있는 사람들의 모임 같은 것을 적극적인 가치로 받아들이는 반면 하류 계층의 사람들에 대해서는 관심이 없어서 이 소설에서는 전혀 다루지도 않고 있다. 그러므로 색커리는 자기가 자주 비난하는 속물근성을 다분히 자기 스스로 인정한다는 모순에 빠져 있다고 일부 비평가들은 말한다. 예를 들어 그는 디킨즈만큼 열렬하게 사회의 악폐를 작품 속에서 공격하지 않는다. 그 대신 색커리가 보는 눈으로는 악폐라는 것이 인간성에 내재되어 있는 것이기 때문에 모든 계급에 있는 개인들의 과실(過失)로서 풍자하는 것이다. 『허영의 장터』에서 색커리는 인물들이 생각하고 행동하는 것을 통해서 뿐만 아니라 독자들에게 직접 말을 건네는 자기 자신과 거의 일치되는 화자의 말을 통해서 이 세상에서 정의를 기대하지는 말 것이며, 선(善)이 언제나 황금 마차를 타고 가는 것은 아니며, 사람들은 때때로 사기꾼을 더 선호하며, 빼어난 사람이 언제나 포상을 받는 것은 아니라는 등의 삶의 진리에 관해 경고를 보내주고 있다.

6. 찰즈 디킨즈 (Charles Dickens)

생애와 작품

CHARLES DICKENS
(1812~1870)

찰즈 디킨즈는 1812년 영국 남부의 군항 도시 포오츠머스에서 태어났다. 그의 아버지 존 디킨즈는 해군 보급창에서 일하는 문관 서기였다. 그는 다정한 성품의 소유자였지만 낭비가 심해서 늘 가난하였다. 찰즈가 네 살 되던 1816년에 가족은 템즈강에 연해 있는 채담이라는 곳에 이사 가서 약 6년간 살았는데, 이때가 그의 어린 시절에서 가장 행복했던 때였다. 간간히 교육다운 교육도 받았다. 1823년에 가족은 다시 보따리를 싸고 런던으로 이사 가서 캠덴 타운이라는 구역에서 살았다. 런던에 간 후로 찰즈의 아버지의 일은 하나도 제대로 되는 일이 없어 가운이 자꾸 기울어 갔다. 12세 되던 그 다음 해에 찰즈는 구두약 만드는 공장에서 일했다. 그러던 차에 그의 아버지가 빚에 몰려 감옥살이를 하는 신세가 되자 가산을 모조리 팔아 처분한 온 가족은 그가 수감된 마샬시(Marshalsea) 형무소에 들어가서 함께 살았다. 찰즈만은 밖에 숙소를 마련하고 살았다. 구두약 공장에서 하루 12시간 노동을 하면서 외로움과 깊은 슬픔에 잠긴 찰즈는 기울어진 가문을 보고 큰 수치감을 느꼈다. 이 피눈물 나던 시절의 추억이 후일 그의 소설 『데이비드 커퍼휠드』의 앞부분에 많이 반영된다.

어머니가 세상을 떠나고 감옥에서 풀려 나온 존 디킨즈는 어머니가 남긴 작은 유산을 가지고 초라한 집을 한 칸 마련하였다. 찰즈가 일하는 구두약 공장 주인인 제임즈 래머트는 원래 찰즈의 아버지와 아는 사이였으므로 찰즈에게는 더 나은 대우를 해주느라고 애썼다. 그래서 찰즈는 길거리에 면한 창문가에서 일했는데, 찰즈의 아버지는 길을 가던 행인들이 걸음을 멈추고 일하는 아이들을 바라보는 것이 못마땅하여 래머트와 크게 싸웠다. 그것 때문에 래머트는 찰즈를 해고시켰더니, 이번에는 좀 더 실리적인 찰즈의 어머니가 나와서 일을 잘 마무리하여 찰즈는 다시 구두약 공장에 가서 일을 계속하였다. 아버지 존 디킨즈는 아이를 학교에 보내서 공부를 시켜야 한다고 주장했지만 허사였다. 찰즈는 그렇게 몸서리나게 싫은 생활로 자기를 돌려보내려고 한 어머니를 너무나도 야속하다고 생각했다. 후일 그의 소설에서 많이 보는 사려가 없고, 사랑이 없고, 능력이 없는 어머니와 아버지의 상(像)들은 디킨즈의 어린 시절의 실제 경험에서 우러난 것이다. 그 후 찰즈는 사립학교를 두 군데 다녔지만 대부분 독학으로 공부했다.

피카레스크와 잔잔한 사회 고발

1827년에 디킨즈는 사법 서사의 도제(徒弟)로 들어가서, 이듬해에는 자유기고를 하는 기자가 되어 선거법 개정안에 대한 국회의 토론 내용을 「모닝 크로니클」이라는 신문에 보도하였다. 이어 그는 런던의 생활상을 그린 스켓취들을 신문이나 잡지에 기고하다가 그것들을 모아 엮어 낸 것이 『보즈의 스켓취－보통 사람들의 보통 생활을 묘사(*Sketches by 'Boz', Illustrative of Every－Day Life and Every－Day People*)』(1836)이다. "보즈"라는 이름은 디킨즈가 처음에 가명을 쓰는 과정에서 자기 남동생의 이름 "모우지즈(Moses)"가 변형된 것이다. 『보즈의 스켓취』가 언론 출판계에서 관심을 다소 끌더니 로버트 세이무어라는 이름난 만화가가 거기에 재미있는 삽화를 붙이자는 제안이 받아들여져 같은 해에 『피크윅 클럽의 유문집(遺文集)(*The Posthumous Papers of the Pickwick Paper*)』이 소설로서 나왔다. 이 작품은 『보즈의 스켓취』에다가 사냥에 정신이 팔린 당대의 변태적 인물들의 삽화에 알맞은 우스꽝스러운 에피소드를 추가한 것이다. 디킨즈의 글이 그림보다 단연 이채를 띠었을 뿐만 아니라 디킨즈가 창조해 낸 두 인물 피크윅(Pickwick)과 샘 웰러(Sam Weller)가 소개됨으로써 책의 매상이 급격히 올라갔다. 마음이 착하고 늘 구름 위에 뜬 생각만 하는 피크윅과 뻔뻔스럽고 현실주의자인 런던내기 샘 웰러는 돈키호테와 산초 판자를 연상시키는 한 쌍의 피카레스크 소설 인물들이다. 이 소설은 속칭 『피크윅의 문집(*The Pickwick Papers*)』이라고도 부르는데 "문집"이라는 말은 소설 속의 이야기가 어떤 연속적인 플롯을 가지고 있는 것이 아니라 산발적인 문서의 집합이라는 뜻이다.

1836년에 디킨즈는 케서린 호가스와 결혼하였다. 『피크윅 문집』이 아직도 연작으로 나오고 있는 동안 디킨즈의 두 번째 소설 『올리버 트위스트—교구 구빈원 소년의 행로(*Oliver Twist, or The Parish Boy's Progress*)』(1837~38)가 역시 매월 「벤틀리지 미슬러니(*Bentley's Miscellany*)」지에 연재되어 나왔다. 불과 스물 다섯인 디킨즈는 벌써 전국적으로 이름이 난 작가가 되고 있었다. 『올리버 트위스트』는 1834년의 빈민 구호법이 시행되는 과정에서 나타난 비리를 폭로했다는 데에도 의미가 있지만, 더 나아가서는 순진한 청소년들을 학대하는 영국 사회에 대한 디킨즈 나름의 조용한 고발이라고 봐야 할 것이다. 관(棺) 제조소의 도제가 되기 위해 구빈원을 나오는 올리버는 도둑들의 소굴에 한참 빠져 있다가 결국은 돈 많은 자선가의 양자로 들어간다. 이 소설에서는 선과 악의 대조가 뚜렷한데 좀 더 눈에 띄고 실감을 주는 것은 악의 세계이다. 디킨즈는 런던의 지하 범죄 소굴의 짙은 암흑면을 여기에서 보여주고 있다. 디킨즈는 이제 재빠른 솜씨로 글을 쓰기 시작하여 한번에 2, 3편의 소설을 같이 쓰는 적도 가끔 있었다. 그의 세 번째 작품 『니콜라스 니클비(*Nicholas Nickleby*)』가 연재되다가 1839년 늦게 단행본으로 나왔다. 청소년에 대한 학대가 주제의 하나로 되어 있는 이 소설은 당시에 성행하던 사립 학원과 그 주인 스퀴어즈(Squeers) 부부에 대한 신랄한 공격으로 가장 잘 알려져 있다. 그리고 이 무렵에 그가 쓴 일련의 스켓취들이 예상했던 것보다 잘 팔리지 않자 그것들을 1841년에 두 편의 소설 작품으로 발간했으니 『골동품점(*The Old Curiosity Shop*)』과 『바아나비 러지(*Barnaby Rudge*)』가 그것이다.

『골동품점』은 『올리버 트위스트』에서와 같이 악독한 도시 문명의 박해를 받아 피난살이를 하는 천사 같은 어린 아이를 주인공으로 삼고 있는데, 리틀 넬(Little Nell)은 그 나이에 너무나도 정숙하고 책임감이 강하여 현대 독자들에게는 잘 믿음이 가지 않는다. 리틀 넬의 모델이었다고 믿어지는 인물은 디킨즈가 극진히 아끼고 사랑했던 17세 난 처제였는데, 그녀가 죽은 지 얼마 안 되어서 디킨즈가 품고 있던 애통한 감정이 그대로 이 작품에 옮겨져서 디킨즈의 소설 중에서 가장 감상적인 장면을 만들어내게까지 된 것이다. 그러나 이런 극단적인 감상벽 때문에 『골동품점』을 가장 열등한 작품으로 보는 이유가 되기도 한다. 그런가 하면 넬이 자기 할아버지와 함께 영국의 각지를 헤매고 다니는 이야기에는 피카레스크적인 기법도 끼어들어 작품에 새로운 특색을 가미시킨다.

『바아나비 러지』는 "80년대 폭동의 이야기(A Tale of the Riots of Eighty)"라는 부제로도 암시되듯이 1780년의 반(反) 가톨릭 폭동을 다룬 디킨즈 최초의 역사 소설이다. 특히 그 역사적인 폭동과 뉴게이트 감옥이 분노한 군중에 의해 불타는 장면 등은 월터 스코트의 소설 『미들로시안의 심장부(*The Heart of Midlothian*)』에서 다루어진 폭동 장면의 묘사에서 영향을 받은 바 크다. 여기에서 주인공 바아나비는 정신 착란을 일으킨 허황한 인물로 그려진다. 이 소설은 비리를 개인적인 차원에서 공격할 뿐만 아니라 당시의 정치적 불안과 폭력적 분위기를 상상 세계에서 재연시켜 사회의 무질서도 함께 공격하고 있다.

1836년부터 1841년까지 5년간 무려 다섯 편의 소설을 쉴새없이 써 낸 디킨즈는 극심한 피로와 긴장을 푸는 뜻에서 반년 휴가를 내어 미국 여행을 떠났다. 영국에 돌아오자마자 쓴 그의 여행기 『미국 수기(*American Notes*)』(1842)는 디킨즈의 성실과 비판 의식을 잘 나타내준다. 정치적으로 진보 사상을 가지고 있었던 디킨즈는 미국이라는 신생 공화국을 자유와 평등의 이상향으로만 생각하고 있었는데, 실제로 그가 관찰한 미국은 그것이 아니었다. 비록 미국의 작가들과는 다정한 대화를 나누었지만, 자유는 경제면에서 방종과 부정으로 변질하고 평등은 사회 관습 면에서 비속함을 드러내는 결과가 되었으니, 디킨즈의 양심으로서는 그런 점을 따끔하게 꼬집지 않을 수가 없었다. 『미국 수기』를 보고 분격한 미국의 언론은 디킨즈를 배은망덕(背恩忘德)으로 몰았다.

다음 소설은 『마틴 처즐윗트의 생애와 모험(*The Life and Adventures of Martin Chuzzlewit*)』(1844)인데, 구성과 분위기에서 『니콜라스 니클비』에 너무나도 흡사하여 디킨즈의 상상력이 고갈되어 가지나 않나 하는 인상마저 준다. 연재하던 도중에 이것을 깨달은 디킨즈는 바로 최근에 미국을 관찰한 경험을 살려서 주인공을 미국으로 보낸다. 이미 미국 기행에서 좋은 인상을 남기지 못하였던 디킨즈인지라 그런 경험에서 우러나온 이야기가 실감이 날 수가 없었다. 그러나 인간의 이기심을 면밀히 다루려고 시작한 이 소설은 미국 사회가 가지고 있는 탐욕성을 그려냄으로써 이기심의 주제와 맥을 잇는다. 이 소설에 나오는 유명한 두 희극 인물 펙크스니프(Pecksniff)와 갬프(Gamp) 부인은 새침떼기요, 무정한 이기주의의 표상들이다. 이런 인물들의 대두에도 불구하고 이 소설은 성공작이 되지 못하였다. 그러나 1843년부터 1848년까지 디킨즈가 쓴 소위 "크리스마스 이야기들"은 당시의 인기가 대단하였고 지금도 그 인기는 여전하다. 「크리스마스 캐롤(*A Christmas Carol*)」(1843), 「교회 종(鐘)(*The Chimes*)」(1844) 그리고 「난로 위의 귀뚜라미(*The Cricket on the Hearth*)」 등의 단편들은 특히 많이 읽히는 작품들이다.

1844년부터 1845년까지 디킨즈는 아내와 함께 이탈리아에 가서 살았고 1846년에는 스위스를 방문하였다. 거기에서 그가 쓰기 시작한 소설이 『돔비 부자상사(父子商社)(*Dombey and Son*)』(1846~48)이다. 이것은 사회의 경제적 배경과 구조가 인간의 행동 양식에까지 미치는 양태를 파고드는 소설이다. 구태의연한 기업의 소유주인 돔비씨는 그의 오만과 욕심 때문에 눈이 멀어져서 자기 가족이 필요로 하는 인간적인 애정이라든가 밀어 닥치는 기업 경영 방식의 변화를 모르는 것이다. 그러나 해피엔딩으로 끝나는 이 소설에서는 그러한 돔비도 자기의 어리석음을 깨닫는 날이 오고, 기업의 개혁도 뒤따른다. 이 소설의 정식 제목은 『도매 · 소매 · 수출상 돔비 부자(父子) 상사와의 거래(*Dealings with Firm of Dombey and Son, Wholesale, Retail, and for Exportation*)』라고 되어 있다.

전반기 소설의 클라이막스

디킨즈는 『돔비 부자 상사』에서 세심히 통제된 플롯을 가지고 빅토리아 사회의 불건전한 치부(致富)양식을 공격했던 것인데, 다음 소설 『데이비드 카퍼휠드(*David Copperfield*)』(1849~50)에서는 사회 비평에서 잠시 손을 떼고 젊은이와 순박한 인물들에 대한 공감을 표하는 일과 정감적인 반(半)자서전적인 소설을 쓰는 일로 돌아갔다. 이 소설의 정식 제목은 『데이비드 카퍼휠드의 개인, 역사, 모험, 경험 및 관찰(*The Personal History, Adventures, Experience, and Observation of David Copperfield*)』이라고 되어 있다. 이 소설은 제목이 말해 주듯이 주인공 데이비드가 가난한 어린 시절부터 성장하고 변하고 발전하여 마침내는 복잡한 세상과 맞서 나갈 단계에 이르기까지 그의 인격 형성의 과정을 역사적으로 훑은 한 "교양 소설"이다. 디킨즈 자신이 "나는 내 가슴의 가장 깊숙한 곳에 마음에 드는 아이를 하나 간직하고 있다. 그 아이가 바로 데이비드 카퍼휠드라는 아이이다."라고 말한 것을 보아도 이 소설에 대한 그의 느낌이 어떠하였던가를 알 수 있다.

일인칭 화자의 눈을 통해 서술되는 이 소설 속의 데이비드의 젊은 시절은 디킨즈의 젊은 시절을 사실적으로 묘사해 주고 있다. 데이비드 자신은 작자가 온정을 가지고 그리고 있지만 디킨즈의 아버지의 성품의 많은 부분은 무일푼으로 살면서도 늘 낙천적인 미코바(Micawber)라는 인물 속에 나타난다. 위선자 유라이아 히프(Uriah Heep)에 대해 디킨즈는 좀 더 날카로운 눈을 가지고 비웃고 있으며, 그와 같은 부류에는 데이비드의 의붓아버지 머드스톤(Murdstone), 야비한 학교장 크리클(Creakle) 등이 속한다. 디킨즈가 애정을 표하며 그린 인물들은 데이비드의 충실한 보모 페고티(Peggotty), 그녀에게 정성들여 사랑을 바친 마부 바아키스(Barkis), 데이비드의 대고모 베치 트로트우드(Betsy Trotwood) 여사 등이다. 청년 데이비드는 예쁘고 유순하고 정감적인 도라(Dora)를 아내로 맞지만 그녀는 몇 년 만에 죽는다. 그러나 소설의 끝부분에 가서 데이비드는 좀 더 신실한 사랑을 애그네스(Agnes)에게서 찾는다. 『데이비드 카퍼휠드』는 디킨즈의 전반기 작품 중에서 가장 높이 평가되는 소설이다. 주인공 데이비드의 파란 많은 인생－어머니의 품 안에서 어린이가 느끼는 아늑한 사랑, 소년 시절의 애송이 사랑, 의붓아버지에 대한 강한 증오심, 사회에 진출하면서 경험하는 온갖 사랑과 미움, 욕망과 실망의 감정 등－이 이 걸작 소설 속에 담겨 있다.

『데이비드 카퍼휠드』 다음에 나온 소설은 『블리크 하우스(*Bleak House*)』(1852~53)이다. 『블리크 하우스』가 디킨즈의 작품 중에서 가장 우수한 것이라고 주장하는 현대 비평가들이 더러 있지만 『데이비드 카퍼휠드』만큼 일반 독자들에게 큰 호응을 받지는 못하였다. 그러나 탐정 소설을 두 개 집어넣었다고도 할 정도로 플롯이 복잡하고, 당시 영국 사회 전반에 스며든 비리와 부패－특히 대법관청 주변에까지 파고 들어간 부패－의 양상을 다룬 주제가 심오하다는 것 등으로 하여 이 소설은 분명히 디킨즈의 야심작이라고 하여 마땅하다. 이 소설은 우선 짙은 안개에 싸인 런던의 생생한 묘사로 시작된다. 안개, 질병, 황금욕, 이런 것들이 이 사회의 도덕적 타락의 상징으로서 나타나는데, 특히 안개는 무력하고 무책임하며, 자멸적인 쟁론으로 세월을 보내는 대법관청 또는 법정 그 자체를 상징한다. 이 소설 줄거리의 중심이 되고 있는 계류 중인 쟌다이스(Jarndyce) 사건은 사회를 좀먹는 암적인 존재이다. 이 재산 상속 사건에 직접 간접으로 관여된 인물들은 끝없는 쟁론을 하다가 인생을 다 마치고, 자기 스스로 책임 있는 삶을 영위해 나갈 기회마저 버리고 일약천금(一躍千金)의 헛된 꿈만 꾸고 있다. 재판이 막상 끝나고 보니까 그 많은 재산이 재판 비용으로 모조리 소모되었다고 하는 헛된 꿈에 대한 따가운 경종으로서 이 소설이 받아지기도 한다.

"블리크 하우스"는 문자 그대로 하자면 "황량한 집"이라는 뜻인데, 실은 그런 뜻과는 별로 관계없이 쟌다이스 상속 사건에 관련된 후예 중의 한 사람 존 쟌다이스가 소유하는 거대한 저택의 이름이다. 사심 없는 존은 자기의 사촌 두 사람을 이 저택에 와서 살게 하지만 사촌이 헛된 꿈만 안고 있다가 자멸의 길을 밟는 것은 "블리크 하우스"에도 예외 없이 부패의 바람이 불어 들어왔다는 좋은 표시가 되기도 한다. 그러나 이 소설에 한 가닥의 희망을 불어 넣어 주는 것은 존 쟌다이스와 그의 사촌이 데리고 들어온 가정부 에스터 서머슨(Esther Summerson), 그리고 에스터와 진정한 사랑을 하는 앨란 우드코오트(Allan Woodcourt)와 같은 적극적인 인물들이다.

『각박한 시대(*Hard Times*)』(1854)는 내용이 짧고 구조도 단순하지만 디킨즈의 소설 중에서 사회 고발이 가장 공공연히 수행된 작품이다. 이 소설의 배경이 되고 있는 코오크타운은 영국의 유명한 공업도시 맨체스터가 소재로 되어 그려진 것인데, 디킨즈는 자기가 이 도시의 생활에서 직접 관찰한 추악한 양상을 주로 공업인들의 물질주의 숭배와 그것이 자아내는 공리주의 경향의 교육 사상으로 국한시켜 다루고 있다. 그러한 교육 사상의 주창자인 토머스 그래드그라인드(Thomas Gradgrind)는 두 자녀에게 사실과 통계 위주의 교육을 주입시킨 결과로 그들은 인간적인 정감이 완전히 상실된 삶을 누릴 수밖에 없게 된다. 이 소설은 역시 영국 사회의 물질주의 경향을 비판하였던 토머스 칼라일(Thomas Carlyle)에게 헌정된 것이다. 당대에는 크게 호응을 받지 못했으나 20세기에 들어와 버나드 쇼(Bernard Shaw)가 극찬하고 비평가 F. R. 리뷔스(Leavis)가 디킨즈의 종합적인 비전을 나타내주는 작품이라고 높이 평가하면서부터 오히려 과대평가되고 있는 면도 없지 않다.

『리틀 도릿트(*Little Dorritt*)』(1855~57)에서 디킨즈는 그의 소년 시절의 상처 컸던 추억, 즉 아버지가 빚 때문에 감옥에 수감되었던 때의 일을 재연시키고 있다. 디킨즈 자신이 채무자를 감옥에 수감하는 제도를 가리켜 중죄범에게 실형을 가하는 제도보다도 더 나쁜 제도라고 공격한 바 있거니와, 마샬시 감옥에 수감된 아버지 곁에서 태어나서 성장하여 아버지를 보양하고 위로하는 여주인공 도릿트 역시 디킨즈와 비슷한 느낌을 토로한다. 디킨즈는 제도상의 불합리를 탓할 뿐만 아니라 감옥살이를 하는 사람들 자신이 도덕적인 면에서 방종에 빠져 있음을 지적한다. 또 감옥 주변에 사는 인물들이 드러내는 탐욕과 속물근성, 관리들이 드러내는 무능과 무관심도 역력히 그려져 있다.

"번거로운 관청(The Circumlocution Office)"이 운영되는 양상을 그림으로써 디킨즈는 정부 관리의 관료주의를 철저히 규탄하기도 한다. 이 관청 사무실에 일거리가 들어가기만 하면 마치 걸쭉한 진흙 속에 들어간 것처럼 막혀 버리고 마는 것이다. 이런 의미에서 온 세계가 하나의 감옥처럼 갇힌 세계요, 모든 사람들이 자기기만 때문에 서로 유리된 죄수가 되고 만다는 상징적 의미가 이 작품 전체에서 묻어 나온다. 디킨즈는 소녀 도릿트처럼 자신의 성품이나 행위에 관계없이 감옥에 태어나서 미궁을 헤매는 사람들에 대해서는 충분한 공감을 표하지만, 자기 이익만을 추구하는 사람들에게는 감옥 같은 세계에 사는 것이 오히려 마땅하다고 말하고 있는 듯하다.

1858년에 디킨즈는 22년의 결혼 생활에 끝을 맺고 아내 캐서린과 헤어졌다. 그들은 10남매의 부모였다. 디킨즈는 아이들을 보면 눈물겹게 좋아하는 성향이 있었지만 책임을 져야 하는 자기 아이들에 대해서는 반드시 그렇게 대하지는 않았다. 그의 아내에 대해서는 처음부터 자기 아내보다 처형이나 처제를 더 낫게 평가하였으므로 사랑이 많은 결혼생활은 되지 못하였다. 게다가 디킨즈는 아내가 자신의 지적인 생활권에 따라 들어오지 못하고 아이를 낳는 데에만 관심이 있다고 불만도 토로하였다. 그러나 캐서린이 디킨즈를 떠난 직접적인 원인은 디킨즈와 젊은 여배우 엘렌 터난과의 연애 사건 때문이었다. 결혼 생활의 파탄으로 충격이 컸던 디킨즈는 집필활동 외에 전국 각지를 순회하면서 자기 작품 극본의 낭독회에 열심히 참석하였다. 낭독회는 대단한 수입이었지만 그로 인한 과로는 초인적인 정력가인 디킨즈마저도 견뎌내기 어려웠다.

『두 도시의 이야기(*A Tale of Two Cities*)』(1859)는 디킨즈가 두 번째로 낸 역사 소설이다. 작자의 머리말에서 디킨즈는 『프랑스 혁명』을 1837년에

냈었던 토머스 칼라일에게 입은 바 크다고 말하고 있다. 소설의 소재 자체가 디킨즈의 관심이나 열정과 완전히 맞물린 것이 아니어서 사건의 처리가 멜로드라마로 낙착되는 때가 더러 있기는 하지만 정황에 알맞게 스릴과 감동이 넘치는 부분도 없지는 않다. 이 소설에는 유머도 없고 기형적인 인물도 나오지 않아 전형적인 디킨즈의 소설과 가장 거리가 멀다는 평도 있다. 방종하고 냉소가인 주인공 시드니 카튼(Sidney Carton)은 당시의 도덕 수준을 정면으로 깔보는 존재로서 리얼리즘의 방향을 한 걸음 내디딘 것이라고 볼 수 있지만, 또 혁명으로 뒤집힌 파리에 가서 자기가 사랑하는 바로 그 여인과 결혼하게 될 남자를 위해 자기 목숨을 바치는 시드니의 희생적인 행동은 철저한 낭만성을 말해 주는 것이다.

탐욕과 위선의 드라마

디킨즈의 마지막 두 소설은 그의 작가적 업적의 결정을 이룬다고 자주 평가되고 있다. 『거대한 유산(*Great Expectations*)』(1860~61) (별항 해설 페이지 105~113 참조)에서 디킨즈는 기형적이며 악독하고 어리석은 성인들의 각박한 세계에서 성장해 가는 순박한 소년의 사춘기를 다시 다루고 있다. 그런데 주인공 소년 핍(Pip)은 올리버 트위스트나 데이비드 카퍼휠드 처럼 독자의 공감을 줄곧 얻지 못한다. 독자의 공경의 대상이 되는 인물은 핍의 처남이자 보호자인 시골 대장장이 조오 가거리(Joe Gargery)이다. 핍은 초라한 신분에서 출발하지만 한 죄수가 베푸는 선심의 덕분에 "거대한 유산"을 받고 출세하자 오만을 부리기 시작하여 정신면의 하락을 경험한다. 『거대한 유산』은 인간의 탐욕과 위선을 가장 개인적인 차원에서 공격한 디킨즈의 걸작소설이다.

『거대한 유산』을 탈고하고 난 다음 3년 동안 디킨즈는 계간지 「연중시종(*All The Year Round*)」에 크리스마스 스토리를 보충하여 써내는 일 외에는 소설은 전혀 쓰지 않았다. 주로 그가 한 일은 작품 낭독을 위한 순회였다. 그러다가 1864년에 그는 또 한편의 거대한 소설에 착수하였으니, 그의 생전에 마지막으로 낸 완성 작품 『우리들 서로의 친구(*Our Mutual Friend*)』(1864~65)가 그것이다. 이 소설은 디킨즈가 친숙히 알고 있었던 런던의 너덜한 주거지역과 정체되어 흐를 줄 모르는 템즈강을 주로 배경삼아 일어나는 미스테리가 충만한 세인트이다. 그로테스크한 인물들이 빚어내는 드라마는 그들이 생계를 유지하는 주요한 방식이 부패와 죽음이라는 웃지 못할 사실과 결부되어 있다. 헥삼(Hexam)은 강물에 떠다니는 시체를 줍는 청소부이며 보핀(Boffin)은 산적된 쓰레기 속에서 게걸스럽게 돈을 벌어대는 인물이다. 음울한 강물의 분위기가 작품 전체에 감돌고 있기는 하지만, 강물에서 건진 시체에서 발견된 유산 문서를 비롯하여 사회의 계층마다에서 악착같이 추구되고 있는 돈과 출세의 양태가 그에 못지않게 강력한 인상을 남긴다. 사람을 사랑하는 것이 아니라 돈을 사랑하는 일이 모든 사회악의 근원이 된다는 것, 다시 말해서 범죄와 그릇된 가치관과 비참에 빠진 이웃에 대한 무관심의 근원이 된다는 것을 이 소설은 말하고 있다. 이 소설 속에서 내내 런던의 가장 자리에 마치 우리를 위협하듯이 하며 자리를 차지하고 있는 쓰레기더미와 잿더미와 오물은 인간의 치부(恥部)를 말해 주는 상징이다. 『우리들 서로의 친구』는 디킨즈의 우수작의 하나로 손꼽히고 있다.

『우리들 서로의 친구』의 연재 발표가 끝난 1865년에 디킨즈는 크게 앓았다. 작품 발표와 작품 낭독으로 대단한 성공을 거두기는 하였어도 심신 양면에서 축적된 과로가 이만저만하지 않았던 것이다. 1867년에 그는 친구들의 충고도 마다하고 작품 낭독을 위한 미국 순회를 시작하였다. 그의 소설은 미국에서도 인기가 있었던지라 낭독 순회는 대성공이었다. 귀국 후에 그는 여전히 작품 낭독 순회를 계속하였는데, 1869년부터 1870년 사이에 그가 실시한 네 번째 전국 순회 도중에 그는 건강을 완전히 망치고 말았다. 1870년 6월 뇌졸중으로 세상을 떠난 디킨즈는 『에드윈 드루드의 미스테리(*The Mystery of Edwin Drood*)』라는 다음 소설을 미완성한 상태였다. 이 작품이 완성되었더라면 대단한 작품이 되었을 것이라고 추정할 수 있는 부분이 상당히 많다고 전문가들은 말한다.

찰즈 디킨즈의 천재성을 찬양하는 논평은 수없이 많은 글을 통해 발표된 바 있고 앞으로도 그럴 것이다. 그런데 그 천재성이 영국의 서민 생활에 뿌리를 박고 있다는 데에 특색이 있다. 자기 자신이 교육을 별로 받지 못했던 디킨즈는 그와 유사하게 교육을 받지 못한 서민 독자들을 위해 글을 썼다. 서민 독자들은 흥이 나는 소설을 갈구하였으므로 디킨즈는 그들에게 여흥을 주는 목적으로 소설마다에 진귀하고 엄청나고 감명 깊은 인물들과 다사한 사건들과 유머와 상류 계층 또는 하류 계층의 생활상을 즐비하게 늘어놓았다. 그는 특히 실감나는 대화를 구성해 내는 청각적인 재능이 놀라웠고, 환상을 다루는 솜씨 역시 대단하여 제아무리 현실 경험에서 멀리 떨어져 있는 인물이라 할지라도 그의 환상의 입김이

들어가면 인물이 그대로 생동하는 것이다. 디킨즈의 감상주의 경향은 오늘의 독자들에게는 역겨울 수가 있지만, 영국 독자층의 취향을 감안한 후에야 정확히 판단을 내릴 수 있는 문제이다. 그러나 자신의 어린 시절의 체험에서 터득한 인간 사회의 부정과 부패에 대한 예리한 감각은 디킨즈의 거의 모든 작품에서 폭로되고 고발된 비인간적인 사회의 국면들로 잘 설명이 된다. 그가 그 비인간성의 사례들을 직시하고 그것들을 붓으로 옮겼을 때는 엄청난 효과를 거두었던 것이다.

디킨즈의 작품들이 전반기와 후반기에 각각 다른 경향을 나타내고 있음은 자주 지적되는 바이다. 19세기 후엽의 비평가들 중에는 디킨즈가 전반기 작품들에서 보여준 피카레스크적이며 희극적인 양식을 버리고 후반기에는 음울한 분위기와 시정(詩情)이 담긴 상징적인 소설로 전향했다고 유감을 표하는 사람도 있었다. 그런가 하면 20세기의 비평가들 중에는 피카레스크적(또는 에피소드로만 이어지는) 소설의 정감이라든가 디킨즈가 희극 인물의 묘사에서 시도한 희화(戱畵)의 기법 같은 것에는 대단한 가치를 부여하지 않고 심미적인 완숙성에 기준을 두고 후반기 작품들을 높이 평가하는 이도 있었다. 그러나 이러한 견해는 지나치게 극단화된 견해일 수가 많다. 디킨즈는 작품성에서 결함도 많았지만 그가 대작가였다는 점에서는 어느 누구도 이의를 제기하지 못한다. 그가 위대한 작가였다는 기준은 모든 계층의 독자들에게 무엇인가를 다해 주었다는 데에 있다. 그는 분명히 서민 독자들을 흥겹게 해준 대중성을 띤 소설가였다. 그러면서도 그는 생각을 깊이하고, 인생을 가르쳐주고, 예술 작품을 나름대로 꾸민 작가이기도 하였다. 그는 영문학에서 우뚝 솟은 위대한 희극 소설가임과 동시에 시정(詩情)이 넘치는 위대한 소설가라고 불러 마땅하다.

『거대한 유산 *Great Expectations*』(1860~61)

플롯 개요

어린 나이에 고아의 신세가 되어 버린 핍(Pip)—정식 이름은 필립 피립—은 자기보다 꽤 손위인 누나가 마지못해 맡게 되어 눈살 찌푸리는 누나의 오막집에서 살고 있다. 핍의 매형이 되는 대장장이 조오 가거리는 천사같이 양순한 사람으로 핍을 한결같이 보살펴준다. 이들이 살고 있는 곳은 켄트 지방 해변의 습지인데, 고독한 핍은 그 습지를 혼자서 헤매고 다니는 것이 일과처럼 되어 있다. 어느 날 그는 역시 습지에 있는 공동묘지 안을 헤매다가 험상궂게 생긴 한 사나이와 마주친다. 발목에 묶인 쇠사슬로 보아 도망친 죄수로 여겨지는 그는 핍에게 음식과 쇠사슬을 자를 줄을 갖다 달라고 간청한다. 겁에 질린 핍은 집에 돌아와 누나의 식품 저장실에서 파이 한 조각을, 그리고 매형의 대장간에서 줄을 하나 훔쳐 가지고 습지로 돌아간다. 돌아가 보니 거기에는 아까 본 죄수 외에 또 한 명의 영문 모를 사나이가 있다. 그는 핍이 아는 죄수와 무슨 일로선지 한바탕 엎치락뒤치락 싸우더니 안개속으로 사라져 버린다. 핍의 도움을 받은 죄수는 그 후 수색 나온 관헌에게 잡혀 가는데, 가면서 그는 핍을 보고 자기를 도와준 은혜를 어떻게든 갚겠노라고 약속한다.

그 부근에 괴벽한 성격을 가진 노파 은둔자 해비샴(Havisham) 여사가 대궐 같은 집에서 살고 있는데, 그 여자의 요청에 따라 어느 날 핍은 그 집으로 보내진다. "쌔티스 하우스(Satis House)"라는 이름의 이 저택은 음침하고 모든 문이 꽉꽉 잠겨 있는데, 그 속에 들어가 보면 벽시계가 모두 멈추어져 있다. 결혼식에 신랑이 영영 나타나지 않았던 그 날에 시계바늘이 멈춘 것이다. 그녀는 낡은 면사포를 가끔 두르고 나오기도 하고, 사용하지 않는 방에는 오래 전부터 테이블 위에 차려놓은 결혼식 날의 아침 식사가 썩은 채로 있다. 핍은 매일 그 집에 가서 미스 해비샴과 그녀가 데리고 있는 예쁜 소녀 에스텔라(Estella)를 접대하기도 하고 그 집. 특유의 풍습을 배우기도 한다. 에스텔라는 수줍은 시골 소년 핍을 괴롭히는 것을 낙으로 삼고 있다. 원한에 싸인 미스 해비샴은 고아 출신의 에스텔라를 길러서 모든 남성들에게 곤욕을 주려는 것인데, 에스텔라가 거만한 자세로 핍을 놀리는 것을 볼 적마다 뒤에서 더 부추긴다.

핍은 자기를 조오 가거리 대장간의 수습공으로 일할 수 있도록 비용을 미스 해비샴이 대어 주었다는 사실을 알고 깜짝 놀란다. 그 후 가거리의 대장간에서 일하게 된 핍은 대장간의 음울한 분위기와 누나 집안의 무교양과 가난이 겸한 분위기 속에서도 열심히 살아갈 수밖에 없다. 그러나 이 초라한 마을과 대장간이 점점 역겹게만 느껴지고 에스텔라에게 바친 연정은 헛된 짝사랑으로 나타나 그는 궁지에 몰린다. 그러던 어느 날 런던에서 재거즈(Jaggers)라는 변호사가 찾아와서 핍이 런던에 가서 교육을 받고 새 인생길에 나서서 신사로 출세할 기회가 마련되었다는 계획을 말한다. 그 재력을 대줄 후원자가 누구인지 밝혀지지는 않았지만 이 제안을 매형과 함께 받아들인 핍은 그 은인이 다름 아닌 미스 해비샴일 것이라고 상상한다. 자기를 신사로 만들어서 언젠가는 에스텔라와 혼인시킬 계획일 것이라고 단정한 것이다.

신사복을 새로 맞추어 입고 런던에 올라간 핍은 이미 마련된 작은 아파트에 들어가 산다. 같이 사는 룸메이트로는 미스 해비샴의 친척인 젊은이 허버트 포케트(Herbert Pocket)가 와 있다. 돈이 필요하면 재거즈 변호사에게 가서 의논하면 되게 되어 있다. 핍이 재거즈에게 후원자가 누구냐고 간청하며 물어도 재거즈는 적당한 기회에 그 후원자가 직접 와서 만나게 될 것이므로 그런 질문은 지금 하지 않아도 된다고 말한다. 얼마 만에 핍은 런던의 맵시꾼들과 어울려 살게 되는데, 그 중에 벤틀리 드럼리(Bentley Drummle)라는 마음에 들지 않는 자가 있다. 시골의 매형 조오 가거리가 모처럼 핍을 찾아 올라왔는데 오만이 들기 시작한 핍은 그것이 여간 성가신 일이 아니고 조오의 시골뜨기 말투와 행동이 창피스럽게 느껴지기만 한다. 그러나 허버트 포게트는 조오가 아파트에서 편히 묵고 가도록 핍을 기꺼이 돕는다. 핍을 사랑하는 조오의 마음에는 지금도 변함이 없다. 미스 해비샴이 핍을 만나보고 싶다는 말을 조오가 전해 주자 핍은 곧 시골로 내려간다. 미스 해비샴과 에스텔라는 핍이 많이 달라져 있음을 본다. 에스텔라가 자리를 떠나자 미스 해비샴은 저런 예쁜 아이하고 사랑을 해 보라고 권한다. 그리고 에스텔라가 곧 런던에 올라가 살게 되었으니 그 아이가 가는대로 만나 보라고 말한다. 이런 청을 받은 핍은 자기를 미스 해비샴이 런던에 보내서 장차 에스텔라와 결혼시킬 준비를 시킨 것이라는 생각을 더욱 확고히 갖게 된다.

에스텔라는 런던에 온 지 얼마 되지도 않아서 많은 남자 애인들을 갖게 된다. 따라 다니는 남자들 중에서 벤틀리 드럼리를 그녀가 가장 좋아하는 듯하다. 핍도 에스텔라를 자주 만나는데 그녀는 핍을 이성으로서가 아니라 그냥 친구로서만 대하고 있는 것이 분명하다.

만 스물한 살 되는 날 핍에게 찾아든 뜻밖의 방문객이 있다. 그는 여러 해 전에 습지에서 핍이 도움을 주었던 바로 그 사람이다. 거칠게 생긴 이 사나이는 자기가 핍을 여태까지 재정 후원을 해 온 장본인이라고 말하여 핍을 아연실색케 한다. 에이벌 매그위치(Abel Magwitch)라는 이름의 이 사나이는 죄수들이 압송되는 식민지의 호주에 이송되어 갔다가 거기에서 부자가 되었는데, 자기가 양아들로 생각하면서 돈을 대준 그 청년을 보기 위해 영국에서 돌아온 것이었다. 그런데 좀 더 심각한 문제는 죄수가 일단 식민지로 이송되면 영국 본토에 절대로 돌아올 수 없는 것이므로 지금의 그는 관헌에 발각되는 순간 사형감이 된다는 것이었다. 핍은 이 난처한 지경 속에서도 자기가 이 사람에게 신세를 지고 있다는 사실만은 잊지 않고 그를 편안하게 해 주는 일에 최선을 다한다. 매그위치는 또 핍에게 말하기를 오래 전에 그가 습지에서 격투하고 있던 그 사나이가 그의 원수 콤페이슨(Compeyson)인데, 그 콤페이슨이 그를 죽여 버린다고 공언했다는 것이다. 미스 해비샴의 먼 친척인 허버트 포게트의 말에 의하면 미스 해비샴의 결혼식 날에 신부를 배반하고 나타나지 않은 자가 바로 콤페이슨이라는 것이다.

미스 해비샴이 자기의 출세를 도운 "위대한 유산"과는 아무런 관계가 없다는 것을 알게 된 핍은 자기를 공연히 현혹시킨 그녀에게 가서 따진다고 시골로 내려간다. 그 집에 당자마자 핍은 에스텔라가 벤틀리 드럼리와 결혼하게 되리라는 말을 듣는다. 에스텔라는 핍을 보고 말하기를 자기는 어차피 어떤 사람에게도 자비심을 가지지 못하는 여자이므로 자기한테 정을 주려고 해서는 안 되며 그 전에도 경고하지 않았느냐고 말한다. 에스텔라가 결혼하고 난 다음 핍은 미스 해비샴을 다시 한번 찾아 시골로 내려가는데, 그 때 미스 해비샴은 핍에게 과거의 잘못에 대해 용서를 빈다. 핍이 그 집을 나오자 마침 우발적인 화재로 미스 해비샴은 화염 속에 갇힌다. 미스 해비샴을 불 속에서 건져 내려고 핍은 백방으로 노력하지만 허사가 되고 만다.

매그위치가 털어놓은 이야기와 다른 증거 등으로 해서 핍은 매그위치가 에스텔라의 아버지가 되며, 또 변호사 재거즈의 집 가정부가 에스텔라의 어머니라는 심증도 굳히게 된다. 그러나 핍은 이 사실을 재거즈 이외에는 어느 누구에게도 알리지 않는다. 그리고 지금 콤페이슨이 런던에 와 있으면서 매그위치를 죽이려고 음계를 꾸미고 있다는 것을 알게 된 핍은 자기 일생의 은인이자 양아버지인 그를 프랑스로 밀항시킬 계획을 허버트 포게트와 함께 짠다. 극비리에 치밀하게 짠 계획이었는데도 매그위치를 배에 태우려는 순간에 콤페이슨이 그들을 바로 뒤에서 따라와 잡는다. 매그위치와 콤페이슨은 물속에서 마지막으로 격투를 다시 벌이는데, 매그위치의 손에 콤페이슨은 죽고 만다. 관헌에게 다시 잡힌 매그위치는 수감되었다가 핍이 방청하는 재판관에서 31명의 다른 남녀 죄수들과 함께 사형선고를 받는다. 그러나 매그위치는 교수대로 가기도 전에 목숨이 끊어진다. 그리고 "거대한 유산"이라는 핍의 꿈도 그와 함께 무산되고 만다. 그리고 재거즈가 미스 해비샴의 변호사였다는 사실도 알게 된다.

불운을 여러 가지로 겪은 핍은 심하게 앓는다. 그러자 시골에서 조오 가거리가 올라와서 그를 간호하고 있는 것이 아닌가? 많은 인생 공부를 하고 눈을 크게 뜨게 된 핍은 이 사랑의 천사 조오를 가까이함을 더 이상 부끄러워해서는 안 된다는 것을 깨닫는다. 허버트 포게트와 핍은 런던에서 다시 사업을 벌이고 핍은 동양에 나가서 사업의 성공을 거둔다.

10여년이 지나서 핍은 조오 가거리를 보러 시골로 내려간다. 호기심으로 미스 해비샴의 저택이 있던 자리를 찾아 가 본 핍은 거기서 에스텔라와 마주친다. 그 주변을 배회하고 있던 에스텔라는 지금 과부가 되어 있다. 옛적의 차가운 채도가 다 가신 그녀는 핍을 더욱 부드럽게 대한다. 그리고 그녀는 핍을 가끔 생각한다고 말한다. 두 사람 사이에 어떤 구체적인 약속은 없어도 이제는 다시 헤어지지 않을 것이라는 희망 찬 미래를 내다보며 그들은 손을 잡고 그 곳을 걸어 나온다.

비평과 분석

디킨즈는 그의 작가적 생애의 중반기를 크게 장식한 『데이비드 카퍼필드』 다음으로 『블리크 하우스』에서 영국 사법계의 비정한 내면을 파헤친 거작을 내더니, 그 뒤를 이은 세 작품 『각박한 시대』, 『리틀 도릿트』, 『두 도시의 이야기』에서는 상승하는 기세를 지키지 못하였을 뿐만 아니라 그의 창작력과 유머가 내리막길에 들어서지 않았나 하는 의구심을 불러일으키기까지 하였다. 이렇게 불안이 예감되던 시기에 나온 『거대한 유산』

은 한 때 『데이비드 카퍼휠드』가 보여주던 청신하고 순발력 있는 젊은이의 성장의 이야기가 다시 살아 나오는 듯한, 그리고 자전적인 요소가 강한 소설로 되어 나타났다. 이 무렵의 디킨즈는 거의 20년간 대중의 취향에 맞추어 글을 씀으로써 경제적으로나 사회적으로나 대성공을 거둔 터이라 이제는 시골에 내려가서 자신의 초라하였던 유년 시절을 돌이켜 보면서 그 동안 속물화되었던 자신의 모습에 죄책과 수치를 느끼고 있었던 것으로 생각된다. 『데이비드 카퍼휠드』가 무한히 밝은 미래를 향해 뻗어나가는 데이비드의 이야기임에 반해 『거대한 유산』은 주인공 핍의 부풀었던 대 유산의 꿈이 범죄와 미움과 오만에 얽힌 가운데 깨어지고 차분한 자기 각성을 하는 이야기라는 사실은 디킨즈 자신이 삶에서 경험한 과정을 정확히 반영해 주는 것이 아닐까 싶다.

이 소설의 제목 "거대한 유산"은 작품 속에 깔려 있는 주제적 의미를 잘 암시해 주는 말이다. 영어로 "expectations"는 누구나가 앞날에 대해서 거는 "기대"를 뜻하지만, 19세기 영국의 많은 중하류 계급의 사람들이 사회적으로 부귀와 영화를 극적으로 누릴 수 있는 것은 재물(財物)을 남에게서 이어 받음으로써만 가능하였다. 빅토리아 시대의 사회 소설의 중요한 주제의 하나가 주인공이 낮은 사회 계층에서부터 높은 계층으로 옮겨 가는 이야기인데, 그러한 계층 간의 이동을 도와주는 수단이 다름 아닌 유산이란 것이다. 많은 19세기 소설에 나오는 유산의 주제는 뜻하지 않은 유산을 받아 주인공이 하루 아침에 부자가 되는 진부한 플롯에만 의존하기 때문에 그렇게 깊이가 있는 것이 되지 못하는데, 디킨즈가 다루는 거대한 유산의 주제는 남의 노고에 의해서 얻어진 부(富)를 이용하여 사회적 지위 상승을 하는 과정에서 아이러니를 불러일으키는 윤리적, 심리적 문제들을 깊이 파고드는 만치 거기에는 작품의 무게를 더하여 줄 주제의 심각성이 이미 마련되어 있는 것이다. 뿐만 아니라 이 유산이라는 꿈은 수혜자의 입장에서 보는 경우가 태반이지만, 그 유산을 통해 수혜자를 신사나 숙녀로 만들어 보겠다는 증여자의 꿈의 시각에서 볼 수도 있다. 디킨즈의 작품은 유산의 수혜자인 핍의 시각에서 이야기를 펴 나가고 있지만, 그에 못지않게 큰 비중을 가지고 다루어지고 있는 인물들은 증여자의 입장에 선 매그위치와 미스 해비샴이다.

매그위치와 미스 해비샴은 제각기 다른 세계에 사는 인물들이지만 한 가지 공통되는 점이 있다. 그것은 각각 자기 세대에서 풀지 못할 한(恨)을 가진 그들이 양육의 책임을 지게 되는 아이를 의젓한 사람으로 만들어서 실의(失意)에 찬 자신의 삶에서 어떤 보상을 받아 보고자 한다는 것이다. 호주로 멀리 유형(流刑)된 매그위치는 자기에게 파이 한 조각을 훔쳐서 갖다 준 해변가 시골 소년 핍을 의젓한 신사로 만들기 위해 호주에서 번 전 재산을 그에게 바친다. 결혼 전야에 남자에게 버림받은 미스 해비샴은 처녀 아이 에스텔라를 무정한 요녀(妖女)로 길러 모든 남성에게 보복하는 한 수단으로 이용한다. 가슴에 맺힌 한을 풀어 보겠다는 이 두 사람의 이야기를 중심인물인 핍의 인생과 관련이 지어지게끔 짜는 과정에서 디킨즈는 독자를 안타깝게 하는 아이러니를 교묘하게 잘 심어 넣는다. 즉 이 소설의 전반부에서 핍은 미스 해비샴이 자기의 출세를 위해 재정적인 후원을 해 주는 사람으로 탄탄히 믿고 있고, 소설이 다 끝날 무렵에 가서도 에스텔라는 자기가 죄수 매그위치의 딸이라는 사실을 모르고 있다.

주인공 핍의 성장에 관한 이야기인 『거대한 유산』은 핍의 처참한 유년 시절로서 시작되는데, 누나의 학대를 받으며 지내던 이 시절의 악몽 같은 경험과 고독한 삶은 핍으로 하여금 독자들의 공감을 크게 사도록 만든다. 핍은 누나에게서 받는 모든 학대를 참아 나가면서 대장간을 하는 순박한 매형 조오 가거리의 따뜻하고 너그러운 사랑으로 인해 큰 은혜를 받는다. 그는 또 동네의 여자 친구 비디(Biddy)에게서도 따뜻한 대접을 받는다. 그러나 사회의 더 높은 계층을 의미하는 미스 해비샴의 집을 찾아가게 된 다음부터 핍은 자기가 일하는 대장간 환경과 심지어는 자기를 아껴주는 매형 조오마저도 비판적인 눈으로 보기 시작한다. 대장간 환경뿐만 아니라 시골에서 따분하게 지낼 미래의 생활에서 해방된다는 생각에 잔뜩 들뜨고 흥분된 핍은 "신사"가 되는 과정으로 얼싸 좋다고 접어든다.

런던에 올라간 핍은 그 첫 단계로서 소위 상류층 출신의 상스러운 젊은이들과 사귀더니, 그 때부터 순박한 친구들을 천시하기 시작하고 조잡한 말씨와 행동을 보이는 매형 조오가 자기 친지라는 사실마저도 남부끄럽게 생각한다. 디킨즈는 이토록 거만을 떠는 핍을 조롱하는 한 수단으로서 양복점의 개구쟁이 소년 심부름꾼이 핍의 우스꽝스런 거동을 흉내내어 야유하는 장면을 꾸민다.

핍의 거드름과 환상적인 꿈은 계속 부풀어서 그를 더욱 심각한 국면에 몰아넣는다. 미스 해비샴의 집에서 만난 아름다운 에스텔라가 런던으로 이사 갈 것이니 그녀와 사랑을 맺어보라고 일러주는 미스 해비샴의 말을 듣고 핍은 미스 해비샴이 자신에게 재정 후원을 해 주고 있지 않나 하는 이전의 자기의 의심을 확인하고 에스텔라에 대한 사랑으로 더욱 애를 태운다. 그러나 얼마 후에 핍은 상스러운 젊은이들 사이에서 두각을 나타낸 드럼리의 손에 이미 들어간 에스텔라를 보고 거기에서 승부가 난 것을 깨닫는다. 그리고 자신의 거드름으로 인해 시골에 있는 조오와 비디를 저버렸다는 죄책감으로 남몰래 가슴을 앓기도 한다.

핍의 환상과 오만이 마지막으로 시련을 겪는 것은 에이벌 매그위치라는 이름의 사나이가 핍이 스물 한 살되는 생일 날 그의 앞에 불연듯 나타났을 때이다. 핍의 재정 후원자로 나타난 그가 귀족 배경의 미스 해비샴이 아닌 것은 물론 십여년 전 해변가 습지에서 만났던 탈옥범이라는 사실을 핍이 알게 된 순간 그의 출세의 환상적인 꿈은 산산이 부서지고 만다. 핍은 순간적으로 매그위치에 대한 거부감마저 느끼지만 자기가 그에게 얼마나 큰 은혜를 입었던가를 새삼 깨달으면서 그의 안전을 위해 가능한 모든 도움을 제공할 결심을 한다. 매그위치에게 자비와 사랑을 느끼고 난 다음에야 핍은 또 조오, 비디, 그리고 허버트 포게트와 같은 변함없는 친구들의 참 가치를 비로소 알게 된다. 인생 수련의 기간이 끝날 무렵 핍은 하찮은 자만심과 속물근성과 오염된 부(富)의 성가심을 다 벗어 버림으로써 책임 있는 성숙한 인격이 된 것이다. 물론 그는 옛날의 순박함을 되찾을 길은 없지만, 적어도 염직성을 지금껏 지니고 있는 그의 옛 친구들의 가치를 알아보는 심경에 도달하기는 한 것이다.

자신의 유년 시절과 청년 시절을 되돌아보는 핍은 이 소설의 설화자로서 인생에 대해 비판적이며 환멸을 느끼지만 격분하고 있지는 않는 태도를 보인다. 그의 태도에는 어딘가 모르게 슬픔의 빛이 감돌고 있다. 에스텔라를 찾지 못하였다는 생각이 그를 아직도 의기소침하게 만들었는지 모른다. 허버트와 수입상을 같이 하고 11년이 지난 다음 그는 시골로 다시 다니러 내려 왔다가 미스 해비샴의 집 앞에서 거닐고 있는 에스텔라와 마주쳐서 행복한 앞날을 기약하는 듯 둘이서 걸어 나가지만, 소설의 이러한 종말이 너무 부자연스럽다는 비판도 꽤 있었다. 동료 작가 에드워드 불워 리튼(Edward Bulwer-Lytton)과 일반 독자들의 요청에 따라 디킨즈가 마지못해 해피엔딩을 택하였다는 것인데, 사실은 핍이 고적한 사나이로 끝까지 남아 있고 재혼을 한 에스텔라와 단 한번 친구로서 만나고 헤어진다는 것이 디킨즈의 원래 플롯이었다. 오만과 속물적인 생각으로 터무니없는 "거대한 유산"을 꿈꾸었던 핍으로서는 그런 원래 플롯이 더 합당하였을 것이라는 견해가 지배적이다.

이 소설에 나타나는 핍의 죄책과 회개는 작가로서 완전히 성숙하고 모든 것을 선명하게 뚫어 보게 된 디킨즈 자신이 겪은 내적 경험의 표상으로서 해석될 수도 있다. 디킨즈는 자기 자신이 일찍이 그릇된 가치관의 노예가 되었거나, 구두약 공장에서 하는 일을 싫어했거나, 중하류 계층에서부터 신사의 지위로 올라가려고 몸부림을 쳤던 과거를 알게 모르게 뉘우쳤던 것이다. 좀 더 넓은 시각에서 보자면 이 소설은 이기적인 목적에 전력을 기울이는 근대 사회를 그린 것인데, 그러한 사회의 상징이 바로 환몽과도 같은 "거대한 유산"인 것이다. 따라서 이 소설은 부(富)나 사회적 지위와 같은 얇삭한 가치를 밟고 올라서서 관대함과 친구애와 사랑을 궁극적으로 내세우는 것이라고 볼 수 있다.

이 소설에서 사랑의 가치를 대표하는 인물은 물론 온화한 대장장이 조오 가거리이다. 순박하고 자상하고 이기심을 모르는 그는 핍의 유년시절의 많은 어려움을 크게 덜어준 인물이다. 그는 쉴새 없이 집적대는 자기 아내에 대해 거의 성인에 가까운 인내를 가지고 너그럽게 대한다. 그는 또 핍이 런던에서 마지막으로 크게 앓아누웠을 때 찾아와서 따뜻한 간호를 해 주는데, 이것이 핍으로 하여금 자신의 그릇된 행실을 깨닫게 하는 중요한 계기가 된 것이다. 유능한 대장장이인 조오는 노동의 존엄성을 잘 대표하는 인물이라고도 할 수 있다. 학식이 없음을 잘 알고 있는 그이기는 하지만 자기가 하는 일을 잘 수행하는 것에 긍지를 느끼고 있다. 조잡한 행동과 문법에 맞지 않는 말을 써서 핍이 남부끄럽게 생각한 적도 있었지만 대장장이 조오는 진정한, 그리고 본연의 "신사"의 표본이 되기도 한다. 그러한 신사의 자격은 그가 가진 재산이나 사회적 지위에 바탕을 둔 것이 아니라 가식 없고 순수한 성품에 기초를 둔 것이다.

조오 가거리와는 정반대로 런던의 중심부에서 범죄에 관련되는 사업을 은밀히 조직적으로 하고 있는 인물이 있으니, 그가 곧 형법 변호사 재거즈이다. 매우 불미스러운 고객들과 자주 어울리는 그는 그들을 만나고 난 다음에는 반드시 손을 씻는데, 마치 그것은 그들에게서 오염되는 것을 막으려는 제스츄어 같이도 보인다. 사실(事實)에만 주의를 기울이고 감정에 절대로 휩쓸리지 않는 재거즈는 고객들 중에 와서 우는 사람이 있으면 감정은 필요 없다 하고 그를 내쫓는다. 이러한 냉담 또는 초연성은 디킨즈의 사업가 인물들에서 많이 볼 수 있는데, 이것은 사회적 출세의 전제조건이 냉담이라는 암시도 된다. 재거즈를 악독한 인물로 보는 견해에 반해 근본적으로 마음이 따뜻하고 정직한 사람이라고 말하는 평가도 있다. 그리고 어떤 평가들은 디킨즈가 의도적으로 모호하게 그의 성격을 구성하였다고 말한다.

『거대한 유산』에서 가장 감명을 주는 인물의 하나로 미스 해비샴을 꼽을 수 있다. 좀 괴짜이고 심지어는 기괴하다고까지 말할 수 있는 한이 맺힌 여인의 거동과 생활환경에 대해 처음부터 너무 상식에서 어긋나는 인물 묘사라는 평도 있었다. 그러나 그녀는 자기의 남편이 될 콤페이슨을 너무나도 열렬히, 그리고 이성을 넘어서서 사랑했기 때문에 자기의 가슴을 찢어놓은 그 남자를 똑같이 열렬히, 그리고 이성을 넘어서서 복수하려 드는 것이다. 저버림을 당한 그 시각에 시계 바늘을 멈추어 둠으로써 자기 인생에 대한 모든 책임을 버리고, 그 대신 에스텔라를 복수를 위한 연장으로 키워 나가는 그녀의 모습은 한편 고약해 보이기도 하고 또 한편 측은해 보이기도 한다. 핍도 미스 해비샴이 자기의 재정 후원자인 것처럼 행세한 것을 괘씸하게 생각한 순간이 있었지만 미스 해비샴의 고독한 삶을 읽어 본 다음부터는 그녀에 대해 연민만 느낄 뿐이다.

디킨즈의 소설은 후기에 갈수록 구조적 통일성을 더욱 기하는 경향인데, 『거대한 유산』이 그 좋은 예이다. 매그위치의 이야기와 미스 해비샴의 이야기가 대칭(對稱)과 균형을 이루는 가운데 핍의 시각을 통해 하나의 어엿한 줄기로서 나타난다. 디킨즈의 후기 소설의 또 하나의 특색은 상징적 기법이 더 자주 쓰인다는 것이다. 『거대한 유산』에서도 보면 핍이 매그위치와 함께 타고 나가던 보트가 큰 배와 부딪히면서 물에 잠기는데, 이것은 핍이 여태껏 가지고 있던 그릇된 가치관과 의식을 물로 씻어 버리는 상징적인 의미를 나타내는 사건이다. 미스 해비샴이 자기 인생에 관여되는 모든 책임을 벗어 버린다는 의미에서 집안의 시계 바늘을 멈추어 버리는 행동도 상징성이 다분히 들어간 것이다. 그리고 재거즈가 불투명한 고객들과 만난 직후에 손을 씻거나, 형법 변호사가 다루는 많은 피비린내 나는 사건과는 정반대로 그가 늘 하얀 손수건을 가지고 다니는 행동에도 상징적인 의미가 있다. 재거즈의 서기로 일하는 웨믹(Wemmick)도 그의 상사(上司)에 못지않게 깔끔하고 합리성을 찾는 인물인데, 공(公)과 사(私)를 엄격히 구별하는 그의 행실이 그의 용모와 그의 주택에서 잘 나타난다. 낮이면 그는 몸집이 나무 조각같이 차게 굳어있고 그의 얼어붙은 표정 때문에 그의 입은 우체통의 편지 넣는 구멍처럼 보인다. 밤이 되어 퇴근하여 들어가는 집은 해자(垓字)와 해자에 걸린 가동식(可動式) 다리까지 있는 성(城)처럼 꾸며진 건물이다.

7. 조지 엘리어트 (George Eliot)

생애와 작품

GEORGE ELIOT
(1819~1880)

조지 엘리어트는 1819년 영국의 중부지방인 워윅셔주의 넌이튼 부근에서 태어났다. 출생시의 이름은 매리 앤 에반즈(Mary Ann Evans)였는데 40세 가까이 되어 필명으로 조지 엘리어트로 바꾸어 쓴 이래로 계속 그 이름으로 알려지게 된 것이다. 아버지 로버트 에반즈씨는 농사일을 보는 한편 워익셔에 있는 뉴디게이트 가문 소유의 7천 에이커나 되는 대 저택지를 관장하는 관리인이었다. 그는 범사를 다룸에 있어 능력도 뛰어났지만 강직함에서도 이름이 난 사람이었다.

소녀 시절의 매리는 인근의 사립 기숙학교에 다녔는데, 영어는 물론 독일어로도 독서를 많이 하였으며, 내성적이며 질박한 성품의 소유자였다. 어려서는 영국 국교회의 믿음의 양식을 엄격히 지켜야 한다는 부모의 가르침과 존경하는 스승 마리아 루이스(Maria Lewis) 여사의 영향 때문에 복음주의 신앙의 색채를 많이 띠었다.

열 여섯살 때 엘리어트는 어머니와 언니를 여의게 되었다. 거기에다 아버지도 토지 관리인의 자리에서 퇴직하자 그녀는 아버지와 함께 코빈트리 시외에 있는 새집으로 이사하여 그때부터 5, 6년간 전적으로 가사를 돌보았다. 이 무렵에 그녀는 찰즈 브레이(Charles Bray)라는 종교 철학자와 그의 가족들을 친히 알게 되어, 그것이 그녀의 믿음의 방향 전환에 큰 역할을 하게 되었다. 문학적·지성적 관심이 깊고 넓었던 브레이씨의 가족들과 자주 대화를 나누는 사이에 엘리어트는 인간의 성격과 기독교라는 종교를 보는 개방적인 이론이 존재한다는 것을 절실히 깨닫게 되었다. 그 결과로 그녀 자신이 이미 갖기 시작한 종교적 회의가 가속적으로 커져 갔다. 철학자 브레이의 지도와 도움을 받아 엘리어트는 독일 신학자 데이비드 슈트라우스(David Strauss)의 주요 저서인 『예수의 전기(*The Life of Jesus*)』를 1846년에 번역하여 세상에 내놓았다. 슈트라우스는 성서의 해독에 과학적인 연구·비평 방법을 적용함으로써 그리스도의 신성(神性)을 부인하려 들었던 것이다. 엘리어트의 번역본은 역자의 이름을 밝히지 않은 채 나왔다. 그녀가 그때까지 가지고 있었던 정통적인 믿음은 완전히 와해된 상태였다.

1849년에 아버지가 세상을 떠나자 엘리어트는 런던으로 옮겨 가서 거기서 잡지 「웨스트민스터 리뷰(*The Westminster Review*)」에 평론과 서평을 기고하기 시작하였다. 물론 기고자의 이름은 필명이 아니라 본명인데, 매리 앤(Mary Ann)을 매리언(Marian)으로 고쳐 쓰기도 하였다. 이 잡지의 명목상 편집인은 존 채프먼(John Chapman)이었지만 편집의 일을 대부분 떠맡아 한 것은 엘리어트였고, 특히 채프먼이 1852년에 이 잡지사를 매입한 후부터는 사실상 편집인으로 활약하였다. 엘리어트는 이제 당시 이름난 지식인·사상가들과 자주 접촉하게 되었으니, 당대 영국 사상계의 한 복판에서 살고 있었다고 해도 과언이 아니다. 이 때 그녀가 만나 친교를 맺은 사람들 중에는 진화론의 철학적 기반을 구축하는 데 이바지한 허버트 스펜서(Herbert Spencer)와 다재다능한 문인이며 저널리스트인 조지 헨리 루이스(George Henry Lewes)가 있었다. 사실인즉 30대 초의 노처녀인 엘리어트는 이 지식인 남자들 사이에서 자기에게 자신감과 자극적인 동기를 불어 넣어 주는 강렬한 성격의 소유자를 희구하고 있었다. 존 채프먼에게서 그런 상을 발견하지 못한 그녀는 허버트 스펜서의 지적인 활력에 한참 매료되기도 하였지만 인간의 행동양식을 과학적인 방법을 적용시켜 연구하는 태도 이외에는 더 이상 그에게 마음이 끌리지 않았다. 그러자 스펜서를 통하여 그녀는 루이스를 알게 되었다. 루이스는 스펜서처럼 연구심이 철저한 데는 없지만 창작과 비평에서 뛰어난 재능을 보였을 뿐만 아니라 생물학과 심리학에 대한 관심도 지대하였다. 그의 저서

『철학의 역사』에서 루이스는 꽁트의 실증주의 이론을 설득력 있게 개진하였으니, 정통 기독교 신앙의 상실로 인해 마음에 큰 구멍이 뚫려 있던 엘리어트는 루이스가 내놓은 "인간의 종교"에 즉각 마음이 쏠리고 말았다.

루이스는 「지도자(*The Leader*)」라는 주간 신문을 소온톤 리 헌트(Thornton Leigh Hunt)와 함께 공동 편집하고 있었는데, 이런 관계가 결국 사생활 면에서 루이스를 조지 엘리어트와 얽히게 만든 한 요인이 되었다. 헌트와 루이스와 루이스의 아내 애그네스가 모두 의견을 같이 하는 점이 한 가지 있었으니 그것은 열렬히 사랑하는 남녀는 사회적 관례의 구속을 받을 수가 없다는 것이었다. 그래서 루이스와의 사이에서 아들 넷을 두었던 애그네스는 어느 날 헌트와 연애 관계에 들어가 그들 사이에서 아들까지 생겼는데, 남편 루이스는 물의를 일으키지 않고 자기 아들로 호적에 올렸다. 그러나 애그네스가 헌트의 아이를 또 하나 갖게 되자 루이스는 그녀를 더 이상 자기 아내로 보지 않게 되었다. 그러면서도 부양은 계속하고 헌트와의 우정도 계속 지켜 나갔다. 이미 헌트의 아이를 루이스가 자기의 아이로 받아들인 상황에서 당시의 영국법으로는 간통을 근거로 하는 이혼을 제소할 수 없는 것이었다. 그러므로 엘리어트와 루이스는 관습법상의 결혼으로 동거를 하느냐, 하지 않느냐 하는 기로에 서게 되었다. 결국 두 사람은 전자를 택하여 사실상의 남편과 아내가 되어 루이스가 사망한 1878년까지 같이 살았다.

두 사람 사이에는 자녀가 하나도 없었지만 여러 면에서 그들은 모범적인 부부의 모습을 나타냈다. 그들은 글을 써서 번 돈으로 자신들은 물론 루이스의 네 아들과 애그네스와 애그네스가 헌트와의 사이에서 낳은 아이들까지도 부양하였다. '루이스의 아들들은 특히 새 어머니인 엘리어트에 대단한 애착을 느끼는 듯이 보였다. 비록 이들 사이에서는 관계가 순탄하였지만 그 밖에는 이 결혼을 보는 눈이 결코 온정적인 것만은 아니었다. 많은 여자 친구들은 사회의 지탄이 두려워서 엘리어트와 루이스를 감히 찾아가지도 못하였고, 특히 엘리어트의 오빠 아이잭은 누이동생과 루이스와의 관계가 간통이나 다름없다고 비난하면서 그녀와 의절하기까지 하였다.

농촌 정경의 묘사

평론이나 번역을 하는 것 보다 소설을 쓰는 것이 좋겠다는 루이스의 권장과 격려를 받아 엘리어트는 1857년에 첫 소설작품으로 「에이모스 바아튼 목사의 비운(*The Sad Fortunes of the Reverend Amos Barton*)」이라는 단편을 출간했다. 이 때 엘리어트는 이 작품을 「블랙우즈 매거진(*Blackwood's Magazine*)」에 발표하면서 잡지 편집자와 서평가의 지위를 그대로 지키고 싶은 소망도 있고, 루이스와의 특수한 결혼 관계로 사회에서 자기 소설을 편견을 가지고 보지나 않을까 하는 우려도 있어서 "조지 엘리어트"라는 필명을 사용하였다. 초기에 「블랙우즈 매거진」에 발표한 세 편의 단편들을 그녀는 『목사 생활의 정경(情景)들(*Scenes of Clerical Life*)』이라는 표제 하에 1858년에 단편집으로 출간했다. 여기에 실린 단편의 공통점은 에이모스 바아튼과 같은 목사의 이야기라는 점, 그리고 작자가 소상히 아는 시골의 정경과 그 속에서 사는 사람들을 다루었다는 점이다. 그리고 다음 해인 1859년에는 그녀의 첫 본격 소설 『애담 비드(*Adam Bede*)』가 나왔다. 앞서 나온 단편들에서 이미 호평을 받은데다가 루이스의 지원으로 부정적인 비평이 나오는 것이 제지되었던지라 엘리어트는 이제 상당한 자신을 얻었던 것이다.

『애담 비드』에 나오는 인물들의 어떤 사람들은 엘리어트가 개인적으로 더욱 친숙한 사람들을 바탕으로 하여 그린 것이다. 애담(Adam)은 작자의 아버지 로버트 에반즈를, 그리고 다이나 모리스(Dinah Morris)는 작자의 고모이자 감리교파 목사였던 엘리자베스 에반즈를 각각 모델로 삼았다. 이 소설의 줄거리는 감옥에 수감된 한 처녀가 고백한 유아 살해의 이야기를 소재로 한 것이지만, 그 이야기 속에 잠긴 도덕적인 의미는 여자의 미모와 허영이 망상을 자아내어 자신에게 올가미가 되어 버린다는 비극적인 아이러니이다. 이것은 조지 엘리어트의 소설을 특징짓는 테마이기도 하다. 루이스와의 결혼 관계에서 완전히 죄의식을 면하지 못하며 살았던 엘리어트에게는 이러한 도덕적 올가미에 갇힌 인간의 조건이 중요한 의미를 지닌 인생 문제였다. 엘리어트는 실생활에서의 자신에게 그러하였듯이 도덕성이 미약해 보이는 작중 인물들에게 응분의 벌을 내리는 일을 게을리 하지 않았다.

순박하고 발랄한 시골 처녀 헤티 쏘렐(Hetty Sorrel)은 시골 대지주의 손자인 아서 도니손(Arthur Donnithorne)의 아내가 되어 부귀를 누렸으면 하는 허황된 꿈을 꾸는데, 이런 환몽에 잠긴 처녀를 진지한 사랑으로서가 아니라 건성으로 연애하고 마는 아서의 이기주의와 무책임이 이 소설에서 작자의 주된 관심사로 나타난다. 귀족 출신인 아서는 리처드슨의 라블레이스처럼 방탕아는 아니지만 분명히 염직성이 결여된 인물이다. 그러한 염직성의 결여를 보완해 주는 인물들이 애담과 다이나 모리스이다. 엘리어트는 이 소설의 뒷부분에서 두 사람을 부부로 짝지음으로써 자신의 도덕관을 은연히 밝혔을 뿐만 아니라 그런 가치관을 은근히 기대하였던 빅토리아 시대 독자들의 기대에도 보답한 것이었다.

엘리어트가 『애담 비드』에서 이룬 또 하나의 공적은 농촌에 사는 하류층 사람들의 순박한 삶을 부드러운 유머를 가지고 그릴 수 있었다는 것이다. 특히 헤티의 고모인 포이저(Poyser) 부인이 점잔을 부려가며 하는 속담 표현 같은 것은 구수하며 사실적이어서 독자에게 대난한 흥겨움을 준다. 『애담 비드』는 영국의 중심부에 있는 산업화 이전의 농촌지방을 그린 한 폭의 그림과도 같은 것인데, 농촌 사람들의 인물 묘사에 있어 영문학에서 엘리어트와 필적할 작가는 셰익스피어와 토머스 하디 밖에 없다고 할 정도다. 『애담 비드』는 세상에 나오자마자 열광적인 호응을 받았고 엘리어트는 이 작품으로 단연 일급 소설가로 자리를 굳혔다.

추억 어린 심리 소설

『애담 비드』가 출판되고 얼마 안 되어 엘리어트는 『누이동생 매기(*Sister Maggie*)』라는 가제(假題) 하에 다음 소설을 쓰기 시작하였다. 작업이 진척됨에 따라 그녀는 제목을 『털리버네 집(*The House of Tulliver*)』, 『털리버네 가족(*The Tulliver Family*)』, 『털리버네(*The Tullivers*)』 등으로 바꾸어 생각해 보다가 출판사 측에서 제시한 『플로스 강변의 물방앗간(*The Mill on the Floss*)』라는 제목으로 겨우 낙착을 보았다. 1860년에 책이 나오자 비평가들의 반응은 몇몇 부정적인 평을 내놓고는 대체로 호평이었다. 『애담 비드』가 작자의 아버지와 고모의 옛 모습을 회상한 이야기임에 반하여 『플로스 강변의 물방앗간』 (별항 해설 페이지 125~134 참조)은 작자 자신의 유년 시절과 소녀 시절을 주로 같은 또래의 오빠와의 우애 관계를 놓고 그린 정감 어린 자전적 소설이다. 두 소설이 다 같이 엘리어트가 자신의 젊은 시절에 보고 느꼈던 워윅셔의 농촌을 배경으로 하는 것이지만 『플로스 강변의 물방앗간』에는 배경의 묘사보다는 관여되는 인물들의 심리 묘사에 더욱 충실한 것이 특색이다.

엘리어트의 세 번째 소설 『싸일라스 마아너(*Silas Marner*)』(1861)는 작자 엘리어트가 어린 시절에 들었던 한 베 짜는 사람의 탐욕과 사랑의 우화를 소설화한 것이다. 건전한 믿음을 가지고 베를 짜다가 교회의 기금을 훔쳤다는 누명을 쓰고 도시를 떠나 어느 벽촌에 와서 사는 싸일라스는 이제 하느님과 인간에 대한 믿음을 상실한 상태에서 베를 짜는 일에서만 유일한 위안을 얻는다. 해를 거듭하여 열심히 베를 짠 그는 금화를 무더기로 모으게 되었으니 이제는 그 금화를 만지고 세는 일을 유일한 인생의 낙으로 삼는다. 그러다가 싸일라스는 동네 지주의 말썽꾸러기 아이들이 그 돈을 모조리 훔쳐 가서 쫄딱 망해 버리지만, 그 말썽꾸러기 아들의 형 가드프리(Godfrey)의 내연의 처가 눈 오는 날 싸일라스의 오막집 앞에서 죽음으로써 그녀의 갓 낳은 딸을 얻게 된다. 싸일라스는 메마른 수전노의 인생에서부터 다시 새 생명을 찾은 것이다. 이야기의 구성이 가장 완벽하게 되어 있는 이 소설에서 싸일라스 마아너와 가드프리는 체념과 방종이라는 문제에 대해 엘리어트가 감지한 도덕적 의미를 명료하게 드러내주고 있다.

『플로스 강변의 물방앗간』과 『싸일러스 마아너』가 나오던 1860년과 1861년에 엘리어트는 로마에 가서 다음에 낼 작품의 주제와 배경을 위한 연구에 몰두하였다. 그 결과로 나온 것이 『로몰라(*Romola*)』(1863)이다. 15세기의 플로렌스를 배경으로 시도한 이 역사 소설은 엘리어트가 정확한 고증을 위해 심혈을 많이 기울인 작품으로서, 역사적인 관찰이 풍부하고 매우 지적인 내용을 담은 소설이지만 일반 독자나 비평가들의 호응은 별로 받지 못하였다. 아마 엘리어트의 소설 중에서 가장 성공을 못 거둔 작품에 속할 것이다. 지성과 미모를 갖춘 로몰라를 아내로 맞은 티토 멜레마(Tito Melema)는 자신의 관능적인 매력과 영리한 머리를 가지고 이기적인 삶을 즐기다가 마침내는 잔인한 음모자로 전락하는데, 고매한 성품의 소유자인 로몰라는 티토의 정체를 알고 그를 떠나 15세기의 종교개혁자 사보나롤라(Savonarola)가 내세우는 덕행(德行) 위주의 종교로 귀의한다. 도덕상의 미점이란 끊임없이 선을 택하는 노력에서만 우러나는 것이며, 반면에 도덕상의 타락이란 이기적인 편의주의에서 생기는 것이라는 주제가 이 소설 전반에 흐르고 있다.

『로몰라』를 완성하는데 3년이란 세월을 바쳐 심신의 피곤을 느낀 엘리어트는 약 2년간 쉬다가 비로소 다음 작품에 착수하였다. 『급진파 휄릭스 홀트(*Felix Holt, the Radical*)』(1866)에서 엘리어트는 다시 자신에게 익숙한 영국의 향토 생활을 배경으로 되돌아오는데, 그렇다고 초기 소설에서 보던 목가적인 농촌 정경은 아니다. 이 소설은 1832년의 제1차 선거법 개정이 나오던 당시의 정치 상황을 배경으로 하고 있으면서도 소설이 노리는 바는 여전히 인간의 행동 양식의 도덕적인 면이기 때문에 순수한 의미의 정치 소설이라고 볼 수는 없다. 주인공의 태생이 한참 미궁 속에 가려져 있고 유산 문제로 옥신각신 하는 등 플롯이 매우 복잡하다는 감을 주는 소설이다. 그러나 교육을 받은 젊은이로서 노동 계급의 참상을 이해하고 서민들의 정신적 뒷받침이 되고자 노력하는 휄릭스의 고매한 모습과 그를 흠모하는 마음에서 자신의 이기적인 취향을 버리고 나서는 에스터 리이언(Esther Lyon)의 사랑의 이야기는 조지 엘리어트의 높은 도덕성과 정열적인 사랑에 대한 믿음에서 우러나온 것이라고 보아 마땅하다.

그 다음 해에 엘리어트는 스페인 여행을 떠났는데, 그 여행의 결실로 나타난 것이 1868년의 극시 『스페인 짚시(*The Spanish Gipsy*)』이다. 잠시 소요하는 기분에서 쓴 이 시의 주제는 행복감과 책임 의식 사이에서 느끼는 갈등이라는 것인데, 전반적으로 교훈적이라는 인상이 짙어서 후일에 와서는 잘 읽히지 않는다. 그러나 멋진 구절들이 산재해 있기도 하다.

향토 생활에 파묻힌 지성인들

이에 앞서 1867년에 엘리어트는 또 『미들마아취(*Middlemarch*)』라는 제목 하에 거대한 소설 작품에 착수한 터였다. 사실 이 해에는 루이스의 아들 소온튼이 중병에 걸려 있어서 엘리어트는 그 죽어가는 아이의 간병 때문에 시작한 소설을 당분간 제쳐 놓을 수밖에 없었다. 『미들마아취』는 드디어 1871년부터 1872년에 걸쳐 연재로 출판되었다. 책이 나오자마자 일반 독자와 비평가들에게 다 같이 대호평을 받았고, 「스펙테이터(*The Spectator*)」지 같은 데서는 세계적인 대작이라고 격찬하였다. 후세에 와서는 그런 정도의 격찬은 몰라도 영국 소설에서 걸작품의 하나로 당당히 뽑힐 뿐만 아니라 엘리어트의 소설 작품들 가운데 가장 우수한 것이라는 정평을 받고 있다.

『싸일라스 마아너』에서 체념과 방종이라는 문제의 도덕적 패턴이 명료하게 제시되었던 데에 비해 『미들마아취』에서는 그와 유사한 도덕적인 패턴을 엘리어트는 인간 심리를 뚫어보는 통찰력과 만사를 심오하게 바라보는 명찰력을 가지고 탐색하고 있다. "향토 생활의 연구(*A Study of Provincial Life*)"라는 부제가 붙은 이 소설은 다루는 범위가 방대하며 소설의 내용도 『애담 비드』나 『플로스 강변의 물방앗간』보다 두 배 이상 더 많다. 선거법 개정안이 나온 1832년을 전후한 영국의 향토 생활을 파노라마처럼 보여준다. 이 시기는 철도가 각처에 놓여지고, 마을 사람들이 선거권을 처음으로 제대로 행사하고, 정치적·종교적 논의가 사방에서 열띠게 진행되던 변화무쌍한 시기였는데, 이런 면들을 엘리어트는 잘 포착하여 그리고 있는 것이다. 그러나 엘리어트의 더 깊은 관심은 그러한 사회 여건 속에서 사는 사람들, 특히 중상류 계층에 있는 사람들의 생활 경험과 그들의 행동 동기를 다루는 데에 있다. 엘리어트의 초기 소설에 나오는 목가적인 농촌 지방의 인물들의 세계에 비해 이 소설의 중상류 계층 사람들의 생활 경험은 범위가 넓을 뿐만 아니라 그들의 행동 동기 역시 더 복잡하고 세련된 데가 있다. 『미들마아취』가 엘리어트의 이전의 소설과 다른 점은 한 총체적인 사회를 배경 삼아 일어나는 인간의 드라마, 특히 그 사회가 재능 있는 선남선녀들에게 많은 기회를 거부함으로써 일어나는 정신적인 고충과 실패의 삶과, 나아가서는 정신적인 성취의 과정까지 세세히 모색하고 있다는 것이다.

이 소설에 나타나는 인물들의 상호 관계는 적어도 네 개의 뚜렷한 플롯 중의 한 두개를 통해서 이루어진다. 그 중 하나는 도로시아 부루크(Dorothea Brooke)가 겪는 행·불행의 이야기다. 지주 집안 출신으로 삶에 대해 불타는 열망과 드높은 이상을 가진 지성적인 여인 도로시아는 인생에서 어떤 의미를 찾는 과정에서 고매한 학자로 보이는 에드워드 카소본(Edward Casaubon)과 결혼하지만 멀지 않아 남편이 병적인 이기주의자일 뿐만 아니라 그가 하고 있는 저작 계획도 하찮은 글의 거창한 선집에 불과하다는 것을 알게 된다. 또 하나는 터티우스 리드게이트(Tertius Lydgate)의 불행한 인생의 이야기다. 시골의 젊은 의학도 리드게이트도 그 나름대로 드높은 이상과 거대한 포부를 안고 살아간다. 그의 꿈은 의학 분야에서 어떤 발견을 해서 이름을 내는 것인데, 새 병원을 짓는 계획에서 니콜라스 벌스트로드(Nicholas Bulstrode)라는 인망 없는 지방 은행가와 손을 잡고 일하다가 계획이 대실패로 끝난다. 게다가 도로시아와 마찬가지로 리드게이트는 허울 좋은 미모의 로자몬드 뷘시(Rosamond Vincy)와 결혼하는데 이기심 많은 로자몬드와의 결혼으로 인해 그의 모든 포부가 무산되고 만다. 나머지 두 개의 플롯은 매리 가아스(Mary Garth)와 니콜라스 벌스트로드에 관련되는 것인데, 이것들은 도로시아와 리드게이트를 중심으로 발전되는 플롯만큼 중요하지 않지만 엘리어트의 향토 생활 연구를 완성시키는 데에는 도움이 되고 있다. 도로시아와 리드게이트의 이야기를 통하여 엘리어트는 제 아무리 이상이 높고 능력이 있는 개인도 사회의 환경이 걸림돌이 되는 한에서는 포부를 달성할 수 없다는 비관적인 견해를 제시하고 있다.

물론 『미들마아취』의 주된 주제는 위에서 말한 주요한 플롯에 따라 전개되지만 이 소설의 또 한 가지 특색은 부차적 작중 인물이 풍기는 풍만감이라고 할 수 있다. 도로시아의 숙부인 부루크씨는 엘리어트가 낸 희극 인물들 중에서도 뛰어난 사람이며, 죄 많은 남편을 충성스럽게 보살피는 벌스트로드 부인도 언급할 만한 인물이다.

버지니아 울프(Virginia Woolf)가 『미들마아취』를 가리켜 "영국 소설에서 드물게 보는 성인 독자를 위한 소설"이라고 평한 것은 매우 흥미 있는 논평이다. 금세기에 들어와서 이 소설을 영국 소설에서 가장 위대한 작품이라고 찬사를 던지는 경우가 더러 있는데, 그렇게 말하는 이유는 대체로 이 소설이 영국의 지적 생활에 대해 결정적인 관심을 보인 최초의 소설이라는 데에 있을 것이다. 이 소설은 지성인과 개명된 개인들에게 기회를 많이 주지 않는 사회를 여러 모로 고발하는 책인 것이다.

1872년에 엘리어트는 독일 홈브르그의 온천장에 다니러 가서 관광객들이 도박장에서 놀음을 하는 광경을 관찰하고는 도박에 빠진 사람이 얼마나 추악한 상태에까지 전락할 수 있는가 하는 것을 목도하였다. 이것은 그녀의 다음 소설 『다니엘 데론다(*Daniel Deronda*)』(1876)의 씨앗으로서 발전하였다. 엘리어트의 마지막 작품이 되는 다니엘 데론다』는 결점이 많은 소설이기는 하지만 『미들마아취』의 작자가 낸 작품이라고 하여 비평가들 사이에서는 적지 않은 호응을 받았다.

이 소설의 핵심을 이루는 주제는 역시 결혼을 잘못하여 일어나는 고충의 문제이다. 궨돌렌 할레스(Gwendolen Harleth)는 본성이 냉정하고 이기적인 여성으로서 매기 털리버나 도로시아 부루크와는 판연히 다른 인물이다. 그녀는 귀족인 헨리 그랜드코오트(Henleigh Grandcourt)가 정부(情婦)와의 사이에서 낳은 아이들이 있는 것을 알면서도 돈 때문에 그와 결혼한다. 일단 결혼하자 그랜드코오트의 손아귀에 완전히 들어간 궨돌렌은 남편에 대한 두려움과 미움의 감정이 증대하여 자신이 어떤 엉뚱한 행동을 저지르지 않을까 하는 걱정까지 하게 된다. 그러다가 어느 날 물에 빠진 남편을 보고도 건지기를 꺼려한 궨돌렌은 그 다음부터는 자기가 남편의 죽음의 원인이었다는 죄책감으로 번민한다. 궨돌렌이 경험하는 죄책감의 치밀한 묘사는 19세기 영소설에서 드물게 보는 특색이라 할 수 있다.

이 소설의 후반부는 주인공 다니엘 데론다에 관한 이야기이다. 지성적인 미남 청년 다니엘 데론다는 그랜드코오트의 삼촌인 휴고 맬링거(Hugo Mallinger)경(卿)의 서자로 알려져 있는데, 혈통적으로는 유태인이다. 그는 익사 직전에 있는 어느 유태인 여자를 구출해 낸 것이 계기가 되어 그녀와 함께 팔레스타인으로 가서 유태족의 고향 땅을 거기에서 찾는 일에 헌신한다. 인생에서 어떤 보람 있는 일을 하는 것이 유일한 관심사였던 다니엘은 시온주의(Zionism)에서 그것을 찾은 것이다. 엘리어트가 이 소설에서 자신의 젊은 시절의 추억을 바탕으로 한 것이 아니라 지성적인 노력으로 시온주의와 같은 성스러운 목적을 미화하고 추구하였다는 사실이 『다니엘 데론다』를 지나치게 교훈적인－따라서 결점 있는－작품으로 만드는 한 원인이 된다.

1878년에 엘리어트의 오랜 남편이자 향도자였던 루이스가 서거하였다. 이듬 해 서러움에서 다시 회생한 엘리어트는 루이스의 미발표 저작들을 엮어서 세상에 내어 놓고 그의 재산의 일부를 과학 연구 사업에 바쳤다. 1880년에 엘리어트는 전부터 집에 드나들고 하던 친구 존 크로스(John Cross)와 결혼하였다. 그녀의 나이가 60세, 그의 나이 39세였다. 그런데 불과 7개월 만에 엘리어트는 오한이 들어 앓다가 세상을 떠났다. 크로스는 1882년에 조지 엘리어트의 전기를 써 내었는데, 그 전기는 마리안 에반즈와 조지 헨리 루이스를 잘 아는 문단의 사람들이 도무지 받아들일 수 없는 지나치게 미화된 글이었다. 엘리어트가 세상을 떠나고 나서 곧 그녀의 작가적 명성이 하락하였는데, 크로스가 쓴 엘리어트 전기가 그런 명성의 하락에 도움을 주었는지도 모른다. 영국 소설에서 대가라고 하는 조지 엘리어트가 비평가들 사이에서 빛을 보지 못하고 있다가 비로소 각광을 받은 것은 1차 대전 후에 버지니아 울프가 『미들마아취』를 격찬하고 나선 때부터였다. 그 이후 1940년대에 F. R. 리뷔스, 조운 베네트(Joan Bennett) 등의 비평가들이 엘리어트의 작가적 자질을 재평가하는 글을 내었다. 그러나 비평가들 사이에서 일어난 명성의 변천에 아랑곳없이 일반 독자들은 조지 엘리어트의 작품을 꾸준히 읽어 왔었다.

조지 엘리어트는 청춘기부터 신앙면의 회의를 가지기 시작했지만 어려서부터 복음주의 신앙에서 키워진 도덕적 심성은 평생토록 잃지 않고 살았다. 따라서 그녀의 모든 소설 작품에서는 인물의 양심의 문제가 철저히 탐사되며, 매우 엄격한 도덕률에 따라 인간의 양심에 판정이 내려짐을 본다. 도덕면에서 이런 확신을 가졌던 엘리어트는 소설을 통해 인간의 도덕적 책무와 극기의 복음을 전파하는 한 도구로 생각했다는 인상마저 준다. 그러나 도덕적 확신만으로 대작가가 될 수 있는 것은 아니다. 엘리어트를 대작가로 만든 요인으로서는 그녀의 도덕적 확신과 더불어 그녀의 뛰어난 지성과 인간 심리에 대한 깊은 통찰력을 들 수 있다. 그녀의 지성은 주로 당시의 이름난 지성인들—사상가, 철학자, 언론인, 작가, 연애인—과의 끊임없는 접촉에 의해 길러졌을 뿐만 아니라 그녀 자신의 광범한 독서를 통한 지식의 확대에서 얻어진 것이다.

엘리어트와 그녀가 접촉을 지속하였던 지성적 문인들과 서로 다른 점은 엘리어트는 자신의 지성을 이용하여 일상생활에서 문제에 부닥치는 평범한 사람들의 모랄이라든가 심리적 동기 등을 파고 들어가는 일에서 서슴치 않았다는 것이다. 그녀는 2, 3편을 제외한 모든 작품에서 자신의 어린 시절의 워윅셔 시골로 돌아가서 거기서 자기가 소상히 알고 지냈던 질박한 시골 사람들의 이야기를 상례적인 소재로 삼았던 것이다. 인간 심리에 대한 통찰력이 유달리 강하였던 엘리어트는 다른 어떤 영소설 작가도 따를 수 없는 깊이와 복합성을 지닌 인물들을 그려내었다. 인간 심리에서 얽히고 얽힌 동기라든가, 복잡한 자기 기만적인 심리라든가, 고귀한 행동을 지향하면서 고민하고 몸부림치는 심리 등을 세세히 기록한 그녀의 재능에 비길만한 작가는 그렇게 많지 않다. 그녀가 창조해 낸 작품 세계에는 사회를 조감하는 파노라마적 시각과 개개인의 마음속을 뚫어보는 심리적 통찰력이 함께 자리하고 있으니, 이러한 넓은 폭과 깊은 통찰력이야말로 조지 엘리어트를 영소설의 역사에서 중추적인 지위에 오르게 하는 것이다.

『플로스 강변의 물방앗간 *The Mill on the Floss*』 (1860)

플롯 개요

쎄인트 오그즈라는 마을 부근에는 플로스 강이 흐르고 있는데 그 강변에 돌코트 방앗간이 위치하고 있다. 이 방앗간의 주인 털리버(Tulliver)씨는 가장(家長)으로서 책임감이 강하고 기업인으로서 포부도 크다. 그에게 앞날에 대한 꿈이 있다면 열세살 된 그의 아들이 장차 출세하여 자기 자신보다 사회적으로 더 높은 지위에서 사는 것이다. 그리하여 아들 톰(Tom)을 어떤 좋은 학교에 보내는가 하는 문제로 고심도 하고 동네 사람들에게 자문을 구하기도 한다. 그러나 톰의 누이동생 매기(Maggie)에 대해서는 그런 염려를 하지 않고 다만 매기가 남자 아이처럼 밖에 나가서 잘 뛰어 놀고 물가에서 옷도 잘 적셔서 야단이라는 걱정만 한다. 딸자식이라는 이유 때문에 이런 대우를 받는다고 생각하는 매기는 이따금 후미진 곳에 가서 나무로 만든 장난감 인형에게 "처벌"을 가하는 것으로 울분을 푼다. 그러나 발랄한 성격의 매기는 울분이 순간적으로 풀리면 다시 명랑한 모습으로 돌아간다.

털리버씨 댁에는 아이들의 이모가 되는 글레그(Glegg) 부인, 플렛트(Pullet) 부인, 그리고 디인(Deane) 부인이 이따금 찾아온다. 아이들의 어머니인 털리버 부인과 함께 이들은 도드슨(Dodson) 가문의 딸들로서 그 집안의 세속적이며 물질주의적 측면을 대변해준다. 생활양식 면에서 격식과 인습을 많이 따지는 그들은 앉으면 의상(衣裳)에 관한 이야기나 질병에 관한 이야기 등으로 화제를 메운다. 이들의 대화 속에서 디인 부인의 딸 루시(Lucy)의 용모가 뛰어난 데 비해 매기는 살빛도 검고 사내처럼 노는 말괄량이라고 하는 말에 자극을 받아 자신의 머리를 잘라 버리는 자그마한 소란을 일으킨다. 부잣집에 출가한 두 큰 이모들은 여동생 남편인 털리버씨가 공연히 허세만 부리는 것을 늘 꾸짖고 그런 식으로 살다가는 언젠가는 집안이 망해 버릴 것이라고 장담한다. 돈이 제일 많은 이모인 글레그 부인은 털리버씨의 집을 저당하여 돈을 빌려주고 있는 터인데, 톰을 앞으로 어떤 방식으로 교육시켜야 하는가 하는 문제로 글레그 부인과 의견의 충돌이 생기자, 성미가 급한 털리버씨는 돈을 딴 데서 빌려서 그 빚을 갚을 결심을 한다. 그리고 나서 잠시 후에는 가난한 자기 살림과 공부를 제대로 시키지 못하는 매기의 생각을 하면서 마음이 약해진다.

이모인 플렛트 부인 댁에 가족들이 놀러 간 어느 날, 톰이 루시에게만 계속 친절을 보이자 심술이 난 매기는 루시를 흙탕물 속에 밀어 넣는다. 그리고 나서 매기는 숲 속에 사는 짚시들 마을로 도주할 결심까지 하지만, 짚시들을 실제로 만나보자 겁에 질려 집으로 돌아가야겠다는 생각을 갖는다. 짚시 한 사람이 그녀를 당나귀에 태워 집으로 데리고 온다.

격식 바른 목사 스텔링(Stelling)씨의 문하생으로 공부를 하게 된 톰은 영어 맞춤법이나 문법이나 라틴어 공부에 전혀 흥미를 느끼지 못한다. 그는 차라리 물방앗간으로 돌아가서 자기 아버지처럼 말이나 타고 다니면서 아랫사람들에게 호통을 치는 것이 훨씬 낫지 않을까 하는 생각을 해 본다. 크리스마스 휴가로 집에 돌아온 톰은 아버지가 사업에 관련된 법적인 일들로 점점 더 신경질을 내는 것을 보게 된다. 그의 물방앗간에 들어오는 물줄기를 이웃에서 막아 버리려는 움직임이 있는데, 배후에서 그것을 조종하고 있는 사람이 변호사 웨이컴(Wakem)이라고 털리버씨는 생각한다.

휴가가 끝나고 학교로 돌아간 톰은 새로 들어온 필립(Philip)이라는 학생이 자기 아버지를 원수로 여기는 웨이컴 변호사의 아들임을 알게 된다. 신체장애자인 필립은 감수성과 지성이 뛰어나고 라틴어와 희랍어에 능하고, 그림 솜씨도 대단하다. 두 소년은 처음에는 관계가 서먹서먹하여 서로 신경을 돋우며 지내더니, 필립의 도움으로 톰의 학업 성적이 오르게 되면서부터 서로의 관계가 약간 호전된다. 그러나 두 소년은 제각기 아버지 생각을 하면서 완전한 화목을 이루지 못한다. 특히 톰은 필립이 악한의 아들이라는 사실을 명심하면서 필립은 두고두고 지켜봐야 할 존재라고 생각한다.

톰의 학교에 방문차 찾아온 매기는 필립을 만나 알게 된다. 매기는 필립의 신체 부자유에 동정하고, 필립은 누이동생이 있었으면 하는 소망 때문에 두 사람은 얼른 가까워진다. 두 사람은 우정을 그대로 유지하자는 데 뜻을 모으고 작별한다. 매기가 루시와 함께 학교에 가게 됨으로써 필립과 만나는 기회는 희박해진다. 톰의 마지막 학기가 다가올 무렵 매기가 다시 찾아와서 아버지가 소송에서 져서 파산하고 와병(臥病) 중이라는 말을 전한다. 큰 이모 글레그 부인한테 빌린 돈을 갚는다고 털리버씨는 집안의 가재도구를 담보로 돈을 빌려주기만 기다리고 있다. 이제는 톰도 매기도 학교에 보낼 형편이 못 된다.

그러자 털리버씨는 웨이컴이 자기의 채무를 모조리 사서 맡았다는 사실을 알게 되어 그 순간에 졸도하고 만다. 이것을 본 톰은 매기에게 필립 웨이컴과 다시는 말도 하지 않겠다는 언약을 하게 만든다. 털리버 부인은 멀지 않아 집안 살림살이가 공매 처분될 것을 생각하며 엉엉 울어댄다. 톰은 생계를 유지할 일이 너무나도 막연하여 유능한 실업인인 이모부 디인씨를 찾아가 조언을 구하지만, 교육을 제대로 받지 못한 톰이 할 수 있는 일이라고는 별로 없다는 사실만 지적당하고 돌아온다. 돌아와서 매기에게 짜증을 내고, 매기는 매기대로 자기가 꿈꾸는 행복과 잔혹한 현실 사이에 나타나는 차이 때문에 크게 상심한다. 이 때 톰이 어려서 싸우기도 하던 시골뜨기요, 얼간이 같은 바브 제이킨(Bob Jakin)이 찾아와서 돈을 내놓으면서 톰과 합자하여 사업을 해보자고 제의한다. 톰과 매기는 뜻은 감사하다고 말하면서 그 제의를 거절한다. 그리고 당분간 톰은 낮에 창고에서 일을 하면서 부기(簿記)를 배운다.

물방앗간이 팔릴 날이 다가온다. 이모부 디인씨는 자기 회사인 게스트(Guest) 주식회사에서 물방앗간을 매입하여 털리버씨를 지배인으로 그냥 앉혀 둘까 하는 생각을 열심히 해 본다. 걱정이 태산 같은 털리버 부인은 지금이야말로 자기가 나서서 도와야 할 때라고 단정하고 웨이컴에게 몰래 찾아가서 게스트 주식회사와 맞서서 물방앗간 경매에 응해 주지 말아 달라고 간청한다. 그런 생각을 꿈에도 해보지 않았던 웨이컴은 털리버에 대한 보복을 철저히 한다는 심산으로 오히려 경매에 응하기로 마음먹어, 물방앗간을 매입하고 만다. 그리고 털리버를 지배인으로 앉히자, 굴욕인 줄 알면서도 털리버는 자기 원수 밑에서 종사하는 도리 밖에 없다. 그 대신 그는 아들 톰에게 평생토록 웨이컴네 가족을 저주하겠다는 맹세를 성경책에 적어 넣으라고 말한다. 매기는 제발 그런 일은 하지 말라고 말리지만 톰은 맹세를 하고 만다. 마침내 큰 이모 글레그 부인이 톰에게 돈을 좀 주어 그것을 그는 바브 제이킨에게 투자한다. 톰은 아버지의 빚을 갚을 돈을 서서히 모으기 시작한다.

하루는 바브 제이킨이 매기에게 찾아와서 책을 몇 권 선사한다. 요즘 매기는 삶이 공허하기만 하여 자기도 모르게 그런 삶을 견디어 나갈 길을 찾고 있는 터였다. 바브가 준 책들을 이것저것 뒤져 보다가 그녀는 토머스 아 켐피스(Thomas à Kempis)라는 독일 성직자가 쓴 책에 매료된다. 이 책은 자애(自愛)를 피하는 길만이 행복을 찾는 길이라고 부르짖고 있는 것이다. 얼마 후에 털리버 부인은 매기가 세상일에 좀 더 태연하게 받아들이고 있는 새로운 모습을 보고 무척 기뻐한다.

필립을 다시 보게 된 매기는 그와 일부러 만나는 것을 피하려 든다. 그러나 필립의 끈질긴 설득으로 매기는 필립을 은밀히 만나기 시작한다. 필립의 사랑의 표현을 듣고 보고 할수록 매기도 필립에게 끌리는 것을 느낀다. 어느 날 가족들이 모인 자리에서 필립에 대해 가지고 있는 감정이 우연히 드러나서 톰의 의심을 산다. 톰은 누이동생에게 필립과 더 이상 교제하지 않겠다는 맹세를 하라고 졸라 댄다. 그리고 그는 필립을 찾아가서 자기 누이동생을 더 이상 희롱하지 말라고 호통치고 필립에게 병신이라는 말로 모욕을 준다. 매기는 이에 상처를 입지만 자기를 강제로 필립에게서 떼어 놓는 오빠의 행위를 보고 무어라고 형용할 수 없는 안도감 같은 것을 느낀다.

얼마 후에 톰은 그동안 자기가 예축해 놓은 돈으로 아버지의 빚을 갚을 수 있게 되었다는 것을 털리버씨에게 말한다. 채권자들을 모두 한 자리에 모아놓고 빚을 갚는 자리에서 가족들은 톰의 비상한 능력을 치하한다. 그런데 이 날 의기양양해서 집으로 돌아오던 털리버씨는 길에서 웨이컴을 만나 그를 말 위에서 끌어내려 패다가 자기가 오히려 과로 때문에 다시 졸도하여 이튿 날 아침에 사망한다.

2년 후 이제 교사가 된 매기는 사촌인 루시를 찾아간다. 루시는 집에서 남자 친구 스티븐 게스트(Stephen Guest)와 은밀한 이야기를 나누고 있는 중이다. 스티븐은 이미 루시를 아내로 삼을 결심을 하고 있는 터인데, 매기를 보게 된 첫 날부터 두 사람은 서로 마음이 끌리는 것이다. 그들의 마음속에서 무슨 일이 일어나고 있는지를 모르는 루시는 매기와 스티븐이 가까이 지내는 것을 보고 그저 만족해 할 뿐이다. 루시네 집에서 하는 파티에 필립이 오게 되어 있는데 매기는 거기서 필립을 만날 것이라고 톰에게 양해를 구한다. 매기가 필립을 애인으로 생각하고 만나는 날에는 자기는 매기를 다시 보지 않겠다고 톰은 잘라 말한다. 매기는 톰이 그렇게 말하는 심정은 이해하지만 한편 자기를 진정으로 이해하려 들지 않는 톰이 원망스럽기만 하다.

한편 루시의 아버지 디인씨는 물방앗간을 웨이컴에게서 매입하여 톰에게 돌려주겠다고 약속한 바 있었는데, 이런 계획을 알게 된 필립은 아버지에게 탄원하여 물방앗간을 게스트 주식회사에 팔게끔 한다. 필립의 생각은 그것이 사랑하는 매기의 집의 경제 형편에 도움이 될 뿐만 아니라 톰이 그전부터 가지고 있는 나쁜 감정을 해소시키는 데 도움이 될까해서이다.

스티븐의 집에서 파티가 열린 날 스티븐은 매기를 온실로 데리고 들어가 매기의 팔에 마구 키스를 해 댄다. 이에 분노와 루시를 배신했다는 죄책감을 함께 느낀 매기는 스티븐을 멀리하고 그 다음 날 아침에 연락해 온 필립과도 만나지 않는다. 루시에 대한 의리를 생각하며 그녀는 스티븐의 접근을 말리고, 오빠와의 약속을 지킨다는 의미에서 필립과도 더 이상 만날 수 없다고 생각하는 것이다. 그러면서도 그녀는 스티븐에 대한 호감을 억제할 수가 없다.

어느 날 루시는 자기 아버지와 함께 강변에 있는 한 마을에 소풍을 가기로 했는데 거기에 매기와 필립도 배를 타고 오기로 되어 있었다. 그런데 필립은 요즘 매기와 스티븐의 관계를 보고 외출할 기분이 나지 않는다. 그러자 스티븐이 매기에게 찾아와서 매기를 납득시켜 배를 저어 강변 마을로 가기로 하고 떠난다. 이 때 스티븐은 지정된 마을을 그냥 지나서 배를 계속 저어 내려간다. 이 사실을 매기는 뒤늦게야 알지만 스티븐은 이제 매기에게 스코틀랜드에 가서 결혼하자는 것이다. 두 사람이 마침내 육지에 올라가 언쟁을 부리던 끝에 매기는 스티븐의 청혼을 또 한번 거절하고 집으로 돌아온다. 돌아와서 가족들에게 사정 이야기를 해보지만 가족들의 반응은 분노와 경멸로 차 있다. 특히 톰은 앞으로 누이동생의 생활비는 대주지만 서로 보고 지낼 생각은 없다고 말한다. 매기는 하는 수 없이 어머니와 함께 바브 제이킨에 집에 가서 산다.

매기는 사회의 배척을 당한다는 것이 어떤 것인가 하는 것을 서서히 깨닫는다. 놀랍게도 큰 이모 글레그 부인과 루시만은 동정을 표한다. 상심하여 있는 그녀에게 필립으로부터 사랑을 호소하는 편지가 날아오고, 이어 스티븐으로부터도 결혼을 촉구하는 편지가 온다. 이런 제의를 받고 새삼 유혹을 느끼면서도 그것을 물리칠 힘을 기도를 통해 바라고 있는 순간에 그녀는 집안에 별안간 물이 가득 차 들어옴을 알게 된다. 톰이 물방앗간에 있다는 사실을 안 매기는 보트를 타고 험한 물속을 저어 나가 물방앗간에까지 가서 그 곳을 홀로 지키고 있는 톰을 구해낸다. 보트 안에서 서로 응시하고 있는 매기와 톰은 이제 불화의 감정이 씻겨 나갔음을 알게 된다. 그들은 루시를 찾아 나서다가 강물에 뜬 부서진 기계 조각이 보트에 와서 부딪치는 바람에 서로 껴안은 채 물속에 잠겨 버린다.

수년 후 매기와 톰이 함께 묻혀 있는 무덤에는 스티븐과 필립이 가끔 참배하러 온다.

비평과 분석

『플로스 강변의 물방앗간』은 자서전적인 요소가 매우 강한 작품으로서 엘리어트는 그 속에서 어린 시절부터 사춘기에 이르는 동안의 자기 자신과 오빠 아이작의 모습, 그리고 자기 부모의 모습을 박진감 나게 투영시키고 있다. 이 소설의 제목을 엘리어트 자신이 처음에는 『누이 동생 매기』라고 지었던 것만 보더라도 엘리어트가 온 가족의 이야기를 하는 가운데서도 여주인공 매기 털리버를 통하여 자기 자신의 이야기에 얼마나 큰 비중을 두었던가를 짐작할 수 있다. 그러면서도 작자는 매기라는 인물의 성격의 형성이 그녀가 자란 가정환경 및 사회 환경과 떼어 놓을 수 없이 깊은 관계가 있다는 것을 이모저모로 강조하고 있다. 예를 들어 매기는 어려서부터 오빠에게 지배를 받으며 자라났는데 그것이 나중에 그녀가 커서 두 남자와 각각 사랑하는 관계가 되었을 때 그녀의 행동면에서 큰 영향의 요소로 나타나는 것이다. 이 소설의 앞부분에서 엘리어트가 남매의 어린 시절의 추억을 끈질기게 더듬는 것은 그 시기의 영국 농촌 가족의 관계 속에서 심리적인 지배·복종 관계가 진행되는 모습을 보여주기 위해서이다.

조지 엘리어트가 『플로스 강변의 물방앗간』에서 자기 자신의 사춘기의 이야기를 매기 털리버의 이야기 속에 거의 충동적으로 투영시킨 것은 그녀가 헨리 루이스를 알게 된 이후부터 겪은 정신적인 고충을 한 여성으로서, 그리고 한 작가로서 어떻게 처리하고 대응해 나갈 것인가 하는 도덕 차원에서의 그녀의 모색과 깊은 관련이 있다. 이런 면에서 독자가 작품 속에 그려진 매기의 모습을 보는 것은 일단 작가 조지 엘리어트가 몸소 경험했던 삶을 객체화시켜 보는 즐거움이 되고도 남는다. 그러나 엘리어트는 지난날의 자신이 겪은 심적인 갈등을 평면적으로 모사(模寫)하는 것만으로 그치지 않았다. 엘리어트는 매기의 행동을 좌우하게 되는 여러 가지 동기, 충동, 유전적인 영향 등을 입체적으로 드러내 보일 뿐만 아니라 세속적인 삶과 가치 속에서도 좀 더 차원이 높은 성취와 화합을 추구하는 그녀의 모습을 그림으로써 평민화된 19세기 문명 속에 당당하고 존엄성 있는 인간의 가능성을 끌어내어 보였다. 『플로스 강변의 물방앗간』을 비롯하여 조지 엘리어트의 많은 작품들에는 비극적인 기운이 감도는데, 그것은 대체로 인생을 좀 더 당당하게 살아보려는 인물들의 노력이 좌절되었을 때 생기는 비극인 것이다.

엘리어트가 창조해 낸 인물들 가운데서 가장 복잡한 성격의 소유자 중 하나인 매기 털리버는 어릴 적부터 감수성이 예민하고, 꿈이 많고, 성급한 말괄량이인데, 살결이 좀 검고 성질이 즉흥적이라는 데서 짚시의 자질을 가졌다는 인상을 준다. 원래 두뇌도 명석하고 상상력도 있는 소녀지만 딸자식이라는 이유 때문에 별로 빛을 보지 못한다. 아직도 봉건적인 잔재가 남아있는 그녀의 부모들은 글과는 거리가 먼 아들 톰만 장래 출세를 위해 명문 학교에 보내는 것이다. 이런 가정환경에서 자라는 매기는 저도 모르게 불타는 염원을 남몰래 가슴 속에 간직하고 겉으로는 가족들의 기대에 맞추어 행동하는 버릇이 생긴다. 그러나 그녀가 점점 성장하면서 자기 생활을 구속하는 조건들을 더 이상 받아들이거나 극복하지 못하게 되었을 때 매기는 금지된 선을 넘어서까지 감정 표현의 돌파구를 찾는다.

그녀와 톰의 학교 친구 필립 웨이컴의 만남이 바로 그것을 말해준다. 매기는 필립이 불구자라는 것 때문에 연민감도 있었지만 자기가 관심이 많은 문학과 음악에 관해 그와 이야기를 나눌 수 있다는 더 큰 이유 때문에 필립에게 마음이 쏠렸던 것이다. 그러나 매기의 아버지 털리버씨가 사업상 재판에 걸려 있고 상대방을 변호하는 변호사 웨이컴이 필립의 아버지가 되다 보니 필립과 매기는 친구로서 더 사귈 수가 없는 형편이 된다. 이때부터 매기는 필립과 여러 차례의 밀회를 갖게 되는데 한참 동안 매기는 필립과 나누는 대화에서 무엇에도 비할 수 없는 기쁨과 위안을 느낀다. 그러나 만남이 거듭될수록 그들의 밀회가 가족의 눈을 속여야만 한다는 것, 그리고 밀회를 하다가 만약 발각되면 이미 재판에서 패소하여 재산을 다 잃은 아버지의 고민에 또 하나의 고민을 얹어준다는 염려 때문에 매기는 양심의 가책을 느끼지 않을 수가 없었다. 매기는 자기와 필립과의 관계를 구속하는 외부적인 환경의 조건이 거의 무의미하게 엄하다는 것을 알면서도 그 외부적인 조건에 더 이상 저항하지 않는다. 속좁은 오빠 톰이 밀회를 알아내고 가혹하게 그것을 중단시키자 매기는 오히려 숨기는 일에서 해방되었다는 안도감 같은 것을 느낀다. 빅토리아

시대의 사회 인습을 더러 거역하여 살면서 고민도 무척하였던 엘리어트는 인간이 행동 규범의 어떤 부분을 어느만큼 지켜야 하는 가를 깊이 생각하였던 사람이다. 엘리어트와 같이 매기는 필립과의 관계에서 뿐만 아니라 다른 사람들과의 관계에서도 행동 규범을 지키는 문제를 놓고 많이 고민한다. 그 고민하는 모습이 엘리어트가 거의 미화시켜 보여주는 당당하고 고결한 인간의 상이라고 하여도 과언이 아니다.

어쨌든 매기는 학문과 예술에 대한 감각을 필립과의 관계에서 얻어내지만, 매기에게는 또 다른 충족되지 않는 욕구가 있다. 사촌인 루시의 집에서 매기는 스티븐 게스트를 만나는데 좀 얇살하기는 해도 미남이고 부잣집 아들인 스티븐은 매기에게 필립보다 더욱 풍성한 느낌을 주는 남자이다. 스티븐이 루시의 약혼자임을 알고 있는 매기는 스티븐에게서 느끼는 감정의 물결에 당분간 몸을 맡긴다. 그 감정은 확실히 더 육감적이며 원초적인 것이다. 초기의 평가는 스티븐을 좀 천박한 인물로 보고 불만이었지만, 일부 현대 비평가들은 스티븐이 끄는 힘을 강한 성적 매력이라고 보기도 한다. 이 무렵에 루시의 집에서 매기는 스티븐의 친구인 필립을 다시 만난다. 필립은 여전히 털리버 가문의 원수라는 톰의 경고를 듣는 가운데 매기는 이제 스티븐과 필립 두 남자에게서 오는 청혼을 놓고 다시 고민하다가 둘 다 거절한다. 스티븐의 청혼은 루시를 존중하는 생각에서, 그리고 필립의 청혼은 오빠 톰의 의견을 존중하는 의미에서 각각 거절한 것이다. 이 과정을 통해서 매기는 자신의 염원을 달성시키는 노력과 그것을 구속하는 사회의 요구와의 사이에서 후자에 순종하고만 것이다.

그러나 매기는 얼마 만에 다시 스티븐과 방종의 관계로 들어가 자주 만나다가 마침내는 둘이서 집을 나와 보트를 타고 소풍가기에 이른다. 도중에 매기는 스티븐으로부터 두 번째로 청혼을 받지만 역시 도의적인 이유로 완강히 거절한다. 스티븐을 포기한 매기는 사실상 자기 인생에서 행복을 포기하는 것이나 다름없다. 그러나 매기는 소녀시절에 경제적인 타격으로 자기 집 가운(家運)이 기울대로 기울고 인생이 허무하였을 때 어릴 적부터의 친구 바브 제이킨이 갖다 준 토머스 아 켐피스의 책에서 극기(克己)의 이론에 매료된 적이 있었다. "너 자신을 버려라. 그러면 너는 많은 내적인 평화를 즐기리라"고 한 켐피스의 말은 매기에게나 엘리어트에게나 생소한 말이 아니다.

스티븐의 마지막 청혼을 거절하고 그를 포기한 매기이지만 겉으로 보기에는 그녀와 스티븐이 서로 눈이 맞아서 집을 나갔던 것이 되므로 매기의 가족들과 세인트 오그즈 마을을 완전히 뒤집어 놓는 스캔들이 되고만 것이다. 그 중에서도 사랑하는 오빠 톰에게서 받은 거절은 매기에게 가장 쓰라린 경험이다. 자기 어머니와 루시와 필립만은 자기에 대한 신임을 끝까지 저버리지 않고 있다는 것을 알고 있지만 매기는 남의 행복을 밟고 올라서서 자신의 행복을 추구할 수 없다는 결심을 견지한다.

매기를 끝까지 괴롭히던 갈등은 이 소설의 끝부분에 가서 마침내 해소된다. 플로스 강에 가을 홍수가 옴으로써 매기는 물방앗간에 갇힌 오빠 톰을 구조하여 그에 대한 변함없는 사랑을 행동으로 보여줄 기회를 갖는다. 매기와 톰은 잠시 화해하지만 강물 위 사고로 두 사람은 죽음으로서 완전히 하나가 된다. 엘리어트의 이 끝맺음이 너무 감상적이라든가, 너무 뻔하고 영웅한 마지막이라는 등의 불만이 비평가들의 논평에서 나왔지만, 오누이가 서로 손을 붙잡고 플로스 강변에 서 있던 어린 시절부터 톰이 매기의 인생에서 살아 있는 뿌리를 의미하고 있었던 것을 생각하면 이러한 끝맺음이 심리면에서나 주제면에서나 잘 납득이 간다고 말할 수도 있다.

『플로스 강변의 물방앗간』은 매기 털리버가 소녀 시절부터 사춘기까지 가졌던 삶과 사색의 이야기지만 필립과 스티븐을 제외하고 그녀의 삶에 큰 영향을 주었던 것은 오빠 톰과 중류 사회의 가치관을 가진 그녀의 가족들이었다. 톰은 매기와 마찬가지로 자신의 개인적인 염원이 가족과 사회가 주는 구속 때문에 방해를 받는 일이 적지 않았다. 그러나 부지런하고 희생정신이 강한 그는 가족이 경제적인 타격을 받았을 때 가족을 돕는 일에 전력을 기울인 정력가였다. 그 반면에 그는 어릴 적부터 고집이 셀 뿐만 아니라 남을 용서할 줄 몰라서 누이동생 매기와 갈등을 일으키는 큰 요소가 되기도 하였다. 톰의 이런 부정적인 자질은 그의 아버지 에드워드 털리버에게서 이어 받은 바 큰데, 아버지의 좁은 소견과 독선적인 태도는 가정의 경제적 파탄은 물론 자녀들의 정신적 불안을 증대시키는 데 크게 작용하였다. 그러나 소녀 때 매기는 아버지의 극진한 사랑을 받은 적이 적지는 않았다.

매기의 어머니 털리버 부인과 세 자매들은 이 소설에서 자주 도드슨 가문의 자매들로 묶여서 성격 표현을 하는데, 엘리어트는 이들을 당시 빅토리아 사회의 한 중요한 측면을 나타내 보이는 사회 집단으로서 취급하려 했던 것 같다. 이 자매들의 이야기를 통하여 엘리어트는 도드슨 가문이 지니고 있던 가치관과 생활양식을 구체적으로 예시한다. 근면, 정직, 부모에 대한 순종, 친지에 대한 성실 등, 전통적인 가치를 내세우는 이 가문은 동시에 기업의 성공에도 관심이 많고 매우 물질주의적이다. 가훈(家訓)은 정직과 부귀(富貴)를 함께 누리라는 것이다. 딸 매기가 자랄 때 그녀의 다정다감한 성미를 별로 달가워하지 않았던 털리버 부인은 이 세상에서 가장 소중히 생각하는 것이 이불잇과 은수저와 같은 살림살이이다. 나머지 세 자매들, 즉 디인 이모, 플렛트 이모, 글레그 이모도 개인적으로 작자의 호감을 사지 못하였던 것이 분명하다. 사회의 한 세력을 이루는 집단의 멤버로 그려진 이들이므로 심리적 묘사가 정교한 것은 하나도 없다. 그러나 글레그 이모와 같은 여인은 매기가 마지막에 가장 어려운 고비를 겪을 때 그녀 나름의 소신을 가지고 도움의 손길을 내밀기도 하였다. 소설의 전체 구조면에서 볼 때 도드슨 자매들의 이야기는 개인적인 염원이 컸던 매기가 그 속에서 질식하듯 하며 살 수 밖에 없었던 가족과 사회의 환경을 잘 예시해 주는 것이라고 볼 수 있다.

8. 토머스 하디 (Thomas Hardy)

생애와 작품

THOMAS HARDY
(1840~1928)

토머스 하디는 1840년에 영국 남부의 도셋셔 지방의 중심부에 위치한 도체스터에서 태어났다. 하디가 그의 소설 작품에서 가상의 이름을 쓰고 있는 "웨섹스(Wessex)"는 하디의 고향 도셋셔 지방을 가리키던 옛 이름으로서 그의 문학에서 중요한 배경적 역할을 하게 된다. 하디가 태어난 집은 도체스터에서 1마일 정도 떨어진 복햄턴이라는 작은 농촌의 초가(草家)였지만, 그의 선조 대에서는 제법 유복하게 살았던 집안이었다. 그의 아버지 대에 와서는 가세(家勢)가 많이 기울어서 아버지는 석공(石工)을 하고 있었다. 가세가 기울어 가는 역사 깊은 집안의 이야기는 하디의 후기 소설 『테스』에서 중요한 주제로 되고 있다.

도체스터 시골에서 자란 하디는 어려서부터 요원한 역사와 과거에 대한 의식이 몸에 배어 있었다. 그가 살던 시골의 어느 구석이고 태고 시대에 로마의 정복자들이 남긴 자취와 앵글로 색슨족이 쳐들어와서 남긴 흔적이 없는 데가 없었다. 시간에 대한 의식과 함께 어린 시절의 하디는 공간에 대한 의식도 적지 않게 몸에 배어 있었다. 도체스터에 있는 고등학교를 매일 도보로, 그리고 대부분 혼자서, 다녔던 하디는 주변의 자연

환경에 지대한 애착을 갖게 되었다. 이토록 유서 깊은 자연 환경 속에서 시간과 공간에 대하여 요원한 역사의 광대함과 현실의 소우주를 동시에 보았던 하디는 후일 작가가 되어 인간 생존의 문제를 빈번히 대자연과 대우주의 차원에서 바로 보게 되었던 것이다.

하디는 또 어려서 아버지로부터 음악에 대한 소양을 이어 받았고, 어머니로부터는 독서를 즐기는 취미를 이어 받았다. 하디의 소설에서 음악이나 음악 연주자의 이야기가 빈번히 나오고, 하디가 청년 시절에 틈만 나면 문학 서적이나 철학 사상에 관한 서적을 탐독하였던 것은 분명히 양친에게서 받은 영향 때문이라고 하겠다.

호레이스 모울과의 우정

어려서 남달리 몸이 쇠약하였던 하디는 학교에 늦게 입학하였다. 그가 고등학교를 나온 것은 16세 때였는데, 몸은 여전히 쇠약하고 진로(進路)도 뚜렷한 바 없었다. 때마침 하디는 아버지의 친구인 도체스터의 건축가 존 힉스 밑에 가서 건축 일을 배우게 되었다. 이 시기에 하디의 생애에 중요한 정신적 영향을 미친 사람이 두 사람 있다. 한 사람은 시인이며 어학 교사로서 힉스의 사무실 옆집에 살았던 윌리엄 바안즈(William Barnes)인데, 하디는 건축 사무실의 한 동료 직원과 함께 바안즈를 찾아가서 지적인 문제를 놓고 같이 토론을 하고는 하였다. 그 동료 직원이 런던으로 가 버리자 하디는 호레이스 모울(Horace Moule)이라는 친구를 알게 되었는데, 그가 하디의 정신생활에 미친 영향은 정말로 지대한 것이었다.

호레이스 모울은 케임브리지 대학에서 고전 문학을 전공하는 학생으로, 한편 수필과 서평 등을 기고(寄稿)하며 문필가로서의 장래를 꿈꾸고 있는 청년이었다. 이미 그리스 말을 배웠고 호머의 『일리어드』와 그리스의 비극 작품들을 읽은 바 있는 하디는 모울과 더불어 그리스 문학에 관한 이야기를 나누었다. 모울은 하디에게 당시의 사상계와 종교계에서 논의되던 문제들을 소개하고, 하디의 독서 계획에 도움을 주었을 뿐만 아니라 작가가 되고자 하는 하디의 염원에 지대한 공감을 표하였다. 이 무렵 하디는 이미 꽤 많은 시를 썼는데, 모울은 너무 서둘러 발표하는 것은 삼가라는 조언을 하였다.

22세 되던 해에 하디는 도체스터에서의 건축 수습을 마치고 런던으로 옮겨갔다. 건축가로서의 포부와 문학가로서의 포부를 다 같이 안고 상경한 것이다. 런던에서 하디는 우선 건축가 사무실에 입사하여 설계 업무를 맡아 보았다. 여가 시간에 그는 독서를 많이 하고, 강연이나 음악회 등에도 자주 갔다. 이따금 만나는 호레이스 모울의 도움으로 다윈(Darwin), 헉슬리(Huxley), 존 스튜어트 밀(John Stuart Mill) 등의 저작들을 읽었는데, 이들의 글은 대체로 하디의 신앙심을 점차 약화시키는 데 도움이 되었다. 이와 때를 같이 하여 하디는 모든 공부를 포기하고 시를 읽는 일에 전력을 다하였다. 그러다가 25세 되던 해에 하디는 시인이 되는 것이 자신의 천직이라는 신념을 갖기에 이르렀다. 그리고 이 신념은 그 후 30년간 하디의 가슴 속에 담겨져 있다가 그의 만년기에 가서야 실현을 보았다.

하디의 런던 생활은 한때 바쁘기도 하였지만 결코 행복한 것은 아니었다. 대도시의 약삭빠른 자들의 풍속이 그에게는 몸서리나게 싫었던 것이다. 우울한 나날을 보내던 하디는 때마침 도체스터의 건축가 힉스로부터 자기의 조수로 와서 일하지 않겠는가는 청을 받자 기꺼이 그 청을 받아들이고, 고향 복햄턴으로 다시 내려갔다. 1867년의 일이었다. 이로부터 도체스터는 하디가 생애의 대부분을 보낸 항구적인 활동무대가 되었다.

다시금 생기를 찾은 하디는 시를 계속 쓰기 시작하면서 건축가의 직업과 문필가의 직업을 겸하는 방법이 없을까 하고 모색하였다. 그 모색의 결과로 나온 것이 그가 처음으로 시도한 소설 『가난한 사나이와 귀부인(*The Poor Man and the Lady*)』이다. 런던의 화려한 생활을 매정하게 기술하고 시골의 풍경을 부드럽게 그린 이 작품은 논조가 너무 솔직하고 비판적이라는 출판사측의 반응 때문에 결국은 출간되지 못하고 말았다. 이 때 또 다른 출판사에서 원고 판정을 맡고 있던 조지 메레디스(George Meredith)는 하디에게 줄거리가 좀 더 치밀하고 설화상의 기교에 실험성이 가해진 소설을 시도해 보라는 충고를 한 바 있었다. 그가 두 번째로 시도한 소설 『무모한 구제책(*Desperate Remedies*)』은 바로 메레디스의 충고에 따라 쓰기 시작한 것이다.

이 소설을 거의 완성한 단계였던 1870년에 하디는 교회당 개축의 임무를 띠고 영국 남서부 콘월 지방의 세인트 쥴리어트로 급히 파견되었다. 거기서 그는 그 교회 목사의 처제가 되는 에머 기포드를 만나게 된다. 명랑한 성격에 생기가 넘치고 책에 깊은 관심을 표하였던 에머에게 하디는 곧 매혹되어 두 사람의 우정은 더욱 깊어 갔다. 한편 소설 『무모한 구제책』은 1871년에 작가의 이름을 밝히지 않은 채 세상에 나왔다.

감동적인 소설이며, 사실적인 묘사에서 노련한 솜씨를 보였다는 평을 받기도 하였지만, 작품 속의 부유한 미혼 여성이 사생아를 가지는 이야기 등으로 「스펙테이터」지의 서평가는 부도덕하다는 맹렬한 비난을 가하기도 하였다. 하디는 이러한 비난에 매우 민감하였다.

다음 소설 『푸른 잎이 무성한 나무 아래서(*Under the Greenwood Tree*)』도 역시 작자의 이름을 밝히지 않은 채 1872년에 출간되었다. 『무모한 구제책』과는 정반대로 이야기 줄거리는 별로 뚜렷하지 않으며, 부제(副題)로 붙은 "네덜란드풍의 농촌 풍경화"에서 암시되듯이 전원생활의 순박한 모습을 세밀히 그리는 일이 하디가 이 작품에서 공들여 한 일이었다. 이 소설은 농민들이 근심걱정 없이 그날그날을 살아가는 평화스러운 농촌을 배경으로 그린 순박한 사랑의 이야기이며, 하디의 "웨섹스" 주제가 이 작품에서부터 시작된다.

하디가 처음으로 작자명을 제대로 밝히고 낸 다음 작품 『푸른 눈동자(*A Pair of Blue Eyes*)』는 우선 잡지에 연재되었다. 『무모한 구제책』의 판매로 저조함을 보았던 출판사측은 출판사와 작가에게 다 같이 안전성을 주는 연재 형식을 권고한 것이다. 그러나 연재 형식은 까다로운 독자의 취향을 다분히 고려해야 하는 단점이 있었다. 하디는 작품에서 폭력의 문제나 성(性)의 문제가 게재될 때마다 독자를 의식하여 내용을 삭제하지 않으면 안 되는 고충을 겪었다. 『푸른 눈동자』는 먼저 작품보다 더 극적인 상황을 제시할 뿐만 아니라 비통한 아이러니를 담은 이야기이다. 젊은 여주인공 엘프리드 스원코오트(Elfride Swancourt)는 자기가 사랑하며 동시에 자기를 사랑하는 두 남자 사이에서 마음의 결정을 못하고 있다가 두 남자와 다 헤어지는 결과가 된다. 그러다가 이야기의 끝부분에 가서 끔찍스러운 장면이 생긴다. 두 남자는 해외에 갔다가 여자와 화해를 해 볼까 하고 영국으로 돌아오는데 우연히도 같은 기차에 타게 된다. 그런데 그들이 탄 열차의 화물차 칸에 장례식장을 향해 가는 여자의 시신(屍身)이 있었다. 두 남자가 외국에 나가 있는 동안 여자는 어떤 귀족 남자와 결혼했지만 마지막으로 헤어진 남자를 그리워하던 나머지 속병으로 죽은 것이다. 대체로 호평을 받았던 이 연재소설은 1873년에 단행본으로 나왔다.

이 해 여름 런던에 잠시 다니러 올라왔던 하디는 케임브리지 대학에서 연구생으로 있는 호레이스 모울을 찾아갔다. 그와 작별하고 하디는 다시 고향으로 내려왔지만, 9월에 모울이 자살하였다는 소식을 듣고 하디는 격심한 충격을 받았다. 모울의 자살은 자신의 전문 직업의 문제에서 느껴지는 불안과 회의, 인생 문제를 제대로 가누지 못하는 데서 오는 의기소침과 우울이 그 원인이었다. 하디의 상상 세계에서 가끔 향학열에 불타는 인물에게 나타나는 의기소침이나 절망 의식 같은 것을 보는데, 이것은 아마 하디가 모울을 생각하며 얻어진 것이 아닐까 하는 생각도 든다. 특히 하디의 마지막 소설 『박명(薄命)의 쥬우드』의 주인공 쥬우드의 상황은 모울의 그것을 잘 연상케 한다.

엘리어트적 농촌 정경 소설

하디는 얼마 후에 잡지 편집인 레즐리 스티븐(Leslie Stephen)과 친교를 맺게 된다. 물론 이 친교는 모울과의 우정에는 비교가 안 되는 것이었지만, 하디의 작가적 발전에 중대한 영향을 끼친 교우 관계였던 것만은 사실이다. 두 사람 사이의 접촉은 『푸른 잎이 무성한 나무 아래서』에 호감을 가진 스티븐이 작자의 이름을 알아낸 다음 「콘힐 매거진」에 다음 소설의 연재를 청탁하는 편지를 하디에게 보냄으로써 시작되었다. 다음 소설 『광란의 무리를 멀리 떠나(*Far from the Madding Crowd*)』는 1874년 초에 「콘힐」지에 연재되기 시작하였다. 이번에도 앞의 세 작품과 마찬가지로 익명으로 출간되었다. 그러자 『무모한 구제책』에 혹평을 가했던 「스펙테이터」지에서는 작품을 환영하는 평이 즉각 나왔다. 영국 농촌 생활의 이야기를 적은 것이 너무도 조지 엘리어트의 수법과 비슷한 데가 있어서 어떤 독자들은 하디의 소설을 엘리어트의 작품이라고 단정하기까지 하였다. 그러나 같은 1874년에 이 소설이 단행본으로 나왔을 때는 작자명이 밝혀져서 하디의 문학적 명성이 이때부터 확립되기 시작하였다.

『광란의 무리를 멀리 떠나』에 나오는 배경은 정열적인 미모의 여주인공 바스쉬바 에버딘(Bathsheba Everdene)의 대농장이다. 이 소설은 바스쉬바가 아주 색다른 세 남자와 맺는 사랑의 이야기이다. 그녀에게 말없이 충성의 사랑을 바치는 목자(牧者) 게이브리엘 오크(Gabriel Oak), 변덕스러운 미남 트로이 상사(Sergeant Troy), 그리고 돈 많은 이웃 농장주 윌리엄 볼드우드(William Boldwood)는 이 고요한 시골 정경 속에서 폭풍 같은 격정의 장면들을 자아낸다. 이 소설은 게이브리엘이 자기가 기르는 양들을 모조리 잃어버리는 참변으로 시작되다가 그가 두 연적(戀敵)을 물리치고 오래도록 바스쉬바의 사랑을 얻어 벌어지는 경사스러운 일로 끝난다. 이 소설은 하디가 복햄턴의 시골집에 파묻혀서 한가로운 마음으로 쓴 작품으로, 자연과 원시생활에 대한 친밀감 같은 것이 작품 전체에 흐르고 있는 것도 무리가 아니다. 『푸른 잎의 무성한 나무 아래서』에서 보는 전원적인 농촌의 배경이 있는가 하면, 알맞게 짜여진 이야기 줄거리가 마련되어 있으며, 평범한 독자의 취향에 맞추느라고 소설의 결말도 너무 비참한 것은 피하도록 하였다. 특히 정열적인 기질을 가지고 시골의 무료한 생활에 반항하는 여주인공 바스쉬바 에버딘을 창조해 낸 솜씨는 이 소설을 하디의 최초의 성공작으로 만든 공적이라고도 할 수 있다. 소설가로서의 장래가 어느 정도 확실해짐을 본 하디는 이 해에 에머 기포드와 결혼하였다. 신혼부부는 이제 런던에서 10여 마일 떨어진 서비턴에 살게 되었다.

이 무렵 하디는 고향 땅에 집을 마련하기를 원했지만 도시 사회의 환락을 즐겼던 에머는 런던에 가서 살기를 원하였다. 그러나 도셋셔의 북부에 위치한 작은 도시 스터민스터 뉴턴에 하디는 초가 한 채를 찾아 거기에 정착하기로 하였다. 흥미 있는 것은 고향을 떠나 살던 이 시기에 나온 4편의 장편 소설 중에서 『귀향(*The Return of the Native*)』(1878)만이 하디의 명작으로 평가되어 나머지 네 편은 특기할 만한 작품이 되지 못한다는 사실이다. 이에 반하여 하디가 마침내 도체스터로 돌아가 영원히 정착한 후에 나온 5편의 장편들 중에는 3편, 즉 『캐스터브리지 시장(*The Mayor of Casterbridge*)』(1886), 『테스(*Tess of the d'Urbervilles*)』(1891), 『박명의 쥬우드(*Jude the Obscure*)』(1895)는 하디의 문학을 찬란히 장식하는 명작에 속하는 것이다. 위의 4편의 소설은 보통 하디의 4대 걸작이라고 일컬어지고 있다.

『귀향』은 여전히 자연 환경을 다룬 소설이지만, 여기서의 자연은 앞의 몇 작품에서 보는 숲이나 논밭 같은, 인간이 늘 접하는 자연 환경이 아니라 폭풍우가 무자비하게 몰아치는, 그리고 때로는 인적(人跡)이 드문 쓸쓸한 황야로 그려진다. 하디는 이러한 자연을 통하여 대우주의 틀 속에서 무력하기 짝이 없다고 자신이 본 인간의 모습을 더욱 두드러지게 부각시키고 있다. 이 작품의 첫 머리에서부터 소개되는 황야, 에그든 히스(Egdon Heath)는 인간의 존재에 전혀 무관심한 자연의 세계를 대변할 뿐만 아니라 태고 때부터 행해진 인간 드라마의 현장을 말해 주기도 한다. 이 속에서 인간들이 왔다 가고, 허황된 꿈을 꾸다가 지쳐 버리고, 어두운 밤중에 물에 빠져 죽기도 하는데, 그러는 동안 옛적부터 그 자리를 지키고 있는 황야는 인간들의 심판자인양 저 위에 군림하고 있다. 에그슨 히스가 이 소설의 가장 중요한 "등장인물"이라는 논평이 나온 것도 무리가 아니다. 그러나 하디가 이 작품을 쓰던 당시 강렬하게 느꼈던 충동, 즉 도시에서 시골로 돌아가려는 욕망은 중심적인 인물인 클림 요브라이트(Clym Yeobright)에 의해 잘 대변되고 있다. 도시에서의 유랑 생활을 청산하고 고향으로 돌아온 클림에 반하여 유랑 생활을 희구하며 황야를 벗어날 온갖 궁리를 하는 유스테이샤(Eustacia)는 어느 면에서는 『광란의 무리를 멀리 떠나』의 바스쉬바 에버딘을 연상케 한다. 그러나 유스테이샤는 바스쉬바보다 더 불안정하며, 비극적인 성품을 더 많이 지닌 여인이다.

성격 · 환경 · 우연의 드라마

이미 말한 바, 하디가 고향을 떠나 외지에 살던 시절은 『귀향』을 써내었다는 것을 빼놓고서는 심신 양면으로 불편한 시기였다. 그러던 차에 1883년 여름 하디는 도체스터 부근에 넓은 대지를 사 놓고 그곳에 자기가 살 집을 설계하여 짓기 시작하였다. 이 저택 맥스 게이트(Max Gate)가 아직도 완공되지 않고 있던 당시 하디는 그의 야심작 『캐스터브리지 시장』을 쓰기 시작하였다. 그러나 탈고는 맥스 게이트에 입주하고 나서 하였다. 이 소설도 역시 『귀향』의 유스테이샤와 흡사하게 억세면서도 불안정한 기질을 가진 인물을 다루고 있다. 그 인물이 주인공 마이클 헨챠드(Michael Henchard)인데, 그를 괴롭히는 문제는 이성(異性)관계에서 오는 문제가 아니라 자제(自制)라는 문제이다. 한낱 행상 노동자에서 출발한 그는 온갖 능력 발휘와 의지의 힘으로 마침내 대 실업가가 되고 지체 높은 지방 유지가 된다. 술에 만취된 상태에서 아내와 어린 딸을 남에게 팔아버렸던 자신의 과거를 충분히 뉘우치고 이제는 그런 주벽(酒癖)을 억누를 의지력을 충분히 가지고 있는 헨챠드이지만, 다시 사업의 실패를 겪고 조직적인 사업 경쟁자를 만나면서부터 그의 성격 속에 잠겨 있던 잔인성과 오만성이 되살아 나오는 것이다. 이 소설의 부제(副題)인 "성격이 강한 사람의 이야기"가 시사하여 주듯이 헨챠드의 비극적인 종말은 결국 그의 성격에서 오는 것이다. 그는 그리스 비극의 에디푸스나 셰익스피어 비극의 리어왕을 방불케 하는 완강한 성격의 비극 주인공이다.

그러나 이 소설은 헨챠드의 비극적 성격의 연구에만 그치는 작품은 아니다. 하디의 다른 작품에서와 같이 여기에서도 자연과 인간과의 관계가 중요한 비중을 차지한다. 소설의 이야기는 대부분 도시 안에서 전개되지만 하디의 고향 도체스터를 개명한 캐스터브리지라는 이 도시는 바로 근교에 수천년 되는 로마인들의 유적들이 있고 사방이 농지로 둘러싸인 도시인 것이다. 이러한 배경을 통하여 하디는 인간 존재에 무관심한 자연과 아득한 옛날에 대해 민속이 가지는 의미를 다분히 풍기고 있다. 그리고 하디가 보는 헨챠드의 숙명적인 인생은 반드시 그의 비극적인 성격에만 책임이 있는 것이 아니라 좀 더 대국적인 의미의 운명, 즉 환경, 우연, 내재의지(內在意志) 등과도 서로 얽혀 있다.

1887년에 나온 소설 『숲 사람들(*The Woodlanders*)』은 하디의 4대 걸작 속에 들지는 못하지만, 그 나름대로 진지하고 성숙한 역작이라고 말할 수 있다. 하디는 이것이 자신이 아끼는 작품이라고 말한 바 있다. 고향 땅의 산림 지역을 소설의 배경으로 택함으로써 그는 자연의 기본법칙이라고 그가 보았던 가차 없는 생존 경쟁의 모습을 잘 표현해 낼 수 있었다. 이러한 생존 경쟁은 인간이 하는 치밀한 일들에 가해지는 자연의 기계론적 통제라는 양상으로 나타난다. 그러나 전반적으로 침침한 이 소설의 분위기를 다소나마 풀어주는 것은 숲 사람들의 유머와 민속 장면이라고 할 수 있다. 학식이 별로 없으면서도 마음씨가 착하기 한이 없는 농가의 처녀 마티 사우스(Marty South)는 얌전티를 내는 그레이스 멜베리(Grace Melbury)와 좋은 대조를 이룬다. 그레이스는 성실한 노무자 애인을 버리고 사회적 지위가 높다는 이유만으로 방탕한 휘츠피어즈(Fitzpiers) 박사와 결혼하고 마는 그런 여성이다. 그레이스는 나중에 이 불성실한 남편과의 관계에서 벗어나려고 발버둥을 치지만 엄한 혼인법이 그것을 허용하지 않는다. 이 소설은 지나치게 엄격한 혼인법을 공격하면서 여성의 자유를 문제점으로 들고 나온 작품으로서도 의미가 있다.

이 무렵 하디는 아내인 에머와의 관계에서 상당한 불화와 긴장을 경험하였다. 서로 신뢰하고 결혼 생활에 충실한 점에서는 변함이 없었지만, 제각기 개인적으로 불만과 편견이 있었다. 하디로서는 아내가 마치 『귀향』의 유스테이샤와 같이 시골의 환경에 마음을 붙이지 못하고 도시에 눈을 돌리고 있는 것이 불만이었던 것 같다. 아내는 이와 정반대의 뜻에서 불만이었다. 남편인 고향 땅에 너무나도 강렬한 애착을 가지고 있다고 본 것이다. 아내의 또 한 가지 불만은 자신의 열성적인 신앙에 비하여 남편인 하디는 신앙심이 전혀 없다는 것이었다.

『숲 사람들』이 나온 1887년에 하디는 아내와 함께 이탈리아 여행을 하였으며, 이듬해에 그들은 런던에서 잠시 살았다. 이 때 하디는 청년 시절에 즐겨 하던 철학 공부를 다시 하기 시작하였다. 소펜하우어(Schopen hauer), 하우프트만(Hauptmann), 헤켈(Haeckel) 등을 읽은 그는 인생에 대한 절망감이 심화되었고, 그의 온 생각이 허무주의적인 숙명론으로 기울어 가고 있었다. 얼마 후에 하디가 심한 류머티즘을 앓고 나자 하디 부부는 곧 도체스터로 돌아갔다. 이러한 심적인 고통을 안고 하디는 고향 땅을 새로이 답사하기 시작하였다. 이 때 도셋셔 지방은 농촌이 피폐(疲弊)하고 이농(離農)이 나날이 늘어나고 있는 판국이었다.

마침내 고향 땅에 대한 깊은 감회를 안고서 하디가 집필하기 시작한 작품이 『테스』였다. 후일 하디는 말하기를 "나는 이 작품에 내가 가진 최선의 것을 쏟아 넣었다"라고 말한 바 있다. 『테스』는 많은 평자와 독자들로부터 하디의 소설 중 가장 뛰어난 작품이라는 평을 받고 있다. 이 소설의 여주인공 테스 역시 하디가 창조한 여주인공들 가운데서 가장 감동적이며 가장 비극적인 여성이라고 평해진다. 이 소설은 하디가 "순결한 여인(A Pure Woman)"이라는 이름까지 붙인 순결한 마음씨의 테스가 한 남자의 성적(性的) 폭행과 또한 남자의 근시안적 도덕률에 배신을 당한 끝에 죽음으로 가련한 일생을 마치는 애절한 이야기이다.

인습에 도전한 『테스』와 『쥬우드』

『테스(별항 해설 페이지 148~155 참조)』는 출판사에서부터 물의(物議)가 많았다. 맥밀란사와 머레이 출판사는 다 같이 자기네 잡지에 이 소설을 연재하기를 꺼려하였다. 소설의 내용이—특히 순정을 잃은 테스가 나중에 동거하던 남자를 살해하는 살인녀로 단정된다는 점에서—너무 부도덕하다는 이유에서였다. 비통한 심정에 빠진 하디는 작품의 일부 내용을 삭제하여 「그래픽(*Graphic*)」지에 보내어 게재 승낙을 받았다. 하디는 출판계의 이러한 움직임을 보고 한편 냉소조로 웃어넘기기도 했지만 또 한편으로는 솔직히 분노를 표하기도 하였다. 이때부터 그는 경제적인 여유만 생기면 소설 쓰는 일을 그만 두어야겠다는 결심을 하기 시작하였다.

1891년 6월에 작품이 연재 형식으로 나오자 어떤 독자들 사이에서는 맹렬한 비난의 소리가 높았고, 어떤 독자들은 열렬한 성원을 보내기도 하였다. 서평에서도 격분하여 무조건 공격을 가하는 측이 많았던 반면에 차분하게 작품을 두둔하는 측도 있었다. 런던 「타임즈」지의 평자는 『테스』를 하디의 최우수작이라고 전제하고 “인습과 관념을 대담하게 다루었으며, 애틋한 비애감이 작품 속에 서려 있음과 동시에 매우 감동적인 비장감까지도 자아내고 있다”고 찬사를 아끼지 않았다. 「웨스트민스터 리뷰」지의 평자는 “조지 엘리어트 이후로 영국에서 처음 보는 대역작”이라고 말하였다. 시인 앨거논 스윈번(Algernon Swinburne)은 “이 비극이 풍기는 비애감은 아름답고도 무서운 데가 있다”고 평하였는가 하면, 시인 윌리엄 왓슨(William Watson)은 “『테스』를 읽고 나면 우리의 지적·정서적 경험의 폭이 언제나 넓어진다”고 말하였다.

결국 『테스』에 대한 일부 편집자들과 독자들의 빗발 같은 비난과 공격, 그리고 냉철한 판단을 가지고 이 작품을 지원한 일부 평자들과 문인들의 힘을 입어 『테스』는 판을 거듭하였다. 그리하여 하디로서는 충분한 경제적 여유를 가지고 여생을 시를 쓰는 일에만 몰두할 수 있는 발판이 마련되었다. 뿐만 아니라 『테스』로 인해서 하디는 이제 영국 문단에서 으뜸가는 소설가로 대두하게 되었다.

그러나 하디는 아직도 소설에서 붓을 완전히 꺾지는 않았다. 별로 많이 읽히지 않은 장편 『사랑스러운 영혼(*The Well-Beloved*)』(1897)을 연재 발표하고 단편집 『인생의 작다란 아이러니들(*Life's Little Ironies*)』(1894)을 내는 외에 도셋셔의 북부 지방과 옥스퍼드 등을 자주 방문하고 답사하였다. 1893년부터 1894년 사이에 그는 『박명의 쥬우드』의 집필을 시작한 것으로 여겨진다. 이때 그가 쓴 수기에 의하면 “이 세상에 꼭 보여 줄 것이 있다”고 하였는데, 집필이 진행되면서 보니까 세상에 꼭 보여 주어야겠다는 내용을 담아 가지고는 연재 발표가 어려우리라는 생각이 들었다. 그래서 하디는 『테스』에서 처럼 내용을 일부 삭제하고 「월간 하퍼즈(*Harper's Monthly*)」지에 연재 발표하였다. 이듬해인 1895년 11월에 삭제된 내용이 복원(復元)된 『박명의 쥬우드』가 단행본으로 간행되었다.

『박명의 쥬우드』에 대한 반응은 예상대로 좋지 않았다. 한두 사람의 진지한 서평가들이 이 작품에 대해 정성 어린 평을 한 것을 내놓고는 비난과 공격이 천지를 흔들어 놓는 듯하였다. 어두운 그림자가 너무도 짓궂게 이 작품을 덮고 있다고 하여 하디의 애독자들까지도 항의를 제기하였고 이성(異性)관계를 다룬 이야기들이 너무 상스럽다는 것이 일반 독자들의 불만이었다. 하디는 비통한 마음을 크게 드러내지 않고 냉소조로 웃어넘기기만 하였다. 그러나 이제는 재정적인 여유가 있는 그는 소설은 다시 쓰지 않기로 결심하고 그 결심을 실천에 옮겼다.

『박명의 쥬우드』가 통속적인 독자들의 불만을 샀던 이유 두 가지, 즉 성(性)의 문제를 너무 음란하게 다루었다는 점과 작품의 분위기가 너무 허무주의적인 숙명론을 풍기고 있다는 점은 『테스』를 이미 경험한 독자들에게는 별로 놀라운 일이 아니었다. 물론 이 두 가지 점에서 『박명의 쥬우드』가 『테스』보다 통속적인 독자들의 윤리관이나 낙관주의적 인생관에 더욱 노골적으로 도전하고 있음은 분명했다. 그러나 『쥬우드』에서 또 하나 놓칠 수 없는 새로운 특색은 사회 고발의 주제와 논조가 한층 더 강화되었다는 것이다. 이것은 『테스』에서의 전조적인 움직임을 빼놓고는 하디의 이전의 소설에서 거의 볼 수가 없었던 점이다.

젊은 직공의 몸으로 향학열에 불타고 있는 주인공 쥬우드 폴리(Jude Fawley)는 명문 대학에 들어가는 것이 유일한 소망이다. 그는 살아가면서 여자와의 관계에서 수많은 갈등과 고초를 겪지만, 아울러 그의 길을 가로막고 있는 것은 빈곤과 계급의 장벽이다. 쥬우드의 결혼 생활이 극도의 비참에 도달하였을 때 그의 조숙한 아들은 자기와 이복 남동생과 여동생까지 셋이 목을 매어 죽은 자리에 "아이들이 너무 많아서 이렇게 했어요"라는 쪽지를 남긴다. 그리고 하디는 이 아이가 "더 이상 살고 싶지 않다는 이 세상 모든 사람들의 소망의 시초"를 이루는 존재라고 하였다.

하디는 그의 아내와 함께 한동안 국내외 여행을 하였다. 그의 수기에 의하면 이 때 그는 나폴레옹을 주제로 하는 방대한 규모의 시를 구상하기 시작하였던 것 같다. 아울러 그는 지난 여러 해에 걸쳐 썼던 시를 모으고 정리하고 수정하는 작업도 하였다. 이윽고 그는 대영 박물관 도서관에 파묻혀서 역사적 문헌들을 수집·연구하는 한편, 지난 여러 해 동안 자신이 가졌던 생각들, 자신이 읽었던 철학 서적의 내용, 인간의 조건에 관한 자신의 사색 등을 정리하였다. 이러한 과정을 통해 그가 얻은 결론을 간추려 본다면 이렇게 말할 수 있다. 우주와 인생에 근원이 있다면 그 근원은 맹목적이요, 무의식적인 것이다. 인생이란 거대한 자연의 질서 속에 불협화음을 내는 한낱 우발 사건에 지나지 않으며, 따라서 인간이 세워놓은 가치란 무의미한 것이다. 하디는 이러한 생각들을 어느 정도 머릿속에서 정리하면서 극시 『패왕들(*The Dynasts*)』을 쓰기 시작하였다.

위에서 적은 하디의 비관주의적 사상은 빈번히 비판의 대상이 되고 있음이 사실이다. 그러나 하디는 자신이 비관주의자가 아니라고 말하였다. 구태여 이 말을 좀 더 규명해 본다면 이렇게 말할 수 있을 것이다. 인간의 가치에 대해 "자연"이 무관심하다는 사실, 그리고 그것이 지니는 함축적인 의미를 보고 하디 자신도 사실은 곤혹을 금할 수가 없었다. 그러나 그렇다고 외면할 수도 없는 사실이었다. 그나마 하디가 믿음을 둘 수 있었던 것은 역사와 전통의 이름 아래 가꾸어진 시골 사람들의 삶에 대한 자그마한 믿음을 현실적으로 존중하고 감상하는 일이었다. 이에 대한 증거를 우리는 하디의 여러 작품에서 찾아 볼 수 있다.

1903년부터 1908년까지 세 번에 걸쳐 나온 『패왕들』은 그야말로 방대한 규모의 서사극시이다. 그 속에 담긴 장면만도 130개에 달한다. 나폴레옹 전쟁을 둘러싼 역사적 에피소드, 코러스가 제공하는 해설, 당시 서민들이 나누던 (산문체) 대화, 대사건들의 파노라마적인 전개 등이 그 내용을 이룬다. 그런데 하디 자신이 미리 체계화된 사상을 머릿속에 두고 작시하였기 때문에 내용과 형식이 혼연일체를 이루지 못하였다는 것이 정평이다. 그러나 하디의 철학 사상을 체계적으로 보고자 하는 사람에게는 유익한 문헌이 될 수 있다.

시인으로서의 하디의 명성은 그의 다른 시집들로 얻은 바가 크다. 그가 낸 8권의 시집들 가운데서 가장 잘 알려진 것은 『웨섹스 시선 (*Wessex Poems*)』(1898), 『환경의 풍자(*Satires of Circumstances*)』(1914), 『겨울의 말(*Winter Words*)』(1928)이다. 하디의 시문학에 대한 평가는 당초에는 미온적인 반응으로 나타났지만 그동안 꾸준한 상승을 보여, 오늘날 하디는 영국의 일류 시인 가운데 들어 있다.

하디는 여러가지 면에서 전통적인 세계와 현대적인 세계의 사이에 불안하게 자리 잡고 있던 작가였다. 그는 우선 작가로서 사회에 진출하기도 전에 다윈의 진화론의 영향을 크게 받았다. 이런 점에서 그는 선배 작가 조지 엘리어트가 진화론의 영향으로 믿음을 상실하였던 것과 비슷한 심적인 경험을 겪었다. 엘리어트는 합리주의적인 인본주의 사상으로 무너져 가는 믿음을 메꾸려 하였지만 하디의 경우는 그렇지 못하였다. 신에 대한 믿음이 사라진 인생은 무척 껄끄럽고 불편하고 처량한 것이었다. 무신론자인 하디는 그렇다고 어떤 논리나 철학을 주장하는 도시풍의 지식인 냄새가 나는 작가는 아니었다. 당대 문학과 철학과 과학 등은 물론 고전 문학에도 조예가 깊었던 그는 사색을 주로 교육받은 시골 신사의 스타일로 하였고, 글도 그런 세계에서 썼다. 그의 주요 소설이 대부분 그가 소상히 아는 도셋셔 지방-또는 그의 상상 세계에서 말하는 "웨섹스"지방을-배경으로 삼고, 그 지방 사람들을 주요 인물로 설정하였다는 것은 하디의 관심과 가치가 어떤 데에 있었던가를 잘 말해 주는 부분이다.

하디가 즐겨서 다룬 “웨섹스” 지방과 지방민들은 그가 살고 있던 현재 속의 농촌이나 농촌민들이 아니라 다윈의 진화론과는 아직 거리가 먼 19세기 전반의 역사 속에 일어나는 영국 농촌의 세계였다. 이 세계는 그런 미지의 세계였다. 눈에 띄게 행복하다고 할 수는 없되 조촐한 가운데 웃음과 쾌락이 잔잔히 흐르는 풍경이 하디가 그린 농촌 생활이었다. 그러나 그 생활을 감싸고 있는 자연에 인간이 무모하게 도전하는 날이면 거의 예외 없이 분란이 인간의 머리 위에 떨어지는 것이다. 인간들은 연극 각본 속의 연기자들과도 같고 그들이 맡은 역할은 하디가 한 단편에서 말한 “맹목의 정황(blind circumstance)”에 따라 부여된 것이다.

하디는 영국의 농촌에 상당한 변화가 일기 시작하는 것을 보고 그것에도 민감하였다. 마리아 에지워스(Maria Edgeworth)와 유사하게 하디는 특히 변천해 가는 농촌 생활에서 여성의 사회적, 경제적 지위 같은 문제를 심각하게 다루었다. 아울러 사회 계급과 관련된 사회 인습, 농촌을 좀먹어 가는 도시 문명, 당대 과학 사상이 민생에 미치는 영향 등도 하디의 관심사였다. 이런 문제들을 하디가 짚고 넘어감으로 해서 후일 로렌스 같은 작가는 그 나름으로 여성의 사회적 지위와 남녀의 성(性)관계 같은 문제들을 좀 더 확실히 그리고 활발히 다룰 수가 있었던 것이 아닐까 한다.

하디는 영소설에서 별로 많이 볼 수 없는 비극 소설의 작가로 인정받고 있지만, 그의 비관적 인생관 또는 그 “맹목의 정황”의 구체적인 사례들에 대해 가진 그의 신념을 너무나도 극단적으로 적용시켜서 글을 쓰기 때문에 이따금 비판의 대상이 된다. 즉 인간 세계에 일어나는 모든 불상사가 운명의 장난과 연결 지어지다 보면 실제 현상에 대해서 독자가 가지는 신념이나 가치 판단에 상당한 무리가 갈 수가 있다는 것이 하디에 대한 일부 평자들의 불만이다. 다행히도 하디의 인물 구성에서는 그러한 무리가 없다. 그리고 그의 인생관이나 우주관이 때로는 극단을 달려 우리에게 불편한 감마저 주지만, 그가 역사를 보는 식견이나 우주 속의 인간의 위치를 보는 시각이 근본적으로 건실한 것이므로, 그러한 철학이 스며들어간 그의 작품은 단순한 이야기꾼의 작품으로 끝나지 않는 것이다.

『테스 *Tess of the D'Urbervilles*』(1891)

플롯 개요

농촌에 사는 가난한 중년 행상인 잭 더비필드(Jack Durbeyfield)는 어느 날 집에 돌아가는 길에 만난 목사와 만나서 자기가 역사 깊은 더버빌(D'Urbervilles) 명문가(家)의 후예라는 사실을 알게 된다. 그는 목사의 말을 더 확인하지도 않고 그냥 받아들여 우쭐해진다. 자축하는 술을 도가 넘치게 마신 잭은 이튿날 일찍 장터에 벌통을 실어 가야 하는데도 일어나지 못하여 이른 새벽에 맏딸 테스가 대신 남동생을 데리고 마차를 몰고 떠난다.

가는 길에 남동생이 간밤에 어머니한테서 들은 말을 들려준다. 그 지방에 사는 부잣집 친척에게 테스 누나가 가서 족보를 밝히면 양반 신랑을 소개받을 것이라는 것이다. 이윽고 남동생과 테스는 마차에서 잠이 들어 버린다. 별안간 충격을 느껴 깨어난 테스의 눈 앞에는 우편 마차와 충돌하여 쓰러진 자기 집 말이 보이지 않겠는가! 집의 소중한 말을 잃어버린 데에 대한 자책감과 부모로부터 받는 압력에 못 이겨 테스는 마지못해 부잣집 친척을 찾아간다. 이 친척댁은 역사 오랜 더버빌 가문의 성(姓)을 슬쩍 갖다 쓴 신흥 부자 스토크 더버빌네 집안이다. 테스 앞에 선뜻 나타난 사람은 종가댁 마나님이 아니라 날렵한 아들 알렉 더버빌(Alec D'Urbervilles)이다. 그는 자기 어머니 농장에서 양계장을 돌보는 일자리를 만들어 테스에게 그 자리를 맡도록 한다. 알렉의 심상치 않은 움직임을 보고 테스는 되도록이면 이웃 동네에서 일자리를 찾아보려 하지만 결국 뜻대로 되지 않는다. 알렉의 사심(邪心)을 우려하면서도 기울어 가는 가운(家運)을 다시 일으킨다는 결심으로 그녀는 양계장의 일자리를 받아들인다. 한참 동안 테스는 알렉의 온갖 짓궂은 희롱들을 견디어 나간다. 어느 날 장터에서 저녁 늦게 돌아오는 길에 테스가 마을 여자들과 시비가 붙어 싸우다가 여자들을 피하여 도망 나오는 순간, 알렉이 말을 타고 나타나 테스를 태운 채 안개 짙은 숲 속으로 들어가 버린다. 순결하고 아름다운 테스는 이 날 밤 처녀성을 잃는다.

수주일 후에 테스는 무거운 발걸음으로 집에 돌아간다. 그때부터 그녀는 밭에 나가 일을 하는데, 같이 일하는 여자들의 온갖 중상(中傷)도 태연히 물리치며 살아간다. 일자리를 바꿀 때마다 괴롭히는 알렉을 피하다가 마침내 알렉도 모르게 아기를 낳는다. 탄생 후 제대로 세례도 받지 못한 테스의 아기는 "쏘로우(Sorrow)"라는 이름으로 이 세상에 수개월 살다가 병으로 죽는다. 테스는 삶에 대한 용기를 다시 되찾고, 소젖 짜는 직공이 되기 위해 남쪽 지방에 있는 한 낙농장으로 간다.

이 탈보세이즈 농장에서 젖 짜는 직공들 중의 한 청년은 테스가 그전에 본적이 있는 사람이다. 지금부터 몇 년 전, 즉 테스의 아버지가 양반의 후손이라고 우쭐대며 집으로 돌아오던 그 날, 마을에서 여인네들이 연 야외 무도회에 참석한 나그네의 한 사람으로 잠시 끼어 들어 다른 처녀들과 춤을 추고 테스와는 슬쩍 시선만 마주치고 떠나가 버린 바로 그 청년이다. 에인젤 클레어(Angel Clare)라는 이 청년은 이상주의와 개혁적인 사상을 품었기에 신학 공부를 포기하고 농장 운영을 배운다고 이곳에 온 목사의 아들이다. 에인젤은 농장 안의 어느 여자보다 테스에 대해 큰 호감을 품게 된다. 테스의 아름답고 순결한 점에 매혹된 것이다.

그러나 테스는 자신의 이미 더럽혀진 몸을 생각하며 에인젤의 호의를 받지 않으려고 무진 애를 쓴다. 한편 에인젤은 목사의 아들로서 젖 짜는 직공을 아내로 맞이한다는 것이 사회적으로 문제가 된다고 생각하지만, 우선은 사랑의 감정으로 그런 장벽을 이겨 넘으려고 한다. 에인젤은 마침내 부모의 반대를 무릅쓰고 테스에게 아내가 되어 달라고 구혼한다. 이 때쯤 테스도 에인젤을 사랑하는 감정이 무르익어 갔지만 알렉과의 과거가 자꾸 머리에 떠올라 에인젤의 청을 여러 번 거절한다. 그러나 테스는 에인젤의 끈질긴 구혼도 구혼이려니와 빨리 아무하고나 결혼해서 집의 경제 형편에 도움이 되어주어야겠다는 자기 부모의 간청에 못이겨 마침내 결혼에 동의한다.

결혼 전 날 밤 테스는 에인젤에게 자신의 과거에 관한 모든 이야기를 편지로 써서 에인젤의 방문 밑으로 편지를 밀어 넣는다. 그 편지를 읽으면 에인젤이 틀림없이 자기와 결혼하지 않을 것이라고 생각했는데, 이튿날 아침 에인젤은 여전히 다정하게 대하는 것이다. 그 편지가 우연히도 융단 밑으로 들어가서 에인젤이 그것을 읽지 못하였다는 것을 뒤늦게야 알고, 테스는 자신의 과거를 얘기하려 든다. 에인젤은 이 고백 소동을 가지고 테스를 오히려 놀리기만 한다. 결국 그가 테스의 과거를 알지 못한 채 두 사람은 결혼한다.

첫날밤에 에인젤은 자신이 총각 시절에 한 번 방탕하게 놀았던 일을 고백한다. 테스는 그것을 용서해 준 다음 알렉과의 과거와 아기를 가졌던 일을 말한다. 에인젤은 용서는 커녕 충격을 받아 말도 못하고 있다가 자기가 사랑하였던 테스는 그런 여자가 아니라고 말한다. 그는 테스를 순결의 표본으로만 보았던 것이다. 그는 테스를 친정에 데려다 놓고, 자신은 농장을 사러 간다 하며 브라질로 떠나가 버린다.

에인젤이 주고 간 돈이 떨어지자 테스는 자기 자신과 집안 식구들의 생계를 돕기 위해 다시 이 농장 저 농장을 다니며 중노동을 한다. 플린트콤 애쉬라는 농장에서 일하던 어느 날 그녀는 알렉을 만난다. 그는 지난날의 못된 일들을 회개하고 이제는 전도사가 되어 지방을 순회하고 있는 것이었다. 테스를 보자 그는 잠시 신앙의 열을 잊고 그녀의 뒤를 쫓는다. 겁이 난 테스는 원수가 뒤를 쫓고 있으니, 과거를 용서하고 돌아와 달라는 애절한 편지를 에인젤에게 써서 그의 부모를 통해 브라질에 우송하도록 한다. 편지가 에인젤의 손에 들어가기까지는 수개월이 걸린다. 한편 알렉은 테스에게 지극한 정성을 베풀고 가족에게도 관대한 배려를 해주어 테스는 그에 대해 마음이 누그러지기 시작한다. 에인젤에게서 회답이 전혀 없자 테스는 그의 매정함을 꾸짖으면서 자기도 이제는 그를 용서할 수 없다는 편지를 다시 쓰고 알렉과 같이 샌드본이라는 행락지에서 살게 된다.

마침내 에인젤이 돌아온다. 사랑하는 아내에게 이제는 용서하겠다고 말하려고 찾아 온 그였다. 그러나 그 아내가 알렉과 동거하고 있음을 보자 그는 큰 충격을 받는다. 처음에 테스는 에인젤을 보고 이젠 너무 늦었다고 하면서 문전에서 그를 돌려보내지만, 얼마 후에는 이루 말할 수 없이 침통한 심정에 빠진다. 그리고 자신의 불행의 원인인 알렉을 이제는 증오하게 된다. 자신이 행복을 찾는 유일한 길은 알렉이 죽어 없어지는 것이라고 단정한 테스는 절망과 원한에 싸인 채 칼로 알렉을 찔러 버린다. 그리고 그녀는 시내를 빠져 나가는 에인젤의 뒤를 쫓는다.

에인젤을 만나 일어난 모든 일을 테스가 말하자 그는 알렉을 살해한 테스의 행위는 물론 모든 것을 용서한다. 그 둘은 거기서부터 수일간 사랑의 도피를 한다. 황량한 유적지 스톤헨지에서 서로가 여태 가져 보지 못했던 행복한 순간을 즐긴다. 에인젤이 염려하였듯이 마침내 경찰이 그들을 찾아낸다. 에인젤은 경찰에게 테스가 잠이 깰 때까지 기다려 달라고 부탁한다. 이윽고 경찰에 잡혀가는 테스는 사형의 형벌을 달게 받을 의연한 자세로 있었다. 진정으로 사랑하는 남편과 수일간 가졌던 행복의 극치만으로 만족한 것이다.

어느 날 감옥의 탑에 사형 집행을 알리는 검은 깃발이 올라간다. 작가 하디는 "뭇 신(神)들의 통솔자가 마침내 테스에 대한 희롱에서 손을 뗐다"라는 운명론적인 해설을 붙인다. 그리고 감옥 쪽을 향해 에인젤과 테스의 여동생 리잘루(Liza-Lu)가 무릎을 꿇고 기도하며 서로 손을 잡는다. 앞으로 그들 사이에 새로운 맺음이 탄생하리라는 암시와 함께 이야기는 끝난다.

비평과 분석

『테스』는 출간 당시부터 비평가들과 독자들 사이에서 많은 찬사와 성원을 받아 온 하디의 걸작 소설이다. 그러나 적어도 출간되던 1890년대 초, 즉 영국 사회가 아직도 대체로 빅토리아 시대의 윤리 체제를 가지고 움직여 나가던 당시에는 맹렬한 비난의 소리가 더욱 압도하였다. 하디는 작가로서 사회 문제에 상당히 관심이 있었고, 그러한 관심을 일찍부터 그의 소설에서 나타낸 바 있다. 예를 들어 사회 개혁의 의지를 가진 『귀향』에서 클림 요브라이트는 굼뜬 농촌 사회에 생기를 불어 넣으려 하다가 뜻을 이루지 못하며, 『숲 속 사람들』에서 마티 사우스는 불성실한 남편과의 결혼을 청산하려 들지만 혼인법의 부조리 때문에 희생물이 된다. 이들은 모두 사회 문제에 대한 하디의 소극적인 관심의 표현이었다.

그러나 그가 소설에서 사회 문제를 심각히 다룸으로써 비평계와 독자층의 공공연한 분노를 사기는 『테스』가 처음이었다. 하디가 여기에서 크게 문제점으로 삼았던 것은 여자의 "정조 virtue" 관념이라는 문제와 사회 정의라는 문제로 집약된다. 고루한 윤리 도덕관을 가지고 보는 많은 독자들은 테스의 이야기를 시골의 한 처녀가 부잣집 아들에게 유혹되어 처녀의 순결성을 잃고 나서 다른 남자와 결혼하나, 그 과거가 알려짐으로써 그 남자의 냉대를 받은 다음 사회에서 따돌림을 받고 살다가 먼저 남자와 다시 붙어살던 어느 날 치정(癡情)에 얽혀 남자를 살해하고 그 죄로 교수형을 받았다는 멜로드라마로 보았을 것이 틀림없다. 하디는 이러한 시골 처녀의 절개(節介)문제를 놓고 이 소설의 부제를 "순결한 여인 정성 드려 그림(A Pure Woman Faithfully Presented)"이라고 붙임으로써 빅토리아

시대의 도덕률이 지닌 위선과 이중성에 은근한 조소(嘲笑)를 퍼붓고 있는 것이다.

많은 빅토리아 시대 독자들이 테스라는 여성에게 내린 속된 판정에도 불구하고 하디가 그녀를 "순결한 여인"으로 본 근거는 무엇이었을까? 그것은 하디가 창출해 낸 테스의 여러 성격에서 나타난다. 소설의 앞부분에서 테스는 천진난만한 시골 처녀로 나오는데, 그때의 그녀는 자기가 살고 있는 "블레이크 모어 분지(The Vale of Blakemore)"의 깨끗한 자연 환경과 거의 일치된 느낌을 준다. 영국의 농촌과 자연을 극진히 사랑하였던 하디는 테스를 농촌과 자연의 화신(化身)인양 그렸던 것이다(하디의 자연에 대한 이러한 순수한 사랑과 그가 다윈의 이론에서 얻어낸 무심한 자연 사이에는 다소 부조리가 있다). 자연의 일부인 그녀는 저도 모르게 풍기는 성적인 매력이 있다. 사실 알렉의 마음을 끌었던 것은 테스의 자연스러운 풍만감과 순박함이었다. 그러나 그녀를 몰락의 길로 몰아갔던 것도 역시 순박함이었다. 자연에 자신의 몸을 다 맡길 정도로 순박하였던 그녀는 알렉이 데리고 들어간 숲 속에서 잠이 들어 버린다. 테스의 순박한 자연의 모습은 이 유인의 사건으로 인해 한 단계 끝을 본다. 태어난 사생아가 죽고 교회가 그 사생아에 세례를 거부할 때 테스는 조직화된 종교의 합당성을 부인하게 될 뿐만 아니라 막연한 가운데 죽음이라는 현실을 인식하게 된다.

인생 경험의 제2단계에 들어선 테스는 "대낙농 분지(The Valley of the Great Dairies)"라는 또 다른 자연의 세계에 들어선다. 이 싱싱하고 풍만한 농장 환경에서 테스는 회생의 희망을 다시 품게 되며, 거기에서 에인젤 클레어 역시 테스를 자연 세계의 전형적인 대변자로 보는 것이다. 그러나 테스에게서 완벽한 자연을 기대하였던 이상주의자 에인젤은 그러한 완벽에 의심이 가는 순간 테스를 반(反)자연으로 몰아 매도하고 만다. 자연의 특성을 몸에 지닌 테스는 또 남에게 유순하고 다정한 마음을 가지고 대하며, 남에게 부당한 대우를 받았을 때도 용서하는 마음으로 대하는 여성으로 그려져 있다. 겉으로 인도주의를 부르짖는 에인젤에 대해 테스는 사랑으로 대화하였고, 에인젤의 관용의 한도가 지나쳤을 때에야 비로소 그를 마지못해 버린 것이다.

테스가 마지막에 알렉을 살해하는 행위에 대해서 하디는 역시 그 나름의 신념과 이해심을 표명하고 있다. 이 문제에 관련된다고 여겨지는 하디의 일기의 한 대목을 보면 "애인을 가진 유부녀가 남편을 죽인다면 그것은 남편의 목숨을 빼앗기 위해서가 아니라 자신이 처해 있는 난처한 처지를 제거해 버리기 위해서이다"라고 적혀 있다. 실제로 이 작품에서 테스는 자신도 감당할 수 없는 어떤 힘의 지배를 받아 알렉을 살해하게 되는데, 이것은 사랑하는 남편 에인젤을 또다시 잃지 않으려는 인간적인 발버둥이 테스의 본성적인 정열에 힘입어 표현된 것이라고 봐야 할 것이다.

테스는 지능에서 남에게 떨어지지는 않지만 대체로 지성보다는 감정과 충동에 의존하는 성격의 소유자이다. 스톤헨지 유적지에서 테스와 에인젤이 경찰에 잡힐 것을 각오하며 기다리고 있다가 마침내 경찰이 왔을 때 남편과 수일간의 행복된 시간을 가졌으니 이제는 죽을 용의가 되어 있다고 선언한다. 이와 같은 최후는 마음속에 고결성을 지닌 인물이 아니고서는 도저히 이루어낼 수 없는 것으로, "순결한 여인" 테스의 인간적인 승리를 말해 주는 것이라고 평해지고 있다.

이러한 모습의 테스는 그리스 비극 작가 소포클레스의 『안티고네(*Antigone*)』의 여주인공을 방불케 한다. 그리스 비극과 셰익스피어 비극에 조예가 깊었던 하디는 그의 소설에서 비극적인 상황을 자주 사용함으로써 "웨섹스" 지방과 지방민의 격을 높였을 뿐만 아니라 그의 소설이 일종의 장엄미 같은 것을 얻게 하였다. 이러한 시도는 『귀향』과 『캐스터브리지 시장』에서 먼저 나타났고, 『테스』에서 그 절정을 보았다고 해도 과언이 아니다. 하디가 여기에서 다루어야 했던 문제는 현대의 한 시골 처녀를 어떻게 고전극에서 보는 것과 같은 비극 주인공으로 만드는가 하는 것인데, 앞에서 말한 "순결한 여인"으로서의 테스가 바로 하디의 비극적 소설가로서의 시도와 가장 관련이 깊은 부분이라고 말할 수 있다. 하디는 그의 여주인공 테스를 통하여 인간의 원초적인 정열과 더불어 사회의 법을 초월한 자연의 법을 빅토리아 시대의 근시안적인 합리주의적 신봉자들 앞에 제시하였던 것이 아닐까 싶다.

어떤 평자들은 테스의 의연한 최후를 우주가 나타내 보이는 공허와 냉담을 테스가 액면 그대로 받아들이는 모습으로 해석하기도 한다. 『테스』에서는 무관심한 자연과 냉혹한 환경이 여주인공을 "운명"의 제물로 만들고 있다는 작가의 운명론적 시각이 여기저기에서 느껴지는 것이 사실이다. 예를 들어 테스가 알렉에게서 정조를 잃는 것도 테스 개인에게 책임이 있다느니 보다 도대체 알렉이란 사나이를 만나게끔 만든 테스의 가정적 환경이라든가, 그 밖의 우발적인 사건들에 책임이 있는 것으로 이야기가 꾸며져 있다. 또 테스가 나중에 형장에 가는 것도 자기 자신이 저지른 죄라기보다는 남들이 지은 죄에 대해 그녀가 벌을 받게끔 하는 운명의 신의 장난이라는 작가의 암시적인 목소리도 들린다.

그런데 테스가 자신의 의식 과정에서 우주만상 속의 허무라든가 운명의 장난이라든가를 느끼는 문제는 어떠하였을까? 에인젤이 그녀를 두고 브라질로 떠나자 테스는 시골의 이 농장 저 농장을 헤매어 다니면서 노동일을 하는데, 어느 날 그녀는 노상에서 죽은 꿩들이 널려 있는 것을 보고 새로운 인식에 도달한다. 즉 다윈이 말하는 이 우주 속에는 아무런 목적성도 없고 타고난 선(善)도 없기 때문에 침해나 상해나 심지어는 죽음마저도 본래적인 실재에 속한다는 느낌이 있다. 따라서 테스는 이러한 우주와 세계의 법칙에서 보면 자기가 죄를 지은 것도 아니라는 생각이 새삼 드는 것이다. 그 이후 “쵸크 뉴턴(Chalk-Newton)”의 황량한 들판을 지나가도 그녀는 그 땅의 황무성에 대해 전혀 무감한 채로 있다. 왜냐하면 그녀는 이제 우주가 자기에 대해서 무감하다는 것을 새로이 깨달았기 때문이다. 테스의 이러한 심경은 그녀가 최후에 죽음을 의연히 받아들이는 심경과 일맥상통할 수 있다.

그러나 최후에 형장으로 가는 테스가 자신의 삶을 보고 운명의 신의 장난으로 본다고 할 만한 근거는 작품에서 찾을 수 없다. 이것은 어디까지나 하디가 자신이 가진 운명론적인 신념을 극단적으로 적용시킨 부분이라고 여겨지는데, 사실은 이런 부분에서 가끔 하디의 작가적 집행력이 비판을 받는 것이다. 만약 『테스』를 처음부터 끝까지 작가의 운명론적인 시각에서만 본다면 거기에는 맥 빠지는 비애나 처참한 의식만 남을 뿐, 고전 비극에서 보는 비극적 장엄은 있을 수 없다는 결론이 된다.

하디가 테스의 성격 속에 그린 자연의 육감적인 힘에 맞서는 것은 에인젤 클레어의 영묘(靈妙)하고 지성적인 순결성이다. 테스가 감정과 충동에 더욱 크게 의존하는 데에 반해 에인젤은 적어도 처음에는 그의 이름이 암시하는 바와도 같이 천사와 같은 우아함과 고매함을 나타낸다. 그는 겉으로는 합리주의자로서 구태의연한 사회 인습을 타파한다고 나서지만 테스의 과거를 알게 되는 순간부터는 자기 본심에 있는 보수주의를 드러낸다. 자기 자신이 부정(不貞)의 경험을 하였으면서도 과거를 가진 테스를 용납하지 못하는 에인젤은 여성과 남성에 대해 제각기 다른 기준을 두는 도덕률의 부조리를 저도 모르게 노출시킨 것이다. 일부 평가들은 에인젤을 강압적인 남성 위주 사회의 대변자로 보기도 하지만, 사실 에인젤은 그렇게 한 길로만 밀고 나가는 저돌적인 인물은 아니다. 그는 그 나름대로 테스를 진정으로 사랑하고 있었지만, 지성적인 순결성에 너무 오래 파묻혀 있다 보니 테스에게 뜨거운 애정을 가지고 돌아오는 시기가 뒤늦게야 왔던 것이다.

에인젤이 영적인 면을 극단으로 나타낸다면 알렉 더버빌은 육적인 면을 극단으로 나타내는 인물이다. 그는 처음에 방탕과 이기주의를 서슴없이 드러내는 냉혈아로 나왔다가 나중에는 복음주의 기독교로 개종하여 한때는 회개의 길로 들어선 것처럼 보이지만, 결국은 테스를 내연의 아내로 삼음으로써 그의 음탕함을 다시 드러낸다. 알렉은 신흥 부유 계급에 속하는 인물인데, 알렉의 이러한 신분은 하디가 『테스』에서 반영시키고 있는 또 하나의 주제, 즉 19세기 말 영국 농촌의 피폐(疲弊)와 깊은 관계가 있다. 이 소설에서 테스의 가족들이 주거지가 마땅치 않아 이 집 저 집으로 이사를 다니지 않으면 안 되고, 다른 농민들도 이 농원 저 농원으로 옮겨 가며 일을 하게 되는 상황은 영국 농민 사회의 몰락상을 여실히 나타내주는 것이다. 역사 오랜 농촌들이 하나씩 지워져간다고 하는 것이 영국 사회에 주는 심대한 사회적, 정신적 상실이 됨을 하디는 뼈저리게 느끼던 바였다. 집 없는 농민들이 집을 찾아 헤매는 것이 영국 사회 질서의 붕괴를 상징하듯이 같은 패턴을 따라 방황하는 테스의 모습 역시 이러한 붕괴의 일면을 예시해 주는 것이다. 신흥 부유계급을 대표하는 알렉은 그의 부(富)와 속악을 무기로 삼아 농촌 사회의 일원인 테스를 파괴하는데 크게 공헌한다.

9. 헨리 제임즈 (Henry James)

생애와 작품

HENRY JAMES
(1843~1916)

헨리 제임즈는 1843년 4월 15일 뉴욕시 위싱튼 플레이스—현재 뉴욕 대학교 부근—에서 태어났다. 아버지인 헨리 제임즈 1세와 그의 아내 매리 로버트슨 제임즈 부인은 슬하에 5남매를 두었는데 헨리는 둘째 아들이었다. 그보다 한 살 위 형 윌리엄은 후일 하바드 대학교 심리학 교수로 있으면서 미국 심리학계의 선구자적 역할을 다함과 동시에 실용주의를 주창한 철학자로서도 널리 알려진 인물이다.

세계적인 사회 과학자와 문학 작가가 이 가문에서 배출된 데에는 무엇보다 아버지의 힘이 컸던 것으로 알려져 있다. 일찍이 미국의 유수한 실업가인 아버지로부터 유산을 받아 평생 생활에 대한 걱정을 모르고 지냈던 헨리 제임즈 1세는 그 자신이 철학과 신학에 조예가 깊은 지성인이었다. 당시 미국의 문화적 상황이 자녀들을 지성인으로 길러 내기에 너무나도 미흡한 데가 있다고 믿었던 그는 자라나는 자녀들의 심령에 유달리 자극을 주는 교육 경험을 통하여 그들의 지능과 상상력을 길러 내려고 전력을 기울였다. 예를 들어 제임즈 가문에서는 소설을 읽고 연극을 보러 가는 일을 대단한 행사로 여겼었다. 소설을 읽고 나서나 연극을 보고 나서는 가족들이 모여 앉아 열심히 토론하였다고 한다. 이토록 지성과 감성의 함양을 위해 노력하였던 헨리 제임즈 1세는 그 자신이 어려서부터 받은 엄격한 칼빈주의적 가르침에 따라－나중에 그는 신비주의자 스웨덴보르그(Swedenborg)의 사상에 기울어졌지만－인간의 불완전성을 굳게 믿었다. 이러한 도덕적 성향은 어린 제임즈에게도 은연중에 전수되었던 것 같다. 후일 제임즈는 자기 자신이 인간으로서 불완전함을 믿게 됨과 동시에 신체적 기능의 상실이건 정신적 기능의 상실이건 그것을 다같이 인간 생활의 심각한 부덕(不德)으로 보았던 것이다.

제임즈는 어려서 뉴욕의 리처드 풀링 젱크스 사립학교에 다녔고, 온 가족이 유럽에 건너가서 런던, 파리, 제네바, 불로뉴(Boulogne), 본(Bonn) 등지에서 살았던 기간(1855~58, 1859~60)에는 여러 가정교사들 밑에서 공부를 하였다. 유럽에서 보낸 그의 소년 시절에는 유럽 여러 도시의 공원이나, 미술관들을 방문함으로써 몸소 풍물을 보는 것이 뜻 깊은 교육적 경험이 되기도 하였다.

제임즈가 어느 정도의 지각을 가지고 처음으로 유럽 여행을 한 것은 1855년, 그의 나이 열두 살 때였다(그 전에는 1843년에 생후 6개월 만에 가족과 함께 유럽에 다녀 온 적이 있었다). 통틀어 5년이라는 세월을 파리에서 런던으로, 불로뉴에서 제네바로 전 가족이 옮겨 다닌 유랑의 생활은 새로운 자극에 접한다는 장점이 있었던가 하면, 젊은 제임즈에게 때로는 고국의 안정된 생활을 그리워하게 한 바도 적지 않았던 것 같다. 그의 단편 「제자(*The Pupil*)」(1891)의 소년 주인공 모건 모린(Morgan Moreen)의 방랑적인 세계는 제임즈 자신이 가졌던 경험과 너무나도 흡사한 데가 있다.

1860년 늦여름에 제임즈 일가는 미국 로드 아일랜드주 뉴포트로 다시 돌아왔는데, 이때부터 제임즈는 문필에 대단한 관심을 쏟기 시작하였다. 그가 맨 먼저 착수한 것은 프랑스 작가 메리메(Merimée)의 "*La Venus D'Ille*"을 영역하는 일이었다. 그러다가 반년도 못되어 1861년 4월 미국에서는 남북전쟁이 발발하였다. 어느 날 화재가 난 현장에서 불을 끄다가 허리에 이름 모를 상처를 입게 된 제임즈는 그 때 받은 상처 때문에 전쟁터에 도저히 나갈 수가 없었다. 출정(出征)하는 손아래 두 남동생을 보고 제임즈가 애달프게 느꼈던 것은 자신의 신체적 기능의 상실이라는 점이었다(13세 때 다리를 하나 잃고 말았던 헨리 제임즈 1세가 신체적 장애에 대해서 느꼈던 바를 생각하면 두 사람에게 각각 내려진 운명의 손길이 새삼 야릇하게 느껴지는 것이다).

1862년에 제임즈는 직업을 가질 목적으로 하바드 대학교의 법과대학원에 입학하였는데, 법률 공부에는 취미를 붙이지 못하고 불과 1년 만에 학교를 중퇴한 다음 문학과 미술에 더 많은 관심을 기울였다. 형 윌리엄과 함께 보스턴의 화가 윌리엄 모리스 헌트(William Morris Hunt) 밑에서, 그리고 헌트의 제자인 존 라 화지(John La Farge) 밑에서 초상화를 배운 것은 이때였다. 후일 제임즈가 소설가의 인물 묘사 과정과 초상화가의 창작 과정 간의 긴밀성을 지적한 것은 다분히 그의 미술적인 소양을 바탕으로 한 것이다.

제임즈의 문필가로서의 데뷔는 우선 서평, 소평론, 단편 소설 등을 써서 내는 일로 시작되었다. 당시의 유수한 잡지의 편집인들 중 찰즈 엘리어트 노튼(Charles Eliot Norton), 윌리엄 디인 하웰즈(William Dean Howells) 등과 이미 잘 알게 되었던 제임즈는 그의 글을 「북미 평론(*North American Review*)」, 「월간 아틀랜틱(*Atlantic Monthly*)」 등의 잡지에 속속 기고하기 시작하였다. 이 시기에 쓴 그의 단편 소설과 평론들은 상당히 미숙한 수준이었지만, 6~7편의 단편 소설을 마치고 난 1868년쯤에는 미국 문단에서 기량이 좋은 단편 작가로 인정받게 되었다.

1869년에 제임즈는 성인으로서 처음 하는 단독 유럽 여행을 떠나 영국, 스위스, 이탈리아, 프랑스 등지를 유람하였다. 그의 초기 단편 가운데서 중요한 작품이라고 할 「정열의 순례자(*A Passionate Pilgrim*)」(1871)는 작가가 이 여행에서 유럽 문명의 (특히 영국 문물의) 역사적 · 문화적 풍만성에 감동되었던 체험을 잘 반영해 주고 있다. 이 여행 중, 즉 1870년 3월에 제임즈는 그가 평소에 사모에 가까운 정으로 대하였던 사촌 누이동생 매리－일명 "미니"－템플(Mary, or "Minny", Temple)이 고국에서 폐병으로 사망하였다는 비보를 듣고 심한 충격을 받았다. 매사츄세츠주 케임브리지에 돌아와 여행기, 서평, 단편 등을 계속 쓰고 있던 제임즈는 비교적 짧은 첫 장편소설 『감시와 감독(*Watch and Ward*)』(1871)을 발표하였다. 그러나 플롯이 부자연스러웠던 이 작품에 스스로 너무나 실망하여 제임즈는 후년에 가서는 이것을 거의 자작(自作)으로 인정하려 들지도 않았다.

순진한 미국인의 유럽 경험

그의 사실상의 처녀 장편 『로데릭 허드슨(*Roderick Hudson*)』은 1875년에야 미국에서 출간되었지만, 집필은 1872년에서 1874년 사이에 그가 다시 이탈리아에 나가 있을 때 한 것이다. 이 소설의 주인공 로데릭 허드슨은 기량이 좋은 젊은 미국인 조각가인데, 예술의 극치를 이루고 있는 로마에 건너 와서 조각 공부를 하고 있다. 순결한 예술가 허드슨은 온 정력을 쏟아 마침내 이름을 떨친다. 그런데 멀지 않아 그는 한때 사랑에 빠졌었던 이국적인 "세속녀" 크리스티나(Christina)와 유럽 문명의 인습에 젖은 국제 사회의 물질주의에 환멸을 느끼면서 예술은 물론 인생 전체와 결별하는 비극으로 끝을 맺는다. 이 이야기 속에는 제임즈가 자신에게 물으며 해결을 못보고 있던 문제들, 즉 고국을 등지고 나와서 어떻게 문학을 할 것인가, 유럽의 충만한 심미성에서 과연 어떤 가치를 추구해야 하는가 따위가 그 바탕을 이루고 있다.

1875년은 사실상 처녀 장편이 나온 해로서 제임즈에게는 의미가 깊은 해였지만, 그가 작가로서 여생을 살 곳을 유럽으로 결정한 것도 이해였다. 이 해 초반에 그는 미국에 남아서 작가 활동을 해 볼 시도를 또 한번 하였지만, 작가로서 그가 살 곳은 역시 유럽이라는 결론에 도달하였다. 소설가로서 작품의 제재를 충분히 마련해 줄 수 있는 사회는 기존 질서가 잡힌 성숙한 사회이어야 하며, 그러한 사회는 역시 유럽의 전통 사회라고 제임즈는 보았던 것이다. 당시의 미국이 작품 소재의 빈곤을 느끼게 하는 나라임에 비해 유럽의 전통 사회가 소재의 풍만을 약속하고 있다는 제임즈의 소견은 그의 평론서 『호손(*Hawthorne*)』에도 상세히 담겨 있다.

제임즈는 우선 프랑스로 건너갔다. 파리에서 제임즈가 러시아 작가 트르게네프(Turgenev)를 찾아 만난 것은 그의 작가적 생애에 커다란 의미를 갖다 주는 사건이었다. 트르게네프는 우선 제임즈에게 프랑스 작가 플로벨(Flaubert)을 위시하여 그의 주변에서 문학 활동을 하고 있던 졸라(Zola), 도데(Daudet), 모파쌍(Mauppassant) 등을 소개하여 주었던 것이다. 이들은 작풍이 서로 약간 달랐지만, 이들이 공통적으로 지녔던 것은 소설의 장르에 대한 굳은 신념이었다. 즉 소설을 본격적인 문학예술의 양식으로 보았던 것이며, 그 목적은 인간이 사는 방식을 관찰하고 음미하는 데에 있다고 하였다. 제임즈는 위의 프랑스 작가들이 현상 세계의 경험에 치중하는 사실주의 경향을 관심 깊게 바라보면서도 때로는 그들이 인생의 표면적 사건에만 너무 관심을 둔다고 불만을 품은 적도 있었다. 그리고 그 프랑스 작가들의 세계에서 제임즈는 미국 뉴잉글랜드 지방의 지식인 · 작가 사회에서 본 편협성을 보기도 하였다. 그러나 트르게네프만은 달랐다. 트르게네프로부터 제임즈는 국경을 초월한 세계주의적인 시야와 테크닉에 대한 감각, 그리고 넘치는 생동감 같은 것을 발견하였다. 특히 테크닉에 있어 작중 인물들의 수를 되도록이면 줄이고, 그들을 마치 극작가가 자기의 모습을 드러내지 않고 등장인물을 보여주는 것 같은 그런 표현 방식을 제임즈는 트르게네프로부터 배웠다.

1876년 12월에 제임즈는 마침내 런던에 그의 인생 최후의 정착을 시작하였다. 이로부터 약 5년간은 『미국인(*The American*)』(1877), 『유럽 사람들(*The Europeans*)』(1878), 『데이지 밀러(*Daisy Miller*)』(1878), 『자신(自信)(*Confidence*)』(1879), 『워싱톤 광장(*Washington Square*)』(1880) 등의 소설과 『프랑스 시인과 소설가들(*French Poets and Novelists*)』(1878), 『호손(*Hawthorne*)』(1879) 등의 평론이 나온 생산적인 시기였다. 그리고 이 생산적인 시기의 절정에서 나온 그의 명작 『한 여인의 초상(*The Portrait of a Lady*)(별항 해설 페이지 171~183 참조)』이 1880년 10월부터 영미 양국에서 거의 동시에 잡지에 연재되어 나왔으며, 1881년에는 단행본으로 역시 영미 양국에서 출간되었다.

소설 『미국인』은 순진한 미국인이 유럽 사회에 들어가서 구세계의 도덕적 퇴폐를 맛본다는 주제에 있어서는 『로데릭 허드슨』보다 별로 새로울 것이 없다. 그러나 문체와 기교면에서는 앞의 소설보다 많은 발전을 보인 작품이다. 실업계에서 크게 성공한 미국인 청년 크리스토퍼 뉴먼(Christopher Newman)은 프랑스에 가서 교양을 넓힌다고 하는 그 일에서는 일단 목적을 달성한다. 그런데 "최고급"의 아내를 구한다는 또 하나의 목표를 가지고 프랑스의 귀족 드 벨가르드(De Bellegarde) 가문의 딸에게 매료되어 결혼까지 바라는 뉴먼은 이 귀족 가족의 고루한 인습적 태도와 악의에 찬 방해 공작 때문에 고배를 마시며 물러나야만 한다. 나중에 그는 연인 끌레르(Claire)의 집안의 추문을 폭로함으로써 보복을 할까도 생각하지만, 보복이 자기의 장기는 아니라고 하며 그 짓은 단념하고 만다. 한 미국인 실업가의 낭만적이며 고결한 초상이 그려졌다는 점, 그리고 독립 선언서가 공포된 지 100년 만에 미국인의 전형이 재평가를 받았다는 점 등은 제임즈가 이 작품에 쏟아 넣은 뭉클한 애국열과 당시의 그의 낭만 정신을 반영해 주는 것이다. 『미국인』은 제임즈가 쓴 주요 소설 가운데서 최초의 것으로 보통 지목되고 있다.

비교적 규모가 적은 중편 소설 『데이지 밀러』에서 제임즈는 허드슨이나 뉴먼이 유럽에서 겪은 비극적인 경험에 유사한 것을 미국 여성 데이지 밀러로 하여금 겪게 한다. 미국 중소 도시에서 유럽으로 온 천진난만하고, 발랄하고, 뛰어난 용모를 가진 부잣집 딸 데이지가 마주치는 대상은 유럽 사회의 원주민들이 아니라 다분히 유럽화된 미국인 교포들인데, 이들은 숨막히게 딱딱한 격식에 따라 사물을 보는 인물들로 제시된다. 데이지는 가는 곳마다에서 이런 미국인 교포들의 사회 인습과 정면충돌한다. 우발적으로 병을 얻어 데이지는 죽지만, 그녀의 생전의 행동이 너무나도 희롱에 찬 불륜의 행동이었다는 오해가 마침내 풀리게 된다. 이 작품의 특색은 데이지의 천진난만하고 자유분방한 태도를 지켜보는 관찰자 프레데릭 윈터본(Frederick Winterbourne)을 작가가 설정하여 그의 제한된 시각을 통하여 이야기가 전개된다는 것이다. 윈터본의 눈에는 데이지가 진정으로 순박한 처녀로 보이기도 하고, 남자를 희롱하는 여자로 보이기도 하고, 아주 불륜의 여성으로 보이기도 하는데 결국에는 자신의 가치관에 입각하여 그녀를 불륜의 여성으로 단정하고 만다. 이 한정된 시점은 제임즈가 다른 몇몇 중편 소설에서도 긴요하게 사용한 기법이다.

제임즈의 소설 가운데서 가장 널리 읽힌 작품이라고 하는 『데이지 밀러』가 출판되자마자 미국 내에서는 데이지가 유럽의 윤리 도덕과 예의범절을 몰라보아 미국 여성의 체면을 손상시켰다는 독자들의 비난을 사기도 하였다. 그런가하면 제임즈가 데이지를 풍자조로 그렸다는 의견도 없지 않았다. 적어도 제임즈 자신은 데이지의 초상이 "동정적"인 초상이었다고 주장하였다. 제임즈 자신의 말과 그가 설정한 윈터본의 제한된 시점을 감안해 볼 때 데이지의 발랄하고 자유분방한 성격은 단점으로서가 아니라 제한적인 의미의 장점으로 봐야 할 것이다. 왜냐하면 이러한 성격은 19세기 후반의 전형적인 미국인의 성격을 말해 주는 것일 뿐만 아니라 당시 유럽 사회에서 자주 볼 수 있었던 고루한 인습의 존중과 크게 대조를 이루기 때문이다. 이 외에도 1870년대를 통하여 제임즈는 천진난만한 미국인의 전형을 보여주는 인물들을 빈번히 그려냈다. 단편 「마담 드 모브(*Madame de Mauves*)」(1874)의 유휘미아 클리브즈(Euphemia Cleves), 중편 『유럽 사람들』에 나오는 웬트워스(Wentworth) 집안 가족들, 단편 「국제 에피소드(*An International Episode*)」(1878)의 베씨 올든(Bessie Alden) 등이 좋은 예이다. 그리고 『한 여인의 초상』의 여주인공 아자벨 아쳐(Isabel Archer)도 근본적으로 같은 범주에 속하는 낭만적인 미국인의 전형이다. 이자벨 아쳐는 유럽에 가서 자유와 자립을 존중하며 산다는 자신의 고결한 이상을 위해 온갖 유혹과 어려움을 물리치며 사는 낭만의 여성이다.

사회 소설과 우수 단편들

1882년에 제임즈는 미국에 계신 어머니와 아버지를 같은 해에 11개월의 간격을 두고 여의는 불행을 겪었다. 그로서는 대단한 충격이었다. 이듬해 영국에 다시 돌아온 제임즈는 양친이 계시지 않는 고국에 이제는 돌아갈 명목도 없어 그로부터 20년간 미국과는 아주 발을 끊었다. 1880년대의 그의 문학은 사회개혁 운동을 주제로 삼은 두 편의 장편 『보스턴 사람들(*The Bostonians*)』(1886)과 『카사마시마 공주(*The Princess Cassamassima*)』(1886)와 두 편의 중편 『반사자(反射者)(*The Reverberator*)』(1888)와 『애스펀 문서(*The Aspern Papers*)』(1888), 그리고 「벨트라휘오의 저술가(*The Author of Beltraffio*)」(1884), 「거짓말쟁이(*The Liar*)」(1888), 「스승의 교훈(*The Lesson of the Master*)」(1888) 등의 우수한 단편들로 대표된다.

이 시기의 많은 단편 작품에서 제임즈는 예술가가 사회에 대해서 가지는 관계를 다룬 소위 예술가 주제 소설을 보여주고 있다. 영문학에서 제임즈의 많은 동시대 작가들이 심미주의 경향으로만 줄달음 치고 있던 이 시기에 제임즈는 예술과 도덕적 행위 간에 일어나는 문제들을 가지고 갈등을 계속하고 있었던 것이 분명하다.

위 두 편의 사회 소설은 제임즈가 1870년대에 쓴 국제 주제의 소설과는 취향을 전혀 달리 한다. 소설에서 새로운 리얼리즘을 부르짖는 하웰즈의 영향도 있었거니와 1884년에 파리로 가서 졸라, 도데, 에드몽 드 공꾸르(Edmond de Goncourt) 등의 프랑스 작가들과 다시 친교를 거듭하여 자연주의적인 "문제 소설"의 가능성을 생각한 것이 『보스턴 사람들』과 『카사마시마 공주』의 새로운 방향에 직접적 영향을 주었던 것 같다. 이 두 편의 장편은 도시 감정을 그릇되게 묘사하였다거나 사회고발 문학으로서 부족하다는 이유 등으로 당대에 호평을 받지 못하였다. 제임즈는 그래도 절망에 빠지지는 않고 언젠가는 그것들이 다시 빛을 볼 날이 있을 것이라고 내다보았다. 오늘날 그의 국제 주제의 어떤 부분은 하나의 시대물(時代物)로 취급되기 시작하는 반면, 이 사회 소설에서 나타나는 사회 계층 간의 접촉과 교류가—예를 들어 『보스톤 사람들』에서 보수적인 남부인 베이실 랜슴(Basil Ransom)과 뉴잉글랜드에 사는 그의 사촌 올리브 챈슬러(Olive Chancellor) 간에 생기는 긴장과 생동감 같은 것이—새로운 관심을 가지고 논의되기 시작함을 볼 때 제임즈의 예언에 어떤 진실이 담겨져 있었음을 알 수 있다.

사회 소설에서 방향을 돌린 제임즈는 곧 『반사자(反射者)』와 『애스펀 문서』를 내었다. 그의 중편 소설 가운데서 우수작으로 꼽히는 『애스펀 문서』는 이전에 한 유명한 시인의 내연의 처로 있었던 늙은 여인이 베니스에서 많은 사연을 신비와 장막 속에 남기면서 죽어 가는 이야기이다. 1890년에 나온 장편 소설 『비극의 뮤즈(*The Tragic Muse*)』는 제임즈가 극작에 거의 전적으로 전력을 기울이기 시작하던 때에 쓴 것이다. 소설 『비극의 뮤즈』는 우선 화가 닉크 도오머(Nick Dormer)가 초상을 그리는 아름다운 여배우 미리엄 루스(Miriam Rooth)를 가리키지만, 그것은 또 닉크와 미리엄의 마음 속에 뿐만 아니라 연극에 심취되고 미리엄에 매혹된 피터 셰링함(Peter Sherringham)의 마음속에 자리 잡고 있는 생각을 시사하기도 한다. 제임즈는 1890년부터 5년간 수입을 늘리고 독자나 관객의 호평을 얻어보기 위해 극작에 몰두하였지만, 1895년에 그의 우수 극작품 『가이 돔빌(*Guy Domville*)』이 관객들로부터 야유를 받은 것을 계기로 극작가로서의 자신의 야망은 헛된 것이었음을 깨닫게 되었다. 제임즈는 극을 가장 우수한 문학 양식으로 보았으면서도, 당시 연극계의 제반 상황을 한탄하기도 하였다.

초자연 · 심령 경험의 소설

1890년대의 후반기부터 제임즈는 다시금 낯익은 문학 양식인 소설로 복귀하면서 여러 가지 묵은 주제들에 한층 깊은 생각을 가하였다. 연극계의 경쟁적 분위기에 환멸을 느끼고 물러섰던 제임즈로서는 자신의 깊은 의식 세계를 마음 놓고 다시 파고 들 수가 있었던 것이다. 이 시기에 제임즈의 관심을 가장 많이 끌었던 것은 심령적 · 초자연적 경험—특히 사경(死境)에서 돌아온 영혼, 최면술에 의한 망상—과 당시 빈번한 화제거리로 올라 있었던 히스테리에 관한 연구에서 영향을 받은 바도 있었지만, 제임즈가 어린 시절에 탐독하였던 에드가 앨란 포오(Edgar Allan Poe)와 내사니엘 호손(Nathaniel Hawthorne)의 환상적인 이야기라든가, 그의 형 윌리엄 제임즈가 심리학적인 탐사를 하여 종교적 경험의 다채로움을 증명했던 과업 등에서도 영향을 받았음이 분명하다. 이 시기에 나온 주요 작품으로는 중편 『포인튼 저택의 약탈품(*The Spoils of Poynton*)』(1897), 『메이지가 알았던 것(*What Maisie Knew*)』(1897), 『나사의 돌림(*The Turn of the Screw*)』(1898) 등과 장편 『사춘기(*The Awkward Age*)』(1899)가 있다.

『나사의 돌림』은 망령(亡靈)을 주제로 다룬 제임즈 작품들 가운데서 가장 정교하게 짜여지고 독자들을 가장 크게 몰입시킨 소설로 알려져 있다. 이 소설의 이야기 줄거리를 액면 그대로 받아들인다면 영국의 벽촌에 있는 어느 저택에 남매 학생을 맡은 여자 가정교사가 그 집에서 두 아이의 악령(惡靈)의 마력을 심어 놓으려 드는 두 귀신의 출현을 보는 이야기이다. 이 작품에 관해서는 본문이 내포하고 있는 모호성, 작자의 의도의 모호성, 그리고 망령이 과연 실제로 나타난 망령인지 아니면 환각 속에만 나타난 망령인지—이런 여러 가지 문제들이 비평가들 사이에서 열띠게 거론되었다. 대체로 의견이 맞추어진 부분은 이 중편 소설이 제임즈의 걸작의 하나로서 적어도 두 가지 시각에서 이해될 수 있다는 것이다. 하나는 이 소설을 병적인 가정교사가 그녀의 과민적인 의식을 가지고 본 현상의 기술 내용이라고 보는 시각이다. 또 하나의 시각은 소설 속에 나오는 망령들이 악의 대변자로 나올 뿐만 아니라 두 아이들이 바로 그런 악령의 힘 때문에 퇴폐되어 가고 있다는 것이다. 그 어느 쪽으로 보든 제임즈가 설화면에서 사용한 테크닉이 너무나도 정교하여 그것이 작품에 놀라운 효과를 나타내주고 있다.

국제 주제의 심화

20세기에 접어들 무렵 제임즈는 소설의 기법면에서 그가 대성(大成)을 이루었다고 많은 비평가들이 말하는 장편들, 『비둘기의 날개(*The Wings of the Dove*)』(1902), 『사절(使節)들(*The Ambassadors*)』(1903), 『금배(金杯)(*The Golden Bowl*)』(1904)를 연이어 내었다. 이 작품들에서 제임즈는 일찍이 1870년대에 그의 소설에서 썼던 낯익은 주제, 즉 미국인이 속화(俗化)된 유럽인들과의 대결에서 시달림을 받는 상황을 다룬 국제 주제로 되돌아갔다. 그러나 적어도 두 가지 새로운 변화를 수반하는 가운데서 낯익은 주제로 되돌아갔던 것이다. 새로운 변화에서 하나는 작가가 그의 주제의 도덕적·심리적 다의성(多義性)을 좀 더 깊이 파고 들어감으로써 미국과 유럽이 제각기 지니고 있는 문명적 가치를 보존하는 데 도움이 되는 방향을 최종적으로 제시하였다는 것이다. 또 하나의 변화는 제임즈가 이미지를 다양하게 창조하고 이색적인 비유를 써 가면서 이전보다 훨씬 더 면밀하고 미묘한 문체를 사용하였다는 것이다. 섬세한 의미의 차이를 나타내기 위해 얽히고 설킨 한정(限定)의 표현이나 삽입 구절들을 사용한 문장들을 그의 후기 소설에서 너무나도 자주 볼 수 있다(영미 양국의 일반 독자들이 제임즈의 후기 작품에 선뜻 접어들지 않는 중요한 이유가 이런 데에 있다고 말해도 과언이 아니다).

『비둘기의 날개』는 부모의 큰 재산을 물려받았으나 신병으로 불과 몇 달 밖에 살지 못할 미국 여성 밀리 시일(Milly Theale)이 그녀의 재산만을 노리고 구혼하는 영국인 청년 머튼 덴셔(Merton Densher)와 그것을 같이 추기는 그의 애인 케이트 크로이(Kate Croy)에 의해 배신을 당하는 이야기이다. 한 때 머튼과의 결혼으로 짧은 여생을 즐길 것으로 기대하였던 밀리는 그 구혼이 자신의 재산을 얻어 내려는 간계임을 알게 되어 크게 실망한다. 그러나 원수에게마저도 넓은 날개를 펼쳐 감싸주는 비둘기로 비유되는 밀리는 자신이 죽는 마당에서 배신자들을 용서하고 그들에게 유산을 남기고 간다. 비둘기의 날개의 스침에서 양심의 가책을 받고 머튼은 케이트와의 결혼 약속을 도저히 이행하지 못하겠다고 하며 떠나 버린다. 제임즈가 요절(夭折)한 사촌 여동생 미니 템플을 생각하며 창조하였다고 하는 여주인공 밀리 시일의 이 아쉬움 쏟아지는 애절한 이야기에서는 미국인의 미숙한 천진함과 유럽인의 기만 섞인 속화의 대비가 한층 더 고조되었을 뿐만 아니라 선과 악에 대한 가치 측정이 심리적인 차원과 윤리적인 차원 사이를 자유로이 넘나들고 있다.

『사절들』은 제임즈의 이전의 소설에서와는 달리 미국인의 미숙함과 유럽인의 악덕함이 씻겨지고, 미국인이 충분히 세련된 감수성을 가지고 유럽의 구김살 없는 아름다움을 깊이 감상하여 마지않는 새 장(章)을 다룬 소설이다. 뉴잉글랜드의 근면과 생산성을 대변하는 갑부 미망인 미시즈 뉴섬(Newsome)과 약혼한 램버트 스트레서(Lambert Strether)는 파리에 가서 프랑스의 비천한 여자의 손에 녹아 있다고 추측되는 미시즈 뉴섬의 아들 채드(Chad)를 설득시켜 본국으로 데려 올 사명을 띠고 유럽으로 떠난다. 멀지 않아 이 여행에서 스트레서는 채드를 나쁜 길로 이끌어 들인다고 생각했던 드 비오네트(De Vionnet) 여사가 대단한 가문에서 자란 매력 있는 여인이라는 사실과 함께 채드가 떠나지 않으려 하는 파리가 심미적으로 풍만하고 “생기”를 북돋아 주는 곳임을 서서히 깨닫게 된다. 스트레서는 약혼자의 사절로서는 임무를 성공적으로 수행하지 못하였지만, 이를 계기로 유럽이 지닌 아름다움과 “생기”는 늦게나마 터득하게 된 것이다. 스트레서의 느낌을 그의 통신문을 통해 알아차린 미시즈 뉴섬은 그것으로 주저앉지 않고 새로운 사절단을 보낸다. 채드의 결혼한 누이 새라 포콕(Sarah Pocock)과 그녀의 남편 짐 포콕(Jim Pocock), 그리고 짐의 누이동생 매미(Mamie)가 이 사절단을 이룬다. 매미는 채드의 어머니가 장차 며느리 감으로 정해 둔 여성이다. 그러나 이 세 사람들도 해외여행에 나와 느끼는 흥쾌감에 곧 사로잡히고 만다.

스트레서가 가지는 느낌은 물론 프랑스의 풍경만이 아니라 세상을 새로이 보게 됨으로써 생기는 지적이며 심미적인 흥분감 같은 것이다. 그래서 그는 채드를 보고 유럽에 남아 있으라고 권고한다. 그의 충고를 뒷받침해 주는 이론인즉 청교도주의적인 뉴잉글랜드의 구속 많은 생활로 되돌아가는 것 보다 유럽에서 맛볼 수 있는 것들을 경험하며 사는 것이 훨씬 값지다는 것이다. 채드는 이런 말에 얼른 설득되지만 나중에는 유럽에 계속 머무르는 것에 대해 그 나름의 회의를 느끼기도 한다. 스트레서 자신도 그 나름의 회의와 회전을 한다. 파리에 와서 마음이 바뀜으로써 미시즈 뉴섬과는 당연히 파혼하게 되지만, 그 후 그는 역시 미국으로 돌아가야 한다는 생각을 갖게 된다. 삶에 새로이 도전해 본다는 충동이 그에게 일어나기는 했어도 또 한편 그에게는 생활에 대한 책임을 중시하는 가치 체계가 몸에 배어 있었던 것이다. 이 양자 사이에서 그가 갈등을 느꼈다고 하는 것은 삶에 대한 그의 깨달음이 아쉽게도 너무 늦게 왔다는 말도 된다. 『사절들』이 제임즈의 이전의 소설보다 의식의 구조가 더욱 복잡하고 더욱 성숙하다는 것이 바로 이런 점이 아닐까 싶다. 인간의 심적인 갈등의 뒤범벅을 묘파한 이 소설은 소위 심리 소설의 새로운 움직임을 대표한 것이라 하여 마땅하다. 주제 면에서 만족스러운 해결 방안을 가지고 끝난 이 소설은 구성면에서도 균형과 짜임새가 완벽하다 할 정도여서 제임즈 자신이 두고두고 흡족하게 생각하였던 작품이다.

『금배』는 영국에 와서 사는 미국인 갑부 홀아비 버버(Verver)와 그의 아리따운 딸 매기 버버(Maggie Verver), 매기의 남편인 이탈리아 귀족 아메리고(Amerigo)의 친구이면서 아메리고공(公)과 이전에 내연의 관계로 있다가 홀아비 버버의 아내가 되는 샬로트 스탠트(Charlotte Stant), 이 네 인물들이 제각기 짝을 이루어 대비되는 위치를 번갈아 가면서 사랑과 욕망과 오해의 희비극을 자아내는 소설이다. 제임즈의 소설에서는 파경(破鏡)의 위협을 받는 순진한 여주인공들이 빈번히 나오는데 매기 역시 그런 인물에 속한다. 그러나 다른 여주인공들과는 달리 매기는 자립정신을 충분히 지키고 사태를 잘 간파함으로써 남편과의 관계를 성공적으로 정상화시킨 유능한 여성으로 묘사된다. 이런 점에서는 그의 결혼 생활의 미래가 반드시 행복된 것으로 제시되지는 않았던 이자벨 아쳐의 뒤를 이어 성숙한 인격을 충분히 나타낸 여주인공이라고 볼 수 있다. 이 소설의 특색은 세련된 인물들의 미묘한 심리의 움직임을 묘사한 글로 충만해 있다는 것이다. 네 인물들 중의 한 사람이 다른 세 사람이 알고 있거나 의심하고 있는 일에 대해서 끝없이 생각을 거듭하는 경우가 여러 번 있다. 너무나도 섬세한 심리의 차이를 너무나도 면밀하게 끌어내는 제임즈의 글이 독자들에게는 과도한 부담이 될 수도 있지만, 이것은 현대 문학의 표현주의 경향의 선구적 역할을 한 부분이라고 말할 수도 있다.

1904년에 제임즈는 미국에 돌아와 각지를 순회하고 영국에 돌아가서는 여행기 『미국 정경(情景)(*The American Scene*)』(1907)을 내었다. 이 여행기는 장기간의 그의 미국 방문 여행에서 우러난 결실이다. 그는 미국의 여러 곳을 순회 방문하였는데, 그 목적은 다양하였다. 오래 만나 보지 못한 친구들을 다시 만나보고, 오래 가 보지 못한 곳에 다시 가보기도 했지만 새로 만나는 친구들과 새로 가 보는 곳도 꽤 있었다. 그리고 문학적인 주제로 강연을 하며 다니기도 하였다. 19세기말의 미국의 정경을 묘사한 제임즈의 글에는 고향에 되돌아와 그가 느낀 통절한 감회도 있거니와 이제는 유럽인이 된 그의 시각에서 우러나는 객관과 거리감 같은 것도 있다. 제임즈가 유럽에 가서 이탈리아, 프랑스, 영국 등지에 관해 쓴 여행기들은 그 나름대로 상세하고 흥미진진하지만 『미국 정경』은 그의 여행기들 중에서 가장 뛰어난 것이다.

이어 이 시기에 제임즈가 지대한 노력을 기울였던 과업은 자신의 과거의 많은 작품에 붙일 서문을 쓰고, 수정이 필요하다고 여겨지는 작품내용을 모조리 수정하는 일이었다. 이렇게 하여 나온 것이 소위 뉴욕 판(New York edition)(1907~9)인데, 이 판에 수록된 작품은 모두 26권 속에 담겨 있다. 자신의 작품의 판매가 부진함을 알았던 제임즈는 발자크(Balzac)에 의해 『소설의 기예(技藝)(*The Art of the Novel*)』라는 단행본으로 엮어져 나왔다.

1909년에 제임즈는 병석에 눕게 되었고 그로부터 수 년간 아무런 생산도 없이 우울한 세월을 보냈다(1910년에 형 윌리엄이 사망했고, 뉴욕판의 출간에도 불구하고 책은 예상과 같이 팔리지 않았던 것이다). 이윽고 그는 다시 원기를 얻어 또 하나의 과업, 즉 자서전을 세 권으로 나누어 쓰는 일에 착수하였다. 『작은 아들과 다른 아들들(*A Small Boy and Others*)』(1913), 『아들과 동생의 수기(*Notes of a Son and Brother*)』(1914)를 마쳐 출판하였지만, 미완성의 『중간기(*The Middle Years*)』는 1917년에야 나왔다. 미완성 소설 두 편 『역사 의식(*The Sense of the Past*)』과 『상아탑(*The Ivory Tower*)』도 역시 1917년에 나왔다. 1915년에 제임즈는 1차 대전에서 영국에 가담하여 싸우기를 거부한 미국의 결정에 항의하면서 영국 시민으로 귀화하였다. 1916년 1월 영국 왕 조지 5세는 제임즈에게 수훈 훈장을 수여하였다. 그 해 2월 28일 헨리 제임즈는 72세의 일기로 세상을 떠났다.

제임즈는 영미 소설에서 몇 가지 중요한 부문에 걸쳐 선구적 업적을 남긴 대작가이다. 우선 그는 자신의 작품에 그가 말한 바, "마음의 분위기"를 불어 넣으려고 시도한 심리분석 경향의 소설의 선구적 작가이다. 인간 경험의 표면적 양상을 그린 대부분의 19세기 리얼리즘 소설에 반기를 든 제임즈는 인간의 내면적 경험의 양상과 함축성들을 소설에서 표현함으로써 현대 영미 소설에 의식의 드라마라는 차원을 처음으로 도입하고, 나아가서는 인간 심리의 다양한 면모를 여실히 묘파하는 소위 심리적 사실주의를 이룩한 것이다. 제임즈의 소설에서 가장 중요시되는 것은 플롯 속에 나타나는 외부적인 현상이 아니라 작중 인물들의 의식 세계에서 나타나는 인간의 정서라든가 태도라든가 새로운 인생 진리에 대한 발견 같은 것이다. 이런 느낌의 물결들은 객관적으로 서술되기도 하지만 작중 인물의 대화 속에 넌지시 암시되기도 한다. 그러나 제임즈는 아직 무의식의 세계에까지 들어가지는 않고 있다.

둘째로 심리적 사실주의에 눈을 뜬 그는 소설을 하나의 격조 높은 예술의 형식으로 보고 소설 창작의 이론과 테크닉을 실천에 옮겨 가면서 정립하려고 시도한 최초의 작가 겸 비평가이기도 하였다. 다른 책들에 빈번히 재수록 되기도 하고 비평가들이 빈번히 인용하는 그의 유명한 평론 『소설 창작의 기예("*The Art of Fiction*")』(1889)는 소설에 관한 그의 일반론적인 예술 철학을 담고 있다(그가 설혹 소설가로서 독자들의 호응을 크게 받지는 못하였어도 비평 문학사상 주요한 위치를 차지하였을 것이라는 데에는 아무도 의의가 없다). 그는 작가가 잡지 연재의 형식을 취하여 일정한 분량의 읽을거리를 제공하면 그만이라는 안이한 창작 태도를 배격하였다. 뿐만 아니라 그의 이전의 소설 문학에서 소설가가 자신의 교훈자적 모습을 드러내는 식의 관례를 큰 잘못이라고 하였다. 소설가가 독자를 내려다 보고 군림하는 관례를 배격하면서 제임즈는 말하기를 소설가의 임무는 자신의 모습을 감추면서 이야기가 저절로 되어 나가게 해야 할 뿐만 아니라 독자에게는 자신이 작가의 도움을 받는 일없이 이야기의 정황을 분석·관찰하고 있다는 느낌을 주어야 한다고 하였다. 작품에서 이야기가 저절로 되어 나가게 한다는 창작 방식은 신중한 역사가가 자료의 연구를 쌓아 그 연구된 자료가 역사를 저절로 이야기 하게끔 한다는 방식과 비슷한 것이다. 즉 작가가 작품 속에 작중 인물들의 의식과 경험을 충분히 도입하여 그 도입된 자료로 하여금 작품의 주요 성분(리얼리티, 통일성 등)을 이루게끔 한다는 것이다.

작중 인물의 "의식"에 이토록 관심이 많았던 제임즈는 그 의식의 다양한 종류를 가지고 실험하였다. 의식의 종류란 곧 현대 소설 비평에서 많이 거론되는 시점(point of view)인데, 초기의 제임즈는 재래식 시점 관례에 따라 완전히 객관적인 시점이나 제1인칭 시점을 사용하였다. 그러나 그의 글이 점점 내용상 복잡해지고 농도가 짙어감에 따라 작중 인물의 마음 속에서 일어나는 의식의 내용을 중심으로 이야기를 펴 나가기 시작하였다. 이러한 의식의 시점을 제임즈는 "의식의 구심점(a center of consciousness)"이라는 말로 표현하기도 한다. "의식의 구심점"의 좋은 예는 『사절들』의 램버트 스트레서의 의식 과정이다. 이 제3인칭 제한 시점을 통하여 독자는 스트레서의 생각과 느낌을 안팎에서부터 볼 수 있다는 장점을 갖는다. 이러한 발전된 시점의 기교는 제임즈가 늘 염두에 두었던 심리적인 사실주의에 깊이를 더하여 궁극적으로 소설을 예술의 형식으로 격상시키는 데 크게 이바지하였을 뿐만 아니라 제임즈 이후에 나오는 "의식의 흐름"의 소설에 기초를 마련해 주었던 것이다. 제임즈는 범세계적인 상류 사회의 풍속을 줄기차게 주제로 다룬 작가로도 널리 알려져 있다. 일찍이 미국 문화의 편협성에 불만을 품었던 그는 뉴욕, 런던, 파리, 로마 등의 대도시들을 내왕하는 국제적인 엘리트의 사회를 작품의 무대로 하여, 유럽에 사는 미국인들이 유럽 사회에서 직면하는 윤리적, 심리적 문제들을 빈번히 작품의 주제로 삼아 썼다. 이 윤리적, 심리적 문제들이란 인생에서 탐욕, 변절 등으로 기울어 가는 경향이 순진, 고결에 입각한 선택, 도덕적 이상주의 등의 가치 체계와 대결하는 상황으로 집약된다. 이것이 제임즈의 소위 "국제 주제"(the international theme)라는 것이다. 이러한 국제 주제는 나라와 나라와의 문명과 문명과의 차이를 말하는 주제로만 그치지 않는다. 많은 변조(變調)된 형식의 주제들도 나타난다. 이 모든 것에서 제임즈가 시종일관하여 추구하였던 문제는 도덕적인 가치와 심미적인 가치가 가지는 연관성이라는 것이다. 제임즈를 무척 흠모하였던 조제프 콘래드(Joseph Conrad)는 제임즈를 가리켜 “섬세한 양심을 역사가처럼 기록한 사람”이라고 평한 적이 있다. 이 말은 제임즈의 소설에서 윤리 문제와 심미 문제가 복잡하게 연계되어 있다는 사실을 새삼 확인케 하는 것이다. 그의 소설에서는 육체적인 매력을 가진 인물들이 악의 씨를 품고 있는 적이 많다. “로데릭 허드슨”의 크리스티나라든가 『비둘기의 날개』의 케이트 크로이가 좋은 예이다. 그런가 하면 『한 여인의 초상』의 헨리에타 스택폴이나 『카사마시마 공주』의 그란도니 여사와 같이 외양으로 별로 호감을 주지 않는 인물들이 덕성을 대변하는 경우도 있다. 그러나 좀 더 확실히 말할 수 있는 부분은 인생에서 긍정적이며 자선적인 면을 지닌 요소들, 즉 자유라든가 인격의 발전 같은 것이 내재적인 아름다움을 지니고 있다고 하는 제임즈의 뚜렷한 신념을 독자들은 그의 작품 속에서 흔히 볼 수 있다는 것이다. 제임즈는 윤리와 심미가 이렇게 합쳐지는 부분을 충실히 표현하고자, 그것도 가급적이면 심미적인 형식을 빌려서 표현하고자 무진히 애썼다.

마지막으로 제임즈의 또 하나의 작가적 공헌은 문장가로서 문체에 유달리 신경을 썼다는 사실이다. 그의 후기 소설의 문체는 어느 누구도 뚫고 들어갈 수 없게 개성이 강하고 난해하다고 알려져 있지만, 영문학 독자들에게 플로벨이 보여준 꼼꼼한 문체상의 기교를 도입해 준 것은 역시 제임즈의 뛰어난 공적이 아닐 수 없다. 플로벨처럼 그는 어구 하나하나가 가지는 뉘앙스와 리듬을 재어 가면서 글을 썼다. 산문이 시에 못지않게 정서의 강화와 상징적 가치의 투입에 요긴하게 쓰일 수 있다는 제임즈의 신념이 그의 문학적 실천에서 크게 주효하였으며, 그러한 신념과 실천은 많은 후세대 작가들에게 지대한 영향을 미쳤다. 그의 영향을 많이 받은 작가들 중에는 콘래드, 로렌스, 조이스, 버지니아 울프 등의 영국 작가들과 에디스 화튼(Edith Wharton), 윌라 캐서(Willa Cather) 등의 미국 작가들이 있다.

『한 여인의 초상 *The Portrait of a Lady*』(1881)

플롯 개요

소설의 서두에 나오는 곳은 런던에서 약 40마일 떨어져 템즈강을 굽어보는 가든코오트라는 고풍의 영국 시골 저택의 마당이다. 1871년 여름날 오후 세 남자가 한가로이 차를 마시면서 이야기를 나누고 있다. 저택의 주인 다니엘 터치트(Daniel Touchett)씨는 30년 전에 미국에서 건너와서 은행가로 성공하다가 지금은 건강이 좋지 않아 은퇴중이다. 그의 아들 랠프(Ralph)는 폐를 앓고 있고, 세 번째 남자는 근처에 사는 독신 귀족 워버튼(Warburton)경(卿)인데, 원기왕성한 미남으로 보인다. 화제는 워버튼경이 생활이 너무 무료하여 결혼해야겠다는 이야기에서부터 터치트 부인의 여조카가 곧 미국에서 이리로 방문하러 온다는 이야기로 번진다.

세 남자가 이야기를 하고 있는 동안 어떤 낯선 젊은 미인이 홀연히 나타난다. 랠프의 환대를 받는 여성은 다름 아닌 터치트 부인의 여조카 이자벨 아쳐이다. 랠프는 처음부터 그녀의 매력에 압도된다. 아까부터 "재미있는" 여성이면 사귀어 보겠다고 하던 워버튼경은 이 여성은 정말 재미있어 보인다고 랠프의 귓속에 대고 말한다.

터치트 부인은 남편을 영국에 두고 자기는 플로렌스에 살림을 차려 놓고는 1년 중 1개월 정도 영국에 와서 남편과 산다. 그리고 때로는 미국에도 다니러 간다. 지난번 미국 올바니에 갔을 때 부인은 죽은 여동생의 딸 이자벨을 보고 마음에 들어서 유럽에 같이 가자고 했던 것이다.

부모를 따라 어려서 영국에 건너 온 랠프는 대학은 하바드를 다니고 그 다음에 옥스퍼드에 가서 공부했다. 졸업 후 2년 정도 여행을 좀 하다가 아버지의 은행에서 근무하였는데 얼마 후에 폐가 나빠져서 일을 그만두고 지금은 겨울이면 해외에 나간다. 이자벨과 랠프가 이 집의 미술 소장품을 감상하고 있는 중에 이자벨은 랠프를 보고 이런 정도의 집에는 귀신이 나와야 낭만적이라 할 수 있는데, 과연 그런가 하고 묻는다. 랠프는 귀신은 고생을 한 사람이라야 볼 수 있다고 답한다. 이자벨은 사람이 고생하기란 너무나도 쉬운 일이라고 생각한다. 랠프는 이자벨 같은 사람은 고생을 하지 않게끔 태어난 사람이라고 말한다. 이자벨은 자기보다 운이 덜 좋은 사람들이 이 세상에 수없이 많다는 것을 알고는 있지만, 그런 것이 그녀에게는 큰 상관이 없다.

워버튼경이 이자벨을 자기 저택 록클리로 초청하는데, 결혼하지 않은 두 명의 그의 여동생들이 먼저 와서 이자벨을 보기로 한다. 두 여동생이 와서 이자벨을 만나 보고 이번에는 이자벨을 자기네 집 점심에 초청한다. 그래서 이자벨은 이모와 랠프와 함께 록클리 저택으로 간다. 그 집 사람들은 친절한데 좀 재미없다. 저택은 이자벨의 낭만적 기질에 맞지만 워버튼경과 같이 거닐어 보니까 좀 심란해지는 것이다. 그가 구혼을 할 기색으로 보여 그녀는 록클리에는 다시 오지 않겠다고 말한다.

이자벨이 이모네 집에 와서 어느 정도 자리가 잡힐 무렵 미국 친구 헨리에타 스택폴(Henrietta Stackpole)로부터 편지가 날아온다. 유럽 관광에 관한 시리즈 기사를 신문에 쓰는 저널리스트인 헨리에타는 독립심이 강한 여성으로서 이자벨의 탐복을 받고 있다. 랠프의 초청을 받고 헨리에타는 가든코오트 저택에 와서 이자벨과 같이 시간을 보내고 자기 글의 자료도 수집한다.

헨리에타가 도착하고 얼마 안 되어 이자벨은 미국에서 온 또 하나의 친구로부터 연락을 받는다. 자칭 구혼자라고 하는 캐스파 구드우드(Caspar Goodwood)는 보스턴에 사는 젊은 실업인인데 이자벨을 따라 여기까지 온 것이다. 헨리에타로부터 이자벨의 연락처를 알아낸 그는 이자벨에게 한 번 만날 수 없겠는가 하고 편지로 묻는다. 그의 공격적인 접근 방식을 이자벨은 몸서리나게 싫어한다.

구드우드가 보낸 편지를 마당에서 읽고 나서 고개를 들어 바라보니 워버튼경이 그녀 앞에 서 있는 것이다. 워버튼이 이 자리에서 이자벨에게 정식으로 구혼한다. 영광스러운 그의 청혼에 아주 무관심하다는 인상을 주고 싶지는 않아 이자벨은 생각할 시간을 좀 달라고 말한다. 마침내 그녀는 이 젊은 영국인 귀족에게 그의 구혼을 정중히 거절하는 편지를 써 보낸다. 세상 구경과 경험을 좀 더 많이 하고 나서 결혼을 해야겠다는 생각이 들었기 때문이다. 뿐만 아니라 워버튼경은 비록 다정함과 자상함의 표본이기는 하지만 그와의 결혼은 숨이 막히는 것이 아닐까 염려되기도 한다. 약 1주일 후 워버튼경이 찾아와서 이자벨에게 자기의 구혼을 거절한 이유를 묻는다. 이자벨은 그와 결혼한다면 삶을 멀리하고 자신의 운명을 회피한다는 느낌이 들어서 그랬다고 대답한다.

이자벨은 이곳에 올 때 런던에 들리지 못했었고, 헨리에타가 런던에 갈 예정도 있고 하니까 두 여인은 랠프를 대동하고 같이 런던으로 간다. 랠프는 자기 친구 밴틀링(Bantling)을 헨리에타에게 소개한다. 밴틀링은 호인이고 활동적인 노총각이다. 헨리에타가 미국 친구들과 약속이 있어 나간 사이에 랠프는 이자벨에게 왜 워버튼경의 청혼을 거절했느냐고 묻는다. 이자벨은 자기도 헨리에타와 마찬가지로 유럽 구경을 다 하기 전까지는 결혼을 하지 않겠노라고 대답한다. 이자벨이 묵고 있는 호텔에 캐스파 구드우두가 다시 예고 없이 찾아온다. 헨리에타가 연락처를 알려준 것이다. 구드우드가 열렬한 사랑의 고백을 하자 이자벨은 그의 정열에 감동되기는 해도 2년 후에 다시 찾아와 달라는 약속만 하고 만다. 일행이 런던에 묵고 있는 동안 가든코오트 저택에서 전보가 한 장 날아 들어온다. 터치트씨가 통풍(痛風)으로 병세가 악화되었으니 걱정된다는 터치트 부인의 말이다. 이자벨과 랠프는 오후 기차로 떠나고, 헨리에타는 새로 만난 밴틀링의 가족과 만난다고 런던에 남는다.

터치트씨가 가족들의 간병을 받으며 병석에 누워 있는 동안 가든코오트 저택에서 이자벨은 뜻밖에 만난 손님과 말동무를 하며 지낸다. 세레나 머얼(Serena Merle)이라는 이 손님은 터치트 부인이 플로랜스에서 사귄 친구인데, 랠프는 머얼 여사가 같이 살았다는 남편에 대해 애매모호한 발언을 한다. 이자벨과 머얼 여사는 둘만이 같이 있는 시간에 많은 이야기를 나눈다. 이자벨은 머얼 여사의 사교적인 솜씨와 바느질, 그림, 피아노 등에 대한 솜씨를 보고 놀란다. 머얼 여사는 중년 과부로서 자식도 없고 미래도 없는 자기 신세에 비해 이자벨이 가진 젊음과 지성을 부러워한다. 머얼 여사는 플로렌스에 사는 자기의 남자 친구 길버트 오즈몬드(Gilbert Osmond)의 이야기를 하면서 장차 그를 이자벨에게 소개해 주겠노라고 말한다. 머얼 여사가 떠나고 수일 후에 터치트씨는 결국 사망한다.

터치트씨는 그의 유서에 7만 파운드의 돈을 이자벨에게 남겨 준다고 한 것이다. 이것은 랠프가 사촌 누이를 위해 아버지를 설득시킨 때문이었다. 랠프는 이자벨이 이 세상에서 자유를 완전히 즐기는 몸이 되어야 한다고 믿어 그 뜻을 아버지에게 설득시킨 셈이다. 터치트 부인은 런던에 있는 집을 팔아 버리고 이자벨과 함께 파리로 간다. 아버지의 병사로 신경을 많이 썼던 랠프는 휴양차 기후가 온화한 리비에라로 떠난다. 파리에서 이자벨은 이모의 친구들을 많이 만나는데 그들은 대부분 사치에만 빠져 재미없는 삶을 보내고 있다. 그 중에서도 재미있는 사람이 있다면 에드워드 로지어(Edward Rosier)인데, 로지어는 어릴 때부터 아는 사이다. 이자벨이 어린 시절에 아버지와 함께 유럽 여행을 와서 만났던 것이다. 로지어도 유산으로 받은 돈의 이자로만 사는 예술 애호가이다. 헨리에타와 밴틀링도 파리에 도착하여 이자벨은 그들과 또 로지어와 함께 많은 시간을 보낸다.

2월에 터치트 부인은 이자벨을 데리고 플로렌스에 있는 자기 집으로 간다. 도중에 그들은 이탈리아 서북방의 싼 레모에 와 있는 랠프를 들여다본다. 랠프는 이자벨에게 유산 문제로 아버지와 의논은 했지만 이자벨이 유산을 받게 된 것은 자기가 추천해서 된 것은 아니라고 말한다.

한편 플로렌스에서 머얼 여사는 교외에서 일부러 고적하게 사는 미국인 예술 애호가 길버트 오즈몬드를 찾아간다. 오즈몬드에게는 수도원에 맡겨 교육시키는 어린 딸 팬지(Pansy)가 있다. 머얼 여사는 오즈몬드에게 이자벨 아쳐의 이야기를 꺼내면서 그 여자야말로 그의 필요에 맞는 여자이니 꼭 만나서 결혼까지 성사시키라고 말한다. 머얼 여사의 소개로 오즈몬드는 이자벨을 만나게 되고 이자벨은 그 다음에 오즈몬드의 별장에 머얼 여사와 함께 찾아간다. 딸 팬지도 거기에 있고, 좀 수다스럽고 생각이 단순한 오즈몬드의 누이동생 제미니(Gemini) 백작 부인도 만난다. 제미니 백작부인은 머얼 여사가 오즈몬드와 이자벨을 서로 짝지어 주려는 속셈이란 것을 알고 있다. 그리고 이자벨이 오즈몬드 때문에 희생되지나 않나 하고 걱정한다.

이자벨은 오즈몬드를 만날수록 그에게 매료된다. 게다가 오즈몬드의 딸 팬지의 순결함에도 마음이 끌린다. 그 후 이자벨은 로마에 관광차 가는데, 로마의 "대광장"에 홀로 서 있다가 워버튼경과 우연히 마주친다. 워버튼이 또 한번 이자벨에게 사랑을 고백하지만 이자벨은 정중히 거절한다. 두 사람은 그냥 친구로 지내기를 약속하고, 워버튼은 영국으로 돌아간다. 얼마 후 오즈몬드가 이자벨에게 사랑을 고백한다. 이자벨은 깊은 감동을 받는다. 그리고 그녀는 플로렌스에 있는 팬지를 찾아가 본다는 약속을 한다. 팬지는 자기를 찾아온 이자벨을 너무나도 반갑게 맞는다.

이자벨은 어느 날 뉴욕에서 찾아온 캐스파 구드우드의 방문을 받는다. 오즈몬드와 약혼한 사실을 이자벨이 편지로 알리자 그 소식을 듣고 바삐 뛰어 온 것이다. 이자벨을 직접 만나서 이야기를 들은 구드우드는 이튿날 플로렌스를 떠나겠다고 하면서 자리를 뜬다. 그가 떠나가자 이자벨은 울음을 터뜨린다. 이자벨이 오즈몬드와 약혼했다는 소식을 듣고 주변 사람들은 실망을 금치 못한다. 헨리에타 스택폴은 원래 캐스파 구드우드를 좋은 상대로 보고 있었는데, 약혼이 된 것은 오즈몬드가 이자벨의 돈에만 관심이 있기 때문이라고 확신한다. 터치트 부인은 머얼 여사가 중간에서 속임수를 쓴 것이라고 하면서 분개한다. 랠프는 이자벨이 하늘로 높이 솟은 줄 알았더니 땅으로 떨어졌다고 불만을 말한다. 그는 이자벨이 왜 자기의 자유를 마음이 좁고 이기적인 남자에게 바치려 드는지 모르겠다고 놀라움을 표시한다.

이자벨은 자기가 오즈몬드를 택한 것은 그가 거드름을 피우지 않을 뿐만 아니라 아주 고독하고, 아주 교양미가 있고, 아주 강직한 사람으로 보이기 때문이라고 자기 입장을 옹호한다. 어린 팬지는 자기 아버지의 생각을 해서, 그리고 자기 자신의 생각을 해서 이 약혼에 찬성이다. 그리고 제미니 백작부인은 이자벨이 올캐가 된다는 생각을 하면 반갑기는 하지만, 이자벨이 반드시 행복할 것이라는 장담은 하지 못한다. 마침내 결혼한 이자벨과 오즈몬드는 로마에 저택을 잡았는데, 그들이 주거하는 "팔라쪼 로카네라(Palazzo Roccanera)"는 분위기와 양식이 오즈몬드의 고상한 취향만을 나타내주는 곳이지 이자벨의 존재를 개의하는 저택은 아니다. 그런데 결혼한 지 2년 될 때쯤부터 이자벨은 오즈몬드와의 결혼이 잘못된 것이 아닌가 하는 의아심을 갖기 시작한다. 오즈몬드는 고상한 취미를 가지고 로마에서 가장 이름 난 예술의 집을 만들어 놓았지만, 그 속에서 사는 이자벨은 자신의 진정한 모습을 잃고 남편이 만들어 놓은 울속에서 사는 존재가 된 것이다.

한편 이자벨의 옛 친구 에드워드 로지어가 팬지에 관심을 가지기 시작하여 두 사람이 곧 서로 좋아하게 되었는데, 오즈몬드가 두 젊은이의 결혼을 허락하지 않는다. 로지어는 이자벨을 통해, 그리고 머얼 여사를 통해 일이 되게끔 애써 보지만, 자기가 돈이 없기 때문에 오즈몬드가 결혼을 반대한다는 것을 알고 더욱 실망한다. 건강이 자꾸 나빠지는 랠프와 함께 로마에 들린 워버튼경이 이자벨을 이제는 친구로서 찾아왔다가 팬지를 보고는 아주 매력적인 아가씨라고 생각한다. 그러다가 연령차는 좀 있지만 팬지와 결혼하는 것이 어떨까 하는 생각을 해 본다. 그런데 오즈몬드는 팬지를 워버튼경에게 결혼시켰으면 좋겠다는 의향을 이자벨이게 말한다. 머얼 여사도 이와 비슷한 말을 이자벨에게 한다.

어느 날 이자벨은 오즈몬드와 머얼 여사가 은밀히 만나서 무슨 이야기를 하는 장면을 발견하고 남편과 머얼 여사 사이에서 여태 지켜져 왔던 비밀 관계를 의심하기 시작한다. 이자벨은 이제 오즈몬드의 마력에 홀려 왔던 자신을 꾸짖는다. 뿐만 아니라 팬지와 워버튼경의 문제로 오즈몬드 부부간에 더 큰 금이 간다. 이자벨은 남편의 뜻에 따라 팬지가 워버튼과 결혼하기를 권하지만 팬지는 로지어와 결혼한다는 생각을 굽히지 않는다. 팬지의 느낌을 눈으로 본 워버튼경은 자기는 물러나야 한다고 생각하고 오즈몬드 부부에게 와서 작별 인사를 하고 떠난다. 오즈몬드는 이자벨이 중간에서 제대로 활약하지 못하였을 뿐만 아니라 자기의 위신마저 떨어뜨렸다고 아내를 비난한다.

헨리에타는 이자벨에게 구드우드가 로마에 와 있다고 말해준다. 이자벨은 지난번 구드우드와 만났을 때 너무 가혹하게 해서 보냈던 것이 죄스럽게 느껴진다. 오즈몬드가 이자벨의 친지들을 더욱 미워함으로써 부부의 사이는 점점 더 벌어진다. 이자벨은 팬지가 워버튼경과 결혼하는 문제에 끝까지 관심이 있는 것을 보고, 자기가 오즈몬드와의 결혼을 주선한 것이 머얼 여사라고 하였던 이모의 말이 과연 맞는 말이라고 추정한다. 구드우드는 이제 오즈몬드 댁에 수시로 드나드는데 오즈몬드가 아무리 사이좋은 부부처럼 가장을 해도 무슨 일이 있다는 의아심을 버리지 못한다.

건강이 자꾸 나빠지기만 하는 랠프 터치트는 유럽 대륙에서 전지(轉地) 요양하는 것을 포기하고 가든코오트 저택에 돌아가 죽을 날을 기다리기로 한다. 헨리에타는 랠프를 데리고 가겠다고 하면서 이자벨에게는 오즈몬드와 헤어지라고 권한다. 이자벨은 헤어지는 것이 그렇게 쉬운 일이 아니라고 말한다. 얼마 후 랠프가 죽기 전에 누나를 한번 보고 싶어 한다는 이모의 전보를 받자 이자벨은 자기로서는 가든코오트에 달려가는 것이 도리라고 생각한다. 그런데 오즈몬드는 이자벨이 아내로서 남편의 곁에 있지 않고, 자기가 싫어하는 줄 아는 랠프에게 가야 한다고 생각하는 것은 언어도단이라고 말한다.

남편과의 충돌로 마음의 동요를 느낀 상태에서 이자벨은 찾아온 시누이 제미니 백작부인과 만나 이야기를 나눈다. 솔직한 성격인 시누이는 오빠에게 보다 올케에게 더 동정한다. 그리고 이자벨에게 위로해 주는 뜻에서 오즈몬드의 과거를 말해준다. 오즈몬드는 첫 아내가 죽은 후에 머얼 부인과 6, 7년 정도 내연의 관계를 맺고 있었는데, 그 시기에 과부가 된 머얼 부인은 오즈몬드의 아이를 낳았으니, 그것이 팬지인 것이었다. 오즈몬드는 그동안 주거지를 바꾸고 다니면서 새로 사귀는 친구들에게는 처음 아내가 아기를 출산하다가 죽은 것 같이 행세했다는 것이다.

이런 새로운 제보를 듣고도 여전히 랠프를 보러 영국에 갈 결심인 이자벨은 팬지에게 작별 인사를 하러 간다. 팬지는 로지어와의 관계 때문에 상심하고 있어서 아버지가 위로차 수도원에 보냈던 것이다. 수도원에서 이자벨은 머얼 부인도 만나게 된다. 머얼 부인은 이자벨이 자기의 과거의 비밀을 알고 있다는 것을 눈치 빠르게 알아내어, 자기는 미국으로 가게 되었으니 앞으로 다시 만날 일은 없을 것이라고 말한다.

이자벨은 가든코오트 저택에 도착하여 랠프가 마지막 눈을 감는 것을 본다. 장례식 후에 며칠 그녀가 가든코오트 저택에 머물러 있는 동안 랠프의 어머니에게 조의를 표하러 온 워버튼경과 작별 인사도 나눈다. 그리고 그녀가 남편으로부터 학대를 받고 있다는 말을 랠프로부터 듣고 찾아온 캐스파 구드우드의 세 번째 청혼을 이자벨은 다시금 거절한다. 다시 이탈리아로 돌아가는 이자벨은 자신의 운명에 과감히 맞서고 있는 것이었다.

비평과 분석

『한 여인의 초상』은 제임즈 초기 작품 활동기를 총결산하는 걸작소설이다. 그러나 제임즈의 작품 세계를 통관하여 볼 때 이 소설은 비단 그의 초기의 걸작으로만 남는 것이 아니라 그의 후기 작품들의 방향을 예시해 주는 뜻 깊은 작품이기도 하다. 초기 작품을 특징지었던 국제 주제를 구성하는 다소 도식화된 대립, 즉 신대륙 미국의 문명적 가치를 말해 주는 순진·소박·미숙과 구대륙 유럽의 문명적 가치관을 나타내는 세련·교양·퇴폐와의 대립을 다룸에 있어 제임즈는 미국적 이상에 기울어 가는 경향이 짙었었다. 그러나 『한 여인의 초상』에서는 양 대륙의 문명적 가치관에 대한 그의 입장에 상당히 다양화되고 심화됨으로써 어느 하나로 치우쳐 대변되기가 힘들 지경이다. 바꾸어 말하자면 작가로서 이제 더욱 성숙한 제임즈는 여태까지 대비시켜 온 두 가치체계의 어느 한 쪽에 편을 드는 것이 아니라 양자의 적절한 융합 속에서 어떤 의미를 찾기 시작한 것이라고 볼 수 있다. 이러한 작가적 비전의 다양화와 심화의 경향이 곧 『한 여인의 초상』을 제임즈의 후기 작품과 이어지게 하는 요인이 되는 것이다.

이 외에 『한 여인의 초상』을 대걸작으로 만드는 요소들은 얼마든지 있다. 낭만과 멜로드라마가 교차하는 인간적 정경, 내면적 가치를 스스로 발산해 내게끔 그려진 지리 · 공간적 정경, 예컨대 뉴욕주의 올바니, 영국 시골 저택 가든코오트, 로마의 저택 팔라쪼 로카네라 등, 그 다음에 주인공의 생애와 운명에 직접 간접으로 영향을 미치는 적어도 10명 내외의 작중 인물들 사이에서 오고 가는 세련미와 교양미 흐르는 극적인 대화, 그리고 그들의 마음의 한 구석에서 일고 있는 사색과 정서의 미세한 물결, 이 모든 것을 한 작품 속에 어울려 넣으면서 그와 동시에 표현상의 집약과 박진력, 구조상의 균형 등의 창작 원리를 성실하게 실천에 옮긴 눈부신 업적으로 하여 『한 여인의 초상』은 제임즈 소설의 대표작으로 일컬어 마땅하다. 제임즈 자신은 자기의 작품 가운데서 어느 것을 가장 좋아하는가 라는 질문을 받고 후기 작품 『사절들』 다음으로 『한 여인의 초상』을 좋아한다고 하였다(이러한 평가의 기준은 주로 제임즈 자신이 소중히 생각하였던 구조상의 균형이라는 데에 있었다. 『한 여인의 초상』이 『사절들』 다음으로 가장 완전한 구성을 이룬 작품이라고 생각하였던 것이다). 오늘날 비평가들 중에는 『사절들』에 대해 호감을 가지고 말한 제임즈의 견해에는 동의하지 않고 『한 여인의 초상』을 전반적으로 더 높이 평가하는 사람들이 상당수 있다.

『한 여인의 초상』을 걸작 소설로 만든 위의 몇 가지 요소들과 함께 이바지한 결정적인 요인은 여주인공 이자벨 아쳐, 즉 그녀를 서양 소설 문학사상 불멸의 여주인공으로 탄생시킨 제임즈의 탁월한 창조력에 있다고 말할 수 있다. 그의 전기적 기록에 의하면 제임즈는 『한 여인의 초상』을 처음부터 대작(大作)으로 구상하였다고 한다. 뿐만 아니라 이 대작을 써 나가는 방식에 있어서 플롯이 아니라 작중 인물의 설정에서부터 시작하여, 그로부터 개연성있는 플롯을 짜 나가는 트루게네프의 방식을 따랐다고 먼 후일(즉 뉴욕 판에 담긴 이 소설의 서문에서) 제임즈는 회고하였다. 이 작중 인물의 설정 단계에서 제임즈가 고심하여 얻어 낸 것이 "자신의 운명과 과감히 맞서는 어떤 젊은 여성에 대한 구상(the conception of a young woman affronting her destiny)"인데, 이것이 이자벨 아쳐를 탄생시킨 기본적인 청사진이 된 셈이다.

이러한 기본적인 제재(題材)를 택하고 난 제임즈가 그 다음에 다스려야 했던 문제는 그것을 얼마나 효과적으로 발전시켜 작품화에 이르는가 하는 것이었다. 역시 앞서 말한 서문에 제임즈가 적은 회고에 의하면, 이 문제의 해결을 위해 제재의 초점을 그 젊은 여인의 의식 (과정과 내용)에 맞추는 기법을 사용하였다는 것이다. 이 기법의 목적은 작중 인물이 "느낌으로 체험한 인생(the felt life)"을 작가가 최대한 박진감을 가지고 독자에게 전달하는 데에 있다. 이자벨 아쳐가 느낌으로 체험한 인생을 알지 못하고서는 독자는 그녀를 알래야 알 수가 없다는 것이 제임즈가 시사하는 입장이다. 중심인물의 의식에 초점을 맞춘 다음, 제임즈는 그 의식의 과정과 내용 여하에 따라 거기에 상응하는 다른 인물들을 설정하기로 하였다. 설정된 다른 인물들은 중심인물의 시점 (또는 의식)을 통해 그 성격이 점차로 더 밝혀지기도 한다. 『한 여인의 초상』에서는 이자벨의 운명에 결정적 역할을 하게 되는 랠프 터치트, 머얼 여사, 길버트 오즈몬드 등 적어도 세 인물의 의식 과정이 직접 그들의 시점을 통하여 나타난다. 이렇게 하여 인물들의 성격이 점차적으로 밝혀지는 과정과 양상이 곧 이 작품의 중요한 내용을 이루는 것이 된다.

자신의 운명과 과감히 맞서는 젊은 여인 이자벨 아쳐는 제임즈가 창조해 낸 인물들 가운데서 가장 뛰어난 인물에 속하며, 영미 소설을 통틀어서 볼 때도 가장 감동적인 여주인공의 하나라고 말할 수 있다. 낭만적이며 자신감에 차 있고, 강인한 의지와 청신한 두뇌를 가진 이자벨의 인물 창조 과정에서 제임즈의 의식 속에 잠겨 있었던 몇몇 실재 인물 또는 상상 인물들이 도움이 되었을 것이라는 추정이 제임즈 연구가들에 의해 가끔 내려졌다. 실재 인물로는 이미 언급된 사촌 누이동생 미니 템플에 대한 그의 추억이 작용하였을 것이며, 또는 대망(大望)을 품고 유럽에 건너와서 살게 된 점에서 이자벨과 비슷한 인생 경험을 겪은 제임즈 자신의 모습까지도 작용하였으리라는 것이다. 상상 인물로는 제임즈가 늘 존경하여 마지 않은 선배 작가 조지 엘리어트의 여주인공들, 즉 『미들마취』의 도로시아 브루크와 『다니엘 데론다』의 궨돌렌 할레스, 토머스 하디 작 『광란의 무리를 멀리 떠나』의 여주인공 바스쉬바 에버딘이 이자벨과 자주 비교·논의된다. 이러한 비교 연구가 이자벨의 성격을 이해하는 데에 도움이 됨은 두말할 나위도 없다. 그러나 이자벨만이 가진 성격적 특이성은 역시 이 작품의 맥락을 통해서만 얻어진다.

미국의 침체한 생활환경에서부터 유럽으로 오는 순간의 이자벨은 얼핏 보기에 그 나이의 여인으로서 가질 수 있는 유리한 조건을 모두 다 지니고 있는 것처럼 보인다. 젊고, 매력적인 용모에 지성적이며, 자립정신이 강하며, 감수성도 예민하고, 인정미도 있다. 이자벨에게 이러한 성격적인 미덕을 부여함으로써 제임즈는 독자에게 이자벨에 대한 공감과 호감을 갖게끔 하고 있음이 분명하다. 이토록 유리한 조건에 놓인 그녀는 기본적으로 인생을 풍만하게 살 자유를 추구한다는 목적을 위해 유럽으로 오는 것이다. 그러나 제임즈는 미덕만 지닌 완전무결한 인물로 제시하지는 않는다. 유럽으로 그녀를 데리고 오는 이모의 시각에서 볼 때 이자벨은 세상 물정을 모르는 많은 천진스러운 미국 처녀의 한 사람으로 보이는가 하면, 이모의 아들 랠프는 세상의 쓰라림을 모르는 이자벨이 세파를 타고 가면서 혹시 크게 다칠까봐 무척 염려한다. 이자벨이 영국에 닿자마자 만나 알게 되는 영국 귀족 워버튼경의 호감 섞인 눈에도 이 매력 있는 여성은 너무나 공론적(空論的)인 데가 있다고 보여지는 것이다. 그리고 독자에게 다소 위태로움과 불안감을 안겨줄 정도로 이자벨은 허황된 낭만주의에 젖어 있다. "어두운 밤에 앞이 잘 보이지 않는 길을 사두(四頭) 마차를 타고 질주하는 것이 내가 생각하는 행복이라는 것"이라고 그녀는 장담한다. 이러한 성격상의 "결함"은 이자벨이 이후에 인생을 풍만하게 살 자유를 추구하는 과정에서 범하게 되는 판단의 "실수"를 정당화시켜 줄 뿐만 아니라, 그녀를 고전적인 의미의 비극 주인공으로 만들어주는 요인이 되기도 한다. 대망을 품고 온 이자벨에게는 선택과 결심이 기다리고 있다. 적어도 그녀로서는 인생을 풍만하게 살 자유를 최대한으로 보장해 주는 선택과 결심이 가장 요긴한 것으로 되어 있다. 얼핏 보기에 매력적인 조건을 갖춘 구혼자들을 제쳐 놓고 그녀가 길버트 오즈몬드를 반려자로 택하는 것도 이러한 가치 기준에 결심의 근거를 두기 때문이다.

이자벨에게 맨 먼저 정식으로 구혼을 하는 워버튼경은 나무랄 데 없이 조건을 골고루 갖춘 상대이다. 원만하고 차분한 성격에 미남인 그는 영국의 귀족 사회에 뿌리를 내린 신사이면서도 진보적이며 인도주의적인 정견(政見)을 가져 새로운 패턴의 교양미 있는 귀족의 면모를 갖추고 있다. 워버튼의 구혼을 이자벨이 거절하는 이유는 인생을 자유롭게 탐색하여 가며 살아야 한다는 자신의 이상을 망칠까 하는 우려 때문이다. 그와 결혼하면 이방적 "체제" 속에 갇혀 대부분의 사람들이 겪는 인생 경험과 격리되지나 않을까 하고 염려하는 것이다.

미국에서부터 이자벨을 사모하여 왔던 미국인 사업가 캐스파 구드우드는 워버튼과는 대조적으로 완전히 미국적인 분위기와 성품을 나타낸다. 워버튼이 이자벨을 대하는 태도는 정중하면서도 열떤 데가 있는데, 구드우드는 남성적인 매력은 있되 때로는 위협을 느낄 정도로 지나치게 꿋꿋

하고 진취적이다. 자유를 추구하는 이자벨에게는 그녀 나름의 진취성이 있는 것도 사실이다. 그러나 그녀가 꺼려하는 바는 꿋꿋함과 진취성을 내놓고는 아무 것도 못 가진 구드우드의 성격적 단일성(單一性)이다. 구드우드의 담백성에 부표(否票)를 던지는 것이나 다름이 없다. 이것은 비슷한 심정에서 미국을 등지고 떠난 제임즈 자신의 취향을 반영하는 것이라고도 보여진다.

캐스파 구드우드와 약간 다른 시각에서 미국 문화와 분위기를 풍기는 인물은 헨리에타 스택폴이다. 이자벨에게 처음부터 캐스파를 결혼 상대로 추천하고 평소에 늘 두 사람의 중개역을 맡아 하는 헨리에타는 유럽 문명의 장점(유럽인과의 결혼까지 포함)을 믿지 않는 국수주의자로 등장한다. 뿐만 아니라 과거와 전통을 멸시하고 여권(女權)의 신장을 경솔하게 내세우는 언동은 때때로 그녀를 희극적인 인물로 만들어 이자벨과 좋은 대조를 이룬다. 그러나 많은 그녀의 솔직한 발언은 예리한 판단력을 말해 주며, 소설의 끝부분에 가서 몸이 아픈 랠프를 유럽에서 영국까지 데리고 가는 그녀의 친절한 배려는 독자의 공감을 일게 하는 부분이다. 유럽에서 우연히 만난 영국인 미스터 밴틀링과 약혼하는 과정은 헨리에타가 이전에 밝힌 자신의 유럽관에 위배되어 자연성을 결하였다는 느낌이 적지 않으나, 적어도 헨리에타의 유럽 문화에 대한 이해가 깊어졌다는 좋은 시사는 될 것이다.

이자벨을 사모하는 또 한 명의 남자 랠프 터치트는 실제로 청혼을 하지는 않는다. 언제 어느 때 다가올지도 모르는 자신의 죽음을 항상 의식하는 폐병 환자인 랠프는 결혼은 상상도 못하는 일이다. 그러나 그에게 남은 유일한 낙(樂)이 있다면 자신이 사모하는 사람이 자유를 가지고 어떻게 운명을 헤쳐 나가는지를 지켜보는 즐거움이다. 랠프가 다소 의혹하는 부친을 설득시켜 사촌 누이에게 막대한 유산을 받게 하였던 동기도 그런 데에 있었던 것이다. 랠프가 이자벨에 대해 품었던 애모(愛慕)는 말로서는 이루 표현하기 어려운 무한의 것이었다. 평소에는 이자벨에 대한 인자함과 자상한 배려로서만 표현되었던 그의 숨은 애모의 정으로 하여 이 지상에서 보답받을 기회가 완전히 막혀 버린 마지막 순간에 가서야 랠프가 그것을 알아차리게 되었다는 것은 이 소설에 나타나는 중요한 아이러니의 하나이다.

이에 못지않게 큰 아이러니는 이자벨의 자유와 행복을 위해 랠프가 공들여 이루었던 그녀의 “재정적 자립”이 그녀를 불행한 결혼 생활의 사슬로 얽매어 놓는 요인이 되고 말았다는 것이다. 그녀의 재정적 자립이 불행의 원인(遠因)이라면 자기의 재산을 보고 은밀히 다가오는 머얼 여사, 그리고 오즈몬드의 외형적인 사교나 교양미에 매료되기만 하는 이자벨의 환각은 그녀의 불행의 근인(近因)이 되는 것이다. 머얼 여사는 처음에는 이자벨의 눈에 자신이 꿈꾸는 자유와 행복의 화신과도 같이 보인다. 매력 있는 풍모에 세련미가 담긴 거동, 음악과 미술에 대한 조예, 대범한 심성과 자립적인 정신, 이 모든 것이 바로 이자벨 자신이 갖고자 하는 교양과 인품이다. 그러나 이자벨의 환상은 오즈몬드의 누이동생 제미니 백작부인의 입을 통해 간계가 밝혀지는 순간에 산산이 깨어지고 만다. 머얼 여사는 이 소설에서 중요한 "도구적" 역할을 하는 인물이다. 오즈몬드, 그리고 그와 자신의 사이에서 난 딸 팬지의 안락한 미래를 보장받기 위해 간계를 꾸민 머얼 여사는 그같은 부정적인 활동에서 아무런 행복도 찾지 못할 뿐만 아니라 마침내는 이자벨에 대해 회개를 느끼는 것을 보아도 인간미가 전혀 없지 않는 여인이다.

길버트 오즈몬드를 만나서 알게 되는 이자벨은 그에 대해서도 재빨리 환상을 품게 된다. 예술품 감식가로 태연한 자세를 부리는 오즈몬드는 이자벨의 눈에 교양과 심미(審美)와 고결의 극치로 비치는 것이다. 일찍이 오즈몬드의 정체를 꿰뚫어 본 랠프는 그를 "무취미한 도락가"라고 악평하여 이자벨의 분노를 사기만 한다. 주변의 많은 인물들이 제각기 오즈몬드의 성품의 실체를 간파하고 비판적인 말을 하지만 오즈몬드가 "돈도 없고 명성도 없고 관록도 없는" 하찮은 도락가에 지나지 않는다는 터치트 부인의 평이 그 중에서 가장 정곡을 찌른 말이다. 사실 오즈몬드의 특색이라면 사회적으로 하찮은 존재라는 것인데, 묘하게도 그 점에서 이자벨은 오즈몬드가 마음에 더 끌리는 것이다. 자유로이 풍만하게 인생을 살아야 한다는 이자벨의 이상이 여기에서도 작용한 것이다.

오즈몬드의 가려졌던 실체가 드러나기 시작한 것은 (랠프의 지속적인 조언도 조언이지만) 오즈몬드가 집안의 골동품을 다루듯이 소장품으로만 여기는 딸 팬지의 결혼 상대로 워버튼경을 맞아들이려고 하는 시도를 하면서부터이다. 이때부터 이자벨의 환상에 서서히 변화가 일기 시작한다. 그리고 이 환상이 완전히 깨어져서 이자벨이 "암흑의 집, 무언(無言)의 집, 질식의 집"에 갇혀 있는 자신을 발견하는 제42장이 그 절정을 이룬다. 환몽에서 깨어난 그녀는 오즈몬드가 그녀에게 한치의 자유도 허용하지 않는 고압적인 남자요, 이를 데 없이 속물적이며 위선적인 인물이요, 자신의 속을 아는 모든 사람에게 한없이 비정한 사나이임을 알게 된다.

이자벨이 오즈몬드의 반대에도 불구하고 죽어 가는 랠프를 문병하러 떠나는 행위는 이자벨의 본성에 어긋남이 없는 행위이다. 그러나 랠프의 장례를 마친 다음 수삼일 머뭇거리면서 향방을 모색하고 있는 이자벨의 신변에 짤막하긴 하나 결코 사소하지 않은 사건, 그것도 6년 전에 이 가든코오트 저택에서 있었던 일과 정반대의 일이 벌어진다. 6년 전에는 영국으로 곧 찾아와서 청혼할 것을 암시하는 구드우드의 편지를 이자벨이 벤취에 앉아 읽고 있던 찰나, 워버튼이 오히려 청혼할 태세를 갖추고 앞에 나타났던 것이다. 이번에는 방문 왔던 워버튼을 방금 보내고 나자, 구드우드가 돌연 찾아드는 것이다. 둘이서 새 출발을 해보자는 구드우드의 열렬한 호소를 듣고 이자벨은 순간적으로 유혹을 느끼지만 결국 그 유혹을 이겨낸다. "번개불" 같은 키스를 남기고 구드우드가 자리를 뜨자 이자벨은 다시금 자유로움을 느끼는 것이다.

이자벨이 마침내 오즈몬드가 있는 로마 집에 돌아가는 이 소설의 종결부는 비평가들로부터 여러 가지 해석을 낳게 하였다. 첫째는 이자벨이 결혼 서약의 존엄성을 끝까지 지켜서 결혼을 도저히 파기할 수 없었다는 해석이다. 이와 관계가 있는 두 번째 해석은 가정에 대한, 특히 팬지에 대한 책임감 같은 것이 이자벨의 마음을 언제나 짓누르고 있었다는 것이다. 셋째 해석에 의하면 구드우드와 같은 꿋꿋한 사람과 너무 열렬히 정서적으로 얽히는 것이 이자벨로서는 두렵기도 하여, 차라리 오즈몬드가 견딜만 하다고 생각하였던 것이 아닐까 하는 것이다. 세 번째 해석은 이자벨이 가진 도덕적 가치관이 그러하였으므로 그녀가 자신이 저지른 과오에 대해 충분한 응보(應報)를 할 사람이라는 것이다.

『한 여인의 초상』을 공들여 읽은 독자라면 위의 해석들에 제각기 수긍할 점이 있음을 알게 될 것이다. 사실 종결부는 이 모든 해석들이 담기고도 남을 정도로 풍성한 암시가 깃들여 있다. 독자들이 제각기 가지는 인상이나 결론이 그 어느 쪽으로 기울든 간에, 이 소설의 끝에 가서 완성되는 이자벨의 초상을 보며 독자들이 느끼는 감회는 대체로 공통되는 것이라고 보여 진다. 생애를 통해 지능과 상상력의 면에서는 간혹 흔들리기도 하였지만, 인품의 고결성에 대해서는 한 치의 요동도 없이 자신의 운명과 맞섰던 이 여인을 어찌 우리는 경건과 탄복의 눈으로 우러러 보지 않을 것인가?

10. 조제프 콘래드 (Joseph Conrad)

생애와 작품

JOSEPH CONRAD
(1857~1924)

조제프 콘래드—본명 요제프 테오도르 콘라드 날레츠 코르제니오브스키(Jozef Teodor Konrad Nalecz Korzeniowski)—는 1857년에 폴란드의 베드리체프라는 농촌에서 태어났다. 당시 폴란드는 정치적으로 러시아의 통치하에 있었다. 요제프의 아버지 알폴로 코르제니오브스키씨는 자칭 시인이자 셰익스피어 작품을 폴란드어로 옮긴 번역가였다. 열렬한 애국지사이기도 한 그는 러시아 치하의 폴란드에서 평화로운 삶을 즐기지 못하였다. 요제프의 어머니 이봐 보브르브스키는 부유한 지주 가문의 태생이었는데, 지주들은 러시아 치하에서 되도록이면 통치 당국자들과 충돌을 피하며 사는 터였다. 뿐만 아니라 보브로브스키 가문에서는 이봐가 자기네보다 신분이 낮은 집안으로 시집을 갔다고 늘 불만이었다.

아폴로 코르제니오브스키는 그의 온 정력을 폴란드의 독립 운동에 바쳤는데 그런 이유 때문에 1862년에 그는 중형을 받아 러시아의 북부에 있는 볼로그다로 유형(流刑)에 송치되었다. 이 때 다섯 살 된 요제프와 그의 어머니도 함께 아폴로를 따라 유형지로 갔다. 러시아의 사나운 겨울날씨 때문에 건강이 크게 상한 이봐는 유형지에서 3년 후에 세상을 떠났다. 아폴로와 요제프는 약 4년 후에 폴란드의 크라코브로 돌아왔지만, 귀국 후 얼마 만에 아폴로는 폐병으로 사망하였다.

콘래드 자신이 평생을 두고 건강이 좋지 않았는데 먼 원인은 소아시절 이런 풍토에서 보낸 것 때문이 아닐까 싶다. 이처럼 암담하고 고갈된 소년기를 지낸 콘래드의 의식 속에는 두 가지 굳은 생각이 박혀 나중에는 그것이 그의 작품에서도 떠오른다. 두 가지 생각이란 하나는 러시아에 관련되는 모든 것과 독재 정권이 하는 처사들에 대한 끊임없는 증오심이오, 또 하나는 인간은 피해자이며 인간은 본질적으로 고독하고 고립된 존재라는 강렬한 의식이었다. 인간이 피해자라는 의식은 그의 아버지의 숙명적인 생애를 보고 갖게 된 것이며, 인간이 고독한 존재라는 의식은 콘래드 자신이 12세에 고아의 신세가 되면서부터 갖게 된 것이다.

고아가 된 콘래드는 그의 외삼촌 타데우츠 보브로브스키씨 슬하에서 자랐다. 지주 출신이며 이름난 변호사였던 보브로브스키씨는 조카를 폴란드의 교양 있는 성인으로 만들어 보겠다는 적극적인 생각에서 학교 공부 외에 가정교사를 대주기도 하였다. 이 때 받은 수년간의 교육이 콘래드가 받은 학교 교육의 전부라고 해도 과언이 아니다. 어린 시절부터 독서를 열심히 하였던 그는 그 이후부터 대체로 독학으로 때워 나갔다. 이 때 그가 탐독하였던 책으로는 19세기 영국 해양 소설가 프레데릭 매리아트(Frederick Marryat)의 작품들과 같은 시기의 미국 소설가 제임즈 페니모어 쿠퍼(James Fenimore Cooper)의 로맨스 소설이었다. 콘래드의 꿈이 해양 생활의 낭만에 싹트기 시작한 것은 이 시절의 독서 경험에서부터였다. 그의 작품, 특히 그의 평론에 나타나는 영어, 불어, 러시아어에 대한 광범한 지식은 그가 독학을 통해 얻는 것이다. 콘래드를 폴란드의 어엿한 사회인으로 만들어 보겠다는 보브로브스키씨의 소망은 결국 달성되지 못하였다. 너무나도 많은 것을 요구하는 외삼촌의 교육방식과 이념이 콘래드의 생리에 맞지 않았던 것도 있었지만, 애국지사 아폴로 코르제니오브스키의 아들로서 러시아 치하의 폴란드에서 설 자리가 없다는 확신을 굳히게 된 콘래드는 자기의 미래가 폴란드 나라 안이 아니라 저 넓은 바다에 있다는 것을 외삼촌에게 설득시켰다. 바다에 대한 열망은 독서 경험을 통해 이미 불타오르기 시작했지만, 1837년에 가정교사를 따라 독일, 스위스, 이탈리아 등지를 돌다가 이탈리아 북부 지방에서 도보 여행을 하던 중 아드리아해를 눈앞에 처음 보는 순간 바다에 대한 열띤 꿈이 더욱 부풀어 올랐다고 한다.

1874년 그의 나이 17세에 콘래드는 조국 폴란드를 떠나 프랑스의 항구 도시 마르세이유로 갔다. 마르세이유에 가서도 당분간 외삼촌의 재정적인 후원을 받았던 콘래드는 소형 범선 한 채를 사는 데 투자하여 당시 스페인의 정계에서 왕권 복귀를 노리던 돈 칼로스의 지지파에 무기를 밀반출해 주는 일을 열심히 도왔다. 뿐만 아니라 콘래드는 열렬한 비련(悲戀)을 하였던 것 같고, 그로 인해 재정 사정이 나빠진 데다가 도박으로 인한 빚이 너무 커져서 마침내 1878년에 자살을 시도하기까지 하였다. 마르세이유에서의 이 4년간의 다사다난(多事多難)한 생활 경험은 후일에 그가 쓴 서정적인 회고록 『바다의 거울(*The Mirror of Sea*)』(1906)과 소설 『황금 화살(*The Arrow of Gold*)』(1919)의 좋은 소재가 되었다.

자살 시도에 쓴 권총 알이 콘래드의 몸을 관통하지 않아 다행이었지만 자살 소식을 들은 외삼촌은 황급히 마르세이유에 달려와서 조카가 저질러 놓은 엉망의 치다꺼리 때문에 고심하였다. 약 2개월 후에 콘래드는 마르세이유에서부터 영국으로 가는 영국 선박 "메이뷔스(Mavis)"호의 선원으로 고용되어 배를 탔다. 이 때 그는 영어는 몇 마디 밖에 알지 못하였다. 콘래드의 직업적인 선원 생활이 그것도 영국 선원으로서의 생활이 이런 식으로 시작된 것이었다. 그 후 호주, 방콕, 마드러스, 싱가폴 등의 동방 세계에 있는 항구들에 영국 배를 타고 다니다가 2년 만인 1880년에 그는 2등 항해사가 되었고, 1884년에는 1등 항해사가 되었다. 1886년에 그는 영국 시민으로 귀화하고 같은 해에 그는 영국 해무청 발행 선장 자격증을 취득하였다. 동시에 그는 이름도 폴란드의 본명에서부터 조제프 콘래드로 바꾸었다.

극동 섬 나라의 서양 유랑인

그가 선장으로서 처음으로 몬 배는 방콕과 호주의 애들레이드 사이를 항해한 "오타고(Otago)"호였다. 1889년에 콘래드는 이 배의 선장직을 그만두고 다음 해에 아프리카의 콩고강을 따라 오지(奧地)에 있는 벨기에 영토로 들어가는 기선의 선장이 되었다. 이 때 벨기에는 상아(象牙)를 찾아 내륙 지방을 개발하고 있는 중이었다. 아프리카의 밀림 사이를 흐르는 콩고강을 36일간 항해하고 열대 기후 하에서 6개월이나 지내다 보니 콘래드는 건강을 해칠대로 해치고 말았다.

사실인즉 콘래드는 1888년경부터 배를 타는 일을 하면서 간간히 창작을 하기 시작하였다. 예를 들어 1889년에 그는 캐스파 올메이어(Kaspar Almayer)라는 인물의 요상한 이야기를 작품화하기 시작하였고, 콩고에 가서 체류하는 중에도 집필을 단속적으로 하고 있었다. 영어를 아직도 완전히 터득하지 못하였던 그는 이 소설을 완성하는데 무려 5년이나 걸렸고 5년의 노고 후에도 작품에는 아직도 그가 영어뿐만 아니라 소설의 테크닉에서마저 씨름을 많이 했다는 증거가 상당히 남아 있다. 이 작품이 바로 그의 처녀 소설 『올메이어의 거각(巨閣)(*Almayer's Folly*)』(1895)이다. 올메이어는 보물을 찾을 수 있다고 확신하고 보르네오의 내륙 지방에까지 찾아 들어온 유럽의 유랑인인데, 그는 들어와서 거대한 집을 지어 놓고 산다. 제목의 "Folly"가 바로 그 거대한 건축물을 말하는 것이다. 그러나 보물도 찾지 못하고 가정 생활에서 행복도 찾지 못한 그는 그 거대한 집 안에서 실의에 빠진 채 죽어간다. 『올메이어의 거각』이 의외로 출판이 결정되어, 콘래드는 이제 영국에 정착하여 작가로서 생계를 이어볼까 하는 생각을 하기 시작하였다. 그러나 일반 독자들의 반응이 아직도 불투명하기 때문에 필요하면 바다 일로 다시 돌아갈 가능성을 배제하지는 않고 있었다.

두 번째 소설 『도서 지방의 유랑자(*An Outcast of the Islands*)』(1896)도 처녀 소설과 별로 다를 것이 없다. 이 작품 역시 극동의 섬나라로 흘러 들어와서 그 곳에서 삶을 끝마치는 서양 유랑인의 이야기인데 기교면에서는 여전히 콘래드의 습작기적 특성을 그대로 나타내주고 있다. 이 책이 나온 해에 콘래드는 제씨 조지와 결혼하였고, 그 결혼으로 인해 그는 사실상 바다에 나가는 일은 포기하고 책상 앞에 앉아 장시간 글만 쓰는 것이었다. 건강이 좋지 않아 빈번히 말라리아, 통풍(痛風), 심한 우울증 등을 앓는 콘래드를 제씨는 말없이 간호해 주기에 바쁜 겸손한 여인이었다.

세 번째 소설 『나시서스 호의 검둥이(*The Nigger of the "Narcissus"*)』(1897)는 바다를 주제로 한 콘래드의 뛰어난 작품들 가운데서 시초를 이루는 것이다. 이 소설의 제목에 나오는 "검둥이" 제임즈 웨이트(James Wait)는 작품에서 처음부터 끝까지 존재하지만 행동은 가장 적게 하는 인물이다. 봄베이를 떠나 영국으로 가는 "나시서스"호가 출항하고 얼마 안되어 그는 중병에 걸렸다고 하면서 병석에 드러눕는데 선원들은 그가 과연 꾀병을 앓는 것인지 아닌지를 가늠하지 못한다. 배 안에서 가장 경험이 많고 슬기로워 보이는 씽글튼 노인(Old Singleton)은 웨이트에 관해 얼른 가부(可否)를 판단 짓기를 꺼려한다. 배가 모진 폭풍우를 만나 난파 직전에 이르자 많은 미신적인 선원들은 재수 없는 검둥이가 배에 타서 그렇다고 하면서 병실에 누운 그를 끌어내어 살릴 수밖에 없다. 그런데도 검둥이는 목숨을 살려준 은공을 하나도 모른다. 마침내 주방장의 말을 듣고 자기가 천벌 받을 짓을 했다는 것을 깨달은 웨이트는 일을 하려고 들지만 선장은 그것을 하지 못하게 한다. 차라리 웨이트에게 꾀병을 오래도록 앓게 하여 간접적으로 벌을 받게 하자는 것이다. 배 안에 반란에 가까운 사건이 한번 일어났다가 가라앉으면서, 마침내 육지가 보이기 시작할 무렵 웨이트는 죽어 간다. 이 소설의 주제는 콘래드가 바다 이야기를 다룬 소설에서 쓴 주제들 중의 하나로서, 선원은 배에서 충성심과 의무감을 끈질기게 가져야 한다는 것이다. "나시서스"호에서 충실한 선원의 귀감이 되고 있는 씽글튼을 통해 콘래드는 신의(信義)를 지키는 일의 중요성을 강조하고 있다. 배에 대한 충성심이나 책임감은 곧 선원들 사이에서 서로 느끼는 공동체 의식, 즉 바다에 나가서 일한 수많은 사람들이 오랜 세월에 걸쳐 이루어 놓은 전통 속에 자기 자신의 모습과 설 자리를 경험하는 일로 확대될 수 있다. 무슨 이유로든 이러한 공동체 의식에 도달하지 못하는 콘래드의 인물은 소외되고 고립된 인물로서 멸망한다. 제임즈 웨이트도 그 한 예이다.

곧 이어 단편집 『불안의 이야기들(*Tales of Unrest*)』(1898)이 나오고 2년 후에 나온 걸작 소설 『로오드 짐(*Lord Jim*)』(1900) (별항 해설 페이지 197~207 참조)을 콘래드는 내용과 형식면에서 다같이 그 나름의 특성 있는 작품으로 만드는 데 성공하였다. 형식면에서 콘래드가 새로 도입한 기법은 여러 개의 시점들을 교체해 가면서 사용하는 것이었다. 이런 기법을 사용하면 작가가 작중 인물의 성격이나 행동의 동기를 다각도로 분석하여 볼 수 있다는 장점이 생기는 것이다. 이 소설은 짐이라는 이름의 한 젊은 간부 선원이 해상에서 처음으로 어떤 위기를 맞아 당황하는 순간에 자신이 맡은 임무를 수행하지 못하여 체면 상실과 죄책감을 면치 못하고 있다가 그 후 여러 해 동안 말레이 원주민들 사이에 들어가서 소문 없이 자존심의 회복을 위해 노력하던 끝에 야릇하게도 자기 목숨을 바쳐 보상의 길을 찾는 이야기이다. 얼핏 보기에 이 소설은 콘래드의 처음 두 소설 속에 묘사되었던 극동에 위치한 나라의 생활상과 『나시서스 호의 검둥이』에 정확히 그려진 선창 생활의 분위기가 합쳐진 것으로만 볼 수 있다. 그러나 처음 두 소설에서 유럽의 유랑인들이 동양의 원주민 촌락에 와서 타락하여 멸망하는 것에 비해 『로오드 짐』은 끝에 가서 서양인 주인공 짐이 비극적으로나마 자신의 잃었던 자존심을 되찾는 숭고한 면을 보여주고 있다. 이 시기에 또 콘래드는 자기보다 나이도 적고 자신감도 더 많은 작가 포드 매독스 포드(*Ford Madox Ford*)와 합작하여 소설 두 권, 즉 『상속자들(*The Inheritors*)』(1901)과 『로맨스(*Romance*)』(1903)를 내었다. 이 작품들은 콘래드에게 기교면에서 좀 더 많은 경험을 쌓는 계기가 되었다. 콘래드가 포드와 합작한 또 하나의 소설 『죄의 속성(*The Nature of a Crime*)』은 1924년에야 발표되었다.

1920년은 콘래드의 생애에서 매우 인상적인 해였다. 이 해에 『태풍(Typhoon)』, 『청춘(Youth)』, 『암흑의 심장부(*Heart of Darkness*)』라는 뛰어난 세 중편 소설이 쏟아져 나온 것이다. 『태풍』은 바다에서 태풍을 만난 한 선원의 느낌을 있는 그대로 정확히 재현한 것이다. 완강한 선장 맥훠(MacWhirr)가 "난샨(Nan-Shan)"호를 몰고 상상할 수 없이 모진 폭풍우 속을 헤쳐 나가는 것이 이 소설의 줄거리로 되어 있다. 콘래드는 이 작품에서 자신의 모든 묘사력을 이 폭풍우의 폭악한 힘을 그리는 데 다하고 있다. 배 안에서 일어나는 주된 사건으로는 갑판 밑에서 중국인들이 서로 싸우는 통에 그들의 돈 주머니가 뒤집혀 여기저기 굴러다니는 장면이 있고, 이 소설에서 오래도록 남는 인상은 둔감한 맥훠 선장의 모습이다. 그는 폭풍우가 아무리 거세게 쳐 와도 그것을 무난히 헤치고 나갈 것이라는 신념에 아무런 흔들림이 없는 인물이다.

『청춘』은 동양 나라들을 처음으로 찾아 나오는 한 풋내기 선원이 바다에서 받은 느낌을 기록한 것이다. 『로오드 짐』에서 화자로 나왔던 마알로(Marlow)라는 인물이 다시 나와서 화물선 "쥬디아 Judea"호의 동양행 항해 경험을 서술하고 있다. 이 항해에서는 시작부터 불운이 연달아 일어난다. 배가 아직도 항구 안에 있는데 기선 한 척이 와서 받는가 하면 영국의 영해를 벗어나기도 전에 폭풍우로 타격을 받는다. 그리고 인도양에 나가서는 쥐들이 배에서 뛰쳐나가는 것이 보이더니 화물로 배에 실은 석탄에 불이 붙은 것이 발견된다. 선원들은 배가 폭파하기 바로 직전에 배를 떠나 작은 보트로 옮겨 탄다. 그리하여 마알로는 피난차 옮겨 탄 작은 보트 안에서부터 동양의 나라를 난생 처음으로 바라다보고 희열 속에 그의 온 상상력이 불타오르는 것을 느낀다.

인간 내면의 심장부 탐색

『암흑의 심장부』는 1890년에 콘래드가 벨기에 영토 콩고로 항해하여 가서 체류하던 경험을 소재로 삼아 쓴 것으로서, 콘래드의 작품들 가운데서 가장 높이 평가되는 것 중의 하나이다. 이 중편 소설에서는 마알로가 다시금 출현하여 콩고강을 거슬러 올라가던 콘래드 자신의 경험이 재연된다. 이 소설은 19세기말 벨기에 영토 콩고를 비롯한 아프리카 각지에서 자행되고 있던 유럽 식민주의 정책의 비인간적인 포탈의 양상을 생생하게 묘파한 것으로 일단 풀이될 수 있다.

마알로의 배가 콩고에 이르기도 전에 아프리카 원주민들과 전쟁을 하고 있는 듯한 프랑스의 포함 한 척이 대륙을 향해 무작정 포격을 가하고 있다. 아프리카 내륙으로 들어가 보면 소위 문명의 미명 하에 아프리카의 온 자연이 무참하게 파괴되고 약탈되고 있는데, 그것의 명분이 있다면 식민주의자들의 탐욕일 뿐이다. 벨기에 무역회사에 고용된 원주민들은 옛적의 자연 환경에서 떨어져 살다 보니 병들고 허약해져서 나무 그늘 밑에 앉아 죽기만 기다리고 있다. 그런데 이 소설은 아프리카의 암흑상을 그렇게 사실적으로 그려내는 일로 그치지 않는다. 콘래드는 자신이 관찰하고 경험한 내용을 서술하는 화자 마알로와 그의 이야기를 말없이 듣고 나서 개괄하여 말하는 무명의 청자를 이중적인 설화 구조 속에 배치시킴으로써 전체 이야기의 아련한 신비성을 한결 높여 주고 있다. 뿐만 아니라 콘래드는 한 인간이 그의 내면 세계의 심장부에까지 파고 들어가서 악령의 모습을 목도하는 상징적인 여로의 이야기로 이 소설을 발전시키기까지 하였다. 다시 말해서 아프리카의 암흑상은 마알로가 항해 도중에 보는 19세기 서양 식민주의의 악습과 비리에서도 나타나지만 그 암흑의 핵심, 즉 "이념", "발전", "계명" 등의 구호를 부르짖는 문명된 인간이 빠져 들어갈 수 있는 야만의 심연(深淵)은 마알로가 내륙의 종착지에 다다른 후에야 발견된다. 이 문명된 인간의 이상형으로 추앙되었던 사람이 바로 커어츠(Kurtz)라는 인물이다.

마알로가 기선을 타고 아프리카의 내륙을 찾아 들어가는 큰 목적은 그 선박회사의 해외 근무자로서 대활약을 하고 있던 커어츠가 중병을 앓고 있다 하여 그와 교대한다는 것이었다. 마알로는 아프리카로 떠나기 전에 커어츠의 저작이나 명성을 통해 그를 알고 흠모하지만, 아프리카 내륙에 와서는 권세에 굶주려서 정신이 착란된 가운데 독재와 횡포를 부린 커어츠 모습을 보면서부터 혐오를 금치 못한다. 그런데 콘래드가 이 소설에서 보여주는 마알로와 커어츠와의 관계는 단순히 흠모에서 혐오로 변질하고만 그런 관계가 아니라 커어츠의 아상주의가 도덕적으로 전락하는 것을 목도한 마알로가 자신의 심령 속에도 커어츠에 못지 않는 퇴폐의 요소가 도사리고 있다는 사실을 인식하고 오히려 커어츠와 일종의 유대감을 느끼게까지 되는 그런 관계이다. 심신이 피폐된 커어츠가 죽어 가면서 질렀던 최후의 절규, "소름끼쳐, 소름끼쳐!"는 커어츠가 자신이 거리낌 없이 행하던 비리에 잠긴 악령의 힘을 절감하고 있었다는 증좌라고 많은 비평가들은 보고 있다. 혐오와 매혹이 착잡하게 엇갈린 가운데 커어츠가 연계되어 있는 마알로에게도 인간의 퇴폐성에 대한 깨달음이 옮겨지면서 이 소설은 끝난다. 『로오드 짐』에서 처럼 콘래드는 이 소설에서도 여러 개의 시점을 통해 커어츠의 성격과 행동 동기를 분석하여 보는 기법을 성공적으로 사용하였다.

정치의 얽힘 속의 인간

1904년부터 1910년 사이에 콘래드는 정치적 상황에서 나타나는 인간의 행동 양식을 파헤친 소설 세 편을 내었다. 『노스트로모(*Nostromo*)』(1904), 『비밀 정보원(*The Secret Agent*)』(1907), 『서양인이 보는 눈(*Under Western Eyes*)』(1910)이 그것이다. 콘래드는 바다를 무대로 하는 인간의 이야기로 널리 알려진 작가이지만 그가 말하는 소위 "지상의 얽힘", 특히 정치 혁명이 불러일으키는 얽힘의 상황을 즐겨 다루기도 하였다. 콘래드는 부친이 폴란드 독립 운동에서 혁명지사로 살았다는 사실, 그리고 혁명적 거사를 했다는 이유로 그가 오랜 세월을 두고 유형되어 살았던 사실이 소년 시절의 콘래드의 의식 속에 뿌리 깊이 박혀 있었던 것을 생각하면 이것은 쉽사리 납득될 만한 일이다. 『노스트로모』는 코스타구아나라는 하나의 가공적인 남미 공화국 안에서 일어나는 정치혁명 상황에서의 권력 투쟁을 그린 정치 소설이기는 하지만, 여기에서 콘래드가 밀고 가는 궁극적인 주제는 역시 인간성의 퇴폐성이라는 것이다. 『암흑의 심장부』에서 이미 시사되었듯이 인간의 모든 이상은 언제나 전락될 소지가 있는데 그것은 그 속에 퇴폐의 씨앗이 담겨 있기 때문이라는 것이 콘래드가 내세우는 주제의 의미이다. 이 소설은 남미에 발생한 정치 혁명의 바람 속에서 수명의 참여자들이 제각기 이상을 내세우고 동기 유발을 보이다가 패망을 당하는 과정을 정교하게 그린 콘래드의 야심작이다.

이 나라의 부(富)요, 생명의 은광(銀鑛)을 손 안에 넣고 관리·경영하는 찰즈 고울드(Charles Gould)는 교육도 많이 받은 귀족 출신의 영국인이다. 은광이 경영자의 사리·사욕 때문에 민생에 도움이 되지 못할 뿐만 아니라 독재 정권에 반항하는 혁명의 기운이 돌자 고울드는 은광을 지키기 위하여 독재 정권을 더욱 떠받든다. 이 소설의 제목 "노스트로모"는 한 이탈리아계 뱃사람 지오봐니 바티스타 휘단자(Giovanni Batista Fidanza)의 별명이다. 사회의 상류층과 근로자들의 사이에서 청염하게 일해 오던 그는 혁명의 기운이 돌면서 서민들의 영웅으로 추앙된다. 정부 당국과 서민들로부터 다같이 신망을 받는 노스트로모는 혁명이 진행되는 동안 은광에서 은이 혁명 세력의 손에 넘어가는 것을 막아 달라는 공식적인 청탁을 받는다. 그는 스페인 저널리스트 마틴 드쿠(Martin Decoud)를 데리고 어느 무인도로 가서 거기에 은을 파묻고 드쿠에게 그것을 지키게 하지만, 허무주의적 성격이 강한 드쿠는 고도에서 삶을 지속할 길이 없어 은괴(銀塊) 네 개를 훔쳐 내어 몸에 달고 권총 자살을 한 다음 물속에 빠진다. 은괴가 없어진 것을 보다가 어느새 자기도 모르게 더 큰 은괴의 도둑이 되어 버린 노스트로모는 밤중에 은을 훔쳐 돌아오는 길에 섬의 등대지기가 잘못 쏜 총에 맞아 죽는다. 이 소설에서 콘래드는 평상적인 상황에서 명망이 높은 사람이 일단 혁명이라는 극한 상황에 몰려서 심리적인 변화를 겪은 다음 그 새로운 상황에서 거부(巨富)가 될 수 있는 기회를 맞았을 때 그의 심경과 행동에 과연 어떤 일이 벌어질까 하는 것을 예리한 눈을 가지고 타진하고 있다. 『노스트로모』는 그 잘 짜여진 구성과 박진감을 주는 배경 묘사, 그리고 물욕과 혁명에 관한 심오한 철학적 주제를 골고루 구비한 콘래드의 걸작 소설이다.

『비밀 정보원』도 역시 혁명당원과 반(反) 혁명당원들의 이야기를 그린 정치 소설인데, 발표 당시에는 매우 독창성이 있는 것으로 여겨졌지만 지금에 와서는 좀 틀에 박힌 내용의 스릴러에 불과하다는 인상을 면치 못한다. 런던에서 이중 첩자 노릇을 하는 벌록(Verloc)은 그린위치 천문대를 폭파해야 한다는 지령을 받고 그렇게 하기로 마음먹는다. 폭파의 목적은 이 폭행을 무정부주의자들이 한 것 같이 하여 그들의 명예를 실추시키는 데에 있다. 벌록은 그의 아내 위니(Winnie)의 바보 이복 동생 스티뷔(Stevie)에게 폭탄을 운반하게 하는데, 스티뷔는 폭탄을 들고 가다가 넘어져서 폭사하고 만다. 남동생을 극진히 사랑하는 위니는 자기 남편이 자기가 손수 해야 할 지저분한 일을 스티뷔에게 시켰다는 이유로 남편을 죽이고 만다. 그리고 나서 위니는 남편의 동지이자 자기의 애인인 오씨폰(Ossipon)과 함께 도망을 친다. 그런데 오씨폰은 위니에게 일어난 일을 알게 되어 그녀를 저버리자 위니는 물에 빠져 죽고 만다. 이야기의 줄거리가 틀에 박힌 스릴러처럼 꾸며져 있지만 폭력에 의해 체제 타파활동을 하는 아나키스트의 심리를 분석해 인간 행동의 밑바닥에 깔린 여러 가지 동기의 상호 작용을 보여준 콘래드의 솜씨는 과연 놀랍다.

『서양인이 보는 눈』은 콘래드 자신이 러시아에 대해 가졌던 감정을 있는 그대로 나타낸 소설이다. 부모가 모두 잔인한 러시아의 관료·독재 정치의 희생물이 되었다고 생각한 콘래드는 러시아에 대한 증오심을 조금도 숨길 수가 없었다. 그는 자기가 러시아의 가장 이름난 작가들과 비교되는 것마저 화를 내며 싫어했다. 이 소설은 라즈모프(Razumov)라는 젊은 러시아 첩자의 이야기를 통하여 러시아의 독재 정치가 낳은 잔인성과 저능성, 그리고 그 밑에서 조성되는 러시아인들의 정신적인 고립과 무법 상태를 그려내고 있다. 유난히 고독하면서도 무엇으론가 이름을 내보고 싶은 충동을 가진 라즈모프는 정부의 악질 관리를 폭탄을 던져 죽인 암살객 홀딘(Haldin)과 우연히 알게 된다. 홀딘의 설득을 받아 잠시 혁명 과업에 가담하는 듯하더니, 라즈모프는 어느 새 홀딘을 밀고하고 자신은 러시아 경찰의 첩자가 된다. 제네바에 가서 혁명당원들에 관한 첩보 활동을 하면서도 그는 점점 고독해지기만 한다. 그는 스위스에서 홀딘의 누이동생을 만나 그녀의 육체미와 지성미에 완전히 매료되어 버리는가 하면, 혁명당원들과도 친근한 사이가 된다. 그러다가 서서히 그의 정체가 드러나자 라즈모프는 모든 것을 고백하고 고립의 사슬을 떨치고 나온다. 소설의 끝에 가서 그는 귀도 멀고 손발도 잘 움직이지 못하는 불구가 되자 러시아 시골의 오막집에서 어떤 한 여인의 시중을 받으며 여생을 보낸다. 이 소설에서 콘래드는 러시아 독재 정치의 잔인무도함과 라즈모프와 같은 아나키스트들의 세상 모르는 허영심 같은 것을 동시에 비판하고 있다.

콘래드는 이때까지 일반 독자들의 호응을 받지 못하였는데 『우연(*Chance*)』(1914)을 써 내면서 일반 독자들 사이에 대인기를 거두어 난생 처음으로 재정적인 면에서도 많은 수익을 보았다. 그렇게 된 이유는 대체로 이 소설이 전형적인 콘래드의 주제가 아니라 헨리 제임즈 소설에 가까운 다소 여성적인 취향을 보여주고 있다는 것과, 특히 미국에서는 이 책을 낸 출판사가 유난히 일반 독자들에게 홍보와 판촉을 열심히 했다는 사실에 기인한다. 이 소설의 주제는 제목 "우연"과는 크게 관계없이 정신적인 고립이라는 것이다. 이야기 줄거리는 속이 비뚤어진 갑부인 드 바랄(De Barral)의 딸 플로라(Flora)의 고독한 삶을 적고 있다. 구조가 필요 이상으로 복잡하게 짜여진 이 소설에는 플로라와 앤소니(Anthony) 선장 간의 낭만적인 사랑, 그것을 질투하는 눈으로 바라보는 드 바랄 노인의 짖궂음, 바다의 배경이 뿜어내는 매력 같은 것이 함께 얽혀 있다.

어려움 속의 인간 승리

비중이 큰 콘래드의 마지막 소설은 『승리(*Victory*)』(1915)였다. 이 소설은 『로오드 짐』에서와 같이 어떤 과거를 가진 서양의 사나이가 동양의 한 고도에 와서 사는 이야기이다. 이 세상이 원래 악하므로 사람들을 멀리 하고 살라는 가르침을 귀족적인 아버지로부터 받은 주인공 액슬 헤이스트(Axel Heyst)는 문명사회를 떠나 말레이 군도의 삼뷰란섬에 와서 석탄회사의 전무로 일하다가 호텔 경영자 숌버그(Schomberg)의 손아귀에서 고생하는 영국 여인 리나(Lena)를 구해 내서 자기 아내로 삼았다는 이유로 숌버그가 보낸 세 악한의 습격을 받는다. 난동 중에 헤이스트의 아내는 총에 맞아 죽고, 세 악한들도 사살되고, 헤이스트 자신은 아내가 죽은 그 집에 불을 놓고 자기 몸에도 불을 당긴다. 이러한 폭력과 공포의 분위기에도 불구하고 이 소설은 평정(平靜)을 다시 찾아 제목이 암시하는 인간 승리가 선포되는 셈이다. 헤이스트는 평상적인 인간 접촉을 피하면서 살려고 하다가 그것이 어리석은 짓임을 깨닫게 되지만 그러는 사이에 자신의 고귀한 성품이 표면에 나타나고 비록 자신의 목숨과 리나의 목숨이 다같이 앗아지기는 해도 리나는 그에 대한 사랑과 감사를 잊지 못하고 기꺼이 죽어 갔던 것이다.

『어두운 그림자의 선(*The Shadow-Line*)』(1917)은 콘래드가 선장이 되어 처음으로 몰았던 배 "오타고(Otago)"호가 그 배의 첫 출항 때 사선(死線)을 넘는 듯한 시련을 겪었던 일을 그린 것이다. 이전의 죽은 선장의 귀신이 나오는 것도 같고 선원들이 저마다 병에 걸려서 신장과 심장이 약한 주방장 랜섬(Ransome)만의 힘으로 배를 몰고 가는 것이다. 『어두운 그림자의 선』은 음울하고 장엄한 분위기가 도는 이야기지만 배가 마침내 시련의 항해를 끝내면서 소설도 의기양양한 결말을 짓는다.

콘래드는 만년에 신병으로 무척 불편하였지만 1914년에 조국 폴란드를 잠시 방문하고, 유럽에 휴가차 며칠 다니러 갔던 것을 내놓고는 계속 책상 앞에 앉아서 글을 쓰는 일로만 시간을 보냈다. 『어두운 그림자의 선』 다음으로 그가 써 낸 작품들로는 『황금 화살(*The Arrow of Gold*)』(1919), 『구조(*The Rescue*)』(1920), 『유랑자(*The Rover*)』(1923)가 있다. 그가 쓴 많은 단편소설은 일곱 권의 단편선집에 수록되어 나왔는데, 그 중에서도 「청춘(*Youth*)」, 「비밀의 동숙자(*The Secret Sharer*)」, 「진보의 전초지(*An Outpost of Progress*)」 같은 단편들은 문학 선집에 자주 실린다. 콘래드는 당시 생존 작가들 중에서 가장 이름난 사람의 하나로서 1923년에 미국에 초청되어 열렬한 환호를 받기도 하였다. 만년에 그는 창작가로서 쌓아 올린 커다란 공적 때문에 훈작사(勳爵士)를 수여하겠다는 청을 영국 정부로부터 받았지만 이를 사양하였다. 자신의 폴란드 출생 배경을 결코 부인하는 일 없이, 그리고 가톨릭의 믿음도 저버리는 일 없이 그는 전형적인 영국 시골 신사가 영위하는 조용한 삶을 살려고 애썼다. 콘래드는 1924년 8월 3일 캔터베리 부근에 있는 자택에서 심장마비로 세상을 떠났다.

조제프 콘래드는 19세기 말엽부터 20세기 초엽까지 활동한 작가들 가운데서 헨리 제임즈와 더불어 가장 뛰어난 작가라고 대부분의 비평가들은 보고 있다. 나이 20세 될 때까지 러시아어와 불어를 내놓고 영어는 몇 마디 밖에 하지 못하는 상태에서 영국 배의 선원이 되기 시작한 그가 20년의 각고(刻苦) 끝에 그를 세계적인 작가로 만든 작품들을 속속 내었다는 것은 문학사상 한 기적에 속한다. 물론 그는 영어에 숙달하기 위해 노고를 아끼지 않았지만 그의 영어에는 다소 생소한 표현, 특히 불어적인 표현이 여기저기 보인다. 그리고 그는 낱말을 지나치게 확대 해석하여 쓰는 경향도 있다. 그러나 그의 작품들이 대체로 음산하고 신비스러운 면이 많기 때문에 그가 과도하게 불쿠어 쓰는 단어는 그 나름으로 독창적이라는 해석도 내려진다.

콘래드는 묘사력이 유난히 뛰어난 작가이다. 그가 글을 쓰는 목표는 독자로 하여금 "느끼게 그리고 알아보게(feel and see)" 하는 것이라고 하였다. 감각적으로 시각적으로 경험하고 이어 이해하게끔 한다는 것이었다. 그가 작품 속에서 매우 격정에 도달했다고 여겨질 때 콘래드는 난해한 때가 많았다. 그러나 그의 초기 작품의 대부분은 그렇게 난해하지 않으며, 사실 그 초기 작품들에서 그는 뛰어난 솜씨를 많이 보였다. 대부분의 비평가들은 『노스트로모』를 그의 걸작품으로 보고 있지만 콘래드 자신은 『나아시서스 호의 검둥이』가 창작가로서의 그를 판가름 내주는 소설이라고 하였다.

콘래드는 주제면에서나 기교면에서나 가장 현대적인 작가라는 평이 내려지고 있다. 그는 플롯이 아니라 인물의 성격 또는 성격의 분석에 역점을 두는 현대 심리 소설을 이룩한 사람이다. 그의 소설은 늘 인간의 행동의 근원과 동기를 들여다보고 불안의 시대에 사는 현대인의 심성을 내사해 본다. 자기 자신에 대한 믿음을 잘 지키지 못하는 콘래드의 현대인은 배신과 부정과 해악과 마주칠 때 자신을 방비할 힘이 별로 없다. 콘래드의 작품에는 고적한 주인공을 둘러싼 이야기들이 많이 나온다. 그러한 주인공은 우연히든 의도적이든 자신을 다른 사람들과 단절시켜 놓고 산다. 『로오드 짐』의 짐, 『암흑의 심장부』의 커어츠, 『서양인이 보는 눈』의 라즈모프가 좋은 예이다. 이러한 작품들에는 무한한 서러움이 안개처럼 자욱히 덮여 있다. 이것은 분명히 삶의 고통과 참상에 대해 깊은 연민의 정을 느꼈던 콘래드의 심성 또는 인생관과 깊은 관련이 있다. 그는 비관주의자이기는 했어도 하디보다는 더 극기(克己)를 보인 모랄리스트였다.

콘래드는 기교면에서도 현대 소설을 이룩하는 데 공헌하였다. 기교의 하나는 작품의 구성에 있어 설화자를 몇 사람 쓰거나 시점을 여러 개 번갈아 사용하는 일이었다. 예를 들어 『로오드 짐』과 『암흑의 심장부』에서 각각 짐과 커어츠를 여러 사람들이 보고 난 다음 마알로가 그 서로 엇갈리는 견해들을 정리하여 독자 앞에 좀 더 포괄적이며 좀 더 공감적인 견해를 제시하는 것이다. 어떻게 보면 마알로의 존재를 통하여 어떤 개인이나 사건에 관하여 말하는 다른 관찰자들의 말이 얼마나 진실에 도달하기에 힘든가 하는 것을 극적으로 실감나게 해주기도 한다. 또 하나의 콘래드의 기교는 플래쉬 백(flashback)인데, 이것은 우선은 서스펜스를 일으키는 데 사용되지만 이 기교가 콘래드의 작품에서 좀 더 중요한 기능을 다하는 점이 있다면 그것은 작중 인물들의 심리나 동기를 작가가 더 철저하게 내사할 수 있게끔 해준다는 것이다. 어떤 위기나 상황이나 중대한 결심 또는 사건을 먼저 제시해 놓은 다음 작가가 좀 더 유유히 과거로 돌아가서 중대한 상황에 이르기까지의 심리적인 경위를 차곡차곡 밟아 가는 것이 콘래드의 수법이다.

『로오드 짐 *Lord Jim*』(1900)

플롯 개요

짐(Jim)은 원래 어느 영국 목사의 아들이었는데, 소년 시절에 한가로이 읽은 해양 모험담의 영향을 받아 선원이 되기를 결심한다. 아버지가 간부 후보생의 자리를 구해주자 그는 훈련선에 탑승하여 훈련을 받으면서 용맹을 떨쳐 볼 생각을 하고 있는데, 그 시작부터 액운이 낀다. 즉 거센 바람이 부는 겨울 저녁에 항해하던 중 배에서 물속으로 떨어진 사람을 구해줄 기회가 왔는데도 그는 겁에 질려 돕지 못한다. 다음 기회를 노리면서 또 한번 바다로 나간 짐은 사고로 부상을 입고 당분간 항구에 들어가서 요양을 한다. 얼마 후 그는 몸이 회복되면서 낡은 기선 "파트나(Patna)"호에 일등 항해사로서 탑승한다. 메카로 가는 8백명의 회교 순례자들을 싣고 떠나게 되어 있는 "파트나"호는 선장이 대단한 겁쟁이고, 기관장은 술고래인지라 순조로운 항해에 문제가 있는 배이다. 밤 중에 홍해(紅海)를 항진하고 있던 배가 돌연 멈추더니 우르르 하는 낮은 천둥소리 같은 소리가 선체에 울려오는 것이다. 선장은 짐에게 가서 무슨 일인지 알아보라고 명한다.

그날 밤 "파트나"호의 선원들은 배가 곧 침몰할 것으로 알고 잠들어 있는 회교 순례자들을 배에 둔 채 자기들만 빠져 나온다. 그러나 "파트나"호는 침몰하지 않았던 것이다. 지나가던 프랑스 포함(砲艦)이 이 배를 견인하여 배에 탄 승객들을 가까운 항구에까지 데리고 간 것이었다. 그 후 선원들이 버리고 떠난 "파트나"호가 항구에까지 견인되어 왔다는 전문이 우선 아덴(Aden)으로부터 날아온다. 그리고 나서 2주일 후 선장과 기관사 2명과 짐이 탔던 보트가 기선 "애본데일(Avondale)"호의 구조를 받아 들어온다. 그들은 곧 취조를 받기 위해 즉결 재판소에 넘겨진다. 배를 저버렸다는 이유로 면허증을 빼앗긴 선장은 앞으로 미국 시민이 될 것이니 체면이 깎여 봐야 대단할 것이 없다고 선언하면서 자리를 떠나 버린다. 기관장은 병원에 입원했는데 거기에서 그는 알콜 중독에 의한 섬망증을 앓으면서 침몰 직전의 "파트나"호 안에는 뱀들이 가득했다고 헛소리를 해댄다. 그는 또 자기 침대 밑에는 핑크색 두꺼비들이 꽉 차 있었다고 말한다. 제2기관사는 팔이 부러져서 역시 입원하고 있노라고 즉결 재판소 증언에는 출두하지 않는다.

"파트나"호 사건이 나고 약 1개월 만에 짐은 즉결 재판소에서 그 사건에 관한 조사 심문에 응한다. 그의 증언에 의하면 그날 밤 그는 괴음이 나는 쪽을 향해 가 봤더니 배의 앞 쪽 선창에 바닷물이 계속 차 들더라는 것이었다. 보고를 받은 선장은 배가 곧 침몰할 것이라고 단정하지만 선원들에게는 잠들어 있는 회교도 승객들에게 알리면 대혼란이 일어나므로 선원들끼리만 빠져 나가라는 명령을 내린 것이다.

짐이 증언을 하고 있는 동안 즉결 재판소의 뒷자리에 노련한 선장 출신의 마알로(Marlow)가 앉아 열심히 귀를 기울이고 있다. 짐에게서 느끼는 그 어떤 것이 마알로에게는 잊혀지지 않게 인상적이어서 그는 그 이야기를 자기가 살아 있는 동안 친구들에게 전해야겠다는 충동을 느낀다. 재판이 지속되는 동안 마알로는 짐과 저녁 식사를 같이 하면서 이야기를 나눈다. 마알로가 보기에 이 청년은 "파트나"호의 다른 간부 선원들과는 좀 성질이 다른 사람 같이 보인다. 그리고 자기 자신과 일체감 같은 것도 느낀다. "파트나"호 사건 이후로 짐은 자신이 상실한 자존심과 영용(英勇)의 꿈을 다시 회복하겠다는 결심을 하지만, 마알로 역시 이 청년의 영혼의 밑바닥까지 훑어 볼 결심을 세운다.

짐은 곧 마알로에게 "파트나"호에서 일어난 수치스러운 일에 대해서 상세히 이야기를 한다. 그가 기술하는 말에 의하면, 그날 밤 그는 선체가 입은 손상을 조사하러 갔다가 배가 물에 떠 있을 수 없겠다는 판단을 내린 것이다. 왜냐하면 선체 판이 너무 녹슬어서 물의 압력을 견디어 낼 것처럼 보이지 않았기 때문이다. 게다가 8백명을 모두 안전지대로 실어 나를 시간적 여유는 도무지 없었다. 얼마 후에 짐은 선장과 기관사들이 배를 버리고 빠져 나갈 준비를 하고 있음을 알게 되었다. 그들은 짐도 같이 가야 한다고 우겨댔다. 그러나 짐은 처음에는 자기의 자리를 끝까지 지키겠다는 결심을 보였다. 그러자 제3기관사가 흥분결에 심장 마비를 일으켜 죽어버렸다. 이윽고 짐은 자기도 모르는 사이에 다른 간부 선원들이 타고 내린 구명보트에 뛰어 내렸음을 알게 된다.

짐이 마알로에게 이야기를 계속해서 한 바에 의하면, 구명보트에 들어간 간부 선원들은 육지에 가서 서로 말을 맞추기로 합의하였던 것이다. 사실인즉 짐도 그렇고 그의 동료도 그렇고 모두가 "파트나"호는 물밑에 가라앉을 것으로 생각했다. 그리고 짐은 그 배의 승객이 살아있다는 소식도 듣고 안도의 가슴을 쓰다듬었다는 것이다.

즉결 재판소 심문이 끝나면서 짐은 항해사 면허를 취소당한다. 마알로는 짐을 도와주고 싶다고 말하지만 짐은 이제 발걸음이 내키는 대로 갈 것이며, 자신의 마음속에 갖고 있었던 갈등이 과연 무엇인가를 몸소 알아내 볼 것이라는 결심을 말한다. 그의 신분을 알려주는 것이라곤 짐이라는 이름 밖에 없는 그는 방황을 시작하여 봄베이, 칼카타, 바타비아(지금의 쟈카르타) 등지를 돌아다니다가 어느 날 다시 돌아와서 마알로가 아는 사람의 집에서 취업하게 된다. 그런데 "파트나"호의 제2기관사를 하던 사람이 뜻밖에 나타나자 그 일자리를 떠나 버린 것이다. 다음에는 선구상(船具商)의 수상(水上) 판매원으로 일했는데 홍해에서 돌아오는 순례자 승객들이 우연히 "파트나"호 사건에 관한 이야기를 하는 것을 듣자 그 일자리도 떠나 버린 것이다. 그리고 그는 언제나 동쪽으로 동쪽으로 향해 가면서 일자리를 바꾼다. 결국 그의 과거가 무엇이었던가를 사람들은 알게 되었지만 사람들이 그를 싫어하지 않는다.

마알로는 짐을 도와주려고 계속 노력한다. 그러다가 그는 동인도(東印度)의 조그만 섬에 상당수의 무역 파견소를 가지고 있는 무역상 친구 스타인(Stein)과 의논해 본다. 신망이 두텁고 유식한 스타인은 짐을 파투산(Patusan)이라는 외딴 식민지의 파견소장이 되게 만든다. 그런 곳이라면 틀림없이 짐이 그의 잃었던 명예를 회복할 수 있으리라고 본 것이다. 스타인은 짐이 좀 너무 낭만적인 인물이지만 진실하기는 하다고 본 것이다. 처음에 파투산에 가서 짐은 한 독재적인 수장(首長)과 이권 문제로 충돌을 겪어 감옥에 들어가기까지 한다. 그러나 스타인으로부터 소개 받은 원주민 추장 도라민(Doramin)의 주선으로 감옥을 탈출하고 도라민과 그의 아들 데인 와리스(Dain Waris)의 도움을 받아 독재자 수장을 전투에서 이겨낸다. 섬 사람들이 미워하는 수장을 패배시키고 섬에 평화와 번영을 가져온 공으로 짐을 원주민들은 "뚜안(Tuan) 짐", 즉 영어로 "로오드 짐"이라고 부르기에 이른다.

2년 후에 마알로가 파투산에 가서 짐을 만나 보니, 과연 그는 원주민들의 사랑과 신망을 받고 있다. 특히 짐은 젊은 투사 데인 와리스와 절친한 친구가 된다. 한편 짐은 이전의 파견소장 코넬리우스(Cornelius)의 아내가 먼저 남편에게서 낳은 딸인 쥬웰(Jewel)을 알아 같이 살고 있는데, 쥬웰을 학대하던 의붓아버지 코넬리우스에게는 짐이 눈 위의 혹 같은 존재였다. 코넬리우스의 충동으로 원주민들이 짐을 살해할지도 모른다는 경고를 쥬웰이 해 온다. 쥬웰은 짐에게 안전한 곳을 찾아 여기를 떠나라고까지 종용하지만 쥬웰을 열렬히 사랑하는 짐은 그녀의 곁을 결코 떠나지 않는다고 말한다. 코넬리우스는 방문 중인 마알로를 이용하여 자기와 짐과의 관계에서 돈을 좀 뜯어내려고 하는데, 이 말을 들은 짐은 코넬리우스의 잔꾀에 넘어가지 않는다고 말한다. 마알로는 파투산을 떠나면서 해변에까지 배웅 나온 짐과 마지막 대화를 나눈다. 짐은 마알로에게 말하기를 여기에 와서 순박한 원주민들의 신망을 받게 되었으니 이제는 자기가 젊어서 세웠던 낭만적인 이상과 꿈에 끝까지 충실하겠다고 맹세한다. 마알로는 짐의 그러한 확약에 어떤 무모함이 깃들여 있다는 느낌을 갖는다.

때마침 젠틀맨 브라운(Gentlemen Brown)이라는 방랑하는 살인 범죄자가 나타나 로오드 짐의 마을을 약탈할 계략을 꾸민다. 처음에 원주민들과 대결한 브라운 일당은 후퇴하다가 후퇴로가 막혀 작은 강으로 보트를 몰고 들어가서 진지를 구축한다. 마침 짐이 출타중이라 데인 와리스가 원주민들을 이끌고 브라운의 일당을 언덕 위에다 밀어 놓고 포위한다. 로오드 짐이 마침내 돌아와서 브라운과 단판을 하게 된다. 오랜 단판 끝에 짐은 포위망을 풀어 주면 브라운이 말썽 없이 떠나가 버릴 것이라는 확신을 얻는다. 포위를 하고 있는 원주민들은 포위망을 풀어주기를 원치 않지만 짐의 말에 설복 당한다. 브라운은 간교한 코넬리우스와 계략을 꾸며 평화로이 물러가는 듯이 하다가 데인 와리스의 군병들을 살해하고 데인 와리스도 총탄에 맞아 죽는다.

짐은 한참 깊은 생각에 잠겨 지낸다. 쥬웰은 짐을 보고 계속 싸워 나가라고 말하지만 짐으로서는 이제 싸울 명목이 하나도 남아 있지 않다. 데인 와리스의 시신(屍身)이 운반되자 추장 도라민은 슬픔과 노여움에 싸인다. 로오드 짐은 도라민의 앞에 가서 데인 와리스의 죽음에 대한 책임을 지고 목숨을 내던질 각오가 되어 있다고 말한다. 늙은 추장이 일어나서 짐의 가슴을 겨누어 총을 쏨으로써 원주민의 응보가 내려진다.

비평과 분석

『로오드 짐』의 설화자 마알로가 주인공 짐을 관찰하던 끝에 "내가 그를 보고 있노라면 그것은 마치 짙은 안개 속에서 자꾸 바뀌어 가는 찢어진 구멍들을 통해 저 너머를 얼핏얼핏 보는 것과도 같다—세 부분이 선명하게 점점으로 보이다가 사라져 버리고 풍경 전체에 대해 연결된 아이디어가 도무지 잡히지 않는 것이다"라고 말한 바 있거니와 콘래드의 『로오드 짐』을 읽는 독자의 경험이 어떻게 보면 짐을 바라보는 마알로의 경험과 흡사할 수가 있다. 왜냐하면 이 소설에서는 시간과 공간 속에서 가시적(可視的)으로 일어난 일 그 자체와 그 일을 간접적으로 돌려서 표현한 방식 사이에 현격한 차이가 있어 독자를 가차 없이 혼돈시키고 있기 때문이다.

가시적으로 일어난 일이라면 이렇게 요약할 수 있다. 한 영웅한 이상을 지닌 선원이 자기가 탄 배가 침몰한다고 생각하고 승객들을 둔 채로 배에서 뛰어 내렸다가 겁쟁이였던 자기 자신이 부끄러워 밤낮 고민하다. 어느 원주민 사회에 들어가서 그는 명예 회복을 시도하며 공정하게 살았는데 자기가 신원을 보증한 다른 백인 해적들이 신의를 저버린 것 때문에 그 보상으로 원주민 사회 지도자의 처형을 기꺼이 받는다. 콘래드는 논리적으로 나열된 이러한 일련의 사건들을 연대순에 따라 적어 내려가는 전통적인 관례를 버리고, 일부러 독자를 혼란시키고 독자의 이해력에 도전하는 듯 복잡한 기법을 사용한다. 예를 들어 일어난 사실들을 한참 숨겨 두기도 하고, 시간적인 순서를 뒤죽박죽으로 바꾸어 놓고, 별로 관계가 있어 보이지 않는 인물이나 사건들을 별안간 제시하여 한참 끌고 나가다가 슬쩍 끊어 버리고, 처음 4장까지는 전지적(全知的)인 서술 방식을 써 나가다가 별안간 그것을 버리고 마알로라는 설화자의 시각을 통해 이야기를 전개해 나가는 것 따위가 그것이다.

콘래드가 이런 혼란스러운 서술 방식을 택한 것은 현대라는 시기가 사리(事理)와 현상을 옛날 사람들이 그러하였듯이 명백히 감지하고 비판할 수 있는 그런 시대가 아니라는 콘래드 나름의 신념에서 자연스럽게 우러난 결과이다(이러한 현상은 콘래드 뿐만 아니라 20세기 초엽에 나타난 소위 모더니즘 작가들—조이스, 울프, 포크너 등—에 공통적으로 적용된다). 즉 정신세계와 물질세계가 지니는 진실에 관해서 작자와 독자가 어느 정도 합의점을 가졌던 현대 이전의 세계에서는 세상을 감지하는 것과 비판하는 것이 서로 들어맞기 때문에 소설의 서술에 있어서도 끊김이 없는 직설적인, 그리고 질서 정연한 서술 양식으로서 족하였다. 그러나 정신세계와 물질세계가 갖는 진실에 관해서 작자와 독자가 서로 의혹점을 갖고, 지각적 기능과 비판적 기능이 서로 맞아 들어가지 않고, 우리들의 주변의, 우리들 내부의 혼돈으로 인해 질서의식이 문란해지는 현대에 와서는 소설의 서술 질서에도 자연히 단절이 생기고, 부서진 개체들이 여기저기에 산만한 조각들로만 이루어져 전체적인 윤곽이 완전히 파악되거나 이해되지 않는 것이다. 우리의 지각이 불충분하고 우리의 비판이 철두철미하지 못하고, 따라서 우리의 진실에 대한 파악이 완전하지 못하다는 회의가 심하였던 콘래드는 서술 구조 자체에서 벌써 깨지고, 중절(中絶)되고, 순서가 뒤섞여진 것을 쓸 뿐만 아니라 중심인물인 짐이 가지는 내적 경험의 의미를 충분히 캐기 위해 화자 마알로를 통해 축적된 자료를 조심스레 사색하고 그 밖에도 이 사람 저 사람을 목격자로 끌어내어 의견을 맞추어 보는 것이다.

콘래드는 1917년에 나온 "작자 후기"에서 『로오드 짐』이 전달하고자 하는 요지는 "잃어진 명예에 대한 날카로운 의식"이라고 전제하고 "그러한 의식은 그릇된 것일 수도 있고, 옳은 것일 수도 있고, 또는 너무 인위적인 것으로 비난 받을 수도 있고... 그리고 아마 내가 그린 짐은 널리 보편화된 인간형이 아닐지도 모른다"고 매우 신축성 있는 표현을 가하였다. 그러나 콘래드는 자기가 정도(正道)에서 벗어나서 짐이라는 인물을 냉담한 사고를 거쳐 만들어낸 것도 아니고, 그와 같은 인물은 동양의 어느 항구 도시에 가도 쉽사리 마주칠 수 있고 공감도 할 수 있는 "우리들 동지의 한 사람(one of us)"이라고 말하였다. 이 "one of us"라는 표현은 작품 속에서 설화자 마알로도 짐을 가리켜 몇 번 쓰는 말인데, 마알로가 그런 "동지적" 모습 때문에 짐에게 자꾸 매료되었던 것처럼 콘래드는 그의 독자들도 짐의 "동지적"인 모습에 끌릴 것을 희망하였다.

짐은 책임의 완성과 명예를 절대적인 행동 규범으로 삼는 영국 선원사회에 들어가면서 자신이 머리 속에서 그리는 그 사회의 이상을 끝까지 지켜 가며 살려고 노력하는 젊은이이다. 그런데 이 소설에서 시종일관 짐의 삶에서 나타나는 특색은 머리 속에서 격렬하게 희구하는 이상에 비해 행동에서는 가련하다 할 정도로 실천이 따르지 못하는 것이다. 콘래드의 짐이 셰익스피어의 햄릿과 유사한 인물로 더러 비교·논의되는 것도 무리가 아니다. 콘래드의 짐은 햄릿처럼 비극적인 히어로가 지니는 성격상의 결함이 있는데 그러한 히어로는 생각이 지나치게 고결하여 누추한 현실에 적응하지 못할 뿐만 아니라 그의 민감한 의식은 그를 행동 없는 겁쟁이로 만드는 경우가 많다.

이 소설의 첫 부분에서 전지적인 화자는 짐이 낭만적인 히어로로서의 성격을 지니게 된 배경을 설명한다. 우선 목사인 아버지로부터 받은 영향인데, 정직하고 비교적 순박한 믿음을 가졌던 아버지는 옳고 그른 것에서 흑백을 철저하게 가리는 심성과 경건하게 순종하는 마음씨를 아들에게 가르쳐 주었다. 그 다음에 짐은 젊어서 오락성이 들어간 낭만소설을 많이 읽었는데, 그럴 때마다 그는 책에 나오는 히어로처럼 책임의 수행에 전력을 기울이고, 뜻을 굽히지 않는 자기 자신을 상상 속에서 그려 보았다. 짐이 환몽가적인 성향이 있다는 사실은 그가 훈련선에 간부 후보생으로 탑승하여 일할 때 그 나름의 영웅심 어린 환몽에 잠겨 있다가 도움을 요청하는 소리도 못 듣고 겁에 질려 버렸던 사건에서 잘 나타난다. 그는 더 큰 위급 사태를 위해 정력을 예축해 둔다는 합리화까지 해가면서 다음에 오는 기회를 기다리는데 그것이 그의 생애에 커다란 오점을 찍게 된 "파트나"호 사건이다.

"파트나"호가 800명의 승객들이 잠든 가운데 곧 침몰할 운명에 있다고 판단되었을 때 선원들은 선장의 명령에 따라 승객들 몰래 배를 떠나야 하는 중대한 결정을 내리는데, 책임감과 명예심이 강한 짐은 처음에는 선원으로서 자기의 자리를 끝까지 지키겠다고 결심하고 그것을 행동으로 보인다. 그런데 정말 마지막 순간에 가서 그는 자기도 모르게—죽음 앞에 놓였을 때 누구나가 취할지도 모르는 충동적인 반사 행동으로서—뛰어 내린 것이다. 짐의 성격의 특색은 책임감과 명예심이 너무나도 강한 나머지 자기 머릿속에 그려진 행동 규범에 미치지 못한 자기 자신을 절대로 용서하지 못하는 데에 있다. 이것은 옳고 그른 것에서 흑백을 철저하게 가린다는 그의 아버지의 가르침에서 온 것이기도 하다. 규범을 어긴 자기 자신을 절대로 용서하지 못하는 짐의 염직성은 모든 처벌을 각오하고 그가 곧 직결 재판소에 자진 출두하는 것에서 잘 나타난다. 배를 버리고 나온 "파트나"호의 다른 간부 선원들은 제각기 이유를 붙여 피신하였던 것이다. 콘래드의 화자 마알로가 짐을 만나게 되는 것은 바로 이 직결 재판소에서이며, 이 시점에서부터 짐이라는 인물에 관한 거짓 없는 진실과 그가 불러일으킨 여러 가지 문제들을 파고드는 일이 마알로의 손에 넘겨진다.

마알로가 이 소설에서 맡은 역할은 매우 다양하다. 우선 그는 화자로서 시간이 앞뒤로 바뀌어 가는 이야기들을 자신의 과거 회상적인 서술의 틀 속에 하나로 묶어 두는 기능을 한다. 그리고 그는 자기 자신이 짐이라는 인물과 개인적으로 관여되어 있다는 열렬한 주장을 함으로써 독자와 짐을 연계시키는 역할을 한다. 짐은 비범한 성격의 소유자로서 독자가 정서적으로나 심적으로나 얼른 접근하기 어려운 인물이다. 그러나 노련한 선원 출신인 마알로는 인생살이의 광범한 가치들을 경험하였으므로 우선은 독자의 신망을 쉽사리 얻을 수가 있다. 뿐만 아니라 그는 짐의 정신적인 아버지와도 같이 행세하면서 짐의 마음 속에 있는 모든 말을 끄집어내는 고해 신부의 역할도 하고, 짐에게 물질면에서 혜택을 주는 은인도 된다. 그런가 하면 그는 짐의 심령 속에서 일어나는 복잡한 상념들에 관해 그 나름의 깊은 사색이 섞인 말을 하다가 짐의 문제를 인간 생존 조건이라는 기본 문제와 결부시켜 논하는 심오한 사색가의 입장에 서기도 한다.

마알로의 심령 속에는 이렇게 폭넓은 관심과 가치들이 잠겨 있기 때문에 그가 짐을 보고 "우리들 동지의 하나"라고 한 말이 사실은 신의와 용맹을 존중하는 백인 선원 사회의 여엿한 일원이라는 뜻으로 쓰였지만, 한 걸음 더 나가서는 짐은 인류 동포의 한 사람이라는 것, 즉 말을 바꾸어 하자면 우리들 각자가 인간이 공통으로 가지고 있는 약점으로 하여 짐과 불가피하게 연루되어 있다는 여운을 남기는 말로 들리는 것이다. 마알로는 이렇게 짐의 일에 관해 민감하고 공감적이기는 하지만, 사람과 사람 사이에는 불가피한 간격이 있고 의사소통의 불확실성이 언제나 따라 다닌다는 사실을 절실히 느끼기도 한다. 마알로가 화자로서 유달리 민감하다고 하는 것은 한편 자기주장을 하면서도 또 한편으로는 인간의 감지 능력의 한계를 이유로 진실 추구의 어려움이 얼마나 큰가 하는 것을 반성조로 말하는 데에 있다.

콘래드가 마알로 외에 다른 몇몇 인물들로 하여금 짐의 문제에 관련되는 말을 하게끔 하는 것도 궁극적으로는 짐에 관한 진실을 추구하기 위해서이다. 다년간의 선장 경험 후에 즉결 재판소 전문 위원으로 앉아 있는 브리알리(Brierly)는 마알로와 마찬가지로 책임감과 명예심을 목숨처럼 생각하는 선원 사회의 의젓한 일원이다. 그는 짐이 항상 달성하려 하는 목표를 달성하고 난 사람이다. 그런데 선원으로서 실수나 사고를 한번도 저질러 본 적이 없는 이 "행운아"는 재판장에서 짐을 보면서 그의 문제를 속속들이 이해하지 못할 뿐만 아니라 그에게 동정하는 빛도 없다. 여기에서 콘래드는 짐이 그렇게도 미화하는 이상적인 선원의 인간적인 취약점을 아이러니칼하게 보여주는 듯도 싶다. 그 후 브리알리는 극히 사소한 일로 자살하는데, 이 소식을 듣고 마알로는 자신의 삶의 영화로움에만 눈이 어두어져 삶이 당연히 지니는 무서움을 모르고 살던 사람에게 운명이 내린 복수라고 평한다.

즉결 재판소에 증인으로 불려 나와 짐의 사건에 참여하는 또 하나의 인물로 “프랑스 해군 대위”가 있다. 그는 사고 난 “파트나”호에 올라타서 배가 항구에까지 견인되는 동안 30시간을 지켜봄으로써 선원으로서의 책임을 몸소 완수한 인물이다. 그는 자신의 책임 완수를 너무나도 당연한 것으로 말할 뿐만 아니라 자신의 직업적인 성실성과 짐이 배에서 뛰어내린 것을 직접 연결시켜 말하지 않는다. 그는 재판장을 나오면서 마알로에게 짐의 실수는 젊은 탓으로 생긴 실수이며 인간이라면 누구에게나 죽음에 대한 두려움이 있다는 말을 하며 짐의 행위를 폭넓게 그리고 자비스러운 눈으로 보고 있음을 암시해 준다.

짐은 이제 자신의 치욕스러운 과거를 말끔히 씻어낼 제2의 기회를 찾아 파투산으로 가면서 무역상 스타인을 만난다. 스타인은 과학 이론과 실제를 알 뿐만 아니라 인생론과 실제도 아는 넓은 비전을 가진 사람이다. 그러면서 또 그는 짐과 흡사하게 이기심을 모르는 유랑자이다. 아마 마알로보다도 직관력이 강한 스타인은 짐을 보고 나서 그를 “낭만적”인 청년이라고 정확히 진단한다. 『로오드 짐』에서 짐을 “낭만적”이라고 맨 먼저 단정한 것은 스타인이었고, 마알로도 끝에 가서 짐을 “지나치게 낭만적”이라고 말한다. 짐이 과거의 죄를 씻는다는 목표에만 골똘하고 있는 것을 보고 그를 영웅답기도 하지만 어리석기도 하다고 보는 사람은 이 소설에서 스타인과 마알로 뿐이다. 곤충학에 취미를 가져 나비도 수집하고 갑충도 수집하는 스타인은 짐의 지나친 낭만성이 아주 나쁘기도 하지만 아주 좋기도 하다는 양면성을 말한다. 그는 인생론에서도 양면성을 강조한다. 즉 인간은 일상생활에서 당면하는 불가피한 일들과 인간의 약점을 있는 그대로 받아들여야만 하지만 열망하는 이상은 충실히 지켜 나가야 한다는 것이다. 스타인의 견해는 자칫하면 낭만주의의 극(極)으로 치닫는 짐의 입장에 온정과 더불어 제동을 가하는 콘래드의 손길 같은 것으로 느껴지기도 하는데, 마알로의 입을 통해 스타인이야말로 “낭만적”인 인간이라고 규정짓는 것을 보면 스타인의 지혜나 이해력마저도 완전무결한 것이 아니라는 콘래드 특유의 불확실한 기미가 돈다.

『로오드 짐』의 제2부를 이루는 파투산의 이야기에 관해서는 그 후반부가 한낱 모험담적인 로맨스라든가, 문체면의 예술성 또는 진실성을 결하고 있다든가, 인물의 구성이 실감을 주지 못한다는 등의 부정적인 견해가 비평가들 사이에서 나왔다. 이런 견해들의 상당한 부분은 수긍이 가는 것들이다. 그리고 전반부와 후반부의 이어짐이 부자연스럽다는 견해도 있지만 짐이라는 주인공이 양쪽에서 똑같이 중추적인 활동을 하고 있고, 짐에 대한 마알로의 관심 역시 지속되고 있는 것을 본다면 전반부와 후반부간의 구조적 통일성은 과히 나무랄 데가 없는 것 같다.

파투산에서의 이야기는 크게 두 부분으로 나누어 볼 수 있다. 앞부분에서는 마알로가 계속해서 짐에 관한 이야기를 자기의 청자(聽者)들에게 하는데, 특히 짐이 파투산에 도착하는 이야기, 거기에서 그가 성공을 거두는 이야기, 그리고 마알로가 그를 한번 찾아가 보는 이야기 등이 주요 골자이다. 짐이 파투산에 들어와서 맨 먼저 독재적인 수장(首長)과 충돌을 일으키는 부분과 마알로가 짐을 찾아오기 바로 전에 있었던 일등 모험담적 요소가 강한 부분들이다. 뒷부분에서는 마알로가 거의 소문을 바탕으로 해서 젠틀맨 브라운이 파투산에 들어와서 일을 벌려 놓는 이야기를 편지 형식으로 적고 있다. 젠틀맨 브라운이 파투산에 도착하면서 생기는 일들은 여전히 외면적인 활동 위주의 사건들로 한계성은 있으나 그 나름대로 흥미진진한 데가 있다. 여기에서 중요성을 띠는 문제는 짐이 브라운의 말을 믿고 포위망을 풀고 보내주는 결정이 짐의 성격의 어떤 면을 나타내주는가 하는 것이다. 짐의 결정을 죄를 지은 인간에 대해 그가 온정을 베풀어서 내린 것이라고 보는 견해는 짐을 여전히 낭만적인 이상주의자로 보기 때문이다. 그러나 좀 더 비판적인 견해에 따르면 짐이 그런 결정을 내린 것은 자기 스스로 죄를 지었다는 의식이 강한 그가 브라운을 일종의 죄의 표상으로 봄으로써 정신면에서 마비 상태를 일으켰기 때문이라는 것이다. 그러나 이런 어느 것도 작품에 적힌 것만으로는 근거가 충분하지 못하다.

짐이 이 소설에서 마지막으로 취하는 행동, 즉 배신자 브라운이 대량학살을 한 책임을 진다는 명목 하에 도라민의 앞에 가서 처형을 감수하는 결정 역시 비평가들 사이에서 많은 논의를 일으킨 문제였다. 그 논의를 요약하자면 짐이 죽음을 기꺼이 받아들인 것은 용맹을 나타내는 영웅적인 행위로 볼 수도 있는가 하면, 그 결정은 그의 기고만장한 이기심의 발로(發露)에 지나지 않거나, 아니면 브리얼리의 자살과도 비유할 정도의 자기 기만적인 자살 행위로 보여지기도 한다는 것이다. 이러한 논의들은 이 소설의 주제를 살펴보는 데 있어 매우 관련성이 깊은 질문들임에 틀림없으나 콘래드는 불행히도 “파트나”호 사건을 다룬 전반부에서처럼 문제를 철저히 규명하고 있지 않다. 그러나 앞에서 이미 논급된 "작가 후기"에서 콘래드가 "잃어버린 명예에 대한 날카로운 의식"이 그릇된 것일 수도 있고, 옳은 것일 수도 있고, 너무 인위적인 것일 수도 있다고 한 모호한 태도가 그가 끝까지 지켜나가려는 태도가 아니었을까 싶다. 이 소설에서 시종일관 콘래드가 견지하였던 주제는 잠정적이며 불확실한 가운데서의 성실한 추구와 긴장이지 이상이 완전히 달성된 상태의 영화로움이라든가 자만이라든가 자조(自嘲)의 어리석음 같은 것을 집중적으로 표출하려던 것은 아니었다고 느껴진다.

11. 이. 엠. 포오스터 (E. M. Forster)

생애와 작품

EDWARD MORGAN FORSTER
(1879~1970)

이. 엠. 포오스터는 1879년에 건축가 에드워드 모건 포오스터(Edward Morgan Forster)의 아들로 런던에서 태어났다. 교회 세례 명부에 세례를 받는 아기의 이름이 아기 아버지 이름과 똑 같이 나왔다는 웃지 못할 일화가 있다. 좀 방심하기가 일쑤였던 에드워드 포오스터는 세례식에 들어갈 때 교회의 안내역에게 아기 이름이 아니라 자기 자신의 이름을 넘겨주었다는 것이다. 두 살도 되지 않아서 아버지를 여읜 에드워드는 주로 집안의 여자 어른들의 슬하에서 자랐다. 그 중에서 그가 영향을 크게 받은 사람으로는 소유욕이 많은 그의 어머니 앨리스 릴리 위첼로와 경모의 대상이었던 종조모 마리안 손튼이 있다. 에드워드가 여덟 살 때 세상을 떠나면서 마리안 손튼 여사는 자기 자신의 가문에서 이어받은 재산 중에서 8천 파운드에 달하는 유산을 에드워드에게 남겼기 때문에, 그것으로 인해 그는 평생 재정적인 어려움을 모르는 가운데 문필 생활을 지속할 수 있었다. 여자 어른들의 따뜻한 보호를 받으며 행복한 유년 시절을 보낸 에드워드는 1893년에 어머니와 함께 켄트주의 톤브리지라는 곳에 이사하여 그곳 톤브리지 스쿨에 들어갔다. 이 학교는 대개 대학 입학 준비를 목적으로 하는 사립 고등학교 중 하나인데, 특히 그 교풍이 지나치게 남성적이며 운동경기 중심이어서 성품이 섬세하고 여성적이었던 에드워드에게는 오래도록 부정적인 인상을 남기는 학교였다.

1897년에 그는 케임브리지 대학교의 킹즈 칼리지에 들어가 거기에서 자신의 취향에 맞는 친구들과 교제할 수 있었다. 절친한 친구들 가운데 골즈워시 로우즈 디킨슨(Goldsworthy Lowes Dickinson)이 있었다. 디킨슨은 포오스터와 마찬가지로 그리스 문화에 심취하여 있었는데, 후일 포오스터가 그리스 정신문화에 대해 나타낸 지대한 관심은 이 때부터 발단된 것이다. 당시 킹즈 칼리지의 학풍 속에서는 지적인 토론이 자유로이 진행되었고, 그런 정신 풍토에서 케임브리지 대학교의 철학 교수 조지 무어(George Moore)가 불러일으킨 사적인 우정 관계의 중요성은 포오스터의 작품에 심대한 영향을 미치게 되었다. 무어는 뜻이 서로 맞는 개인들의 교제가 주는 즐거움과 이 세상에서 아름다움을 감상할 수 있다는 것은 인생의 가장 값진 경험이라고 주장하였던 것이다. 케임브리지 대학교 4학년 때 포오스터는 "사도회(使徒會)(The Apostles)"라는 모임에 가입하였다. 당시 그 모임에 참여한 사람들로는 버트란드 럿셀(Bertrand Russell), 리튼 스트래치(Lytton Strachey), 레오나드 울프(Leonard Woolf), 데즈몬드 맥카시(Desmond MacCarthy) 등 후일 저술가로 이름을 낸 지식인들이 있었다. 그리고 주로 이들을 통해서 포오스터는 20여년 후에 "블룸즈베리 그룹(The Bloomsbury Group)"이라는 지식인·예술인 동호회에 들게 되기도 하였다.

종조모의 유산을 받았으므로 대학을 나오고도 당장 취직할 필요가 없었던 포오스터는 어머니와 함께 이탈리아 여행을 마음 놓고 하였다. 그리고 그 다음 해에는 그리스를 순방하였다. 이 여행 중에 얻은 견문을 가지고 그는 초기 소설을 쓴 것인데, 적어도 두 편의 초기 소설에서는 여행 안내서만 달랑 들고 해외로 나가서 영국인들이 경영하는 숙소만 찾아다니고, 외국의 문물을 의혹스러운 눈을 가지고 보는 영국인 관광객들의 편협한 모습이 풍자되고 있다. 그리스에서 돌아온 포오스터는 1903년경 케임브리지 동창생들이 힘을 합쳐서 낸 「인디펜덴스 리뷰(*The Independence Review*)」라는 정기 간행물에 기고하기 시작, 얼마 후에 그의 첫 단편 소설 「목신(牧神)의 이야기(*The Story of a Panic*)」가 같은 잡지에 실렸다. 작가로서의 그의 생애는 이때부터 시작된 것이었다.

아둔한 영국인의 이탈리아 경험

1905년부터 1910년 사이에 포오스터는 차분하고 예민한 감성을 나타내주는 장편 소설 네 편을 썼다. 이들은 대체로 헨리 제임즈의 소설 전통에 따라 평범한 사람들이 삶에서 경험하는 아리송한 오해와 그런 오해를 조절해 가는 이야기를 적은 것이다. 첫 작품 『천사들이 밟기를 꺼려하는 곳(*Where Angels Fear to Tread*)』(1905)은 대부분 이탈리아를 배경으로 한 것인데, 출간되자마자 호평을 받았다. 이 소설은 앵글로 색슨족의 생활양식 또는 생활 의식과 이탈리아 사람들의 그것과를 대비시켜 그렸다는 점에서 헨리 제임즈의 소설과 다소 유사한 데가 있다. 특히 냉정한 입장을 지닌 사절(使節)을 보낸다는 이야기 같은 것은 1903년에 발간된 제임즈의 『사절들』에서 영향을 받은 것이 아닌가 하는 생각을 갖게 한다. 포오스터의 첫 소설의 주제는 "바보들은 천사들이 밟기를 꺼려하는 곳에 급히 뛰어 든다(Fools rush in where angels fear to tread)"라는 속담 표현 속에 숨은 뜻과 깊은 관련이 있다(이 서양 속담은 "하룻강아지 범 무서운 줄 모른다."는 우리나라 속담과 뜻을 같이 한다). 이 소설에서 "바보들"에 해당되는 사람들은 영국에 있는 해리튼(Harriton) 가족들로, 특히 막 과부가 된 릴리아(Lilia)의 시어머니와 시누이가 된다. 릴리아는 위로를 받기 위해 친구와 함께 이탈리아 청년 지노(Gino)와 결혼하게 될 것이라는 소식을 듣고 그 결혼을 말리기 위해 사절로 필립 해리튼(Philip Harriton)을 보낸다. 필립이 이탈리아에 도착했을 무렵에 두 사람은 이미 결혼하였을 뿐만 아니라 릴리아는 출산 중에 사망하고 만다. 이번에는 갓난아기를 데리고 올 사명을 띠고 필립이 릴리아의 시누이 해리어트(Harriet)와 함께 이탈리아로 다시 온다. 알고 보니 지노는 그들이 영국에서 생각했던 것보다 더 나은 아버지라서 아기는 자기가 키우겠다고 말하는데, 해리어트는 욕심에서 아기를 훔쳐 필립과 함께 마차를 타고 도망쳐 나오다가 마차가 뒤집히는 바람에 아기는 죽고 만다. 릴리아를 이해하지 못하고, 이탈리아를 이해하지 못하고, 정말로 성실한 이탈리아인인 지노마저도 이해하지 못한 해리튼 가족들은 알지도 못하는 남의 일에 관여하고 계산 착오를 일으켜 일의 낭패와 죽음까지 초래하였으니 얄팍한 "바보들"인 것이다,

소설을 쓰는 가운데서도 포오스터는 간간이 외국의 지체 높은 사람들 집에서 개인지도 교사로서 시간을 보냈다. 예를 들어 첫 소설이 나오기

직전인 1905년에 그는 독일의 폰 아르님(von Arnim) 백작부인의 자녀들 지도 교사로서 독일에 가 있었고, 1906년에는 어머니와 함께 웨이브리지라는 곳에 정주하면서 인도의 회교계에서 애국자로 추앙되고 있던 시에드 로스 마수드(Syed Ross Masood)의 개인지도 교사로 있었다. 포오스터는 마수드에게서 강렬한 우정을 느껴 두 사람은 그 우정을 오래 지켰다. 이러한 우정 관계는 포오스터가 케임브리지 대학교 재학중에 배웠던 사적인 우정 관계의 중요성이 실생활에서 실천된 좋은 예이며, 더욱이나 국경을 넘어 발전되는 우정 관계는 포오스터의 생애와 작품에서 가끔 보는 것이다.

영국의 문화 전통과 개인

포오스터의 두 번째 소설 『기나긴 여로(*The Longest Journey*)』(1907)는 국제간의 문화적 차이에서 일어나는 충돌이 아니라 영국 사회 내의 가치체계가 서로 다른 공동체들 사이에서 일어나는 알력에 관한 이야기이다. 이 소설을 3부로 나누고 있는 “케임브리지(Cambridge)”와 “소스톤(Sawston)”과 “윌트셔(Wiltshire)”는 인생에 대한 세 가지 다른 반응에 해당될 뿐만 아니라 사회 환경에 민감한 주인공이 발전해 가는 주요 단계들을 말해 주기도 한다.

제1부 “케임브리지”는 선천적인 절름발이인 주인공 리키 엘리어트(Rickie Elliott)가 케임브리지 대학을 다니는 이야기인데, 나약하고 심미적인 리키는 인생에 대해 높은 이상을 가지고 모든 사람을 사랑하고 이해하려고 애쓴다. 작가가 되려는 야망을 품고 글을 쓰는 리키는 출판사측의 논평을 듣고 실망한 나머지 원치도 않는 사립 고등학교 교사가 되어 버린다. 그 학교가 바로 소스튼 스쿨이다. 제2부를 구성하는 “소스튼” 스쿨은 포오스터 자신이 늘 불쾌한 추억을 가지고 생각하던 톤브리지 스쿨의 학창 생활을 모델로 삼아 그린 것이다. 소스튼 스쿨에서 리키는 지성적인 자신의 성향과는 전혀 다른 (그러나 지금은 죽고 없는) “운동가”의 약혼녀로 있던 애그네스(Agnes)와 결혼하지만 그 새로운 직장도 결혼도 다 그에게는 아무런 삶의 의미를 주지 않는다. 진실과 창조력이 결여된 아내 애그네스 때문에, 그리고 하찮은 이상과 타협과 거짓의 삶을 대변하는 소스튼 스쿨의 분위기 속에서 기숙사 사감으로 있는 애그네스의 오빠 펨브로우크(Pembroke) 때문에 리키의 성격 발전은 퇴보를 계속할 뿐이다.

마침내 전환점이 오는데, 그것은 리키가 자신의 이복 동생 스티븐 원함(Stephen Wonham)의 정체를 알게 되는 순간이다. 스티븐은 여러 면에서 조잡하고 세련됨이 없기는 하지만 성실하고 씩씩한 청년이다. 진실보다는 사회적 체면에 더 관심이 많은 애그네스가 훼방을 놓아 스티븐을 동생으로서 맞을 기회가 얼른 다가오지 않지만, 마침내 스티븐이 리키가 싫어하는 아버지의 아들이 아니라 리키가 사랑했던 어머니의 아들이라는 사실이 밝혀지자, 리키는 스티븐을 연약한 어머니를 나타내주는 상징으로서 받아들인다. 제3부를 구성하는 "윌트셔"는 제3의 생존 형태를 말하는 곳이다. 여기에서 리키는 음주벽으로 엉망이 되어 가고 있는 스티븐을 살려 보려고 무진히 애를 쓰는 끝에 어느 날 술에 취해 기차 길에 누워 있는 스티븐을 구출하려다가 동생은 건지고 자신은 기차에 치어 죽고 만다.

이 소설의 전반적인 주제는 영국의 문화와 전통을 오래도록 이어 나가는 문제, 다시 말해서 앞으로 누가 과연 영국의 명맥을 이어 나가는가 하는 문제이다. 소설의 마지막 부분에서 구원된 스티븐은 영국 민족의 장래를 이끄는 한 제스츄어로서 자기 딸을 잠 재운다고 숲 속으로 데리고 들어간다. 자신의 인간적인, 그리고 예술가로서의 성실을 지켜 나가기 위해 몸부림치는 한 젊은이의 이야기라는 관점에서 보면 『기나 긴 여로』는 제임즈 조이스의 『젊은 예술가의 초상』이나 로렌스의 『아들과 연인』과 잘 비교되는 것이다. 그리고 한 젊은이가 인생 경험에 뼈아프게 입문하는 이야기라는 관점에서 보면 새무엘 버틀러의 『중생의 길』과 잘 비교된다고 말할 수 있다. 이 소설의 제목 "기나 긴 여로"는 포오스터가 아끼던 시인 셸리(Shelley)의 「에피사이키디온(Epipsychidion」(1821)에서 따낸 것이다. 플라톤적 사랑을 열렬히 토로하는 셸리의 자전적인 시에 비해 애그네스 펨브로우크와 다분히 긴 인생 여로를 같이 걷기를 결심하는 리키의 결정은 아이러니칼한 것이다.

세 번째로 나온 『조망이 있는 방(*A Room with a View*)』(1908)은 포오스터의 소설 작품 중에서 가장 쾌활한 분위기를 담은 것이며, 포오스터가 제인 오스틴의 작품에 가장 가까이 접근한 소설이기도 하다. 이 소설은 사회의 그릇된 인습 때문에 흐려지는 인간의 깊은 심성을 말끔히 씻어내는 사랑과 진실의 힘을 구가(驅歌)하는 일종의 로맨틱 코메디라고 말할 수 있다. 『천사들이 밟기를 꺼려하는 곳』과 비슷하게 이 소설에 나오는 주역 인물들도 이탈리아로 찾아와서 대부분 행동한다. 이탈리아로 여행 온 두 영국 여성 루시 하니쳐치(Lucy Honeychurch)와 샬로트 바틀렛트(Charlotte Bartlett)는 자기들이 플로렌스에서 유숙하는 방에 바깥을 내다볼 조망이 없다는 불평을 해댄다. 이런 불평을 들은 옆 방의 영국인 손님들인 에머슨(Emerson)씨와 그의 아들 조지(George)는 서슴치 않고 조망이 있는 자기네들의 방을 바꿔 주겠노라고 제안한다. 인습의 노예가 되어 있어서 낯설은 사람과는 얼른 친근해질 수가 없는 두 영국 여성은 영국 목사의 신원 보증을 받고서야 에머슨씨의 제안을 다소 딱딱하게 받아들인다. 에머슨씨는 이 소설 전체를 통하여 탁 트인 "조망"을 가지고 있는 사람이지만 두 영국 여성은 넓은 시각을 가진 사람을 보면 공연히 겁을 내는 인습주의자들이다. 루시는 길에서 졸도하거나 넘어질 때마다 우연히도 조지 에머슨의 팔에 안기게 되지만, 막상 그런 기회에 조지가 입맞춤을 하려 들자 루시는 플로렌스를 빠져 나와 마침내는 영국으로 돌아가서 예법과 격식을 잘 차리는 영국 청년 세실 바이스(Cecil Vyse)와 약혼한다. 그러나 더 늦기 전에 그녀는 세실이 자기가 원하는 남자가 아니라는 것을 깨닫고 조지에게로 다시 돌아와 그와 결혼할 것에 동의한다.

이 소설 속에서 대치하고 있는 두 세계는 두 가지의 가치 체계인데, 하나는 얌전만 빼는 격식차림의 혼탁한 세계이고, 또 하나는 이성과 순발과 자연미를 담은 맑은 세계이다. 이 소설에서 꾸준히 추구되고 있는 것은 인생을 보고 다루는 자세에 있어서 "조망"이 필요하다는 것, 다시 말해서 사교상의 예절이나 격식 보다 좀 더 넓은 시각이 필요하며, 나아가서는 한정된 삶을 무한의 의식 세계에까지 연결시킬 필요가 있다는 것이다. 루시의 의식을 차지하고 있던 가치 체계의 혼돈에서부터 포오스터는 명쾌한 코메디와 심각한 도덕적 결단을 자아내면서 양자 간의 완전한 균형을 유지하고 있는 것이다.

정신문화와 물질문명

포오스터의 네 번째 소설 『하워즈 엔드(*Howards End*)』(1910)는 이전에 나온 작품들보다 훨씬 더 야심적인 작품인데, 발표되자마자 비평가들과 일반 독자들로부터 격찬을 받았다. 이 소설의 구조 역시 이전의 소설과 유사하게 서로 다른 가치 체계를 나타내는 두 개의 세계를 대비시키는 것으로 되어 있지만 여기서는 그 대비가 좀 더 깊은 사회적인 함축성을 지닌 가운데 이루어진다.

이 소설이 쓰인 1910년대, 특히 1차 세계대전 전의 영국 사회는 국민 간에 심화되어 가는 빈부(貧富)의 차이, 그 중에서도 중류 계층의 맨 밑바닥에 속하는 사람들이 느끼는 경제면의 불안, 시골의 농본적 생활 리듬의 파괴와 더불어 새로운 도시 질서의 격렬한 대두 등으로 특징지어져 있었다. 그래서 이전의 소설에서 보는 순발성과 사회 인습 간의 단순한 대비가 개인의 삶과 그들이 속한 사회 계층들을 그려 가는 가운데 정신 문화와 물질주의 문명 간의 대비라는 것으로 나타난다. 그것을 가장 단적으로 나타내주는 것이 슐레겔(Schlegel) 가문의 정서와 예술과 문화를 아끼는 생활신조와 윌캇스(Wilcox) 가문의 실리(實利)와 기업을 중시하는 가치관 사이에서 벌어지는 복잡한 연루와 알력이다.

『하워즈 엔드』에서 암시되는 영국 사회의 전반적인 모습은 여기저기 금이 간 모습이기는 하지만, 소설의 앞부분은 사람들이 사랑과 우정이 요구하는 바에 따라 서로 관계를 맺는 일들로 가득 채워져 있다. 우선 독일계 혈통을 받아 독일의 낭만적 문화를 숭상하며 감수성이 예민한 슐레겔 가문의 자매 마가렛트(Margaret)와 헬렌(Helen)이 독일로 휴가 여행을 갔다가 윌캇스 가족들을 알게 된 것이 발단이 되어 헬렌이 런던 부근에 있는 윌캇스네 시골 저택 "하워즈 엔드"에 초대되면서 그 집 아들 폴(Paul)과 사랑에 빠진다. 그러나 이 첫 맺음은 양가의 반대 때문에 무산되고 만다. 그 다음에는 윌캇스 가족들이 슐레겔 자매가 사는 집 맞은편에 이사하여 옴으로써 윌캇스 부인과 마가레트 슐레겔 사이에 급격한 우정이 싹트기 시작한다. 돈 많은 기업가인 윌캇스씨와는 달리 차분하고 관대한 성품의 윌캇스 부인은 마가렛트와의 우정이 무르익을 무렵 병환으로 갑자기 세상을 떠나 그 우정도 무산되고 만다. 그러나 그녀의 사사로운 유언장에다가 시골 저택 "하워즈 엔드"를 친구인 마가렛트 슐레겔에게 유산으로 넘겨준다고 적은 것이 이 소설의 플롯의 중요한 전환점을 이룬다. 그러나 윌캇스 가족들은 사망한 윌캇스 부인의 유언 내용을 마가렛트에게 알리지도 않은 채 묵살하여 이 유산 문제도 당분간 무산되고 만다.

또 하나의 우정 관계는 헬렌이 음악회에 가서 남의 우산을 잘못 집어 가지고 온 것 때문에 그녀가 레오나드 바스트(Leonard Bast)와 갖게 되는 관계이다. 그는 어느 중소기업체의 사무직원에 불과하지만 문화인답게 책과 음악회와 지적인 대화에 관심이 많아 그런 점에서 슐레겔 가족과 인연이 맺어지기 시작하는 것이다. 멀지 않아 헬렌은 레오나드에게 애정을 느끼기 시작한다. 마지막으로 상처한 윌캇스씨는 마가렛트에게 애정을 느껴 두 사람은 윌칵스 아들들의 반대에도 불구하고 결혼한다.

이러한 일련의 인간관계들이 맺어지고 난 다음 레오나드 바스트의 존재를 지나치게 의식한 윌칵스씨의 교활한 행동, 그것에 의분을 느끼면서 레오나드에게 더욱 애정을 주어 그의 아기를 갖기까지 하는 헬렌의 이야기가 이어지다가 마침내 "하워즈 엔드"에서 윌칵스의 아들 찰즈가 레오나드를 과실 치사(致死)시키는 사건을 통해 신뢰와 행동을 중시하는 윌칵스 가문은 완전히 기울어지고 시골 저택의 승계자인 마가렛트가 이 집을 헬렌과 죽은 레오나드 사이에서 태어난 아기에게 유산으로 넘겨주는 것으로 이야기는 끝난다. 미래의 계승자인 이 신생아는 슐레겔 가문의 다소 여성적인 정신문화의 가치와 그러한 가치를 어느 정도 공감하면서도 영국의 계급 제도에 반발하여 싸울 의지를 나타낸 중하류 계층의 근로자 레오나드 바스트의 가치관을 한 몸에 지닌 존재이다. 포오스터는 이 소설의 부제로 "연결 짓기만 하라… Only connect…"라는 제명(題銘)을 사용하였는데 이것은 정감이 덜 발달된 보통 영국인의 정신적 건강을 위한 처방임과 동시에 이 소설의 궁극적인 주제이다. 연결은 두말할 것도 없이 삶의 "산문적인 것"과 "시적인 것"의 연결인 것이다. 이런 시각에서 볼 때 『하워즈 엔드』는 『기나 긴 여로』의 끝부분에 가서 다루어졌던 주제, 즉 누가 과연 영국의 명맥을 이어나갈 것인가 하는 문제를 다시 한 번 들고 나와 그것을 확대 · 심화시킨 것이라고 말할 수 있다.

『하워즈 엔드』로 포오스터는 이제 문단의 중요한 작가로서의 지위를 굳히게 되고, 이듬 해 1911년에는 『천상(天上)의 합승 마차 외(*The Celestial Omnibus and Other Stories*)』라는 단편 소설 선집을 내었다. 이 단편집에 실린 작품들은 대체로 초기 소설에서와 같이 이탈리아와 그리스를 배경으로 하되 주제와 논조가 목가적이고 환상적이며 문체가 괴팍한 것들이 많다. 그 중에서 널리 알려진 단편으로는 「콜로너스에서 오는 길(*The Road from Colonus*)」, 「다른 왕국(*Other Kingdom*)」, 「목신의 이야기(*The Story of a Panic*)」 등이 있다.

1912년에 포오스터는 처음으로 인도를 방문하였는데, 그때 동행한 사람들 중에 골즈워시 로우즈 디킨슨이 있었고, 인도에 일단 가서는 그전에 영국에서 라틴어 개인지도를 하였던 시에드 로스 마수드를 만나 그와도 함께 여행하였다. 인도에서 포오스터는 역시 데와스(Dewas)주의 대군(大君)을 친히 사귀었다. 그리고 인도에 있는 영국 식민 관리들을 면밀히 관찰하고 난 포오스터는 그들을 점점 혐오하게 되었다. 인도를 주제로 하는 소설의 구상과 집필은 이 첫 번 인도 방문 여행 직후에 시작된 것이다.

1913년에 귀국하여 포오스터는 『모리스(*Maurice*)』라는 제목의 장편 소설을 쓰기 시작하였지만 동성애의 주제를 다룬 작품이라는 이유에서 가까운 사람들에게만 돌리고 정식 출판은 하지 않았다. 이것이 세상에 나온 것은 포오스터가 세상을 떠난 다음 해인 1971년이다. 포오스터는 이 소설에서 새로운 창작의 맥을 열어 보려고 했던 것인데, 그의 뜻대로 되지는 않았다. 주인공 모리스 홀(Maurice Hall)은 포오스터의 다른 소설에서와 같이 영국의 계급 제도에 항거하는 인물이다. 모리스의 동성애 상대가 대학 동급생의 농장에서 일하는 관리인이라는 것을 보아도 알 수 있다. 성(性)문제에 관한 입장에서 모리스는 포오스터 자신과 비슷한 데가 있지만 그 점을 내놓고는 작자를 닮은 데가 거의 없다. 모리스는 지성면에서도 평범하고, 예술적인 감각도 덜하고, 몸도 건장한 편이다. 작품 『모리스』는 모든 사회 계급에서 나타나는 속물적 근성을 방비하는 길이란 사랑스러운 인간관계를 가지는 것이라고 한 포오스터의 신념을 시범해 보인 소설이다.

1914년에 제1차 세계대전이 발발하자 포오스터는 창작에서 더욱 방해를 받았다. 1915년에 그는 이집트의 알렉산드리아에 가서 국제 적십자사의 일을 도우면서 1919년까지 거기에 있었다. 이 기간의 생활 경험에서 그는 인간성에 대한 더 깊은 통찰을 하게 되었을 뿐만 아니라 동양문명을 비롯한 세상 물정에 대해 더 많은 지식을 얻게 되었다. 그는 이집트를 혐오하기는 하였지만 거기에 체류한 결과로 비소설 부문의 책 두 권을 내었다. 하나는 『알렉산드리아 : 역사와 지리 안내(*Alexandria : A History and Guide*)』인데, 1922년에 완성했다가 1932년에 개정본으로 출판되었다. 이 에세이집에서는 포오스터가 신봉하는 "헬레니즘(Hellenism)"과 그가 앵글로 색즌족이 믿는 기독교에 대해 가진 회의심 같은 것이 잘 나타나 있다. 또 하나는 알렉산드리아를 주제로 쓴 에세이 선집 『파로스와 파릴론(*Pharos and Pharillon*)』(1923)이다. 이 이집트 체제기간에 얻은 또 하나의 부산물은 그리스의 시인 캐바피(Cavafy)를 포오스터가 가까이 사귀게 되었다는 것이다.

1919년에 본국으로 돌아간 포오스터는 일간지 「데일리 헤랄드(The Daily Herald)」의 문학 담당 편집자로 있었고 상당히 많은 정기 간행물에 에세이와 서평들을 기고하였다. 1차 대전이 포오스터에게 준 심리적 충격은 적은 것이 아니었다. 대전의 참상을 보고 그는 자신이 이전에 지녔던 정치적인 자유주의를 포기할 수밖에 없었다. 가령 전쟁 중에 나타난 공포와 증오라고 하는 거대한 세력에 미력이나마 맞서는 것으로서 고귀한 과거의 문화에 우리를 이어주는 좋은 문학 작품의 중요성 같은 것을 강연과 에세이를 통해 지적하기는 하였지만 무조건 대전 이전의 안이한 이상주의로 되돌아가는 일은 하지 않았다. 뿐만 아니라 전쟁을 경험하고 난 포오스터는 영국의 중산계급 속에서 발견되는 안이와 오만, 그리고 사회에 널리 퍼져 있는 불평등의 현상들에 더욱 반감을 느꼈다. 그 결과로 포오스터는 1910년대에 가졌던 자유주의 경향에서부터 1920년대에는 사회주의 경향으로 옮겨 가는 것으로 나타난다.

인도의 충격적인 참모습

1921년에 포오스터는 인도에 두 번째 방문 여행을 하여 6개월 동안 체류하였다. 이번 여행의 목적은 데와스주의 대군(大君)의 개인 비서로서 일하는 것이었다. 이 기회를 통해서 포오스터는 인도 내의 정치·사회생활을 면밀히 관찰할 수가 있었으며 그러한 견문을 바탕으로 그는 1차 방문 직후에 시작했었던 인도 주제 소설의 집필을 다시 시작하였다. 그 결과로 마침내 나온 것이 그의 다섯 번째 소설이자 그의 최대 걸작으로 일컬어지는 『인도로 가는 길(*A Passage to India*)』(1924)이다(별항 해설 페이지 221~232 참조). 이미 다년간 우정을 굳혔고 포오스터가 첫 번째 인도 여행을 결심할 때 많은 자극을 주었던 인도의 회교계의 애국자 시에드 로스 마수드에게 이 소설은 헌정되었다. 이 소설은 나오자마자 영국과 미국에서 격찬을 받았다. 인도의 참 모습을 보지 못하고 폴로 경기나 하고 칵테일 마시기에 바쁜 영국 식민 관리들의 습속을 풍자한 것에 대해 그러한 묘사나 사실과 다르다는 비판도 없지 않았으나, 많은 생각 있는 영국인들을 비롯하여 비(非) 영국인 독자들도 작자의 묘사가 대체로 정확한 것이라고 적극 증언하였다. 이 소설을 마지막으로 포오스터는 더 이상 소설 작품은 내지 않았다. 왜 소설 창작을 중단하였는가라는 질문을 자주 받은 그는 "더 이상 할 말이 없어서"라고만 대답하였다.

그 이후 40년 이상이나 되는 긴 여생을 통해 포오스터는 언론인으로서, 문명 비평가로서, 그리고 문학 비평가로서 많은 활동을 계속하였을 뿐만 아니라 많은 존경을 받기도 하였다. 1927년에 케임브리지 대학교에서 그가 "클라크 강연(Clark Lectures)"이라는 초청 강연을 맡아 하게 된 것도 소설가로서, 그리고 비평가로서의 그의 탁월함이 인정되고 칭송되었다는 증거였다. 강연의 제목은 "소설"이었지만 같은 해에 그것이 책으로 되어 영국과 미국에서 같이 나왔을 때는 『소설의 양상(樣相)들(*Aspects of the Novel*)』이라는 제목이 주어져 강연자 포오스터의 유연한 성품을 잘 나타내주었다. 학자풍의 비평가가 아닌 포오스터는 소설을 연대순에 따라 나열 또는 분류하여 다루는 학문적인 방법을 취하지 않고 세계의 모든 위대한 소설가들이 대영 박물관의 중앙 열람실의 둥근 지붕 밑에서 자기네 걸작품들을 쓰고 있다는 가상 하에서 소설 영역을 다루고 있다. 그리고 소설을 "일정한 범위의 내용을 산문으로 적은 허구(虛構)"라고 정리한 프랑스 비평가의 정의를 빌려 가면서 소설이 가지고 있는 일곱가지 형식적인 자질들을 가지고 논한다. 그 자질들을 보면 "스토리(The Story)," "사람들 (People)," "플롯(The Plot)," "환상(Fantasy)," "계시(Prophesy)," "패턴(Pattern)," "리듬(Rhythm)"으로 되어 있다. 언뜻 보면 포오스터가 형식과 테크닉에 극도의 관심을 가지고 있다는 인상도 주지만, 사실인즉 포오스터는 엄격한 형식주의의 접근 방법을 피하고 테크닉에 관련되는 문제와 진실 또는 리얼리티에 관련되는 문제 간의 균형을 잘 유지하고 있다.

이 소설론은 다른 많은 학문적인 소설론들이 서가에 꽂혀 먼지를 뒤집어 쓰고 있는 동안에도 계속 널리 읽히고 있는데, 그 이유는 포오스터가 살아 있는 구구절절을 가지고, 소설이라는 제목에 대해 자신이 가진 열의를 잘 전달하고 있기 때문이다. 이 책은 아주 간명하기 짝이 없는 모양새를 가지고 오래된 문제에 새로운 조명을 가해 주며, 많은 주요 소설가들(특히 에밀리 브론테, 멜빌, 도스토에프스키, 로렌스)의 예술에 대한 독창적인 안목을 나타내 보인다. 또 제인 오스틴과 멜빌과 같은 두 이질적인 소설가들을 함께 놓고 제각기 격찬하는 것을 보면 창작면에서의 그의 공감대가 얼마나 넓은가를 알 수 있다. 뿐만 아니라 포오스터의 소설을 아는 독자는 포오스터 자신이 그 두 작가들의 특징적인 면들을 잘 동화시키고 있음을 새삼 깨닫게 된다.

1928년에 포오스터는 1914년 이전에 이미 발표되었던 단편들을 모아 『영원한 순간(*The Eternal Moment*)』이라는 제목으로 내었다. 문체가 다소 괴팍하고 초자연적인 소재를 다룬 단편들이 많이 들어간 이 선집 가운데 유달리 알려진 단편 「기계가 서다(*The Machine Stops*)」는 소설가 H. G. 웰즈(Wells)가 그랬듯이 미래의 세계를 악몽처럼 내다보는 이야기다. 1934년에 포오스터는 그의 옛 친구 로우즈 디킨슨의 전기 『골즈워시 로우즈 디킨슨(*Goldsworthy Lowes Dickinson*)』을 공들이는 마음을 가지고 써서 내었다. 친구에 대한 다정한 느낌이 때로는 너무 지배적이어서 디킨슨이 과대하게 평가되고 있다는 느낌도 없지 않으나 디킨슨의 훌륭한 저작들, 즉 『그리스적 인생관(*The Greek View of Life*)』(1896), 『선의 의미(*The Meaning of Good*』(1901), 『존 챠이나맨의 편지(*Letters from John Chinaman*)』(1901) 등을 세밀히 참조한 부분은 그 나름대로 특이하다. 같은 해에 포오스터는 "전국 민권 자유 회의(National Council for Civil Liberties)"의 의장으로 선출되었다. 1936년에 포오스터는 『애빈져 하베스트(*Abinger Harvest*)』라는 에세이 집을 내었는데, 그 중에서도 『영국 국민성에 관하여 몇 마디(Notes on the English Character)』는 포오스터가 소설에서도 자주 주제로 삼은 영국인의 정감 부족을 잘 지적하고 있다("애빈져 하베스트"는 포오스터가 써리주에서 이때 살고 있던 시골 집의 이름이다).

1951년에 포오스터는 두 번째 에세이 집 『민주주의 두 번 만세(*Two Cheers for Democracy*)』를 내었다. 그 다음에 나온 책 『데뷔 신(神)의 언덕(The Hill of Devi)』(1953)은 포오스터가 처음에 두 번 인도를 방문 여행하는 동안 본국에 보냈던 서한들을 대부분 모은 것이다. 거기에 기술된 에피소드들 때문에 지금은 이 책이 소설 『인도로 가는 길』의 출전(出典) 자료로 쓰인다. 마지막으로 포오스터가 낸 비소설 부문의 저작으로 『마리안 손튼 : 한 가문의 전기(*Marianne Thornton : A Domestic Biography*)』(1956)가 있다. 이 전기는 포오스터가 어려서 자기에게 큰 유산을 남겨 주었던 종조모 마리안 손튼 여사에 대한 깊은 사의(謝意)를 새삼 표하여 쓴 책이다. 포오스터는 자기 아버지 대에 아버지의 외가인 손튼 가문을 이어 받은 사실에 입각하여 증조부 헨리 손튼의 생애를 그리는 에세이를 쓰면서 증조부의 가문이 신앙심과 박애정신이 투철하였음에 반하여 시가(詩歌)나 환상이나 신비의 세계에는 민감하지 못하였다는 지적을 한 바 있었다. 『마리안 손튼』은 포오스터의 증조모의 생애에 관한 이야기로서 빅토리아 시대의 가정생활의 단면을 잘 나타내주기도 하지만, 또 한편으로는 증조모의 영향 하에서 자라난 자기 자신의 어린 시절을 세밀히 보여주는, 따라서 소설가 포오스터의 심성과 성품을 가려내는 데 도움이 되는 자료라고 할 수 있다.

노경에 들면서 포오스터는 수없이 많은 강연 시리즈와 논설문 등으로 사회에 끊임없는 공헌을 하였는데, 1949년에 그에게 작위(爵位)를 수여한다는 청을 그는 단연 거절하였다. 그러나 1953년에는 국왕 엘리자베스 2

세가 수여하는 명예 훈장을, 그리고 1969년에는 공훈 훈장을 각각 수여받았다. 포오스터는 1970년에 세상을 고요히 떠났는데, 그 이듬해에 앞에서 언급된 소설 『모리스』가 나왔고, 1972년에는 또 하나의 단편집 『내세(來世) 외(*The Life to Come and Other Stories*)』가 출판되었다.

포오스터의 생애와 배경을 살펴보면 거기에는 한 가닥의 아이러니가 잠겨 있다. 그는 비교적 윤택한 중상류층에서 태어난데다가 유산으로 받은 돈을 가지고 유럽 대륙을 마음껏 여행하며 다니는 한가로운 삶을 누렸던 반면에 좋은 교육을 받고 민감한 성품을 지녔던 터라 영국의 중상류 계층이 보유한 여러 가지 가치들이 안고 있는 공허함에 대해 일찍이 눈을 떴다. 뿐만 아니라 그는 영국의 정통 종교에 대해서도 안이한 태도를 지키지 못하였다. 하디나 웰즈나 싸머셋트 모옴(Somerset Maugham)과도 같이 포오스터는 회의주의자였고, 쉽사리 해답을 내는 것을 꺼려하였다. 그러면서도 그는 하디처럼 투철한 비관론자는 아니었고, 웰즈처럼 투명한 낙관론자도 아니었다. 아마 그 중간쯤에서 그는 그 나름의 소신 같은 것을 가지고 있었다고 하겠는데, 한 마디로 말해서 세상 사람들이 감정면에서 좀 더 성실하고, 좀 더 개방적이고 좀 더 정감을 풍부하게 가진다면 이 세상은 좀 더 살기 좋은 곳이 되리라는 것이 그의 지론이었다.

여행을 통해 그리스와 이탈리아의 생활양식 또는 가치관에 친숙하여졌을 뿐만 아니라 고전학에도 조예가 깊었던 포오스터는 명실 공히 휴머니스트였다. 뿐만 아니라 그는 정치적인 의미의 자유주의를 크게 신봉하였으므로 그런 맥락에서 "자유주의적 휴머니스트(liberal humanist)"라고 가끔 불리우기도 하였다. 그리고 집 안 여자들의 손에서 대부분 자랐으며, 사사로운 생활 방식을 즐기고, 지성을 존중하는 삶을 살았던 그는 철저한 개인주의자였다. 그의 소설은 하디에서 보는 "자연주의적" 색채가 강한 소설도 아니며, 존 골즈워시(John Galsworthy)에서 보는 대하소설도 아니며, 그렇다고 조이스나 버지니아 울프에서 보는 실험적인 소설도 아니다. 자유를 사랑하며 개명된 가치를 내세우고 둔감한 가슴이나 정열을 비난하는 인생관 아래서 어느 정도의 스토리와 어느 정도의 신비와 철학과 시정(詩情)이 섞인 비교적 말끔한 소설을 그는 선호하였던 것 같다. 지성과 재치와 민감과 자비와 도덕성이 깃들여진 상상력—이런 것들로 특징 지워지는 소설의 작가 포오스터는 영소설에서 구태여 찾는다면 제인 오스틴, 조지 메레디스, 헨리 제임즈와 같은 작가들과 잘 비교될 수 있는 작가이다.

『인도로 가는 길 *A Passage to India*』(1924)

플롯 개요

겐지스강이 옆을 끼고 흐르는 인도의 고도(古都) 찬드라포어는 별로 크지도 않고 별로 매력도 없는 도시다. 낡고 지저분한 쪽은 인도인들이 사는 지역이고, 영국의 공무원 주재지(Civil Station)로 되어 있는 쪽은 모든 것이 새 것이고 도시 계획도 말끔히 되어 있다. 이 도시에 사는 인도인 외과 의사 아지즈(Aziz) 박사는 국립 병원에서 외과부장 캘렌다(Callendar) 소령의 보좌관으로 일하고 있다. 어느 날 저녁 아지즈 박사는 인도인 변호사 하미듈라(Hamidullah)의 집에서 베푼 만찬에 참석하여 또 하나의 인도인 변호사 마무드 알리(Mahmoud Ali)와 함께 셋이서 마주 앉아 요즘 인도 국내에서 영국인들이 취하고 있는 오만불손한 태도를 놓고 진지한 토론을 벌이고 있다. 토론은 인도인과 영국인들이 과연 서로 친구가 될 수 있을까 하는 근본적인 문제에까지 이른다. 얼마 후 토론에 진저리가 난 아지즈는 정원에 나가서 아랍어와 페르샤어와 우르두어로 각각 쓰여진 연애시를 읊어 본다. 만찬이 다 끝나지도 않았는데 캘렌다 소령으로부터 아지즈에게 자기 집에 급히 와 달라는 말이 인편으로 전달되어 아지즈는 자전거를 타고 황급히 나간다. 가다가 자전거 바퀴에 펑크가 나서 마차를 빌려 타고 가 보니, 그의 상사인 캘렌다 소령은 메시지 한 장 남기지도 않고 외출하고 만 것이다. 뿐만 아니라 그 집에서 나와 보니까 거기서 먼저 나온 캘렌다 부인과 또 한 명의 영국인 부인이 아지즈가 빌려 타고 온 마차를 아무 말 없이 타고 가버린 것이다.

하는 수 없이 도보로 찬드라포어 시내 쪽을 향해 가던 아지즈는 도중에 회교 사원이 있는 것을 보고 거기에 들어가 잠시 쉬기로 마음먹는다. 회교를 단순한 종교 이상으로 보는 아지즈는 사원의 아름답고 고요한 분위기에 잠기면 심신이 거기에 완전히 빨려 들어가는 것이다. 특히 그는 사원에서 암시되고 있는 "가슴에서 우러나는 정열에 대한 은밀한 이해"라는 것을 높이 사고 있는 터이다. 경내에 들어 선 아지즈는 어떤 영국 여인이 사원 안쪽에서부터 나오는 것을 보았는데 언뜻 보기에 그 여인은 신발을 신은 채로 들어갔던 것 같다. 이에 분격한 아지즈는 여인을 꾸짖으려 들지만 다음 순간에는 자기가 잘못 보았다는 것을 깨닫고 사죄한다. 어느새 두 사람은 마주 앉아 사사로운 이야기를 나누고 아지즈는 캘렌다 소령 부부를 혐오한다는 속 이야기까지 털어 놓는다. 그리고 감격한 아지즈는 이 영국 여인 무어(Moore)부인을 가리켜 "댁은 정말 동양인이시구려"라고 외친다.

무어 부인은 최근에 영국에서부터 인도를 방문해 와 있는데 주목적은 찬드라포어시의 치안 판사로 일하는 아들 로니 히슬롭(Ronny Heaslop)을 보기 위해서다. 동행하여 온 미스 아델라 퀘스테드(Adela Quested)는 로니와 결혼하게 될 사람인데. 이 열대 지방에 나와 일하는 남자의 모습을 직접 보고 결혼에 대한 최종적인 결심을 내릴 뿐만 아니라 이번 여행에서 인도의 참 모습을 본다는 것이 그녀의 여행 목적이다. 이 두 여인을 위해 수세관(收稅官)으로 있는 터튼(Turton)은 소위 "브리지 파티(Bridge Party)"라는 것을 여는 것이 어떨까 하고 제안한다. 터튼에 의하면 동서양간에 벌어진 틈에 다리를 놓는 파티가 되게끔 한다는 것이다. 집에 돌아오자 로니는 아지즈가 자기 어머니에게 캘렌다 소령에 대해 좋지 않은 말을 한 것을 알게 되어 그것을 본인 캘렌다에게 말해줄까 생각한다. 무어 부인은 개인 간의 우정 관계가 갖는 내밀성(內密性)과 거룩함을 무시하는 아들의 태도를 보고 아연실색한다. 나중에 로니는 어머니에게 소령한테 아지즈가 한 말을 하지 않을 테니 아델라에게도 아지즈의 말을 하지 말고 영인(英印) 간의 복잡한 문제에 대해서도 말하지 말아 달라고 당부한다. 이 날 외투를 벽에 걸고 있던 무어 부인은 못 위에 앉아 있는 한 마리의 나나니벌을 보고 "예쁜 것"하며 외친다. 예쁘기도 하면서 사람을 쏘기도 하는 나나니벌은 선악을 다 포함한 상징적 존재다.

브리지 파티의 성공 여부에 대해서 처음부터 의견이 분분했지만 결과는 신통치 않았다. 손님으로 온 인도인들은 정원 잔디밭의 한 쪽 자리를 잡고 있는데 그것도 남자와 여자들이 갈라 서 있다. 인도 주재 영국 여성들은 아주 딱딱하고 어색한 태도를 보인다. 그러나 이 파티의 한 가지 좋은 결실이 있었다면 아지즈의 친구이며 국립대학의 학장인 시릴 휠딩(Cyril Fielding)이 무어 부인과 아델라를 자기 집에서 하는 티 파티(Tea Party)에 초청했다는 사실이다. 휠딩은 또 그 티 파티에 아지즈와 자기 대학에서 가르치는 가드볼(Godbole) 교수도 초청한다. 아지즈는 작고한 자기 아내의 기일(忌日)이라 하여 브리지 파티에는 참석하지 못하고 돌아간 아내의 생각으로 하루를 보내고 있다가 휠딩으로부터 초대장을 우편으로 받는다.

휠딩은 다른 인도 주재 영국인들과는 달리 인도인들에 대해 앙심을 품거나 거만을 떨거나 하지는 않는다. 그는 교육과 교양이라는 두 가지 기본적 가치를 깊이 신봉하고 있다. 휠딩의 집에서 베푼 티 파티에서 아지즈는 아주 기분이 좋은 가운데서 아델라에게 인도에 있던 옛날 회교 왕국의 찬란한 역사를 이야기한다. 그리고 그는 참석자들에게 마라바 동굴(Marabar Caves) 구경을 하자고 청하여 여자들은 그 청을 받아들인다. 때마침 로니 히슬롭이 찾아와서 여자들에게 폴로 게임을 하러 가자고 하여 화기 넘치던 파티 분위기가 깨어지고 만다. 다소 긴장된 분위기 속에서 가드볼 교수가 청을 받아 노래를 부르는데 그 노래는 한 우유 짜는 처녀가 크리슈나 신에게 기도를 올리는 그런 노래다. 긴장되었던 분위기가 그 노래로 인해 풀린다.

로니 히슬롭의 냉혈적이며 거만스러운 태도를 보고 분개한 아델라는 그와 결혼할 생각이 없다고까지 말한다. 로니는 그 말을 듣고도 흥분하는 기색이 없다. 자동차를 타고 시골을 돌다가 집에 돌아갈 무렵 아델라는 아까 로니에게 한 말을 없었던 것으로 한다고 말한다. 한편 아지즈는 갑자기 열이 나서 드러눕는다. 아지즈를 문병차 찾아온 휠딩은 영인(英印) 관계를 논하기도 하고, 믿음을 갖는 문제, 믿음을 갖지 않는 문제 등을 이야기한다. 아지즈는 휠딩에게 드문 우정의 표시로 자기의 죽은 아내 사진을 보여주어 휠딩을 감동시킨다. 아지즈는 휠딩에게 말하기를 인도 사회에 정말로 필요한 것은 하나도 친절이요, 둘도 친절이요, 셋도 친절이라고 말한다. 휠딩은 자기 주변에 관한 이야기를 솔직히 털어 놓는다. 결혼은 하고 싶지 않으며, 불가지론자(不可知論者)라고 하는 그는 개인 간의 우정 관계와 개인의 자유를 철저히 신봉한다고 말한다.

아지즈는 마라바 동굴 답사 여행을 위해 치밀한 준비를 한다. 찬드라포어시에서 20마일 정도 떨어져 있는 마라바 동굴은 인도 동북쪽에 위치한 마라바 산맥 속에 있다. 무어 부인과 아델라는 철도역에서 아지즈를 만나 기차를 타고 가지만 휠딩과 가드볼 교수는 시간에 대어 오지 못한다. 일행이 동굴에 이르자 무어 부인이 맨 앞의 동굴에 들어가는데 이상한 충격을 받는다. 아지즈와 아델라에게 그냥 가라고 말하고 부인은 푹 쓰러져 앉는다. 안에서 무슨 소리를 내어도 그 소리는 동굴의 암벽에 가서 부딪쳐 텅 빈 메아리가 되어 되돌아오는 것이다. 그 메아리를 생각하면서, 그리고 자기와 아지즈와 아델라와 자기 아이들까지도 갈라놓고 있는 공간과 거리를 생각하면서 부인은 자기가 여태 믿어 온 기독교와 자기가 도덕적인 선이라고 또는 악이라고 믿어 온 온갖 생각들이 "붕"하는 메아리 소리에 지나지 않는, 아무런 의미 없는 것임을 깨닫게 된다. 무슨 환상을 보았는지, 무슨 악몽을 꾸었는지 알 수 없는 그녀는 이제 살아갈 의지도 잃고, 개인 간의 우정 관계를 가져 보고 싶은 욕망도, 심지어는 종교적 신앙을 갖고 싶은 생각도 없다.

아지즈와 아델라는 산 중에 있는 다른 동굴들을 찾아 들어간다. 가면서 아델라가 아지즈 부인이 한 사람인가 아니면 더 있는가 하고 물으니까 아지즈는 그런 물음이 몹시나 괴롭다. 그는 몸을 가누기 위해 또 다른 동굴로 찾아 들어간다. 그러고 보니까 아델라가 보이지 않는다. 고함을 지르며 찾았지만 아델라의 부서진 망원경이 땅에 떨어져 있을 뿐 사람은 찾을 길이 없다. 무어 부인이 있던 자리로 그가 돌아와 보니 마침 휠딩이 거기에 와 있다. 한편 아델라는 한 동굴 안으로 들어가자 자기가 로니를 전혀 사랑하지 않는다는 것을 새삼 깨닫게 된다. 메아리 소리가 들려온다. 얼마 후에 그녀는 겁에 질려 동굴에서 뛰어 나온다. 그리고 동굴의 어둠 속에서 폭행을 당할 뻔 했는데 성(性) 폭행을 가한 자가 바로 아지즈라고 주장한다.

일행이 찬드라포어에 돌아가자 아지즈는 강간 미수 혐의로 구속되어 수감된다. 찬드라포어는 별안간 긴장된 분위기에 싸인다. 제각기 집단의식을 가지고 뭉친 인도 사람들과 영국 사람들은 불신의 눈으로 바라보며 맞서 있다. 다만 휠딩은 경찰서장, 변호사 등을 만나 사태 수습을 위한 노력을 하면서도 개인적으로는 아지즈를 지지하여 영국인 클럽과는 의견이 맞서 있다. 결국 그는 클럽에서 탈퇴하고 아지즈 측근자들과 만나 아지즈의 보석을 허가받는 문제를 논의한다. 아델라는 동굴 속에서 듣던 메아리를 아직도 들어 번민하고, 재판의 고역을 치를 생각으로 걱정이 태산 같다. 어떤 순간에는 그녀는 아지즈에게 아무런 죄가 없고 자기가 크게 잘못을 저지르지나 않았나 하는 생각을 한다. 아지즈가 그런 죄를 범할 리가 없다고 넌지시 말한 바 있는 무어 부인은 이제 인도에 더 머물러 있을 기력도 없어 재판이 시작되기 전에라도 영국으로 돌아가야겠다는 결심을 한다. 아들 로니도 자기 어머니가 인도에 남아 있는 것이 본인을 위해서도 다른 사람들을 위해서도 이로울 것이 못된다고 생각하여 영국으로 가는 선박의 운항 스케줄을 보기 시작한다. 이리하여 무어 부인은 곧 무더운 인도 땅을 떠난다.

한 여름 더위 속에서 재판이 열리는데, 재판의 열림은 인도 사람들과 영국 사람들의 대결에서 오는 위기의 절정을 이룬다. 그런데 두 가지 사건이 위기를 해소시키는 역할을 한다. 처음 사건은 아지즈를 지지하는 한 사람이 법정 문을 마구 밀어제치고 들어가서 무어 부인이 아지즈 박사의 무죄를 증언할지도 모르기 때문에 아들인 로니 히슬럽이 어머니를 몰래 출국시켰다고 고함을 지른 사건이다. 그러자 "미시즈 무어"라는 이름을 들은 법원 밖의 인도인 구경꾼들은 마치 그녀가 어떤 여신이라도 된다는 듯이 그녀의 이름을 일제히 외쳐 부르는 것이다.

두 번째 사건은 아델라가 예상외에 증언을 했다는 일이다. 아델라를 향해 "피고가 과연 그녀를 뒤따라 동굴 속으로 들어갔는가?"라고 물은 검사의 질문에 아델라는 확실히 기억이 안 난다고 답한다. 밖에서 군중이 무어 부인의 이름을 외쳐 부르는 소리, 그리고 동굴을 떠난 다음부터 그녀의 귓속에서 윙윙거리는 소리, 이런 것들이 합쳐서 아델라에게 일종의 꿈결 같은 심리작용을 일으킨 것이다. 휠딩은 아델라를 에스코트하여 군중 속을 빠져 나가고 인도 주재 영국인들이 아연실색하고 있는 가운데 아지즈는 휠딩과 회교도 인구들과 함께 모여 승리를 축하한다. 군중은 혹시 보복 조치가 있을까 하여 시가행진을 하지만 마침내 온 시내가 평온을 찾고 위기가 완전히 해소된다.

한편 무어 부인이 영국으로 가는 배 위에서 사망했다는 비보(悲報)가 들려온다. 무어 부인을 무척 흠모하였던 아지즈는 몹시 괴로워한다. 판사는 이 기소 사건을 기각하고 아지즈에게 무죄 판결을 내릴 수밖에 없게 된다. 휠딩은 아지즈를 설득시켜 아델라에게서 정신적인 피해에 대한 손해 배상을 청구하는 일을 잊어버리도록 한다. 찬드라포어시의 당국자들은 인사 발령을 받아 전출되고 새 진용이 들어선다. 휠딩의 집에 그동안 머물러 있던 아델라는 인생을 더 많이 깨달은 가운데 영국으로 돌아간다. 돌아가면 무어 부인의 두 번째 결혼에서 낳은 자녀 랠프(Ralph)와 스텔라(Stella)를 돌봐줄 결심을 한다. 얼마 후 휠딩도 스웨즈 운하를 통해 영국으로 돌아간다.

약 2년 후 이제 장면은 찬드라포어에서부터 중부 인도에 있는 마우(Mau) 주로 바뀐다. 가드볼은 이 주의 교육부 장관이 되어 있고, 영국 치하가 몸서리나게 싫어진 아지즈는 이 주의 대군(大君)의 주치의(主治醫)로 와 있다. 때마침 크리슈나 신의 탄신을 축하하는 축제가 열리고 있는데,

잔뜩 흥분 상태에 있는 가드볼은 신(神)의 영상 앞에서 춤을 추면서 거의 꿈결에서 무어 부인과 나나니벌을 본다. 그가 부르는 노래의 주제는 인간과 신과의 합일이다. 가드볼은 아지즈에게 휠딩이 부인을 동반하고 영빈관에 와 있다고 알려준다. 이 지방의 각급 학교시찰 목적으로 온 휠딩에 대해 아지즈는 공연히 심란하게만 생각한다. 그 동안 휠딩에게서 온 편지들을 뜯어보지도 않았는데 그것은 휠딩이 그 전에 아델라에게 손해배상 청구를 하지 말라고 한 것이 혹시 아델라를 아내로 삼을 속셈으로 그런 것이 아니었던가 하는 의혹이 생겼기 때문이다.

크리슈나 신 탄신 축제에 이어 행진과 연극 공연이 진행된다. 호화찬란한 행렬에 따라 아지즈는 말을 타고 가다가 저 너머에 큰 저수지를 보고, 그 옆의 영빈관 건물도 보고, 저수지에서 보트 놀이를 하는 영국인들도 본다. 영빈관에 들어가서 아지즈는 벌에 쏘인 랠프를 우연히 만나 상처를 보아준다. 그리고 휠딩과 스텔라가 보트 놀이를 하러 나갔다는 것도 알게 된다. 랠프를 데리고 저수지로 나간 아지즈는 둘이서 보트를 타다가 휠딩 내외가 타고 있는 보트를 보지만 횃불 때문에 배 젓는 사람이 눈이 부셔 양쪽 보트가 서로 충돌한다. 배가 전복되는 순간 그들은 모두 얕은 물에 빠진다. 아지즈는 휠딩이 결혼한 상대가 아델라가 아니라 무어 부인의 딸 스텔라라는 것을 알게 된다. 이로써 일종의 화해의 예식이 치뤄진다. 아지즈와 휠딩의 사이를 가리던 오해의 구름이 이 사건으로 걷히는 순간이 온 것이다. 그들은 다시금 화목을 찾았지만 앞으로 더 만나지 못할 사이라는 것도 알고 있다.

아지즈와 휠딩은 이번에는 마우 장글 속을 말을 타고 같이 간다. 휠딩은 아지즈가 다시 옛날처럼 친구가 되어 주기를 바라지만 두 사람이 영국과 인도 간의 정치·사회 문제를 논하는 가운데 진정한 화목이 있을 수 없다는 방향으로 이야기가 발전한다. 아지즈는 영국이 인도에서 물러가지 않는 한, 그들은 진정한 친구가 될 수 없다고 말한다. 휠딩은 아지즈의 민족주의적인 주장을 다소 비웃으면서 개인 간의 우정 관계를 더욱 강조하여 말한다. 그러다가 저 앞에 별안간 우뚝 솟은 바윗돌 때문에 두 사람이 탄 말이 각각 양쪽으로 갈라서서 좁은 산길을 더듬어간다. 이것은 그들이 제각기 그때부터 따로따로 걸어가야 할 인생 항로를 말해 주는 것 같기도 하다. 휠딩은 두 사람이 친구가 되는 것은 "나도 원하고 자네도 원하는 게 아닌가"고 말하지만 사실은 그들이 타고 가는 말이나, 땅이나, 넓은 시골 정경은 모두 그걸 원치 않는 것이다. 심지어 저 하늘마저도 "아니, 거기선 안돼" 하고 말하고 있다.

비평과 분석

이미 앞에서도 언급하였지만 포오스터의 『인도로 가는 길』은 그가 두 번에 걸쳐서 시도한 인도 여행의 경험을 바탕으로 쓴 것이다. 1912년의 첫 방문 후에 앞의 7장 정도까지 쓰다가 막혀서 집필을 중단하고 있던 포오스터는 1차 대전의 큰 바람이 지나가고 난 후인 1921년에 이미 쓴 원고를 들고 다시 인도를 방문하였다. 두 번째 방문에서 그는 자기가 창출해 내려던 인도와 자기가 실제로 경험하고 있는 인도와의 사이에 엄청난 간격이 있음을 보고, 인도에서는 집필을 하지 못한 채 귀국하였다. 인도는 1차 대전에서 아무런 영향도 받지 않은 나라이므로 이 소설에 실린 인도의 모습은 1910년대의 모습과 크게 다를 바 없다고 하여도 과언이 아니다. 포오스터가 두 번째 방문에서 새로이 본 점은 인도의 정치, 사회면이라기보다는 인도의 국토와 자연과 힌두교 등 지리적, 종교적, 문화적 다양성이 방대한 한 소우주와도 같은 인도를 본 것이다.

이 소설이 나오자 당시 영국의 인도 식민 관리들과 일부 영국내 독자들은 이 책이 반영(反英)·친인(親印)적인 소설이라 하여 물의를 많이 일으킨 바 있다. 포오스터 자신은 이에 대해 독자들이 이 책의 정치면을 다룬 부분을 가지고 책을 보는지도 모르겠지만 사실은 정치를 다룬 책이 아니라 철학적이며 시적인 제재를 생각하고 쓴 책이라고 하였다. 예를 들어 전 인류가 오래 오래 평화롭게 살 수 있는 보금자리를 추구한다든가, 인도 땅과 자연을 통해 우주의 신비를 탐사한다든가, 동양 종교 속에서나 기독교 세계에서 찾지 못하는 그 어떤 것을 찾아본다든가 하는 것이 포오스터의 소설이 내세우고 있는 중요한 과제이다.

바로 이러한 철학적·시적 동기를 가지고 이 소설을 썼기 때문에 그 제목을 월트 휘트먼(Walt Whitman)의 유명한 시 「인도 항로(*Passage to India*)」(1871)에서 빌려 쓴 것이라고 포오스터는 말하고 있다. 휘트먼은 스웨즈 운하의 개설로 인해 유럽에서부터 인도에 이르는 항로가 개통되었음을 찬양하면서 이 물리적인 개통을 기점으로 하여 인간의 영혼이 원초적인 생각으로 거슬러 올라가고 인간이 영신(靈神)의 바다로 통하여 들어가게 될 것이라고 축원하였는데, 휘트먼의 시가 매우 낙관적인 비전을 제시하고 있음에 반하여 포오스터의 소설은 아주 비관적은 아니라 할지라도 결코 밝지는 않은 아이러니를 담고 있는 소설이다. 다시 말해서 포오스터는 이전의 그의 소설에서 보여주던 낭만주의 기미가 있는 서구의 자유주의, 개인주의 및 휴머니즘의 경향에 아이러니 섞인 의견과 수정을 가한 것이다.

이 소설은 3부로 나뉘는데, 각 부마다 모두 그 나름대로 종교적·문화적 암시를 주는 제목을 가지고 있다. 제1부 "회교 사원(Mosque)"에서는 여러 가지 다른 문화와 종교를 가진 사람들이 서로 만나서 화합을 시도하는데도 대개 실패로 돌아가지만, 회교도인 아지즈와 영국인 노부인 미시즈 무어가 찬드라포어의 어느 회교 사원의 경내에서 단번에 우정 어린 만남을 갖는 장면은 매우 인상적이며 소설의 주제와도 깊은 관련이 있다. 이들의 우정적인 만남을 실감나게 뒷받침해 주는 것은 만인의 평등과 세계 만방의 동포애를 높이 평가하는 회교의 철학과 회교 사원의 분위기, 아지즈가 회교 신도로서 이상적인 친구에 대한 우정을 통하여 신성(神性)을 추구한다는 태도 같은 것이다. 정열적이며 시적인 아지즈는 "가슴에서 우러나는 정열에 대한 은밀한 이해"라는 회교의 구절이 머리에 떠오르자 눈물이 글썽해진다. 아지즈는 영국에 와 있는 지식인 교육자 시릴 휠딩과도 극적으로 가까워진다. 가까워지는 동기가 휠딩이 발로 밟아 버린 와이셔츠 칼라의 단추를 얼른 자기 것으로 바꾸어 주는 아지즈의 극히 자상한 제스츄어라는 것이 매우 의미심장하다. 아지즈의 중요한 행동규범은 가슴의 정열이므로 그것이 좋은 방향으로 움직일 때면 상대방을 감싸는 사랑으로 나타나지만 그렇지 않으면 격렬한 적대감정으로 나타나기도 한다. 그는 자기를 천대하는 거만한 영국인 상관 캘렌다 소령을 이만저만 싫어하지 않는다.

이 소설의 첫 부분에서 인도 주재 영국인들과 인도인들의 친선을 도모하고자 하는 영국인 관리 터튼의 소위 "브리지 파티"가 열리는데, 동서양 간의 친선에 교량적인 역할을 한다는 이 모임은 외형만의 예식으로 끝나고 참석자들의 의식에는 아무런 변화도 일어나지 않는다. 특히 영국인 여자들이 공손하지 못한 점과 인도인들의 자의식이 너무 강하여 자기네 사람들하고만 한 쪽 구석에서 대화를 나누는 경향 등이 이 모임을 실패로 이끄는 원인이 된다.

그 다음에는 휠딩이 자기 집에서 좀 더 규모가 작고 아늑한 "티 파티"를 여는데, 여기에서는 무어 부인과 아델라와 아지즈와 과묵한 인도의 지식인 가드볼 교수가 집 주인과 함께 단란한 대화를 한참 나눈다. 그러다가 아지즈가 마라바 동굴에 가서 야유회를 갖자는 청을 내면서 모임의 분위기가 어둡게 변한다. 이것은 전체적으로 어두운 제2부의 분위기를 예시(豫示)하는 것으로도 보인다. 이때 로니 히슬롭이 나타나서 무례한 태도를 보여 이 모임을 완전히 망쳐 놓는다. 그의 약혼녀 아델라가 로니가 부리는 추태를 처음 목격한 것도 이 모임에서였다. 사람들이 모두 당황하고 화가 나서 떠나가려 하는 참에 가드볼 교수가 부른 사랑의 노래는 무산되어 가는 이 모임에 사랑의 입김을 불어 넣으려는 절실한 시도 같이도 보인다. 그런데 노래 속의 우유 짜는 여인이 크리슈나 신에게 강림하여 달라고 애걸하는 데도 신은 좀체로 내려오지 않는다. 그리고 가드볼의 이 이상한 노래는 무어 부인과 아델라에게 미묘한 영향력을 행사한다. 왜냐하면 합리적인 생각으로는 도저히 이해되지 않는 세계에 와서 개인적으로 곤경을 치르고 있는 그들로서는 이 노래의 의미가 무관한 것이 아니기 때문이다.

결국 제1부 "회교 사원"은 우정과 친선과 사랑이 싹트는 듯한 기미를 보이다가 사그라질 뿐만 아니라 앞으로 다가올 더 큰 충격적인 사건의 예비적인 단계를 이루고 있다. 포오스터는 "작자 후기"에서 이 소설의 3부가 각각 인도의 세 계절인 추운 겨울과 뜨거운 여름과 신록이 돋아나는 장마철과 일치한다고 말하였는데, 제1부의 경우만 보더라도 추운 겨울의 배경이 서리를 맞는 듯한 우정과 친선과 사랑 이야기와 잘 배합되었다는 느낌이 감돈다.

제2부 "동굴(Caves)"은 물론 구체적으로 마라바 동굴을 말하는 것인데, 이 동굴이 무엇을 의미하며 특히 아지즈의 청에 의해 이루어진 동굴 야유회가 사람들에게 어떤 의미를 갖다 주었는가 하는 문제는 『인도로 가는 길』이 발표된 이래로 많은 평가들의 논의 대상이 되었다. 포오스터는 제2부의 첫 머리에서 이 동굴의 엄청난 크기를 아무런 감정도 없는 문체로 지질학적인 관점에서 묘사하고 있다.

동굴은 지구의 탄생 초부터 거기에 있던 곳이며, 원시인들이 주거의 목적으로 쓰던 원초성을 지니는 곳이다. 그런만큼 동굴은 신비로운 고장으로서 인간에게 당혹감과 공포감을 주는 곳이기도 하다. 특히 지성을 가지고 우주를 터득하려고 드는 서양인에게 동굴은 아무런 의미도 없는 혼돈 그 자체로 보일 수 있다. 이 소설에서 포오스터는 인도는 서양인이 보기에 "엉망" 그 자체라는 주제를 간혹 펴고 있는데, 그런 시각에서는 마라바 동굴이 엉망의 원형으로 될 수도 있는 것이다. 마라바 동굴이 과연 무한대의 의미를 품은 신비의 고장인지, 아니면 아무런 의미도 지니지 않는 엉망과 혼돈의 고장인지, 이 소설에서는 얼른 가늠하기가 어렵다. 시실 포오스터는 이 양자를 골고루 나타내기 위해 의도적으로 그 점을 모호하게 처리했던 것 같다. 다만 동굴 야유회 후에 받은 심적 영향은 개인에 따라 다르기 때문에 그때마다 마라바 동굴이 지니는 의미도 달라질 수 있는 것이다.

동굴에 와서 가시적으로 충격을 받은 것은 두 서양 여성, 무어 부인과 아델라 퀘스테드이다. 이 날 두 여성은 야유회로 떠나면서 일종의 무감각 분위기에 싸여 있다. 무어 부인은 나이도 많은데다가 건강도 별로 좋지 않아 활기 있는 바깥 세계와 점점 벽을 쌓고 다소곳이 물러 앉아 있는 터이라 이 날의 분위기를 그대로 받아들이고 있다. 아델라는 모처럼 구경하러 온 인도에서 감명도 받고 마음을 정화시키기도 해야 한다는 기대감이 있어서 이 날의 무감각 분위기가 마음에 들지 않는다. 두 사람의 이런 심경의 차이 때문에 동굴 안에 들어가서 받는 충격에서도 차이가 나타난다.

일행이 첫 번째 동굴에 들어가자 무어 부인은 그 속이 숨막히고 냄새나고 불쾌하기 짝이 없다는 생각이 들고, 거기에다가 무시무시한 울림소리까지 들린다. 거기서 그녀는 육체적으로 녹초가 될 뿐만 아니라 정신적으로도 기력을 상실해 버린다. 그 울림소리를 들으니까 삶에 대한 그녀의 모든 집착과 의미가 완전히 무로 돌아가는 느낌이다. 그래서 그녀는 더 이상 다른 동굴에는 들어가지 않는다. 집에 돌아가서 그녀는 본국에 있는 두 아이에게 편지를 쓰려고 하는데 동굴에서 받은 충격이 더욱 심하게 느껴져서 글을 계속 쓸 수가 없는 것이다. 처음에는 무리한 여행이 준 과로를 탓하였지만 별안간 기독교에 대한 환상이 비치면서 동굴 속에서 들었던 울림소리가 모든 것을 허무로 돌려 버린다. 이런 일이 두어 달 지속되면서 그녀는 아이들에게 편지를 쓰는 일, 어느 누구와도 심지어는 하느님과 뜻을 소통하는 일마저 싫어지는 것이다. 이렇게 삶에 대한 모든 흥미를 상실한 상태에서 그녀는 아지즈의 재판이 열리기도 전에 인도를 떠나 귀국 도중에 배 안에서 죽는다. 그녀는 동굴의 충격 때문에 쓰러졌지만 그녀가 인도 땅에 남기고 간 심령적인 영향은 아지즈를 재판하는 재판소 앞 군중의 의식 속에서, 그리고 크리슈나 신의 탄신 축제에 임한 가드볼 교수의 의식 속에서 다시 살아나서 화합에 한 몫을 한다.

아지즈와 함께 다른 동굴을 찾아 들어가는 아델라는 로니와 앞으로 결혼하는 문제를 한참 머리속에 담고 있었는데, 그녀도 역시 동굴 안에서 울림소리를 듣고 놀란다. 그러나 무어 부인처럼 얼른 체념하지 않는다. 무어 부인은 허무가 주는 공포가 곤혹스럽기는 하지만 환상을 전적으로 받아들이기는 하는데 이미 잔뜩 긴장해 있는 아델라는 그 허무의 공포와 울림소리 앞에서 히스테리적인 반응을 일으킨다. 그것은 성적인 억압을 많이 받아 온 영국 여성으로서 뒤따라오는 아지즈에게 폭행을 당하고 있다는 착각을 갖는 순간이기도 하고, 삶에 대한 애착이 많은 한 젊은이로서 갖는 죽음에 대한 공포일 수도 있다. 어쨌든 무고한 아지즈가 강간미수의 혐의를 받는 사태가 곧 뒤따르는데, 아델라는 놀랍게도 긴요한 시기에 가서 자기가 아지즈에 대해 착각을 일으켰다고 태도 변경을 함으로써 인도 주재 영국인 사회를 크게 실망시킨다. 태도 변경을 하기 직전의 아델라의 심경을 포오스터는 공들여 묘사하고 있다. 아델라는 동굴에 들어갔던 그 날을 다시 회상하면서 자기가 비현실적인 기대감과 숨은 공포심을 가지고 있었음으로써 생긴 허황된 환상에서 벗어나는 순간 아지즈에 대한 혐의를 철회하게 되는 것이다. 여기에는 눈에 보이지 않는 무어 부인의 심령적인 영향력이 작용하기도 했다.

인도의 "참" 모습을 보겠다하고 인도에 찾아 온 두 여성이 마라바 동굴에서 받은 충격의 의미를 생각해 볼 때 동굴은 단순히 인도의 국토의 일부를 이루는 암석의 덩어리만이 아니라 서양 문명을 대변하는 두 순례자가 각각 자신의 삶과 가치에 대해 도전을 받고 일종의 카타르시스를 경험한 현장이라고 보아도 과언이 아니다. 이런 맥락에서 제2부 "동굴"은 인도의 신비로움이나 엉망됨을 표상함과 동시에 인도에 몸을 두고 있는 영국인들—나아가서는 서양의 합리주의적 사고방식—이 지니고 있는 "참"모습, 즉 그들의 혼미 상태와 무익함을 잘 나타내주는 것이다. 마라바 동굴의 이야기가 휠딩의 "티 파티"에서 나왔을 때부터 인도를 가장 많이 아는 가드볼 교수는 적극적으로 나오지 않았고, 야유회에 휠딩과 함께 뒤늦게 참석한 것도 결코 우연이 아닐지도 모른다. 서구의 자유주의에서 유래되는 신조를 가지고 사는 휠딩은 결국 그 생활신조의 본 고장인 유럽으로 일단 돌아가는데, 이것이 과연 그의—그리고 포오스터 자신의—자유주의 신조의 철회를 의미하는 것일까 하는 문제도 제기된다. 그러나 휠딩이 영국에 돌아가면서 균형미가 특색인 지중해 문화의 규범을 즐기는 것이라든가, 몇 년 후 다시 인도로 돌아와서 화해와 질서를 추구하는 것을 보면 마라바 동굴의 경험이 중간점이 될지언정 종착점이 되지는 않는다는 것을 알 수 있다.

제3부 "사원 Temple"은 힌두교 사원을 뜻함이 분명하나 여기에서는 크리슈나 신의 탄신 축제의 현장이 그려지고 있다. 가드볼 교수가 빨간 카페트를 펴 놓고 신 앞에서 춤을 추고 있는 이 축제 현장은 외부 세계에서 온 사람들의 눈에는 마치 마라바 동굴이 그랬듯이 엉망으로 보인다. 그러나 가드볼이 신봉하는 힌두교는 절대적으로 포용을 하며, 모든 중생을 차별없이 하나로 보고 기쁨을 함께 나눈다. 그리고 힌두교에서는 인간과 신이 서로 교체될 수 있는 것이기 때문에 영적인 클라이막스에 이른 가드볼은 무어 부인과 나나니벌의 환상을 보기도 한다. 무어 부인은 무한한 사랑의 한 부분일 뿐만 아니라 가드볼과 흡사하게 사심이 없는 인물이기 때문이다. 자연도 축제의 분위기에 호응하는 듯 비가 억수로 내리면서 부서진 물건 조각들이 떠내려가는 것이 엉망으로 보이지만 온 세상을 씻어 내고 만물이 소생하여 오히려 신선미를 돋구어주고 있다. 제3부의 계절은 인도의 계절 중에서도 가장 즐거운 때이고, 화합과 기분풀이에 알맞은 때인 것이다.

축제가 만민의 사랑과 재생의 힘을 방출하고 있는 동안 아지즈는 사소한 오해로 생긴 휠딩에 대한 악감정을 풀지 못하고 있다. 그러다가 저수지의 보트 놀이에서 상징적인 보트 충돌 사건이 일어남으로써 오해가 일단 풀리지만, 화합은 아직도 숙제로 되어 남는다. 가드볼의 종교이며, 인도의 종교인 힌두교가 포용하는 힘, 그리고 무어 부인이 남긴 심령적인 영향이 암시하는 포용의 기운이 한참 돌아 화합의 전망이 밝아오는 듯하더니, 현상적으로 나타나는 민족간의 이견(異見)이 다시 고개를 들기 시작한다. 아직도 화합이 인도에서는 실현되지 않을 것이라고 뜻을 맞추는 아지즈와 휠딩의 머리 위에서는 그 전에 찬드라포어와 마라바 동굴을 내려다보고 있던 바로 그 적의(敵意)에 찬 하늘이 내려다보고 있다. 포오스터는 이 소설에서 결코 비관은 아니되 낙관도 하고 있지 않는 것이 분명하다. 마치 자연의 계절과도 같이 끊임없이 지속되는 갈라짐과 합침의 우주적 원리에 맞추어서 인간도 실용(實用)과 낭만과 개인의 필요를 직관과 포괄과 자기 초월로 끊임없이 대체시켜야 한다는 것이 이 소설의 패턴에서 제의되고 있는 생각이 아닐까 싶다.

12. 제임즈 조이스 (James Joyce)

생애와 작품

JAMES JOYCE
(1882~1941)

제임즈 조이스는 1882년 아일랜드 수도 더블린의 교외에서 태어났다. 그의 아버지 존 조이스는 평범한 세무 관리였고 정치에 관심이 많아 선거 사무장 일도 보았다. 그의 어머니 매리 제인은 예능적인 적성을 가진 여성이면서 독실한 가톨릭 신자였고, 대체로 사회 풍습에 말없이 순종하는 가정 주부였다. 이 두 사람 사이에서 15남매가 태어났는데, 살아 남은 것은 10남매였고, 제임즈는 맏아들이었다. 형제들 중에는 제임즈와 가장 사이가 가까웠던 사람은 그의 바로 아래 동생 스태니슬라우스였다.

제임즈 조이스는 1888년 그의 나이 6세 때 킬데어에 있는 클롱고위즈 우드 칼리지에 들어가서 (여기서 "칼리지"는 대학이 아니고 "기숙사 시설을 갖춘 특수학교"를 말함) 약 3년간 이 특정 계급의 자녀들을 기르는 학교의 교육을 받았다. 이 학교에서 어린 제임즈는 음악에 재능이 뛰어났음을 보여 주었고 종교 과목에서도 성적이 좋았다. 1891년에 존 조이스가 세무 관리의 자리를 내놓게 되자 아들의 학자금을 댈 길이 막연하여져 제임즈는 클롱고위즈 우드 학교를 못 다니게 되었다.

제임즈는 소년 시절에 자기 아버지로부터 세상이 불공평하다는 느낌을 받아 간직하게 되었는데, 그것은 아일랜드 의회당을 이끌던 찰즈 파넬(Charles Parnell)이 당수직에서 물러나고 불과 1년 만에 죽자 그를 영웅으로 모시던 존 조이스가 타락하기 시작하였던 사실과 관계가 깊다. 이 때가 바로 제임즈가 클롱고위즈 우드 학교를 그만두던 무렵이었다.

약 2년 후에 제임즈 조이스는 이번에는 더블린에 있는 예수회 학교 벨베디어 칼리지에 다녔다. 이 학교에서도 성적이 좋았던 조이스는 일년 장학금을 몇 번 탔다. 존 조이스는 연금을 조금 받고 가문에서 내려오는 부동산도 꽤 있었지만 원체 낭비가 심했다. 대가족을 거느리면서도 수입의 많은 부분을 그는 술로 탕진했다. 아들 제임즈가 받은 장학금의 일부가 집안 살림을 보태는 데에도 요긴하게 쓰여졌다.

위의 두 예수회 학교의 교육은 조이스의 소년기의 성장 과정에 지대한 영향을 미쳤다. 그 교육으로 인해 그는 죄(sin)에 대해 강한 느낌을 갖게 되었을 뿐만 아니라 그것에 매혹되기까지 하였다. 그는 육신의 욕망과 결혼하지 않고 사는 신부들이 갖는 육욕에 대해 몸서리나는 경험을 하였을 뿐만 아니라 엄연한 관심을 갖기도 하였다. 그리고 체계가 뚜렷한 종교인 가톨릭교만이 소년 시절의 그의 인식 세계를 꽉 메우고 있어서 한때는 신부가 되겠다는 영감까지 받았다. 그러나 고등학교를 마칠 무렵에 그는 신앙을 잃고 말았다. 비록 학업면에서는 성공을 거두었지만 신앙면에서는 별로 좋은 평가를 받지 못하고 학교를 마쳤다. 1898년에 조이스는 더블린에 있는 가톨릭 대학인 유니버시티 칼리지에 들어가서 근대 언어를 전공하였다. 이 시기에 조이스는 「입센의 신극(*Ibsen's New Drama*)」이라는 평론을 써서 1900년에 「격주 평론(*The Fortnightly Review*)」지에 발표하였으니, 이것은 유럽 문학에 대한 그의 관심의 첫 결정(結晶)이다. 이 시기는 아일랜드의 정치·문화 부흥이 더블린에서 거론되던 때이라 청년 조이스도 이에 대한 태도를 정해야만 했던 것이 사실이다. 그러나 조이스는 대학생으로서 “아일랜드 문예극장(Irish Literary Theatre)”의 편협성을 공격하는 글을 쓰기까지 하였다. 조이스는 아일랜드를 압제에서 해방시킨다는 기본 정신에는 찬동이었지만 많은 아일랜드 문화 중흥론자들이 하였듯이 켈트(Celt) 신화나 전설로 돌아가서 하는 방식보다는 오히려 아일랜드 문화 기관들을 유럽화하는 방식을 선호했었다.

유니버시티 칼리지를 1902년에 졸업한 조이스는 카톨릭 교의를 배우는 데 크게 영향을 받았던 성(聖) 이그나티우스 로욜라(Ignatius Loyola)와 성(聖) 토마스 아퀴나스(Thomas Aquinas)의 가르침에서 벗어나 유럽 문학 작품들을 자신의 취향에 맞추어 광범하게 읽었다. 그가 읽은 작가들로는 단테, 입센, 하우프트만, 플로벨 등이 있었다. 그는 자기 아버지가 내세우던 파넬식의 아일랜드 민족주의에다가 온건한 사회주의를 가미시킨 것을 아직도 지지하였다. 이 무렵에 아일랜드 문화 중흥 운동을 추진 중이던 W. B. 예이츠(Yeats), 존 밀링튼 씽(John Millington Synge), 레이디 그레고리(Lady Gregory) 등의 문인들과 친분관계를 맺기도 하였지만 결국은 의학을 공부할 목적으로 파리로 떠났다. 그곳에서 그는 당장 생계 수단으로 영어를 가르치는 일을 찾아 봤지만, 더블린에서 그런 일자리를 찾지 못하였듯이 파리에서도 그렇게 쉽지는 않았다. 다음해인 1903년에 조이스는 어머니의 병세가 위독하다는 소식을 받고 급히 아일랜드로 돌아오면서 남한테 돈을 빌려야만 했다.

어머니가 돌아가시고 약 1년간 더블린에 남아 있다가 1904년 가을 조이스는 노라 바나클이라는 시골 처녀를 만났다. 더블린에 있는 동안 조이스는 이제 의학 공부에 대한 꿈을 버리고 책 두 권을 낼 글을 쓰기 시작하고 있었는데, 하나는 단편집이고 또 하나는 자서전적 배경을 지닌 소설이었다. 그리고 시 몇 편은 완성한 상태였다. 단편 소설 몇 편은 「아일랜드 농장(*Irish Homestead*)」이라는 계간지에서 내주기로 했는데 작품 한 편 당 고료가 1파운드였다. 조이스는 서평을 간간히 써서 푼돈을 벌기도 했다. 그러다가 그는 친구들로부터 돈을 꿀 수 있는 데까지 꾸어 스위스의 취리히에 가서 영어 선생 자리를 얻을 수 있을까 하는 희망을 가지고 유럽으로 향해 떠났다. 이때 그는 노라를 결혼하지 않은 상태에서 같이 데리고 갔다(두 사람은 아들 하나 딸 하나를 낳고 살면서 그로부터 27년 후인 1931년에야, 그것도 아들 조지오와 딸 루치아의 호적 문제를 도와주기 위해 결혼 수속을 하였다). 취리히에서 영어 선생 자리를 얻지 못한 조이스는 노라와 함께 처음에는 트리에스트에, 그 다음에는 유고슬리비아의 폴라에, 그리고 로마에 가서 잠시 은행에서 일하다가, 다시 트리에스트로 돌아와 외국어 학원에서 가르쳤다.

그러던 중에 런던에서 그의 첫 시집 『실내악(*Chamber Music*)』(1907)이 나왔다. 상당히 좋은 서평까지 나왔지만 돈이 필요한 조이스에게 돈이 되지는 않았다. 『실내악』에는 1904년까지 조이스가 쓴 서정시 36수가 실려 있었다. 이 시들은 그 당시 많이 나돌던 좀 단순한 켈트풍의 서정시라고 할 수 있다. 이 무렵 폭음을 자주 하던 조이스는 류마티즘으로 발열을 심하게 하여 그것이 안질을 유발하기까지 했다. 그의 안질은 이때부터 평생토록 그를 괴롭혔다. 그런데도 그는 기를 쓰고 단편집을 끝내고 착수 중이던 자서전 소설에는 장을 몇 개 더 붙였다. 1908년에, 그리고 1912년에, 출판 관계로 더블린을 한 번씩 방문하였는데 조이스와 노라가 아일랜드를 구경한 것은 이것이 마지막이었다.

단편집을 맡은 아일랜드의 출판사에서는 그 속에 나타나는 너무 사실적인 내용이라든가 테마라든가 언어 사용이 자칫하면 소송 거리가 될지도 모른다는 시비를 걸어 와서 조이스는 그 출판사에서 원고를 회수하였다. 1914년에야 비로소 단편집이 런던에서 출판되었는데, 그 제목이 『더블린 사람들(*Dubliners*)』이었다. 서평은 잘 나왔지만 판매는 시원치 않았고 따라서 작가에게는 돈이 되지는 않았다.

아일랜드인들의 정신적 무기력

『더블린 사람들』은 조이스가 세상에 처음으로 늠늠하게 낸 작품집이었다. 여기에는 더블린의 실재 거리와 실재 인물들이 등장한 단편 15편이 들어 있다(맨 마지막의 작품 「죽어간 사람들 *The Dead*」은 단편이라 부르기에는 너무 긴 것이다). 이 단편들은 조이스 자신이 그 의도를 밝혔듯이 더블린이라는 도시가 빠져 있는 지적, 도덕적, 정신적 정체(停滯)나 무기력 상태를 드러내려고 하는 것이다. 이런 무기력 상태는 사람들의 우유부단이라든가 실의(失意)라든가 외소한 집에서 사는 사람들의 외소한 삶 같은 데서 생기는 것이다. 「애라비(*Araby*)」라는 단편은 한 소년이 풋사랑에 빠져 자기 연인에게 선물을 사준다고 잡화 시장까지 기를 쓰고 가지만 도착하는 순간에 시장 문이 닫혀 맥이 빠지는 이야기이다. 「작은 구름(A little Cloud)」에서는 시인이 되기를 꿈꾸는 한 젊은이가 집안 사정 때문에 꿈을 못 이루는가 하면, 「에블린(*Eveline*)」에서는 남자 친구와 함께 멀리 어디로 떠나가 버렸으면 하는 소녀가 어머니 생각을 하면서 그 꿈을 달성하지 못한다. 「죽어간 사람들(*The Dead*)」은 그 나름대로 애수와 비통감이 흐르는 작품이지만 끝에 가서는 아일랜드 사람들이 남을 환대할 줄 아는 민족이라는 일말의 희망을 비추어 준다. 대체로 말해서 아일랜드의 숨막히는 사회적 분위기를 그린 이 조이스의 이야기들은 아름다운 꿈나라에 잠겨 아일랜드의 전통을 찬미하고 애국심을 토로한 당시의 아일랜드 문화중흥창도파와는 완전히 반대되는 입장이다. 조이스의 이야기들에는 아일랜드의 쇠퇴한 모습과 값싼과 진부함이 잔뜩 그려져 있다.

『더블린 사람들』을 읽어 본 에즈라 파운드(Ezra Pound)는 조이스가 썼다는 자서전 소설의 일부 원고를 보고 싶다고 청하였다. 이 소설은 『스티븐 히어로(*Stephen Hero*)』라는 제목 밑으로 장황하게 쓴 것이었는데, 조이스는 그 대부분을 없애 버리고 원고를 다시 쓰다시피 하였다(처음 쓴 『스티븐 히어로』의 원고 중 약 3분의 1 되는 부분은 1944년에 별도로 출판되었음). 다시 쓰면서 그는 주인공의 정서적, 정신적 발전에 관계되는 부분만을 엄선하여 더 강화하였던 것이다. 소설의 원고를 보고 감명을 받은 파운드는 그 작품이 T. S. 엘리어트와 해리어트 위버(Harriet Weaver)가 편집하는 「에고이스트(*The Egoist*)」지에 발표되도록 주선하였다. 그 결과로 『젊은 예술가의 초상(*A Portrait of the Artist as a Young Man*)』이 (별항 해설 페이지 247~256 참조) 1914년 2월부터 1915년 9월까지 「에고이스트」지에 연재되고, 그 단행본 판은 뉴욕에서 1916년에 나왔으며, 런던에서는 1917년 2월에야 출간되었다.

예술성 높은 "교양 소설"

『젊은 예술가의 초상』은 이 책의 작자가 자라난 역사를 심리적으로 면밀이 추적해 간 작품이다. 조이스의 모습을 많이 닮은 주인공 스티븐 데달러스(Stephen Dedalus)가 어린 시절을 집에서 자라면서 예수회 학교에 다니는 동안 한편으로는 아일랜드를 상징하는 인물인 파넬이 그의 동심(童心)을 무겁게 짓누르고 또 한편으로는 카톨릭교의 앙심 깊은 신(神)이 그를 짓누른다. 스티븐은 가혹한 돌란(Dolan) 신부의 손에서 억울한 처벌을 받는가 하면, 학교 예배당에서 듣는 긴 설교 때 그에게 제시되는 지옥의 모습을 상상하며 크게 감동을 받기도 하고 억눌리기도 한다. 그는 성장하면서 자기가 느끼는 죄와 사춘기에 느끼는 성적 충동 사이에서 갈등을 경험하기도 하고, 그가 신부가 되어 하느님에게 봉사해야 한다는 바깥 세계의 충고와 그에게는 감옥처럼만 느껴지는 가톨릭 교회의 교의에서 풀려나고 싶다는 자신의 내적인 욕망 사이에서 역시 갈등을 느낀다. 마침내 세속적인 대학에서 철학과 문학을 공부하게 된 그는 세속적인 학문과 믿음, 그리고 더블린 저 너머의 세계, 아일랜드 저 너머의 세계를 추구해야 한다는 방향을 세운다. 이렇게 스티븐의 인생 여정의 한 과정 한 과정이 추적되는데, 그 과정마다가 속박에서의 도피요, 그 인생 여정은 긴 방랑의 길이다. 그런데 이 소설이 다른 "교양 소설"과 다른 점은 젊은 주인공의 성장 과정의 각 단계를 그 단계에 속하는 젊은이의 느낌과 생각을 통해서 직접 그려졌을 뿐만 아니라 주인공의 민감한 감성이 지니는 한계를 독자에게 간접으로 시사해 주는 이중적 시각까지도 마련되어 있다는 것이다.

『젊은 예술가의 초상』의 작가로 조이스는 이제 문단의 일각에서 명성이 점점 높아 가고 있었지만 작품에서 나오는 수입은 별로 없었다. 조이스는 1차 세계대전 중에는 트리에스트를 떠나지 않을 수가 없어서 취리히로 옮겨 갔다. 그는 이제 다음 소설에 착수하고 있었는데 다행히도 이 무렵에 영국에 있는 친구들이 관심을 써서 그에게 공공 지원금을 마련해 주었다. 그가 착수하고 있던 소설이 곧 『율리시즈(*Ulysses*)』였는데, 뉴욕에 있는 「소평론(*The Little Review*)」지에서 이 소설을 연재 발표하겠다고 해서 1918년 3월부터 연재가 시작되었다. 같은 해에 조이스가 입센을 흠모하면서 쓴 희곡 『유랑자(*Exiles*)』가 발표되었다. 그런데 매달 소설이 연재되어 나오는 것을 지켜 본 당국자들은 그 소설에 소위 "음란한" 언어가 들어 있음을 보고 1920년 12월 이후부터는 연재 발표를 중단시켰을 뿐만 아니라 「소평론」의 편집자들을 음란 인쇄물을 출판했다는 이유로 1921년 2월에 기소하였다. 미국의 돈 많은 사람들이 조이스에게 기부금을 보내오기는 하였지만 그것이 의지할만한 수입이 되지는 못하였다. 한편 음란 인쇄물 건으로라도 이름이 세상에 나게 되자 조이스의 작품들이 전보다 더 팔리기 시작했다.

『율리시즈』: 영원한 보통사람의 이야기

1920년에 「소평론」의 연재 발표가 중단되었을 때 조이스의 『율리시즈』는 14번째 삽화(挿話)의 중간 부분까지 가 있었다. 조이스는 같은 해에 가족을 데리고 파리로 가서 『율리시즈』에 대한 마무리 작업을 하였다. 1922년에 실비아 비취(Silvia Beach)가 운영하는 출판사에 의해 『율리시즈』의 완성된 원고가 파리에서 단행본으로 출간되었다. 그것도 조이스가 40세 되던 해인 그의 생일날이었다. 책이 나오자 동료 문인들은 조이스가 철저히 개발하여 쓴 "의식의 흐름" 기법에 크게 감동을 받았다. 그러나 문인들 가운데서도 많은 사람들은—예를 들어 버나드 쇼, H. G. 웰즈, E. M. 포오스터, 심지어는 D. H. 로렌스까지도—이 작품에 나타나는 음란성 때문에 불안을 금치 못하였다. 그리고 보수적인 일반 독자들은 그 음란성에 대해 더욱 크게 반발하였다. 조이스를 늘 익명으로 보조해 주던 영국의 독지가 해리어트 위버가 파리에서 나온 이 소설을 영국에 수입하여 판매하게끔 주선되었는데, 책이 들어오는 대로 세관에서 압수되었고, 뉴욕으로 간 책들은 미국 체신 당국에서 모두 불살라버렸다.

그러나 1918년부터 『율리시즈』라는 책이 음란하다는 소문이 귓속말을 통해 퍼지자 영국과 미국에서는 단순히 그런 이유 때문에 뒷골목에서 팔리는 경우도 허다하였다. 마침내 1933년에 미국 법정에서 이 책이 역겨운 부분이 여러 군데에 있음이 인정되나 외설물은 아니라는 판정을 내림으로써 『율리시즈』의 판금령은 해제되었다. 영국에서는 1936년에 좀 더 조용히 『율리시즈』 완결판이 처음으로 세상에 나왔다. 제임즈 조이스는 이제 문학의 선구자로서의 명성을 획득하는 데 성공하였다. 그러나 이와 동시에 조이스는 "난해한" 작가라는 명성도 얻게 되었다. 문학적인 인유(引喩), 풍자적 변조문(變調文), 재담이나 결말 등으로 특징 지워지는 조이스의 언어적 비약과 재능의 번득임, 각방으로 뻗어 나가는 내적 독백으로 완벽에 치다른 그의 "의식의 흐름"의 기법, 그리고 호머나 셰익스피어의 상징적 구조를 현대적 상황에 갖다 꿰맞춘 그의 구조론적 안목—이 모든 것은 분명히 이 소설을 과격한 실험 소설로 만들고 있다.

이 소설에서 표면적으로 일어나는 모든 일들은 1904년 6월 16일의 더블린 시내에서 전적으로 일어난 사건이다. 광고 판촉을 업으로 삼고 있는 38세의 좀 무능한 유태계 아일랜드인 레오폴드 블룸(Leopold Bloom)의 평범한 하루가 그려지는데, 블룸의 이야기 속에서 큰 역할을 하는 인물들로는 시를 쓰는 젊은 중학교 교사 스티븐 데달러스(Stephen Dedalus)와 블룸의 부정(不貞)한 아내 몰리(Molly)가 있다. 탈진된 현대 서양 사회와 고대 그리스의 영화로운 시대 간의 웃지 못할 대조를 보여 주려는 목적도 있어 조이스는 자신의 작품을 호머의 『오딧시』의 구성과 맞게끔 짜서 자기의 모든 등장인물들이 호머의 서사시에 나오는 인물과 부합되도록 하였다. 예를 들어 판촉원으로서 더블린 시내를 누비고 다니는 한 평범한 현대인 레오폴드 블룸은 호머의 작품에서 모험심을 가지고 유랑하던 영웅이자, 서양 문명의 원형적 영웅인 오딧시우스(Odysseus)—로마 명은 율리시즈—와 연계된다. 감수성이 예민하고 발랄한 지성을 가졌으나 돌아가신 어머니의 소원을 못 풀어 드려 늘 죄의식에 사로잡혀 있을 뿐만 아니라 올바른 정신적인 아버지를 찾아 헤매고 있는 스티븐 데달러스는 호머의 작품에서 아버지를 찾아 헤매던 아들 텔레마쿠스(Telemachus)를 방불케 하며 이 소설에서는 일찍이 아들을 여윈 레오폴드의 정신적인 아들로 부각된다. 그리고 이류 가수로 노래를 부르는 관능적인 몰리는 호머의 작품에서 뭇 남성들의 유혹의 화살을 받았던 페넬로페(Penelope)의 현대판이다.

『율리시즈』의 처음 세 장(章)은 스티븐이 6월 16일 아침 8시부터 11시까지 하는 여러 가지 활동에 치중되어 있다. 스티븐은 우선 더블린 교외에 있는 중세식 탑 같은 한 건물에서 방탕한 의과 대학생 벅 멀리간(Buck Mulligan)과 함께 살고 있다. 파리에 잠시 체제하고 있던 중 어머니가 위독하다는 소식을 듣고 간병차 귀국하여 지금에 이른 것인데, 독실한 가톨릭 신자인 어머니가 임종 때가 되면 아들에게 기도를 해 달라고 한 청을 들어 드리지 못하였던 죄를 지금도 뉘우치고 있다. 그는 망부(亡父)를 쫓아다니던 햄릿의 일면도 역시 지니고 있다. 그리고 그는 자기가 나가는 학교 직장에 도무지 만족을 못 느끼고 있다. 『젊은 예술가의 초상』의 주인공으로 있을 때처럼 여전히 자유를 사랑하는 그는 역사와 과거에서 해방되기만 원한다. 아침 늦게 그는 더블린 근처의 샌디 마운트 해변에 나가서 철학과 신학과 문학에 관한 사변적인 생각으로 시간을 보낸다.

제4장부터는 레오폴드 블룸의 이야기로 들어간다. 10년 전에 아들이 죽고 나서부터 아내와 제대로 된 부부 생활을 해 본 적이 없는 블룸은 주로 환상 속에서 하는 연애로만 만족하고 있다. 뿐만 아니라 그는 가수인 아내 몰리가 자신의 매니저 블레이지즈 보일란(Blazes Boylan)과 정사(情事)에 빠져 있다는 것을 어렴풋이 느끼고 있다. 블룸의 환상은 거기에 멈추지 않고 집을 나가 사진사의 수련공으로 일하는 열다섯 살 난 자기 딸 밀리(Milly)의 생각을 하다가 그 다음에는 아주 어려서 죽은 아들 루디(Rudy)의 생각도 해본다.

광고 판촉 업무를 위해 또는 사적인 볼 일로 더블린 시내로 간 블룸은 맨 먼저 우체국 우편함에 가서 연애편지를 교환하기 시작한 여자한테서 온 편지를 끄집어낸다. 이윽고 그는 현대판 지옥과 같은 더블린 시내를 통과하여 패디 디그남(Paddy Dignam)의 장례식에 참석한다. 그 다음에 그는 자기의 광고문을 인쇄하는 한 신문사 사물실에서 스티븐 데달러스와 스치고 지나가지만 말은 나누지 않는다. 데이비 버언(Davy Byrne)의 식당에서 점심을 먹으려다가 게걸스레 먹는 사람들 때문에 그냥 나온 블룸은 국립 도서관에 들렀다가 거기서 다시 스티븐을 본다. 스티븐은 셰익스피어에 관해 겉만 번지르르한 이론을 전개하지만 그가 정신적인 아버지를 찾고 있는 것만은 뚜렷하다. 블룸이 저녁 식사를 하러 들어간 오몬드(Ormond) 호텔의 바아에서는 몰리의 매니저 보일란이 오늘 밤 몰리와의 만남에 대비하여 술을 마시고 있다. 다음에 바니 키어난(Barney Kiernan)의 술집에서 말다툼에 가까운 것을 경험한 블룸은 아침에 스티븐이 다녀간 샌디마운트 해변의 저녁 길을 거닐면서 그 나름의 연애 공상에 잠겨 본다. 블룸이 스티븐과 또 다시 마주치는 것은 그가 이웃 아주머니에게 문병 간다고 들린 국립 산부인과 병원에서이다. 술에 만취한 스티븐을 보고 염려가 되어 블룸은 그의 뒤를 따라 가다 보니까 술집을 거쳐 매춘업소에 이른다. 스티븐은 여기에서 샨델리아를 부수면서 어머니 때문에 가졌던 죄책감을 씻어 버리고, 블룸은 여태 품었던 육욕을 버리는 대신 스티븐에 대한 부성애(父性愛)를 택한다. 이 대목이 두 사람이 재생을 이루는 에피파니(epiphany)의 순간이다.

블룸은 마침내 스티븐을 자기 집에 데려와 술에서 깨게 하고, 예술과 학문에 관한 이야기를 그와 나눈다. 블룸은 스티븐에게 술고래 의대생과 같이 살지 말고 자기 집에 와서 살라고 제의하지만 스티븐은 그만 탑 건물 집으로 향해 떠난다. 스티븐이 여태 추구하였던 것은 정신적 성숙과 인간성과 자아의식이라는 것이었는데, 이제 블룸의 사랑과 스티븐의 이해가 잠시나마 그들 두 사람을 하나로 합치게 하고 승화시킨 것이다. 블룸은 자기가 할 바를 다하였고 인생의 목적도 찾은 것이다. 방랑하던 예술가 스티븐은 블룸이 보여준 인간성 덕분에 다시금 활력을 얻었으니, 이제는 그 나름의 참된 창조자가 되기 위해 자신을 만들어낸 부르주아 사회를 떠나야만 한다. 한편 레오폴드는 이제 아내가 누워있는 침대로 들어가 어둠 속에서 코를 골기 시작한다.

마지막 장에서는 몰리 블룸이 잠결에 자신의 소녀 시절, 블룸과의 결혼 전 연애 시절, 스티븐 데달러스, 블레이지즈 보일란, 그리고 성애(性愛)의 신비로움과 환락 같은 것을 열광적으로 회상하는 긴 내적 독백이 구두점도 없는 글로 거의 50페이지 가량 흘러나온다. 블룸의 목표가 가정이었다면 스티븐의 목표는 진실이었고, 이제 몰리의 목표는 열매를 맺는 대지의 영원한 여성적 원리를 통해 삶의 찬가 속에 발견된 바로 그런 진실이었다. 오랜 세월 남편과 부부 생활을 멀리하여 왔건만 그녀는 이제 남편을 남성이 지니는 모든 면들로서 인정하는 것이다. 더블린과 현대 사회가 그토록 모두 격하되어 나타났는데도 몰리의 깊은 충동과 직관만은 변함없는 희망을 약속해 준다.

『율리시즈』는 남편과 아내, 그리고 아버지와 아들의 관계를 깊숙이 파고 들어간 작품이다. 이 소설은 또 죄책의 주제가 여기저기에서 나타나기도 한다. 근본적으로 말해서 삶을 그린 우유(寓喩)라고 보여지는 이 작품은 블룸을 영원한 보통사람으로서 제시하고 있다. 이것은 마치 율리시즈가 호머의 당당한 영웅적 인물들 사이에서 보통의 존재였던 것과도 같다. 블룸은 그의 아내 몰리의 충동적이며 관능적인 속성과 그의 정신적 아들 스티븐이 지니고 있는 지적 교만과 창조적 상상력－이 두 극단의 사이에 자리하고 있다. 작품 앞 쪽에서는 블룸이 다소 얼빠진 듯한 가장(家長)으로서 자기 연민까지 하는 모습이 독자의 공감을 얻지 못하게 만들지만 이야기가 진행됨에 따라 그가 희생적으로 베푸는 온정과 은은한 겸허 같은 것이 서서히 나타난다. 일부 비평가들은 이 왜소한 장사꾼 블룸이 마치 윌리암 랭글란드(William Langland)의 중세 우유시에 나오는 농부와도 같이 일종의 그리스도 상(像)으로 번져 간다고까지 주장한다.

『율리시즈』에는 보통사람이 지닌 인간적인 위엄, 가족과 인간애 속에 담겨 있는 가치 등의 인본적인 주제 외에도 언어와 문학적 전통이 우리에게 주는 위안, 신학과 심리학과 미학의 견지에서 사용되는 언어 또는 사상의 상호 관계, 인간의 가장 심오한 경험들에 내재해 있는 모호성, 그리고 정치, 과학, 언어학 등에서 일어나는 현대의 혁명적 사건들이 개인의 정체(正體) 의식에 주는 영향－이런 다양한 주제들이 조이스의 탁월한 솜씨에 의해 다루어지고 있다.

『율리시즈』가 파리에서 출판된 다음 해인 1923년에 조이스는 파리에서 다음 작품에 착수하기 시작하였다. 그런데 이 작품은 너무나도 거창한 계획이라서 당분간은 그 단편(斷片)이 간혹 발표되는 정도였다. 그러다가 1928년부터 1937년까지 사이에 『진행 중 작품(*Work in Progress*)』이라는 가제 밑에 조이스의 새 작품이 12번에 나누어 연재 발표되었다. 1929년에는 그의 제자 몇 사람이 이 새 작품을 어렴풋이나마 해설하는 책이 나왔으니, 작품이 다 나오기도 전에 비평서부터 나왔다는 것은 특이한 예에 속한다. 이 무렵에 조이스의 눈 건강상태가 악화되어 그는 대단한 고통을 겪었다. 그 상황에서는 수술이 절대적으로 필요하여 수술을 여러 번 받았지만 결국 시력이 매우 감퇴되는 결과로 끝났다. 게다가 그의 딸 루치아가 정신 분열증이라는 진단을 1932년에 받게 되었으니, 그것은 조이스에게 큰 충격을 준 가정 불상사였다.

역사의 축도로서의 꿈의 세계

『진행 중 작품』이 10년의 기간을 두고 독자들에게 사전 준비교육을 시켰지만 막상 그것이 『휘네간의 눈뜸(*Finnegans Wake*)』(1939)이라는 제목으로 나왔는데도 대부분의 사람들은 그 책을 잘 해독하지 못하였다. 『휘네간의 눈뜸』의 독자들은 우선 이 소설의 제목이 가진 의미를 캐어 보려고 애썼다. 얼핏 보기에는 소설 속의 이야기와는 별로 관계가 없는 듯한 제목인데 결국은 제목 속에 담긴 신화적, 원형적 의미가 이 작품의 실제적 내용과 연결지어지는 것이다. "휘네간의 눈뜸"라는 말은 아일랜드의 희극적 속요(俗謠)의 이름이다. 술 취한 김에 사다리에서 떨어진 아일랜드의 한 막일꾼 휘네간을 보고 사람들은 그가 죽은 줄로 알고 슬퍼하고만 있는데 그가 눈을 뜨자 사람들은 자기들이 먹고 있던 술을 그에게 끼얹어서 휘네간이 소생하여 사람들의 축하연에 같이 끼어든다는 것이 이 노래의 내용이다. "Finnegans"라는 말은 "Finn-again"에서 유래된 것으로 보이는데, 그렇다면 "Finn-again"은 옛날부터 내려오는 "죽음을 거쳐 부활"이라는 몇몇 신화들 중의 하나로 해석될 수 있다. "Finn"은 그러한 신화에서 부활한 "디오니수스 Dionysus," "아도니스 Adonis," "오시리스 Osiris," "그리스도 Christ" 등과 연계된다. 그리고 휘네간의 "떨어짐 fall"은 태초에 인간이 에덴에서 떨어져 나온 것을 비롯한 모든 "전락"을 암시하는 것이다.

이 소설은 시간, 배경, 이야기 줄거리, 스타일 등에 있어서 구체적으로 이렇다 하게 정해진 것이 없고, 모든 것이 끊임없이 바뀌어 가고, 포섭되고, 다른 형태로 새로 나타나고 하는 것이 특색이다. 그럼에도 불구하고 약간의 이야기 줄거리라고 할 만한 것이 없지는 않다. 중심인물인 험프리 침든 이어위커(Humphrey Chimden Earwicker)는 더블린의 한 술집 주인이다. 그는 레오폴드 블룸과 흡사하게 중년기에 접어들었는데 장사에서 별로 재미를 보지 못할 뿐만 아니라 부부 생활에서도 불만을 겪고 있다. 자기보다 나이가 젊은 아내 애나(Anna)가 자꾸 늙어 가는 것이 불만이다. 10대의 딸 이자벨(Isabel)과 쌍둥이 아들 케빈(Kevin)과 제리(Jerry)가 있지만 딸에 대해서는 근친상간(近親相姦)의 감정이 있고, 한 아들에 대해서는 동성애의 감정을 느끼는 것이 아버지 이어위커이다. 가게에서 손님들과 같이 있다가 술을 진탕 마신 이어위커는 잠이 들면서 꿈나라에 들어가는데 그 속에서 그와 그의 가족은 명시적으로든 묵시적으로든 역사와 신화에 나오는 인물들로 바뀌어 간다. 이어위커는 Here Comes Everybody, Haveth Childers Everywhere, Howth Castle and Environs(더블린의 지역 풍경을 말하며 남성적·여성적 원리를 상징함) 등의 이름을 가진 인물이 되기도 하다가 또 아담(Adam), 트리스트람(Tristram), 조나산 스위프트(Jonathan Swift), 그리스도, 나폴레옹, 막일꾼 휘네간 등으로 되어 나타나기도 한다. 그의 딸 이자벨은 아일랜드 옛 전설에 나오는 트리스트람의 애인 이졸데(Iseult)가 되는가 하면, 그의 쌍둥이 아들 중 케빈은 Shaun the Postman(자기가 그 뜻도 파악하지 못하는 메시지를 전달만 하는 실리와 행동의 인간 우체부)이 되고, 제리는 Shem the Penman (고상한 작가 또는 문화와 전통의 창조자를 뜻하는 필가)이 된다. 그리고 이어위커의 아내 애나는 Anna Livia Pluralulle가 되는데, 이것은 더블린시의 리휘강으로서 여자의 속성을 끊임없이 바다로 흘러 나가는 생명의 물줄기로 비유한 것이다.

이 소설에 나타나는 꿈의 세계가 이어위커의 현재나 과거에만 국한되지 않고 인류의 역사를 거슬러 올라가 그 역사의 축도까지도 내포한다고 하는 사실은 조이스가 카알 융(Carl Jung)의 집단 무의식의 이론을 따랐다는 이야기가 된다. 꿈의 세계에 있는 이어위커는 인간 생존의 모든 국면, 즉 삶과 죽음, 젊음과 노년, 남성과 여성 등을 구현하며, 동시에 이러한 여러 가지 대립은 몽자(夢者)가 영원히 갈등을 겪으며 가지는 자신의 속성의 양면이기도 하다. 분명히 양분되어 있는 듯한 인간성 속에서 대립관계는 영원히 지속될 뿐만 아니라 인간 개인을 지탱해 주는 에너지의 공급원이 되기도 한다. 혼돈과 무질서처럼 보이는 국면이 다음 국면에 가서는 에너지를 재충전하는 계기가 된다는 사상은 조이스가 18세기의 철학가 기암바티스타 뷔코(Giambattista Vico)의 역사 순환 이론에서 영향을 받은 것이다. 뷔코는 모든 역사의 순환을 신정(神政)제도, 귀족 제도, 민주 제도, 무정부 제도의 4단계로 분류하였다. 현대 문명사회가 위치하고 있는 단계는 뷔코의 마지막 단계에 가장 가까운데, 그 특색은 개인주의와 메마름이다. 그러나 뷔코의 대전제는 한 문명의 붕괴는 에너지를 해방시키며 해방된 에너지는 인류를 재충전시켜서 새로운 싸이클의 역사를 재촉한다는 것이다.

조이스는 물론 현대 문명에 대해 비관적이지만 그러면서도 우리들의 잿더미 속에서마저도 새로운 힘찬 시대가 일어날 것이라는 확신 밑에 의기양양하게 낙관의 빛을 띄운다. 『휘네간의 눈뜸』의 마지막 제4부에서는 더블린의 하늘에 진정한 여명의 빛이 돌아 오며, 시간이며, 역사이며, 인식 그 자체인 흐르는 강물이 결국은 이 소설의 첫 구절로 다시 돌아가고, 책 속에 전개되는 모든 이야기가 끊어질 줄 모르는 한 원(圓)으로 이어진다는 생각이 중심을 잡고 있다. 이어위커가 경험하던 실의(失意)와 죄책의 밤이 새면서 해결된 듯싶다. 왜냐하면 그는 고요한 분위기 속에서, 다시 말해서 신화에서 말하는 "전락 Fall"이라는 원형적인 주제의 경험을 거쳐 보상과 부활을 찾은 것이다. 마치 사다리에서 굴러 떨어진 휘네간이 죽음에서 되살아났듯이...

조이스는 여러 면에서 로렌스와 흡사하였다. 두 작가는 비록 작품상의 실험이나 독창성에서는 아주 색다른 결과를 거두었지만 사회와의 타협을 거부하고 고립을 택하였다는 점에서 공통점을 지닌다. 조이스가 사회와의 타협을 거부하였다면 그것은 가족과 조국과 종교를 두고 하는 말이다. 그가 가톨릭교회에 대해서 가졌던 애증(愛憎)의 감정 또는 관계는 그가 아일랜드에 대해 가졌던 태도에서도 잘 반영되고 있다. 학생 시절에 그가 폭음을 하고 성(性)의 모험에 빠져 있었던 것도 사실은 세기말의 더블린의 질식할듯한 정신적 풍토에 반항하는 한 형태에 불과하였다. 그 후 조이스는 자기가 어머니를 버리고, 조국을 버리고, 가톨릭교를 버렸다고 하는 죄책감과 회한을 늘 가슴에 담고 살았다. 아일랜드를 떠나 파리로 간 1902년부터 조이스는 늘 방랑객으로 살았고, 그런 의미에서 오랜 세월 방랑하며 산 율리시즈를 문학 작품에 나오는 인물 중에서 가장 사랑하였다. 그 모든 방랑과 그 모든 죄책에도 불구하고 그는 아일랜드와 가톨릭에 대한 강박 관념을 떨쳐낼 수가 없었다.

청년 시절부터 조이스가 위안처로 삼았던 곳은 예술의 세계였다. 소설 작가로 나서기에 앞서 그는 시를 먼저 썼고, 영어라는 언어를 치밀하게 공부한 다음, 소설을 예술의 양식으로 신봉하였던 헨리 제임즈의 이론과 작품을 읽고 감상하는 데에 시간을 바쳤다. 그는 19세기 말엽과 20세기 초의 영국 소설을 지배적으로 장식하였던 사실주의 · 자연주의 작가들(베넷트, 웰즈, 골즈워시)의 작품들도 잘 읽어 알고 있었지만 그것들이 부족한 점이 많다는 것도 알고 있었다. 그가 유럽 작가들에게 눈을 돌린 것도 이 때문이었다. 영국의 사실주의 · 자연주의 작가들에게 불만을 품었다는 점에서 조이스는 버지니아 울프와 생각을 같이 한다. 그런데 조이스가 작가로서 택한 길은 적어도 두 가지 면에서 더욱 험하고 더욱 극단적인 것이었다. 첫째로 울프는 그녀 나름대로 여권론자로서 과감하였지만 영국 사회와 정면으로 맞서는 모반(謀反)의 작가는 아니었다. 둘째로 울프도 기법상의 문제에서 상당히 실험적인 시도를 하였지만 조이스만치 상징적 구성과 언어적 비약과 현학적(衒學的) 경향에서 극단을 달리지는 않았다.

그러나 조이스의 소설은 언제나 극단을 달린 것만은 아니다. 그는 건전한 의미에서 사실주의자의 일면을 지니고 있었다. 그는 작품에서 쓴 더블린의 거리 이름이라든가, 나무의 종류라든가, 건축물의 양식들을 모두 실재하는 것과 맞도록 애를 썼으며, 해외에 있을 때는 그런 지식을 얻기 위해 일부러 아일랜드에 편지를 쓰기도 하였다. 그러나 그런 사실적인 묘사에만 머무르지 않고 그는 개별적인 사실에서 보편적인 의미를 유출해 내려고 애썼다. 그는 소설을 서정시의 한 현대적인 형태로 보고 작품 속에 신화적 · 진실적 의미를 담아 넣으려고 한 고도의 예술가적인 소설가였다.

이러한 의미에서—그리고 그이 비범한 언어적 구사를 비롯한 기법상의 독창성 때문에—조이스는 "작가의 작가"라는 명칭까지 받고 있다. 그런데 이러한 현상은 역설적으로 조이스를 많은 독자들에게서 떼어 놓는 부작용이 되기도 하였다. 영국의 저명한 비평가 월터 앨렌(Walter Allen)은 조이스의 『율리시즈』와 더 나아가서는 『휘네간의 눈뜸』이 조이스의 소설을 연구하는 학자들의 "학문 산업"의 대상으로 머무르는 경향을 한탄하면서 조이스의 작품을 논하는 마당에서는 아마추어 독자의 견지에서 본 조이스의 이야기도 나와야 한다고 주장한다. 이와 관련하여 앨렌은 조이스가 라블레(Rablais)나 스턴과 길을 같이 하는 대단한 희극적 비전을 가진 작가임을 지적하면서 조이스에 접근하는 유익한 길로서 그런 시각에서 출발할 것을 권장하고 있다. 이것은 물론 이미 있는 조이스의 소설의 작품적 수준을 아마츄어 독자의 그것으로 끌어 내린다는 이야기는 아니다. 아마츄어 독자도 비교적 손쉬운 방법이나 작품에서부터 입문하여 그의 작품 세계에서 "방랑"하노라면 언젠가는 조이스의 이어위커처럼 눈이 뜨이는 아침이 있지 않을까 싶다.

『젊은 예술가의 초상 *A Portrait of the Artist as a Young Man*』 (1916)

플롯 개요

스티븐이 아기 때의 추억을 더듬는 순간이다. 외알 안경을 쓴 아버지가 아기 스티븐한테 옛날 이야기를 지어서 해준다. "옛날 옛날에 음매소 한 마리가 길을 따라 내려오다가 아주 귀여운 '타쿠 애기'를 만났대요"하고. "타쿠 애기"는 어른들이 스티븐에게 붙여 쓰는 애칭이다. 밤에 잠자리에서 스티븐은 오줌을 싸기도 했는데 처음에는 따뜻해서 좋던 것이 나중에는 차가와지던 생각이 난다. 오줌은 냄새도 났다. 스티븐이 조금 더 커서 일이다. 냄새는 엄마한테서 나는 것도 있고 아빠한테서 나는 것도 있었는데, 엄마한테서 나는 냄새가 더 좋았다. 엄마는 집에서 피아노도 쳤다. 그럴 때면 찰즈 작은 아버지와 작은 어머니가 박수를 쳤다. 작은 어머니는 옷장 안에 옷솔을 두 개 가지고 있었는데 하나는 등이 진홍색이고 또 하나는 녹색이었다. 진홍색 옷솔은 대뷔트(Davitt)를 지지하는 것이고 녹색 옷솔은 파넬(Parnell)을 지지하는 것이라고 하였다. 한 동네에 밴스(Vance) 네가 살았다. 그 집에서도 엄마 아빠가 있었다. 아일린(Eileen)의 엄마 아빠인데, 스티븐은 아일린이 좋아서 이 다음에 크면 아일린과 결혼할 참이었다. 그걸 알고 엄마가 화를 내서 스티븐은 책상 밑에 숨었다.

스티븐은 이제 기숙사 제도가 있는 클롱고위즈 우드 학교에 간다. 어머니와 아버지가 그를 기숙사에 떨구어 놓고 가시자 스티븐은 처음에는 공연히 집 생각만 많이 나고 불안하기 짝이 없다. 아이들을 보자 스티븐은 자기 아버지보다 그 아이들의 아버지가 더 부자라는 느낌이 든다. 스티븐은 공부하는 것이 재미있고 바깥에 나가 돌아다니는 것은 질색이다. 그는 몸도 작고 허약한데 축구를 하는 로디 킥함(Rody Kickham)이라든가 내스티 로쉬(Nasty Roche) 같은 아이들은 대단했다. 하루는 스티븐에게 이름이 뭔가하고 물어서 스티븐 데달러스(Stephen Dedalus)라고 했더니 그 이름을 가지고 마구 놀려 댄다. 스티븐이 감수성이 예민하고 내성적인 아이라는 것을 알고 반의 아이들은 여러 가지로 그를 못 살게 군다. 웰즈(Wells)라는 아이는 자기가 하자는 대로 하지 않자 스티븐을 변소간에 밀어 넣는다. 병이 나서 양호실에 들어간 스티븐은 오히려 거기에서 안도감 같은 것을 느낀다. 한번은 크리스마스 휴가 직전에 양호실에 들어가 있었는데 그는 갑자기 죽음에 대해서 두려운 생각이 났다. 침대에 누워서 이런 생각 저런 생각을 하고 있는데 파넬이 죽었다는 뉴스를 들었다. 스티븐은 아일랜드의 위대한 지도자가 죽은 날 1891년 10월 6일을 영원히 잊을 수가 없었다.

고대하던 방학이 되어 집에 돌아온 스티븐은 가족들과 함께 크리스마스 만찬에 참석한다. 그의 아버지 사이몬 데달러스(Simon Dedalus)씨는 서거한 파넬을 추모하면서 하나에서부터 열까지 그의 입장을 옹호한다. 아버지의 친구 케이시(Casey)씨도 아버지와 동감이다. 그러나 작은 어머니는 이 세상에서 제일 중요한 것이 하나님과 종교이고 교회의 힘에 밀려 죽어간 파넬은 악마라고 욕을 퍼붓는다. 스티븐의 아버지와 케이시씨는 그들의 영웅인 파넬을 교회가 배반했다고 주장한다. 어린 스티븐은 어른들의 격한 논쟁을 듣고 얼떨떨해지고 무서운 생각이 앞선다.

방학이 끝나고 학교로 돌아온 스티븐은 이번에는 더 큰 봉변을 당한다. 운동장에서 달리기를 하다가 안경을 떨어뜨려 깬 그는 수업시간에 안경 때문에 공부를 제대로 하지 못한다. 학부장인 돌란(Dolan)신부가 라틴어 과목을 지도하는데 스티븐이 공부를 하지 않는 것을 보자 공부하기 싫어서 일부러 안경을 부셨다고 하면서 벌로 그의 손바닥을 매질한다. 이번에는 반의 아이들이 스티븐을 동정하여 교장 선생에게 가서 진정해 보라고 권한다. 억울하게 벌을 받아 속이 상하기도 하고 친구들의 권고에 용기를 얻기도 한 스티븐은 교장에게 가서 있었던 일들을 모조리 일러 바친다. 교장은 잘 알겠다고 하면서 이 문제에 관해 돌란 신부와 협의를 하겠다고 스티븐에게 약속한다. 스티븐이 나와서 아이들에게 교장 선생과의 대화에 관해 설명하자, 아이들은 그를 승리의 투사로 추켜들어 영웅이라고 부른다.

그 후부터 스티븐의 학교생활은 훨씬 쉬워진다. 다만 한가지 불상사가 있었다면 수업 시간에 선생이 스티븐이 써 낸 작문을 가리켜 반은 농조로 "이단(異端)"이라고 말한 적이 있다. 그런데 수업이 끝나고 나서 몇 아이들은 스티븐이 "이단"일 뿐만 아니라 바이런(Byron)을 좋아한다고 비난한다. 학생들은 바이런은 불륜(不倫)으로 이름이 난 시인이므로 좋은 시인이 될 수 없다고 보는 것이다. 그들의 비난에 응답하면서 스티븐은 난생 처음으로 예술과 도덕이라는 문제와 맞서게 된다.

스티븐은 무슨 영문인지도 모르게 클롱고워즈 우드 학교를 그만두고 긴 여름을 집에서 지낸다. 주로 작은 아버지와 시골 길을 많이 다닌다. 그는 듀마의 『몬테크리스토 백작』도 읽고 영감을 받아 홀로 환상의 세계에 빠져 들기도 한다. 듀마의 소설 속의 여주인공 메르세데스(Mercedes)의 이름에 신비감을 느끼기 시작한다. 동시에 스티븐은 점점 자신의 생활환경에 대해 불만을 느낀다.

스티븐의 가족은 더블린의 더 못사는 사람들의 동네로 이사를 간다. 어느 파티에서 스티븐은 "E—C—"(Emma Clery의 머리 글자)라는 여자를 처음으로 만나는데 그 다음에 버스에서 다시 만났을 때 너무 수줍어하다가 기회를 놓친다. 그러자 그 여자에게 바치는 시를 하나 쓴다. 그는 이제 자신을 바이런과 일치시켜 생각한다. 스티븐은 곧 벨베디어 칼리지라는 다른 예수회 학교에 가게 되어 있다. 약 2년 후 스티븐은 학교 연극에 참여하는데 "E—C—"가 혹시 올 것으로 기대하고 있다. 거기에서 그 전에 바이런을 찬미한다고 그를 비난하던 학우들을 만나 놀림을 받는다. 스티븐은 아직도 바이런이 잘못된 시인이라고 생각하지 않는다. "E—C—"는 여전히 나타나지 않아 스티븐을 크게 실망시킨다. 집안 어른들은 스티븐한데 얌전하게 가톨릭교를 믿으라고 충고하는데 그런 충고의 말이 스티븐에게는 속이 빈 말로만 들린다.

스티븐은 그의 아버지의 부동산이 경매 처분되는 코크라는 곳으로 아버지와 함께 간다. 아버지가 소년 시절에 좋아했던 곳들을 여기저기 보여주는데 스티븐은 하나도 흥이 나지 않는다. 코크 여행을 통해 아버지가 재정적으로 쇠퇴하고 있고, 술에 취해 옛날의 감상에 빠져 있는 모습이 스티븐에게는 대단한 실망을 가져온다. 그는 아버지와의 사이가 완전히 멀어지는 것을 느낀다. 스티븐은 부질없는 성(性)의 환상에 잠겨 본다.

벨베디어 학교에서 학기말에 스티븐은 문학 상금을 몇 개 받는다. 궁색에 빠진 가족들에게 돈을 좀 쓰고 돈을 꿔주기도 했는데, 돈이 떨어지고 나니까 가족들과의 관계가 더 멀어지는 느낌이다. 16세가 된 그는 성(性)의 환상도 변모되어 간다. 이상으로만 우러러 보던 여성이 이제는 그 육체가 그리워져 어느 날 스티븐은 매춘부의 품에 안기고 만다. 그때부터 스티븐은 자기가 지은 죄에 대해서 깊은 생각에 빠지며, 교회 미사에도 잘 나가지 않는다. 그러다가 어느 날 학교에서 성(聖) 프란시스 자비에르(Francis Xavier)를 경모하는 피정(避靜)을 갖게 되자 스티븐은 두려움이 앞선다. 클롱고위즈 우드 학교에서 라틴어를 가르치던 아널(Arnall) 신부가 강론을 담당하는데, 제목은 죽음, 심판, 지옥, 천국이라는 것이다. 자기와 같은 죄인에게 가해지는 형벌이 강론에서 눈 앞에 보듯이 묘사되자 스티븐은 두려운 감정이 더욱 심해간다.

죄인이 영혼면에서 받는 고통이 얼마나 심한가 하는 강론에서 유달리 충격을 많이 받은 스티븐은 밤이면 자기가 지옥에 가서 날마다 받는 고통에 관한 꿈만 꾼다. 이 고통에서 헤어나려면 죄를 고해해야만 한다는 것을 그는 알지만 차마 학교 성당에 가서 고해를 할 수가 없다. 고민 끝에 그는 더블린의 제일 구석진 곳에 있는 교회에 가서 한 온정 깊은 노인 신부에게 고해하고 다시는 그런 육(肉)의 죄를 짓지 않겠다는 맹세를 한다. 그의 영혼은 새로운 정결과 방향을 찾는다. 이 무렵에 그는 아퀴나스와 아리스토텔레스의 공부에 전념하여 선생들로부터 칭찬을 받는다. 하루는 교장선생이 스티븐을 불러서 예수회 신부가 될 생각이 없는가 하고 종용한다. 스티븐은 순간적으로 어깨가 으쓱해지면서 신부가 된 자신의 모습을 머리에 그려 본다. 그러나 스티븐은 다시 회의에 빠진다. 그리고 그는 자기가 지혜를 배우는 길은 남들과 떨어져서 홀로 배우는 것이라는 예술가적인 상념으로 돌아간다.

스티븐의 집안 경제 사정은 갈수록 나빠지지만 스티븐의 아버지는 아들의 교육만은 잘 시켜야 한다는 신념을 굽히지 않는다. 아버지는 이제 아들을 대학에 보낼 준비를 하고 있다. 스티븐은 해변가로 걸어 나가 바닷물에서 수영을 하고 있는 자기 친구들을 본다. 친구들이 그의 이름을 그리스 이름같이 부르자 그는 그리스 신 "데달루스(Daedalus)"의 생각이 난다. 순간적으로 그는 상상 속에서 자기 자신이 매처럼 하늘로 훨훨 날아 올라가는 것을 느낀다. 흥분결에 바닷물 속으로 걸어 들어간 스티븐은 저 앞에 어떤 소녀가 서 있는 모습을 본다. 그 소녀를 물끄러미 바라보고 있는 동안 그는 자기의 운명이 시인이 되는 것이라는 자기 발견의 순간을 갖는다.

대학에 들어간 스티븐은 지도교수와 더불어 미학의 문제를 가지고 토론한다. 스티븐은 이제 예술과 미를 대체로 학문적인 측면에서 보고 있다. 스티븐은 학우 몇 사람들과 가까이 사귀면서 심미적인 문제와 지성의 계발에 도움이 되는 문제들을 토론한다. 그 중에서도 크랜리(Cranly)는 세계 평화를 주창하면서 스티븐에게 세계 평화를 위한 진정서에 서명하라고 졸라대지만 스티븐은 움직이지 않는다. 대빈은 아일랜드 민족주의를 부르짖는데, 스티븐은 거기에 맞서서 아일랜드는 언제나 민족의 영도자들을 배반했다고 말한다. 린치(Lynch)는 유머가 있고 좀 냉소적이기까지 한데, 스티븐이 열심히 내세우는 예술론을 들어주다가 이따금 엉뚱한 소리를 한다. 스티븐의 예술론은 아퀴나스의 이론을 응용한 것으로 대체로 정적(靜的)이고 객관성을 띤 것이다. 예술론을 이야기하다가 비가 내려서 그들이 비를 피하고 있는데, 스티븐이 소년 시절부터 사모하던 여인 에머(Emma)가 훌쩍 지나가는 것을 본다. 다음 날에도 그는 어제 에머를 본 생각으로 환상에 잠겨 있다가 그녀에게 바치는 19행 시를 한 수 쓰지만 감히 그걸 보내지는 못한다.

스티븐은 도서관 정문 계단 위에 서서 자기 머리 위를 선회하고 있는 새들을 지켜보며 데달루스의 비상(飛翔)이 머리에 떠오른다. 계단 위에 다른 학생들도 와서 악의 없는 농담을 하고 있는데 에머가 또 지나가다가 크랜리한테 인사를 하고 사라진다. 얼마 후에 스티븐은 부활절에 교회에 가서 고해를 하고 성체 성사를 받으라는 어머니의 부탁 말씀을 어겼다고 크랜리에게 고백한다. 점점 고독에 깊이 빠진 스티븐은 가족과 교회와 조국에 대해서 다 같이 믿음을 잃게 되었음을 인정하고 이제는 그 세 가지를 다 버리고 떠날 때가 왔다고 실감한다. 비장한 결심을 하고 아일랜드를 떠나는 스티븐은 언젠가는 아일랜드에 대한 자신의 견해를 밝히는 책을 써 보겠다는 의사를 밝힌다.

비평과 분석

『젊은 예술가의 초상』은 조이스가 적지 않은 자서전적인 사료를 바탕으로—그 외에 또 자기 동생 스태니슬라우스와 자기 친구 버언(Byrne)의 전기 자료를 바탕으로—주인공 스티븐 데달러스가 유년 시절부터 성년이 되기 시작할 무렵까지 정서적으로, 지적으로 성장하는 과정을 주로 주인공 자신의 의식을 통해서 그린 "교양소설"이다. 작가가 유년 시절부터 사춘기에 도달한 자기 자신의 모습을 되돌아보면서 자신이 도피하였거나 극복하였던 난관들을 되새겨 보고, 온갖 시련과 두려움이 쌓였던 과거를 헤치고 나온 성숙된 자신의 현재와 미래를 축원하는 것을 특색으로 하는 "교양 소설"은 서양에서 괴테의 『윌헬므 마이슈터의 수습기』(1795~96)가 유행을 일으킨 것으로 알려져 있다. 20세기에 "교양 소설"로 나온 전형적인 예로는 조이스의 이 소설은 물론이고 로렌스의 『아들과 연인』, 싸머셋트 모옴의 『인간의 굴레』, 토머스 울프의 『천사여 고국을 바라보라』, 토머스 만의 『마(魔)의 산』과 『토니오 코뢰거』 등이 있는데, 이들과 가장 가까운 맥락에서 쓰여진 20세기 이전의 예로는 위에서 언급한 괴테의 소설 외에 조지 메레디스의 『리처드 훼브럴의 시련기』, 새무엘 버틀러의 『중생의 길』 등이 있다. 조이스가 읽어서 익숙하였던 20세기 이전의 "교양 소설"은 괴테와 메레디스와 버틀러의 것이었다(조이스의 이 소설은 "교양 소설"에 속할 뿐만 아니라 그것이 좀더 세분화된 형식인 소위 "예술가 소설 Kunstler-roman"에도 속한다. "예술가 소설"은 창작가나 다른 형식의 예술가를 지망하는 인물이 성숙해 가면서 자신의 예술가적 운명을 인식하고 예술과 기예를 통달하기에 이르는 과정을 추적하는 소설이다. 20세기 소설에서 "예술가 소설"의 예로는 프루스트의 『잃어버린 때를 찾아서』, 토머스만의 『토니오 크뢰거』, 앙드레 지이드의 『화폐 위조자』, 그리고 로렌스의 『아들과 연인』 등이 있다).

조이스는 원래 「예술가의 초상(A Portrait of the Artist)」이라는 이야기조의 에세이를 1904년에 썼었는데, 그것을 확대시켜 소설화한 것이 『스티븐 히어로』였다. 그 3분의 2가량을 조이스가 없애 버리고 나머지만 후일 별도로 출판된 이 소설은 자연주의 전통에 따라 아무런 꾸밈새 없이 자서전 소설로서 쓴 것이었다. 『젊은 예술가의 초상』은 조이스가 『스티븐 히어로』의 산만한 문체와 구조를 의식적으로 지양하고 쓴 작품이라는 점에서 의미가 깊다. 다시 말해서 『젊은 예술가의 초상』은 다른 "교양 소설"이 그러하듯이 주인공의 인격 형성의 과정을 추적하여 평면적으로 그리는 것이 아니라 그러한 과정을 잘 짜여진 구조와 촘촘한 언어의 피륙을 담아, 상징과 아이러니가 다분히 잠긴 가운데 인상주의적인 표현법을 써서 기법상의 효과를 최대한으로 내려고 한 작품이다. 예를 들어 소설의 첫 머리에 나오는 산문체는 유아어에 가까운 말로 되어 있는데, 스티븐이 성숙해 가면서 그의 지성과 감성의 성숙도에 따라 문체도 점점 복잡해지고 내적인 독백의 심도도 증대한다. 뿐만 아니라 스티븐이 자라나는 과정에서 이름의 가치를 음미한다든가, 관능적인 경험의 섬세한 부분을 예리하게 선정한다든가, 말을 과장하여 쓴다든가, 사건들을 병렬시켜 아이러니가 우러나게 한다든가 하는 기법적 장치들을 사용하여 조이스는 순박하기 짝이 없고 민감한 유년기의 스티븐이 자기도취에 빠져 젠체하는 청년기의 스티븐으로 서서히 옮겨 가는 모습을 독자가 입체감을 가지고 느껴 보게 만드는 것이다.

스티븐의 자라나는 심령을 모순과 혼란과 곤란에 빠뜨리는 세 가지 장애물이 있으니, 그것은 가족과 나라와 교회이다. 제1장의 첫 머리에서는 유년기의 스티븐의 추억 가운데서 감각 경험이 아무렇게나 나열되어 나타나는데 그런 속에서도 스티븐이 앞으로 따르게끔 되어 있는 전통과 규칙과 습속이 암시되고 있다. 예를 들어 아버지가 스티븐에게 들려주는 옛날이야기는 아일랜드의 전래 동화로서 아일랜드 전통의 한계성을 말하고, 아버지가 불러주는 노래 가사 속의 "녹색"이란 단어는 스티븐의 머리 속에 아일랜드의 이미지를 심어주는 말이다. 그런가 하면 가톨릭 교회의 권위에 대한 항거로 보이는 스티븐의 첫 행위가 불현듯 나타난다. 스티븐은 개신교를 믿는 이웃집의 딸 아일린과 장차 결혼하겠다는 엉뚱한 소리를 하여 가톨릭 집안 어른들의 분노를 크게 산다. 가톨릭의 한 종파 예수회에서 경영하는 사립학교에 들어간 스티븐은 정신 고통과 정서 생활의 어려움을 겪는 가운데 자라난다. 몸이 허약한 그는 운동경기에 열중하는 다른 학우들로부터 늘 놀림의 대상이 되고, 심지어는 스티븐 데달러스라는 이름을 가지고서도 놀림을 받는다. 학우들 사이에서 마땅한 벗을 찾지 못하는 스티븐은 스스로 상상의 세계로 날개를 돋쳐 광대한 세계를 꿈꾸어 본다. 지리 책에다가 자신의 주소부터 적기 시작하여 세계와 우주로까지 뻗어 나가는 그의 심성은 장차 아일랜드를 떠나 유럽으로 향하는 행위를 일찌감치 예시해 주는 것이다.

교회와 나라의 존재가 격정의 분위기 속에서 어린 스티븐의 머리 속에 박히는 것은 크리스마스 만찬 때 어른들이 종교와 정치 문제를 놓고 격론을 벌였을 때이다. 어른들의 논쟁이 큰 목소리로 바뀌자 스티븐 역시 흥분의 도가니에 빠져 교회가 옳은지 아일랜드의 민족주의가 옳은지 가늠을 할 수가 없게 된다. 마침내 그의 흥분감과 혼미 상태는 공포감으로 바뀐다. 제1장의 마지막 절은 스티븐이 학교 당국의 불공정한 처벌주의에 항거하여 성공하는 에피소드이다. 집을 나와서 그가 사회의 체제와 전통에 공식으로 맞선 것은 이것이 처음이다. 교장에게 불공정한 처벌 제도를 항의하고 나온 스티븐을 학우들은 영웅처럼 대우한다. 이것이 스티븐의 마음속에 자만심을 심는 계기가 되기도 한다.

제2장은 사춘기에 접어드는 스티븐의 이야기이다. 집안 형편 때문에 사립학교를 그만 다니게 된 그는 집안 어른들과 지내는 시간이 더 많아질 뿐만 아니라 혼자 환상의 세계에 빠지는 시간도 많아진다. 듀마의 소설을 통해 상상 세계 속에서 여성을 보는데, 처음에는 성모 마리아와 같은 자리에 놓고 보는 여성이다. 그 다음에는 "E-C-"라는 이름을 가진

환상의 여인이 스티븐의 마음을 사로 잡지만 행동으로 옮기지 못하고 수동적으로 관망만 하는 그로서는 안타까움이 늘어날 뿐이다. 이 무렵에 스티븐은 자기 자신을 바이런에 버금가는 시인으로 보기 시작하고 시 한 편을 쓰기도 하지만 진부하기 짝이 없는 것이다. 그러나 행동으로 성취하지 못한 사랑을 시인의 세계를 추구하는 것으로 충족시킨다는 것은 예술가적 기질을 지닌 스티븐으로서는 충분히 있을 수 있는 일이다. 다만 자신을 바이런과 동일시하게 되는 스티븐은 선배 시인의 기풍을 따라 점점 속세를 멸시하는 눈으로만 내려다보고 있다.

이 무렵에 스티븐은 가족들과 점차적으로 소원해지는데, 특히 아버지와의 관계가 악화된다. 스티븐이 그 전에 항의를 제기하였던 교장이 불공정한 처벌을 한 돌란 신부와 함께 앉아 배를 안고 웃었다는 말을 들음과 동시에 자기 아버지가 돌란 신부의 행동에 공감하기까지 하였다는 사실이 부자간의 관계 악화의 직접적인 원인이 된 것이다. 스티븐은 그 다음에 문학상을 받아서 생긴 상금을 궁색한 가족을 위해 서슴없이 쓰지만 돈이 떨어지자 밑 빠진 독에 물을 붓는 것 같은 허황된 생각이 들어 가족들과의 관계가 오히려 더 멀어진다.

한편 스티븐은 성적인 충동을 심하게 받기 시작한다. 성모 마리아의 상으로만 보던 여자가 이제는 창녀로 되어 나타나고, 정욕을 느낄 때마다 그는 어둠과 누추한 굽이진 길과 죄가 연상되는 것이다. 마침내 어느 날 그는 좁고 누추한 길을 따라 미궁 속으로 헤매어 들어가더니 창녀와 만난다. 그가 빠져 들어가는 미궁이 대체로 종교적인 예식의 차원에서 묘사되는 것으로 보아 스티븐이 창녀와 어울리는 행위는 곧 그가 교회를 등지는 행위로 해석될 만도 하다.

제3장에 나오는 스티븐은 장소를 창녀의 집에서부터 학교 교실로 옮겨 무슨 사색에 잠겨 있다. 내심으로는 죄를 지었던 일을 의식하면서도 지금의 그는 죄의식을 승화시키고, 냉철하고 초연한 태세로 있다. 그러다가 피정(避靜)에 가서 지옥의 형벌에 관한 설교를 듣는 스티븐은 그의 정신생활에서 커다란 전환기를 맞는 것처럼 보인다. 그는 우선 설교속에 묘사된 무시무시한 형벌과 그러한 형벌이 영원토록 지속될 것이라는 엄한 경고에 완전히 압도될 뿐만 아니라 지금 겪고 있는 영혼의 고통에서 헤어나기 위해서는 지은 죄를 고해하지 않으면 안 되겠다는 실리적인 생각까지 한다. 그는 우선 오만한 자세에서부터 겸허하게 되고 마침내 혼자 무릎을 꿇고 하나님에게 사죄한다. 그러나 가톨릭 교회에서는 하나님에

게 혼자서 사죄하는 것만으로는 용납되지 않으므로 고해와 고해성사를 그는 더블린의 교외에 있는 어느 성당에서 받는 것이다. 고해하고 난 후의 스티븐은 창녀와 어울렸을 때 느꼈던 황홀감과 비슷한 황홀감에 싸인다. 그의 눈물겨운 경건의 모습은 자못 정도를 넘치는 데도 있어 조이스가 뒤에서 내려다보며 웃고 있다는 느낌마저 든다.

제4장의 첫머리에 스티븐은 비록 겉으로는 기도와 수행(修行)을 열심히 하지만 그것은 스스로 우러나는 믿음의 결과는 아니다. 형벌에 대한 두려움 때문에 그가 자신에게 강요한 형식적인 믿음일 뿐이다. 스티븐이 하는 생각들 자체가 가톨릭의 교리문답 책에서 보는 언어로 되어 나온다. 스티븐의 경건한 품행은 학교장을 감동시켜 그는 스티븐에게 신부가 될 생각이 없는가 하고 묻기까지 한다. 교장의 이러한 종용은 우선 스티븐의 자부심을 북돋아 준다. 한편으로는 사제(司祭)직이 의미하는 "차가움과 그 생활의 규제" 때문에 그런 삶을 뿌리치고 싶은 생각도 들지만 또 한편으로는 스티븐 데달러스 신부가 된 자기 자신의 모습을 바라보는 것도 나쁘지는 않은 것이다.

그러나 스티븐은 자기가 여태 걸어온 길은 체제와 전통을 벗어나서 자유를 향유해 가며 운명을 개척하겠다는 것이었음을 새삼 깨닫는다. 그것이 바로 예술가가 되는 길인 바, 스티븐이 예술가가 되는 길을 점차 깊이 의식하면서 그리스 신화의 데달루스–이카루스(Daedalus–Icarus)의 이미지가 지니는 의미가 이 소설에서 더욱 깊어진다. 해변을 걸어가는 스티븐을 보고 그리스 신화에 나오는 명공(名工) 데달루스의 생각을 얼른 해본다. 그리고 스티븐은 자기의 이름이 자기가 가지고 있다고 생각하는 예술적인 능력을 과연 제대로 나타내줄까 하고 생각해 본다. 어느 새 바닷물에 발을 집어넣은 스티븐은 일종의 세례 같은 것을 경험하고, 그 결과로 그의 눈앞에는 바닷물을 헤치고 걸어가는 한 소녀의 모습이 황홀히 떠오른다. 그녀는 바다새로, 그리고 비둘기로 보이더니 그 다음에는 그런 외양을 초월하여 그의 영혼 속으로 스며들어가는 존재로 변한다. 이것이 바로 스티븐의 운명이 시인이 되는 것이라는 자기 발견의 순간인 것이다. 스티븐은 사제의 직을 버리고 소위 "상상력의 사제직"이 부르는 쪽으로 방향을 돌린 것이다. 시인의 길을 택하는 이 극적인 결정에서 스티븐은 고독과 잘못을 무릅쓰고서도 자유를 누리는 속에서 일상 경험의 제재(題材)를 세속 예술의 항구적인 형식으로 변형시킬 각오를 한다.

제4장의 끝부분의 황홀한 깨우침에도 불구하고 제5장의 첫머리에 나오

는 스티븐은 아직 예술가의 길에 쉽사리 들어서 있지 못함을 보여 준다. 이제 대학에 들어간 그는 예술가가 되는 문제와 자신의 지성을 계발시키는 문제를 동시에 안고 있다. 스티븐에게는 아직도 예수회 학교 교육에서 받은 학리(學理)적인 심성이 남아 있어서 그가 열심히 떠들어 대는 예술론 자체도 감정을 초월한 가라앉은 이론으로 들린다. 두 세명의 학우들과 정치, 사회, 종교에 관한 문제를 놓고 토론을 벌이지만 학우들의 눈에는 스티븐은 세계 평화에도, 아일랜드의 부흥에도, 가톨릭교회 그 자체에도 관심을 보이지 못하는 반(反)사회적인 이기주의자로 나타난다. 그러자 민족의 영도자를 배반하고 매장시킨 아일랜드와 교회를 자기는 지지할 수 없다고 스티븐은 학우 대뷘에게 공언한다. 스티븐은 이제 드디어 예술가로 나가는 결심을 굳힌다. 아름다움을 찾기를 그가 원한다면, 그리고 아름다움을 이해하기를 원한다면, 그가 믿음을 두고 있는 것이 하나도 없는 아일랜드를 떠나야 한다는 생각이 드는 것이다. 그는 이 생각을 오랫동안 환상 속에서만 그리고 있던 여인 에머를 만난 자리에서 밝힌다. 가족과 나라와 교회로부터 배반을 당하고 떠나가서 고독한 예술의 길을 걸어가야 한다고 생각하는 스티븐 데달러스는 그리스도의 모습을 방불케 하면서도 스티븐에게는 아직도 인간애나 도덕적 인식이 결여되어 있다는 아이러니가 느껴진다.

이제 정말로 떠나야 할 때가 오자 스티븐은 학우 크랜리에게 다음과 같이 정식 선언을 한다. “나는 가능한 한 자유로이, 그리고 가능한 한 한결같이 삶이나 예술의 어떤 형식을 통해 나 스스로를 표현하려 들 거야 —나의 입장을 지키기 위해 내가 나 자신에게 사용을 허용하는 유일한 무장, 즉 ‘침묵과 유랑과 약빠름’을 써 가면서.” 이 “침묵과 유랑과 약빠름”이 아버지 율리시즈를 찾아 헤매던 아들 텔레마쿠스가 쓰던 유일한 무장이었다는 사실은 조이스의 소설에 또 하나의 신화적인 의미를 가하여 준다. 자신의 아버지 사이몬 데달러스를 버리고 떠나는 스티븐은 당장 이 소설에서는 아닐지라도 조이스의 다음 소설에서 현대판 율리시즈로 대두되는 레오폴드 블룸을 정신적인 아버지로 맞게 되는 것이다.

13. 버지니아 울프 (Virginia Woolf)

생애와 작품

VIRGINIA WOOLF
(1882~1941)

버지니아 울프는 1882년 런던에서 태어났다. 그녀의 출신 가문은 지성적·사회적 배경에 있어 철저하게 빅토리아식의 집안이었다. 그녀의 아버지 레즐리 스티븐경(卿)은 편집인이자 전기 작가, 역사 철학가, 비평가로 널리 알려진 지성인이었다. 그는 특히 당시 65권으로 나온 『영국 전기 사전(*The Dictionary of National Biography*)』의 편집인이자 중요 저자였다. 레즐리경의 첫 아내는 19세기 소설가 색커리의 딸이었는데 그 아내는 일찍이 세상을 떠났다. 버지니아의 어머니이자 레즐리경의 두 번째 아내인 줄리아와의 사이에는 아들 둘, 딸 둘의 4남매가 있었고, 레즐리경의 첫 결혼에서 딸 하나, 줄리아의 첫 결혼에서 3남매가 있어서 도합 8남매의 자녀들로 된 대가족이었다. 초년 과부로 있던 미모의 줄리아는 가난하고 병든 사람들의 사회에서 자선 사업을 하고 있었는데, 레즐리경과 결혼하여 대가족의 치다꺼리를 하면서도 자선 사업은 포기하지 않았다. 그녀는 무척 일을 많이 하는 여성이었는데, 버지니아가 13세 되던 1895년에 그녀의 어머니가 별안간 세상을 떠난 것은 과로가 원인이었을 것이라는 추정이 지배적이다.

줄리아 스티븐의 죽음은 온 집안을 혼돈 속에 몰아넣었고 어머니와 무척 가까웠던 딸 버지니아는 난생 처음으로 신경 쇠약을 앓았다. 1897년에 버지니아가 좋아하는 이복 언니 스텔라가 결혼하고 얼마만에 죽는 참변이 또 있더니, 1904년에는 오래 와병 중이던 레즐리경이 작고하였다. 아버지의 별세는 버지니아의 영혼 속에 또 한번 어두운 그림자를 던져 넣게 되었다. 그녀는 두 번째 신경 쇠약을 겪게 되었다. 이때 버지니아의 언니 바네사와 두 오빠 소비와 에이드리안은 버지니아와 함께 보수적인 주택가 켄싱튼의 숨막히는 환경을 떠나기로 결정하고, 블룸즈베리(Bloomsbury)라는 이름으로 알려지고 있는 런던의 예술인들이 사는 마을로 집을 옮겼다. 거기에서 목요일 저녁마다 소비 스티븐의 케임브리지 대학 동창들이 정규적으로 만나서 자유주의 사상과 전위(前衛)예술과 성(性)관용의 분위기에서 토론회를 가졌는데 그 핵심 멤버들이 나중에 소위 "블룸즈베리 그룹(Bloomsbury Group)"이라는 조직체를 이루게 된 것이다.

이 조직체는 발족하고 10년 정도의 기간에 여러 단계를 거쳐 변모한다. 예를 들어 소비 스티븐은 1906년에 그리스 여행을 갔다가 티푸스로 사망했다. 주요 멤버로는 전기 작가 리튼 스트래치, 미술 평론가 로저 프라이(Roger Fry), 경제학자 존 메이나드 케인즈(John Maynard Keynes) 등이 있었다. 이밖에 작가들과 버지니아 친구들도 멤버였는데, 작가들 중에는 이 조직체와 다소 느슨한 관계를 유지한 E. M. 포오스터와 T. S. 엘리어트가 있었다.

1911년에 소비 스티븐의 케임브리지 동창 또 한 사람이 이 모임에 가입하였으니, 그는 세이론에서 7년간 식민청 관리로 있다가 귀국한 레오나드 울프(Leonard Woolf)였다. 레오나드 울프의 전문은 정치 평론이었다. 그는 유력한 잡지 「뉴 스테이츠먼(*The New Statesman*)」에 글을 많이 썼고 노동당에서 크게 활약하고 있었다. 그는 국제 연맹의 창설을 주창하는 운동에서도 주역을 담당했고, 후에는 인도의 독립을 위해서도 많은 노력을 기울였다. 버지니아 스티븐은 그 이듬해에 레오나드와 결혼했는데, 결혼 후 12개월도 채 되지 않아 버지니아의 세 번째 심한 신경 쇠약증이 시작되었다. 이번에는 버지니아가 자살을 기도하기까지 하였고, 회복되는데 거의 2년이나 걸렸다.

버지니아의 신경 쇠약이 빨리 낫지 않은 것은 그 무렵에 일어난 1차 세계대전과도 관계가 있었다. 그래서 전쟁의 악영향을 생각하여 1915년에 울프 부부는 런던을 떠나 리치몬드 호가스 하우스라는 데로 옮겨갔다. 거기에서 그들은 손으로 하는 인쇄기를 한 대 사서 손수 식자(植字)도 하였다. 그것은 기업체를 세운다는 의미도 있었지만 버지니아에게 활동할 기회를 주어 마음을 진정시키는 의미도 있었다. 이 인쇄업체가 유명한 호가스 출판사(The Hogarth Press)의 전신인 것이다. 1917년에 발족한 호가스 출판사는 처음에는 버지니아 울프의 단편 소설 「벽에 붙은 반점(*The Mark on the Wall*)」과 레오나드 울프의 단편 「세 유태인들(*Three Jews*)」을 내었고, 그 이후로는 캐서린 맨스휠드(Katherine Mansfield), T. S. 엘리어트, 맥심 고르키(Maxim Gorki), E. M. 포오스터의 작품들을 낸 바 있다. 엘리어트의 작품으로는 그의 1923년판 『황무지(*The Waste Land*)』가 들어 있다.

버지니아 울프는 첫 소설을 사실은 결혼한 다음 해인 1913년에 완성하였는데, 그것은 『출항(*The Voyage Out*)』이라는 제목으로 1915년에야 세상에 나왔다. 그리고 두 번째 소설 『밤과 낮(*Night and Day*)』이 1915년에야 세상에 나왔다. 이 처음 두 작품에서 울프는 재래식 표현 양식을 벗어나지 않고 글을 썼는데, 거기에서 경험적으로 나타난 사실은 그런 양식을 가지고는 그녀의 비전을 전달할 수 없다는 것이었다. 근자에 와서 일부 비평가들은 『출항』과 『밤과 낮』은 그 나름대로 예술성이 있는 것이라고 옹호하기도 하지만, 사실 두 작품은 울프가 후일에 가서 나타낸 관심 있는 주제와 기법을 미리 예시해 준다는 점에서 재미있는 참고가 된다는 평이 지배적이다.

고독 속의 탐구

『출항』은 24세의 순박하고 기량 있는 아마츄어 피아니스트 레이첼 빈레이스(Rachel Vinrace)가 영국에서부터 남아메리카 해안에 있는 어느 피서지까지 유람 항해를 하다가 애송이 소설가 테렌스 휴웨트(Terence Hewet)와 만나 성장을 경험하는 이야기이다. 두 남녀는 밀림 속을 흐르는 강을 따라 유람여행을 하다가 서로 사랑을 밝히는데, 얼마 만에 레이첼은 열병에 걸려 앓다가 죽는다. 조역 인물들이 많이 나오고, 풍습 희극적인 장면이 많고, 작품이 유난히 길다는 점 등이 울프의 완숙한 작품과 다른 점들이다. 그러나 소설의 제목이 주는 울림만 보더라도 울프 고유의 시적인 상징성이 벌써 나타난다. 대서양을 건너는 항해와 남아메리카의 강을 따라 올라가는 여행을 문자 그대로 말해 주는 "출항"은 순박에서부터 경험에로, 삶에서부터 죽음으로 진행해 가는 주인공의 행적을 암시해준다. 이 작품에서 울프가 묘사한 세계의 특색은 그 속에서 인물들이 자신의 고립 상태를 극복하려고 끊임없이 노력한다는 것이다. 레이첼이 타고 나가는 배를 울프는 "인간 생활이 지닌 고독의 상징"이라고 명명하고 있다.

『밤과 낮』은 여주인공 캐서린 힐베리(Katherine Hilbery)의 성장하는 고통을 좀 더 만족스럽게 다룬 작품이다. 자라난 배경이 작자와 크게 다를 바 없는 캐서린은 유복한 가정에서 따분하게 차나 끓이고, 선조의 전기를 쓴다고 하는 어머니의 시중을 드는 것으로 나날을 보내고 있지만 그녀의 숨은 정열은 수학과 천문학에 바쳐진다. 범속한 중류 가정 출신의 변호사 랠프 덴함(Ralph Denham)은 틀에 박힌 주택가에서 벗어나서 시골의 초가에 가서 글이나 쓰는 것이 소망이다. 이들 두 남녀가 가진 공통점은 두 사람이 낮에는 틀에 박힌 생활을 하다가 밤이면 자기 방으로 찾아 들어가서 제각기 사사로운 꿈의 세계를 추구한다는 것이다. 이 소설은 처음부터 끝까지 공(公)과 사(私), 행동과 관조, 사실과 상상 등의 이원(二元)의 세계를 다루고 있다. 캐서린과 랠프도 지적으로나 사회적으로 서로 장벽을 두고 사는 별개의 개체이지만 그들이 하나로 합치는 것은 틀에 박힌 세계를 벗어나서 사랑이라는 분방한 영향력을 받았을 때이다. 소설의 끝에 가서 두 남녀는 캐서린의 고상하면서도 숨막히는 집을 나와 자유로운 밤 공기를 마시며 걸어간다. 이 소설은 주제와 형식에 있어 울프의 작품 가운데서 가장 재래식이라 할 수 있는 것이다. 사회 풍자가 짙으며 제인 오스틴의 소설을 많이 따르려 했던 흔적이 보인다. 그러나 서로 짝이 안 맞는 젊은 남녀가 우여곡절 끝에 마침내 진정한 사랑의 짝을 찾는 플롯은 셰익스피어의 낭만적 희극 작품에서 보는 마술적인 분위기를 방불케 한다.

울프가 소설의 재래식 창작법과 목표를 지양하고 새로운 방향을 모색하기 시작한 것은 바로 이 무렵이었다. 그녀는 「현대 소설(*Modern Fiction*)」(1919)이라는 유명한 에세이에서 밝힌 인생의 정의를 통해 그녀가 소설에서 그리고자 하는 인생이 종래의 소설가들이 그려 온 인생과 현저하게 다른 것임을 알려준다. "인생이란 평형적으로 나열해 놓은 마차 등불과 같은 것이 아니다. 인생은 은은히 빛을 내는 후광과도 같은 것으로, 인식이 시작한 날부터 끝나는 날까지 우리를 감싸는 반투명 덮개와도 같은 것이다. 소설가는 이러한 것을 전달함에 있어 이질적인 것과 피상적인 것을 되도록이면 적게 혼합하는 것이 그의 과업이 아닐까?"라고 울프는 설파한다.

『월요일 또는 화요일(*Monday or Tuesday*)』(1921)은 시정(詩情)이 담뿍 담긴 인간 심리 탐구의 단편들을 모은 하나의 실험적인 작품 선집이다. 울프의 새로운 소설의 목표와 실험적인 기법이 시사되고 있는 이 책은 이야기의 분위기를 인상주의적으로 불러일으키는 짧은 스케취에서부터 상징적인 이미지를 사용하는 긴 것에 이르기까지 8편을 담고 있다.

그 다음에 울프가 쓴 짧은 실험 소설 『제이콥의 방(*Jacob's Room*)』(1922)은 버지니아의 요절한 오빠 소비의 일생을 소재로 한 소설이다. 통상적으로 볼 때 이 소설은 주인공 제이콥 플랜더즈(Jacob Flanders)의 성장 과정을 추적하여 그린 "교양소설"이라고 할 수 있다. 그러나 이 소설의 구조나 분위기를 좀 더 면밀히 살펴보면 반드시 성격의 형성과정에 중점을 둔 것이 아님을 알 수 있다. 물론 이 소설은 유년 시절부터 26세 때 1차대전에 나가 전사하기까지의 제이콥의 일생을 망라하고 있기는 하지만 하나의 시각을 연대순으로 배열한 통일된 이야기가 아니라 호텔에서 청소하는 여자에서부터 케임브리지 대학의 지도교수에 이르기까지 많은 다른 사람들이 어렴풋이 보는 제이콥의 모습들을 인상주의적으로 처리한데다가 제이콥 자신이 자기의 환경에 대해 나타내는 감각적 반응의 단편들을 혼합해서 이룬 작품인 것이다. 14개의 장르로 구성된 이 소설에서 2개 장은 제이콥의 유년 시절에, 2개 장은 그의 케임브리지 재학 시절에, 그리고 나머지는 런던에서 일하다가 해외여행을 하는 그의 청년기에 바쳐지고 있다. 그런데 장의 길이도 그의 성장 과정이 달라짐에 따라 아주 짧은 것, 아주 긴 것으로 달라진다.

유년 시절의 제이콥은 자기 나름대로 신비의 세계에 살며, 근심과 걱정을 속에다만 품고 방황하는 고독한 아이이다. 나비와 조개와 동물의 해골 등을 수집해 놓은 소년 시절의 그의 방은 자연에 대한 그의 사랑을 보여주기도 한다. 케임브리지에 간 그는 지적인 생활에 빠지지만 그의 동료들로부터 "사도 줄리안(Julian the Apostle)"이라는 별명으로 알려진다(그 별명은 초기 로마 제국 때 기독교를 저버리고 주위 사람들과 떨어져 살던 줄리안 황제에게서 온 이름이다). 학생 시절의 제이콥의 방에 대한 묘사는 아주 훌륭하다. 주인이 없는 빈 방에는 제이콥의 우울감이 감돌고 있을 뿐만 아니라 그의 지성미, 그의 혼란된 정신 상태를 잘 말해 주는 이미지들이 여기저기 보인다. 런던에서의 제이콥은 관능 생활에 빠져 한때는 천박한 여인들과 사귀지만 얼마 후에 그들을 버리고 그는 프랑스, 이탈리아, 그리스 등지로 여행을 간다. 유럽 대륙에서 그는 전위파 미술가들을 만나고, 추상화에도 다소 관심을 가지고, 아테네의 아크로폴리스를 보고 감명을 받기도 한다. 울프는 여기에서 내적 독백의 기법을 사용하며 실제로 일어나는 사건들에서 받는 덧없는 느낌의 효과를 내고 있다. 마지막에 한 페이지로 된 장에서는 제이콥이 조국을 위해 싸우다가 전사했다는 것이 시사된다. 그의 친한 친구가 제이콥이 마지막으로 살던 방에 혼자서 들어와 보는데, 그의 판단으로는 제이콥의 살림 도구들이 마구 흩어져 있는 것으로 보아 제이콥 자신도 죽으리라는 것은 생각지도 못하였을 것이며, 아마 죽음이 다가오는 것을 보고 생전에 다른 사건들이 일어났을 때 그랬던 것처럼 깜짝 놀랐을 것이라는 것이다.

이 소설은 단편적인 인상들을 통해 주인공의 궁극적으로 알 수 없는 일대기를 구축하는 새로운 구성법을 썼지만, 문체면에서도 역시 새로운 시도를 하고 있다. 즉 긴 유동적인 문장들에는 정확하게 묘사된 물리적인 디테일이 담겨 있는가 하면, 그것들은 덧없는 삶과 알아내지 못할 인간의 심령에 관한 깊은 철학적인 생각이 나란히 자리 잡고 있다. 그런가 하면 파도, 나방, 내리는 눈, 날아오르는 새와 같은 대자연에 대한 서정적인 묘사들이 사이사이에 끼어 있어서, 이런 묘사들은 삶의 아름다움과 덧없음을 동시에 암시해 주는 것이다. 『제이콥의 방』은 전통적인 소설의 구성법을 배제하였다는 점에서, 그리고 울프가 「현대 소설」론에서 내세웠던 바에 따라 "이질적인 것과 피상적인 것"을 제외하려는 노력을 다하였다는 점에서 작가 울프가 그녀의 철학적 비전을 형상화하는 능력에 있어 눈부신 발전을 하였음을 보여주는 작품이라 할 수 있다. 그러나 울프가 아직도 현대 소설의 성숙된 작가가 못 된다는 점이 설화자의 구성에서 나타난다. 억지로 밀어 붙이는 이 화자는 때때로 지나치게 말이 많고, 현학적이고, 말투가 독선적이기도 하다.

영원에 이어지는 순간의 삶

『댈로웨이 부인(*Mrs. Dalloway*)』(1925)에서 울프는 그런 기교적인 문제를 거뜬히 해결한다. 주제넘게 개입하는 화자의 모습을 여기서는 볼 수가 없다. 물론 작자가 작중 인물들의 의식의 흐름을 탐사하는 가운데 시점이 여러 인물들 사이에서 자유로이 바뀌기 때문에 여기에도 어떤 전지적

(全知的)인 구심점이 요구되기는 하지만 그런 전지적인 화자의 관찰이 이제는 인물들이 하는 생각과 잘 조화되는 것이다. 그리고 『제이콥의 방』에서 껄끄러웠던 장면들 간의 연결이 여기에서는 유기적인 흐름으로 되어 나타난다. 『댈로웨이 부인』은 기법면에서 뿐만 아니라 주제를 다루는 면에서도 한 걸음 더 발전했다는 느낌을 준다. 『제이콥의 방』이 많은 가능성을 지닌 젊은이가 도중에 비극적으로 삶이 끊기는 이야기임에 반해 『댈로웨이 부인』은 중년의 인생, 즉 여러 가지 선택을 하고, 여러 가지 기회를 잡기도 하고, 뿌리치기도 한 결과로서 생긴 사람들의 인생을 그린 소설이다. 제이콥은 짧다란 과거를 가지고 있을 뿐이지만 『댈로웨이 부인』의 인물들은 머리 속을 스쳐 가는 기억들을 거르기도 하고, 그것들에 가치를 부여하기도 하면서 자기 인생의 과거와 교섭하는 것이다.

이 소설은 적어도 표면상으로는 런던의 교양 있는 한 중년부인 클러리싸 댈로웨이(Clarissa Dalloway)가 6월의 어느 날 아침부터 저녁까지 겪는 하루의 런던 생활을 그린 것이다. 시기적인 배경은 1차 세계대전이 끝난 직후로 되어 있다. 그러나 울프는 내적 독백의 기법을 통하여 인물들의 내면세계가 가지는 심층적인 경험을 제시함으로써 댈로웨이 부인 한 개인의 제한된 시간 내의 삶만이 아니라 그녀의 삶과 관련이 있는 10여명의 사람들의 삶을 현재와 과거와 미래에까지 넘나들며 살펴 가고 있다.

이야기는 그 날 저녁 자기 집에서 여는 중요한 파티의 준비로 댈로웨이 부인이 화창한 아침에 쇼핑을 하러 나가는 데서 시작된다. 시내에 나온 그녀는 여름 거리에서 사람들이 웅성거리는 것을 보고 생의 활기와 경이로움을 느낀다. 거리에서 우연히 마주치는 옛 친구, 지나가며 보는 구경거리, 여기저기서 들려오는 도시의 소음—이런 것들이 댈로웨이 부인으로 하여금 과거의 많은 일들을 생각하게 한다. 소녀 시절에 절친한 친구였던 샐리 시튼(Sally Seton), 젊어서 클러리싸와 서로 사랑하다가 결혼 직전에 가서 헤어진 피터 월쉬(Peter Walsh), 그 후에 만나게 되어 연애결혼을 한 지금의 남편 리처드 댈로웨이(Richard Dalloway)에 대한 회상이 그런 것들이다. 다 자란 딸 엘리자베스(Elizabeth)가 성질 나쁜 광신자(狂信者) 도리스 킬만(Doris Kilman)을 가정교사로 모시고 사는 생활이 갑자기 걱정되기도 하지만 과거에 대해 많은 회상을 하면 할수록 클러시싸는 흐뭇한 향수감을 느끼는 것이다. 그런 느낌 속에서 그녀는 화창한 여름 날씨와 쇼핑과 오늘 저녁 파티에 대한 기대감을 함께 즐긴다.

클러리싸가 쇼핑을 즐기고 있는 것과 때를 같이 하여 그녀가 알지도 못하고 만나 볼 일도 없는 한 불행한 청년 셉티머스 스미스(Septimus Smith)가 그의 아내와 함께 공원 벤취에 안아 있는 것이 소개된다. 전쟁 후유증 때문에 극심한 정신 분열증을 겪고 있는 셉티머스는 얼핏 보기에는 생의 환희에 젖어 있는 듯한 클러리싸와 내면적으로는 유사한 데가 많다. 두 사람은 다같이 근본적으로 고독하여 자살까지도 생각하며, 과거를 생각하면서 죄책감을 금하지 못하며—클러리싸는 피터 월쉬의 청혼을 뿌리쳤던 자기의 처녀시절을 생각하면서, 셉티머스는 1차 대전중에 전사한 자기의 동료 에반스(Evans)에 대한 무서운 환몽을 꾸면서—그럴수록 인생의 혼돈 속에서 질서를 찾으려고 발버둥을 친다. 그러나 셉티머스는 그 날 오후 늦게 자살을 하는데, 클러리싸는 자기집 파티에 초대된 유명한 신경과 의사 윌리엄 브래드쇼(William Bradshaw)경이 뒤늦게 파티에 참석하는 것을 통해 그 사건을 비로소 알게 된다. 그녀는 낯선 청년의 죽음을 애도함과 함께 자기 자신에게도 필연적으로 다가올 죽음의 그림자를 본다. 잠시 파티 자리에서 나온 클러리싸는 셉티머스의 자살 광경을 머리 속에 떠올리면서 동시에 그 자살의 직접 원인이 치유자로서 아무런 감각이 없는, 그리고 현대 문명의 천박과 냉혹을 너무나도 잘 대변하는 신경과 의사 브래드쇼에 있음을 감지한다. 그녀는 이제 죽음이 패배가 아니라 대항이오, 바깥 세계와 의사소통하려는 시도임을 깨닫는다. 그리고 이러한 깨달음에서 정신의 갱생을 찾은 그녀는 삶에 불을 당겨 그것에 빛을 내주려는 자세에서 파티 자리로 되돌아오는 것이다.

결혼과 가정, 삶과 죽음

『댈로웨이 부인』이 나온 바로 그 해에 울프는 다음 작품에 착수하고 있었으니, 그것이 2년 후에 나온 『등대로(*To the Lighthouse*)』(1927) (별항 해설 페이지 272~283 참조)였다. 이 작품에서도 역시 그녀는 삶의 의미가 무엇인가라는 주제와 인간의 성격의 실체를 제시하는 문제를 다루고 있다. 앞의 소설에서 그러하였듯이 여기에서도 하나의 그물과 같은 개인들의 상호관계 속에서 일어나는 정서면의 긴장 상황들을 풍부한 시정(詩情)을 통해 드러내 보인다. 뚜렷한 플롯이나 사랑 이야기나 희극이나 비극이 관여되지 않지만 램지(Ramsay) 가족들과 그들의 손님들의 상호 관계를 통해 결혼과 가정, 삶과 죽음의 주제를 더 확대하고 심화시켰을 뿐만 아니라 여성과 남성의 세계, 성격의 신비성과 같은 주제에서도 상당한 깊이를 보이고 있다.

『등대로』가 『댈로웨이 부인』보다 또 한 가지 다른 점은 거기에 유난히 반영된 자전적 요소라고 할 것이다. 울프는 『등대로』를 쓰던 1925년까지 자신의 양친에 대한 옛 생각에 늘 사로잡혀 있었다. 이 소설에 나오는 여자 인물 캠(Cam)의 어린 시절과 나중에 사춘기에 도달하여 아버지 램지(Ramsay)씨와 좋은 관계를 이루고자 노력하는 모습, 그리고 미술가 릴리 브리스코(Lily Briscoe)가 램지 부인을 추도하고 동시에 자기의 작품을 통해 램지 부인의 인품을 칭송하려고 드는 모습은 모두 작자 자신의 자화상임에 틀림없다. 『등대로』는 세상에 나오자마자 성공적인 걸작으로 받아들여져 더 넓은 층의 독자들에게까지 읽혔다. 이때부터 버지니아 울프는 유명 작가로 올라섰으며, 이때가 그녀의 작가적 생애에서 가장 행복하고 발랄하던 시기였다.

그 다음에 나온 작품은 기괴한 공상 소설 『올란도의 일생기(*Orlando : A Biography*)』(1928)이다. 어린 시절의 올란도는 르네상스 때의 영국 소년으로 나온다. 그는 여왕 엘리자베스 1세와 작가 니콜라스 그린(Nicholas Greene)도 만나고, "대결빙(大結氷)(the Great Frost)" 때 템즈강에서 스케이트도 탄다. 그러다가 찰즈 2세 치하에서 콘스탄티노플에 사절(使節)로 가기도 하다가 성(性)을 전환하면서 다시 태어나 레이디 올란도가 되어 18세기와 19세기 중에는 런던의 상류 사회에서 많은 저명인사들을 만난다. 그 후 그녀는 연로한 니콜라스 그린에게 부탁하여 문학이 죽었다고 니콜라스가 끊임없이 불만을 토로하는 데도 불구하고 16세기에 쓰기 시작한 시 한 수를 가지고 200기니의 상금을 탄다.

이 이야기는 1928년에 와서 끝을 보는데 이때 버지니아 울프의 절친한 문인 친구 빅토리아 쌕크빌-웨스트(Victoria Sackville-West)와 똑같은 얼굴의 그녀가 백화점에서 쇼핑을 하고 나서 자동차를 타고 켄트 지방에 있는 자기 가문의 대저택으로 돌아간다. 그리고 여러 해석가들에 의하면 이 작품은 영문학의 역사에 대한, 그리고 쌕크빌-웨스트 가문의 역사에 대한 우유(寓喩)적 표현이라고 한다. 한 가지 확실한 것은 이 작품에서 울프가 영국의 얼굴이 엘리자베스 시대의 남성 지배의 모습에서부터 최근 세대에 와서 점차 여성화 경향으로 변했다는 그녀의 여권론자로서의 주장을 펴고 있다는 것이다. 어쨌든 『올란도의 일생기』는 울프의 작품 중에서 가장 재기에 넘치는 것임과 동시에 여러 면에서 가장 가볍게 읽을 수 있는 책이다. 그래서 이 책은 그녀의 작품 중에서 상업적으로 가장 큰 성공을 거두었다.

인간 성숙 과정의 축도

울프는 그 다음에 매우 독창적인 소설 『파도(*The Waves*)』(1931)을 써내었는데, 재래식 소설의 한계점을 과감히 극복하고 나섰다는 것이 그 특색이다. 형식면에서 완전히 특이한 이 작품은 아마 소설이라고 부르기가 어려울지도 모른다. 울프 자신이 처음에 기획했을 때도 "산문이면서도 시이고, 소설임과 동시에 희곡"인 그런 작품이라고 하였다.

이 작품은 여섯 명의 친구들—남자 세 명, 여자 세 명—이 짝을 번갈아 지어 가며, 그리고 제각기 어린 시절부터 노년 시절에까지의 생애를 밟아 가며 일련의 독백을 늘어놓는 것으로 구성되어 있다. 여섯 명의 인물들, 버나드(Bernard), 네빌(Neville), 루이스(Louis), 수잔(Susan), 로다(Rhoda), 지니(Jinny) 외에 사실은 일곱 번째로 그림자처럼 나오는 인물 퍼시발(Percival)이 있다. 이 작품은 7부로 나누어지는데, 각 부의 앞부분에는 간략한 서정적인 서문이 붙는다. 이 서문은 아침에 해가 떠서 중천을 거쳐 해가 질 때까지를 묘사하고, 또 하루 중 태양이 움직이는 형세 여하에 따라 바위에 부딪혀 부서지는 파도 소리도 달라지는 모습을 그리고 있다.

여섯 명의 인물들이 늘어놓는 독백은 사실 어떤 객관성을 지닌 내용의 말이 아니라 여러 가지 이미지를 통해 각자가 지니는 자질이라든가 사사로운 비전을 간접적으로 시사하는 그런 식의 표현 방식이다. 예를 들어 시골 농촌에서 자라나서 끝까지 시골 아낙네로 있는 수잔은 나무 태우는 연기, 풀로 덮인 오솔길, 꽃가루가 담뿍 담긴 꽃송이와 같은 대자연의 이미지를 담은 말을 한다. 그런가 하면 두려움이 많고 고독한 로다의 성인된 모습을 다른 사람들은 누런 빛 물대야에 하얀 꽃잎들을 넣고 마구 흔들어 대는 어린이의 모습으로 비유한다. 독백 스타일은 마치 극시(劇詩)의 코러스가 말할 때 쓰는 스타일처럼 장엄하고 의례적이고 경우에 따라서는 허풍 떠는 듯하기도 하다. 이 작중 인물들은 의식적이거나 무의식적인 차원의 진실을 감지하기는 하여도 그것을 말로 명료하게 표현하지는 못하는 것이므로 울프는 그것을 이런 중립적인 위엄있는 말로 일부러 옮기는 것이다. 이것은 일상생활 경험에서는—그리고 보통 소설에서는—아무리 전달을 해보려고 들어도 되지 않는 개개인 간의 깊디 깊은 마음의 핵심을 포착해 보려는 울프의 가장 야심적인 시도라고 할 수 있다.

인물들이 어린 시절부터 노년기에까지 성숙해 가는 과정에서 공통적으로 나타내는 정서는 두려움과 불안과 질투와 사랑이다. 대개 어린이 단계에서는 중상류 사회의 인습이 요구하는 바를 충족시켜 가면서 학교에 가서 교육을 받고 여학생은 남학생과 자리를 떼어 앉게 된다. 그들의 초등학교 시절에 퍼시발이라는 인물이 소개된다. 객관적 진실과 보통사람을 대변하는 그의 어릴 적에는 아이들의 애모의 대상이 되기도 하고 그들을 단결시켜 주는 힘이 되기도 한다. 사색보다는 행동을 중시하는 그는 『등대로』의 램지 교수를 방불케 한다. 퍼시발은 젊어서 군인 생활을 하던 중 인도에 가서 죽는데, 이것 때문에 다른 인물들은 노년까지 영향을 받는다.

퍼시발의 죽음에서 가장 큰 충격을 받은 인물이 네빌이다. 학자이며 시인으로 성공까지 한 그는 심미적인 감수성 때문에 고통을 많이 겪는다. 너무 고독한 나머지 그는 신실성 없이 떠도는 여인 지니와 사귀면서 위락을 찾는다. 루이스는 자기가 친구들 사이에서 따돌림을 받고 있다는 것을 빤히 알고 있지만 사실은 그 중에서 제일 재간이 많은 인물이다. 은행가의 아들로서 받은 좋은 가정교육 때문에 교양도 꽤 있지만 남들이 비웃을지도 몰라 감추고만 있다. 그 중에서 역시 따돌림을 받는 로다와 연애 관계에 빠진다. 대자연의 일부인 듯한 수잔은 학교에 다닐 때부터 리노륨 냄새를 싫어했다. 홀아비가 된 아버지에게 극진한 사랑을 베풀며, 시골 농부와 결혼해서 대자연 속에서 가족의 뒷바라지를 하는 것을 본분으로 생각하는 것이 수잔이다. 결혼 전에는 버나드를 오래 짝사랑 했었고, 퍼시발이 죽기 전까지는 그의 사랑을 받기도 하였지만, 이 사실을 나중까지 아무도 모르고 있었다. 사랑, 질투, 혐오, 흠모와 같은 인간적인 감정은 듬뿍 지니고 있지만 피상적인 사회 관습에 순응하는 것은 아주 꺼려한다. 수잔과 정반대의 가치관을 가진 인물이 지니인데, 그녀는 용모가 수려한 향락주의자이다. 로다는 아주 평범한 여성인데 사회에 적응을 잘 못한다. 수잔은 그녀를 관용하는 눈으로 보지만 지니는 그녀를 가까이 하려 들지 않는다. 버나드와는 비교적 편안한 관계를 가지며, 특히 남성 국외자인 루이스와 뜻이 잘 맞는다.

이 책에서 가장 크게 부각되는 인물은 버나드이다. 버나드 자신은 삶에서 이루지 못한 것이 많다고 하여 자기 인생을 실패작이라고 보지만, 분명히 생각은 많이 하게 하는 인물이다. 다른 친구들이 모든 인생의 큰 적인 죽음을 향해 허우적거리고 있는 동안 버나드는 늘 우주의 진실을 꿰뚫어 봄과 동시에 말을 만들고, 사건을 기술하고, 이야기를 써 낸다. 한 때 퍼시발이 꿰뚫어 보고도 완성하지 못하였던 이야기를 버나드는 자기가 포착한 진실의 내용을 가지고 써낸다. 이 책의 제7부에 가서 버나드는 자기의 인생과 나머지 친구들의 인생을 종합적으로 회고하여 정리한다. 이 때 버나드가 늘어놓는 독백은 자기 자신과 자기들에 대한 단편적이며 환상적인 생각이 될 수도 있다. 그가 보는 관점에 의하면—이것은 울프의 관점에 상당히 가까운 것이지만—인간이란 원래 허약과 공포심과 같은 육체적인 특질은 물론 감각상의 지각력으로도 되어 있는 존재이므로 개개 인간을 주관에 따라 구체적으로 정리한다는 것은 불가능하다는 것이다. 버나드는 자기의 인생과 자기 친구들의 인생을 교향악단과 비유한다. 즉 교향악단에서는 각 연주가가 제각기 다른 악기를 가지고 음을 내어 인생의 경험에서 나오는 것 같은 불협화음과 화음을 한꺼번에 이룬다는 것이다. 퍼시발은 죽음을 통해서 친구들에게 인생이 지닌 치명적인 허약점을 깨닫게 해주었지만, 버나드의 결론은 그렇게 암담한 것은 아니다. 그에 의하면 해변에 와서 가차없이 일었다가 부서지는 파도로서 상징되는 생명력이 곧 삶을 지향하는 모든 인간의 욕망과 유사한 것이 아닐까 하는 것이다.

『훌럿쉬의 일생기(*Flush : A Biography*)』(1933)는 19세기 여류 시인 엘리자베스 베렛트 브라우닝(Elizabeth Barrett Browning)의 애견(愛犬)의 "전기"라는 것으로, 이 개의 눈을 통해 시인 로버트 브라우닝(Robert Browning)과 엘리자베스가 가졌던 열렬한 사랑을 그리고 있다. 작자가 애정을 쏟아서 쓴 이 책은 『올란도의 일생기』와 비슷하게 버지니아 울프의 다양한 재능을 보여주는 좋은 예라고 할 수 있다.

『파도』를 쓰고 나서 6년간의 시기는 울프에게 있어 사생활에서나 작가로서나 어려운 때였다. 그 사이에 울프가 가장 존경하던 선배 두 사람 리튼 스트래치와 로져 프라이가 서거함으로써 크게 상심하고 있었던 울프는 이제 "에세이 소설(essay-novel)"이라는 것에 착수했다. 처음에는 울프가 여기에 열을 올렸지만 나중에는 힘이 들고 일이 뜻대로 되지 않아 실의에 잠기기도 하였다. 울프가 그 작품을 1936년에 끝냈을 무렵에는 1913년 이래로 가장 심한 신경 쇠약을 겪게 되었다. 그러나 묘하게도 작품이 나왔을 때는 상업적으로 대성공을 거두었다. 그 작품이 바로 『긴 세월(*The Years*)』(1938)이었다.

『긴 세월』에서 울프는 자신이 거부하였던 재래식 소설로 되돌아간 셈이었다. 50년이라는 기간(1880~1930)을 망라하여 파아지터(Pargiter) 가문의 3세대 가족들의 이야기를 그린 이 소설은 울프가 그 전에 명확히 대놓고 비난하던 존 골드워시와 아놀드 베넷트의 장황한 가계(家系) 소설의 전통과 맥을 같이 한다는 느낌을 준다. 그러나 『긴 세월』은 물론 골즈워시와 베넷트의 재탕은 아니며 실험적 기법을 가지고 재래식 소설 형식에 새로운 입김을 불어넣는다는 울프 나름의 노력이 엿보인다.

이 소설은 11개 장으로 나뉘는데, 1개 장이 1년을 대표한다. 제1장 "1880년"과 제11장 "현대" (즉 1930년대)가 가장 길고 이 책을 단단히 붙잡아매는 부분이 된다. 중간의 9개장은 1891년부터 1918년까지를 망라한다. 가문의 역사와 평행해서 에드워드 7세의 서거, 참정권 운동, 아일랜드 분규, 1차 세계대전 같은 역사적 대사건들이 그려지기도 한다. 그래서 예를 들어 대전의 파급적인 영향으로 "현대"에 사는 파아지터 가문의 신세대들인 페기(Peggy)와 노오스(North)는 고독하고 냉소적이고 염세적이기도 하다. 그런가 하면 "현대"에 아직까지 살아 있는 최연장자 엘리노(Eleanor)는 클러리싸 댈로웨이나 릴리 브리스코가 경험하던 그런 차원에서 인생을 바라보고 있다.

울프의 마지막 소설 『막간(幕間)(*Between the Acts*)』(1941)은 2차 대전이 세계를 공포 속에 몰아넣고 있던 시기에 쓰여진 것이다. 울프는 런던의 자기 집이 독일군의 공습으로 파괴되어 써섹스에 있는 시골집에서 집필하고 있었다. 이상하게도 이 소설은 쉽게 써 내려갔다. 『막간』도 역시 역사의 스크린을 배경으로 개인들의 생애를 다룬 작품이다. 그런데 여기에서 울프가 제시하는 비전과 기법은 『긴 세월』에서 보다 더 창조적이고 복잡하고, 또 성공적인 것으로 나타났다. 2차 세계대전이 유럽 대륙을 위협하고 있던 1939년 6월의 어느 하루, 영국의 역사를 다룬 시골 마을의 야외극을 둘러싸고 일어나는 사건들을 이 소설은 그리고 있다. 야외극이 공연되는 장소는 행복한 결혼 생활을 못하는 올리버(Oliver) 부부가 사는 시골 저택 마당이다. 야외극의 공연 장면들이 이 소설 속에 직접 재연되면서 막간이 올 적마다 관객들의 생애에 관한 이야기가 번갈아 소개된다. 야외극의 공연 장면들이 실제 생활의 장면들과 한 묶음이 되는 것인데, 실제 생활의 장면들은 인간 역사의 긴 행렬 속에 담긴 짤막한 에피소드로서 보여질 수도 있다. 『긴 세월』에서 울프는 등장인물들의 개인적인 역사에 치중하고 더 큰 규모의 역사는 개인의 생애에 영향을 미치는 것으로서 주로 다루어졌는데 『막간』에서는 역점이 바뀌어 인물들 자신이 민족적인, 문화적인, 공동체적인 과거를 지닌다.

레오나드 울프의 회고에 의하면 『막간』을 쓰는 동안 버지니아 울프는 대체로 편안한 심경이었는데, 어느 순간에 가서 우울증이 다시 시작되면서 별안간 악화되더라는 것이다. 『막간』은 1941년 2월 26일에 탈고되었는데, 그로부터 4주일 되던 어느 날 울프는 늘 가는 시골 산책길에 나섰다. 그때 그녀는 호주머니에 무거운 돌을 넣고 가서 아우스강에서 투신자살하였다. 불과 몇 분 만에 강변에 도착한 남편 레오나드는 아내가 짚던 지팡이와 아내의 모자만 그 자리에서 발견하였다.

버지니아 울프는 글을 쓰기 위해서 이 세상을 살았다고 말해질 정도로 다작(多作)을 하였으며, 그것도 여러 방면에 관심을 두고 쓴 것이었다. 적어도 10편의 장편 소설 외에 수편의 단편 선집이 있고, 10권 남짓 되는 문학 비평 논집들이 있다. 비평 논집들 중에서 가장 많이 알려진 것으로 『베넷트씨와 브라운 부인(*Mr. Bennett and Mrs. Brown*)』(1924), 『보통독자 제1집(*The Common Reader : First Series*)』(1925), 『보통독자 제2집(*The Common Reader : Second Series*)』(1932)이 있다. 이 비평 논집들의 주된 논조는 재래의 사실주의적 소설전통에 도전하여 인생경험의 진정한 핵심을 내면 세계에서 탐색해 나가야 한다는 것이다. 울프는 또한 여성의 사회적 지위에 관해 여권논자로서 두 권의 책을 내었는데, 그 하나는 『독방(獨房)(*A Room of One's Own*)』(1929)이다. 소설 『등대로』가 나온 얼마 후에 썼으며 그 소설의 몇 가지 주제와 관련이 많은 이 사회 평론에 울프는 여성의 문화·사회면의 자립과 경제적인 독립을 주장한다. 다른 한 권의 책 『3기니(*Three Guineas*)』(1938)에서도 비슷하게 울프는 직업여성은 현 사회의 지배적인 남성 위주의 문화에 끌려들어 가서는 안 된다고 주장한다. 울프는 남성 위주의 문화를 오만하고 공략적인 것으로 보았던 것이다.

버지니아 울프의 소설은 처음부터 다소 세련된 중상류층의 독자들에게 유독히 맞는 소설이었다. 그녀의 소설에 나오는 인물들은 대개 세련되고, 성(性)의 문제에서 내성적이고 속세가 요구한 바와는 다소 격리된 그런 인물들이다. 이런 점에서 울프의 소설은 그 나름의 한계가 있기는 하지만 소설마다 엄연히 독립된 언어 구조의 세계를 표출하고 있으며, 그 세계마다에서 시간과 공간이 변하기 때문에 그들 나름의 다양성을 이룬다. 울프의 소설은 또한 내적 독백이나 서정시적 장치를 실험적인 기법으로 사용한 것이 꽤 있어서 울프는 자연 "난해한" 작가라는 평을 듣기 시작하였다. 울프는 46세 때 나온 공상 소설 『올란도의 일생기』에서 비로소 상업상의 성공을 거두었다는 것도 위의 경우에서 보면 충분히 납득이 가는 일이다.

정치 · 경제면의 혼돈이 심했던 1930년대에는 울프의 소설이 세상과 너무나도 무관하다는 평이 돌았다. 그리고 1941년에 그녀가 세상을 떠났을 때는 모더니즘의 선구자로서 인정을 받기는 했어도 그녀를 연약하고 우울하고 "블룸즈베리의 병든 여승(女僧)"이라고 보는 사람들도 많았다. 이에 대해 그녀의 문인 친구였던 E. M. 포오스터는 울프를 연약한 사람으로 보는 것은 전적으로 그릇된 판단이며 그녀는 "감수성이 예민하면서도 강단이 있는" 작가라고 역설했다. 울프의 소설에 대한 비평가들의 관심은 1960년대 후반에 급속도로 늘어났고 그때부터 계속 높아 가고 있었다.

『등대로 *To the Lighthouse*』(1927)

플롯 개요

램지씨 가족과 손님들은 스코틀랜드의 스카이섬에 있는 가족 별장에 가서 머무르고 있다. 때는 1차 세계대전이 나기 조금 전, 9월 중순이다. 별장의 창가에는 지금 램지 부인이 여섯 살 난 아들 제임즈(James)와 함께 앉아 있는데, 내일 날만 좋으면 저 창밖의 바다 건너로 보이는 등대를 구경하러 같이 가자고 약속한다. 제임즈는 8남매 중에서 막내이기 때문에 어머니의 사랑을 가장 많이 받는다. 누구의 비위를 맞추어 가며 사실을 진술하기를 싫어하는 철학 교수인 램지씨는 사실인즉 내일 날씨는 좋지 않을 거라고 퉁명스럽게 말하여 아들 제임즈를 언짢게 만든다. 램지 교수의 젊은 제자 찰즈 탠슬리(Charles Tansley)도 내일 일기가 좋지 않을 거라고 맞장구를 친다.

램지 부인은 탠슬리를 싫어하지만 겉으로 나타내지 않는다. 아이들도 그를 별로 좋아하지 않는다. 자기네들이 무엇을 잘못하는 걸 보면 좋아서 손뼉을 치는 그이기 때문이다. 램지 부인과 탠슬리는 아픈 사람이 있는 가까운 마을의 어느 가정을 방문한다고 나선다. 저 앞의 바다와 바다 건너 등대와 해변의 모래 언덕들을 바라보며 그들은 걸어간다. 램지 부인이 나이도 50이나 되고 8남매의 어머니이기도 하지만 탠슬리는 부인에게 대단한 매력을 느낀다. 부인이 무척 아름다워 보이고 이렇게 같이 산책을 할 수 있는 것이 너무나도 영광스럽다.

얼마 후에 램지 부인은 다시 제임즈와 함께 방에 앉아 있다. 그녀는 제임즈에게 내일은 역시 날이 좋아질 거라고 희망조로 다시 말한다. 어느 순간에 가서 그녀의 의식 속에서는 집안 살림의 소음이 사라지고 파도 소리만 들려온다. 그녀의 생각과 기분이 시간의 흐름이라는 것 쪽으로 기울어진다. 한 순간 공포 같은 것을 느꼈다가 일상생활의 흐름 속으로 다시 접어든다. 아까부터 테라스에서 왔다 갔다 활보하고 있던 램지씨가 별안간 무슨 고함을 지르는 소리가 들린다. 혼자서 테니슨의 시를 외우고 있던 그는 흥분결에 세상을 모르고 있는 것이다.

램지 부인이 창문을 올려다보니까 손님으로 와 있는 화가 릴리 브리스코가 그림을 그리고 있다. 램지 부인과 제임즈가 초가 앞에 앉아 있는 그림이다. 식물학자이며 램지씨의 둘도 없는 친구로서 와 있는 윌리엄 뱅크스(William Bankes)가 릴리에게 다가와서 램지씨에 관한 의견을 서로 나눈다. 릴리는 자기가 그리는 그림에 대해 혼자 속으로 걱정을 한다. 왠지 모르게 정경을 나타내는 선들이 분명히 그려지지 않는다. 공연히 램지 부인한테 속을 털어 놓고 싶기만 하다. 릴리는 뱅크스와 함께 산책하러 나서서 바다의 경치와 파도를 보고 몹시 흥겨워한다. 돌아오면서 그들은 램지네 일곱 살 난 딸 캠과 마주친다. 캠은 자기에게 괜히 친절을 베풀려 접근하는 뱅크스를 물리친다. 뱅크스는 자식도 없는 홀아비인데 딸 하나는 있었으면 한다. 그러면서 젊은 시절에 가정생활에 부담없이 지내던 자기 친구 램지의 모습이 더 인상적이었지 않나 하는 생각도 해 본다.

램지 부인은 릴리 브리스코와 윌리엄 뱅크스를 보면서 저 두 사람은 배필이 되어야 마땅하다고 생각한다. 그러다가 그녀는 자기 집안일에 생각을 돌려 집안이 꾀죄죄해 보인다는 생각으로 좀 짜증이 난다. 그리고 하녀의 아버지가 죽어 가고 있다는 생각이 그녀의 머리에 떠오른다. 그녀는 거의 규칙적으로 죽음이란 것에 대해 생각이 기우는 것이다. 뱅크스는 저렇게 여왕처럼 고상한 미를 갖춘 램지 부인이 전화에 대고 기차 시간을 묻는 따위의 시시한 일을 한다는 것은 맞지도 않는다고 생각한다. 램지씨는 저 쪽으로 걸어 나가면서 철학자로서의 자기의 생애에 관해 다시 명상해 본다. 그의 생애를 그는 알파벳의 밭을 통과해 가는 여로(旅路)로 생각한다. 자기는 지금 Q까지 왔으니까 이제는 R을 향해 걸음을 재촉해야 한다고 생각한다. 자신의 이미지를 과장해서 잘 생각하는 그는 요즘 일종의 패배감 같은 것이 몰려오는 것을 느낀다. 자기의 명성이 자기가 눈을 감기도 전에 꺼져 버릴 것만 같아 그는 아내에게 가서 위로를 받아 봤으면 하는 간절한 생각도 해 본다.

제임즈는 자기 아버지가 거기서부터 이리로 다가오는 것을 보고 그의 감동되어 있는 모습이 미워진다. 아버지가 오면 지금 자기에게 동화를 읽어주고 있는 어머니의 관심을 그가 빼앗아 갈 것이 뻔하다. 제임즈는 갑자기 자기가 무시를 당하고 있다는 느낌과 함께 무력감과 노여움이 찾아드는 것을 느낀다. 램지 부인은 오거스터스 카마이클(Augustus Carmichael)의 인생에 대해 생각을 돌려 본다. 오거스터스는 이 집의 식객(食客)으로 되어 있는 3류 시인이며, 아이들한테서도 늘 비웃음을 받는다. 램지 부인은 늘 그를 자기편에 끌어 들이려 하지만 그는 부인에게 호감을 가지지 못하고 오히려 불편만 준다. 램지 부인은 여전히 제임즈에게 동화를 읽어 주면서 동시에 이런 저런 생각에 잠긴다. 램지씨가 지나간다. 그는 아직도 자기의 명성에 관한 생각을 하지만 아까보다는 이기적인 생각이 덜하다. 강의를 위해 생각을 모으고 있는 중이기도 하다.

릴리 브리스코와 윌리엄 뱅크스가 램지씨와 램지 부인에 관한 이야기를 나누고 있다. 두 사람이 다 램지 부인을 제 나름대로 좋아하고 있다. 제임즈와 같이 창가에 앉아서 릴리의 그림을 위해 포즈를 잡고 있는 램지 부인을 두 사람은 바라본다. 뱅크스는 황홀해 있고, 릴리는 램지 부부에 대해 자기가 가지고 있는 느낌에 휩쓸려 들어가지 않으려고 애쓴다. 그녀는 뱅크스가 램지 부인의 모습에 도취되어 있는 것을 보고 크게 자극을 받는다. 그녀의 그림은 사실 그런 흥분감을 포착하게끔 되어 있는 것인데 지금으로서는 완전한 실패로만 보인다. 고양된 감정이 죽어버린 릴리는 램지 부인에 대한 생각을 더 하면서 머리 속에서 그녀의 좀 더 착잡하고 그늘진 상(像)을 구축하기 시작한다.

마당에서 마구 뛰어 노는 캠은 풀밭에서 서로 이야기를 나누고 있는 릴리와 뱅크스 곁을 지나 창가에 앉은 자기 어머니에게로 훌쩍 달려간다. 램지 부인은 단정한 모습의 두 젊은 남녀 손님 폴 레일리(Paul Rayley)와 민타 도일(Minta Doyle)의 생각을 하면서 두 사람이 약혼을 했으면 하는 소원을 가져 본다. 이윽고 그녀는 제임즈에게 동화를 읽어 주던 일을 끝내고 창밖을 내다본다. 등대의 불빛이 밝아오는 것이 보인다. 그녀를 감싸서 잠들게 하는 듯한 등대의 불빛의 품 안에 그녀는 안긴다. 램지씨는 자기 아내가 말없이 홀로 앉아 있는 모습을 보고 너무나도 어여쁘다고 생각한다. 그는 아내의 사사로운 순간에 끼어들지 않으려고 마음먹는데, 아내는 남편이 무엇을 원하는지를 알고 솔선해서 그에게로 다가간다.

램지 부부는 함께 마당 안을 거닌다. 릴리 브리스코와 윌리엄 뱅크스도 함께 마당 안을 거닐면서 느긋한 담소를 한다. 릴리의 눈에는 같이 거닐고 있는 램지 부부가 복잡한 두 성격의 한 쌍이 아니라 결혼을 상징하는 추상적인 한 쌍으로만 보인다. 마당 안을 거닐던 그들은 모두 이집의 아들 딸인 프루(Prue)와 재스퍼(Jasper)가 공치기 하는 것을 지켜본다. 램지 부인은 프루한테 해변가에 나간 사람들이 돌아왔는가, 누이 동생 낸시(Nancy)도 거기에 같이 따라 갔는가, 하고 물어 본다. 어린 낸시와 그녀의 오빠 앤드루(Andrew)는 해변가로 가는 길에서 막 약혼을 서약한 폴과 민타가 서로 포옹하는 것을 보고 깜짝 놀란다. 램지 부인은 이제 저녁 식사 때 입을 옷을 갈아입는다고 방에 들어간다. 윌리엄 뱅크스가 모처럼 와서 식사를 같이 한다고 하여 요리사가 사흘이나 걸려 준비한 식사이다. 해변가에 나갔던 사람들 중에 마지막으로 돌아온 사람들이 집에 들어오자 램지 부인은 여왕과도 같은 장엄한 모습으로 계단을 내려온다.

저녁에 만찬이 시작된다. 아이들이 먼저 먹고 나자 어머니는 어린 것들을 데리고 가서 자리에 눕힌다. 램지 부인은 오늘 저녁 만찬에서 멋진 단결과 화합을 이루어 보려고 하는데, 처음에는 참석자들이 제각기 피곤하고 불만스러운 감정이 많아 화합을 잘 이루지 못한다. 릴리 브리스코와 찰즈 탠슬리는 서로 감정을 자극하는 이야기를 나누고, 카마이클은 수프를 한 그릇 더 달라고 청하여 식사가 빨리 진행되기를 좋아하는 램지씨를 화나게 만든다. 램지 부인은 행사가 자꾸 틀린 방향으로 흐르자 재난을 향해 가는 배를 탄 기분이 들어 릴리에게 도움을 청한다. 이럴 때는 남자들이 무엇을 원하는가에 신경을 쓰고 남자들이 자부심을 발휘하도록 내버려 두면서 배를 잘 조정하는 것이 여자들의 역할이라고 되어 있으므로, 그렇게 했더니 마침내 파티에 생기와 화목한 분위기가 돌기 시작한다. 요리사 밀드레드(Mildred)가 만든 특별 메뉴, 로우즈(Rose)가 그릇에 예쁘게 얹어 담은 과일 등 모두가 예술미를 나타내준다. 그러나 이 모든 조형미도 시간이 흐르면 끝까지 남아 있질 못한다는 허무한 느낌을 준다. 누군가가 과일 담은 그릇에서 과일을 집자 로우즈가 정성스레 꾸며 담은 과일의 예쁜 모양이 그 자리에서 망가진다. 램지 부인은 이것을 보고 자기 아이들의 불안한 장래를 생각하지 않을 수 없다. 파티가 끝나기 직전에 램지씨와 카마이클은 시를 한 수 낭독하여 다시금 화기를 돋군다. 사람들은 모두 일어나서 제각기 자기 길로 찾아간다. 이 자리를 떠나면서 램지 부인은 잠시 문간에 서서 마치 과거로 사라져 들어가는 이 장면을 다만 한 순간이라도 더 보존하려는 듯 뒤돌아본다.

계단을 걸어 올라 가면서 램지 부인은 자기가 어떤 일을 성취하였나 하고 생각해 본다. 기억 속에 오래도록 남은 그 어떤 것, 사람들 사이에서 공통적으로 일어난 느낌의 세계, 그런 것을 이루어 냈다고 그녀는 생각한다. 램지 부인은 제일 어린 자식이 자는 방으로 들어가 본다. 캠이 먼저 벽에 걸린 멧돼지의 해골이 무서워서 못 자겠다고 하여 어머니는 옛날이야기로 다독거려 준다. 그러자 제임즈는 멧돼지 해골을 딴 데로 옮기면 안 된다고 하여 어머니는 해골 위에 자기가 걸쳤던 숄을 씌워 두고 나온다.

램지 부부는 둘이서 조용히 앉아 독서를 한다. 램지씨는 월터 스코트의 소설을 읽으면서 불안한 생각을 품고, 램지 부인은 셰익스피어의 14행시를 한 수 읽으면서 흩어졌던 자기 생각이 가다듬어지는 것을 느낀다. 은밀한 분위기가 돌자 램지씨는 아내가 자기를 사랑한다는 말을 해 주었으면 하는 욕심이 생기지만 과묵한 그녀로서는 그런 말을 할 수가 없다. 그러나 아무 말 없이 남편을 바라보며 미소를 짓는 것으로 그녀는 사랑을 전달하고 있는 것이 아닐까. 잠자리에 들어가기 전에 램지 부부는 내일 등대 구경을 취소하는 것이 좋겠다고 뜻을 모은다. 바깥 날씨가 폭풍으로 변했기 때문이다.

그 후 날이 가고 달이 간다. 등대 구경은 그 해 여름에 결국 하지 못하였고 몇 년 째 램지 가족들이 이 별장에 찾아오지도 않는다. 그러는 동안 램지 부인은 자다가 고요히 숨을 거두고 만 것이다. 봄이 가고 여름이 가고 딸 프루가 결혼하더니 출산 중에 사망하고 만다. 1차 세계대전이 일어난다. 앤드루는 징병에 응해 입대하는데 프랑스에 파병되어 거기에서 전사한다. 카마이클은 시집을 한 권 새로 낸다.

그리고 또 세월이 흐른다. 램지댁 별장의 벽지가 낡아 떨어져 나가고, 서가의 책에 곰팡이가 핀다. 청소부 아주머니 맥냅(McNab) 부인이 이따금 와서 집을 청소하지만 주방의 그릇은 저절로 넘어져서 깨어지기도 하고 청소부의 실수로 깨어지기도 한다. 마당의 장미꽃과 1년생 꽃은 저절로 피어났다가 죽어 간다. 이 버려진 집이 완전 파멸의 직전에 이르러서 맥냅 부인도 손을 못 쓰게 될 무렵 램지 가족들이 다시 찾아오겠으니 집을 말끔히 정돈해 달라는 청탁 전보가 날아 들어온다. 며칠 동안 청소부 아주머니는 두 사람의 도움을 받아 열심히 청소하고 정돈한다. 램지 가족들이 도착했을 무렵에 별장은 다시 말끔히 정돈된 집으로 되어 나타난다. 손님들 몇 사람도 다시 찾아온다. 릴리 브리스코도 오고, 카마이클도 온다.

릴리 브리스코는 나이 40이 되었지만 아직 결혼은 하지 않고 있다. 어느 날 아침 식사하러 내려와 보니, 아직 아무도 내려와 있지 않다. 그러더니 램지씨가 와서 그동안 늘 연기만 해 오던 등대 구경을 가는데 제임즈와 캠이 빨리 안 내려 온다고 짜증을 낸다. 사실 젊은이들은 아버지와 같이 가는 등대 구경을 그렇게 고대하는 것도 아니다. 세 사람이 해변가

쪽으로 내려가는 것을 보고, 릴리는 이 별장을 그리다가 그만둔 자기의 그림을 완성할 생각으로 다시 캔버스 앞에 앉는다. 그녀는 이제 마음을 탁 풀고 그림의 구성을 위한 깊은 상념에 잠긴다. 그와 동시에 그녀는 죽은 램지 부인에 대한 추억에 잠긴다. 램지 부인을 잃은 슬픔이 북받쳐 올라와 그녀는 소리를 질렀다가 낯이 화끈해진다.

등대로 가는 보트 안에서는 한참 동안 아버지와 아이들 사이에 긴장 상태가 지속된다. 캠은 아버지에 대해서 다소 호감을 가지는데 제임즈는 아버지에 대해 분노를 금치 못한다. 아버지는 아들이 미덥지 않아서 그가 하는 일마다 간섭하고 비판하고 하기 때문이다. 이 배에서 돛 밑을 묶는 밧줄과 키의 손잡이를 책임지게 된 제임즈는 여간 신경이 쓰이는 것이 아니다. 한편 독재자로 보이는 아버지를 미워하다가도 악의 없는 가엾은 노인으로서 그를 생각해 보기도 한다. 제임즈가 이런 양립된 감정 속에서 헤매고 있는 동안 캠은 아버지의 온정스러운 모습을 더욱 머리에 떠올리면서 즐거운 생각으로 뻗어 나간다.

슬픔에 싸였던 릴리의 마음도 어느 새 흐뭇한 감정으로 바뀐다. 그러나 그녀는 아직도 구도(構圖)의 문제를 해결하지 못한 것이 있다. 다시금 램지 부인의 옛 추억으로 돌아가 헤매다가 그림으로 돌아오면 이제 문제가 해결될 듯 한데 또 슬픔에 잠겨 그림은 다시 엉망이 되고 만다. 보트가 등대에 점점 접근하면서 제임즈는 아버지와의 감정이 누그러지는 것을 느낀다. 램지씨는 뱃사공과 즐겁게 담소한다. 그는 배가 등대에 닿자 젊은 사람처럼 껑충 뛰어 내려 자기 아이들에게 미소를 던지고 제임즈에게 배 조종을 아주 잘 했다고 칭찬한다. 이때 릴리도 저 멀리에 보이는 등대를 응시하고 있다가 그림 앞에 다시 돌아온다. 그리고서는 여태껏 찾고 있던 구도의 해결방안이 마치 별안간 밝아왔다는 듯이 그림의 한 복판에 선을 하나 긋는다. 그녀의 그림도 역시 완성을 본다.

비평과 분석

『등대로』는 통상적인 의미의 플롯라인이 상당히 가냘프게 들어간 소설이다. 울프 이전의 영국 소설에서는 흔히 시간의 세계에서 일어나는 일들을 일정한 순서에 따라 배열하여 그림으로써 그것이 작품 안에서 어떤 정서적·예술적 효과를 나타낼 뿐만 아니라 작품의 조직과 구성에 이바지하는 것이었다. 이미 『댈로웨이 부인』에서 통상적인 의미의 플롯을 적게 쓰는 시도를 하였던 울프는 『등대로』에서도 외형적으로 나타나는 사건에 크게 의존하지 않고 그 대신 작중 인물들의 마음 속에서 일어나는 생각과 느낌으로 하여금 소설의 탐탁한 조직과 구성에 이바지하는 피륙이 되게끔 하고 있다(앞에 소개된 『등대로』의 플롯 개요도 사실은 외형적인 사건의 연속만을 적은 것이 아니라 최소한도의 그런 사건들과 관련되는 인물들의 의식 내용을 함께 덧붙여서 요약한 것이다).

울프는 이 소설에서 역시 실험적인 형식 구조를 사용하는데, 소설 전체가 3부로 나뉜다. 소설의 절반 가량을 차지하는 제1부 "창문(The Window)"에서는 램지 가문의 여름 별장을 배경으로 등장인물들이 소개된다. 램지씨와 그의 부인, 그들의 자녀 여덟, 손님으로 와 있는 성인 남녀 여섯명, 그리고 집안에서 일 보는 사람들이다. 손님들 중에는 큰 비중을 차지하는 여자 화가 릴리 브리스코가 있고, 자녀들 중에서는 가장 어린 아들 제임즈와 가장 어린 딸 캠이 중요한 인물들이다.

9월 어느 날 오후의 램지네 별장에서는 별로 색다른 일이 일어나지 않는다. 응접실 창문 안쪽에서 램지 부인이 옆에 앉은 제임즈에게 동화를 읽어주다가 내일 날만 좋으면 창밖의 바다 건너에 보이는 등대를 구경하러 같이 가자고 약속했는데, 창밖에 있는 아버지 램지씨가 그 말을 가로채듯 내일은 날씨가 나쁠 테니 등대 구경은 못한다고 하며 아들을 몹시 실망시킨다. 마당에서는 릴리가 그림을 그리고 있다. 자녀들 중 낸시와 앤드루는 해변가에 나가는 산책길에서 손님으로 와 있는 젊은 남녀 폴과 민타가 사랑의 포옹을 하고 있는 것을 보고 깜짝 놀란다. 저녁이 되자 램지 부인이 관장하는 가운데서 대대적인 저녁 식사가 좀 불안한 고비를 넘기고 무사히 끝난다. 그리고 잠자리에 들어가기 전에 그들은 내일 등대 구경은 일기 관계로 하지 않는 것이 좋겠다고 합의를 본다.

아주 짧은 아름다운 산문체로 된 제2부 "시간은 지나 간다(Time Passes)"에서는 램지네 별장이 10년간 가족들이 찾아오지 않는 사이에 비바람과 시간의 침식을 받아 낡을 대로 낡아서 볼품이 없이 되다가 램지네가 다시 와서 쓰게 된다는 소식을 받고 두 늙은 여인이 손을 대어 황폐를 면한다. 10년이라는 세월이 흐르는 동안 램지 부인이 사망하고, 장남 앤드루가 1차 대전에서 전사하고, 장녀 프루가 출산 합병증으로 사망한 것을 알려주는 발표 내용이 틈틈이 간결하게 괄호 안에 적혀 나온다. 제3부 "등대(The Lighthouse)"도 하루의 일을 적고 있다. 이제는 수가 줄어든 램지 가족들—램지씨와 제임즈와 캠—과 그 전에 왔던 릴리 브리스코를 비롯한 손님 친구들 수명이 다시 돌아오면서 램지씨는 두 자녀를 데리고 10년 전에 못하였던 등대로 가는 여행을 끝내 마치고 화가 릴리 브리스코는 10년 전에 완성하지 못하였던 그림을 드디어 끝낸다.

제1부에서 지배적으로 나타나는 것은 램지 부인의 의식이다. 사실 위에서 나타난 앙상한 이야기 줄거리만 가지고는 등대 구경을 가려던 계획이 무산되었다는 것을 내놓고 이 소설이 무엇을 이야기하려고 하는 것인지 잘 알 수가 없다. 그러나 램지 부인의 의식이 사이사이에 끼어들면서 앙상하였던 구조에 별안간 활기가 도는 것은 울프의 인물 묘사의 방법과 인물의 성격을 보는 시각이 재래식 소설의 그것과 전혀 다르기 때문이다. 재래식 인물 묘사나 성격관에서는 작가가 독자를 위해 작중 인물의 성격을 설명하고 종합해 가거나 인물의 특징적인 행동 양식을 되풀이하여 나타내는 가운데 인물의 성격이 명확히 잡히며 그러한 성격은 그의 행동의 동기와도 서로 연결지어지게 된다. 그러나 울프는 인간의 내면 의식이 근본적으로 질서정연하게 흘러가는 것이 아니라 덧없이 발작적으로 진행된다고 믿었던 소설가이므로 대체로 순간마다 변해가는 인간의 생각과 느낌들을 결코 소홀히 하지 않는다. 램지 부인의 독백이나 사사로운 생각을 통해서 울프는 그녀가 결혼 생활에 좌절을 느끼고도 있다는 것, 그녀가 아름다운 것과 고독을 다 같이 사랑한다는 것, 자기가 하는 모든 일에서 남에게 모범이 되기를 원한다는 것 등을 독자에게 밝힌다. 그 중에서도 그녀가 보는 정말로 근원적인 인간 경험이란 솜털 같은 우리들의 일상적인 경험의 밑바닥에 숨어 있는 리얼리티를 우리가 강렬하게 느끼는 그런 "비전의 순간들"인 것이다. 울프는 램지 부인이 가졌던 그녀 나름의 "비전의 순간들"을 작품의 여기저기에 심어 놓음으로써 그 축적되는 순간들로 하여금 램지 부인의 진정한 사람됨을 결정하게 만든다.

램지 부인의 성격에서 두드러지는 것은 자상한 어머니, 자상한 아내이면서 주변 사람들에게도 따뜻한 마음으로 대하는 여성이라는 것이다. 제1부의 첫머리에 막내 아들 제임즈를 옆에 앉혀 놓고 동화를 읽어주고 등대 구경가는 약속을 하는 동안에도 그녀의 생각은 저 바다 건너 등대지기의 아들에게 줄 양말을 짜고 있다. 그녀는 평소에도 아이들에게 등대지기를 한다는 것이 얼마나 어려운 일일까 하고 말해 온 터이다. 저녁에 베푼 대대적인 만찬 중에 램지 부인은 불현듯 자기 아이들 생각을 하는 순간이 있다. 만찬 때 누군가가 식탁 위의 과일 담은 그릇에서 과일을 집어 가니까 딸 로우즈가 정성스레 꾸며 담은 과일의 예쁜 모양이 한 순간에 망가져 버리는 것을 보고 램지 부인은 자기 아이들도 앞으로 살다가 한 순간에 삶이 무너져 버리는 것이 아닐까 하는 예민한 생각을 하는 것이다. 그리고 제1부의 끝부분에 가서 긴 하루를 지내고 심신이 지친 램지 부인이 아직도 아이들을 못 잊어서 어린 것들이 자는 방에 들어갔다가 벽에 걸린 멧돼지 해골을 가지고 서로 싸우는 캠과 제임즈를 제각기 다독거려 주고 나오는 장면은 그녀의 현모다운 모습을 잘 나타내주는 것이다.

램지 부인은 남편에 대한 불만이 없는 것은 아니지만 그의 뒤를 보살펴야 하는 여성의 의무를 믿고 수행하는 여성이기도 하다. 그의 아내와는 정반대로 남성적인 성품과 자질을 대표하는 철학자 램지 교수는 앞으로 자신의 학문적 명성이 얼마나 오래 갈까 하는 이기적인 생각으로 마음의 안정을 찾지 못하고 있는데, 그에게 말없는 가운데 격려와 위로를 해 주는 것이 램지 부인이다. 초저녁이 되어 등대의 불빛이 밝아 올 무렵 방 안에 앉아 있는 자기의 모습을 물끄러미 바라보고 있는 남편을 보고 그녀는 그가 무엇을 원하는지를 알고 솔선해서 그에게로 다가간다. 이들이 마당 안을 거니는 것을 보고 화가 릴리는 "결혼"을 상징하는 아름다운 모습으로 보기까지 한다. 만찬이 끝나고 나서 남편과 조용히 앉아 독서를 하는 동안 남편의 안타까운 모습을 보고 따뜻한 눈길로 분위기를 풀어주는 것도 역시 램지 부인이다.

정다운 인간관계를 믿는 램지 부인은 친구들 중에 서로 인연이 맺어질 만한 사람들이 있으면 그들의 결연(結緣)에 관해 욕심을 낸다. 조금 전에 바닷가로 산책하러 나갔다가 들어오는 릴리 브리스코와 홀아비 윌리엄 뱅크스를 보고 두 사람은 배필이 되어야 마땅하다고 자기 나름의 생각을 한다. 한참 후에 그녀는 또 단정한 모습을 하고 나타난 두 젊은 남녀 손님과 폴과 민타의 생각을 하면서 두 사람이 약혼을 했으면 하는 자기의 소원을 혼자 가져본다. 그리고 손님들 중에 별로 정이 들게 하지 않는 찰즈 탠슬리라든가, 카마이클에 대해서도 램지 부인은 남편의 친구라는 뜻에서 잘 감싸주려고 애쓴다.

친구들 간의 결속을 위해 배려를 아끼지 않는 램지 부인은 클러리싸 댈로웨이에 못지않게 파티를 주선하는 일에서도 배려를 아끼지 않는다. 만찬을 관장하는 그녀는 이질적인 참석자들의 발언으로 분위기가 흐트러지는 것을 보고 분위기를 올바른 방향으로 다잡는데 크게 이바지한다.

즉 그녀는 두 아이들을 시켜 촛불에 불을 당겨서 로우즈가 꾸며 놓은 과일 그릇 양 쪽에 촛불을 올려놓게 한다. 식탁 위에 촛불과 과일 그릇이 자리를 차지하면서 식탁에 둘러앉은 사람들의 얼굴이 하나의 아늑한 "섬"을 이룩한 기분이 되자, 이러한 변화를 보고 그 자리에 앉은 손님들은 저 바깥에 존재하는 유동하는 삶에 대항하는 공동 의식 같은 것을 별안간 느끼게 된다. 만찬이 다 끝나고 참석자들이 저마다 잠자리에 들어갔을 때 램지 부인은 혼자 계단을 걸어 침실로 가면서 자기가 오늘 사람들의 기억 속에 오래도록 남을 그 어떤 것, 사람들 사이에서 공통적으로 일어난 느낌의 세계, 그런 것을 이루어 냈다는 생각을 한다.

램지 부인의 의식 속에는 하찮은 현재의 한 순간을 기억할 만한 것으로 만들어 놓음으로써 저 어디선가 밀어 닥치는 공포와 혼돈과 죽음과 맞서 보려는 순간들이에게 있다. 제1부의 첫머리에서 램지 부인은 잡다한 집안 살림의 소음이 머리에서 사라지면서 처음에는 파도 소리만 들리더니 그 다음에는 시간의 흐름에 대한 생각과 함께 공포 같은 것을 느낀다. 그러다가 일상생활의 흐름 속으로 되돌아오는 그녀는 얼마만에 하녀의 아버지가 죽어 가고 있다는 생각이 머리에 떠오르면서 죽음에 대한 생각으로 다시 빠지는 것이다. 램지 부인이 죽음의 그림자를 빈번히 의식하는 것은 울프가 소녀 시절에 어머니를 여읜 자전적인 사실을 암시하는 면도 있지만, 이미 『댈로웨이 부인』에서 셉티머스와 클러리싸가 다 같이 느끼는 죽음의 위협은 울프의 소설에서 간혹 떠오르는 주제이다.

제1부에서 대체로 램지 부인의 의식을 통해 겨냥한 강렬한 내적 경험이 표현되었듯이 제3부에서는 릴리 브리스코 외에 캠과 제임즈, 그리고 램지 교수의 의식을 통해 좀 더 근원적인 인간 경험이 제시된다. 제2부에서 이미 밝혀졌던 램지 부인의 죽음은 램지 가문을 거대한 난파선으로 만들어 버린다. 화합을 위해 늘 연동 장치의 역할을 하던 램지 부인이 가고 난 지금 램지씨와 그의 자녀들 간의 거리감이 자꾸 늘어나기만 한다. 램지 교수는 10년 전에 등대 구경을 가는 계획을 둘러싸고 아내와 다소 의견 충돌을 하였던 것 때문에 뒤늦게나마 보상을 한다고 이번에 등대 구경을 두 자녀에게 우겨 가며 계획한다. 사실 램지씨가 이 소설의 첫 부분에서 자녀들에게 비친 이미지는 비정하다 할 정도의 폭군적인 가장(家長)의 이미지였다. 울프가 자신의 아버지 레즐리 스티븐의 모습을 그대로 많이 옮겨 그린 램지씨는 철학 교수답게 세상을 관념적으로 생각하는 경향이 짙다. 그는 또 이성의 힘을 가지고 무지(無知)의 어둠을 정복

할 수 있다고 믿는 합리주의자이다. 아내의 사랑을 많이 받았던 그는 이제 과거사에서부터 이어 받은 부담을 어떻게든 해소시키자는 것인데, 등대 구경을 제의한 것도 그런 노력의 하나인 것이다.

그들이 등대로 향해 떠나면서 뒤에 남아 그림을 그리는 릴리에게도 비슷한 과제가 있다. 10년 전부터 화가로서 일종의 마비 상태를 경험하고 있는 릴리는 자기가 눈앞에 보는 것을 캔버스에 옮겨 놓지 못하는 것이다. 10년 전의 릴리는 램지 부인을 몹시 흠모하였고, 그녀가 남들을 사랑하고 감싸주는 심성을 부러워하곤 했었다(이러한 모습의 릴리는 작자 울프의 모습을 많이 방불케 한다. 울프는 어머니의 순전한 여성성과 아버지의 순전한 남성성이 가지는 결점을 보고 양자 간의 절충을 희구하였던 것인데, 릴리의 성격 구성을 남성적 극단과 여성적 극단을 적절히 섞어 합일시킨 이상형으로 보는 비평적 시각도 있다). 흠모하던 램지 부인을 캔버스에 그려 보려고 했다가 못 그린 10년 전의 숙제를 릴리는 지금 앞에 놓고 앉아 있는 것이다. 지금 그녀는 램지 부인에 대해 상반되는 감정을 품고 있다. 한편으로는 고인이 된 그녀가 그립고 존경스럽지만 또 한편으로는 이 세상을 버리고 간 그녀가 괘씸하기도 한 것이다. 캔버스에 대고 붓을 놀리기 시작한 릴리는 어느덧 옛날로 생각이 돌아가 서서히 램지 부인의 환상을 본다. 그녀는 환상을 통해서 10년 전에 완성하지 못했던 그 그림을 재구성해 보고 완성까지 할 수도 있었다. 뜻밖에 강렬한 고통을 겪으며 램지 부인을 회상하게 된 릴리는 램지부인의 존재 의미, 즉 순간을 영원한 것으로 만들 줄 아는 그녀의 능력을 터득한다.

한편 램지씨와 그의 두 아이들 역시 보트에 몸을 싣고 과거로 거슬러 올라간다. 캠은 옛날에 아버지가 비극적인 영웅 흉내를 내며 진리를 용감히 탐구하고 있던 모습을 아련히 되새겨 본다. 제임즈는 그 전에 자기가 등대 구경을 했으면 한 희망을 무참히 취소시킨 아버지의 처사를 생각하면서 쓰라린 가슴을 만진다. 그러나 그들이 이제 막상 등대에 접근하면서 아버지가 아들에게 뜻밖의 칭찬을 하자 제임즈도 속이 풀린다. 램지 부자(父子)가 화해의 무드로 등대 앞에 상륙하는 것과 때를 같이 하여 육지에 있는 릴리는 비록 등대를 또렷이 바라보지는 못했어도 그들이 목표에 도달했으리라는 것을 짐작하고 자신의 그림을 완성한다. 이들은 모두가 램지 부인을 죽음에서 다시 찾아 온 것이나 다름없고, 램지 부인은 이들을 하나로 뭉치는 역할을 다시금 한 것이다.

등대가 이 소설에서 가장 중추적인 상징이 됨은 두말할 것도 없다. 등대는 작품 속에서 일어나는 여러 가지의 빛과 어둠의 이미지, 그리고 바다와 육지의 이미지와 관련되어 있다. 우선 제1부에서 램지 부인은 자신을 둘러싸고 있는 변천과 어둠과 죽음의 그림자와 싸우면서 빛을 창조하고 빛을 보존하려고 애쓰는 여인인데, 등대가 그러한 빛을 뿜어주는 존재인 것이다. 그녀는 등대에서 나오는 "꾸준한 빛, 잔혹하고, 가차 없이 나오는 빛을 바라보고 그것이 너무나도 많이 자기를 닮았고, 너무나도 자기를 적게 닮았다"고 생각한다. 제3부에서는 등대가 작중 인물들의 염원의 초점을 나타내주는 상징이오, 그들이 달성해야 하는 목표이기도 하다. 등대로 가는 원정을 마친 램지네 가족들은 화해의 염원을 달성하였고, 릴리의 예술가적 고투(苦鬪)의 여로가 끝나는 것도 램지네 가족의 등대 도달과 때를 같이 하는 것이다.

14. 디. 에이취. 로렌스 (D. H. Lawrence)

생애와 작품

DAVID HERBERT LAWRENCE
(1885~1930)

데이비드 허버트 로렌스는 1885년에 영국 중부지방 노팅햄셔주의 이스트우드라는 탄광촌에서 태어났다. 데이비드는 5남매 중 네 번째였다. 그의 아버지와 어머니는 사회 성분과 습성이 너무나도 대조적이어서 가정이 평화롭지 못하였다. 그의 아버지 아서 존 로렌스는 어려서부터 탄광에서 일해 온 노동자로서 성미가 거칠고 무식한 편이고 술고래여서 늘 가난뱅이로 살았다. 데이비드의 어머니 리디아는 중류층 기독교 집안 출신인데다가 전에 교사로 일한 적도 있는 유식한 여인이었다. 성격이 강한 그녀는 자기의 세 아들들은 탄광 노동자가 되지 않게 하고 딸들은 고용살이를 하지 않게 하겠다고 늘 말하였다. 어려서부터 몸이 허약하고 잘 앓았던 데이비드는 몸이 굳센 아버지를 아무리 닮아 볼래야 닮을 수가 없었다. 그 대신 그는 자기를 북돋아주는 어머니의 손길에 재빠르게 따르고 그럴수록 어머니는 그를 편애하였다. 이러한 과도한 모성애가 내포하는 위태로운 약점들과 아버지의 겸손함에서 우러나는 매력과의 상호작용을 로렌스가 알아보게 된 것은 먼 후일의 일이었다.

소년기에 조숙함을 보였던 로렌스는 학교 성적도 우수하여 12세 때 노팅햄 고등학교를 장학생으로 다녔다. 고등학교를 졸업하자 그는 노팅햄에 있는 외과병원용 기구를 만드는 공장에서 약 3개월 만족스럽지 못한 사무직원 생활을 하다가 폐렴으로 많이 앓았다. 이 무렵에 그는 이스트우트 시외에 조그만 농장을 차리고 사는 집안의 딸 제씨 체임버즈를 만나 알게 되었다(그 후 10년이란 세월을 두고 그는 제씨와 긴밀한 관계를 맺어 정신면에서 큰 도움을 받았다. 우선 그녀의 집안 사람들과 온정스럽게 화합한 가운데 로렌스는 자연의 아름다움이라든가, 독서라든가, 사색 같은 것을 즐기게끔 되었고, 그 다음에는 제씨의 도움을 받아 시와 소설을 쓰기 시작했다).

폐렴으로 누웠다가 약 2년 만에 건강을 회복한 로렌스는 처음에는 일케스튼에서, 그 다음에는 이스트우드에서 초등학교 교사로 도합 4년간 봉직하였다. 1906년 그의 나이 21세 때 로렌스는 2년간의 장학금을 받고 노팅햄 유니버시티 칼리지에서 교사 자격 취득을 위한 연수 과정을 밟았다. 2년 후에 교사 자격을 정식으로 얻어 그는 런던 남쪽에 있는 크로이든이라는 교외 마을의 초등학교에서 약 3년간 교편을 잡았다. 이 무렵에 로렌스는 포드 매독스 포드가 발행한 잡지 「영국 평론(*The English Review*)」에 시를 벌써 수 편 내고 있었다. 뿐만 아니라 1911년에는 그의 처녀 소설 『하얀 공작(孔雀)(*The White Peacock*)』이 나왔다. 사실은 이 소설의 출판을 위해 하이네만 출판사를 소개해 준 것도 포드 매독스 포드였다. 그리고 이 책이 출간 직전에 있던 1910년 겨울 로렌스가 정을 많이 쏟았던 어머니가 암으로 작고하게 되자 그는 크게 충격을 받은 것은 물론 그가 옛날 어린시절의 삶에 연결되었던 끈이 거기에서 끊기고 말았다.

『하얀 공작』의 이야기를 펴 나가는 젊은 서술자 시릴(Cyril)은 많은 부분에서 작자 로렌스를 닮은 청년이다. 이 무렵에 그와 제씨 체임버즈와의 관계는 상당히 열이 식어 가고 있었고 다른 몇몇 여인들과 각기 연애 관계를 잠시 갖곤 하였다. 건강 문제도 있고 처녀작 『하얀 공작』이 의외로 독자들의 좋은 반응을 얻어 내면서 창작에 더 많은 시간을 바쳐야 하기도 하여 로렌스는 1911년 겨울에 초등학교 교사직을 그만 두고 그 이듬해 봄에 이스트우드로 돌아왔다. 그의 두 번째 소설 『불법 침입자(*The Trespasser*)』(1912)가 곧 나왔다. 『불법 침입자』는 높이 평가된 작품은 아니다. 이 소설은 완전히 영적인 여주인공과 완전히 육적인 남주인공이 사랑을 하다가 결혼에까지 이르지 못하고 마는 이야기이다. 이 소설이 나오던 거의 같은 시기에 로렌스는 『폴 모렐(*Paul Morel*)』이라는 자전적 소설의 초고를 완성시켰다.

프로이드 심리 이론의 예술화

이윽고 그는 프리다 위클리라는 여인과 만나 사랑에 빠지게 되었다. 독일의 백작 딸인 프리다는 노팅햄 대학교 언어학 교수의 부인이었고 32세의 나이에 어린 자녀 셋을 낳은 원기왕성한 여성이었다. 사실인즉 로렌스는 프리다를 알기 전에 그녀의 남편 위클리 교수를 먼저 알았던 것이다. 그는 은사였던 위클리 교수를 하루는 찾아가서 독일에 가서 학교 선생을 할 자리가 없겠는가 하고 의논을 드렸던 것인데, 그때 위클리 교수 부인으로 있던 프리다는 책에만 파묻혀 사는 남편과의 결혼 생활에 권태를 느껴 이 남자 저 남자와 연애 관계를 가지고 있던 터였다. 서로 눈이 맞은 로렌스와 프리다는 1912년 5월에 유럽 대륙을 향해 떠나가 버렸다. 그 당시 독일의 통치 하에 있었던 로레인 지방의 메츠라는 곳에 우선 가서 로렌스는 시, 소설, 여행기 등을 쓰기 시작하고, 이미 착수하고 있었던 자전적 소설의 원고를 마지막으로 수정하고 있었다. 『폴 모렐』이 어머니의 편애를 받은 아들을 너무 자주 말하고 있다는 프리다의 지적도 있었거니와 로렌스는 이제 자기 아버지의 존재를 좀더 잘 이해하게 된 것이다. 게다가 프리다가 자신이 실제로 경험한 모성(母性)이라든가 자신이 아는 시그문드 프로이드(Sigmund Freud)의 심리학 이론을 제시하며 토론하다 보니 로렌스에게는 그것이 작품의 예술성을 확대·심화시키는 데 큰 도움이 되었다. 소설의 제목이 『폴 모렐』에서부터 『아들과 연인(*Sons and Lovers*)』으로 바뀐 직접적인 원인은 이런 데에 있었던 것이다. 그때 그는 이탈리아에 머물고 있었다.

1913년에 로렌스와 프리다는 영국으로 다시 돌아왔는데 그 해에 로렌스의 세 번째 소설이자 걸작으로 알려지게 된 『아들과 연인』이 (별항 해설 페이지 298~306 참조) 런던에서 출판되었다. 20세기 초엽의 영국 중부 지방의 한 탄광촌을 배경으로 삼은 이 소설은 주인공 폴 모렐이 25세 되는 해까지 걸어 온 인생을 그린 것이다. 아버지는 학식이 없는 탄광부이고 어머니는 권세를 부리기만 하는 그런 집안에서 자란 폴은 작자 로렌스의 자전적인 모습을 너무나도 많이 나타내 주는 인물이라고 비평가들은 보고 있다. 그리고 폴의 묘사에는 영국 중하류의 생활을 잘 밝혀주는 면도 적지 않다. 『아들과 연인』은 로렌스의 대작들 가운데서 맨 처음으로 나온 것이며 거기에는 그의 소설 문학 전체를 통해 울려 퍼지는 주제라든가 인물형들이 상당히 담겨 있다.

제1차 세계대전이 일어난 1914년은 로렌스의 생애에서 작가로서 계속 발전할 소지를 여러 가지로 마련해 준 해 같았다. 우선 프리다와 전 남편과의 이혼 수속이 끝나자 이 해에 로렌스는 프리다와 정식 결혼을 하였다. 그리고 『아들과 연인』이 비평가들의 호평을 받음으로써 로렌스의 작가적 명성은 확고해졌고 같은 해에 첫 단편 선집 『프러시아군 장교(*The Prussian Officer*)』, 첫 희곡 『홀로이드 부인의 과부살이(*The Widowing of Mrs. Holroyd*)』도 나왔다. 동시에 그는 에드워드 가넷트(Edward Garnett), 존 미들튼 머리(John Middleton Murry)와 같은 비평가들, 캐서린 맨스횔드와 같은 소설가와 친분 관계를 맺게 되었다. 그러면서 『아들과 연인』 다음의 야심작 『무지개(*The Rainbow*)』와 『연정(戀情)의 여인들(*Women in Love*)』에 대한 작업에 적극적으로 착수하고 있었다. 로렌스는 이제 작가로서 멀지 않아 찬란히 개가를 올릴 수 있을 것만 같았다. 그런데 대전이 계속되면서 1, 2년 안에 형세가 완전히 뒤바뀌어 버렸다. 세계대전 중에 여러 나라가 선포한 전쟁 목표가 엉터리 같다 하며 전쟁을 맹렬히 반대한 로렌스가 『무지개』를 1916년에 발표하자 그해 11월 그 "음란한" 작품에 대해서 당국의 공식적인 탄압이 가해졌다. 책을 출판한 메슌 출판사가 기소를 당하면서 이 책에 대해서는 폐기 처분이라는 결정이 내려 시중에 있는 재고 서적이 모조리 압수되었다.

인간 정서의 실체 제시

소설 『무지개』는 1915년에 출판되자마자 음란한 책이라는 명목으로 언론계와 비평계에서 지탄과 탄압을 받았다. 야유가 많이 가해진 부분은 이성(異性)관계에서 나타나는 은밀한 정교(情交)를 너무나도 적나라하게 묘사했다는 것이다. 특히 여주인공 어술라(Ursula)가 성적인 번민을 해소시키려고 하는 노력의 과정에서 한 여자 선생에게 심취한 것이 동성애의 관계로 풀이된다는 것이었다. 그리고 아기를 다산(多産)함으로써 성적 만족을 느끼는 애나(Anna)의 경우처럼 임부(姙婦)의 감정을 너무나도 거리낌 없이 묘사했다는 지적도 있었다. 오늘날에 와서 비평가들은 로렌스를 좀 더 깊이 이해하는 눈으로 보고 있다. 당시의 윤리·도덕관에서는 로렌스의 새로운 성관(性觀)이 충격적이었을 수도 있지만 로렌스를 창작가로 놓고 공평하게 본다면 『무지개』는 음란한 책이라기보다 인간의 정서의 실체를 제시하고자 하는 창작가의 권리를 주장하는 책이라고 보는 것이 타당할 듯하다. 『무지개』는 외설문학적인 스릴을 찾는 사람들에 만족을 주는 따위의 그런 작품은 결코 아니다. 진중하고 의기에 넘치고 무척 영적인 이 작품은 남다른 통찰력을 가진 천재적 작가가 아니고서는 도저히 수행할 수 없는 것이며, 인간 정서에 대한 심오한 탐구라고 할 것이다.

『무지개』는 19세기 말엽과 20세기 초엽의 영국에서 브랑궨(Brangwen) 가문의 3세대가 제각기 젊은 시절에 도덕적·종교적·문화적 문제점들을 안고 살아 나가는 아야기를 다룬 것이다. 제1세대는 톰 브랑궨(Tom Brangwen)으로 대표된다. 톰은 선대에서부터 농토를 근거로 하여 삶을 영위하는 농민인데, 가슴 속에 열정을 지니고 있는 폴란드에서 온 귀족 배경의 과부 리디아 렌스키(Lydia Lensky)와 결혼함으로써 이성 관계를 억압적으로만 보는 재래식 윤리관을 타파해 보려고 애쓴다. 톰과 리디아의 부부 관계는 처음에는 정열적으로 열애하는 관계였지만 시간이 흐르면서 서로 상대방을 지배하려는 다툼 때문에 부부 생활의 행복이 위협을 받는다. 제2세대를 대표하는 인물은 리디아가 첫 남편과의 사이에서 가진 딸 애나 렌스키(Anna Lensky)이다. 소녀 시절에 장차 귀부인이 되기를 꿈꾸었던 애나는 새 아버지 톰 브랑궨의 조카인 윌 브랑궨(Will Brangwen)과 결혼하게 된다. 그들의 부부 생활에서도 역시 초기의 열정이 서서히 식어 가는 것을 경험한다. 애나는 여성으로서 자꾸 아기를 낳는 일에만 몰두하는가 하면 모성의 발현으로 아이들에게만 정신을 쏟고 남편에게는 전혀 신경을 쓰지 않는다. 남편이 필요하다면 밤에 아내를 잠자리에서 즐겁게 해줄 때 뿐이다. 그리하여 여기에서도 지배의 문제를 둘러싼 갈등이 빚어진다. 제3세대를 대표하는 인물은 윌과 애나 사이에서 낳은 맏딸 어술라인데 어술라의 이야기가 사실은 『무지개』의 주요한 부분을 차지한다.

아버지의 사랑을 무척 받았던 어술라는 당시의 여성으로서는 드물게 고등학교에 진학하여 불타는 향학열을 충족시키다가 자기 조모와 비슷하게 폴란드의 혈통을 이어 받은 영국군 장교 앤튼 스크레벤스키(Anton Skrebensky)와 만나 알게 된다. 앤튼은 좀 둔감하고 틀에 박힌 생각을 하는 젊은이인지라 어술라는 자기의 모든 욕구를 그가 충족시켜주지 못하리라는 것을 곧 알게 된다. 앤튼이 보어 전쟁(Boer War)으로 전지에 나가 있는 동안 어술라는 학교 선생이 되지만 교육계에서 그녀가 발견하는 것은 남을 바보처럼 우롱하는 생활양식일 뿐이다. 그 다음에 그녀는 대학으로 진학하지만 대학이라는 곳이 돈 버는 일에만 열중하는 사람들을 배출하는 기관임을 알게 된다. 학생으로 있으면서 어술라는 위니프레드 잉거(Winifred Inger)라는 여자 선생과 동성애에 가까운 친근한 관계를 가지면서 번민을 해소하려고 든다. 앤튼이 전지에서 돌아오면서 어술라와 연애 관계를 다시 갖지만 역시 서로 흡족한 관계가 되지 못한다. 어술라는 육(肉)과 영(靈)이 함께 충족되는 느낌, 다시 말해서 생존에서 무한의 느낌까지 주는 그런 관능적 경험을 추구하지만 그것의 달성을 보지 못하고 있다. 얼마 후에 앤튼은 자기 연대장의 딸과 결혼할 속셈으로 인도로 떠나가는데, 그가 가고 나자 어술라는 자기가 임신하였음을 알게 된다. 그에게 열렬한 편지를 쓰고 답장을 받을 때가 되기도 전에 그녀는 폐렴에 걸려 앓다가 배 안에서 아기를 유산한다. 아직도 요양중인 어술라는 어느 날 먼 하늘에 무지개를 보면서 그것이 앞으로 있을 더 좋은 때를 약속하는 것이 되기를 바란다. 어술라가 하늘에서 보는 무지개와 같은 꿈은 로렌스 자신의 꿈이기도 한데, 그것은 전인적(全人的)인 삶을 위해 인간이 반드시 가져야 할 관계, 즉 완전히 자유롭게, 서로 연대감을 가지고서 지배 의식 없이 평등하게 사는 인간들의 관계이다.

이 소설에서 3세대의 이야기를 하나로 묶어 놓는 주제는 남녀가 갖는 결혼 생활이라는 문제이다. 영소설에는 조지 엘리어트, 조지 무어, 헨리 제임즈, 토머스 하디 등, 결혼 생활을 주제로 소설을 쓴 작가들이 꽤 있지만 『무지개』에서의 로렌스처럼 결혼 생활의 육적, 영적 문제를 심도 있게 그리고 집요하게 다룬 작가는 없다. 농촌과 농토가 풍기는 옛적의 문화, 그리고 계절의 리듬이 맥박치는 영국 생활을 광범하게 그려가면서 로렌스는 인간의 열정적인 리듬과 인간의 나신(裸身)을 그대로 보여주는 듯한 결혼 생활의 팽팽한 긴장감, 결혼 생활이 주는 굴욕감과 승리감, 그것이 주는 실의(失意)와 황홀을 이 소설에서 잘 환기시키고 있다. 비평가들은 간혹 로렌스의 인물 또는 성격의 구성이 만족스럽지 못하다는 지적을 한다. 즉 이 소설에서 인물들의 본질적인 모습이 너무나도 비슷한 데가 많아 역사적으로 다른 세대에 같은 인물을 갖다 앉힌 것과도 같은 인상이라는 것이다. 이것은 로렌스가 소설의 인물 구성에 있어서 관례적인 방식을 지양하고 전혀 다른 시각에서 인간의 성격을 보려고 했던 데에 그 원인이 있다. 그가 소설에서 인물을 설정하는 주목적은 인간을 속에서부터 비추어 보고, 인간의 사회적 성격을 인간의 더 깊은 욕구의, 또는 욕구 불만의 표현으로만 보는 데에 있었다.

『무지개』에 대한 당국의 공식적인 탄압에 이어 로렌스 부부가 독일의 간첩 아니면 친독(親獨)분자임에 틀림없다 하여 공공연히 또는 비공개적으로 수없이 학대를 가했다. 그것은 프리다가 독일 태생인데다가 그녀의 사촌이 독일 공군의 우수 조종사로 활약하고 있다는 것 때문이었다. 『무지개』 필화사건 이후로 문단에서 사귀었던 유력자들이 모두 로렌스를 옹호하려 들지 않아 이제는 글을 써서 생계를 유지하기란 여간 어렵지 않았다. 이 와중에도 그는 1913~14년에 착상하기 시작했던 『연정의 여인들』을 1917년에 마침내 탈고하였지만 이 작품 역시 당장 햇빛을 보지 못하였다. 1917년 말에 로렌스 부부는 공식으로 추방 명령을 받아 친구들의 재정적인 원조를 구하였지만 그들의 청에 응한 사람은 버나드 쇼와 아놀드 베넷트 정도였다고 한다.

1918년과 1919년 사이에 그는 시집 두 권과 희곡을 한편 냈지만 수입에는 아무런 도움도 되지 않았다. 게다가 1919년 초에는 대전 후에 만연한 독감에 걸려 가뜩이나 신체가 허약한 로렌스는 또 한 차례 곤욕을 치루었다. 그 해 가을에 그는 마침내 이탈리아로 향해 떠났다. 이것이 그로서는 영국을 사실상 마지막으로 떠나는 길이었다. 조국을 이토록 쓰라리게 등지게 된 그는 그의 생애의 마지막 10년 동안 세계 각지를 열병에 걸린 사람처럼 마구 다니면서 밝은 미래를 내다보며 일하고 살 수 있는 "이상적인 중심지" 같은 곳을 찾았다. 우선 이탈리아와 시실리섬에 체재한 2년여의 기간 동안 로렌스는 소설 『잃어진 소녀(*The Lost Girl*)』(1920)와 여행기 한 권과 많은 좋은 자연시를 써 냈다. 『잃어진 소녀』는 로렌스가 견문을 통해 경험한 이탈리아를 배경으로 한 것인데, 포오스터의 『천사들이 밟기를 꺼려하는 곳』과 흡사하게 영국인들의 폐쇄적인 의식을 대표하는 한 영국 여자 앨뷘 호우튼(Alvine Houghton)의 점잔 빼는 가치관과 그녀의 남편 치치오(Cicio)의 활달하게 삶을 즐기는 농부다운 태도를 대비시켜 그린 작품이다.

성(性)과 자기 발견

그리고 1917년에 탈고했다가 세상에 나오지 못하였던 『연정의 여인들』이 미국 뉴욕에서 자비로 출판되었다. 『연정의 여인들』에는 로렌스가 지식층에 있는 자신의 친구들에 대해서 품었던 불만과 환멸감이 많이 반영되어서 그런 명예훼손적인 측면 때문에 서평가들의 노여움을 사기도 하였다. 그러나 이제는 세월도 달라졌으므로 기소 처분을 운운하는 사람은 아무도 없었다. 로렌스는 이 소설을 『무지개』의 속편격이라고 말했다. 영국 중부지방에 있는 벨도봐라는 탄광 도시를 배경으로 쓴 『연정의 여인들』은 『무지개』에서 소개된 브랑퀜 집안의 두 재매 어술라(Ursula)와 구드런(Gudrun)의 인생을 계속 파고 들어가는 소설인데 학교 교사인 어술라와 장학관인 루퍼트 버킨(Rupert Birkin), 그리고 미술 전공생인 구드런과 탄광 소장 제랄드 크리치(Gerald Crich)와의 사이에서 각각 벌어지는 연애 관계에 중점을 두고 있다.

욕정의 문제에 몰두하는 루퍼트 버킨은 한편 현대 사회의 과학 기술이 인간의 품위를 떨어뜨리는 것을 보고 무척 비관하지만, 또 한편으로는 육욕성의 우위(優位)가 자기 발견의 관건(關鍵)이 된 것으로 본다. 그와 어술라와의 관계에서는 으레 서로 상대방을 지배하려는 다툼이 개재된다. 물론 루퍼트는 두 사람의 관계가 평등에 기초를 두기를 바라지만 여자 쪽에서는 그의 행동이 지배 의식이 많이 담긴 것으로 해석한다. 인간의 정열은 개인적인, 감상적인 감정으로 인해 더럽혀져서는 안된다고 루퍼트는 믿는데, 어술라는 긴밀한, 변함없는 연대성을 바라면서 자기의 의지에 남자가 굴복하기를 희구한다. 이 소설 전체를 통하여 두 사람의 관계는 대결과 논쟁이라는 특성을 지니는데, 그럼에도 불구하고 로렌스는 이들이 이루는 결혼 관계를 성공적인 것으로, 특히 허무주의적인 분위기가 많이 감돌고 있는 현대 문명의 상황에서 볼 때 더욱 칭송할 만한 것으로 그리고 있다. 이것은 아마 루퍼트가 어술라에게 모든 것을 가지고 굴복하지는 않더라도 어술라의 성적인 욕구에는 다소 굴복한다는 사실과도 관련이 있다. 루퍼트는 로렌스 자신을, 그리고 어술라는 로렌스의 아내 프리다를 소재로 한 것이라고 한다.

루퍼트와 어술라의 관계와는 대조적으로 제랄드와 구드런의 관계는 노골적으로 서로 상대방을 지배하려는 다툼의 연속이다. 그러다가 이 다툼은 소설의 끝부분에서 제랄드가 자살하는 것으로서 끝을 맺는다. 제랄드는 로렌스가 한 때 가까운 벗이었다가 나중에 의절한 존 미들튼 머리를, 구드런은 미들튼 머리와 동거했던 캐서린 맨스휠드를 각각 소재로 하여 그린 것이라고 한다. 이 소설에서 루퍼트와 제랄드는 가까운 친구로 나오지만 작자 로렌스가 보는 관점에서는 두 사람이 서로 양극(兩極)을 이루는 인물들이다. 루퍼트 버킨은 현대 문명의 양식에 반기를 들고 어떤 새로운 삶의 방식을 모색하는 사람임에 반하여 제랄드 크리치는 기업가의 아들로서 루퍼트가 저항하는 현대 산업사회의 병폐를 대변한다. 그러면서도 두 사람은 동성애적인 관계도 풍긴다. 소설의 끝부분에서 루퍼트가 죽은 제랄드를 생각하면서 자기는 아내와의 관계 외에 남자 친구와의 영원한 합일(合一)을 희구하기도 했다고 어술라에게 말하는 것을 보아도 알 수 있다. 제랄드의 죽음을 보고 루퍼트는 인생의 무상함을 새삼 깨닫게 된다. 이성(異性)간의 욕정을 충족시킨다 해도, 또는 동성 간의 허무감을 이겨내는 방패로서는 마땅하지 못하다고 여겨지는 것이다.

로렌스 자신은 이따금 『연정의 여인들』을 자기의 최우수작이라고 말했지만 비평가들은 그 의견에 반드시 동의하지는 않고 이 소설이 특이한 작품이라는 점은 인정한다. 두 자매와 두 젊은 남자가 서로 이루는 관계들이 너무 복잡하며 소설의 짜임이 사방으로 흐트러져 가는 듯하다는 평도 있다. 그리고 로렌스는 행동 중심의 이야기가 아니라 토론을 위주로 하는 이야기의 구성을 즐기므로 이 소설은 때로는 관념 소설이라고 지칭받는 수도 있다.

1921년에 로렌스와 프리다는 미국 뉴멕시코주에 사는 한 여성 팬으로부터 그 곳에 와서 같이 예술인촌을 세워보자는 제의를 받았다. 로렌스 부부는 그 제의를 쾌히 받아들이고 세일론과 호주를 경유하여 미국으로 갔다. 호주에서 그들은 4개월 동안 묵었다. 이 무렵에 썼다고 여겨지는 소설 두 편이 있는데, 하나는 『에론의 지팡이(*Aaron's Rod*)』(1922)이고 또 하나는 『캥가루(*Kangaroo*)』(1923)이다. 이 작품들은 『연정의 여인들』과는 판이하게 예술성이 떨어진다고 말할 수 있다. 『에론의 지팡이』는 『잃어진 소녀』와 비슷하게 장면이 영국의 중부 공업지대에서부터 북부 이탈리아의 찬란한 문화의 세계로 옮겨간다. 주인공을 음악적인 재능을 가진 광부로 묘사한 것은 다소 자전적인 면이라고 할 수 있다. 에론 시쑨(Aaron Sisson)이라는 젊은 영국인은 가족을 저버리다시피 하고 런던의 어느 오케스트라에서 플루트를 부는데, 어느 날 그는 이탈리아 플로렌스로 건너가서 거기에서 이탈리아의 귀족 여성과 사랑에 빠진다. 이 부분은 실감이 덜 나는 부분이며 이 소설의 문체 역시 묘미 없고 단조롭다. 소설의 태반이 대화의 형식으로 결혼의 속성을 논하는 것으로 되어 있는데, 그 이론은 재미있지만 소설로서는 만족할 만한 것이 되지 못한다.

『캥가루』에는 로렌스의 자화상이 더 착실히 드러나 있다. 주인공은 전쟁 때 자기 나라에서 받은 박해 때문에 환멸을 느껴 호주에 와서 고적한 삶을 추구하는 한 수염난 영국인 저술가로 되어 있다. 조용히 살겠다고 이곳에 온 그는 그러나 어느 새 팟쇼적이며 사회주의적인 단체에 가입하여 노동 운동을 하게 된다. 이 소설에는 로렌스 자신의 분열된 심성, 즉 현세에서 육신이 요구하는 바와 미래의 세계가 요구하는 지적인 것, 또는 거의 종교적인 것 사이에서 갈피를 못 잡는 모습이 상당히 많이 엿보인다. 주인공은 그의 독백 속에서 “사람이 끝까지 지킬 수 있는 것이 있다면 그것은 자신의 고립된 존재다. 그리고 그 존재가 뿌리를 내리고 있는 신(神)이다.” 라는 자기 학설을 자꾸 되풀이한다. 그러면서도 이 소설 전체에서 로렌스가 권세라는 것에 매우 신들려 있다는 것이 느껴진다. 위의 두 소설은 로렌스가 이제는 소설가로서 내리막 길을 걷고 있지 않나 하는 인상을 갖게 하는 작품들이다.

원시 인간의 본능을 추구

1922년 9월에 미국에 닿은 로렌스 부부는 뉴멕시코주의 타오스라는 곳에 있는 산 밑의 농원에 자리를 잡았다. 그야말로 자기 집에 온 것 같은 느낌으로 로렌스는 다시 글을 쓰기 시작했다. 그의 유명한 평론집 『미국 고전 문학 연구(*Studies in Classic American Literature*)』(1923)는 1917년에 착수했던 것을 이때 여기에서 다시 손을 보아 완성한 것이다. 이 무렵에 로렌스는 멕시코를 세 차례나 방문하여 도합 10개월 정도 거기에 머물렀는데, 여행으로 넓힌 경험에다가 아즈텍족의 역사와 고고학에 관한 독서로 얻은 지식을 가미하여 그것을 바탕으로 쓴 그의 멕시코 찬양 소설이 『깃털 달린 뱀(*The Plumed Serpent*)』(1926)이다. 이 소설은 권세를 주제로 하는 로렌스의 작품 가운데서 가장 소름이 끼치게 하는 작품이다. 로렌스는 원초적인 인간의 본능을 바탕으로 하는 원시적인 상황을 갈망하였는데 그러한 희구를 충족시켜준 것이 아즈텍의 원시 종교였다. 이 소설에서는 교양 있는 아일랜드의 과부가 인디안 장군과 결혼하는데, 그 장군은 기독교를 추방하고 원시 종교의 신들을 섬기고, 민주주의를 배격하고 팟쇼적인 독재를 영입하는 혁명에 가담한다. 로렌스는 이 소설에서 최대의 묘사력을 발휘하여 멕시코 정경이 가지는 찬란한 원색(原色)과 불결과 공포, 투우(鬪牛)장면과 잔인과 유혈 등을 그리고 있다. 혁명의 영도자는 동방의 요가를 방불케 하는 신비로운 운동에 몰두하여 있다.

『캥가루』와 『깃털달린 뱀』에서 로렌스는 독재 지도자의 모습을 긍정적으로 그린 것으로 보아 정서적으로 해방된 영혼들이 살 수 있는 일종의 이상향 운동 같은 것을 벌려 보려 했던 것 같다. 그러나 그의 팬들이 타오스의 예술인촌에 의외로 몰려들지 않았고, 그의 건강 역시 악화일로에 있었다. 1924년에 로렌스는 폐결핵 때문에 잠시 영국에 돌아갈 수밖에 없었고, 그 다음부터는 여생의 대부분을 이탈리아에서 지냈다. 이때 이탈리아 서부에 있는 고대 에트루리아 문명의 유적지들을 순회하면서 미술에 손을 대기도 했다. 이 시기에 나온 것으로 두 편의 뛰어난 중편 소설 『세인트 모오(*St. Mawr*)』(1925)와 『떠나버린 여인(*The Woman Who Rode Away*)』(1928)이 있다. 『세인트 모오』는 로렌스가 미국에서 살던 경험을 토대로 한 것인데, 강한 동물적 상징을 쓴 것이 특색이다. "세인트 모오"는 말(馬)의 이름인데, 그 말은 소위 로렌스가 말하는 "생명력(life force)"을 상징한다. 다시 말해서 육신의 정력과 착잡함이 없는 욕정의 화신(化身)인 것이다. 이 작품에서 루우(Lou)라는 여성과 그녀의 어머니 세인트 모오를 따라가기 위해 그 나름대로 마음씨가 착한 지식인인 리코(Rico)의 곁을 떠난다. 그렇게 하는 그들은 "참다운" 삶을 위해 "문명"을 저버리는 것이나 다름없다. 『떠나버린 여인』에는 서양 문명이 회생을 절실히 요한다는 로렌스의 신념이 잘 나타나 있다.

로렌스는 『캥가루』와 『깃털 달린 뱀』에서 권세나 사회주의 혁명이 주는 매력을 잠시 느껴 보기도 하였지만, 그러한 혁명이 결국은 호전성(好戰性)을 자아낸다는 사실을 깨닫기 시작하였을 뿐만 아니라 자신의 꿈은 역시 개인들간의 정감 어린 이해를 추구하는 데에 있음도 새삼 느끼게 되었다. 그리하여 로렌스는 이제 권세를 미화하는 일을 지양하고 그 전부터 집요하게 다루어 오던 성(性)의 주제로 다시 돌아갔으니 그 결과로 나온 것이 그의 물의(物議)많던 소설 『차탈레이 부인의 연인(*Lady Chatterley's Lover*』(1928)이었다. 이 소설은 폐결핵을 앓고 있던 로렌스가 1926년에 영국에서 이탈리아로 떠나면서 착수한 것인데, 원고를 처음부터 끝까지 무려 세 번이나 새로 써서 그의 이전의 소설에서 보던 느슨한 구성을 피하느라 애썼다. 이 책에서 작자가 출판사상 드물게 비속한 말을 극악하게 사용하였다든가, 음란한 사건들을 가리느라고 작자가 쓴 지리와 사회 여건에 관한 묘사들이 그의 이전의 소설에 쓰인 이국적인 환경의 묘사보다도 못하다는 이유 등으로 다시금 음란 도서라는 비난을 받기 시작, 두 번째로 그의 작품이 공식으로 판금 조치를 받았다. 『차탈레이 부인의 사랑』은 결코 로렌스의 걸작이라 할 만한 소설은 아니지만 30여년 동안 탄압을 받았다는 역사 때문에 일반 독자들은 로렌스라고 하면 이 소설을 우선 연상하는 때가 많다. 판금령은 1961년까지 지속되다가 그 해에 펭

권 출판사가 법정 투쟁을 벌인 끝에 승소함으로써 로렌스의 책은 음란 도서라는 누명을 벗게 되었다.

이 소설에서 로렌스는 그가 성(性)의 딜레마에 대해 평생토록 가지고 있던 관심사, 즉 남성은 여성에 대해 육적인 욕망을 가짐과 동시에 영적으로는 여성에게서 독립하고자 하는 강렬한 욕구를 가지고 있다고 하는 생각을 재삼 강조하였다. 그러한 생각에다가 그는 서민은 수치심이나 도착증(倒錯症)을 느끼는 일 없이 인간의 정상적인 충동에 따라 행동하기 때문에 서민이 나약한 문화인보다 더 우월하다는 자신의 이론도 가미시켰다. 그는 그의 초기 소설에서 다루었던 영국 농촌 배경으로 다시 돌아가서 남편이 전쟁 때 받은 부상으로 몸이 마비되어 있는 상류층의 여성 콘스탄스 차탈레이(Constance Chatterley) 부인이 남몰래 성적 만족을 희구하는 이야기를 펴 나간다.

소설이 시작되면서 콘스탄스는 사랑 없는 결혼 생활의 희생물로 묘사된다. 그녀의 남편 클리포드(Clifford)경(卿)은 기성 체제를 대변함과 동시에 냉담하고 정감이 없는 인물이다. 속물 근성을 가진 그는 성(性) 불능이어서 잔뜩 움츠려 있다. 그래서 그의 아내는 다른 남자에게서 위안을 찾는데 처음에는 젊은 극작가와 관계를 맺다가 잘 되지 않자 자기네 사냥터 관리인으로 있는 올리버 멜로즈(Oliver Mellors)를 만난다. 그는 비록 낮은 사회 계층의 출신이기는 해도 독학으로 공부는 한 사람이다. 그도 역시 사랑 없는 결혼 생활이 불만스러워 아내와 헤어져 사는 터이다. 콘스탄즈와 멜로즈가 갖는 성(性)관계는 이 소설을 처음으로 읽게 된 독자들이 음란하다고 말할 수밖에 없는 그런 언어로 솔직히 그려져 있다. 그런데 로렌스의 이전의 소설에서 묘사되었던 바, 즉 상대방을 지배하고자 하는 데서 오는 다툼은 이 두 남녀의 성(性)관계 에서도 여전히 나타난다. 멜로즈에게 굴복해서는 안 된다고 하는 자신의 이성적 판단과 멜로즈에게 자꾸 굴하게 만드는 그녀의 본능적인 욕구간의 갈등으로 번민하던 콘스탄스는 결국 순종함으로써 정열의 발산을 성취하게 되고 동시에 육의 세계의 묘미에까지도 눈뜨게 된다. 이제 마침내 자기 남편의 인격과 남편이 대변하는 사회 질서를 규탄할 수 있는 입장에 선 그녀는 그의 품에서 떠나기로 결심한다.

소설의 끝부분에서 콘스탄스는 멜로즈의 아기를 갖게 되어 두 사람은 스코틀랜드의 시골에 가서 새 살림을 갖기 시작한다. 그들이 시골로 찾아 들어가는 것은 로렌스의 많은 인물들이 그러하듯이 현대 산업 사회가 역겨워서 새로운 이상향을 희구하는 모습을 상징적으로 그린 것이라 할 수 있다. 그들이 소기의 목적을 달성하여 행복을 누릴 것인지 아닌지는 이 소설이 보장하지 못하는 부분이다. 로렌스가 이 소설에서 결정적으로 말할 수 있는 부분은 지금과 같은 문명사회의 한계 안에서 삶을 살아가서는 안 된다는 것이다. 그의 마지막 소설 『처녀와 집시(*The Virgin and the Gypsy*)』(1930)에서 여주인공 이베트(Yvette)도 콘스탄스와 비슷하게 구속이 심한 목사 아버지의 슬하를 뿌리치고 나와서 자기가 좋아하는 집시 청년 조오 보즈웰(Joe Boswell)과 동거한다. 이 소설의 끝부분은 매우 선정적이지만 참다운 삶을 부정하는 인습 앞에서도 이러한 사랑을 추구해야 한다는 로렌스의 신념에는 변함이 없었다.

그후 로렌스는 단편 소설과 에세이와 시를 계속 써 내다가 1930년 봄 44세의 나이에 프랑스 남부의 방스에서 숨을 거두었다. 그의 유해는 그가 사랑하던 미국 뉴멕시코주의 타오스 산중에 묻혔다.

로렌스는 현대 작가들 중에서 가장 많이 작품을 내고 가장 광범한 분야에 걸쳐 글을 쓴 작가에 속한다. 그가 한 곳에 머물지 않고 세계 각지를 돌아다녔다는 사실이라든가, 만성 폐결핵을 앓아 투병 생활을 늘 하였다는 사실을 감안할 때 이것은 더욱 놀라운 일이라고 하지 않을 수 없다. 그는 12편의 장편 소설을 쓴 외에 12권의 시집을 출간했고, 단편 선집 8권, 희곡이 7편이나 나왔다. 그는 시에서 동물의 삶에 대한 느낌을 즐겨 다루었는데 이것은 그가 이탈리아 체재 당시에 쓴 후기 시에 현저하게 나타난다. 후기 시에는 또 산야에 핀 꽃들을 통해 사랑의 주제를 다룬 것들도 꽤 있다. 그의 초기 시로는 연애시가 많고, 특히 여성다운 여성에게 바치는 남성미 넘치는 남자의 사랑을 찬미하는 시라든가, 그의 아내 프리다와 가졌던 신혼의 기쁨을 노래하는 시가 두드러진다.

로렌스는 장편 소설에서보다 단편소설에서 더 많은 호평을 받았는데, 그것은 그의 단편 작품들이 성격상 좀 더 엄한 규율 속에서 써져야할 뿐만 아니라 작자의 이론이나 철학의 세계에 들어가 만보할 여유가 없기 때문이다. 탄광 속에서 사고로 죽은 한 광부의 이야기를 감명스럽게 그린 「국화의 향기(*Ordour of Chrysanthemums*)」라든가, 동물적인 욕구와 영적인 욕구와 동시에 느끼는 한 남자의 이야기를 그린 「하얀 양말(*The White Stocking*)」, 그리고 유사한 갈등을 군대 조직의 시각에서 표현한 「프러시아군 장교(*The Prussian Officer*)」 등은 그의 단편 명작에 속한다.

영문학의 흐름을 통해 볼 때 로렌스는 사색을 많이 하고 그것을 존중한 작가였다. 그는 조지 엘리어트, 조지 메레디스, 토머스 하디, E. M. 포오스터 등의 시정(詩情)을 중시한 소설가들과 맥을 같이 하며, H. G. 웰즈와 같은 공개적인 개혁론자와는 생리가 맞지 않았다. 특히 인간의 "진심"이나 "성실"을 주제로 다룬 E. M. 포오스터와 견해를 같이 하는 데가 많았던 로렌스는 개인 간의 관계를 중시할 뿐 특별히 사회 개혁이란 것을 내세우지 않았다. 그는 자기 작품이 독자들의 호응을 잘 받지 못하거나, 다른 동료 작가들이 그를 잘 이해하지 못하거나, 유럽의 도시 문명 때문에 그의 창조 정신이 (또는 다른 작가의 창조 정신이) 질식당하고 있다고 생각되면 국외로 뛰쳐나가 이국적인 상황에서 살고는 하였다. 그가 만년에 쓴 시는 영국 사회가 그를 제대로 이해하여 주지 못한 데에 대한 그의 환멸을 잘 나타내준다. 그는 자기가 산 시대와 타협하기를 단연 거부한 독창(獨創)의 작가였다.

그럼에도 불구하고 1차 세계대전 이후에 글을 쓴 영국 소설가 치고 로렌스의 영향을 전혀 받지 않은 사람은 없다고 하여도 과언이 아니다. 로렌스의 소설에 나타나는 특징적인 주제로서는 사랑을 하는 남녀가 원시적인 욕정과 세련화된 영적인 욕구 사이에서 느끼는 갈등을 집요하게 다루고 있다거나, 거의 팟쇼적인 인생철학을 정치·사회 차원의 리더십을 통해 부르짖고 있다거나 하는 것인데, 후세의 작가들이 로렌스의 견해에 찬동하든 말든 그의 강한 입김이 영소설에 생동감을 불어 넣어준 것만은 사실이다. 로렌스는 영소설을 메마른 지성주의에서 구제한 작가일 뿐만 아니라 몹시도 개성이 강한 선지자이기도 하였다. 선지자로서 그는 후세에 그 나름의 이상향을 제시하였으니, 그 이상향은 그의 부모가 경험했던 사랑 없는 결혼과 완전히 맞서는 아름다운 남녀 관계를 바탕으로 한 것이다. 그가 이상으로 내세운 종교 세계는 유럽의 기독교 문명의 발현인 청교도적이며 지성적인 체제와 완전히 맞서는 것이었다.

『아들과 연인 *Sons and Lovers*』(1913)

플롯 개요

베스트우드 마을에서 광부로 사는 월터 모렐(Walter Morel)의 부인 거트루드(Gertrude)는 상공업으로 꽤 잘 살던 집안의 딸이며, 집안의 전통으로 성격도 좀 강하다. 31세의 나이에 그녀는 아들 윌리엄(William)과 딸 애니(Annie)를 두고, 지금은 세 번째 아기를 임신하여 무겁게 거동하고 있다. 오늘도 그녀는 집 밖으로 걸어 나와 탄광에서 일하고 돌아오는 남편 월터를 기다리고 섰는데, 남편은 거의 틀림없이 술에 취해 가지고 와서 주정을 부린다. 그는 거트루드와 결혼했을 당시에는 활발한 미남이었는데, 결혼하고 몇 년 지나고 나자 무책임한 가장(家長)이 되고 술고래가 되고 만 것이었다. 이렇게 변한 남편을 보고 모렐 부인은 대단한 혐오와 경멸을 느끼고, 오직 위로를 받는 곳은 아이들과의 관계에서 뿐이다.

세 번째 아들을 낳은 모렐 부인은 폴(Paul)이라는 이름을 아기에게 붙이면서 이상야릇하게 슬픔과 죄스러움과 사랑을 함께 느낀다. 가난한 살림 속이라 아이를 원치 않았었는데 그런대로 아기가 태어나니까 죄스럽기도 하고 더욱 사랑스럽기도 하다. 아버지 모렐은 여전히 술주정이 심하고 한번은 아내와 싸우다가 서랍을 통째로 아내에게 던져 버린다. 남편에 대한 아내의 경멸과 비통한 생각은 더욱 늘어만 간다.

모렐의 건강이 나빠지면서 갈라지기만 하던 부부 사이가 잠시나마 다시 정상 상태를 찾는다. 가정 평화가 이렇게 지속되는 가운데 네 번째 아들 아서(Arthur)가 태어난다. 그러나 모렐 부인의 관심은 주로 맏아들 윌리엄에게 있다. 그녀는 윌리엄이 광부보다는 나은 사람이 되기를 바란다. 그런데 윌리엄이 자꾸 성장하여 노팅햄에 일자리를 구하고 여자에게도 관심을 갖기 시작하니까 어머니로서는 아들이 자랑스럽기도 하고 아들을 품 안에서 빼앗기고 싶지 않은 착잡한 생각이 든다. 아들 윌리엄에 대한 관심이 커질수록 모렐 부인의 마음 속에서는 남편 월터의 존재가 점점 사라진다. 그는 아이들의 마음 속에서도 점점 멀어지는 존재가 된다. 이따금 아이들에게 자상하게도 대하는데, 대체로 두렵고 불쾌한 존재로 비치는 것이다. 이윽고 윌리엄은 런던에 일자리를 구하여 올라간다. 한편 폴은 자주 병을 앓아 어머니의 관심을 더욱 끈다. 폴은 폴대로 어머니와 둘이서 같이 있을 때가 제일 기쁜 때이다. 성격이 내성적이고 감수성도 남달리 예민한 폴은 어머니에게 점점 더 의존한다. 그는 그림도 그린다. 14세가 된 폴은 이제 학교도 졸업하고 취업을 생각한다. 이윽고 그는 어머니와 함께 노팅햄에 가서 외과병원 기구를 만드는 공장에서 면접시험을 보고, 곧 그 공장에 취직한다. 폴이 16세 되는 해의 5월 그는 어머니와 함께 어머니의 친구 리버즈(Leivers) 부부가 사는 윌리 농장에 나갔다가 그 집의 14세 된 딸 미리엄(Miriam)을 만난다.

런던에 가 있는 윌리엄이 집에 찾아오면서 사귀는 아가씨 릴리(Lily)를 데리고 온다. 그런데 살펴보니 릴리는 좀 천박하고 이기주의가 심해 가족들은 그녀를 윌리엄에게 맞는 여자로 보지 않는다. 얼마 후에 윌리엄 자신도 그런 사실을 깨닫게 되지만 자기가 약혼녀에게 한 언약도 있어 그것을 저버리지 못한다. 그러다가 윌리엄은 폐렴에 걸려 런던에서 죽는다. 아들을 치료하기 위해 런던에까지 올라갔던 모렐 부인은 죽은 아들을 묻고 돌아와서는 약 석달 동안 깊은 서러움에 잠긴다. 그러다가 이번에는 폴이 또 폐병에 결려 눕게 되자 모렐 부인은 오히려 죽은 아들보다 살아 있는 아들에게 더 큰 책임감을 느끼게 된다. 그녀는 이제 온 정성을 폴에게 쏟는다. 그녀의 나머지 두 자녀들은 어머니의 보살핌을 별로 받지 않고도 자기 일을 잘 꾸려 나간다.

윌리 농장에 자주 놀러 나가는 폴은 리버즈씨 가족들의 사랑을 많이 받는다. 그리고 그들을 통해 폴은 대자연에 접하며 사는 삶을 체험하게 된다. 폴과 미리엄은 처음에는 공부를 같이 하는 친구로서 시작되어, 책도 같이 읽고 꽃도 함께 감상하고 교회에도 같이 가고 한다. 미리엄은 무척 내성적인 소녀이지만 폴은 그녀의 내면에 잠긴 매력에 마음이 끌리기 시작한다. 그러나 모렐 부인은 미리엄을 별로 좋아하지 않는다. 폴은 미리엄과 꾸준히 사귀면서 자기가 그리는 그림에 대해 미리엄으로부터 평을 받기도 한다. 모렐 부인은 폴이 장차 언젠가는 유명한 화가가 될 것 같다는 느낌이 든다.

이제 20세에 거의 접어든 폴은 미리엄이 자기를 깊이 사랑하고 자기도 미리엄을 사랑한다는 것을 실감하게 된다. 그런데 이상하게도 폴은 미리엄에 대해 육체적인 매력이나 욕구를 느끼지 못한다. 저녁이면 미리엄이 폴의 집에 놀러 와도 책을 읽고 공부를 같이 할 뿐, 몸을 만지는 일 조차 없다. 모렐 부인은 오래 전부터 폴에게 미리엄을 포기하라고 종용하지만, 폴은 감히 그 말을 미리엄에게 하지 못한다. 그러나 미리엄과 결혼까지 가지 못하리라는 것은 알고 있다.

미리엄이 점점 마음 속에서 멀어져 가고 있는 폴은 미리엄을 통해 알게 된 클레라 도즈(Clara Dawes)에게 마음이 끌리기 시작한다. 클레라는 지금 자기 남편과 별거하고 있는 중인데, 폴보다 다섯 살 연상이지만 외모가 뛰어나서 폴이 그 외모에 매혹되어 있다. 두 사람은 서로 사귀면서 상대방이 자기의 배우자로 어떨까 하는 평가를 혼자 내려 본다. 아직도 미리엄에 대한 미련을 버리지 못한 폴은 마침내 미리엄과의 관계를 끊을 결심을 하지만, 마음이 약해서 말을 못하고 술집에 가서 아가씨들과 희롱하는 것으로 그친다. 그 다음부터는 클레라에게 더욱 관심을 돌려 마침내 한번은 클레라와 야외에 나가서 애정 행위를 한다. 그 다음에 폴은 미리엄이 자기 집에 오기로 되어 있는데도 클레라를 데리고 집으로 온다. 모렐 부인과 폴 사이에, 그리고 두 여인 사이에 긴장감이 쌓인다. 그 후에도 폴은 클레레와 극장 구경을 갔다가 갑자기 욕망이 솟구쳐 오르는 것을 느끼면서 클레라의 어머니 집으로 돌아오지만 클레라의 어머니가 있기 때문에 욕구 충족을 하지 못하여 실의에 잠긴다.

클레라는 이제 폴에게 몸을 주었지만 자기 남편과 이혼하고 폴과 결혼할 생각은 하지 않는다. 폴은 클레라가 이혼을 한다 해도 과연 자기가 그녀와 결혼을 할 수 있을까 하고 이따금 의심해 본다. 이직까지도 틀림없는 사랑을 돌려줄 수 있는 여자는 자기 어머니 밖에 없다고 폴은 생각한다. 그 동안 애니는 결혼하여 친정댁에 가까운 데서 살고 있고, 아서는 어릴 적부터 알던 친구와 결혼한 지 6개월 만에 아들을 낳는다. 한편 폴과 클레라와의 관계를 알게 된 클레라의 남편 백스터 도즈(Baxter Dawes)는 술집에서 폴과 만나 단판을 하다가 두 사람 사이에 언쟁이 붙는다. 폴이 백스터의 얼굴에 맥주를 퍼붓자 백스터는 언젠가 보복하겠다고 선언한다. 폴과 클레라는 여전히 열애에 빠져 있다. 얼마 후 고적한 장소에서 폴과 백스터가 또 만나서 싸우다가 폴이 크게 다쳐 앓아 드러눕는다. 병이 회복되어 일어나자 폴은 이제 클레라도 미리엄도 귀찮다는 생각이 든다.

폴은 그동안 지방 전시회에 자기 그림을 출품하여 내어 네 번이나 입상한다. 어머니의 격려를 받으며 그는 그림을 계속해서 그리고 해외 유학의 꿈을 키워보지만 어머니의 곁을 떠나야 하기 때문에 결단을 내리지 못한다. 그는 미리엄을 다시 만나기 시작하고, 미리엄은 그에게 마침내 몸을 허락하지만 그들의 관계는 여전히 흡족하지 못한 데가 있다. 폴은 다시 클레라에게로 마음을 돌린다. 미리엄은 폴이 클레라와 연애하고 있는 것을 알고 있지만 언젠가는 그런 사랑에 지쳐서 폴이 자기에게 돌아올 것이라는 생각을 한다. 사실 폴이 클레라와 관계를 유지하는 것은 그녀에게서 그가 솟구쳐 오르는 욕구의 돌파구를 찾을 수 있기 때문이다. 며칠 동안 휴가로 나가 있던 폴이 집에 와 보니 어머니가 애니의 집에서 앓고 계시다는 소식을 듣는다. 자동차로 집에 실려 오는 그녀는 중태에 빠져 있다. 하루는 모렐 부인의 병이 암이라는 것이 밝혀진다. 이제는 목숨이 끊어지는 날까지 모르핀을 맞는 것 밖에는 도리가 없다는 것이다. 그로부터 몇 달 동안 모렐 부인은 급격히 쇠약해져 간다. 폴은 어머니가 고통을 받는 것을 보고 무슨 고문을 당하는 듯한 느낌이 든다. 그는 클레라에게서 위로를 받아 보려고도 하지만 클레라도 그의 고민을 잊게 해주지는 못한다. 어느 날 그는 어머니가 입원하고 있는 같은 병원에서 백스터 도즈가 장티부스를 앓고 나서 회복기에 있음을 알고 그를 만난다. 클레라가 남편에게 돌아가기를 원한다는 것을 감지하고 있었던 폴은 두 사람들에 동정을 느껴 서로 화해가 이루어지도록 노력해 본다. 모렐 부인의 병세가 이제는 악화될대로 악화되자 애니와 폴은 어머니를 집으로 모셔 온다. 어느 날 밤 어머니에게 더 이상 고통을 주지 않기 위해 폴은 모르핀 주사를 정량 이상 투약한다. 모렐 부인은 그 이튿날 아침 숨을 거둔다.

이제 홀로 된 폴은 극심한 우울과 혼미 상태에 빠진다. 그전 같으면 클레라에게서 위안을 구할 텐데 클레라는 이제 남편에게 돌아가 있는 것이다. 미리엄하고도 성적으로 맞지 않아 관계를 끊고 있다. 폴은 아버지와는 늘 온화한 관계를 유지하지 못했었기 때문에 어머니가 세상을 떠난 이 마당에 아버지와 둘이서 한 집에 살 수도 없다. 그래서 아버지와 폴은 주거를 따로 쓰기로 한다.

한참 동안 폴은 자기 삶에서 어떤 목표를 찾아보려고 애쓰면서 이리저리 헤맨다. 때로는 미술 공부를 위해 해외 유학을 해볼까도 생각하고, 어떤 때는 죽어서 어머니와 상봉하였으면 하는 생각도 해 본다. 그러는 사이에 그의 그림이 미술 비평가들 사이에서 서서히 인정을 받기 시작한다. 그는 이제 돌아가신 어머니께서 아들이 그림을 계속 그리기를 원하실 것이라는 생각도 해 본다. 그는 마지막으로 미리엄을 한번 다시 노팅햄에서 만나 보지만 미리엄은 그에게 희생적으로 몸을 바칠 여자는 아니라는 것을 새삼 깨닫게 된다. 미리엄과 마지막으로 작별한 폴은 다시 난감해져서 어찌할 바를 모른다. 그러면서도 그는 여러 해 동안 가졌던 연정과 회한을 떼어 보내면서 이제 미리엄에게서 해방되었다는 느낌도 가진다. 어머니와의 사별(死別)은 지금은 폴에게는 너무나도 큰 슬픔이라서 얼른 씻어 버릴 수가 없다. 오래 번민을 계속한 끝에 폴은 자기가 지금 저승에 계신 어머니를 찾아가지 않아도 어머니는 언제나 자기와 같이 계실 것이라는 확신을 얻는다. 새로이 솟구치는 용기를 가슴에 안고 폴은 이제 새로운 삶을 위한 발걸음을 내어 디딘다.

비평과 분석

『아들과 연인』은 작자 로렌스의 청년 시절까지의 자전적인 사실들을 상당히 근사하게 반영시켰다는 이유로 "교양 소설"의 좋은 예로 뽑히고 있다. 뿐만 아니라 주인공 폴 모렐의 정신적 성장 과정에서 예술가의 길을 밟는 대목으로서 이 소설이 끝나므로 "교양 소설"의 세분(細分)이라고 볼 수 있는 "예술가 소설"의 전형으로 취급될 수도 있다.

『아들과 연인』을 같은 "예술가 소설"의 범부에 속하는 제임즈 조이스의 『젊은 예술가의 초상』과 비교해 보면 조이스의 경우는 예술가를 지망하기 이전의 스티븐 데달러스의 의식을 통하여 그의 지성과 감성의 발전 경력이 인상주의 수법에 의해 추적됨과 동시에 주인공의 감성의 특징적인 움직임에 대해 간접적으로 시사하는 작자의 객관적인 시각이 배후에 있다. 그런데 로렌스의 소설은 앞부분은 로렌스가 자라난 영국 탄광 지대의 사회·문화적 변천 과정을 19세기 후반부터 전지적인 시점에서 훑어 내리는 것을 비롯하여 로렌스의 부모의 상을 잘 반영한 월터 모렐과 그의 아내 거트루드의 연애시절, 결혼 초기, 그들의 장남 윌리엄의 성장 등을 다루고 난 후에 비로소 폴의 성장과 성장 중에 미술에 관심을 갖기 시작하는 이야기가 소개된다. 따라서 로렌스의 소설은 조이스의 소설에서 처럼 사회·종교 체제에서 주인공이 받는 영향과 압력의 집약적인 기록이 아니라 산업화의 영향을 직접·간접 받는 부모의 세대가 물려주는 정서의 불안정과 그것에서 오는 이성 관계의 문제점들에 중점이 가해지고 있다. 그런 점에서 로렌스의 소설은 지성과 심미적 감각에 관심이 많은 조이스의 소설보다 사랑, 성(性), 결혼 등의 정서의 문제들을 더 집요하게 다루고 있는 것이다. 그리고 로렌스의 소설이 주로 어머니와 아들의 이야기임에 반해 조이스의 소설은 주로 아버지와 아들의 이야기이다.

『아들과 연인』의 주제적 초점이 어디에 있는가를 알아내는데 크게 도움이 되는 것은 이 소설의 수정 원고가 완성되었던 1912년 11월에 로렌스가 그의 친구이자 후원자였던 에드워드 가넷트에게 써 보낸 서한 속에 담긴 설명 내용이다. 로렌스는 『아들과 연인』을 다음과 같이 요약 설명하였다. "성격이 강하고 교양이 있는 한 여인이 자기보다 계층이 낮은 집안으로 출가하여 삶에서 만족을 느끼지 못한다. 처음에는 그녀는 남편에게 열정을 느껴, 열정과 활력이 넘치는 아이들을 낳는다. 그런데 자기 아들들이 커 가자, 그녀는 아들들을 연인으로 삼는다—처음에는 맏아들을, 그 다음에는 둘째 아들을. 이 아들들은 제 각기 자기 어머니와 주고받는 사랑으로 해서 삶의 충동을 느낀다. 그런데 성인이 되면서 아들들은 사랑을 할 수 없게 된다. 왜냐하면 어머니가 그들의 인생에서 가장 큰 세력이 되어 그들을 꽉 잡는 것이다. (중략) 젊은 아들들이 여자와 사귀게 되자 분열이 생긴다. 맏아들 윌리엄은 신통치 않은 여자와 육적인 관계를 맺고, 그의 영적 세계는 어머니가 장악한다. 그러다가 그 분열로 그는 자기의 설 자리를 몰라 죽는다. 그 다음 아들이 만나는 여자는 그의 영적 세계를 위해 싸우고, 그리고 그의 어머니와 싸우게 된다. 아들은 어머니를 사랑한다. 아들들은 모두 아버지를 미워하고 질투하게 마련이다. 어머니와 아들의 애인은 아들을 가운데 놓고 계속 쟁투를 벌인다. 어머니가 핏줄 때문에 더 강하다는 것이 서서히 밝혀진다. 아들은 자기 영혼은 어머니 손 안에 맡기기도 하고, 자기 형이 그랬듯이 정욕은 딴 데에 쏟는다. 그러자 분열이 다시 일어나기 시작한다. 그러나 어머니는 일이 어떻게 되어 간다는 것을 거의 무의식적으로 깨닫고 죽어 간다. 아들은 애인을 버리고 죽어 가는 어머니를 간호한다. 끝에 가서 그는 모든 것을 저버린 채 죽음을 향해 떠내려간다."

로렌스의 설명 내용에서 밝혀진 바와 같이 『아들과 연인』은 그 제목에 암시된 패턴, 즉 자기 아들들이 커 가자 결혼 생활에 불만이 많은 어머니가 아들들을 하나씩 정신적인 연인으로 삼는다는 이야기의 패턴 속에 나타나는 한 아들의 인격적 성장의 이야기이다. 로렌스는 이 소설을 적어도 2년 남짓 걸려 몇 번이고 내용 수정을 하였던 것인데, 특히 처음에 썼던 제목 『폴 모렐』을 끝내 『아들과 연인』으로 수정한 것 자체가 많은 것을 말해준다. 즉 처음에는 단순히 폴 모렐의 정신적 성장의 이야기라는 것으로 시작한 소설이었는데, 1912년에 로렌스가 프로이드의 이론에 조예가 깊은 프리다와 같이 앉아서 프로이드의 심리학 이론들에 관해 논의를 많이 하다 보니까 폴의 이야기 속에 이미 잠겨 있는 주제를 좀 더 강조하고 부각시키는 결과가 되고, 그로 인해서 이 소설의 주제적 초점을 이루는 폴과 그의 어머니의 관계가 프로이드의 "에디푸스 콤플렉스" 이론과 일치되는 에디푸스적인 갈등으로서 부각되는 것이다(이때까지 로렌스 자신은 프로이드를 읽은 바 없었다고 전해진다).

이 소설의 앞 부분은 폴과 그의 어머니의 관계가 형성되기까지 간접적으로 관계가 있는 가족 내의 배경을 그리는데 바쳐져 있다. 결혼 초기에 비교적 행복했던 월터 모렐과 거트루드 모렐은 곧 사랑이 없는 실추된 부부 관계로 빠지는데, 두 사람 사이에는 상당한 성격상의 차이가 있다. 아버지 월터 모렐은 학식이 없는 광부이지만 원래는 원기왕성하고 정열에 넘치는 청년이었다. 거트루드가 그에게서 "생명의 관능적인 불길"을 보고 반했다고 되어 있다. 그에 비해 거트루드 모렐은 퓨리턴적인 신앙 배경을 가진 강인한 성격의 소유자이며 교양 있는 삶을 추구하지만 남편이 자기의 포부에 따라오지 않아 그를 멸시하고 짓누르기 시작한다. 월터는 그때부터 집 안에서 무능한 존재로서 따돌림을 받고 매일 술만 마시게 된다. 그리고 아이들의 눈에는 공연히 무섭고 위험한 존재로만 비친다. 로렌스는 자기가 아버지를 생각하며 창조한 월터라는 인물을 좀 더 공정하게 구성하지 못하였음을 후일에 가서 애석하게 생각하였다. 왜냐하면 월터에게는 로렌스가 기본적으로 가치를 많이 두는 발랄한 남성적인 생기가 그의 성격 밑바닥에 깔려 있었던 것이다.

부부 관계에서 불만이 극심해진 모렐 부인은 남편에게 바치려던 애정과 남편에게 걸었던 기대와 포부를 아들들에게 돌리기 시작한다. 장남 윌리엄이 20대에 죽자 어머니는 두 번째 아들 폴에게 온 정성을 바치는데, 폴이 우선 보이는 반응은 어머니의 뜻에 맞추어 광부촌의 생활을 멸시하고 광부의 아들이 된 자신의 운명을 비천하게 생각하는 것이다. 그리고 어머니의 환심을 사는 한편 아버지를 질투하여 그와 어머니의 사이를 자꾸 떼어 놓으려 든다. 어린 시절의 폴은 자신의 출신 환경의 약점을 탓하는 어머니의 생각에는 전적으로 찬성이지만, 어머니의 종교적 배경에는 승복하지 못한다. 어머니가 믿고 있는 개신교 속에 폴은 생명력을 부정하는 힘 같은 것을 보았던 것이다.

폴은 어머니에게 느끼는 에디푸스적 갈등 때문에 자기와 같은 나이 또래의 여성을 정상적으로, 그리고 건전하게 사랑할 수 없을 뿐에게 성적(性的)인 면에서 자기 정체를 얼른 파악하지 못한다. 어쩌다가 폴은 미리엄 리버즈라는 여자 상대를 만나는데, 처음에 미리엄은 매우 참하고 아름답고 정성스러운 여성으로 묘사된다. 어떻게 보면 폴이 저도 모르게 어머니의 그림자를 떠나서 찾은 여인이 심리적으로 어머니를 대신해 주는 그런 여자라는 느낌이 든다. 폴은 자기에게 정성을 바치는 미리엄과 결국 헤어지고 마는데, 큰 이유는 물론 폴의 영혼을 누가 지배하는가 하는 싸움에서 미리엄이 폴의 어머니에게 패배를 당했기 때문이다. 뿐만 아니라 아이러니칼하게도 모렐 부인과 경쟁 관계에 있는 미리엄은 신앙심이 굳고 정신력이 너무 강해서 그런 점은 폴이 자기 어머니를 멀리 하고 싶어하는 이유와 일치되는 것이다.

미리엄과 헤어진 폴은 정반대형인 클레라와 잠시 사귄다. 몸집이 좋고 금발인 클레라는 폴에게 강렬한 성적 효력을 주는 여인이며, 그들의 이성 관계가 절정에 달하는 것은 그들의 애정 행위에서 만족스러운 성취감을 느낄 때인 것이다. 그러한 성적인 경험은 폴에게 정열의 세계가 어떠한 것인가를 깨우쳐 주고, 동시에 로렌스의 여러 작품에서 울려 퍼지는 주제인 성(性)의 재생적인 힘을 폴에게 실감하게 만든다. 폴은 결국 클레라와도 헤어지는데, 그것은 그녀가 요구하는 정서면의 전념을 폴이 쏟지 못하기 때문이다. 그 대신 폴은 그녀와 별거중인 남편 백스터 도즈와 가까워지면서 그들의 갈라진 부부관계를 정상화시키는 데 큰 도움이 된다. 백스터는 폴의 아버지를 방불케 하는 근로자 계급의 성질이 조잡한 사나이지만, 열정을 보일 수 있다는 점에서 폴과 다소 공통되는 점이 있다.

폴이 미리엄과 클레라에게서 각각 만족스러운 관계를 얻어내지 못할수록 그가 어머니의 정신적인 연인으로서 가지는 유대 관계는 더 깊어지기만 한다. 이 소설의 끝부분에 가서 폴의 어머니는 암으로 죽는데, 폴이 헤어날래야 헤어날 수 없는 그의 인생의 주축이 되는 그녀이므로 그녀의 죽음은 이 소설에서 큰 위기가 될 수밖에 없다. 그녀의 숨이 끊어지자 충격을 받은 폴은 순간적으로 자기 어머니를 잠자는 아름다운 처녀로 상상하며 무릎을 꿇고 앉아 그녀에게 열렬한 키스를 해 대지만 어머니의 차디 찬 입술에 아무런 반응이 없는 것을 보고 질려버린다. 폴은 어머니의 죽음을 계기로 자기 아버지가 지녔던 "생명의 관능적인 불길"로 되돌아가는 듯도 하였지만, 곧 한동안 깊은 우울 속에 빠져 저승에서 어머니와 자리를 같이 하기를 희구한다. 로렌스가 가넷트에게 보낸 소설 내용 설명의 끝에 가서 주인공이 "죽음을 향해 떠내려간다"는 것이 바로 이 대목인데, 로렌스는 가넷트에게 『아들과 연인』이 "영국의 수많은 젊은 남자들의 비극"을 울려 보인 것이라고 주장하였다. 넓은 시각에서 볼 때 이 "비극"이란 역사 속에서 그 뿌리를 찾을 수 있는 것으로, 이 소설에서 밝혀진 바와 같이 현대 문명의 부산물로서 정상적인 인간관계가 분열되어 나타나는 것이다. 이 소설에서 인물들은 직접 또는 간접으로 그들이 사는 사회의 물질주의적인 가치관에 사로 잡혀서 마음속으로는 진솔한 인간관계를 맺어 보려고 애쓰면서도 그렇게 하지 못하고 오히려 서로 상대방을 자기만족이라는 목적을 위해 소유하거나 조종하거나 하는 것이다. 따라서 폴이 "죽음을 향해 떠내려가는" 순간은 20세기 초의 서양 문명의 탁류 속에 휩쓸려 가는 폴의 모습인 것이다.

그러나 끝끝내 폴은 그 물결에 휩쓸려 내려가지는 않는다. 자기의 어머니이자 정신적인 연인인 거트루드가 기다리고 있는 "광대한 검은 침묵"의 세계를 등지고 나오는 폴은 불빛과 잡음이 있는 도시로 향해 걸어 나가, 저 너머에 있는 유럽 대륙에 가서 예술에 계속 투신하기로 마음먹는다. 어떤 독자들은 폴이 별안간 이렇게 돌아서는 것은 잘 납득이 가지 않는다는 반응을 보였지만, 폴의 새로운 탄생이 납득이 가게끔 로렌스는 세심하게 이야기를 꾸며 나간다. 즉 폴은 어머니를 여의고 나서 아직도 미결 상태로 남아 있는 두 여자—미리엄과 클레라—와의 관계를 끊어 버려야 한다는 것을 새삼 느끼게 되는 것이다. 그에게 있어 마음의 달램으로 그 두 여자에게로 되돌아간다는 것이 자기가 어머니와 가졌던 부자연스러운 관계를 계속 연장하는 것이나 다름없는 일임을 그는 안다. 그리고 폴이 클레라와 그녀의 남편 백스터와 화해시켜주는 행위는 자기가 어머니와의 사이에 가졌던 에디푸스적인 갈등의 정반대가 되는 일을 무언중에 행해 나가는 것이라고 해석하는 견해도 있다. 폴은 이제 자신의 정서와 영혼을 잡고 있던 어머니의 존재를 이해하고, 미리엄이 지니고 있는 부정적인 억압의 힘에서 자신을 해방시키고, 백스터를 통해 보이는 듯한 자기 아버지 월터 모렐의 육적인 생기를 더 가까이 이해하게 되는 것이다.

『아들과 연인』이 전반부에서 그 주된 역점을 모렐 가족의 정서적인 생활에 나타나는 비극적인 분열 현상에 두었다면, 이 소설의 결론 부분은 중심인물인 폴이 자기 자신 속에서 그러한 분열을 치유하는 데에 필요한 조치를 취하는 대목에 치중하고 있다. 그렇게 함으로써만 폴은, 마치 작자 로렌스가 그러하였듯이, 전인(全人)의 활력이라는 이상을 추구해 나갈 수가 있겠기 때문이다. 물론 그러한 추구는 『아들과 연인』 다음에 나오는 로렌스의 여러 작품속의 주된 제재가 되는 것이다.

15. 올더스 헉슬리 (Aldous Huxley)

생애와 작품

ALDOUS HUXLEY
(1894~1963)

올더스 헉슬리는 1984년에 영국 동남부에 있는 써리주 고달밍에서 태어났다. 그의 아버지 레오나드 헉슬리는 전기 작가이며 역사가였고 「콘힐 매거진」의 편집자로도 있었다. 올더스의 할아버지는 다윈의 진화이론을 깊이 신봉하고 전파시킨 위대한 생물학자이며 저술가였다. 올더스의 어머니 줄리아는 19세기의 유명한 비평가 · 시인 · 교육가였던 매슈 아놀드 (Mathew Arnold)의 여조카였다. 그리고 올더스의 형 줄리안 헉슬리도 명성이 높은 생물학자요 저술가였다. 이런 지적이며 인문적인 가정 배경을 지닌 헉슬리는 14세 때 유명한 사립학교인 이튼 학교에 들어갔지만 약 2년 후에 심한 눈병이 생겨서 학교를 일단 중퇴할 수밖에 없었다. 그의 심한 안질은 의학 분야로 나가려던 그의 꿈을 깨뜨리고 말았을 뿐만 아니라 그에게 심사숙고하여 사물을 떨어져서 초연하게 보는 성향을 지니게끔 만들었다. 그는 브레이유식 점자(點字)를 읽는 법도 배우고 가정교사의 지도하에 공부를 계속하였는데, 그 후 확대경을 가지고 글을 읽을 정도로 시력이 나아지자 옥스퍼드 대학교의 밸리올 칼리지에 들어가서 영문학과 철학 공부를 하였다.

대학을 졸업하자 헉슬리는 1919년에 저널리스트로서 생애를 시작하여 미들튼 머리가 편집하는 잡지 「문예회(*The Athenaeum*)」의 기자로 잠시 일했다. 같은 해에 그는 마리아 니스와 결혼했다. 그리고 이듬해에 그는 「웨스트민스터 가제트(*The Westminster Gazette*)」의 연극 평론 기자로도 일했다. 1920년 현재로 그는 벌써 시집 네 권과 단편집 하나, 즉 시집 『불타는 바퀴(*The Burning Wheel*)』(1916), 『죠나(*Jonah*)』(1917), 『젊음의 패배(*The Defeat of Youth*)』(1918), 『리다(*Leda*)』(1920)와 단편집 『림보(*Limbo*)』(1920)를 출간했다. 그는 1929년과 1931년에도 시집을 한 권씩 냈지만 결국 시인으로서 명성을 떨치지는 못하였다. 그 대신 헉슬리는 1920년대 초반에 낸 소설 작품을 통해 산문 작가로서의 기량을 단연 발휘하였다.

우선 초기 소설 3편－『크롬 옐로우(*Crome Yellow*)』(1921), 『광대 춤(*Antic Hay*)』(1923), 『저 열매없는 잎사귀들(*Those Barren Leaves*)』(1925)－에서 그는 제1차 세계대전 바로 직후 지적인 면에서 위축되어 가는 영국 중상류 사회의 정세를 철학적으로 숙고하며 풍자하고 있다. 이전의 소설에도 시대정신에 대한 풍자가 없었던 것은 아니지만 헉슬리는 그의 초기 소설에서 특히 사상성이 강한 풍자 소설을 시도하였다는 것이 특색이다. 흔히 "이념 소설(the novel of ideas)"이라는 이름으로 알려진 이 장르의 소설은 일찍이 스위프트의 『걸리버 여행기(*Gulliver's Travels*)』, 존슨의 『래실라스(*Rasselas*)』, 고드윈의 『칼렙 윌리엄즈(*Caleb Williams*)』 그리고 피콕크의 『악몽의 저택(*Nightmare Abbey*)』 등을 통해 이어지는 영소설 특유의 전통인 바, 1917년에 노먼 다글라스(Norman Douglas)가 『남풍(*South Wind*)』으로 이념 소설의 전통에 새 바람을 일으켰던 것이다. 다글라스의 작품은 카프리섬에 와서 사는 돈 많은 영미의 망명자들이 아무런 방향 의식도 없이 번득이는 재치와 지성을 가지고 성실성이 결여된 관념 위주의 대화를 나누는 것으로 시종되고 있지만 헉슬리의 작품에는 뚜렷한 윤리관이 존재한다. 즉 그의 소설에서는 윤리 의식을 저버린 세대의 사람들의 비뚤어진 허세가 냉소와 조롱과 풍자를 받고 있는 것이다.

『크롬 옐로우』에 나오는 "크롬"은 청년 헉슬리의 자화상으로 그려진 시인 데니스 스톤(Denis Stone)이 자주 찾아가는 헨리 윔부쉬(Henry Wimbush)와 그의 아내 프리실라(Priscilla)의 시골 저택인데, 여기는 상당히 많은 교양 있는 인물들이 모여들어 대화를 나누는 곳이다. 그런데 이 소설 속의 모든 인물들은 자기만의 세계에 파묻혀서 자기 몰두를 하고 있을 뿐 남들과의 교제나 관계를 이루지 못한다. 자기 가문의 역사를 책으로 써서 내는 일에 무려 25년의 세월을 바친 헨리는 "모든 인간의 접촉을 없앨 수 만 있다면 인생은 얼마나 즐거운 것이 될까?" 하고 열변을 토한다. 그의 아내 프리실라는 도박이나 12궁도(宮圖) 책읽기나 바비큐 스미스의 심령론 책을 공부하는 일에만 몰두하고 있다. 시인 데니스 스톤은 작가로서, 애인으로서, 그리고 인간으로서 실패작인 자신만을 늘 돌이켜 보며 지내기에 바쁘고, 생명력과 사람과 예술을 모조리 경멸하는 스크로간(Scrogan)은 이성과 관념적인 생각 속에서만 위로를 찾고, 과학적으로 통제된 "합리 국가 (Rational State)"에 대한 몽상에 잠긴다. 이 "합리 국가"란 어린 아기가 실험관에서 만들어지고 예술가가 도살실로 보내지는 그런 나라이다. 인생의 궁극적인 목적이란 것에 거의 관심이 없는 이 소설의 작중인물들을 잘 대표하여 스크로간은 우리 삶에 "궁극적으로 아무런 목적이나 의미가 없다는 것을 우리는 모두 알고 있다"고 말한다.

헉슬리의 두 번째 소설 『광대 춤』도 『크롬 옐로우』와 흡사하게 사회와 완전히 격리되어 살며 극심한 고독과 권태와 절망에 시달리고 있는 이기주의적인 인물들로 가득 찬 현대 사회의 지옥 같은 모습을 그려내고 있다. 1차 대전 후 런던의 보헤미아적인 사교계를 배경으로 한 이 소설 속의 남녀 인물들은 제각기 자신이 구축한 세계에 파묻혀 살면서 남들과 진정한 의미있는 관계를 맺지 못한다. 냉혈의 여인 미라 뷔뷔쉬(Myra Viveash)는 자기에게 사랑을 구하는 여러 남자들, 즉 검브릴 주니어(Gumbril Junior), 리피아트(Lypiatt), 쉬아워터(Shearwater) 등을 모조리 냉대한다. 그런가 하면 검브릴 쥬니어는 늘 부자가 되는 꿈만 꾸면서도 자신의 실패를 끊임없이 돌이켜 본다. 시인, 화가, 음악가를 겸하는 리피아트는 자기를 알아주는 독자나 관객이 없어 "나는 어쩌면 이렇게 고독하지" 하고 불만을 토한다. 과학자인 쉬아워터는 신장의 규제 기능을 연구하는 일을 내놓고는 아무 일에도, 어떤 누구에게도 관심이 없는 사람이다. 실험 연구에만 몰두하는 그가 자기 아내를 완전히 등한히 하다 보니, 아내는 다른 남자들에게 몸을 바친다. 남녀들이 쉽사리 육체관계를 가지기는 하지만 그것이 서로의 간격을 좁혀주지는 않는다.

헉슬리의 세 번째 소설 『저 열매없는 잎사귀들』은 이탈리아에서 몇몇 영국인 지식인들이 사회적으로 격리되어 사는 모습을 통해 남들보다 더 개명되어야 할 사람들이 서민들에 못지않게 이기적이라는 사실을 보여주고 있다. 예술의 후원자이며 사랑의 신봉자임을 자처하는 릴리안 올드윙클(Lilian Aldwinkle) 부인은 이탈리아의 베짜(Vezza) 마을에 거대한 궁전을 사놓고 거기에 모여드는 손님들을 모조리 자기 손아귀에 넣으려고 하지만, 반드시 그녀가 원하는 대로만 되지 않는 것이다. 우선 돈 많고 향락주의자인 미남 칼라미(Calamy)의 사랑을 얻으려다가 실패한 그녀는 시인·창작가인 프란시스 슐리퍼(Francis Chelifer)의 사랑을 무릎을 꿇고 빌어도 프란시스는 눈 하나 깜짝 안한다. 상류 사회의 진실성 없는 삶을 충분히 인식하는 프란시스는 현대 사회에서 진실이라 할 것은 그 천박함과 멍청함과 쌀쌀함 뿐이라고 보는 것이다. 헉슬리는 칼라미의 인물 설정을 통해 어느 정도 현대 세계의 비뚤어진 상황을 극복하려 드는 듯하다. 칼라미는 이 전에는 이 세상의 속물이었지만, 이제는 여자들의 뒤꽁무니를 따라다니며 향락을 추구하는 그런 인물이 아니다. 깊은 산중에 들어가서 독서와 사색을 통해 존재의 신비와 인간관계와, 그리고 인간과 외부 세계와의 관계를 터득하려고 드는 칼라미는 그 나름대로의 고독과 단절을 면치 못하지만 적어도 그것은 이기심 때문에 겪는 쓰라린 고독은 아니다.

메마른 현대 사회의 입체 단면도

헉슬리의 다음 소설 『연애 대위법(*Point Counter Point*)』(1928)은 1920년대의 영국 중상류 사회의 단면도를 신랄한 풍자와 자극적인 상념들을 가지고 그렸다는 점에서 그 전에 세 작품들의 정점을 이루는 것이다. 뿐만 아니라 『연애 대위법』은 앞의 세 작품들보다 더욱 동적인 내용을 더욱 잘 통찰된 구조로 엮어 나가는 특성을 지니고 있어서 많은 비평가들은 이 소설을 헉슬리의 걸작 소설로서, 그리고 20세기 영소설의 한 주요 작품으로 꼽고 있다. 앙드레 지이드가 1925년에 써 내었고 그 영역본이 1927년에 나온 『화폐 위조자』에서 부분적으로 암시를 받은 헉슬리는 음악의 대위법에 해당되는 기법을 사용하였다. 즉 『연애 대위법』은 지이드의 소설과 같이 한 소설 속에 또 하나의 소설을 내포하는 구조로 되어 있는데, 그 외곽적인 소설의 틀 속에 헉슬리는 지이드의 작품에서 소설가 역을 하는 인물 에두아드와 같이 필립 퀄즈(Philip Quarles)를 소설가로 심어 놓는다. 필립은 자기가 창조해 내는 인물들의 행동을 관찰하면서 한 편의 소설의 이야기를 꾸며 나가는데, 그것이 헉슬리가 쓴 『연애 대위법』과 구조를 똑같이 하는 것이다. 이러한 구도 하에서 소설의 이야기 초점이 한 틀의 인물 속에서 또 한 틀의 인물들에게 옮겨 가는 가운데 한 생활

양태를 대위적 위치에 있는 다른 생활 양태와 대조시킴으로써 생활 경험의 여러 측면들을 동시에 본다는 환각을 갖게 만든다. 그리하여 이 소설에서 헉슬리는 현대 사회의 누추하고 비열한 모습을 종합적으로, 그리고 예리하게 제시해 주는 것이다.

헉슬리가 여기에서 예리하게 진단을 내리고 있는 현대 사회의 병은 사랑과 이해를 이룩하지 못한 현대인들이 혹은 지성면에서 혹은 육욕면에서 혹은 정신면에서 야비한 속물이 되어간다는 것이다. 우선 작가 헉슬리가 비판적으로 내세운 자화상이라고 볼 수 있는 필립 퀄즈는 세상을 멀리하고 지적이며 철학적 사색에만 몰두하는 성향을 기르다 보니, 성격의 정서적 측면이 굳어져 버려서 자신의 아내마저도 온정을 가지고 사랑할 수 없게 된다. 그리고 일상적인 대인 관계에 있어서도 그는 동료들과 마음 편하게 지낼 수가 없고, 자기처럼 관념을 논하는 사람이 아니고서는 서로 대화가 되지 않는다. 그는 이러한 자신의 결함을 알아차리고 초연한 지식인의 회의주의적 태도를 화목한 삶의 태도로 바꾸어 보려고 무척 애를 쓰지만 잘 되지 않는다.

그의 아내 엘리노(Elinor)가 남편의 냉담과 불감증에 분개하여 차라리 책장을 사랑한다고 하다가 마침내는 에베라드 웨블리(Everard Webley)와 같은 정치 폭력배에게 관심을 돌린다. 과학자인 에드워드 탠타마운트(Edward Tantamount)의 경우는 더욱 심하다. 그는 밤낮 실험실에 숨어 살면서 외부 세계와의 접촉을 완전히 끊고 있는 터이므로 그의 아내 에드워드 귀부인과 그의 딸 루시(Lucy)는 성(性)관계에서 느끼는 흥쾌감만이 그들의 삶의 유일한 목적이 되고 만다. 그런가 하면 관능주의자라고 자처하는 스팬드릴(Spandrill)은 개혼한 자기 어머니에게서 느낀 배신감 때문에 여자를 싫어하면서도 때로는 여자를 유인하여 고문하다시피 하는 것을 낙으로 삼는다. 잡지 편집인인 벌랩(Burlap)은 도덕성이 강한 듯한 면을 나타내 보이지만 사실은 철저한 물질주의자이다. 엘리노의 오빠인 월터 비들레이크(Walter Bidlake)는 자기 아내를 버리고 마아죠리 칼링(Marjorie Carling)이라는 유부녀와 동거하지만 2년도 되기 전에 싫증이 나서 이미 임신한 마아죠리를 버리고 요부인 루시 탠타마운트에게 반해서 돌아다닌다.

이상의 인물들 외에도 부부의 연분을 벗어나서 숨어서 제멋대로 성욕을 충족시키느라고 몸부림치는 족속들이 상당히 많은데 이들은 모두 대위법적으로 짜여진 이야기 줄거리 속에서 극적으로 제시되고 있다. 이 즐비한 도착적인 인물들과 대조적인 위치에 선 인물들로서는 마크 램피언(Mark Rampion)과 그의 아내 매리(Mary)가 있다. 헉슬리가 흠모하여 마지 않은 D. H. 로렌스를 모델로 삼아 창조하였다고 하는 마크 램피언은 보통 사람들이 가지는 계급 편견 같은 것도 없거니와 또 남들이 많이 가지는 이기적인 성향이나 자기 분열적인 성향도 없다. 램피언 부부는 개인이 전인적(全人的) 인격을 이루고 온정스러운 인간관계를 수립할 수 있을 것이라는 헉슬리의 최후의 신념을 예시해 주는 인물들이다. 바로 이 램피언의 시각을 통해서 헉슬리는 현대인이 가지는 문제가 도착된 성격 발전의 문제라고 말하고 있다. 인간이 가져야 할 모든 기능들—즉 이성과 이지와 정서와 본능적 욕구와 육신—을 균형있게 발전시키지 못한 현대인은 그 중 한 가지 기능만 발달케 하고 나머지 기능은 희생시키고 만다고 전제하면서 "지금이야 말로 삶과 온전함을 위한 혁명을 일으킬 때"라고 램피언은 말한다.

미래도에 비친 무서운 현 세계

헉슬리의 다음 대작 『멋진 신세계(*Brave New World*)』(1932)(별항 해설 페이지 319~329 참조)는 앞으로 약 600년 후에 인간이 갖게 될 기계화된 문명의 소름끼치는 모습을 세련된 위트와 통쾌감마저 주는 신랄함을 가지고 그려내고 있다. 카알 맑스와 헨리 포드를 각각 무비판적으로 예찬하는 과다증(過多症) 증세의 현대 문명의 상황에 강한 혐오를 느낀 헉슬리는 멕시코의 인디안 보류지에 살아남아 있는 원시생활의 여건에 도피구를 찾는다. 그가 원시생활의 가치를 높이 산 것은 그가 이탈리아에 갔을 때 D. H. 로렌스를 알고 나서 로렌스의 문명 비평에 크게 영향을 받았었다는 사실과 관계가 깊다. 『멋진 신세계』가 나온 1932년에 헉슬리는 로렌스 서한집도 한권 내었는데, 이것은 로렌스가 작고한 지 2년째 되는 해였다.

1934년에 헉슬리 내외는 중부 아메리카를 순방 여행하다가 마침내 미국 캘리포니아주에 정착하게 되었다. 한 미국인 의사가 고안한 시스템에 의하면 헉슬리는 시력의 향상을 기할 수 있다는 것이었다. 캘리포니아에 이주하게 된 이유는 눈병의 치료라는 것도 있고, 유럽의 평화 운동이 실패로 돌아갔다는 것도 있고, 그의 친구 제랄드 허어드(Gerald Heard)와 함께 새로운 심령 세계를 찾는다는 것도 있었다. 로스앤젤스에 자리를 잡은 헉슬리는 거기에서 헐리우드 영화 각본도 쓰는 한편 무려 6편에 달하는 장편 소설들—『가자에서 눈 먼 장님이 되어(*Eyeless in Gaza*)』(1936), 『여러 해 여름이 지나고 백조는 죽다(*After Many a Summer Dies the Swan*)』(1939), 『시간에는 멈춤이 있어야지(*Time Must Have a Stop*)』(1944), 『원숭이와 본질(*Ape and Essence*)』(1948), 『섬(*Island*)』(1962)—을 속속 내었다. 6편의 소설 중 『가자에서 눈 먼 장님이 되어』와 『여러 해 여름이 지나고 백조는 죽다』가 특히 헉슬리의 이전의 소설과 맥을 같이 하면서 소설로서 중요성을 띤 작품들이라고 평해지고 있다.

헉슬리는 『가자에서 눈 먼 장님이 되어』에서 지성의 과다증과 관능의 병과 이념이나 광신(狂信)에 깊이 파묻힌 현대인들의 삶이라는 주제로 다시금 돌아가 현대 문명 상황에 대한 자신의 혐오를 줄기차게 나타내 보인다. 이 소설의 제목은 존 밀튼의 비극 『샘슨 애고니스테스』에서 사슬에 묶인 샘슨이 "가자에서 눈 먼 장님이 되어 노예들과 함께 방앗간에서 일하는" 자신의 모습을 개탄하는 부분을 인용한 것인데, 시인 밀튼이 샘슨을 통하여 뼈저리게 느낀 좌절감 같은 것이 헉슬리의 소설 전반에 걸쳐 흐르고 있다. 이 소설에서 헉슬리는 인물들끼리 대비시키던 과거의 기법과는 좀 달리 유사한 상황이 일어나는 시간 또는 기간끼리 대비시켜 가면서, 다시 말해서 중심인물인 앤소니 비뷔스(Anthony Beavis)의 30년의 활동기를 통해서 일어났던 일들을 앞뒤로 전치(轉置)시켜 가면서 이야기를 진행시키는 것이다. 앤소니는 그의 생애에서 정부(情婦)를 두 번에 걸쳐 가지는데, 하나는 매리 앰벌리(Mary Amberley)이고 또 하나는 매리의 딸 헬렌 레드위지(Helen Ledwidge)이다. 이 두 여인은 다 같이 순간적인 색욕에만 만족하는 관능주의자들로서 이 남자 저 남자로 옮겨 가다가 비참한 최후를 맞는데 그것이 곧 헉슬리가 그리는 중상류 사회 구성원들 대부분의 삶을 특징짓는 병폐의 하나인 것이다. 앤소니 비뷔스는 또한 헉슬리의 이전의 소설에 나오는 인물들에서와 같이 지식욕과 이념을 광신적으로 믿는 습성이 있어 그런 것들이 그를 전인적(全人的)인 인격이 되는 것을 방해한다. 그러나 종국에 가서는 앤소니 비뷔스도 인류학자인 밀러 박사의 배움을 받아 소아(小我)를 버리고 사랑과 희생적 봉사를 통해 전인(全人)의 경지를 찾기 시작한다.

비속한 미국 문명사회의 희화

캘리포니아에 이주한 후 헉슬리가 처음으로 미국 사회를 배경 삼아 쓴 『여러 해 여름이 지나고 백조는 죽다』는 로스앤젤스 지역의 누추한 생활 양태와 거기에 사는 저명인사들의 추악한 풍습을 역역히 그려내고 있다. 중심인물인 캘리포니아의 석유 왕 죠 스토이트(Jo Stoyte)는 이 세상에서 누릴 수 있는 온갖 사치와 안락을 다 누리고, 색욕과 금욕도 채울 수 있을 만큼 다 채우지만 그가 이루지 못하는 소망이 있다면 그것은 장생(長生)의 소망이다. 영국에서 200년을 살았다고 장수로 이름이 난 한 백작의 장수의 비결을 알아내기 위해 그 가문의 역사에 관련되는 귀중 문서를 압수하여 스토이트는 그 문서를 한 영국인 학자 제레미 포오디지(Jeremy Pordage)에게 의탁하여 정리하도록 한다. 그리고 스토이트는 오비스포(Obispo) 박사의 연구진에 막대한 돈을 투입하여 장수에 관한 연구를 진행시킨다. 그러나 여기에는 커다란 아이러니가 잠겨 있다. 스토이트와 오비스포는 인간의 수명을 연장시킴으로써 자기들은 인류에 커다란 기여를 한다고 믿지만 인간이 한없이 성장한다는 것이 사실은 원숭이와 같은 존재로 퇴화해 가는 것을 의미함을 얼른 깨닫지 못한다. 제레미 포오디지가 귀중 문서 속에서 드디어 200세의 영국 백작에 관한 자료를 찾아내어 그가 살고 있는 영국의 궁전 저택에 가서 보니 그는 과연 가정부의 보호를 받으며 살고 있기는 하나 장수의 비결이라고 하는 잉어의 창자를 먹고 있는 그는 원숭이처럼 추한 얼굴을 하고 재잘거리고만 있을 뿐 사람의 모습은 아니더라는 것이다.

현대 문명사회의 비속함과 추악함을 그려냄에 있어 헉슬리는 희화(戱畵)적인 수법을 더러 썼기 때문에 사실(事實)의 환상이 희생되는 경우도 없지 않았다. 그러나 『여러 해 여름이 지나고』는 단순히 희화로만 끝나는 소설이 아니라 거기에는 헉슬리 나름의 신비 세계에의 추구가 있어 그것이 작품에 깊이를 더하여 준다. 새로운 심령 차원의 세계를 향해 헉슬리와 동참하였던 가까운 벗 제랄드 허어드가 이 소설에서는 신비주의자 프롭터(Propter)로 구상화되어 나온다. 그에 의하면 소위 "시간과 갈구(time and craving)"라는 인간적인 기준은 악의 두 가지 측면인데, 그러한 기준에서는 어떤 좋은 일도 성취될 수가 없다고 말한다. 인간은 개성이나 시간이나 갈구에서 해방되어 영원으로 찾아드는 지고의 이상을 지향해야만 한다는 것이 그의 주장이다.

다음 소설 『시간에는 멈춤이 있어야지』에서는 먼저 소설의 프롭터의 신비론이 브르노 론티니(Bruno Rontini)라는 신비주의 성자(聖者)의 존재를 통해 다시금 제시되고 있다. 중심인물 세바스티안 바아낵(Sebastian Barnack)은 걸림돌이 되는 문제가 있어서 충분한 정신적 성숙을 이루지 못하는데, 그 걸림돌이란 지나치게 퓨리턴적이며 이상주의적인 그의 아버지의 영향하에서 길러진 그의 연약한 성품 때문에 생기는 문제들이다. 론티니의 지도와 영향하에서 세바스티안이 마침내 계명을 받고 정신적 성숙을 이루고 나아가서는 세계 평화를 위해 일하게 된다는 것이 이 소설의 핵심적인 줄거리이다. 론티니에 의하면 인간은 영원이라는 것을 계산에 넣음으로서만 자기를 사로잡고 있는 관념에서 헤어나올 수 있다는 것인데, 그러한 생각을 론티니에게서 배운 세바스티안은 이제 시간을 초월한 무한한 존재성을 깨닫게 되는 것이다. 『시간에는 멈춤이 있어야지』를 통해 인간이 이 지상에서 정신적인 해방을 추구할 수 있는 가능성을 작자 헉슬리는 큰 믿음을 가지고 제시하였는데, 그렇다고 그는 인간이 악을 저지를 수 있는 가능성이 막대하다는 사실에 대해서 눈이 어두웠던 것도 아니었다.

다음 소설 『원숭이와 본질』은 스위프트의 작풍에 따라 거의 절망적인 인간의 상을 풍자한 것이다. 인간의 원숭이적인 본능이 핵탄을 쓰는 제3차 세계대전을 통해서 전 세계의 파멸을 불러일으키는 모습을 헉슬리는 그리고 있다. 핵 전쟁에서 뉴질란드만이 살아남는데, 뉴질란드에서 북미로 파견된 탐험대가 캘리포니아주의 남부 해안에 상륙하는 것은 전쟁이 끝나고 약 100년 후인 서기 2108년의 일이다. 탐험대의 식물학 담당 부장인 푸울(Poole) 박사는 핵전쟁에서 그나마 살아남은 이곳 주민들의 후손들의 포로가 됨으로써 그들의 풍속을 보게 되는데, 이 캘리포니아 후손들은 무덤을 파서 그 속에 든 패물을 건지기도 하고, 시립도서관에서 나온 장서를 태우는 불로 빵을 구워 먹기도 하고, 믿음으로서는 악령 벨리알(Belial)을 숭배하기도 한다. 방사선의 영향이 아직도 남아 있기 때문에 기형아의 탄생을 억제하기 위해 "종족 순화(the Purification of the Race)"라는 미명 하에 일년 중 어느 하루는 기형아들을 모두 없애버리는 예식을 올린다. 그리고 일년 중에 남녀가 자유로이 성생활을 할 수 있는 것은 이 종족 순화식이 치러지고 2주일 동안만으로 되어 있다. 『원숭이의 본질』의 영화 각본을 소개하는 말에서 헉슬리는 암시적으로 말하기를 오늘의 서양 사회는 비록 정상적인 상황이라 할지라도 그것이 이 소설에 그려진 핵전쟁 후의 잔존자들의 사회와 기본적으로 다를 것이 없다고 하였다. 이 소설에서 아이러니가 깊이를 더하여 주는 것은 뉴질란드에서 어머니의 퓨리턴적인 영향을 많이 받아 억압과 금제(禁制)에만 둘러싸인 삶을 해 오던 푸울 박사가 종족 순화식 직후에 벌어지는 성(性)의 난교(亂交)를 통해 일종의 정신적 해방과 전인적 경험을 가진다는 사실이다.

『천재와 여신(*The Genius and the Goddess*)』(1955)은 리버즈(Rivers)라는 한 노인이 자기가 일련의 심란스러운 경험을 통하여 어떻게 정신적인 계명의 경지에까지 이르렀던가를 자기 인생의 회고를 통하여 말하는 이야기이다. 리버즈는 젊어서 헨리 마아튼(Henry Maarten)과 그의 아내 케이티(Katy)가 사는 집에 와서 소위 "천재"라고 불리우는 대과학자 헨리의 연구 계획을 돕고 있는데, "여신"격인 케이티가 그의 침대로 기어 들어오는 것을 보고 아연해지지만 그와의 잠자리에서 희생된 케이티가 마치 아무 일도 없었다는 듯이 남편에게 가서 열심히 내조를 하는 모습을 보고 또 한번 아연해진다. 거기에 덧붙여서 그를 더욱 놀라게 하는 것은 케이티의 딸이 또한 그에게 다가 온 것이다. 모녀가 개입된 이러한 3각관계는 『가자에서 눈 먼 장님이 되어』에서 이미 다루어진 현대인의 성적 도착증의 한 예이다. 그런데 이런 부정적인 윤리가 담긴 상황에서 한 걸음 더 나아가 헉슬리는 부정한 정교에서 얻은 희생이 남편의 중병을 치유하는 영험이 될 수 있다는 긍정적인 신비주의로까지 발전시킨다. 결국 리버즈는 케이티의 정열과 헨리의 지성을 밟고 올라서서 "시간과 갈구"의 수준을 넘어 선 다음 일종의 전인적 경지에 도달하게 된 것이다.

온건한 유토피아 소설

헉슬리의 마지막 소설 『섬』은 『멋진 신세계』와는 달리 작자가 극히 낙관적인 시각에서 유토피아를 그린 미래 소설이다. 팔라(Pala)라는 이름의 이 섬에서 아동 양육, 교육, 종교, 행정 등을 실천해 나갈 때 제일 큰 관심사는 시민 생활에 있어 인간의 모든 기능들이 균형있게 발달되게끔 하고 일종의 전인적인 경지가 달성되도록 한다는 것이다. 예를 들어 아동들이 가정교육에서 기형적인 영향을 받지 않게 하기 위하여 이 섬의 부모들은 자기네 아이들을 남의 집 아이들과 서로 바꾸어 가며 기르는 것이다. 학교 교육에서도 아동들은 생물학에서 환경학에까지 이르는, 그리고 성(性)에서 종교에까지 이르는 인생의 중요한 국면들을 빠짐없이 배운다. 아동들은 또한 병원 산과(産科)에 가서 아기들이 태어나는 과정을 견학하고 심지어는 병원에서 사람이 죽어가는 과정까지 견학한다. 성년이 되면 젊은 남녀들에게는 성(性)관계를 자유로이 가질 기회가 주어진다. 그리고 활기찬 댄스 같은 것으로 억압된 감정이나 정서에 돌파구를 마련해 준다. 섬나라 사람들의 종교는 힌두교와 불교를 합쳐 놓은 것 같은 것이되, 그것 자체에 어떤 정통적인 교리가 따라 다니는 것은 아니다. 그들의 생활신조 가운데서 가장 기본이 되는 것은 "카루나(Karuna)"의 자비와 "지금 이 자리와 지금 이 시간(here and now)"에 충실하다는 것이다. 단아하게 살 줄 아는 섬나라 사람들은 죽음의 때가 다가오면 단아하게 죽을 줄도 안다. 그리하여 이 섬나라에서는 인자스러운 왕정이 100년이나 지속되었다. 외교적으로 이 나라는 자본주의 국가나 공산주의 국가들과 연맹을 맺지 않는다. 그리고 공업화 정책이나 군사화 정책에도 가담하지 않는다. 이 섬에는 석유 자원이 풍부하지만 그것을 개발하려고 눈독을 들이고 있는 수많은 석유 회사들이 개발 허가를 내주지 않는다. 이 섬나라에 간신히 밀입국한 외국인 기자 윌 화나비(Will Farnaby)는 섬 사람들의 창조적인 생활양식에 너무나도 크게 감동되어 석유 발굴 허가를 무슨 방법으로든 얻어내 달라는 "동남아 석유회사"의 청을 완전히 잊어버리고 만다.

그러나 환상에 가까운 팔라섬이 완전한 중립 정책을 영원히 지켜내기 어렵다는 것은 작자 헉슬리도 충분히 인정하는 터이므로 멀지 않아 이 섬을 정치·경제적으로 공략하는 국가와 기업들이 늘어난다. 예를 들어 인근의 "렌당로보(Rendang-Lobo)"라는 나라의 군사 독재자 디파(Dipa)대령이 확장 정책을 가지고 야망을 나타낸다. 팔라섬이 이렇게 외부 세계의 위협을 받고 있는 동안 내부에서부터도 부패가 싹트기 시작한다. 황태후 라니(Rani)와 그 아들 무루간(Murugan)은 팔라섬의 고립 정책을 반대하고 나설 뿐만 아니라 이 나라가 세계의 다른 나라들과 보조를 맞추어 나가기를 열심히 원한다. 무루간은 왕위에 오르자마자 란당로보 나라의 군대를 자기 나라에 불러 들여 자신의 개혁적인 정견에 반대해 온 인물들을 모두 도살하고 만다. 『멋진 신세계』가 기계화 된 인간 문명에 대한 풍자라면 『섬』은 평화스러운 이상 사회를 좀먹는 근시안적인 지도자에 대한 풍자라고 말할 수 있다. 헉슬리는 『섬』을 발표한 다음 해인 1963년에 로스앤젤스에서 세상을 떠났다.

소설가로서의 헉슬리는 장·단점을 몇 가지 가지고 있다. 우선 헉슬리는 흥미 있는 읽을 거리로 독자의 지능에 자극을 주기는 하지만 독자의 정서에 호소하는 일은 적다는 것이 일반적인 평이다. 작중 인물들을 그들이 가진 의견이나 견해에 따라 구분하여 "이념 소설"을 써 내었던 그는 작품 속에 교훈조의, 그리고 때로는 이야기 줄거리와는 관계가 없는 구절들을 많이 집어 넣는다. 이것은 그가 즐겨 차용한 토머스 피코크(Thomas Peacock)의 "다이얼로그 테크닉"과 관계가 깊다. 피코크의 기법에서는 작중 인물은 어떤 의견이나 사상을 교환하는 데 사용되는 대변자의 역일 뿐이다. 따라서 헉슬리가 소설에 바친 공로는 그의 소설이 내포하고 있는 이념성 내지 사상성에 있다고도 말할 수 있다. 헉슬리의 많은 소설은 현대의 인간 사회가 품고 있는 소름끼치는 생활양식들을 신랄하게 풍자적으로 보여주고 있을 뿐만 아니라 그러한 속에서도 인간이 정신적 해방과 전인성(全人性)을 이룩할 수 있는 길도 제시해 주고 있다. D. H. 로렌스와 함께 헉슬리는 생명력을 파괴하는 온갖 세력들에 과감히 반기를 들고 도전한 20세기의 극소수 작가들 속에 들어가는 사람이다. 그는 특히 후기 소설에서 지각 또는 인식의 문을 정결히 닦음으로써 삶을 풍요롭게 만들고자, 그리고 독자들에게 그들의 생존의 긴요한 정신적 측면을 일깨워주고자 여러모로 끊임없는 모색을 하였다.

그의 후기 소설에서의 이러한 모색은 1940년대와 1950년대에 쓴 그의 에세이에서도 동시에 나타난다. 1930년대 말까지 이미 10여 편의 에세이집들을 낸 바 있는 헉슬리는 『영원한 철학(*The Perennial Philosophy*)』(1946), 『주제와 변조(*Themes and Variations*)』(1950), 『지각의 문(*The Doors of Perception*)』(1954) 등으로 자신의 철학적인 사유의 깊이를 나타내 보였다. 『영원한 철학』을 내기 전까지만 해도 헉슬리는 예술가가 빈번히 구역질나는 진실을 예술에 융합시키는 일이 얼마나 어려운가 하는 것, 그리고 예술이 너무나도 빈번히 진실을 미화하고 신비주의와 연루되는 경우가 더욱 많아져 간다는 사실을 골똘히 생각하고 있었던 것이다. 『영원한 철학』은 지각이나 인식의 폭을 넓힐 필요가 있다고 하는 헉슬리의 믿음을 잘 표현해 주는 산문집이다. 『주제와 변조』에서도 비슷한 사상이 개진되어 있다. 『지각의 문』은 인식의 확대를 이룩하는 방법으로서 어떤 종족들이 수천년 써 왔다고 하는 야생 마약의 사용을 이야기하고 있는데 그것 때문에 파문을 일으키기도 하였다.

『멋진 신세계 *Brave New World*』 (1932)

플롯 개요

불과 34층 밖에 안 되는 높이에 잔뜩 쪼그리고 앉은 듯한 회색 건물의 입구에는 "런던 중앙 부화(孵化)·조련(調練)센터"라는 간판이 붙어 있고 그 옆에 붙은 방패에는 이 나라의 이념과 목표를 "공동, 획일, 안정(COMMUNITY, IDENTITY, STABILITY)"이라고 적은 것이 보인다. 때는 포드 기원(After Ford) 632년, 이 "멋진 신세계"에서는 "티 포드(T Ford)"모델과 대량 생산·조립 방식이 획기적으로 발명된 때부터 "포드 기원"이라는 새로운 기원을 사용하고 있는 것이다.

이 부화 센터에서 오늘도 원장은 단체로 견학하러 온 학생들에게 난자를 인공 수정의 방식으로 대량 부화시키는 공정을 시범적으로 보여주고 있다. 난자의 수정에서부터 어린 아기의 탄생에 이르기까지 모든 공정이 훈련된 기공과 기계에 의해서 수행되고 있다. 수정된 난자 하나 하나는 용액을 담은 큰 병 속에 넣어져 화학적 조건 반사의 과정을 거쳐 사회가 원하는 엄한 위계질서에 맞는 개체로 만들어져 나온다. 생리적이며 동시에 사회적인 의미를 지니는 이 위계질서는 지능이 가장 뛰어난 개체 "알파 플러스(Alpha Plus)"에서 시작하여 "베타(Beta)," "감마(Gamma)," "델타(Delta)"를 거쳐 지능이 가장 낮은 개체 "엡실론 마이너스(Epsilon Minus)"에까지 이른다.

뚜렷한 사회 계층으로 나누어지는 어린 남녀 학생들은 옷 색깔로 달라진다. 예를 들어 "알파"는 회색, "베타"와 "감마"는 다같이 녹색, "델타"는 카키색, "엡실론"은 흑색을 입는다. 이들이 더 성장하면 "알파"는 지도급 인물로서 역할을 하고 "베타"와 "감마"는 중간층에서 보통 일을 하는 인물로, "델타"와 "엡실론"은 누추한 일을 맡아 하게 된다. 원장의 설명에 의하면 이러한 고도의 과학적인 계획을 가능하게끔 만든 큰 묘안들 중의 하나는 "보카노프스키식의 수태법(the Bokanovsky Process)"이라는 것이다. 이 수태법을 사용하면 수정된 난자 하나가 동일한 모습의 인간 개체를 여덟에서 아흔 여섯까지 만들어 낼 수 있다는 것이다. 새로운 사회의 존립 목적이 획일을 노리는 것이므로 "개인차"라는 옛날식 가치관을 버리고 균일과 공동을 실현시키기에 알맞은 보카노프스키식의 수태법을 써야만 한다고 원장은 역설한다.

학생들은 원장의 설명을 듣고 열심히 수첩에 노트하고 있는 동안 원장의 열성적인 부하 헨리 포스터(Henry Foster)가 들어와서 대량 부화 과정을 눈부신 통계 숫자로 설명해댄다. 수태실 다음에 그들은 수정 난자를 배양병 속에 옮겨 담는 방으로 이동하고, 다음에는 수정 난자의 사회적 소속을 정하는 방으로 옮겨 간다. 그 다음에 원장은 학생들과 함께 육아실로 들어간다. 이 육아실 앞에는 "신 파블로프식 조건반사 조련실(Neo-Pavlovian Conditioning Room)"이라는 간판이 붙어 있다. 육아실 안에는 장미꽃들과 많은 책들이 잔뜩 진열되어 있는데, 그 속에 유아들을 풀어놓고 아기들이 꽃과 책을 알아보고 기어가는 순간 감전(感電)을 시킨다. 이런 잔인한 단련을 몇 백번 되풀이함으로써 책 또는 지식, 그리고 꽃 또는 아름다움을 본능적으로 혐오하게 만드는 것이다. 아기들에게는 또한 수면 중에 무의식적으로 신세계 나라의 선전적인 구호를 주입시키는 소위 "수면 교육 (sleep-teaching)"도 실시된다.

막강한 힘을 가진 열 명의 "세계 조정관(the World Controllers)" 중 무스타파 몽드(Mustapha Mond)가 6월의 어느 따스한 날 초등학교 교정에 나타난다. 그는 구시대 문명에서 말하던 신화나 역사란 모두 넌센스에 지나지 않는 것이라고 말한다. 그리고 이 신세계에서 입에 담지 못할 말이 있다면 그것은 "어머니" "아버지"라는 말이라고 단언한다. 왜냐하면 인공수정을 통해 탄생하고 많은 사람들의 손에서 단련을 받아 성장한 이 신세계의 사람들과 비교할 때 어떤 특정한 모체에서부터 태어난 사람은 개인적인 애정이란 것이 있어서 사회를 혼돈 상태로 몰고 가기가 일쑤이기 때문이다. 오늘의 신세계는 모든 것이 질서정연하게 계획되어 있으므로 사람들은 정감에 시달릴 것이 없어 훨씬 더 행복하다고 몽드는 장담한다.

이 신세계에서 남들보다 좀 행복하지 못한 사람이 하나 있는데 그는 버나드 맑스(Bernard Marx)라는 과학자다. 그는 머리가 뛰어나게 좋지만 내향적인 성품에다가 염세적인 데도 있다. 이 신세계의 많은 사람들이 육신의 쾌락만으로 행복하다고 생각하는데 반해 버나드는 어딘지 모르게 그런 획일적인 행복이란 것에 불만이 있다. 일설에 의하면 그가 태어나기 전에 수정 난자로 병 속에 있을 때 기공의 실수로 태아가 양분을 취하는 인조 혈액 속에 알콜이 너무 많이 들어가게 됨으로써 성품도 남들보다 달라졌다는 것이다. 부화 센터에서 일하는 레니나 크라운(Lenina Crowne)은 버나드 맑스의 남다른 성향 때문에 오히려 그에게 관심을 쏟는다. 레니나는 원장의 심복으로서 일하는 기사 헨리 포스터와 뿐만 아니라 베니토 후버(Benito Hoover), 조지 에젤(George Edzel) 등과도 연애 관계를 가진 바 있는 다육질(多肉質)의 여인인데, 한 남자에게만 정을 주지 말고 여러 상대들과 난교(亂交)를 하는 것이 신세계의 새 관습이라는 말을 친한 친구 패니(Fanny)로부터 듣고 있는 터이다.

지식층에서 "알파 플러스" 심리학자요 "수면 교육"의 전문가인 버나드는 유럽의 고도 문명의 영향권에서 멀리 떨어진 미개인 생활양식이 아직도 보존되고 있는 소수의 보류지역들에 자주 드나들고는 한다. 그가 레니나에게 주말에 그런 보류지가 있는 뉴멕시코에 같이 가자고 말하자 레니나는 꽤 호기심을 나타내며 그 제의에 응한다. 그들은 로켓트 선을 타고 뉴멕시코로 가서 소위 미개족 보류지로 되어 있는 말파이스(Malpais) 부락을 찾아간다. 이곳은 과학자들의 연구 목적으로 인간의 원시생활 양식이 옛날 그대로 보존된 지역이라 생활환경이 누추하고 지저분하기 짝이 없다. 첫 눈에 띄는 쓰레기와 먼지와 똥개와 파리들을 목격한 레니나는 분노와 충격을 금치 못한다.

인디안 원주민들이 광란하는 듯 이색적인 춤을 추는 것을 구경하다가 버나드와 레니나는 존(John)이라는 이름을 가진 백인 청년을 만난다. 좀 딱딱하기는 해도 제법 훌륭한 영어를 하는 그는 말 속에 언제나 셰익스피어의 구절을 인용해 넣는다. 존은 어려서 자기가 우연히 발견한 낡은 셰익스피어 희곡 작품 책들을 가지고 독학을 했다는 것인데, 이 말을 들은 버나드는 이 청년이 부화 센터 원장의 아들이라는 확신이 서는 것이었다. 왜냐하면 그가 알기로는 원장이 젊어서 한 여자 친구와 뉴멕시코에 휴가 여행을 갔다가 돌아올 때는 그녀를 두고 혼자 돌아왔었다는 것을 들어서 알고 있기 때문이다. 개명된 백인 부모의 소생인 존이 비록 독학으로 자랐다고는 하지만 어느 정도 학식이 있고 어느 정도는 미개인으로 자랐기 때문에 버나드는 이런 젊은이가 과학 문명이 최고도로 발달한 신세계로 오면 어떤 반응을 보일까 크게 호기심이 가는 것이었다. 게다가 원장의 미움을 늘 사고 있는 버나드는 자기 일자리가 늘 위태로운데 이번에 존을 이용하여 원장의 약점을 잡을 것도 같다는 생각도 드는 것이다. 그래서 그는 존과 그의 어머니에게 자기와 함께 런던에 돌아가

자고 청해 본다. 때마침 존은 레니나에게 반했지만 그 나름의 보수적인 윤리관 때문에 어찌할 바를 모르고 있는 터인데, 버나드의 청을 듣자 레니나와의 문제도 그렇고 바깥 세계를 보고 싶은 생각도 간절하고 하여 얼른 따라 나선다.

버나드가 돌아오는 것을 보자 부화 센터 원장은 버나드를 이단적인 행동을 구실로 부화 센터에서 직위 해제시킬 것을 공공연히 선언한다. 버나드는 린다와 원장의 아들 존을 공개적으로 내어 보인다. 가족 상봉의 자리에서 "아버지" "어머니"라는 말이 자꾸 나오니까 원장은 치욕을 느껴 버나드를 직위 해제시키기는 커녕 자기 자신이 자리를 내놓고 떠나가 버린다. 한편 존은 런던 사회에서 많은 사람들의 인기를 모은다. 특히 런던의 닳고 닳은 남녀들은 그를 찾아와 보려고 든다. 레니나마저 이 자연풍이 나는 청년에게 마음이 끌려 그를 유혹해 보고자 한다. 존도 역시 레니나를 보면 정욕을 느끼지만 그녀가 이 사회의 문명의 타락한 윤리도덕을 대변한다는 경각심이 일어날 때마다 자신을 억누른다. 존은 문명사회에서 보는 모든 것에 가슴이 섬뜩해지는 것이다. 지나친 향락주의도 그렇지만 인간적인 문화라는 것은 하나도 없고 인간을 비롯한 모든 것을 과학의 힘으로 대량 생산하는 것이 도무지 마음에 들지 않아 좀 더 엄한 의미 깊은 윤리 도덕이 있는 원시생활 환경으로 돌아가기를 염원한다.

존의 어머니 린다는 "소마(soma)"를 먹으면서 그날 그날을 즐기며 산다. "소마"는 이 문명사회에서 널리 쓰이는 일종의 진정제 같은 약인데 그 전 시대에 사람들이 먹던 술이나 마약의 대신 역할을 하는 것이다. 그러던 어느 날 존은 별안간 전화를 받고 병원에 뛰어가 보니 자기 어머니가 "소마"를 너무 많이 먹고 죽어 가고 있는 것이다. 병원에서 그는 아이들이 죽음에 대한 공포심을 단련으로 없애버리게 하느라고 죽은 사람들이 침대에 누워 있는 주변을 마구 뛰어다니게 하는 것을 보고 역겨움을 금치 못한다. 어머니의 죽음을 보고 죄의식에 사로잡힌 존은 미쳐서 날뛰면서 병원 근로자들에게 배급된 "소마"를 다 없애버리려 든다. 그리고 근로자들에게 "소마"에 취해 있기만 하다가는 인간 이하로 떨어진다고 열변을 토한다. 흥분한 군중들이 그에게 덤벼들어 거의 그를 죽일 뻔 하자 경찰이 재빨리 출동하여 진정제 탄을 쏘는 물총으로 난동을 진압한다.

난동 후에 존은 버나드와 또 다른 시인 친구 헴홀즈 왓슨(Helmholtz Watson)과 함께 체포되어 무스타파 몽드에게 송치된다. 이 능난한 세계

통제관은 버나드와 헴홀즈를 남대서양에 있는 포오클란드로 유배시키고 존과는 마주 앉아서 긴 이념 토론을 벌인다. 몽드의 설명에 의하면 아름다움이란 것이 사람의 마음에 불행, 그리고 결국은 불안을 불러일으키는 것이므로 셰익스피어 같은 것은 되도록이면 억제하고 차라리 "필리 feelie"라는 촉감에 호소하는 예술 매체를 택하는 것이 좋으며, 과학도 추상적이거나 사변적인 과학보다 실용 기계장치에 신경을 써야 하며, 종교도 자칫하면 사회 불안을 일으키는 반체제적 요소가 될 수 있으므로 사회 불안을 방지하려면 역시 억제해야 한다는 것이다. 몽드는 온건한 냉소주의의 태도를 가지고 이 멋진 신세계의 특색들이 존립하는 이유를 설명한다.

몽드의 이론이 그럴싸하기는 하지만 미개인 청년 존은 그것에 승복하지 못하고 여전히 셰익스피어의 시정(詩情)과 인간의 눈물과 모성(母性)과 신(神)이 인생의 중요한 가치라고 생각한다. 그는 이제 써리 지방 해변에 있는 한 등대를 찾아 들어가서 은둔자로 살기로 마음먹는다. 그렇게 함으로써 만인들이 인생의 목표라고 생각하는 육신의 쾌락과 실용 기계 장치에서 해방된 자립적인 생활을 할 수 있다는 것이다. 그는 사냥에 쓸 활과 화살을 손수 만들기도 하고, 마당에 꽃나무를 심기도 하고, 레니나에 대한 욕정이 생기면 자기 몸을 매질하기도 한다. 그런데 존의 이런 기괴한 행동이 소문으로 알려지자 수많은 구경꾼들이 몰려오고, 신문·방송 기자들이 와서 대담을 하자고 괴롭힌다. 처음에는 그들을 모두 물리쳐 내쫓는다. 그러나 몰려오는 사람들의 수가 너무나도 압도적이다 보니 그도 어떻게 해 볼 수가 없다. 그 안에는 레니나도 끼어 있다. 마침내 레니나가 찾아온 것을 보고 그는 한편으로는 욕정에 사로잡히고, 한편으로는 울분에 싸여 레니나에게 매질을 가한다. 흥분하여 가한 매질로 레니나는 숨이 끊어지고 만다. 자기도 흥분한 군중처럼 "난동"에 휩싸여 들어갔다는 사실을 깨달은 존은 등대 안에 들어가 자기 손으로 목숨을 끊고 만다.

비평과 분석

헉슬리는 『멋진 신세계』의 권두에 의미심장한 인용문을 제명(題銘)으로 쓰고 있다. 20세기 초 러시아의 종교 철학자 니콜라스 베르디아에프(Nicholas Berdiaeff)의 『자유와 정신(*Freedom and Spirit*)』(1927)에서 인용된 글은 다음과 같다.

> 유토피아가 실현될 가능성이 이전의 사람들이 생각했던 것 보다 훨씬 더 많아진 것 같아 보인다. 그래서 우리는 오늘날 색다른 성격의 걱정스러운 문제에 직면해 있다. 유토피아가 완전히 실현되는 것을 어떻게 회피하는가 하는 문제이다.... 유토피아는 실현이 가능한 것이다. 삶은 유토피아를 향해 나아가고 있다. 그리고 아마 새로운 세기가 시작되고 있는지도 모른다. 지식인들과 문화인들이 유토피아를 회피하고 좀 덜 "완전한" 그리고 좀 더 자유로운 비 유토피아적 사회로 되돌아가는 방도를 꿈꾸는 새로운 세기가.

제명으로 쓰인 이 인용문을 통해 『멋진 신세계』의 독자는 헉슬리의 작품이 유토피아 전통의 문학에 관심이 있을 뿐만 아니라 유토피아를 희구하던 종전의 통례적인 태도가 아니라 유토피아에 대해 극히 회의적이며 부정적인 태도에 동조하고 있지 않나 하는 느낌을 갖게 될 것이다. 이외에도 헉슬리는 『멋진 신세계』가 발표되기 1년 전인 1931년에 한 서한 속에서 "나는 미래에 관한 소설을 쓰고 있어요. 즉 웰즈(Wells)식 유토피아가 풍기는 혐오스러움이나 그런 유토피아에 대한 반발을 적은 소설 말이오."라고 말한 바 있다. 종전의 통례적인 유토피아 문학에서는 시간적으로나 공간적으로 동떨어져 있는 완전한 인간 사회를 그림으로써 독자들이 현재 살고 있는 사회의 개선에 도움을 준다는 것이 작가의 숨은 목적이었다. 헉슬리는 그런 통례적인 유토피아 상(像)에 역겨움을 느낀 자신의 경험을 작품화하였으니 『멋진 신세계』는 반(反) 유토피아 소설이 되는 것이다.

현대에 와서 과학 기술의 발달이 눈부시게 나타나는 것을 목도한 헉슬리는 인류가 물질면과 사회면에서 일어나는 문제들을 모두 해결할 뿐만 아니라 만민의 "행복"을 이룩할만한 지식과 장비를 보유하게 될 날이 조만간 올 것임을 내다보았다. 그러나 그것을 위해 치러야 할 아주 비싼 대가들, 즉 자유, 개성, 진리, 아름다움, 목적의식, 신(神)의 개념－이런 것들이 희생되어야만 한다는 것이 문제인 것이다. 여기에서도 헉슬리가 『멋진 신세계』의 독자들에게 관심을 돌리라고 하는 듯한 가장 핵심적인 문제는 그가 그리는 그런 세계가 도래하였을 때 위에서 말한 비싼 희생들에 대해 정말로 아쉬워하는 사람들이 과연 얼마나 많을까 하는 것이다. 사람들이 현대 사회의 진행 방향을 수정하겠다고 나설 정도로 그렇게 지적으로, 정서적으로 그리고 도의적으로 무장되어 있는가 하는 것, 그리고 말을 바꾸어 하자면 사람들이 현대 사회의 그릇된 발전 방향을 고쳐 나가는 데 필요한 만큼의 의지와 신념과 정력으로 무장되어 있는가 하는 것이다.

이 소설의 앞부분에서는 헉슬리가 내다보는 미래 사회의 활발한 모습들이 제시되고 있다. 이 미래 사회는 현 세기에서부터 약 600년 후에 오는 과학기술의 통제가 심한 세계 중앙집권 사회인 것이다. 첫머리에 소개되는 것은 인공 수정이 실시되는 어셈블리 라인이다. 유리 실험관 속에 든 태아가 콤베이어 벨트 위에 실려 가는 동안 영아로 태어날 개인의 잠재적 능력은 유전자의 선정과 약물의 처리라는 두 가지 방법을 섞어서 세심하게 규제한다. 그 다음에 생명의 주기(周期)에서는 인간 개인의 취향과 태도와 행동 양식을 끊임없는 조련(調練)을 통해 교묘하게 조절한다. 소위 "수면 교육"을 통해 개성과 개인의 자유를 거부하는 사회에 순응하도록 만들며, "어머니"나 "아버지"의 개념을 개인의 머리 속에서 몰아내어 가정보다 국가와 사회에 충성을 다하는 성원들을 만든다. 이성(異性)관계에서도 도덕적인 구속이나 정서적 유대를 전혀 개입시키지 않으며 쾌락의 추구를 목적으로 하는 유희로서의 성(性)만을 권장한다. 그리고 "소마"라는 진정제를 배급하여 사람들이 고독이라든가 슬픔과 같은 감정에 빠지는 것을 막는다. 이러한 조련 작업의 결과로 나타나는 정신 연령이 매우 낮은 사회에서는 모든 인간 활동이 순간적이오, 관능적이오, 무지성적인 것으로 흘러 버린다.

헉슬리의 신세계에는 수명의 모반자 또는 국외자들—"야만인" 존, 버나드 맑스, 헴홀즈 왓슨, 레니나 크라운—이 있다. 소설의 후반부부터 소개되는 "야만인" 존은 대표적인 모반자이며 헉슬리의 반(反)유토피아적 주제의 근간을 이루는 인물이다. 그러나 "야만인" 존은 신세계 문화 속에서 태어나고 자라난 모반자는 아니다. 그에 비하면 신세계에서 자라나고 그 속에서 수면 교육의 전문가라는 높은 지위까지 차지하고 있는 버나드는 좀 더 복잡한 배경과 심성을 가진 주요 인물이다. 신세계의 많은 "알파 플러스"들과는 달리 버나드는 육체가 볼품이 없는데 그것은 그가 태아로 병 속에 있을 때 기공이 태아의 인조 혈액 속에 알콜을 너무 많이 부어 넣은 사고 때문으로 여겨진다. 육체적인 결함은 곧 극단적인 성품을 자아내게 되었으니, 그는 신세계가 요구하는 엄격한 생활양식에 적응하지 못할 뿐만 아니라 개인적으로 좀 더 만족스러운 경험을 희구한다. 그가 신세계의 사회·문화 규범 속에서 레니나와 좀 더 깊은, 좀 더 정감적인 관계를 가지려고 애쓰는 것도 그러한 욕구의 표현인 것이다.

헴홀즈 왓슨은 육체적으로나 정신적으로 나무랄 데가 없는 인물이다. 다만 지능 계수가 너무 높게 발달되다 보니 자신이 가진 잠재 능력을 완전히 실현시키려고 노력할 때마다 그는 신세계의 사회 체제와 맞부딪치는 것이다. 그에게는 버나드 맑스에게서 보는 비천한 심성 같은 것이 없고, "야만인" 존이 궁지에 몰렸을 때 서슴없이 도움을 주는 것도 그였다.

레니나 크라운은 공적인 면에서는 신세계의 생활양식을 따르는 듯이 행동하지만 사적인 면에서는 체제에 거역하는 행위를 더러 한다. 맨 처음 헨리 포스터와 단독적인 내연 관계를 가진 것 자체가 신세계에서는 용납되지 않는 행위이지만, 그 다음에는 버나드와 거의 모자(母子)관계 비슷한 관계로 사귀다가 "야만인" 존을 만나게 되자마자 그에게 반해 버리는 난교(亂交)성을 드러낸다. 헉슬리의 미래 세계가 기계적인 인공번식과 끊임없는 조련을 시도하는 가운데서도 위에서 말한 적어도 세 세람의 일탈자(逸脫者)가 나서 제한된 범위 내에서나마 제각기 개성을 드러낸다고 하는 것은 전체주의 사회가 필연적으로 갖는 아이러니가 아닐까 싶다.

"야만인" 존이 이야기 속에 소개되는 것은 버나드가 휴가 여행으로 인디안 보류지에 가서 그를 우연히 발견한데서 발단되지만, "야만인" 존의 생부(生父)가 런던에 있는 부화 센터 원장일 것이라는 확신을 얻은 버나드가 평소에 자기가 앙심을 품고 있는 원장에 대해 보복을 해보겠다는 계획의 일환으로 "야만인" 존을 신세계에 소개하게 되는 것이다. 원시인들의 사회에서 자라난 "야만인" 존은 생모(生母)가 신세계에서 자라난 여성이기는 하지만, 신세계 이전의 전통적인 문화의 영향 때문에 정감이 풍부한 사람이다. 우선 그는 어머니의 사랑을 받으며 자랐고, 셰익스피어를 탐독할 기회가 충분히 있어서 위대한 예술의 아름다움이란 것을 알고 있을 뿐만 아니라 피부색이 희어 원주민들로부터 따돌림을 받았기 때문에 고독이 얼마나 쓰라린 것인지도 잘 알고 있다. 그의 어머니 린다가 늘 향수에 젖어 이야기하던 저 "딴 나라"의 아름다운 추억을 통해 어렴풋이 그리워하고 있던 신세계에 버나드가 데리고 간다고 하니까 "야만인" 존이 순식간에 불어대는 환상의 구절이 있다. "아 놀라웁도다! 여기엔 멋지게 생긴 사람들이 너무나도 많네! 인간이란 얼마나 아름다운 존재인가! 아 멋진 신세계여! 아 그런 멋진 사람들이 사는 멋진 신세계여!" "야만인" 존이 셰익스피어에서 인용하는 이 구절은 셰익스피어의 희곡 『폭풍(*The Tempest*)』의 등장인물 미란다(Miranda)가 섬에서 오래 고립되어 살다가 외부 세계에서 들어온 사람들을 보고 외치는 말이다. 이 소설의 앞부분에서 이미 소개된 헉슬리의 미래 사회의 모습들과 이 소설의 뒷부분에서 "야만인" 존이 실제로 경험하게 될 그 신세계의 모습들을 동일한 시각에서 생각해 볼 때 "야만인" 존의 외침이—그리고 이 소설의 제목 "멋진 신세계" 자체가—대단한 아이러니를 담고 있음을 알 수 있다.

신세계에 들어오는 "야만인" 존은 처음에는 그냥 재미나는 기인(奇人)으로서 환대를 받는다. 그러나 "원시" 사회의 윤리에 젖어 있는 그는 신세계의 문화와 필연적으로 충돌을 겪게끔 되어 있다. "소마"의 과다 복용 때문에 생긴 자기 어머니의 죽음을 보고 그가 격렬한 반응을 보인다든가, 감정이 섞이지 않은 정교(情交)를 하자고 드는 레니나의 접근을 그가 단연 물리친다든가 하는 행위는 그가 이 신세계 사회에 던지는 파괴적인 도전의 첫 시작이다. 어머니가 죽은 병원에서 나오면서 그는 "소마"의 배급을 타려는 근로자 군중들이 외치는 구호 "아 멋진 신세계여!"가 처음에는 자기를 조롱하는 구호로 들리더니, 진작 근로자들의 삶이 누추하고 역겨운 것을 목격하자 미란다가 아름다움의 가능성을 부르짖던 이 구호가 이제는 군대를 동원하는 나팔 소리와도 같은 도전의 소리로 들리는 것이다.

군중을 선동했다는 대죄로 수감된 "야만인" 존은 세계 조정관 무스타파 몽드와 마주앉아 토론을 벌이게 되는데, 이들의 긴 토론은 이 소설의 이데올로기적 클라이막스를 장식하는 부분이다. 몽드의 주장에 의하면 예술과 과학과 종교는 모두 사회의 안정에 위협이 되는 것들이다. 소비자 중심주의와 안락제일주의와 행복지상주의를 신봉하는 신세계에는 인내, 용기, 자기희생, 아름다움, 고귀함, 진리와 같은 것들은 군더더기에 지나지 않는 것이다. 그래서 그는 윤리적인 구속 없이 자유로이 행하는 정교(情交)나, "소마"를 복용하여 고통을 모르는 가운데 느끼는 행복이 신세계에 사회 안정의 "종교"를 마련해 준 것이라고 말한다. 그러나 "야만인" 존은 그러한 종교를 단연 배척하고 자기는 위험 부담이 좀 더 크더라도 정감과 자유와 도의성이 좀 더 있는 세계를 원한다고 맞선다.

이 소설의 끝부분은 "야만인" 존이 이 사회에서 필연적으로 겪을 수밖에 없는 최후를 그리고 있다. "야만인" 존은 자신이 불행해질 수 있는 권리를 주장한 것인데, 신세계는 그에게 그러한 권리를 허용할 수도 없고, 설사 그런다고 하더라도 그가 그런 권리를 충분히 행사할 수도 없다.

그의 이름에 "야만인"이라는 단어가 덧붙어 있는 것 자체가 아이러니를 말해 주고 있다. "야만인"이라고는 하지만 그는 대부분 신세계 사람들이 지닌 비인간적인 유치증(幼稚症)에 비한다면 상당히 개명된 면을 가지고 있다. 그러면서도 그는 여전히 원시적인 것만은 사실이다. 문명 이전 단계의 원주민들 사이에서 자라난 그는 극히 원시적인 형태의 종교와 문화에 젖어 있었기 때문에 신세계의 사회 구조 속에 들어가서 독자적으로 살아갈 정도의 문화적 배경과 정서적 능력을 갖고 있지 못한다. 결국 그는 신세계의 문화권과 동떨어져서 살아 보려고 하지만 사람들은 끝까지 따라와서 그를 하나의 구경거리로 만든다. 난동을 부리며 밀려 들어오는 폭도들 앞에서 이성을 잃은 "야만인" 존은 군중 속에 들어 있는 레니나를 타살하고 끝내 자기도 목숨을 끊어 버린다.

헉슬리의 신세계의 중요한 반항자 버나드 맑스와 "야만인" 존은 둘다 비운(悲運)으로 끝난다. 일부 독자들은 이 소설의 결말이 너무나도 "긍정적"인 면이 적다든가 끝마무리가 덜 예술적이라는 불만을 표하지만, 헉슬리가 그려낸 미래 사회의 악몽적인 성격을 진지한 것으로 받아들인다면 거기에 과연 "긍정적"인 면까지 수용할 여지가 있을까 의심스럽다. 헉슬리는 이 소설을 쓸 당시만 해도 하나의 균형 잡힌 예술 작품으로만 보기에는 인류의 미래에 대한 그의 비전이 너무나도 암담하였던 것이 아닐까. 그리고 헉슬리는 공개석상에서 자기 자신이 "타고 난 소설작가"가 아니라는 것을 시인한 바도 있다. 설득력 있는 플롯을 지어낸다거나 생동감 나는 인물을 창조해 내는 것이 결코 그의 장기는 아니었다. 그의 창작 방향은 추상적인 이념들을 제시하기 위해 구체적인 인물이나 상황을 꾸며 넣는 그런 식이었다. 이것이 "이념 소설"의 작가로서의 헉슬리를 말해 주는 부분이기도 하다. 『멋진 신세계』의 앞부분과 뒷부분에는 이념을 제시하는 장황한 설교 문체가 특색을 이룬다.

버나드 맑스는 유형(流刑)을 받아 가고, "야만인" 존은 자살로서 끝을 보았으니, 거기에서 암시되는 것은 미래의 인류 사회는 이 소설에 나오는 런던처럼 과학 기술이 완전히 지배하는 사회와 "야만인" 존이 살았던 원시족 보류지와 같은 원시 문명이 완전히 지배하는 사회라는 두 극단만 남고 중간 위치의 사회가 설 자리는 없다는 것이다. 헉슬리는 『멋진 신세계』의 1946년도 판에 써 넣은 그의 서문에서 정신문화에 중점을 두는 사회에서 과학 기술을 잘 이용하면 제3의 가능성이 생길 수 있다고 전제하고 그것을 작품화해 보겠노라고 하였다. 그 결과로 나온 것이 이미 앞에서 논급한 그의 마지막 소설 『섬』이다.

헉슬리는 같은 서문에서 1932년에 발표한 『멋진 신세계』가 몇 가지 점에서 미래를 정확히 점(占)치지 못하였음을 시인하였다. 하나는 600년 후의 미래의 세계임에도 불구하고 핵분열에 관한 언급이 없었다는 것이다. 그러나 그것을 과실로서 인정하면서도 그 배후를 이렇게 해명하였다. "『멋진 신세계』의 주제는 과학의 발달 그 자체를 논하는 것이 아니라 과학의 발달이 인간 개개인에게 어떤 영향을 주는가 하는 것이다. 물리학과 화학과 공학이 거둔 큰 성과들은 묵시적으로 당연시되었다. 여기에서 특별히 기술된 과학의 발달이란 생물학과 생리학과 심리학 분야에서 장차 연구하여 거둘 결실이 인간 생활에 적용되는 그런 과학의 발달이다. 삶의 질이 급격히 변하는 것은 생명과학을 통해서만 있을 수 있는 것이다."

헉슬리가 시인한 또 하나의 과실은 신세계의 문화가 완전히 가동되려면 600년 정도 걸릴 것이라고 가정하였었는데, 이 소설이 발표되고 불과 26년 만에 앞날을 다시 내다보니 1세기 안으로 그런 세계가 실현될 것이라는 추산이 나온다고 하였다. 그리고 이러한 새로운 형태의 전체주의의 사회는 그 특색이 강권에 의해서 이루어지는 것이 아니라 선진 기술의 교묘한 사용으로, 즉 시민들로 하여금 많은 자유를 포기하고 굴종을 스스로 사랑하게끔 설득시켜 가는 가운데 이루어질 것이라는 것이다.

16. 에블린 워오 (Evelyn Waugh)

생애와 작품

EVELYN WAUGH
(1903~1966)

에블린 워오는 1903년에 런던의 교외 햄프스테드에서 태어났다. 그의 가정 환경은 문필과 관계가 깊었다. 아버지 아서 워오씨는 런던의 채프먼 앤드 홀 출판사의 사장이었고, 에블린의 아우 알렉은 대중 소설 작가이면서 여행기 저술가이기도 하였다. 에블린은 고등학교를 랜싱 학교에서 다니고 이어 옥스퍼드 대학교의 허트포드 칼리지에서 현대사를 전공하였다. 그 후 그는 제도사(製圖士)로서, 사립 고등학교 교사로서 각각 잠시 동안 일하였는데 그 당시의 생활 경험은 그의 첫 소설 『쇠퇴와 몰락(*Decline and Fall*)』(1928)의 배경으로 잘 나타나 있다. 워오는 「데일리 익스프레스(*Daily Express*)」지의 사회부 기자로서도 잠시 일하였는데, 그 당시 런던 상류 사회의 덧없는 생활상을 관찰하고 얻은 귀중한 경험은 후일 그의 많은 소설의 밑거름이 되었다.

쇠퇴와 몰락의 현대 사회 풍속도

『쇠퇴와 몰락』이 나온 그 해에 워오는 19세기 영국 시인 단테 게이브리엘 로제티(Dante Gabriel Rossetti)의 평전 『로제티—그의 생애와 작품(*Rossetti : His Life and Works*)』을 써 내어 재정적으로 다소 형편이 좋아지자 에블린 가드너와 결혼하였다. 그 이듬 해인 1929년까지 워오는 세상을 멀리하고 다음 소설 『비열한 육체(*Vile Bodies*)』의 집필에 전력을 기울이고 있었는데, 다른 남자와 사귀고 있다는 아내의 고백이 있자 원래부터 성격이 서로 맞지 않았던 두 사람은 이혼으로 결말을 보았다.

『쇠퇴와 몰락』은 옥스퍼드 대학교에서 신학 공부를 하다가 억울하게 퇴학 당한 폴 페니훼더(Paul Pennyfeather)의 인생에서 쇠퇴하고 몰락해 가는 운세를 다룬 한 편의 희극일 뿐만 아니라 1차 세계대전 이후의 세계에서 영국의 전통적인 가치 체계가 무너져 가는 풍속도의 단면을 침통한 절망감과 경쾌한 웃음을 섞어 가며 기록한 것이다. 옥스퍼드 대학교에서 가장 귀족적이며 가장 난동이 심한 학생회의 회원들이 취중에 부린 난동의 결과로 희생양으로서 퇴학당한 폴은 볼떼르(Voltaire)의 깡디드(Candide)와 마찬가지로 자기가 사는 세계와 생리적으로 성미가 맞지 않아 무고하게 고생하는 희생자적 인물이다. 폴은 옥스퍼드 대학교를 나와 남자 중학교 교사로 돌아갔다가 한 학생의 어머니와 알게 되어 결혼한 다음 그녀가 아는 인신 매매업에 자기도 모르게 끼어들어 구속 수감되기도 한다. 이 소설에서 가장 크게 인상을 남기는 것은 폴 페니훼더가 억울하게 당하는 일들이 아니라 그의 무고함과 너무나도 대조되는 현세의 광적인 모습 그 자체이다. 폴이 보여주는 천진한 몸부림과 대조되어 나타나는 범법자들이 비리를 소설의 주제로 펴고 있는 워오는 현대 사회의 혼돈에 조심스럽게 무관심한 태도를 취하는 것만이 건전한 길이라고 말하고 있는 듯하다. 이 소설의 끝에 가서 폴 페니훼더는 새 사람이 되어 옥스퍼드 대학교로 돌아와 신학 공부를 계속하는데 그 때의 폴은 인생의 광적인 흐름을 물끄러미 바라보는 사람이지 거기에 적극적으로 참여하는 사람은 아니다.

두 번째 소설 『비열한 육체』는 1930년에 출판되었다. 이 소설 역시 불우한 주인공의 기구한 운명을 적어 가는 가운데 대전 이후 런던의 메이훼어(Mayfair) 상류 사회의 "멋진 젊은 것들"의 행각을 기록한 작품이다.

천진한 신진 작가로 나오는 주인공 애담 휀윅 사임즈(Adam Fenwick Symes)는 영국에 돌아오는 길에 세관에서 그가 쓴 자서전 원고가 외설물이라는 판정을 받는다. 원고는 곧 압수되어 불태워지는데 그로 인해서 애담은 돈을 버는 편법으로서 괴팍한 시골 지주의 딸 니나 블라운트(Nina Blount)와 결혼하기도 한다. 그 후 그의 인생에서 애담은 너절한 여자 부흥목사 멜로즈 에이프(Melorse Ape) 부인, 그리고 마일즈 맬프랙티스(Miles Malpractice), 아가사 런시블(Agatha Runcible)과 같은 "멋진 젊은 것들"을 만난다. 그런데 이들은 한결 같이 간교함과 비양심과 광적인 심성을 지니고 있어서 현대 사회에 살기에 알맞은 사람임에 반해 애담은 현세에 살기에 맞지 않아 늘 희생물적 인간으로 되고 마는 것이다. 다만 재미있는 점은 애담에게도 그 "멋진 젊은 것들"과 공감하는 성향이 역시 있다는 것이다.

이 소설에 담긴 유머는 『쇠퇴와 몰락』에서 보다 좀 더 "암흑"한 기미를 띠지만 그 웃음이란 속이 빈껍데기만의 웃음이다. 왜냐하면 그 "멋진 젊은 것들"의 광대 춤은 결국 광태를 부리는 세계에 대한 그들 나름의 인사이기 때문이다. 이 소설에서 워오는 짤막한 에피소드들을 재치있게 잘 병치시켜 나가면서 결론은 독자로 하여금 내리게 만든다. 그런 의미에서 이 소설은 미묘하면서도 효과적인 사회 비평이 된다. T. S. 엘리어트의 『황무지』를 방불케 하는 이 소설에는 작가 나름의 문명 비판과 통찰이 깃들여 있지만 엘리어트의 경우처럼 엄숙한 감은 없다.

『비열한 육체』를 집필하고 있던 중에 일어난 아내와의 이혼 문제로 충격이 컸던 워오는 무신론적인 입장에서 별안간 가톨릭교에 관심을 돌리기 시작, 1930년 가을 그는 가톨릭교에 입교하였다. 동시에 그는 1930년과 1931년에 아프리카 여행을 두 번에 걸쳐 하여 그 결과로 나온 것이 여행기 한 권과 세 번째 소설 『검은 땅의 장난(*Black Mischief*)』(1932)이다. 이 소설은 아프리카의 한 원시 국가를 "문명화"시키려는 사람들의 시도를 풍자한 소극(笑劇)에 가까운 작품이다. 옥스퍼드에 유학 갔다 온 세스(Seth) 황제는 문명에 대한 설익은 이해와 시대에 뒤떨어진 비전을 머리 속에 잔뜩 넣고 아자니아에 돌아와서 "내가 곧 신시대요, 내가 곧 미래의 시대니라"라고 호언장담한다. 황제가 손수 서양에서 도입한 장화와 콘돔을 보고 백성들이 그걸 먹어 대기까지 하는 것이 이 나라의 실정이다. 현대화부(現代化部) 장관으로 임명된 런던 출신의 베이실 실(Basil Seal)은 잔인한 악당이오, 권모술수도 잘 꾸미는 정력가이다. 처음에는 황제의 좋은 정책은 잘 실천하고 나쁜 계획은 알맞게 제쳐놓는다. 그러나 자기 어머니의 패물을 훔쳐 가지고 집을 나오는 정도의 베이실은 남의 연인을 훔치는 일도 밥 먹듯이 하게 된다. 이 나라를 훔쳐 먹으려 드는 영국과 프랑스의 세력 다툼 속에서 세스 황제가 독살을 당한 후 그의 장례 회식에서 베이실은 자기가 먹는 음식 속에 자기가 훔친 남의 연인의 몸이 들어 있는 것을 보고 혼비백산이 된다. 결국 그는 런던으로 돌아가지만 런던 역시 아자니아에 못지않는 야만의 도시임을 발견한다. 아자니아에는 부패와 무법상태가 여전히 계속된다.

워오는 1932년에 브라질과 영국영(領) 귀아나를 여행하였는데, 그것이 또 한 권의 여행기와 네 번째 소설 『한 줌의 흙(*A Handful of Dust*)』(1934)을 써 내는 계기가 되었다. 이 네 번째 소설은 『비열한 육체』나 『검은 땅의 장난』과 마찬가지로 소위 문명이라는 것이 지니는 정신적 가치를 파고 들면서 풍자한 것이다. 『한 줌의 흙』은 2차 대전 이전에 나온 워오의 소설 중에서 가장 우수한 것으로 알려져 있다. 주인공 토니 라스트(Tony Last)는 빅토리아 시대에 시골 마을에 지은 고딕 저택 "헤튼 애비(Hetton Abbey)"에 사는 가문의 마지막 장손이다. 전통과 오래된 관습을 믿는 그는 자기 수입의 태반을 고색창연한 저택을 현상 유지하는 일에 쓰고 있다. 그의 아내 브렌다(Brenda)는 남편의 취미와 가치를 전혀 이해하지 못하고 시골 생활에 권태를 느낀 나머지 런던의 사교계에 나가서 꽃나비와 같은 생활을 한다. 토니가 지켜 나가려고 무진히 애쓰는 헤튼 저택은 아서 왕 무용담이 한창 유행하던 빅토리아 시대에 건립된 것인데, 브렌다가 따로 쓰는 침실에는 아서 왕에게 불실하였던 왕후 귀네비어의 이름이 칭호로 붙어 있다. 개명된 현대 여성으로 자부하는 브렌다는 존 비버(John Beaver)라는 사교계의 약삭빠른 젊은이와 사귀다가 마침내 그 불륜의 관계를 남편에게 알리고 이혼하자고 나선다. 뿐만 아니라 토니가 제의한 액수의 몇 갑절에 해당되는 위자료를 청구한다. 그러한 돈을 지불하려면 헤튼 저택을 팔아야만 했던 토니는 분개한 나머지 부패와 탐욕으로 가득 찬 유럽의 문명을 등지고 남미의 원시림으로 찾아 들어간다. 그러나 남미 탐험 여행에서 그는 열병과 박쥐와 곤충의 시달림을 크게 받을 뿐만 아니라 역시 탕아로 있는 무역상인 토드(Todd)에게 붙잡힌다. 그리고 그 무식한 반 야만인의 강압에 못 이겨서 디킨즈의 소설을 그에게 되풀이 하여 읽어주며 나날을 보내지 않으면 안되는 신세가 되고 만다.

껍데기만 남은 유럽 문명

T. S. 엘리어트의 『황무지』에서 따 온 "한 줌의 흙"이라는 이 소설의 제목은 1차 대전 이후의 유럽 문명의 양상을 암시해줌과 동시에 작자 워오가 유럽 문명에 대해 가진 입장을 말해 주기도 한다. 마지막 단계에 이른 영국 사회는 정신면에서 죽어 버린 "흙"에 지나지 않는다는 것이다. 아무런 믿음도 목적의식도 없는 사회 성원들은 하나의 인간관계에서 또 하나의 인간관계로 전전하면서 정력과 활력을 찾을 뿐이다. 사회의 분위기는 무척 분주한 분위기지만 속이 빈껍데기만의 활동이 있을 뿐이다. 작자 워오는 이 소설 전체를 통해 현대 사회의 비속함과 타락한 윤리 도덕을 보수적인 입장에 서서 개탄하는 눈으로 바라보고 있다. 브렌다와 존 비버를 비롯하여 수많은 런던 사회의 속물들이 "한 줌의 흙"과도 같은 삶을 영위하고 있지만 그나마 그들의 가치 체계와 맞서서 문명의 옛 모습을 지켜보려는 토니 라스트는 비교적 작자의 공감을 받는 인물로 나타난다. 토니의 미약한 도덕심이라든가 그의 시대착오적인 행동 같은 것은 그 역시 20세기인으로서 한계가 있다는 좋은 증좌가 된다. 그러나 토니의 뒤를 이어 헤튼 저택을 떠맡는 리처드 라스트(Richard Last)와 그의 일가는 기질이 다른 사람들이다. 정력적이며 지모가 있는 이들은 시골 저택을 경제적으로 독립된 저택으로 회복시키려 노력하는 것이다. 따라서 헤튼 저택의 부활이라는 점에서 뿐만 아니라 그 저택이 상징하는 전통, 질서, 가족, 영국적 시골의 문화와 같은 가치에 있어서도 이 소설은 끝내 한 가닥의 희망을 드리우고 있다.

2차 대전 이전에 나온 워오의 풍자 소설 중에서 마지막으로 나온 『특종기사(*Scoop*)』(1938)는 "저널리스트에 관한 소설"이라는 부제를 가지고 언론에서 일어나는 일들을 비웃어 대는 장편이다. 소설의 줄거리는 아비씨니아에 특파원으로 나간 한 기자의 모험 행각과 그가 본사와 가졌던 관계를 그린 것이다. 워오 자신이 1935년에 아비씨니아의 여러 곳을 여행하고 그 땅을 합병할 목적으로 침공해 들어간 이탈리아 군대와 함께 종군 기자로서 전항을 보도한 바 있었다. 실은 그의 종군 경험을 비소설 산문으로 쓴 『워오의 아비씨니아 종군기(*Waugh in Abyssinia*)』가 1936년에 벌써 나와 있었다. 워오가 소속된 언론사인 「데일리 메일(*Daily Mail*)」지는 당시 이탈리아의 독재자 무쏠리니의 팟쇼당을 지지하는 노선을 취했으므로 워오의 글에서도 친(親)팟쇼적인 기미를 엿볼 수 있다. 『한 줌의 흙』의 주인공 토니 라스트와 『특종 기사』의 주인공 윌리엄 부트(William Boot)는 제각기 시골 환경 속에 파묻혀 사는 영국 남성으로서 거치른 세파에 시달린다는 점에서 유사한 데가 있다. 그러나 토니 라스트의 비참한 최후에 비하면 윌리엄 부트는 전쟁의 와중에서도 아무런 상처 없이 살아남는다. 『한 줌의 흙』이 워오가 런던에서 겪은 첫 결혼의 실패를 배후에 깔고 있었음에 반해서 『특종기사』는 1937년에 워오가 로라 허버트와 결혼하게 됨으로써 생긴 밝은 심경을 나타내주는 작품이라고 볼 수 있다.

역사가들이 2차 세계대전이라고 부르게 된 전쟁이 유럽에서 일어난 것은 1939년이었다. 처음 약 1년 정도의 기간은 선전 포고도 없이 서로 관망하고만 있는 가운데 전운(戰雲)이 유럽의 하늘을 덮고 있던 때여서 "가짜 전쟁(the phoney war)"이라고 말해지기도 했다. 36세가 된 워오는 어떤 형식으로든지 군에 입대해 보려고 여러 모로 애를 쓰다가 이 해에 영국 해병대 장교로 임관되었다. 1940년에 워오는 다카르 공략전에 참여하였고, 그 후 특공대에 지원하여 들어가서 중동 지방에 나가 근무하였다. 그는 군대 생활에 적합한 성격의 소유자는 아니었지만 전쟁이 일어난다는 것을 알고서부터는 참전을 해야 한다는 굳은 의지로 모든 일을 밀고 나갔었다. 참전 경험 그 자체를 중요시하였던 그는 자진해서 여러 부대를 전전하며 근무하였다. 『깃발을 더 많이 내보여라(*Put out More Flags*)』(1942)는 워오가 속해 있던 특공대가 중동에서 해체되면서 그가 귀국 도중 수송선 안에서 쓰기 시작한 것이다. 이 소설의 제목은 "술 취한 군인은 몇 갤런이든 술을 더 청구하고 그의 군인다운 명성을 올리기 위해 깃발을 더 많이 내보여야 한다(a drunk military man should order gallons and put out more flags in order to increase his military splendour)."라는 한 중국인 성자(聖者)의 글에서 유래된 것이다. 이 소설에서는 작자가 너무나도 나라에 충성하고 용맹을 찬미하여 냉소의 여지를 주지 않는가 하면, 또 "가짜 전쟁"에서 우물거리는 자세를 잡고 있는 나라들을 뚫어 보는 작자의 눈이 너무나도 명석하여 영웅적인 나팔 소리가 그의 귀에 들리지 않는다는 느낌을 주기도 한다. 이 소설의 주인공은 『검은 땅의 장난』의 주인공과 같은 이름을 가진 베이실 실인데, 그는 전쟁의 와중에서 혼란이 심할수록 거기에서 더 큰 사리(私利)를 얻어 내는 장난기 많은 기회주의자이다. 이 소설은 시시각각으로 변해 가는 전쟁상태 속에 사로잡혀 사는 인간들의 광적인 모습을 풍자한 것이다.

퇴폐에 감싸인 신앙의 신비

1942년에 워오는 레이코크 준장 휘하의 근위(近衛) 기병대에 전속되어 근무하였다. 1943년에 그는 낙하산 훈련을 받던 중 부상을 입어 이듬해인 1944년에는 군에서 무기한 휴가를 받고 있었는데, 이때 그는 좀 더 야심적인 작품을 쓰고 있었다. 같은 해에 그는 유고슬라비아의 티토 원수가 독일군과 맞서서 항쟁하고 있던 빨치산을 지원하는 영국 군사 고문단의 연락 장교로서 일하면서 유고슬라비아에 낙하산을 타고 들어가기도 하였다. 이 때 그가 자기 소설 원고의 교정본을 공중 투하로 받아서 동굴 속에서 원고 교정을 보고 있었다고 하는데, 이것이 바로 1945년에 발표된 『다시 찾아 본 브라이즈헤드(*Brideshead Revisited*)』(별항 해설 페이지 343~353 참조)라는 소설이었다.

워오의 소설 중에서 가장 낭만적이며 가장 물의를 많이 일으킨 이 소설은 영국의 한 귀족 집안의 가족들이 가톨릭 신앙의 안팎에서 겪는 행복과 불행, 그리고 그에 따라 그들의 영혼 세계에서 일어나는 변천을 한 다정다감한 청년이 2차 대전 와중에 향수에 잠긴 화자의 입장에서 추적하며 그린 것이다. 보는 사람의 시각에 따라 다르기는 하지만 이 소설에서 워오가 처음으로 가톨릭교의 주제를 가장 충실하게 다루었다고 말할 수 있다. 이 책이 나오자 독자들의 반응은 다양하게 나타났지만 그의 이전의 소설에 비해 더 넓은 폭의 독자층을 얻게 된 것만은 사실이었다. 특히 미국에서는 독자들의 성원이 크게 나타나서 그 때문에 워오는 미국 각지를 다니면서 강연을 하는 계기가 마련되었다.

『다시 찾아 본 브라이즈헤드』가 미국에서 "월간 출판 도서 클럽"의 추천 도서로 선정되면서부터 워오는 재정면에서 상당한 수익을 보았을 뿐만 아니라 영화 제작에 관한 제의도 몇 군데서 받았다. 영화 제작의 제의는 그 어느 것도 실현되지 못하였지만 그런 제의 때문에 워오는 1947년에 미국의 헐리우드를 방문하게 되었다. 그때 새로운 영감을 얻어 그가 쓴 소설이 『사랑 받은 사람(*The Loved One*)』(1948)이다.

이 소설은 캘리포니아 남부의 장례 산업계를 배경 삼아 거기에서 자행되는 기계적이며 비정하며 터무니없는 일들을 "죽음"의 모티브를 가지고 하나의 어두운 소극(笑劇)의 이야기로 엮은 것이다. 이 보다 8년 전에 올더스 헉슬리가 캘리포니아의 물질주의 문화를 풍자한 소설 『여러 해 여름이 지나고 백조는 죽다』와 맥을 같이 한다고도 볼 수 있다. 워오는 자기가 찾아가 본 부근의 공동묘지 "숲진 풀밭(Forest Lawn)"을 모델로 하여 "산들 바람 산림지(Whispering Glades)"라는 공동묘지를 작품의 중심 배경으로 삼는다. 유가족들에게 죽은 사람들의 영원한 삶이라는 상품을 팔아대는 터무니없는 미국 문화 환경 속에 찾아 든 주인공 영국인 시인 데니스 발로우(Denis Barlow)는 그 나름의 모든 지혜를 짜내면서 공동묘지 관리인이자 자신의 연적(戀敵)이 되기도 하는 죠이보이(Joyboy)로부터 돈을 윩어 내어 영국으로 돌아가 책을 쓴다. 부제가 "영미 간의 비극(An Anglo－American Tragedy)"이라고 붙여진 이 소설은 미국적인 순진(純眞)과 유럽적인 세속 경험의 만남을 문제점으로 삼았던 헨리 제임즈의 국제 주제 소설을 상당히 의식하였던 것 같다. 플롯상으로는 인물들이 어처구니없이 자살하여 죽어가기는 하지만 사실은 처절감을 자아내는 비극이 아니라 오히려 그들의 심리적 동기나 행동을 보면 우스꽝스러운 데가 더 많다. 뿐만 아니라 이 소설에 나타나는 영미인들 간의 관계는 제임즈의 소설에서 보던 것과는 정반대로 되어 있다. 유럽 사회 내의 미국인 교포 사회에서 일이 일어나는 것이 아니라 미국 사회 내의 영국인 교포 사회 내에서 일어나는 비리인 것이다.

그 다음에 나온 역사 소설 『헬레나(*Helena*)』(1950)는 워오가 1935년에 성지(聖地) 예루살렘과 팔레스타인을 방문한 이래로 늘 생각해 오던 종교적 주제의 소설이었다. 성지 방문 때 사실인즉 영국과 성지와의 사이에 맺어졌던 복잡하고도 긴밀한 관계를 말해 주는 일련의 소설을 막연히 계획하였었다고 워오는 후일 술회한 바 있다. 워오는 『헬레나』가 걸작품이 될 것이라고 측근자에게 말하기도 했지만 실제로 독자들의 반응은 그렇지 못하였다. 이 소설의 시대적 배경은 3~4세기이며, 여주인공 헬레나는 로마 황제가 될 남자와 결혼하는 영국 공주로 되어 나타난다(역사상 기록에 나타나는 헬레나의 출생지는 두 군데다. 즉 영국의 콜체스터가 그 하나요, 또 하나의 출생지는 터키의 피서지 드레파눔으로 되어 있다). 헬레나는 곧 아들을 낳는데 그가 후일의 로마 황제 콘스탄틴인 것이다. 헬레나는 자기 남편과 별거하였던 관계로 그녀의 생애의 태반을 궁정과는 떨어져서 살게 되는데, 콘스탄틴 황제가 베푸는 성년(聖年) 행사에 70세 된 황태후로서 로마에 간다. 기독교로 개종하게 된 그녀는 당시 로마 종교계의 상황에 지대한 관심을 표하면서 자기가 그리스도가 못 박혀 죽은 바로 그 십자가를 찾아내야 한다고 생각한 것이다. 많은 사람들이 생각했던 것과는 달리 그녀는 진짜 십자가 탐색에서 성공하였고, 그녀의 기도에 응답이 있어 콘스탄틴은 세계를 받게 된다. 워오는 종교적 주제를 가진 이 소설에 유머를 집어 넣어 주제와 기교 사이에 괴리 현상을 의도적으로 만들어냈다는 평을 듣기도 한다.

전쟁 상황과 도덕 이념

1952년부터 1962년까지 10년 사이에 워오는 2차 세계대전을 배경으로 한 공통된 주제의 소설 세 편을 썼으니, 『전사(戰士)들(*Men at Arms*)』(1952), 『장교와 신사들(*Officers and Gentlemen*)』(1955), 그리고 『전투의 종말(*The End of the Battle*)』(1962)이 그것이다. 워오는 1965년에 이들 세 작품을 『핏츠로운 대검(大劍)(*Sword of Honour*)』이라는 제목 하에 묶어서 3부작 소설로 내놓았다. 『다시 찾아 본 브라이즈헤드』와 같이 종교적 주제가 지배적으로 우러나는 이 3부작 전쟁 소설에서는 30대 말에 접어든 유복한 가톨릭 신사 가이 크라우취백(Guy Crouchback)이 2차 세계대전을 겪는 동안 정신적으로 각성하여 신의와 명예로움을 찾는 과정을 그리고 있다. 『명예로운 대검』은 1920년대와 1930년대에 나온 워오의 풍자 소설보다 더욱 음산한 분위기이지만 사건의 진행은 더욱 느릿하게 나간다. 세 권의 소설이 제각기 약 10여년의 간격을 둔 역사적 사건들을 배경 삼아 쓰여졌기 때문에 터무니없는 세상일들이 역사에 장기적으로 주는 함축적 의미가 더욱 날카롭게 부각된다. 이 3부작 소설을 일관하여 나타나는 것은 전쟁이 궁극적으로 남기는 결과에 대해 실망감을 가지고 되돌아보는 중년 후기의 작자의 시각이다.

『전사들』에서 주인공 가이 크라우취백은 전쟁이 발발하면서 순진한 희생자로서 그 와중에 뛰어든다. 아내와의 이혼으로 8년간이나 자존심을 잃고 살던 그는 군에 입대하여 잠시나마 자존심을 되찾는다. 그러나 어느새 그는 장교 훈련 과정에서 서투른 몸매라든가, 동기생에 대한 질투라든가, 콧수염을 기르는 일에 관해 허영심을 부리는 등, 싸움터에서 병사들을 이끄는 자질을 갖춘 장교가 아니라 철없는 학생에 알맞은 행동을 하고 있다. 『전사들』이 진정으로 자아내는 희극적 분위기는 보수적인 신사형인 주인공 자신이라기보다 그가 맞아 겪는 다른 인물들이나 사건들에서 우러나는 수가 많다. 예를 들어 육군 대위 앱소프(Apthorpe)는 소위 "허풍쟁이 군사(miles gloriosus)"의 전형을 이루는 희극적 인물이다. 흰 고래 가죽으로 만들었다고 하는 군화라든가 휴대용 야전 변기(便器) 같은 것에만 관심이 많은 그는 전투 장교라는 느낌을 하나도 주지 않는다. 군 작전에서 공격하는 것 밖에 아무것도 모르는 부대장 벤리치후크(Ben Ritchie-Hook)는 앱소프가 휴대용 야전 변기를 쓰고 있는 순간에 그것을 폭파시키는 장난질의 원흉이기도 하다. 『전사들』에서는 제 정신이 아닌 듯한 인물들이 권력 있는 자리를 좌우하고 있는 가운데 주인공 가이는 그들의 터무니없는 세계에 자기도 모르게 끌려 들어간다. 작품 속에서 보는 꽤 많은 희극적인 인물들에도 불구하고 전쟁의 정당성이나 수행 방식에 대해 점점 자신감을 잃고 있는 주인공 가이의 모습과 더불어 이 소설은 음산한 분위기에서 끝을 맺는다.

『장교와 신사들』에서 주인공 가이는 군대 생활의 비논리성을 더욱 배우게 되지만 처음에는 런던에서 클럽의 위락(慰樂) 분위기를 전쟁 중에 다시금 지어 내려는 장교들의 노력을 집중적으로 그리고 있다. 런던에서 특공대에 전속되는 가이는 한참 동안 특공대가 "영국의 꽃"이라고 생각하고 훈련 과정에서 만나는 장교 후보생 아이버 클레아(Ivor Claire)를 이상적인 영국 군인으로 본다. 그런데 크레타섬에서 영국군이 무질서한 후퇴 작전을 하는 과정에서 가이가 머리 속에 그린 "영국의 꽃"은 별안간 시들어 버린다. 가이 자신은 많은 시련 속에서도 평정(平靜)을 어느 정도 지켜 나가지만 그가 모시는 장교들은 영웅의 이미지를 잃고 만다. 예를 들어 그의 부대의 지휘관인 하운드(Hound) 소령은 후퇴하는 아군의 모습을 보고 실성하여 마구 도주하는 너절한 인물로 그려지는가 하면, 클레어 역시 적군에 항복할 일이 너무나도 아찔하여 자기가 거느리던 병사들을 버리고 인도로 도망치고 만다. 가이도 마침내 클레타섬을 빠져 나가는 보트에 편승하여 나오지만 지친 몸에다가 신경 쇠약에 빠지고 만다.

『전사들』에서와는 달리 이 두 번째 소설의 끝에 가서 가이는 명예심이 상실된 전쟁에서 자기가 다할 역할이 별로 없다는 것을 실감하게 된다. 가이가 느끼는 음울한 환멸감은 작자 워오 자신이 1950년대 중반기에 몸소 겪었던 정신적 고민을 심각히 밝혀주는 것이기도 하다. 바로 이 『장교와 신사들』의 원고의 3분의 1정도를 완성하고 나서 신경 쇠약증에 걸렸던 것인데, 이 소설의 끝에 나타나는 가이의 환각 경험은 워오 자신이 1954년에 가졌던 정신 착란증의 생생한 경험을 바탕으로 한 듯한 인상이 짙다. 그리고 이 소설의 끝부분에서 가이가 느끼는 신경 마비증 같은 것은 심신 양면에서 힘이 쇠퇴해 감을 느낀 워오 자신의 의식을 반영해 주는 것 같다. 워오 자신의 정신 착란증과 좀 더 직접적인 관계가 있는 작품은 『길버트 핀폴드의 시련(*The Ordeal of Gilbert Pinfold*)』(1957)이라는 반(半)자서전적인 소설이다. 이것은 주인공인 작가 핀폴드(Pinfold)가 불면증으로 처방약을 먹고 있다가 어느 날 갑자기 환몽 상태에 빠져 무의식적의 차원에서 기이하고 소름끼치는 감각 경험을 하는 이야기이다.

『전사들』과 『장교와 신사들』이 명예심과 영용함에 대한 가이의 환각을 제각기 오그라들게 하는 소설이었다면 3부작의 세 번째 소설 『전투의 종말』은 가이의 군대 생활이라든가 대전 때의 국제 정치라는 측면에서는 비슷한 패턴을 따르고 있지만 그의 개인 의식의 차원에서는 다소 새로운 국면을 보여준다. 군인으로서의 가이는 이 소설에서도 영웅적인 업적을 전혀 거두지 못한다. 유고슬라비에서 빨치산들의 손아귀에 들어간 유태인 피난민들을 구출해 내려고 가이는 무진히 애쓰지만 결과는 예상했던 것 같이 만족스럽지 못하다. 가이가 유고의 빨치산들과 싸우는 부분이라든가 영국이 공산권 국가들과 동맹 관계를 맺는 것을 보고 가이가 혐오를 느끼는 부분은 그가 보기에－그리고 작자 워오가 보기에－전쟁의 결말이 얼마나 불명예스러운 것으로 변했는가를 말해 주는 것이다.

이러한 부정적인 측면에도 불구하고 『전투의 종말』은 가이가 그 속에서 가톨릭교에 대한 믿음을 새로이 갖게 됨으로써 일루의 희망 같은 것을 비쳐주며 끝난다. 3부작의 먼저 두 소설에서는 가이의 종교는 동면 상태에 잠겨 있다시피 하였다. 아내와의 이혼으로 인해 그의 인생이 그야말로 목적을 잃은 삶이었던 것이다. 그런데 이 소설에서 가이는 신앙심이 깊었던 자기 부친이 세상을 떠나는 것을 계기로 명예로움이란 군사 전략의 "물량적인 판정"에 있는 것이 아니라 개인들의 영혼이 정신적 구원을 받는 일에 있다고 실감하게 된다. 전후의 신세계에는 사실 구세계의 신사의 전형인 가이 크라우치백이 설 자리가 없다고 해도 과언이 아니다. 새 세상에는 이제 자력으로 입신출세한 인물들이 주도권을 잡고 있는가 하면, 가이의 개인 생활면에서는 자기보다 신분이 낮은 트리머(Trimmer)라는 자가 가이의 전처 버지니아(Virginia)와 추잡한 관계를 가져서 아기가 생기게 되어 있다. 가이는 여기에서 버지니아와 재결합하는 결심을 내리는데, 그것은 버지니아에 대한 특별한 감정에서가 아니라 아기의 생명을 보존하고 나아가서는 그 아기의 영혼의 구원을 더 중요시하기 때문이다. 이것은 가이가 전쟁이 시작될 무렵에 추구하였던 영용함과는 다른 성격의 영용함이라고 할 수 있다. 장교이자 신사의 신분을 군혀

왔던 가이는 이제 자기 나름의 세계가 서서히 무너져 가는 것을 의식하면서도 오직 흔들리지 않는 가톨릭의 믿음 속에서 새로운 사회 질서를 조용히 받아들이고, 심지어는 그러한 질서의 도래를 고대하고 있는 것이다.

3부작 소설『명예로운 대검』은 여러 가지 면에서 워오의 문학적 생애에 알맞은 절정을 이루어주는 작품이다. 이 소설은 우선 대전 후 사회의 기이(奇異)와 부조리를 우스꽝스럽게 흉내내어 꼬집었을 뿐만 아니라 피상적인 풍자에서 한 걸음 더 나아가 대전 후의 정치 현상에 대해 좀더 뿌리 깊은 비판을 가하고 있다. 이 소설은 또한 종교적 가치에 대한 작자 자신의 공경심을 나타낼 뿐만 아니라 그러한 종교적 가치가 현대 사회에 이례적으로 존재한다는 사실을 인정하고 있다. 기교면에서 워오는 조역(助役)의 희극 인물들을 능률적인 필치로 포착하여 그들을 좀 더 정감적인 주역 인물의 구성 속에 잘 맞추어 넣어 주제를 우러나게 하는 탁월한 재주를 여기저기에서 보여준다. 이런 면에서 그는 18세기로 거슬러 올라가는 영국의 희극 소설의 전통을 되살리는 공헌을 하였다고 말할 수 있다.

워오는 1966년의 부활절 주인인 4월 10일에 미사에 참례하고 난 다음 고요히 세상을 떠났다. 이미 앞에서도 지적된 바와 같이 에블린 워오는 주로 풍자 작가로 높이 평가되어 왔다. 이것은 특히 1920년대와 1930년대의 무질서한 부조리의 세계를 그린 그의 풍자 소설에서 가장 잘 나타난다. 그의 소설은 광태를 부리고 있는 세계를 비춘 거울이라고 하여 마땅하다. 그의 초기 소설에서 워오는 영국 상류층의 활동을 암울한 유머를 가지고 묘사하는 기량을 보였을 뿐만 아니라 희극 작가로서 심미적 거리를 유지해가는 기교적 특성도 보였다. 그런데 초기 소설을 낼 때의 그가 작자의 입장에서 너무 속되고 웃음이 헤프고 잔악한 성미가 있다 하여 비난을 받은 적도 있다. 그러한 심성에서 극적인 변화가 있었다면 그것은 그의 가톨릭에의 개종 때부터였지 않나 싶다.『다시 찾아 본 브라이즈헤드』에서 좀 더 감상적인 주제로 전환함으로써 그는 이전의 소설의 독자층에서 보지 못하던 좀 더 광범한 층으로부터의 찬성에 목소리를 들을 수가 있었다. 2차 대전 이후부터 워오는 더욱 보수적인 경향을 나타내어, 종교적 주제에 몰두하고 소위 "보통사람의 시대"에 대한 혐오감을 기회가 있을 적마다 드러내었다. 그러나 그는 자신이 창조한 중심인물 가이 크라우취백과도 같이 구질서의 사람이면서 신질서와의 융화를 이루려는 노력을 아끼지도 않았다. 워오는 소설의 창작 외에 자서전, 전기(傳記), 여행기 등의 다른 산문 장르에도 손을 대었는데, 그럴 적마다 그는 정성스레 다듬은 산문체를 쓰는 것을 잊지 않았다. "고전적 솜씨"가 담긴 그의 문체를 보고는 그의 다른 면들을 비판하는 평가들도 찬양을 금치 못한다.

『다시 찾아 본 브라이즈헤드 *Brideshead Revisited*』 (1945)

플롯 개요

2차 세계 대전이 발발한 지 2, 3년이 되는 해의 봄 글래스고우시 경계선 바로 밖에 야영지를 차리고 있는 영국군 부대가 있다. 이 부대 소속의 C중대를 맡고 있는 찰즈 라이더(Charles Ryder) 대위는 3개월 전에 이곳에 진을 치고 들어왔던 자기 중대가 다른 지점으로 이동한다는 명령을 받고 부대 이동 준비에 바쁜 터이다.

마음이 우울한 라이더의 눈에 비치는 부대 야영지 부근의 정경은 황량하기 짝이 없다. 이전에는 목장과 농경지를 이루고 있었던 이 시골 마을은 전쟁 직전에 도시 개발 계획이 서서 그 옛 모습이 파괴될 찰나에 있었다. 콩크리트 도로가 하나 들어서기 시작했고 건설업자들이 하수도 공사를 한다고 도랑을 파놓은 데가 여기저기 보인다. 글래스고우시에서 야영지에 오는 도중에는 시에서 관리하는 정신병원 건물이 하나 서 있는데, 그 안에서 서성거리며 지나가는 부대 장병들에게 농을 해 대는 정신병 환자들의 고함 소리가 들린다. 3개월 이전에 이곳에 진을 치고 들어올 때만 해도 부대원들은 곧 중동 지방으로 파송될 것이라는 희망으로 부풀어 있었는데, 그동안 병사들은 실망에서 자포자기의 상태로 옮겨간다. 중대 안에서는 날이 밝자마자 꾀병을 앓는 사병들의 신음 소리에다가 불만이 하늘을 찌르는 군인들의 어두운 얼굴이 비친다.

나이 39세에 인생의 중년기에 접어든 라이더는 아내와의 사이에 사랑의 불길이 꺼져 감은 물론 인생 그 자체에 대한 정열마저 사그라져 오늘도 이 부대 이동의 와중에 자신의 인생 문제를 생각하기에 마음이 바쁘다. C중대의 소대장으로 최근에 온 후퍼(Hooper)라는 하급 장교가 라이더 대위의 신경을 약간 건드린다. 라이더가 보기에 후퍼는 장교 계급은 달았으되 신사다운 인격을 갖춘 인물은 되지 못한다. 그는 부하들과 편한 관계를 갖지 못하며 상관들에게서는 늘 꾸지람의 대상이 된다. 라이더는 후퍼에게 은혜를 베푸는 듯이 대하지만 사실은 그를 미워한다. 후퍼가

"젊은 영국"을 상징한다고 말하면서도 미래의 영국에 대해 희망을 걸지는 않는다.

이윽고 부대는 낡은 기차에 올라 목적지 xx지점을 향해 이동한다. 차중에서 최근에 새로 온 연대장이 실속 없는 훈시를 길게 늘어놓는다. 기차에서 내린 장병들은 철도 연변에 대기하고 있는 트럭에 비품과 식량을 실은 다음 새 야영지로 향한다. 새벽녘이라 어디가 어딘지도 모르는 숙소에 안내를 받고 들어간 라이더는 좀 잠들었다가 깨어나서 중대 부관에게 이 고장 이름을 묻는다. 이곳이 "브라이즈헤드"라는 대답을 듣는 순간 라이더는 어떤 고색창연한 마력을 가진 이름이 하늘에서 떨어지는 듯한 느낌에 압도되어 넋을 잃는다. 막사를 나온 라이더는 여기가 바로 20여 년 전 옥스퍼드 대학 재학 시절에 자기가 자주 찾아왔던 친구 부모님의 시골 저택임을 확인한다.

찰즈 라이더는 이제 20여 년 전 젊은 시절의 추억을 더듬는다. 그는 중상류층 가문의 출신이다. 대학 시절의 그는 방에 밴 고호의 복사판 그림 『해바라기』를 자랑스럽게 걸어 놓고 있다. 그는 일찍이 어머니를 여의고, 아버지와는 다소 냉전 속에서 인사만 차리는 그런 관계를 유지하고 있다. 예술에 관심이 많은 그는 종교면에서는 불가지론적인 입장을 취한다. 옥스퍼드에 들어오자마자 그는 장난감 곰을 껴안고 다니는 세바스티안 플라이트(Sebastian Flyte)라는 교우를 만나 급속히 그와 가까워진다. 찰즈는 옥스퍼드의 상급생인 사촌 재스퍼(Jasper)를 만나 그에게서 대학생활을 성실히 해 나가는 데에 필요한 충고를 받지만 별로 귀담아 듣지 않고 세바스티안을 중심으로 하는 한 패와 더 가까이 사귄다. 그 중에는 예술에 심취해 있는 앤소니 블랑쉬(Anthony Blanche)와 "퇴폐자"로 알려진 보이 멀캐스터(Boy Mulcaster)가 있다. 그 그룹에 끼어 들어간 찰즈는 돈을 쓰는 씀새도 더욱 헤퍼져서 그 해에는 자기 구좌의 잔고에서 550파운드를 초과하는 돈을 빼내어 쓰기도 한다.

방학이 되어 집에 막 돌아간 찰즈는 여전히 아버지와 냉전 관계를 가진다. 그러던 어느 날 세바스티안이 부상을 당했다는 전문을 받는다. 그는 브라이즈헤드로 급히 달려가 봤더니 세바스티안이 발목을 다친 것이었다. 브라이즈헤드 저택의 가장(家長)인 후작 마취메인 플라이트(Marchmain Flyte)는 1차 세계대전 직후 이탈리아로 살러 갔다가 거기에서 카라(Cara)라는 여인을 만나 그녀를 내연의 정부로 삼고 아주 거기에서 살고 있다. 마취메인 후작부인은 열렬한 가톨릭 신자인데, 네 자녀와 함께 영국에 남아 시골에 있는 브라이즈헤드 저택, 아니면 런던에 있는 마취메인 저택에 살고 있는 것이다. 찰즈는 후작 부인 외에 세바스티안의 큰 형 브라이즈헤드—일명 브라이디(Bridey), 큰누나 줄리아(Julia), 여동생 코델리아(Cordelia)를 각각 만난다. 한 달 후에 세바스티안은 발목이 낫자 찰즈와 함께 베니스로 여행을 떠난다. 거기서 그들은 마취메인 후작과 카라를 만나 나머지 방학 기간을 보낸다.

다음 학년에 찰즈는 착실한 학생 생활에 접어들고 있는데 세바스티안은 자유방종의 한 해를 보내고 나서도 마음이 내키지 않아 늘 시무룩해 있다. 학년 초에 찰즈는 옥스퍼드를 찾아 온 마취메인 후작부인을 만난다. 그녀가 찾아 온 목적은 옥스퍼드에서 역사 과목을 개인지도하는 젊은 연구생 쌤그라스(Samgrass)를 만나서 자기가 계획하고 있는 책의 출판에 관한 자문을 받고자 하는 것이다. 쌤그라스는 남의 일을 잘 도와주는 성품을 가진 사람이다. 찰즈는 후작부인을 다시 만나면서 그녀가 풍기는 매력 때문인지 더욱 친근해짐을 느낀다. 그래서 크리스마스 날만 빼고 앞으로 모든 휴가를 브라이즈헤드에 가서 지내겠다고 후작부인에게 약속한다. 1학기 중에 세바스티안과 찰즈와 보이 멀캐스터는 줄리아에게 청혼을 해 대고 있는 렉스 모트램(Rex Mottram)의 주선으로 런던에서 열리는 어느 자선 무도회에 참석한다. 무도회가 따분하기 짝이 없는 세 젊은이는 음주운전을 하는 세바스티안의 차가 경찰에 잡혔다가 렉스가 손을 써서 세 젊은이는 풀려 나온다.

분방한 행동을 한 세 젊은이는 다시 옥스퍼드로 돌아가서 이제는 후작부인의 부탁으로 쌤그라스의 엄격한 감시를 받으며 나머지 학기 기간을 보낸다. 브라이즈헤드에서 지낸 크리스마스는 쌤그라스가 자리를 차지하고 있음으로써 파티에 찬 물이 끼얹어진 셈이다. 옥스퍼드로 다시 돌아온 찰즈는 세바스티안이 현실에서 도피하기 위해서 술을 마신다는 것, 그리고 그가 자기 가족한테서 자꾸 벗어나려고 한다는 것을 깨닫기 시작한다. 부활절 휴가 때 브라이즈헤드 저택에 돌아온 세바스티안은 또 만취 상태에 빠진다. 그 후 후작부인이 세바스티안을 만나러 옥스퍼드에 오는데 그때도 그는 곤드레만드레가 된다. 얼마 후에 그는 옥스퍼드를 떠난다. 베니스에 사는 아버지를 찾아가 만난 다음 그는 쌤그라스의 감독 하에 유럽 각지를 돌아보는 것이 좋겠다는 권고를 받아들인다.

다음 크리스마스에 찰즈는 브라이즈헤드 저택에 초대되어 이미 여행에서 돌아온 세바스티안을 만난다. 세바스티안의 말에 의하면 여행 중에 세바스티안이 술을 마시는 것을 방지하게 위해 쌤그라스가 여비로 쓰는 돈을 완전히 통제하였다는 것이었다. 그런데도 세바스티안은 브라이즈헤드 저택에 내려오기 바로 전에 자신의 귀중품을 저당 잡히거나 돈을 꾸거나 하여 쌤그라스의 눈을 속여 가며 그 나름대로의 즐거운 크리스마스를 가졌다고 생각하지만 구체적인 내용은 하나도 기억하지 못한다. 후작부인은 세바스티안의 음주 행위를 막기 위해 이제 집안의 모든 술을 찬장 안에 넣어 잠그어 두기까지 하는 데도 별로 소용이 없다. 왜냐하면 세바스티안은 같이 가기로 한 사냥에 가지 않고 찰즈한테서 돈을 2파운드 빌려서 곤드레만드레가 되는 것이다. 이 사건으로 후작부인 앞에 얼굴이 서지 않게 된 찰즈는 브라이즈헤드를 떠나 파리로 간다. 유럽 여행의 이야기 전모가 알려지자 후작부인은 쌤그라스에게도 개인 지도를 그만두게 한다. 그리고 렉스 모트람에게 세바스티안을 데리고 스위스의 취리히에 있는 의사에게 가 보도록 하지만 세바스티안은 파리에서 그를 따돌리고 달아나 버린다.

한편 행실이 거친 캐나다인인 렉스 모트램은 줄리아가 좋은 점이 많아서이기도 하지만 지체 높은 마취메인 가문 때문에 끈질기게 그녀에게 청혼을 계속한다. 후작 자신은 그들의 결혼을 전적으로 찬동하지만 후작부인은 렉스의 사람됨이 못마땅하여 그에게 딸을 주는 것을 반대한다. 줄리아는 마침내 렉스와 약혼하기로 하고 그 약혼을 1년 동안 비밀에 붙이기로 한다. 정계와 경제계에서 명성을 떨치고 있는 렉스는 교회에서 크게 혼인식을 하고 싶은 터이라 카톨릭에 입교할 마음이지만 막상 혼인식 직전에 오빠 브라이디가 알아보니 렉스는 이미 결혼을 한번 한 적이 있고 6년 전에 이혼을 했다는 것이다. 가톨릭 예식을 올리지 못하게 된 렉스는 편법으로 개신교식 예식을 올려 결혼하고 만다.

수년 후 찰즈가 파리에서부터 런던으로 돌아오니까 마취메인 후작부인이 중병으로 죽어 가고 있다고 줄리아가 말한다. 후작 부인이 눈을 감기 전에 세바스티안이 와서 어머니를 봐야 하지 않겠느냐고 하며 줄리아가 간절한 부탁을 하여 찰즈는 모로코에 가 있는 세바스티안을 찾아 훼즈(Fez)로 간다. 영국 영사관을 통해 수소문하여 세바스티안이 있는 집을 찾아가 보니 룸메이트라고 하는 커어트(Kurt)가 세바스티안이 지금 입원 중이라고 말한다. 찰즈는 세바스티안이 완쾌하여 퇴원할 때까지 훼즈에 체류하면서 기다린다. 어느 날 아침 후작부인이 마침내 세상을 떠났다는 소식이 온다. 찰즈는 퇴원해서 집에 나와 있는 세바스티안을 보고 런던으로 돌아온다. 거기에서 장남 브라이디가 찰즈에게 마취메인 런던 저택의 그림을 그려 달라는 청탁을 한다. 이 저택이 곧 헐리게 되어 있어서 건축물을 주로 그리는 화가인 찰즈에게 미리 청탁을 하는 것이다.

그 후 거의 10년 동안 찰즈는 건축 화가로서 기량을 닦는 일에 힘을 쏟는다. 그리고 화집을 세 권이나 낸다. 뿐만 아니라 멕시코와 중부 아메리카의 후미진 고적들을 찾아다니며 영감을 받는대로 그림을 그려 뉴욕의 사물실로 보내곤 한다. 그동안 그는 보이 멀캐스터의 여동생 실리아(Celia)와 결혼도 하여 아들 하나 딸 하나를 두고 있다. 딸 캐롤린(Caroline)은 그가 중부 아메리카의 고적지를 탐방하고 있는 사이에 낳았기 때문에 아직 얼굴도 모르는 터이다. 2년간 밀림 속을 쏘다니고 난 찰즈는 뉴욕에 가서 자기 아내와 회동하고 다시 런던으로 가는 배를 탄다. 그런데 찰즈는 이 배 위에서 우연히 줄리아 모트램을 만나 두 사람은 어느덧 사랑에 빠진다. 영국에 돌아가서 그들의 사랑은 더욱 깊어진다.

2년 후에 브라이디는 세 아이를 가진 한 과부 베릴 머스프래트(Baryl Muspratt)와 결혼할 생각임을 공표한다. 줄리아가 브라이디에게 베릴을 데리고 와서 가족에게 소개하라고 말하니까 찰즈와 줄리아가 거기서 불륜(不倫)의 관계를 갖고 있는 것이 마음에 꺼려 베릴이 오지 않겠다고 한다고 브라이디는 말한다. 그런 관계가 자꾸 불안해진 줄리아는 찰즈에게 그와 결혼하고 싶다고 말한다. 결국 두 사람은 지금의 배우자들과 각각 이혼하는 조처를 취한다.

한편 스페인에서 의무대(醫務隊)에 속해 일하던 코델리아가 그 곳에서 전투가 끝날 무렵 귀국하여 모로코에 있는 세바스티안을 찾아갔던 이야기를 가족에게 한다. 그녀의 말에 의하면 다음과 같다. 세바스티안의 룸메이트인 커어트가 독일인들에게 잡혀서 독일로 압송되어 갔는데, 세바스티안이 거기까지 친구를 따라갔다. 커어트가 강제 수용소 안에서 자살하자 세바스티안은 모로코로 돌아와서 해변 일대를 방랑하다가 마침내는 카시지(Carthage)에 도달하였는데, 거기서 그는 평신도 교우의 자격으로 어느 수도원에 들어가 있으려고 했으나 거절을 당했다. 그가 다시 술을 마시기 시작하자 신부들은 그가 자주 다니는 술집을 추적해 보았는데, 그 한 집의 문 앞에서 실신 상태로 누워 있는 그를 발견하고 수도원에 데리고 들어갔다. 그는 이제 하급 수위(守衛)로 그 수도원에 평생토록 있을 계획이라는 것이다.

결혼한 브라이디가 브라이즈헤드 저택에 들어와 살 준비를 하고 있는

데 마취메인 후작이 이 시골 저택에 돌아와서 여생을 보내겠다는 의사를 표하여 그것이 전달된다. 새 며느리인 베릴을 무척 싫어하는 후작은 브라이즈헤드 저택을 아들과 며느리에게 유산으로 남기지 않고 줄리아와 찰즈에게 넘기겠다는 결심을 한다. 얼마 안 가서 후작의 건강이 나빠지기 시작하자 내연의 처 카라와 후작의 자녀들은 그가 가톨릭에 다시 입교해야 마땅하다고 생각하고 매케이(Mackay) 신부를 모셔 온다. 처음에 후작은 신부를 만나보지 않겠다고 한다. 그러나 그의 임종이 가까워 오는 것을 보고 줄리아가 다시 매케이 신부를 아버지의 병실에 모셔오자 병석에 누운 후작은 신부의 축원을 받아 십자가를 긋는다. 믿음과 회개로 숨을 거둔 아버지를 보고 줄리아는 충격을 받는다. 그리하여 곧 찰즈에게 그녀는 불륜의 관계를 청산하고 신의 자비를 구하기 위해 그와의 결혼을 포기한다고 말한다.

이야기는 새로운 야영지에 들어온 찰즈 라이더 대위의 현재 상황으로 다시 옮겨 간다. 라이더는 야영지 배치 담당 장교의 안내를 받아 브라이즈헤드 저택의 아래 층 방들을 둘러본다. 그는 군에 수용(收用)되지 않은 이 저택의 이층으로 올라가서 두리번 거리다가 옛날 보모로 있던 미스 호킨즈(Hawkins)를 만나 줄리아의 최근 소식을 듣는다. 줄리아와 코델리아는 지금 팔레스타인에 가 있으면서 전쟁이 끝나는 대로 영국에 돌아오기를 기다리고 있다. 그러는 동안 안내 장교를 통해 이 저택의 소유주가 줄리아 플라이트라는 사실도 알게 된다. 줄리아가 끝내 이 집을 아버지의 유산으로 받은 것이다. 안내 장교가 떠나간 다음 마지막으로 라이더 대위가 들린 곳은 이 저택에 붙은 작은 교회 건물이다. 오랫동안 버려졌는데도 피해를 입은 흔적이 별로 보이지 않는다. 조그만 붉은 초롱불이 교회 회당 문 앞에 켜져 있는 것이 라이더 대위의 가슴을 유난히 뜨겁게 해준다. 그는 새 야영지의 막사쪽으로 걸음을 서둘러 내려간다.

비평과 분석

『다시 찾아 본 브라이즈헤드』는 워오의 이전의 소설에서처럼 사회풍자에 역점을 둔 것이 아니라 인간 심령의 문제를 좀 더 깊이 있게, 그리고 심각하게 다룬 작품으로 알려져 있다. 워오는 이 책의 초판의 책커버에 찍힌 안내문에서 다음과 같이 기술하고 있다.

> 『다시 찾아 본 브라이즈헤드』는 웃기기 위해 쓴 책은 아니다. 익살의 구절들이 더러 있지만 주제는 대체로 낭만적이면서 동시에 내세(來世)적인 것을 잡았다. 이 책은 야심적인 작품이며 어찌 보면 너무 뱃심 좋은 것이 될지도 모른다. 이것은 이교적(異教的)인 세계에서 신(神)의 목적이 운용되는 것을 추적해 보자는 시도에 지나지 않는다.

여기서 "이교적인 세계"는 무엇이며, "신의 목적이 운용되는 것"이란 무엇일까? 이 소설의 배경을 우선 이 두 가지 명제를 가지고 살펴보기로 한다.

먼저 워오가 말하는 "이교적인 세계"는 브라이즈헤드라는 시골 대저택과 거기에 사는 가족들과 그들의 삶을 배경으로 하는 것이다. 워오는 이 대저택을 마취메인(그의 성은 플라이트)경(卿)의 선대가 18세기에 건립한 웅장한 건축물로 구상하여 냈는데, 이 이야기가 진행될 때 마취메인 가문은 가톨릭교를 믿는 가문인 것으로 되어 있다. 가톨릭 가문이 "이교적인 세계"와 무슨 관계일까 하는 의문이 곧 생기는데, 그것은 마취메인 가문의 종교적 배경을 더 알게 되면 쉽사리 풀리는 문제이다. 워오의 진의(眞意)는 가톨릭 소설을 기획하면서 영국의 가톨릭 역사의 낭만적인 면을 그 나름대로 솔직하게 담아 보려고 했던 것이다. 그래서 랭데일(Langdale), 하워드(Howard), 아룬델(Arundell) 등의 영국의 역사 깊은 가톨릭 가문의 생활양식을 그려 보겠다는 욕망이 마취메인 가문의 창조를 가져오게 하였다.

마취메인경의 집안은 전에는 영국 국교를 믿던 집안인데, 근년에 그가 역사 깊은 가톨릭 가문과 결혼함으로써 이 소설이 시작될 무렵에는 가톨릭이 된 것이다. 따라서 이 소설의 주제는 다른 가톨릭 소설에서처럼 사회에서 박해를 받는데도 불구하고 가정에서 구교(舊敎)인 가톨릭을 끝까지 고수한다는 그런 주제가 아니라 선대에서부터 찬란한 귀족 문화를 이어 받은 한 가문이 믿음의 뿌리가 별로 깊지 않은 가톨릭 가족으로서 살아 나가는 불경(不敬)스러운 이야기인 것이다. 예를 들어 세바스티안의 분방한 도피주의와 알콜 중독증, 마취메인경의 바이런적인 방종, 세바스티안의 친구 블랑쉬의 동성연애 성향, 줄리아와 남편 렉스 모트램의 거치른 행실 등이 그것이다. 워오의 "이교적인 세계"라는 표현은 이런 맥락에서 바라볼 수가 있다.

이 책의 부제(副題) "찰즈 라이더 대위의 성스럽고 불경스러운 회상(*The Sacred and Profane Memories of Captain Charles Ryder*)"은 마취메인 가문의 아

들 세바스티안과 딸 줄리아가 각각 행복을 추구하는 모습에 대한 회상 내용을 주로 말하는 것이지만, 회상하는 화자 라이더 자신이 불가지론자(不可知論者)로서 믿음이 없는 가운데 살아갔던 것이므로 이 소설은 라이더의 영혼 세계에서 일어나는 변화의 모습을 그린 이야기가 되기도 한다. 믿음이 극히 약했던 라이더가 처음에는 세바스티안에게 매혹되고, 그 다음에는 브라이즈헤드 저택에, 그리고 마침내는 줄리아에게 매혹되어 결혼 직전에까지 이르지만, 마지막 순간에 가서 신의 은총의 힘으로 줄리아의 뒤를 따라 가톨릭 신앙으로 찾아 들어가는 것은 삶의 목적을 잃고 사는 현대인들 사이에서 보기 드문 성스러운 면이다. 워오가 말하는 "신의 목적의 운용"이라는 명제를 우리는 이런 시각에서 바라볼 수가 있다.

이 소설의 형식적 구조는 크게 세 부분으로 나뉜다. 프롤로그에서는 2차 대전에 참전 중인 화자가 불편과 불결이 충만한 야영 생활의 현장을 현재의 시점에 서서 드러냄과 동시에 군대와 삶 그 자체에 대해서 느끼고 있는 자신의 불만을 토한다. 그의 부대가 새로 이동해 온 야영지가 그가 옛날에 자주 찾아와 놀던 친구의 집 브라이즈헤드 저택이라는 사실을 알고 라이더가 깜짝 놀라는 것으로 프롤로그는 끝난다.

중간부는 화자 라이더가 자신이 마취메인 가족들과 가졌던 지난날의 관계를 회상하는 내용인데, 중간부 자체가 두 부분으로 나뉜다. 중간부의 제1부는 공부만 아는 성실한 옥스퍼드 재학생 라이더가 세바스티안과 그의 친구들이 즐겨 갖는 비정상적이며 분방한 생활 스타일에 서서히 끌려 들어가는 과정, 마취메인 가족들이 향락주의와 가톨릭 신앙 간의 갈등을 겪다가 세바스티안과 줄리아가 각각 가족과 신앙을 떠나가는 과정, 우울에 싸인 세바스티안이 술로 나날을 보내다가 다시 집을 나가 아프리카에 가서 수도원에서 여생을 지내게 되는 이야기, 그리고 마취메인 후작부인의 죽음으로 이 가족의 믿음이 거의 완전히 소멸되고 그 가족의 믿음의 상징이던 부속 예배당의 문이 닫히는 이야기로 구성된다. 중간부의 제2부는 브라이즈헤드 저택을 떠난 지 10년이 된 직업 화가 라이더가 남미에서 돌아오는 항로에서 세바스티안의 누이 줄리아를 만나 뜻하지 않은 정교를 가지면서 열렬한 정사(情事)로 발전하는 과정, 마취메인경이 고향집에 돌아와 죽겠다고 하며 돌아와서 임종 때 가톨릭으로 다시 입교하는 이야기, 그리고 줄리아가 이미 각성하였던 양심과 신앙심을 가지고 회개로 들어가 라이더와의 정사에 끝을 내는 이야기로 구성되어 있다.

에필로그에서는 화자 라이더의 여태껏 회상했던 과거가 그의 심경에 어떠한 영향을 미쳤으며, 그것이 삶에 대한 그의 이해를 얼마나 바꾸어 놓았는가 하는 것을 화자의 현재적 시점을 통해 보여준다.

이와 같은 설화 형식의 구조를 통해 작가는 중간부의 회상된 내용들에 더 강렬한 느낌을 불어넣을 수 있었던 것이다. 즉 라이더가 회상을 시작하기 직전과 회상을 끝낸 직후인 처량한 현재의 상황에 비하면 그가 옛날에 옥스퍼드 교정에서 느꼈던 목가적인 분위기나 전통적인 귀족 가문의 화려한 분위기가 너무나도 감상적인 기운을 많이 불러일으키는 것이다. 작가 자신이 이미 이 소설의 초판 소개문에서 시사하였듯이 『다시 찾아 본 브라이즈헤드』는 상당한 낭만성과 감상적 분위기를 지닌 작품이다. 그러나 이 소설은 그런 낭만과 감상으로만 끝나는 작품은 물론 아니다. 라이더가 기술하는 회고의 이야기 속에는 라이더 자신이 현대의 한 속인(俗人)으로서 지니는 정신적 허공 상태와 멍청함이 여기저기에 나타나 아이러니를 자아낸다. 라이더는 때때로 환상에 사로잡혀서 관찰의 대상을 올바르게 보지 못하는 경우가 있다. 세바스티안이라는 인물에 처음부터 반한 라이더는 세바스티안이 내세우는 목가풍이라든가 분방한 젊음의 기상에 무조건 추종한다. 그러다가 세바스티안의 젠체하는 기풍이 알콜 중독증으로 변해 버린 다음에야 비로소 그에 대한 관심을 끊어버리고 냉소적인 태도로까지 변한다. 그 후에 라이더는 마취메인 후작부인에게도 매혹된다. 그녀는 브라이즈헤드 저택이 풍기는 매력의 많은 것, 즉 역사 오랜 가톨릭 귀족 가문의 덕목들을 대변하는 성스러운 여인으로서 인정받는다. 그러나 그녀가 자기 주위 사람들에게 불행의 씨를 뿌리는 파괴적인 인물이라는 것이 서서히 느껴지는 것이다. 세바스티안은 나중에 자기 어머니를 "요부(femme fatale)"라고 까지 부른다.

세바스티안은 비단 정신적 진공 상태에 빠진 라이더에게 뿐만 아니라 많은 사람들에게 수수께끼적인 존재이다. 그가 자신의 가톨릭 집안을 야릇하게 경원하고 동심(童心)에 계속 빠져 있는 데에는 적어도 세 가지 이유가 있다. 하나는 내연의 처를 데리고 해외에 나가 있는 아버지 마취메인경 때문에 상심하게 된 것인데, 그러면서도 그는 인간적으로는 아버지를 무척 가까이 느낀다. 두 번째로 그는 도덕가연하는 형 브라이디와 긴장된 관계를 지닌다. 브라이디는 표리(表裏)가 다른 이중 인격자일 뿐만 아니라 그가 아내로 맞은 베릴은 편견으로 뭉쳐진 가톨릭 신자로서 나타난다. 그는 한때 신부가 되기를 원했지만 장남으로서 작위와 저택을 물려받는 일에 최선을 다하라는 어머니의 간곡한 부탁에 따른다. 운명의 장난인지는 몰라도 그는 브라이즈헤드 저택을 이어 받지 못하고 딸인 줄리아가 이어 받는다. 세 번째로는 어머니의 극성스러운 신앙심에 세바스티안은 미쳐 못 따라가는 것이다. 아이러니칼하게도 극도로 성스러운 마취메인 후작부인은 그 성스러움이 자신의 남편을 쫓아내고, 귀여운 아들 세바스티안을 쫓아내고, 딸 줄리아로 하여금 아무 남자나 만나 집을 나가게 한 것이었다. 어머니가 세상을 떠난 후 세바스티안은 북아프리카의 수도원에서 천한 일을 하며 살지만 수도원의 수도사들은 그를 성인(聖人)으로 인정하기에 이른다. 하나님의 바보스러운 머슴인 그는 이제 하나님의 곁에 가까이 다가앉아 있는 것이다. 경박과 퇴폐의 물결을 타던 세바스티안이 꾸준히 공감을 잃지 않는 가운데 다루어지고, 마침내는 그의 퇴폐와 타락이 클라이막스에 이른 후에도 라이더가 추구하는 듯한 신성함과 별로 멀리 떨어져 있지 않다는 것은 워오의 성격 구성에서 가장 진묘한 부분을 이루는 것이라고 말할 수 있다.

브라이즈헤드 저택에 드나들던 일을 그만두고 10년만에 라이더가 줄리아와 사랑의 관계를 갖게 되는 것은 그가 그 전에 세바스티안과 가졌던 행복한 시절의 경험을 되찾으려는 시도인 것이다. 제각기 결혼 생활에 불만을 가지고 있는 라이더와 줄리아는 처음에는 세속적인 포부를 가지고 그것을 풀어 보려고 든다. 줄리아는 원래 오빠 브라이디나 여동생 코델리아와는 달리 믿음이 적은 실리적인 여자로 알려져 있다. 그러다가 브라이디의 윽박지름이 있었고, 그 다음에는 줄리아의 아버지의 임종 회개가 극적으로 일어났던 것이다. 아버지의 임종 회개가 있은 후 줄리아가 찰즈와의 결혼 약속을 취소하고 가톨릭교로 돌아가게 되자 라이더는 그 전에 자기가 세바스티안의 믿음을 과소 평가하였듯이 줄리아의 믿음도 과소 평가하였음을 깨닫게 된다. 이리하여 마치 전반부에서 라이더와 세바스틴이 구슬프게 헤어지던 분위기와 흡사한 구슬픈 기운을 남기면서 이 소설의 후반부의 이야기도 끝난다.

그런데 후반부에서 일어나는 세 가지 중요한 사건들—마취메인경이 규율이 없는 생활을 하다가 임종 때 회개를 하였다든가, 세바스티안이 모교회(母敎會)를 피해 나와서 결국 아프리카의 어느 수도원에서 일종의 평성자(平聖者)가 되고 만다든가, 집안에서 가장 "이교적"인 소질이 강했던 줄리아가 라이더보다 하나님이 더 필요하다 하며 교회로 돌아갔다든가 한 사건들—은 세속적인 차원에서는 얼른 납득이 가지 않는다. 그러나 얼마든지 일어날 수 있는 무한한 신의 은총의 의미를 워오는 미리 텍스트에 잘 꾸며 넣고 있다. 믿음이 강한 코델리아가 이렇게 말한다.

> "하느님이 그들을 오래 나가 있게 하지 않을 거예요. 세바스티안이 처음으로 술 취했던 날 저녁 엄마가 우리한테 읽어 주시던 그 이야기 기억나요—그 문제의 저녁 말이오. 브라운 신부가 이런 조로 말하더래요. '나는 그 도둑을 눈에 안 보이는 낚시와 눈에 안 보이는 낚시줄로 잡았지요. 그 낚시줄은 너무 길어서 잡히는 사람은 지구의 끝까지 가 있을 수도 있는데, 그래도 줄을 홱 잡아채기만 하면 이리로 와요."

결국 집을 나갔던 불신자들이 이런 식으로 해서 모두 돌아왔던 것이다.

라이더의 회고가 끝난 다음 에필로그에서 워오는 화자 라이더 자신이 지나간 몇 년 사이에 가톨릭교로 들어왔음을 밝히고 있다. 야영지로 화한 브라이즈헤드의 부속 예배당에서 조그만 붉은 불빛이 비쳐 나오는 것을 보고, 그 불빛 속에 그는 자기가 세바스티안과 줄리아를 통하여 추구하였던 영원한 사랑이 담겨 있음을 감지한다. 그리고 그는 미래에 대한 희망은 아닐지라도 은은한 만족 같은 것을 느껴 본다.

『다시 찾아 본 브라이즈헤드』에 종교적 의미가 짙게 담겨 있음은 부인할 수가 없다. 동시에 이 소설이 영국 귀족 문화에 아첨을 보내는 책이라고 평을 받을 정도로 작가가 귀족 문화에 대한 향수를 뿜어 넣은 점도 부인할 수가 없다. 그 모든 것에도 불구하고 이 소설은 1920년대 초부터 1940년대 초까지를 망라하는 서구와 영국의 사회와 문화를 배경삼아 이 시기를 풍미하던 젊은이들의 감정과 정서를 어디까지나 따스한 손끝으로 그린 작품임과 동시에 신의 은총의 문제를 달콤한 문화의 향기를 집어넣어 다룬 우화적인 소설이라고도 할 수 있다.

17. 그레암 그린 (Graham Greene)

생애와 작품

GRAHAM GREENE
(1904~1991)

그레암 그린은 1904년에 허트포드셔주에 있는 버크햄스테드라는 마을에서 태어났다. 여섯 자녀들 가운데서 넷째로 태어난 그는 버크햄스테드 중학교 교장으로 있던 아버지와는 정서적으로 썩 가까운 사이가 아니었다. 중학교 재학 당시 그레암을 잔인하게 괴롭히는 학우들이 몇이 있어 그들에게서 굴욕을 느낀 그레암은 도리어 자신이 강하다는 것을 보여주려는 극단적인 욕망을 드러내었다. 그런 교우들이 없었다면 자기는 평생 책 한 권 써 내는 의지도 길러 내지 못했을 것이라고 그린은 후에 말한 적이 있다. 이 불행하던 중등학교 시절에 그린은 자살을 몇 번이나 시도하였었는데, 그것은 목숨을 끊는다는 것 보다 삶에 대한 권태증을 피하려는 절실한 노력으로서 더 큰 의미가 있었다고 그린은 주장한다.

그 후 옥스퍼드 대학교로 진학하여 영문학과 현대사를 공부한 그는 한참 동안은 권태증을 피하기 위해 매일같이 술에 취해 있었다고 한다. 그의 옥스퍼드 재학 시절에 처녀 시집 『종알대는 4월(*Babbling April*)』(1925)이 세상에 나왔고 비슷한 시기에 만난 젊은 가톨릭 여성 비비언 브라우닝의 영향으로 1926년에 카톨릭 교인이 되었다(이듬해에 그는 비비언과 결혼하였다). 이때 그린은 「노팅햄 저널(*The Nottingham Journal*)」의 무보수 기자로 일하다가 그 다음에는 런던 「타임즈(*The Times*)」의 편집 차장으로 옮겨가서 일했다. 저널리스트로 일하면서 그린은 기자들이 흔히 쓰는 상투어를 깎아낸다든가 의미나 효과를 상실하지 않는 가운데 이야기를 간추리는 따위의 문장 훈련을 받았다.

역사적인 로망스에 속하는 그의 처녀 소설 『안쪽의 사나이(*The Man Within*)』(1929)가 하이네만 출판사에 의해 출판될 결정이 나자 그린은 「타임즈」사를 즉각 나와 작가로서 독자적인 삶을 영위하기 시작했다. 『안쪽의 사나이』에 이어 그린은 『행동의 이름(*The Name of Action*)』(1930)과 『해질 무렵의 소문(*Rumour at Nightfall*)』(1931)을 연달아 써냈지만 처음 세 편의 소설은 대체로 실패작이라는 결론을 얻게 되었다. 그렇게 된 원인을 찾아보는 과정에서 그는 자기가 작품 속에서 자서전적인 요소를 완전히 제외하려고 들었던 사실을 발견하였다. 자전적인 요소가 제거되다 보니 소설에 활력과 진실미가 결핍되게 되는 결과를 낳았던 것이다.

그린은 이제 소설을 "오락물(an entertainment)"로 씀으로써 수입을 올릴 필요성도 느끼게 되어 독자의 흥을 돋구는 문제에도 관심을 쏟았다. 이때부터 소설가 그린은 자신의 작품을 "본격 소설(novel)"과 "흥미 소설(entertainment)"로 분류하여 발표하는 것을 관례로 삼았는데, 그 분류 자체가 일관성을 결하는 듯하더니 1960년대에 가서는 실효를 상실하고 말았다. 어쨌든 "흥미 소설"에 대한 그의 관심의 결과로 나온 것이 네 번째 소설 『스탬블 열차(*Stamboul Train*)』(1932)이다. 이것은 선정(煽情)소설 또는 스릴러에 속하는 것으로 이야기 줄거리가 벨기에의 오스텐드(Ostend)에서 출발하여 터어키의 이스탠불(Istanbul)로 가는 "동방행 특급열차(Orient Express)" 안에서 일어난다. 이듬해에 이 책이 미국에서 나올 때는 『동방행 특급열차(*Orient Express*)』라는 제목으로 쓰여졌다. 이 소설에서부터 그린은 독자들의 호응을 크게 받기 시작하였는데, 특히 이 소설이 나오고 2년만에 그것이 그의 소설 작품으로서는 처음으로 영화화되었다는 사실이 소설의 인기에 크게 작용하였던 것 같다.

1934년에 그린은 여조카 바바라와 함께 서아프리카에 있는 리베리아의 중심부를 지도도 없이 도보로 횡단하였다. 여행 후 저술된 그의 여행기 『지도 없는 여로(*Journey without Maps*)』(1936)에는 그린의 생애에 전환점을 갖다 준 이 모험 행각이 생생하게 기록되어 있다. 좀 더 젊은 시절에는 죽음을 바람직한 것으로 보았던 그린이 사막의 경험을 가진 다음부터는 삶을 열렬히 사랑하는 사람이 되고 있다. 그는 자기 오막집에 들어와 사는 쥐들을 보고서도 이제는 그들을 생명의 일부로 쾌히 받아들이게 되었던 것이다. 그동안 그린은 『스탬불 열차』에서 다루었던 배신과 정의의 주제를 다시금 『여기는 싸움터(*It's a Battlefield*)』(1934), 『나를 만들어 낸 영국(*England Made Me*)』(1935)과 같은 소설에서도 다루고 그 외에 『팔게 내놓은 총(*A Gun for Sale*)』(1936)과 같은 스릴러를 속속 내고 있었다.

그레암 그린은 오늘날 종교적 주제의 소설을 쓴 작가로서 주로 알려져 있는데, 그의 소설에서 종교적 주제가 처음으로 줄기차게 나타난 것은 『브라이튼 록(*Brighten Rock*)』(1938)에서였다. 이 소설이 나오기 전까지의 그린은 주로 스릴러 작가로만 알려져 있었는데 『브라이튼 록』에서 그린은 스릴러의 요소를 완전히 버리지 않는 가운데 종교적 믿음이 직면하는 악의 문제를 제기함으로써 새로운 차원을 가미시키고 있다. 그린이 말하는 종교적 믿음은 물론 가톨릭교 또는 가톨릭의 가르침이라는 맥락에서 다루어지는 것이지만 그 초점이 가톨릭교 자체는 아니고 그의 작중 인물들의 생애에 있어서 종교적 신앙이 가지는 중요성이 어떠한가 하는 좀 더 넓은 데에 가해지고 있다.

죄의 삶과 믿음의 사이

『브라이튼 록』의 주인공 핑키 브라운(Pinkie Brown)은 그의 의지의 힘을 가지고 주위 사람들을 지배하는 한 폭력단의 단원을 핑키가 살해하고 나서 경찰의 추적을 받는 데서 시작된다. 폭력단 단장으로서 사치와 육욕의 생활에 눈이 어두워져 가톨릭교의 가르침을 거부한다. 그는 자기 생활 속에 악을 보고 알면서도 그것을 피하기는커녕 버젓이 맞아들인다. 그는 젊은 웨이트레스인 로우즈(Rose)와 결혼하는데 그것은 그녀를 사랑해서가 아니라 그녀가 아내가 되면 경찰에 자기를 고발하지 못하게 되기 때문이다. 믿음을 꾸준히 지켜 나가는 로우즈는 남편 핑키가 아무리 죄를 짓고 악을 행하여도 고해와 회개만 한다면 구원을 받을 것이라고 생각하지만 핑키는 그런 것을 믿지 않는다. 핑키는 스스로 택하여 영원히 벌을 받는 인물이다. 핑키는 경찰의 추적은 물론 폭력단에 의해 피살된 애인의 원수를 갚는다고 나선 여인 아이다 아놀드(Ida Arnold)의 추적도 받아 마침내 목숨을 끊지만 그린이 이 소설에서 제기한 선과 악의 갈등이 이것으로 해소된 것은 물론 아니다. 분명히 아이다는 정(正)과 사(邪)

를 판가름하는 지상의 가늠대를 대변하기는 하지만 그것은 어떤 시간과 공간에만 합당되는 상대적인 개념에 불과하다. 그린에게 있어서 선과 악이란 영원히 갈등을 일으키는 우주적인 세력으로서, 그것은 변함없는 보편성을 지닌 것이다. 선과 악이 궁극적으로 마주치는 문제는 구원과 저주라는 것인데, 믿음이 없는 아이다로서는 그런 차원을 이해하지 못한다.

『브라이튼 록』에서 그린은 종교적인 관점에서 본 악, 즉 타락(Fall)과 죄의 개념을 강조하고 있다. 고해와 회개를 하지 않으면 지은 죄는 곧 영원한 벌로 이어지는 것이며 영원한 벌은 지상의 정의(正義)를 넘어선다는 것인데, 그렇다고 가톨릭을 믿으며 자라난 이 악독한 주인공을 가차없이 영원한 저주의 운명으로 몰고 가지도 않는 것이 그린의 이 소설의 묘미이기도 하다. 핑키는 선과 악을 분간하지 못하고 자란 청소년 시절의 삶 때문에 그의 양심 자체가 깨우치지 못하였다고 그린은 전제하고 부도덕이 아니라 무도덕한 사람의 죄는 용서는 안 되어도 정상이 참작될 수는 있다고 보는 것이다. 핑키가 죽고 난 다음에도 그가 신의 은총을 받지 못하였을까 하여 고민하는 로우즈의 모습을 그린은 그리고 있다. 핑키의 장례식에서 돌아오면서 신부에게 들려서 위안을 구하는 로우즈에게 신부는 영혼의 구원이란 아주 최후의 순간에도 이루어질 수 있다는 가톨릭 교회의 가르침을 말하면서 "하나님의 자비에 놀라웁게 신기한 점은 당신도, 나도 그리고 어느 누구도 가려낼 수 없는 것"이라고 말한다. 가톨릭 신부는 물론 저주받은 남편의 운명을 염려하는 로우즈의 마음을 달래준다는 뜻에서 말한 것이지만, 로우즈가 그 말로 인해 위안을 받았다는 증거는 뚜렷하지 않다. 결국 이 소설에서는 선과 악 사이에서 벌어진 각투가 인간 의식의 차원에서는 해결되지 못하였다는 인상이 짙다.

죄인과 성인(聖人)

1938년에 『브라이튼 록』이 출판되기에 앞서 그린은 멕시코를 방문하여 그곳 군사정부가 가톨릭 신부들과 신자들을 박해하는 상황을 조사 보고해 달라는 가톨릭 교회의 위임을 받았다. 1934년의 아프리카 여행만큼 즐거운 것은 못되었지만 그 여행의 경험은 여행기 『무법의 길(*The Lawless Roads*)』(1939) 속에 잘 나타나 있다(같은 1939년에는 또 하나의 스릴러 『비밀 정보원(*The Confidential Agent*)』이 나왔다). 뿐만 아니라 이 여행에서 얻은 견문을 그린은 그의 걸작 소설로 널리 알려지게 된 『권세와 영광(*The Power and the Glory*)』(1940)에서 대부분 반영시켰다. 이 소설은 같은 해에 미국에서 『미로(迷路)(*Labyrinthine Ways*)』라는 제목 아래 출판되었는데 인기를 얻지 못하였다. 그러나 다시 원제목을 가지고 새로운 판으로 나와서는 독자를 더 많이 얻을 수 있었다.

『권세와 영광』은 단순히 스릴러로서 읽어도 무방할 정도로 선정적인 요소가 짙은 작품이다. 표면에 나타나는 것으로만 본다면 혁명 정부의 법에 의해 가톨릭교가 불법 종교로 선언된 멕시코의 어느 지방에서 홀로 시무하고 있는 가톨릭 신부를 군사 정부에서 일하는 반종교적인 한 경위(警衛)가 추적해대는 흥미진진한 이야기인데, 사실인즉 이 소설의 진정한 드라마는 신부의 영혼 세계에서 일어나고 있는 것이다. 그런 점에서 이 소설은 『브라이튼 록』에서보다 종교적 요소가 더욱 심화된 작품으로 여겨진다. 몬테즈(Montez)라는 이름으로 알려진 가톨릭 신부는 원래부터 속악함을 다분히 지니고 있는 신부이다. 혁명 전에 교회의 지위가 확고하였던 때부터 그는 사생아 딸의 아버지일 뿐만 아니라 음주를 심하게 하여 "위스키 신부"라는 이름까지 붙어 있다. 그러나 그는 영혼을 공공연히 악마에게 팔아 버린 멕시코 나라에서 하나님의 사업을 한다고 끝까지 남아 있는 유일한 가톨릭교인인 것이다. 그는 그의 머리에 붙은 현상금에 탐을 내는 시골 농부들이 언제 자기를 당국에 찔러 넣을지도 모르는 위험 속에서 밤낮 살고 있다. 그는 자신이 저 세상에 가서 과연 은총을 받을 수 있을까 하고 회의도 품고, 자기 연민으로 울기도 하고, 인간적인 고독도 많이 느끼지만 자기가 보는 선과 악 사이에서 선을, 즉 영혼의 구원을 추구하는 가톨릭의 길을 스스로 택함으로써 영혼의 세계를 매도하는 자들의 손에 죽고 만다. 다시 말해서 신부는 음주와 음탕 등의 세속적인 죄를 지은 속악한 존재이기는 하지만, 일단 사제로서 궁극적인 도전을 받았을 때에는 그에게 주어진 사명을 죽음을 무릅쓰고 다하는 것이다.

가톨릭 신부가 속악한 인물로 그려졌음에 반해 신부를 끝까지 추적하는 경위는 반종교적인 혁명 사상을 가진 자임에도 불구하고 근본적으로는 선하고 영예로운 생각을 지닌 인도주의자이다. 인간 생존의 근원이 초자연적인 계시에 있는 것이 아니라 전적으로 자연적인 것에 있음을 믿는 경위는 가톨릭 교회가 백성들에게 정신면의 욕구를 충족시켜준다는 사명에만 눈이 어두워져 그들이 물질면의 빈곤을 덜어주는 일을 소홀히 하였다고 주장한다. 이러한 이성적인 주장은 그 나름의 설득력을 지닌 것으로 현대 혁명 정치 사상가들이 자주 내세우는 반종교적 주장에 속하는 것이다.

제2차 세계대전이 발발하자 그린은 방공(防空) 감시원의 일을 하면서 군 복무를 수행하고 있다가 그후 외무성에 속하게 되어 1941년에 서아프리카에 있는 영국 영토 시에라 리온의 수도 후리타운에 파견되어 그곳에서 2년간 복무하였다. 1943년에 그는 『공포의 봉사(*The Ministry of Fear*)』라는 흥미 소설을 써 냈는데, 그의 흥미 소설 가운데서도 이 소설은 환몽적 충격을 줄만한 요소를 가장 많이 내포한 소설이다. 이 소설의 주인공 아서 로우(Arthur Rowe)는 아내의 병고(病苦)를 덜어주기 위해 안식사를 시키지만 나중에 그는 자기가 덜어주려던 것이 아내의 괴로움이 아니라 죽어가는 아내를 지켜보면서 겪는 자기 자신의 고통이 아니었던가 하는 의혹을 갖게 된다. 자비가 아니라 연민이 다른 인간들에게 미치는 처참한 영향이라는 주제가 이 소설에서 다루어졌던 것인데, 연민이 무서운 자만심에까지 미칠 수 있다는 점은 그린의 다음 작품에까지 옮겨 간다.

다음에 나온 그의 걸작 『문제의 핵심(*The Heart of the Matter*)』(1948) (별항 해설 페이지 365~373 참조)의 배경과 인물 구성은 그린의 후리타운 체제 경험에서 우러난 바 크다. 이 소설에서도 그린은 『브라이튼 록』이나 『권세와 영광』에서 처럼 가톨릭 신앙을 가진 인물들이 내심에서 겪는 정신적 · 심리적 딜레마를 탐지해 나간다. 주인공은 부패가 만연되어 있는 아프리카의 한 항구 도시의 경찰 간부 스코비(Scobie) 경감이다. 중년에 들었어도 비리를 일삼는 주변의 사람들과 타협할 줄 몰라 승진의 길이 막혀 버린데다가 조화를 이룰 줄 모르는 아내에게마저 시달림을 받아 스코비는 행복을 누리고 살 희망을 거의 잃고 있는데, 한 젊은 여인이 나타나면서 연애 관계가 이루어진다. 이 소설의 제목이기도 한 "문제의 핵심"은 바로 스코비가 가진 가톨릭 신앙인 바, 그는 자신에게 의존하는 사람들의 행복과 마음의 평화를 보장해 주어야겠다는 절실한 욕망에서 그 가톨릭 신앙을 위태로운 지경에까지 몰고 간다. 어떤 독자들에게는 그린의 종교사상이 그의 작품에 완전히 동화되지 못하였다는 느낌이 없지 않으나 이 세계에서 인간의 타락을 몸서리나게 느끼게끔 하는 이야기꾼의 솜씨를 그가 잘 보여주고 있는 것만은 사실이다. 『문제의 핵심』은 비평가들과 지식인들 사이에서 가장 많이 논의된 그린의 작품들 중의 하나이다. 2차대전이 끝나자 그린은 곧 비엔나를 방문하였는데 그때 얻은 소재로 스릴러 『제3의 사나이(*The Third Man*)』(1950)을 써 내었다.

인간의 사랑과 하나님의 사랑

작품에서 종교적 주제를 자주 다룬 그린은 작품의 설화적 방식에 정신을 꽤 쏟은 작가이기도 하였다. 『정사(情事)의 종말(*The End of the Affair*)』(1951)은 작자의 자의식적인 색채가 유달리 강한 작품이다. 이 소설은 직업이 소설가이며 신앙심이 없는 모리스 벤드릭스(Maurice Bendrix)가 자신이 수년 전에 경험한 정사(情事), 즉 사랑과 미움의 이야기를 적은 수기(手記)의 형식으로 되어 있다. 벤드릭스는 고급 관료의 세계를 제재로 한 소설을 쓸 생각으로 자료를 수집하는 과정에서 어떤 관료의 아내를 대전(大戰) 중의 런던에서 만나 알게 된다. 쌔라(Sarah)라는 이름의 이 내연의 여인 역시 믿음이 없지만 어느 날 벤드릭스가 숨이 끊어진 것으로 알자 그를 살게 해주면 믿음을 갖겠다고 하나님 앞에 맹세한다. 그런데 벤드릭스가 막상 살아나 보니 쌔라는 벤드릭스를 저버리고 다른 사랑을 찾아 떠나가 버린 것이다. 그 다른 사랑이란 다름 아닌 하나님이다. 이러한 연적(戀敵)을 실감할 수밖에 없는 벤드릭스는 그 연적을 미워할 뿐만 아니라 그를 더 이상 믿지도 못한다. 주인공의 시점을 묘사하고 나서 그린은 여주인공의 일기가 그녀의 애인의 손에 들어오게 만드는데, 그 일기를 통해 독자는 여주인공이 겪은 정신적 번민이 어떠하였던가를 알게 된다. 사실 이 소설의 주된 관심사는 이 정신적 번민이라는 데에 있다. 『문제의 핵심』에서 그린이 다룬 종교사상이 일부 비평가들의 가혹한 비판의 대상이 되었던 것에 비해 『정사의 종말』에서는 작가가 종교적 주제를 훌륭히, 그리고 도발적으로 사용하였다는 호평이 나왔다.

그린이 창작력을 열심히 쏟아 넣은 세 작품, 즉 『권세와 영광』, 『문제의 핵심』 그리고 『정사의 종말』은 모두 공통적으로 인간의 내면세계에 관심을 집중시킨 것이었다. 이러한 진한 내면 의식의 취급에서 다소 기력이 탕진된 듯이 보이는 그린은 그 다음부터 외면 세계에서 일어나는 공적인 일들에서 영감을 받아 작품을 시작했다. 『조용한 미국인(*The Quiet American*)』(1955)이 그 좋은 예이다. 이 소설의 배경은 베트남인데, 그린은 1951년부터 1955년까지 4년에 걸쳐 겨울철에 두 신문 「썬데이 타임즈」와 「르 휘가로」를 위해 프랑스 식민지 베트남에서의 전쟁을 취재 보도하면서 현지 상황에 대한 감각을 길렀던 것이다.

이 소설의 주인공 올든 파일(Alden Pyle)은 천진난만하고 이상주의적인 미국인인데, 그의 순진한 성격이 여기서는 장점이 아니라 단점으로 되어 나타난다. 이전의 그린의 소설에서는 순진이라는 덕목이 부패의 힘이 작용하는 발판이든가 아니면 부패 그 자체와 대조되는 자질이었지만 여기에서는 그렇지 않다. 파일의 이상주의적인 이념 외에 여기에는 소위 "제3세력"이라고 일컬어지는 권력 숭배 세력의 두목 떼(Thé)장군과 비교적 공평무사한 프랑스의 경찰 간부 뷔고(Vigot), 그리고 근본적으로 선하고 고결한 심성이지만 세상 경험을 통해 냉소적이 된 유럽인 기자 파울러(Fowler)가 각각 갖는 이념들이 개재되고 있다. 그린이 이 소설에서 전달하려는 핵심적인 의미는 경험에 젖지 않은 이상주의는 권력숭배 세력의 강압을 받는 세계에서는 위태로운 존재가 될 수밖에 없다는 것이다. 프랑스의 베트남 식민통치 말기에 미국 경제 원조단의 단원으로 와서 활동하는 파일이 떼 장군 측에 폭탄 제조가 가능한 재료를 제공해 줌으로써 사이공 시내에서 민간인들을 대량 학살하는 폭파 사건으로 이어지게 했다고 하는 반미(反美)적인 스토리에 대한 반발, 그리고 파울러의 중립주의 사상이 친공(親共)으로 기울어진 그린의 입장과 거의 동일하다는 등의 비판으로 이 소설은 한때 미국에서 상당한 물의를 일으킨 바 있다.

그 다음의 소설 『하봐나의 우리 정보원(*Our Man in Havana*)』(1958)도 역시 외면 세계의 공적인 일을 다룬 작품이다. 카스트로의 혁명 세력이 바티스타의 독재 하에서 봉기를 일으키던 혁명 초기의 큐바를 무대로 한 이 작품은 멜로드라마가 많이 섞인 흥미 위주의 소설이다. 영국의 정보부에 고용된 현지의 정보원 워몰드(Wormold)는 전기 청소기 판매원인데, 자신이 맡은 정보 제공의 과업에서 엉터리 보고를 해 댐으로써 영국 정보망의 허점을 우스꽝스럽게 드러내는 이야기이다. 이전의 그린의 소설과 흡사하게 순진과 부패의 이미지가 심심치 않게 나오는가 하면 세속적인 맥락이기는 하지만 남을 돕기 위해 자신이 저주받는 것을 하나도 꺼려하지 않는 사나이의 이야기도 역시 이전에 보던 플롯과 흡사한 데가 있다.

딜레마에 빠진 믿음과 심령

외면 세계의 사건들을 다룬 이 두 작품 다음에 그린은 정신세계의 영역을 다음 걸작품 『절단 난 환자(*A Burnt Out Case*)』(1961)에서 다시 심도 있게 다루고 있다. 이 소설의 배경은 중부 아프리카에 있는 한 나병 요양소인데, 이것은 1958년에 그린이 벨기에 영토 콩고에 있는 나병환자 마을을 방문하였을 때 얻은 견문을 바탕으로 한 것이다. 이 소설의 주인공 퀘리(Querry)는 영혼이 메말라 버린 가톨릭 신자로서 그린 자신을 우연히 닮았다고 하기에는 너무나도 닮은 점이 많은 인물이다. 일찍이 교회 건축 설계사로 화려한 성공을 거두었던 그는 세속적인 의미의 만족이 갖는 한계를 벌써부터 느끼기 시작하여 이제는 마음의 고갈 상태에 완전히 다다른 것이다. 그는 자신의 믿음도, 직업도, 그리고 한때 무척 즐기던 여자 관계마저도 이제 와서는 다 헛된 것으로 보고 있다. 세상에서 바라는 것이란 아무 것도 없고, 어느 누구와 더불어 나눌 것도 없는 그는 강물을 따라 아프리카의 오지(奧旨)에 있는 나병 요양소로 찾아온다. 영어로 "the burnt-out"라는 말은 병이 진행될대로 진행되다가 멈추기는 하였으되 손발이 절단 나서 아무런 감각도 없는 불구의 상태에 빠진 나병 환자를 두고 하는 말이다. 이 소설에서 육체면에서 실제로 이러한 "절단 난 환자"가 된 사람은 퀘리의 시종 데오 그라티아스(Deo Gratias)이지만 정신면에서 일종의 수족(手足) 절단의 상황을 겪고 있는 것은 바로 주인공 퀘리인 것이다. 그러나 나병 요양원에서 그가 만나는 의사 콜린(Colin) 박사와 가톨릭 신부들을 통하여 퀘리는 신음하는 인간들에 대한 진정한 자비와 이해를 배우고, 나병 환자들을 통하여 고난과 불행이 무엇인가를 절실히 배우게 된다. 『절단 난 환자』는 물론 그린의 최우수작은 아니지만 『브라이튼 록』, 『권세와 영광』, 『문제의 핵심』, 『정사의 종말』 등의 우수 작품들과 공통적으로 딜레마에 빠진 믿음과 심령의 문제를 집요하게 파헤치면서 구원의 길을 모색한 진지한 작품이라 하여 마땅하다.

『희극쟁이들(*The Comedians*)』(1966)은 헤이티의 독재자 듀봐리에가 폭정을 하고 있던 정치 상황 속에서 사회 참여라는 과제를 브라운(Brown), 스미스(Smith), 존즈(Jones)와 같은 인물들이 제각기 다른 반응을 보이는 과정을 묘사하고 있다. 그린이 표출한 헤이티는 지상의 지옥과도 같은 곳임에 틀림없지만, 결국 참여라는 결과를 가져오는 그런 믿음에 의해서 장차 벌충될 인간 지옥인 것이다. 그린 자신이 이 소설에 관하여 듀봐리에의 폭정과 싸우기 위해 작품을 쓴 것이라고 술회한 바 있고, 이 책이 나오자마자 듀봐리에와 그의 일당이 심한 욕설을 퍼부은 일도 있었다.

그린은 60년대 말부터 80년대 초까지 꾸준히 작품을 써 내었다. 작품들을 열거하자면 『숙모와 같이 다닌 여행(*Travels with My Aunt*)』(1969), 『명예 영사(*The Honorary Consul*)』(1973), 『인간적 요인(*The Human Factor*)』(1978),

『제네바의 휘셔 박사(*Dr. Fischer of Geneva*)』(1980), 『몽시뇨 퀴호테(*Monsignor Quixote*)』(1982), 『대위와 적(*The Captain and the Enemy*)』(1988) 등이다. 이 작품들은 그린의 애독자들이 열심히 읽고, 비평가들도 정중하게 평을 한 것들이기는 하지만 이미 쌓아 올려진 그레암 그린의 소설가로서의 명성을 더 올리거나 내리거나 할 정도로 특별한 소설은 아니었다.

작가 그레암 그린은 여러 개의 문학 장르에서 글을 썼다. 그는 우선 시집 3권, 희곡집 5권, 여행기 3권, 비평논문 3권, 전기 1권, 자서전기 2권, 그리고 단편집 3권을 썼는데, 그의 작가적 명성은 25권이나 되는 그의 장편소설에 있다. 어쨌든 그는 다재다능한 문인인 것만은 틀림이 없다.

소설가로서의 그는 여러 가지 장점 또는 특색을 나타냈는데, 우선 그 하나는 그의 주요 작품을 통해 몇 가지 반복되는 주제를 가지고 나온다는 것이다. 인간과 신(神)과의 관계라든가, 인간은 필연적으로 타락하며 그래서 결국은 보상과 구원을 필요로 한다는 따위의 주제는 그의 주요 소설에서 언제나 찾아볼 수 있다. 타락과 구원과의 관계로 말하자면 그린의 소설의 맥락에서는 신의 은총을 향해 부단히 씨름을 하는 사람만이 죄의 굴레에서 벗어날 수 있다는 것이다. 그러므로 죄와 타락을 겪은 인간이 신에게 가장 가까이 할 수 있다는 오묘한 진리가 자주 제시된다.

이와 관련하여 그린의 소설에 나타나는 또 하나의 특색은 인간의 내면세계에서 부단히 진행되는 선과 악의 쟁투에서 작가가 악마의 편을 드는 듯하면서도 작중 인물의 갈린 심리를 다루고 있다는 것이다. 이러한 종교적 주제가 유달리 가톨릭교의 교의(敎義)와 교훈을 바탕으로 하고 있기 때문에 그린은 "가톨릭 소설가"라는 호칭을 받기도 한다. 그린 자신은 그런 호칭을 받기를 별로 원치 않는다. 신의 은총을 받을 태세가 되어 있지 않은 사람들에 대해 절망감 같은 것을 나타내 보이는 그린의 태도라든가, 인간 내면세계에서 진행되는 선과 악의 쟁투에 지나친 관심을 보이는 그린의 도덕적 입장이 너무 보수적이거나 설득력이 없는 것이 아닐까 하는 독자들도 더러 있다. 그러나 그린의 소설은 종교적 메시지로서가 아니라 인간 생존의 조건이 갖는 깊은 의미와 나아가서는 그것의 비극적인 역설 같은 것을 우리에게 터득케 하는 도덕적 우화로 봐야 한다는 견해가 지배적이다.

소설가로서 그린이 가진 또 하나의 특색은 그의 이야기들이 흥미진진하고 플롯이 팽팽히 짜여져 있다는 것이다. 로버트 루이스 스티븐슨(Robert

Louis Stevenson)과 모험담 작가로 이름 난 존 뷰칸(John Buchan)의 영향을 일찍이 받았다고 하는 그린은 흥미에 취중한 소위 "가벼운" 작품들을 꽤 많이 낸 것은 사실이지만 그 대부분이 3류 작가가 내는 따위의 소설은 아니었다. 그린은 독자에게 기쁨과 즐거움을 준다는 단순한 목적에서 소위 "고급 예술"로서의 소설에서 의도적으로 벗어나기도 하였지만, 흥미 위주의 소설을 쓰고 있는 동안에도 무지각한 또는 무도덕한 환락을 무턱대고 주는 글은 쓰지 않았다. 그의 많은 소설이 흥미에 취중한 것이 되다 보니 1950년대 이후에는 수많은 관객들이 그의 소설을 읽기도 전에 영화로서 그를 소개받는 경우가 허다하였다. 한편 그린은 소설의 기교가 영화 때문에 영향을 강하게 받는 경우가 있었다. 그의 대부분의 소설이 영화에서 많이 쓰는 플래쉬백(Flashback)이라든가 씨인 세팅(scene-setting)의 테크닉을 사용하고 있는 것을 보아도 알 수 있다.

그린이 흥미 위주의 소설을 썼다면 그 "흥미"란 대체로 어떤 것이었을까? 그린은 저널리스트로 여러 해 일했는가 하면, 외무성에서 일하기도 하여 세계의 이국적 정서를 담은 많은 곳들(헤이티, 멕시코, 큐바, 서아프리카, 베트남 등)을 보았으니, 이러한 이국적인 배경들이 그의 흥미 위주의 소설에 새로운 채색을 가해 주고 있다. 그런데 그린의 독자가 주목해야 할 점은 이런 흥미 위주의 소설이 이국적인 배경의 묘사만으로 흥미를 돋구는 것이 아니라는 것이다. 거기에는 역시 그린 나름의 지적인 긴장감을 주는 요소가 있는데, 그것이 바로 이국적인 배경 속에 자주 나타나는 물리적인 차원의 퇴폐상이다. 이러한 특색은 종교적 주제가 더욱 뚜렷이 나타나는 그린의 주요 소설에서 보는 인간의 정신면의 퇴폐상과 좋은 대조를 이룬다. 종교적 주제가 아니라 정치적 주제가 더 크게 다루어진 그의 오락 소설에서는 20세기 후반을 점철한 여러 가지 정치 문제나 사건들, 즉 베트남 전쟁, 듀봐리에의 독재, 공산주의와 자본주의 간의 쟁투, 남아프리카에서의 인종 차별 정책, 중남 아메리카에서의 빈곤과 압제 등이 실감나게 투영되고 있다.

마지막으로 그린은 문체면에서 격찬을 받는 작가이다. 런던 「타임즈」에서 근무하면서 간결하고 정확한 문체를 착실히 배운 그는 형식과 내용면에서 다같이 정확을 기하려고 무진히 애썼던 것이다.

『문제의 핵심 *The Heart of the Matter*』(1948)

플롯 개요

서부 아프리카의 영국 영토 내 어느 항구 도시에서 경찰 부국장으로 있는 헨리 스코비(Henry Scobie)는 과거 15년간 정직한 경찰관의 귀감이 되어 온 사람이다. 전쟁 중 치안 경찰의 임무를 주로 맡고 있는 그는 "스코비 소령"으로 자주 불리운다. 너무나도 일을 올바르게 하기 때문에 그는 염직하고 공정하기로 이름났던 옛 그리스의 장군 아리스티데스와 비교되기도 한다. 그토록 노고를 다하여 일해 왔는데도 불구하고 그의 주변에서는 그를 헐뜯는 사람들도 있다. 그가 흑인 아낙네들과 잠자리를 같이 한다는 등의 근거 없는 소문이 나돈다.

어느 날 그는 지방 경찰국장 자리에 그가 오르지 못하고 감비아에서 온 베이커(Baker)라는 젊은 사람이 국장이 될 것이라는 소식을 듣고 크게 실망한다. 이런 소식을 듣고 그 보다 더 실망한 것은 그의 아내 루이즈(Louise)이다. 루이즈로서는 남편의 승진을 고대할만한 이유가 충분히 있다. 첫째로 몇 년 전에 어린 딸이 죽고 난 다음부터 그녀는 신경 과민증이 자꾸 늘어가기만 하고, 둘째로 그녀는 시(詩)를 무척 좋아한다는 이유 등으로 경찰 간부 부인들 사이에서 따돌림을 받고 있는 것이다. 사는 것이 재미가 없으니까 아내와 남편은 둘이서 술이나 마시고 지냈던 터인데, 이제 승진에서 탈락되었다는 소식을 들은 그들의 심경은 이루 뭐라고 말할 수가 없다. 스코비의 아내는 그의 승진 탈락이 확실해지자 기분 전환으로 남아프리카에 여행이나 가게 해 달라고 졸라 댄다. 사실 지금은 전쟁 중이라 남아프리카로 가는 배를 독일의 잠수함이 어뢰를 쏘아 침몰시키는 경우도 허다한데 루이즈는 그런 것은 아랑곳도 없다.

그리고 전쟁 중인 지금 아프리카에서는 내륙에서 나는 다이아몬드를 산업용으로 쓰기 위해 중립국 상선들을 통해서 먼저 포르투갈에, 다음에 독일에 밀반출하는 비리가 자행되고 있다. 이러한 비리 행위는 이곳에 사는 시리아 상인들이 주로 맡아서 하고 있다. 어느 영국 상사의 직원이라 하여 최근에 이곳에 온 에드워드 윌슨(Edward Wilson)은 사실은 그런 밀수 행위를 수사하기 위해 파견된 정보부의 비밀 정보원이다. 그는 스코비의 아내 루이즈에게 잔뜩 반해 있고 생활이 따분한 루이즈는 그와 만나서 시(詩)를 논하는 것을 큰 낙으로 삼고 있다. 한편 윌슨은 스코비의 경찰관으로서의 행실을 지켜보고 있다.

어느 날 스코비는 치안 경찰 수사반과 함께 항구에 나가 포르투갈 상선 "어스페란사"호의 검색에 임한다. 다이아몬드 밀수를 하고 있지 않는지를 검색하는 과정에서 스코비는 선장의 화장실 물탱크 뚜껑 밑에서 편지 한 장을 발견한다. 선장의 편지는 지금 적국(敵國)인 독일에 있는 결혼한 자기의 딸에게 쓴 것이다. 경찰관인 스코비로서는 전시에 규정을 위반한 이런 통신문을 상부에 보고하고 선장에게서 항구 출입의 권리를 박탈하는 것이 마땅하겠지만 아버지와 딸 사이에 교환되는 이 편지가 일찍이 딸 자식을 여윈 그에게 야릇한 동정심을 불러 일으켜서 편지를 순식간에 불태워 버리고 보고하는 것을 포기하고 만다.

한편 승진 탈락 이후 아내에게 더욱 미안한 생각이 든 스코비는 그녀가 졸라 대는 남아프리카 여행을 시켜주기 위해 은행 지점장을 찾아가 대부를 받아 보려 하지만 지점장으로부터 거절당한다. 그러자 그는 시리아인 상인 유세프(Yusef)에게 가서 4부 이자로 돈을 빌린다. 유세프는 금수품인 다이아몬드를 밀수출하고 있는 자로 윌슨이 의심하는 대상이지만 겉으로는 정직한 상인 행세를 하고 있다. 염직한 경찰관 스코비를 마음속으로 늘 미워하던 유세프가 몇 주일 후부터는 그를 친절하게 대하기 시작한다. 그러자 스코비가 유세프한테서 돈을 빌려 썼을 뿐만 아니라 여러 차례 만나서 이야기를 나누었다는 소문이 항간에 돈다.

그 다음에 스코비는 산간 지방의 젊은 경찰국장으로 있다가 며칠 전에 자살한 펨버튼(Pemberton)의 유품을 검사하기 위해 파견대원들과 함께 내륙 지방으로 들어간다. 펨버튼은 유세프의 밑에서 일하는 상인에게 빚을 졌다가 자살하면서 자기 아버지에게 마치 초등학생이 쓰는 것 같은 필치로 사과하는 편지를 남기고 간 것이다. 스코비는 이 지방의 가톨릭 사제인 클레이(Clay) 신부와 이 편지에 관해 이야기를 나눈다. 펨버튼이 아직 젊고 성숙한 단계에 이르지 못한 사람이므로 그의 자살을 용서해 줄 수 있으며 하나님도 용서해 주실 것이라고 스코비는 말한다.

얼마 후 스코비는 유세프로부터 돈을 빌려 받아 남아프리카 행 선박에 아내를 태워 보낸다. 어느 날 이웃 프랑스 영토의 프랑스인들이 적의 어뢰에 맞아 가라앉은 영국 선박의 승무원들과 승객들을 구출했다는 말이

전해지자 스코비는 프랑스 영토와 영국 영토의 접경선에 있는 펜데라는 곳에 가서 생존자들을 맞아들인다. 스코비는 병원에서 숨이 끊어져가는 한 여자 아이의 병석 옆에 앉아서 두 손으로 벽에다 토끼 머리의 그림자를 그리면서 여자 아이의 마지막 순간을 위로해준다. 거기서 그는 헬렌 롤트(Helen Rolt)라는 미망인을 만난다. 갑판이 없는 배에서 재난을 만나 남편이 죽은 그녀는 결혼을 한 지 수 개월 밖에 되지 않은 여인이다. 스코비는 그녀를 여러 가지로 도와주다가. 두 사람은 친구가 되고 그 다음에는 애인이 된다. 한참 동안 그들은 남의 눈이 두려워 행동을 무척 조심하다가 헬렌은 너무 조심하는 스코비에 대해서 겁쟁이며 바보스러운 친구라는 생각이 점차 들어 언쟁까지 붙는다. 스코비는 자기가 겁쟁이가 아닐 뿐만 아니라 헬렌을 사랑한다는 것을 보여주기 위해 사랑을 고백하는 편지를 그녀가 사는 오막집의 문 밑에 꽂아 넣는다. 유세프의 부하가 이 편지를 가로채자 유세프는 그것을 무기로 삼아 스코비에게 다이아몬드 소포 하나를 같은 포르투갈 상선에 갖다 실어 달라고 협박조로 청탁한다. 스코비의 연적(戀敵)인 윌슨은 다이아몬드 밀반출이 스코비의 손에 의해 된 것을 의심하지만 확고한 증거를 잡지 못한다.

한편 헬렌 롤트는 스코비에게 자기를 사랑한다면 본처와 이혼하고 자기와 살자고 졸라댄다. 가톨릭 신자인 스코비는 신앙과 양심이 그런 일을 허락하지 않는다고 여자에게 애써 설득시킨다. 엎친 데 덮친다는 격으로 남아프리카에 여행 간 스코비의 아내는 현지에서 남편에 관한 스캔들을 간접으로 듣고는 황급히 집으로 돌아온다. 무슨 영문인지는 몰라도 그녀는 스코비에게 승진 탈락에는 이제 신경을 쓰지 않을테니 자기와 함께 교회에 가서 성체 성사에 참석해야겠다고 졸라 댄다. 고해 성사에서 사제인 랭크(Rank) 신부는 스코비가 간음을 포기하겠다는 약속을 하지 않는 한, 사죄(赦罪)를 해줄 수 없다고 말한다. 두 여자의 행복을 위해 자기 몸을 바쳐야 한다고 생각하는 스코비는 신부로부터 사죄를 받지 않고 성체 성사에 임하면 분명히 영혼이 지옥으로 떨어진다는 것을 알면서도 그냥 성체 배령을 받고 만다.

다이아몬드 밀반출이라는 부정을 행하는 과정에서 스코비는 자신에게 충성을 다해 온 시종 알리(Ali)가 거추장스럽다는 생각을 갖게 된다. 상인 유세프가 스코비에게 알리를 무슨 수로든 떼내어 주겠다고 약속하더니 얼마 후에 유세프의 신복에 의해 알리가 살해된 것을 보고 스코비는 그 살해 행위를 묵과하는 수밖에 없게 된다. 그렇게 해야만 자기가 사랑하는 두 여인의 행복에 지장이 가지 않는다고 믿어지기 때문이다. 자신의 처지를 보고 번민에 싸인 스코비는 어느 쪽에다 고개를 돌려야 할지도 모른다. 여러 가지 죄를 한꺼번에 지었다고 자책하는 스코비로서는 많은 사람들이 찾아가는 교회마저도 찾아갈 수가 없다.

궁지에서 빠져 나갈 길을 모색하던 스코비는 그 전에 언젠가 자살한 사람을 검색한 직후에 담당 의사가 하던 말이 머리에 떠오른다. 그 의사의 말에 의하면 심장병이 있는 것처럼 가장하고 심장병 환자에게 처방되는 약 에뷔판(evipan)을 다량으로 복용하는 것이 제일 좋은 자살 방식이라는 것이었다. 그는 그러한 방식을 이용하여 자신의 목숨을 끊을 계획을 치밀하게 세운다. 심장병의 증세에 맞는 약의 처방을 받는다. 얼마 후에 그의 주변에서는 그가 정말로 심장병에 걸린 것으로 알게 된다. 그런데 공교롭게도 그를 경찰국장으로 승진시키는 문제가 다시 제기되는데 이제는 병을 앓아 있는 그로서는 그 자리에 돌아갈 수가 없다. 이미 자살을 결심하고 있는 스코비로서는 승진에 관한 그런 소식을 들어 봐야 아무런 자극도 되지 않는다.

그의 죽음이 자연스럽게 보이게 하기 위해 스코비는 자기 일기에 심장병의 진전 상황을 적어 놓기까지 한다. 그러다가 어느 날 저녁 그는 에뷔판을 다량 복용한다. 그의 죽음은 두 여인에게 큰 충격을 남긴다. 윌슨은 스코비의 일기에 적은 어떤 글이 나중에 다른 잉크로 적혀 있는 것을 기술자답게 감지하고 스코비의 죽음이 자연사가 아닐지도 모른다는 의혹을 갖는다. 루이즈는 자기 남편이 혹시 자살을 했던 것이 아닌가 하고 생각하면서 가톨릭 신자가 자살하면 지옥으로 간다는 것 때문에 속으로 걱정을 한다. 이런 걱정을 하면서 그 전에 스코비에게 사죄를 내려주지 않았던 랭크 신부에게 그녀가 가서 불만조로 의논을 하니까 스코비의 죄스러움과 덕망스러움을 다같이 아는 신부는 사람의 가슴 속에서 일어나는 일은 가톨릭 교회인들이 다 알 길이 없고, 하나님의 자비의 길은 아무도 모르는 것이니 스코비가 악하다거나 저주를 받았다고 말할 수 있는 사람은 아무도 없다고 단언한다.

비평과 분석

『브라이튼 록』과 『권세와 영광』과 『문제의 핵심』은 그린의 3부작이라고 가끔 말해지고 있다. 이 세 작품이 지니는 공통점은 종교적 신앙—특히 가톨릭의 교의－앞에 직면하는 악의 주제이다. 『브라이튼 록』에서 그린은 처음으로 종교적인 관점에서 본 악의 문제, 즉 인간 영혼의 타락과 죄와 영원한 벌을 받을 수 있는 가능성 여부를 다루기 시작하였는데, 그 다음 두 작품에 이르러서는 악을 행하는 인물들의 인격적 배경과 악의 성질 자체가 더욱 복잡해지면서 그와 관련되는 종교적 관심사도 더욱 복잡해진다.

『문제의 핵심』의 주인공 스코비는 『브라이튼 록』의 핑키와 『권세와 영광』의 위스키 신부와 각각 성격 면에서 흡사한 데가 있다. 핑키와 같이 범죄망에 끌려 들어가는 스코비는 또 위스키 신부와 비슷하게 꾸준히 선을 행하려고 들 뿐만 아니라 하나님을 본성적으로 사랑하는 마음이 있다. 스코비는 핑키나 위스키 신부처럼 늘 종교적인 차원에서 감도는가 하면 또 한편으로는 악령에 사로잡힌 사람의 분위기를 풍긴다. 그런 성격의 인물은 막대한 악을 행하는 능력도 가졌거니와 그런 지대한 선을 행할 수도 있다(핑키의 경우에 선을 행하는 능력은 매우 한정되어 있다).

죄인과 성인(聖人)이 한 몸에 병존하다시피 하는 그런 인물에게서는 양자를 얼른 판별하기조차 어렵다. 이러한 인물이 지닌 성격의 모호성이 바로 『문제의 핵심』의 제명(題銘)에 잘 나타나 있다. 19세기 말부터 20세기 초까지 교회와 공식 관계를 끊은 독실한 가톨릭 신앙인으로 알려졌던 프랑스의 작가 샤르르 뻬귀(Charles Péguy)의 글에서 딴 그린의 제명인즉 "기독교의 바로 핵심을 이루고 있는 것이 죄인이다. 기독교의 문제를 다룸에 있어서 죄인만치 충분한 자격을 갖춘 사람은 아무도 없다. 정말 아무도 없다. 혹시 그가 성인이 아닌 바에야"라는 것이다. 그린이 "문제의 핵심"이라는 구절에서 암시하는 바는 기독교라는 종교의 핵심이 되는 것이 죄라는 것이다. 인간은 필연적으로 타락하여 죄를 지으며, 그러기 때문에 인간은 보상과 구원을 필요로 한다는 것이 그린이 종교 사상면에서 견지한 태도였다. 『문제의 핵심』도 이런 사상의 틀에서 벗어나지 않는 작품이다.

그린의 소설에서 자주 보는 아이러니는 작가 그린이 그의 인물들에 대해 충분히 동정한다고 믿어지는 데에도 불구하고 마치 악마의 편에선 듯 인물들의 약점을 잡아 더욱 시비를 건다는 인상을 주는 것이다. 이것은 위대한 악이 위대한 선과 통한다는 역설을 믿는 그린의 지성과 감성의 산물인 것으로 여겨진다. 위의 말을 뒤집어서 이렇게 말할 수도 있다. 작중 인물이 세속적인 의미의 온갖 부정을 행하고 죄를 범하고 나서도 회개하다가 다시 신성을 모독하고 자살을 하는 엄청난 죄를 범하였는데도 그린은 여전히 그 인물들에 대한 공감을 버리지 않고 속인의 사회에서는 도저히 얻어질 수 없는 자비를 드높은 하나님의 은총 속에서 구하여 보려고 애쓰는 것이다.

『문제의 핵심』의 주인공 헨리 스코비의 정신적 역량과 도덕적 딜레마는 그의 세 가지 역할, 즉 가장(家長)으로서, 경찰 책임자로서, 가톨릭 신자로서 각각 다하는 역할 속에 나타난다. 첫째로 집안을 거느리는 가장으로서, 그리고 남편으로서 스코비는 자기 아내의 행복을 지켜주어야 할 책임을 남달리 강하게 느끼는 사람이다. 많은 결혼 생활이 필연적으로 그러하듯이 스코비는 아내 루이즈를 사랑하는 마음이 벌써 끊어져 버린 것인데, 그럼에도 불구하고 아내의 행복에 관심을 두는 스코비의 책임감은 그만큼 돋아나 보이는 것이다. 특히 자신의 승진 탈락으로 인해 크게 실의에 잠겨 있는 아내를 기쁘게 해준다는 일념만 가지고 그는 절조없는 시리아 상인 유세프에게서 돈을 빌려 그 순간부터 그의 손아귀에 들어가서 노는 신세가 되며, 유세프의 늘어나는 요구를 막아내기 위해 밀수에 끼어들고, 더 나아가서는 자기가 아끼는 시종 알리의 살해에 대한 도의적 책임마저 져야 하는 입장이 되는 것이다.

스코비가 자기 아내에 대해 보인 책임감은 이 소설의 독자들의 큰 관심거리가 되었으며, 작자인 그린 역시 이에 대해 자신의 소견을 말한 바 있다. 그린은 스코비를 "연민" 때문에 타락해 가는 한 사나이의 초상을 그린 것이라고 말하였다. 연민이라는 주제는 『문제의 핵심』 전의 소설 『공포의 봉사』에서 명시적으로 다루어졌던 주제였는데, 그린은 "연민은 잔인하다. 연민은 망친다. 연민이 기웃거리고 있는 데서는 사랑은 안심이 안된다"라는 구절을 『공포의 봉사』에서부터 인용하면서 스코비의 연민은 "무서운 교만"에서 생기는 것이라고 설명한다. 일반 독자들은 스코비라는 인물을 가혹한 아내에게 쫓기다가 망해 버린 착한 인물로 보는 경향이 많은데, 작자 그린은 스코비의 행동 동기를 좀 더 엄격하게 보아 그의 연민이 선심을 가장한 오만이 섞인 연민이든가 "이기적"인 연민이라고 말한다. 다시 말해서 고생하는 아내에 대해 느끼는 스코비의 연민은 남의 고생을 도와줄 수 있는 사람은 자기 밖에 없다는 오만심에서 이든가 아니면 남의 고생에서부터 자신을 떼어 내면서 보호하려 드는 이기심에서 발단된다는 것이다. 여기서 주목할 점은 스코비를 "착한 사나이"로 보는 독자들의 견해에 맞서서 그를 "나쁜 사나이"로 보려는 것이 그린의 의도가 아니라는 것이다. 그린의 의도는 스코비의 성격 속에는 착한 면과 나쁜 면이 같이 섞여 있는데, 그 취약한 면을 우리가 간과(看過)해서는 안 된다는 것을 강조하려는 데에 있다. 스코비는 물론 고전적인 비극 주인공에 버금가는 비중을 갖지는 못하지만, 고귀한 성품 속에 치명적인 성격상의 약점을 가졌던 많은 고전 비극의 주인공들과 맥을 같이 한다고 볼 수는 있다.

자기 아내에 대해 연민을 느낀 스코비는 조난선에서 나온 여인 헬렌 롤트에 대해서도 연민의 정이 많이 섞인 태도를 가지고 대한다. 우선 전쟁의 와중에 밀려 온 한 잔해(殘骸)와도 같은 19세의 미망인을 보았을 때 그녀의 복리(福利)를 지켜줄 책임감을 누구보다 먼저 느낀 사람은 스코비이다. 그녀를 간호하여 회생시킬 수 있는 사람은 자기 밖에 없다고 믿는 스코비는 막상 그녀가 회복되어 일어났어도 앞으로 여전히 살아 나갈 길이 막연한 헬렌을 측은히 여기는 생각에서 정을 떼지 못한다. 헬렌은 그의 연민의 정을 몸서리나게 싫어하지만 스코비는 사랑의 열정이 죽어 간 후에도 연민이 남는다는 것을 생활의 경험을 통해 알고 있다. 헬렌과 언쟁을 하고 나서 스코비는 그녀에게 열렬한 사랑의 편지를 써서 보내는데, 그 속에서 그는 헬렌을 자기 자신보다, 자기 아내보다, 그리고 하나님보다 더 사랑한다고 선언한다. 그 편지를 헬렌의 숙소에 가지고 가면서 스코비는 자기가 애정의 선언이 아니라 어떤 부패된 느낌 같은 것을 전달하고 있다고 생각한다. 그리고 하나님보다 그녀를 더 사랑한다는 말을 썼던 자신을 의심한다. 이 편지가 아내에게 백년 가약(佳約)을 한 스코비를 도의적인 모순에 빠지게 함은 물론 헬렌에 대한 스코비의 연민 때문에 그가 하나님을 버리기까지 되었다는 말도 되는 것이다.

둘째로 경찰 책임자로서의 스코비의 역할은 남편 또는 애인으로서의 그의 역할과 긴밀히 연관되어 있다. 스코비는 그의 상관이 "청렴한 스코비"라고 불러 대고 염직하기로 이름났던 옛 그리스 장군 아리스티데스와 비교하기도 하지만, 그토록 염직한 스코비가 악에 가차없이 물든다고 하는 사실은 악이 편재해 있는 인간의 조건에 대한 그린의 간접적인 논평이 되기도 한다. 그러나 1940년대 초의 서아프리카의 영국 식민지내에 있었던 많은 악조건들이 스코비의 타락에 크게 작용하였다는 것이 그린이 이 소설에서 강조하려고 하는 초점은 아닌 것 같다. 아프리카의 배경이 스코비의 타락을 촉진시키는 작용은 하였지만 그것이 핵심적인 원인은 아니었던 것이다. "문제의 핵심"은 역시 스코비의 성격 속에 내재하고 있는 "죄인"성이다. 제 아무리 청렴하고 공정한 스코비도 루이즈나 헬렌과 같은 여자에 대한 연민의 정이 계기가 되면 그의 직분의 신용과 명예와 관계없이 죄의 문은 활짝 열리고 마는 것이었다.

가장으로서, 애인으로서 그리고 경찰의 책임자로서 스코비가 취한 행동은 도의적으로 그릇된 점들이 있기는 하여도 그 배후에는 인간적으로 동정할 만한 점들도 없지 않다. 끝으로 스코비가 가톨릭 신자로서 취한 행동을 본다면 여기에서는 그는 하나님에 대해서, 그리고 하나님의 관용의 능력에 정면으로 도전하여 법을 어기고 있다는 느낌을 준다. 우선 헬렌에 대한 이기적인 연민을 버리지 못하는 그는 헬렌을 포기한다고 나설 수 없는 것이므로 가톨릭 신자로서 올바른 고해를 할 수 없게 된다. 그렇다고 고해 성사를 받지 않으면 아내 루이즈의 의혹을 살 뿐만 아니라 그녀를 심란케 하는 결과가 되므로 겉으로 문제를 일으키지 않기 위해 스코비는 사제의 사면을 받지 않고 그냥 성체 배령을 받고 만다. 이것은 물론 스코비로서는 영원한 신의 저주를 받을 각오로 하는 일이다.

그 이후에도 스코비는 루이즈 아니면 헬렌을 포기하고 성실한 가톨릭 신자로 살라고 하는 하나님의 목소리를 듣지만 그는 요지부동이다. 스코비는 자기가 두 여인에 대해 느끼는 책임을 하나님에게 옮길 수도 없거니와 루이즈나 헬렌이 고생하는 것을 내버려 둔 채로 자기 자신만이 구원을 받고 있을 수가 없다. 결국 그가 마지막으로 택할 길은 두 여인 중의 어느 누구도 버리지 않고 절망의 대죄(大罪)인 자살을 조직적으로 준비함으로써 하나님을 버리는 것이다. 에뷔판을 과다 복용하면서 스코비는 회개를 말하고자 애를 쓰기도 하지만 이제는 자기가 무엇에 대해서 회개해야 하는 건지도 잘 기억이 나지 않는다. 스코비에게는 하나님이 자기를 괴롭히는 존재이기도 하고 자기한테서 괴로움을 당하는 존재이기도 하다. 마지막으로 목숨이 떨어지기 전의 스코비는 "사랑하는 하나님, 저 사랑합니다..." 하고 고함을 지르는데, 그가 끝까지 미치지 못한 말들이 과연 무엇이었는지 깊은 모호성을 남겨 놓고 있다.

『문제의 핵심』은 마지막에 가서 스코비의 미망인과 그 전에 스코비에게 사면을 주지 않았던 랭크 신부가 나누는 대화로 끝난다. 스코비의 궁극적인 운명에 대한 두 가지 상반되는 견해가 여기에서 제시되는데 하나는 "광신적"인 인간의 기준을 말하는 율법존중주의에 바탕을 두는 것이고, 또 하나는 하나님의 자비에 바탕을 두는 것이다. 루이즈는 자기 남편이 신의 저주를 영원히 받을 것이라고 믿고 있지만 랭크 신부는 스코비에 대해서 아직도 희망을 버리지 않는다. 랭크 신부의 다음과 같은 말을 통하여 작자 그린은 이전의 그의 작품에서도 그러하였듯이 이 소설에서도 신의 자비가 지니는 놀라운 능력을 주장하고 있다.

> "제발 부탁입니다, 스코비 부인. 하나님의 자비에 관해선 부인이나 나나 조금이라도 안다고 생각하지 마시오... 모든 율법은 교회가 알고 있지요. 허지만 한 사람의 가슴 속에서 무슨 일이 일어나고 있는지는 교회도 모르는 겁니다."

이렇게 말하는 랭크 신부는 물론 단순히 감상적인 논리를 펴는 것은 아니다. 그는 자기가 이전에 본 스코비는 정말로 하나님을 사랑하는 사람이라고 확신하고 있는 것이다. 이 소설의 종결부에 대해서는 상당한 논의가 있었지만, 스코비를 단순한 인간적인 차원에서만이 아니라 인간과 신과의 관계라는 차원에서 판단해야 한다는 것이 지배적인 견해인 것 같다. 예를 들어 소설의 끝에 가서 신부가 개입되는 것은 반드시 그가 제시하는 견해를 하나로 굳히려고 하느니 보다는 교회의 여러 가지 교리들을 제시하는 가운데 죄를 지은 신자의 희생과 사랑이 가지는 보상적인 능력을 수용하게 되게끔 하려는 노력의 표시라고 보는 비평적 시각도 있다.

18. 윌리엄 골딩 (William Golding)

생애와 작품

WILLIAM GOLDING
(1911~1993)

윌리엄 골딩은 콘월(영국 서남 해안지방)의 한 농촌에서 태어났다. 아버지 알렉스 골딩씨는 고등학교 교장까지 지낸 교육자이며, 어머니 밀드레드 골딩 여사는 여성 참정권 운동에 적극 가담한 신여성이었다. 불의와 부정을 미워하고 배격하고 지상 낙원의 건설을 위해 합리적인 사회개량을 드높이 부르짖던 골딩씨 내외의 생활신조는 어린 윌리엄의 성격 형성에 적잖은 영향을 주었다.

초년기의 윌리엄은 그 나름대로 교훈적인 우화소설 문학을 탐독하면서 그의 문학적 감수성을 키워 나갔다. 후일 골딩의 소설작품에서 웰즈(H. G. Wells)의 역사 우화소설, 베른(Jules Verne)의 과학 공상 소설, 발란타인(R. M. Ballantyne)의 해양 모험소설, 바로우즈(Edgar Burroughs)의 풍유소설 등의 모습과 분위기를 이모저모로 엿볼 수 있는 것도 그런 연유에서 일 것이다.

옥스퍼드 대학에 진학한 골딩은 아버지의 뜻에 따라 처음엔 자연과학부에 들어가 공부하더니 2년 후엔 영문학과로 전과하여 자신의 취향에 맞는 공부를 시작하였다. 옥스퍼드 재학 중에 그는 맥밀란 출판사의 현대시인 시리즈의 하나로 시집을 냈는데 별로 빛을 보지 못하고 말았다. 후년에 골딩은 그 시집에 실린 시들을 가리켜 앳된 것들이라고 냉혹히 평하고 시를 짓는 재능이 부족한 자신임을 솔직히 고백하였다.

대학 졸업 후 골딩은 런던에서 복지 사업원으로 생계유지를 해 나가는 한편 여가 시간에 글을 쓰기도 하고 한 영세 극단에 가서 연기와 연출을 맡아 보기도 하였다. 4년의 세월을 이렇게 보내고 난 그는 솔리스베리에 있는 한 고등학교에 가서 영어와 철학을 가르치기 시작했다.

1940년에 2차 세계대전이 터지자 골딩은 교직을 그만두고 영국 해군에 들어가 소해정과 구축함 근무를 거친 다음 로켓 발사함의 함장직에 오르기까지 많은 전투 장면들을 목도하였다. 한 번은 그가 탄 군함이 영국해협에서 3일간 표류한 적이 있었는데 아마 그때의 체험을 토대로 해서 섬 바위에 포착한 해군 장교의 고난을 묘사한 골딩의 소설 『핀처 마틴』이 후일에 써진 것이리라는 추정이 내려지고 있다. 긴 항해 경험을 다룬 그의 만년기 3부작 『통과 의례』 『비좁은 거처』 『저 밑에 붙는 불』에도 비슷한 추정을 할 수 있다.

2차 대전은 골딩의 인생관에 대 변화를 갖다 준 사건이었다. 그 전까지 부친의 영향으로 환상적이며 합리주의적인 낙관사상을 품고 있던 골딩이었거늘 전쟁을 겪고 난 다음부터는 인간의 심성 속에 엄청난 만행을 저지를 수 있는 악과 무질서의 씨가 도사리고 있다는 신념으로 발전하게 되었다. 후일에 전시의 경험을 회고하는 가운데서 그는 "마치 벌이 꿀을 만들어 내듯이 인간은 악을 산출해 낸다"고 말한 바 있다.

대전 후 제대하여 그 전 교직으로 돌아간 골딩은 군 복무 중 배 안에서 탐독하며 얻은 그리스 역사와 신화에 대한 지식을 거름삼아 창작에 다시 임하였다. 그 결과 소설을 세편이나 썼지만 그 어느 것도 출판되지는 못하였다. 출판업자의 비위에 맞춘다 하고 쓴 이 작품들은 결국 탐탁하지 못했던 것이다.

인간 악의 비전 제시

그 후 골딩이 자신의 소신이 담긴 글로 써낸 소설이 그의 처녀작 『파리 대왕(*Lord of the Flies*)』(1954) (별항 해설 페이지 386~391 참조)이다. 이 작품 역시 무려 20여개 출판사에서 퇴짜를 맞는 등 난산을 겪었지만 훼이버 앤드 훼이버(Faber and Faber) 출판사에서 마침내 받아들여 세상 빛을 보게 되었다. 작가의 나이 43세 되는 해의 일이었다.

『파리 대왕』이 나온 1954년은 영국 문단에서 킹슬리 에이미스(Kingsley Amis)의 『럭키 짐(*Lucky Jim*)』과 아이리스 머독(Iris Murdoch)의 『그물 밑(*Under the Net*)』의 출간을 본 해이기도 하였다. 골딩의 『파리 대왕』은 위 두 소설을 포함한 많은 50년대 영국 소설처럼 사실주의 기교를 쓰거나 사회 정의(正義)를 유머와 위트와 지성을 통해 부르짖거나 하지 않는다. 오히려 낭만성을 띤 소년 탐험 소설의 틀로 짜진 『파리 대왕』은 실인즉 2차 대전이 인류에게 갖다 준 정신적 위기, 즉 인간은 악이 받치면 어떤 엄청난 짓도 할 수 있다는 암담한 깨달음을 넌지시 짚어 옮긴 우화 소설이다.

출간 직후 『파리 대왕』은 세상의 반응이 좀 냉담한 편이더니 5년 안으로 독자들의 흥미가 치솟기 시작, 특히 1960년대 미국 대학가에서는 샐린저(J. D. Salinger)의 『호밀밭의 파수꾼(*The Catcher in the Rye*)』와 맞먹는 현대 고전 작품으로 받아들어지게 되었다.

한데 샐린저의 소설이 지나치게 천진스럽고 낭만적인 주인공 홀든(Holden)을 세웠다는 것 때문에 해가 갈수록 그 호소력이 줄어져감에 비해 골딩의 소설은 시대를 초월하는 인간악에 대한 비전이라든가 작품 전반에 깔린 풍유적인 함축이라든가 간혹 작품의 곳곳에 비치는 서정어린 정경이나 구절 등으로 꾸준히 명망을 지키고 있다.

『파리 대왕』에서 창작의 새 물꼬가 트인 골딩은 이듬 해 1955년에 『후계자들(*The Inheritors*)』를 출간했는데 이는 인간 사회의 결함의 원인을 인간성의 결함에 거슬러 올라간 점에서는 『파리 대왕』과 근본적으로 다를 바가 없다. 다만 여기서는 골딩이 인간 생존의 여명기인 선사시대를 배경 삼아 이야기를 펴 나감으로써 인간악의 주제를 색다른 시각에서 다루고 있을 뿐이다.

록(Lok)과 화(Fa)라는 작중인물들의 시각을 통해 그려진 <네안데르탈(Neanderthal)>족은 평화로운 원시생활을 사는 족속인데 뒤따라 일어난 새 인종 <호모 사피엔스(Homo Sapiens)>가 기술과 무기, 장비 등을 휘둘러 원시족을 해치고 상실함으로써 원시 태평세계가 종말을 고하게 되는 것이다. <네안데르탈>족의 청년 록은 새 후계자들이 득세하는 마당에서 그들의 횡포를 보고 애통의 눈물을 흘린다.

골딩은 선배 소설가이며 문명 비평가인 웰즈(H. G. Wells)가 그의 『역사대관(*An Outline of History*)』(1920)에서 시도한 인류의 진화 과정 추적과는 정반대되는 입장을 소설 『후계자들』에서 희화하여 보여준 것이다. 인간의 진화에 관해 합리주의적 입장을 취했던 웰즈는 <네안데르탈>족을 미개한 원시인으로 보고 그 뒤에 나온 <호모 사피엔스>가 정신 · 지능면에서 우월했기 때문에 원시인의 후계자가 된 것이라고 추정했었다. 그러나 골딩은 『후계자들』에서 <네안데르탈>족을 자연과의 조화 속에서 사는 온순하고 직관력 있는 족속으로 묘사하며 그에 반해 <호모 사피엔스>는 원시족 뿐만 아니라 자기네 동족도 해치며 사냥질로 자연을 마구 훼손시키는 인종으로 그리고 있다.

이어 1956년에 골딩은 2차 대전 중에 자신이 겪은 해양 생활 경험을 다분히 반영시킨 소설 『핀처 마틴(*Pincher Martin*)』을 내었다(이것은 이듬해 1957년에 미국에서 『크리스토퍼 마틴의 두 번 죽음(*The Two Deaths of Christopher Martin*)』이라는 제목으로 나왔는데 이렇게 제목을 바꾼 것은 "핀처 Pincher"가 "좀도둑"이라는 뜻의 영국 속어라서 그것을 미국 독자들이 잘 알지 못할 거라는 출판사측의 우려 때문이었다고 한다).

이 소설은 2차 대전 중 적군의 어뢰 공격으로 침몰한 구축함에 탔던 해군 장교 마틴이 정처없이 대서양 바다를 떠내려 가다가 한 섬의 바윗돌에 걸려서 마지막 엿새 동안 버둥질을 치는 이야기이다. 정신 착란에 든 마틴은 종작없는 환상 속에서 그의 지난 생애를 더듬어 가는데 그 과정을 작가는 <의식의 흐름>과 <플래쉬백> 등의 표현기술로 번갈아 써나간다.

해변의 거센 풍파와 맞서서 끝까지 살겠다고 안간힘을 쓰는 마틴은 상반되는 두 얼굴로 나타난다. 한편으로는 온갖 시련을 겪으며 불굴의 정신을 지켰던 전설적 인물들, 예컨대 애틀라스(Atlas), 에이잭스(Ajax), 프로메시우스(Prometheus), 리어(Lear) 등의 망령을 불러댐으로써 독자의 공감과 연민을 자아내기도 하지만 또 한편으로는 그의 과거의 삶에서 남의 등을 벗겨 먹던 좀도둑(Pincher)의 모습을 드러내기도 한다.

생에 그토록 애착을 가지고 살아남으려 드는 마틴의 동기가 무엇일까? 흑암으로 싸여 있는 미지의 영겁세계가 두렵기만 한 마틴으로서는 자신이 믿는 육신의 삶을 떠나는게 너무도 싫어서 끝까지 버둥을 치고 있는 것이다.

『핀처 마틴』은 자신의 악한 본성을 깨닫지 못하는 인간의 모습을 심층적으로 탐사했다는 점에서 『파리 대왕』과 일맥상통하는 데가 있다. 하지만 이 작품은 인간을 사회집단의 시각에서 바라본 『파리 대왕』이나 『후계자들』과는 달리 한 개인의 야심이나 탐심이 움직여가는 과정에 더욱 초점을 맞춘 것이 특색이다.

순정과 타락의 두 갈래

1959년에 골딩이 써 낸 다음 소설은 『무중력 공간(*Free Fall*)』인데 2차 대전을 배경으로 주인공이 자신의 과거를 돌이켜 보는 설화적 구조면에서 이 소설은 『핀처 마틴』과 흡사하다. 『무중력 공간』은 2차 대전 중 나치스 강제 수용소에 갇혀 들어간 이름난 예술가 새미 마운트조이(Sammy Mountjoy)가 처형을 목전에 두고 자신의 지난 날들을 순정과 타락의 두 관점에서 훑어보는 이야기이다.

런던에서 미술 공부를 하던 시절에 순진한 여대생 비아트리체(Beatrice)를 유혹하여 굴복시킨 새미는 곧 그녀에 권태를 느끼고는 새로 만난 태피(Taffy)에게 금방 정을 주는데 그러면서도 그는 자신이 영적으로 타락했다는 생각을 하지 않는다.

대전 후 강제 수용소를 나오면서 비로소 거듭난 삶을 살게 되는 새미는 자신이 탐심을 가지고 비아트리체를 겁탈하다시피 한 지난날에 순정의 상실과 타락의 순간들이 있었음을 깨닫는다.

<Free Fall>이라는 영어 제목이 신학적인 의미와 과학적인 의미를 함께 내포하고 있어서 비평가들의 논의가 자자했는데 작자 자신이 후에 덧붙인 다음 설명을 보면 작품 전체의 의미가 좀 더 선명하게 나타난다.

사람들은 모두 이것을 신학적으로 해석했는데 물론 그렇게 할 수도 있을 것이다. 그러니 제목이 과히 나쁜 제목이 아니라는 말도 된다. 하지만 사실인즉 이 제목은 과학적인 의미의 제목이다. <무중력 공간>이란 내 몸의 중력이 없어진 상태, 즉 중력이 없는 우주선 안에 있는 사람의 상태를 말한다. 물체가 떨어지지도 올라가지도 않고 둥둥 떠 있는 상태이다. 그 상태에 있는 사람은 저 위에 있는 존재에 대한 다른 생각과는 완전히 단절된 채 자기가 사는 곳에만 중심을 두고 있는 사람이다.

『무중력 공간』의 화자인 새미 마운트조이는 『핀처 마틴』의 주인공 마틴 보다는 세상을 뚫어보는 눈이 더 예민하고 또 더 맑은 양심을 가지고 사는 듯이 보이지만 근본적으로는 마틴과 별로 다름이 없는 문제를 안고 있는 듯하다. 세상에서 고립되어 자신의 세계 안에만 갇혀 있는 그는

"저 위에 있는 존재에 대한 다른 생각과는 완전히 단절된"사람인 것이다.

1961년 옥스퍼드 대학에서 석사학위를 받고 난 골딩은 고등학교 교직을 내놓고 미국여행 길로 나섰다. 버지니아 주에 있는 홀린즈 대학의 초빙작가 교수로 1년을 지내는 동안 그는 미국내 여러 대학 캠퍼스를 순회하면서 강연을 하기도 하였다. 그리고 영국에 돌아오자 그는 윌트셔 주의 바워초크란 곳에 내려가서 400년 되는 고옥 <에블새취>에 들어앉아 집필 생활을 다시 시작했다.

1년 남짓 후에 그가 써낸 소설 『첨탑(*The Spire*)』(1964)은 골딩이 여러 해 살아서 속속들이 아는 솔리스베리를 배경으로 삼기는 했어도 개인의 양심의 발전 과정과 정신적 타락의 결과를 다룬 점에서는 앞의 두 소설 『핀처 마틴』, 『무중력 공간』과 크게 다를 바 없다.

『첨탑』의 주인공인 대성당 교무원장 조슬린(Jocelin)은 성당에 첨탑을 올리라는 하나님의 명을 환상 속에서 듣고 공사 계획을 추진하는데 그의 동역자들과 일반 시민들은 400피트 높이의 탑을 기존 건물에 올린다는 것은 경비와 기술면에서 당치도 않는 일이라고 반대한다. 그럼에도 불구하고 조슬린이 공사를 강행하는 이유는 신앙심 보다 개인적 영예욕에 더 있는 듯하다. 교회탑을 하나의 관능적인 물체로 보는 세속적 욕망이 그의 눈을 가리고 있는 것이다.

고난 끝에 대성의 첨탑은 완공되지만 속악한 집념 탓으로 외눈박이 인생길을 걷던 조슬린은 어느 날 낙상하고 나서 빈사 상태에 빠진다. 환상 속에서 천사와 마귀를 번갈아 보는 그는 이제 첨탑이 세워진 것만으로 만족 할 수밖에 없다.

10년의 기간에 무려 다섯 편의 장편 소설을 냈을 뿐만 아니라 수준 높은 작품성을 보여줌으로써 20세기 후반 우수 작가의 한 사람으로 떠오르게 된 골딩은 1966년에 대영제국 상급훈작사로 서임받았다. 그는 이제 일반 대중의 환호를 받으며 남은 생애를 무게 있는 작가로서 지켜 나가리라는 야망을 보여주고 있었다.

그런데 골딩의 작가적 생애에 이 무렵부터 예기치 않은 좌절 현상이 나타나기 시작했다. 향후 15년간 그는 중편소설, 단편소설, 수필 등을 소수 내었을 뿐, 장편소설은 하나도 쓰지 않았다. 이 기간에 나온 글 중에서 그나마 언급할 만한 것이 있다며 서로 관련된 중편 셋을 한 책으로 묶은 『피라미드(*The Pyramid*)』(1967)일 것이다.

이것은 20세기 영국 사회의 계층구조를 주축 삼아 일어나는 인간관계의 이야기를 적은 소설이다. 스틸본(Stilbourne)이란 영국 지방 도시 안에 구축된 계층적 사회 구조가 이 작품에서는 한 사회적 피라미드로서의 의미를 자아낸다.

도덕적 자질이 결여된 주인공 올리버(Oliver)의 이야기마저도 일종의 피라미드로서 해석될 수 있다. 왜냐하면 올리버의 생각을 통해 창출되는 생활 경험 속에는 세상적으로 성공한 그의 과거가 비장되어 있지만 동시에 올리버는 그 속에 미라처럼 갇혀 있는 존재인 것이다.

개인을 구속하는 조건으로서 인간의 도덕적 성품을 내세워 줄곧 소설을 써 왔던 골딩이 비단 『피라미드』에서만 구속의 조건으로서 인간의 사회적 환경을 돋보인 것은 그로서는 분명히 새로운 시도였다고 말할 수 있다. 그러나 이 작품은 이전의 소설에 비해 이야기를 끌어 나가는 힘이 미약할 뿐만 아니라 주제의 향방도 뚜렷치 않아 독자들을 실망시킨 것도 사실이다.

지옥을 방불케 하는 현세

골딩이 예전의 진지한 작품성을 다시 회복하였음이 실증된 것은 1979년에 그의 소설 『눈 앞에 보이는 암흑(*Darkness Visible*)』이 세상에 발표되었을 때였다. 존 밀튼이 『실낙원(*Paradise Lost*)』에서 흑암의 지옥을 묘사한 말 "darkness visible"을 제목으로 잡은 이 소설은 지옥을 방불케 하는 불에 싸인 현세의 인간 사회를 그리고자 한 것이다.

심한 화상을 입고 얼굴이 흉하게 망가진 한 어린 소년이 독일군 공습으로 불바다가 된 런던의 거리를 걸어가는데 그가 빠져 나온 후에 저 뒤에서 무너져 가는 건물을 가리켜 작자는 "불타는 수풀(burning bush)"라는 성경의 구절로 표현한다. 불타는 도시의 아픔을 타고 태어난 것만도 같은 소년 매티(Matty)는 얼굴 반쪽이 영영 망가지지만 장성하여 종교적 예언자가 된다.

매티가 빛을 대변하는 세력이라면 여자 쌍둥이 토니(Toni)와 소피(Sophy)는 그에 맞서 어둠을 대변하는 세력이다. 한 때는 이 여인들도 순결의 상징이었는데 이 세상의 떠도는 어둠의 마력에 사로잡히면서 그들은 향락주의에 빠지고 살상 행위를 자행하게 된 것이다. 두 세력간의 대결은 소설이 끝날 때까지 영영 끊이지 않고 만다.

소설 『눈 앞에 보이는 암흑』은 독자와 비평가들 사이에 여러 가지 반응을 일으켰다. 판에 박힌 인물 설정이라든가 주인공의 성격을 얼간이와 예언자로 뒤섞어 놓는 것 등에 대해 부정적인 평가도 있었지만 긍정적인 견해도 꽤 나왔다. 많은 현대소설 작품들이 속은 비어 있어도 말의 곡예를 부리느라고 공연히 난해해지는데, 골딩의 이 소설은 비록 난해하기는 하되 내용과 의미의 차원에서 그러할 뿐이라는 호의적 해석 같은 것이 좋은 예다. 이런 시각에서 본다면 인류가 오늘날 처해 있는 극한 상황에 대해 작가 자신의 정감을 적절히 표현해 내는 어떤 계시와 비유담을 캐는 일에 골딩이 다시금 나선 것이라는 말이 된다.

삶의 진리를 향한 항로

그 후 1년 만에 나온 그의 다음 소설 『통과 의례(*Rites of Passage*)』(1980)는 골딩에 대한 세상 관심의 물결을 한결 넓혀 주었다. 이 소설로 골딩은 영국의 가장 권위 있는 문학상인 부커상(The Booker Prize)을 수여받았다.

한 개인이 지평선 너머를 바라보며 자기 인생의 어느 한 자리에서 다음 자리로 옮겨가는 의미 깊은 과정을 선포하는 관례의식이 바로 인류학자들이 일컫는 통과의례인데, 골딩의 소설 『통과 의례』는 유사한 인생 과정에 놓인 젊은 화자가 항해 중 배 안에서 지켜보는 온갖 인물들의 행실에서 삶의 진리를 터득하는 이야기이다.

나폴레옹 전쟁이 끝난 19세기 초에 정치적 야망을 품고 신대륙 호주로 이주해 가는 영국 귀족 청년 에드먼드 탤보트(Edmund Talbot)는 후견인의 청을 받아 항해 중에 꾸밈없는 일기를 쓰는데 소설의 이야기가 그 일기를 통해 서술된다. 탤보트가 탄 배는 군함을 화물 여객선으로 변조한 낡은 선박인데 영국을 상징하는 듯한 이 배에는 육해군 장교·사병들, 이민자들, 그리고 소수의 신사 숙녀들이 탑승하고 있다. 갑판에 그어진 하얀 줄은 탑승원들을 두 집단—신분과 지위에 늘 값어치를 두는 신사 숙녀들 및 군 장교들의 집단과 불같은 성질로 흥분을 잘하는 서민 대중 및 군 병졸들의 집단—으로 나눠 놓아 계급의식이 점차 날카로워져 가던 당시 영국의 사회상을 여실히 나타내 준다.

소설이 시작될 때만 해도 탤보트는 자만심이 강하고 신사연하는 속물로 대두되는데 특히 그가 다른 승객들을 보는 시각에서 그것이 확연히 나타난다. 그의 소견이 그토록 좁은 이유를 작자는 그의 젠체하는 성품에다 두고 있지만 사회의 한 축도와도 같은 배 위 사람들의 얽힘을 지켜 보는 가운데 탤보트의 세상 보는 눈이 밝아 감을 알 수 있다. 예를 들어 콜리(Colley) 목사가 잔인하고 폭군적인 앤더슨(Anderson) 선장으로부터 동성애의 낙인이 찍혀 치욕감으로 자살까지 하게 되는 사건이 터졌을 때 권위의 속성과 권력의 남용, 인간의 잔혹함이 갖다주는 엄청난 결과 등에 대해 탤보트는 큰 깨달음을 갖는 것이다.

골딩은 또한 이 소설에서 인간 개인의 지각 작용이 어떻게 바뀔 수 있는가 하는 것도 보여주고 있다. 겉보기에 선하고 이상이 드높은 인물인 콜리 목사도 자기 내심에 움트는 악의 세력에 끌려 다니다가 그것이 바깥 세상에까지 드러나자 치욕감으로 그만 쓰러지고 마는 것이다. 그리고 콜리 목사가 자기 누이에게 보낸다고 썼던 편지를 입수하여 읽으면서 탤보트는 자신이 목사에 대하여 가졌던 소견이 얼마나 그릇된 것이었던가를 깨달으며 큰 자책감을 느낀다.

이 소설에서 선과 악의 속성을 파고 든 골딩은 『파리 대왕』에서부터 그가 견지했던 인간관, 즉 전락한 존재인 인간은 이루 말할 수 없이 비천한 짓을 행할 수 있는 존재라는 견해를 변함없이 보여준다.

골딩은 원래 세상과 거리를 둔 생활을 즐겼었는데 국내외로 그의 명성이 자자해지자 자기가 선호하는 생활 방식을 지키기가 갈수록 어려워지는 것이었다. 이러한 어려움에서 오는 좌절감을 반영한 그의 다음 작품 『종이 사람들(*The Paper Men*)』(1984)은 명성 높은 노인 작가와 그의 사생활을 헤치고 들어오는 방자한 전기 작가와의 갈등을 그린 소극(笑劇)에 가까운 소설이다. 이 소설에는 골딩의 우수작에 나타나는 좋은 자질들이 단연 결여되어 있다.

골딩은 그 후 소설 두 편—『비좁은 거처(*Close Quarters*)』(1987)와 『저 밑에 붙는 불(*Fire Down Below*)』(1989)—을 썼는데 이들로서 『통과 의례』로 시작된 3부작이 완성되었다. 『비좁은 거처』에서는 먼저 소설 『통과 의례』에서 시작된 영국 배의 호주행 항해가 여전히 계속된다. 기나긴 여로에서 화자 에드먼드 탤보트는 스스로 "우릿간"이라고 부르는 자신의 비좁은 거처방 안에서 일기를 어떻게 써 나가야 할까 하는 등의 공상에 잠기며 나날을 보낸다. 어느 날 미숙한 선원의 실수로 배의 중간 돛대가 부러지자 풍랑에 휩싸인 선체가 어지럽게 요동하면서 선원과 승객들을 죽음의 문전에까지 다가서게 만든다. 탤보트 자신도 난생 처음 사경에 이른 느낌을 가져 본다.

그 후 잔잔해진 바다 저편에서 이름 모를 범선 한척이 다가와서 영국 배 안의 사람들을 또 한번 놀라게 만들지만 두 배 사이에서 급속히 이루어진 오락 모임과 무도회에서 탤보트는 한 여인에게 첫눈에 반해 버리곤 한참 번민한다.

다시 닻을 올린 영국 배는 항해를 계속하는데 이미 받은 상해로 인해 제대로 속력을 내지 못하는데다가 선원과 승객들은 덜컥거리는 배안에 갇혀 있다는 암담감에 잠겨 있다. 『비좁은 거처』에는 『통과 의례』가 보여준 극적인 장면이나 예리하게 가늠된 아이러니 같은 것이 결여되어 있어 이 작품이 먼저 소설처럼 홀로 서 있기가 어렵지 않을까 하는 평자들의 우려도 있다.

3부작의 마지막 권 『저 밑에 붙는 불』에서도 낡은 배는 부러진 돛대를 밧줄로 동여맨 채 덜컥거리며 시드니로 향해 가고 있다. 때로는 푸른 산만큼 큰 파도에 밀리기도 하고 때로는 사람이 목소리도 못 낼 정도의 세찬 바람에 휩쓸리기도 하는 낡은 배는 한없이 좌우상하로 흔들어대면서 나아간다. 이런 불안한 상황 속에서도 이 배 안에는 인간들의 한 지구촌이 서서 온갖 위기와 허둥댐과 몸부림이 그 안에서 연속된다.

화자 에드먼드 탤보트는 각가지 여인들에 둘러 싸여 날을 보내면서 세상살이가 얼마나 착잡한 것인가, 그리고 그런 세상에 처해 있는 자신의 위치가 얼마나 슬프고 놀랍고 우스꽝스럽고 행복한가를 서서히 깨달아 간다.

『비좁은 거처』나 『저 밑에 붙는 불』은 둘 다 『통과 의례』만치 힘차게 그리고 짜임새 있게 이야기를 펴나가지는 못한다. 하지만 이 마지막 두 소설에는 달빛에 가려진 갑판 위 선원들의 얼굴이라든가, 물안개 속에 선 굳건한 사람들의 몸매가 던지는 섬뜩한 그림자라든가, 상처 입은 배가 빙산 절벽으로 다가갈 때 벌떼처럼 몰려나오는 선원들의 긴장된 모습 등, 기막히게 그려진 골딩 특유의 해양 세계의 정경들이 끈덕지게 독자들의 주의를 끌어댄다.

1993년에 골딩은 심장마비로 사망하였다. 이때 그는 다음 작품의 원고를 교정 보고 있는 중이었다. 『한 입에 두 입술(*The Double Tongue*)』이라는 야릇한 제목을 가진 그의 미완성 작품은 1995년에야 발간되었다.

이 작품은 그리스가 로마 제국의 지배 하에 들어가기 직전 신탁 신전이 있는 델파이에서 여사제로 있던 한 늙은 여인의 일생기를 소설화한 것이다.

아리에카(Arieka)라는 이름의 이 여인은 어려서 얼굴이 미운 데다가 태도도 반항적이어서 시집보내기도 힘들겠다고 부모가 고개를 젓고 있었는데 마침 델파이 신전의 고승인 이오니데스(Ionides)가 소녀에게 예언자의 자질과 이성으로서의 매력까지 발견하고 그를 신전으로 데리고 와 무녀로 삼았던 것이다. 다년간 무녀로 살아온 아리에카는 그리스신과 고승과 신도들이 소원하는 대로만 삶을 살았으며 델파이 신전이 전 세계에 미치던 영향과 그 흥망성쇠를 직접 보아 왔던 것이다.

골딩은 이 작품에서 고대 그리스 사회의 희극적인 면을 생생하게 그려냈을 뿐만 아니라 한 여인의 인생 경험을 설득력 있게 묘사하고 있다.

윌리엄 골딩은 오늘날까지 그의 처녀작 『파리 대왕』의 작자라는 것만 가지고 널리 알려져 있는데 실은 40년간의 작가 생활에서 소설 10편을 더 써내고 희곡 1편, 수필집 2권, 여행기 1권, 단편집 1권을 내는 등 상당한 생산력을 나타내 보인 작가이다. 그는 2차 대전 후 가장 명망이 높고 영향력이 컸던 영국 작가들 중 한 사람으로 꼽힌다.

『파리 대왕』 이후에 나온 그의 어느 작품도 처녀작만큼 세상의 성원을 받지는 못했다. 하지만 그 후의 골딩의 소설 작품들이 비평가들의 광범한 해석을 불러일으킨 것만은 사실이다. 인간의 내재적인 잔혹성과 퇴폐성을 깊숙이 탐사하는 주제적 맥락에서 골딩은 선사시대에서부터 중세를 거쳐 현대 영국 사회에 이르는 광범한 역사적 배경들을 작품 속에 깔아 넣었다. 이토록 광범한 배경들 외에 광범하게 색다른 가락의 글과 구성을 작품 속에 짜 넣었기 때문에 비평가들은 "사실주의적"도 아니고 "실험주의적"도 아닌 골딩을 당대에 유행하는 문학 경향이나 일정한 부류에 속하지 않는 작가로 간주하는 경우가 많다. 영 소설의 기성 전통에서 벗어났다는 점에서 골딩은 그에 앞선 그레암 그린이나 그에 뒤이어 온 도리스 레씽(Doris Lessing), 존 파울즈(John Fowles) 등과 분위기를 같이 하는 작가라고 말할 수 있다. 이들은 모두 작품에서 현대적인 주제를 상징적으로 다루어 가는 작가들인 것이다.

골딩은 그리스 문학 (특히 유리피데스와 에스킬레스)에서 가장 깊은 영향을 받았으며 2차 대전 때 겪은 그의 충격적인 경험마저도 그에게는 일찍이 인간의 부조리를 내다본 유리피데스의 선견의 재확인으로 밖에 보이지 않았다. 인간의 비극의 보편적인 패턴을 우화적인 방식으로 환기시키는 것이 특색인 골딩의 소설은 그런 점에서도 전후 문단의 유행보다 그리스

문학에 입은 바가 크다고 말할 수 있다.

골딩의 소설 작품들이 흔히 우화(fable) 또는 신화(myth)로 명명되는 일이 많은데 그것은 그의 작품 속에 신령성 또는 종교성을 띤 의미 깊은 상징이 깔려 있어서 작품이 여러 갈래의 의미를 지닌 것으로 해석될 수 있기 때문이다. 비관주의적이며 신화적이며 심령적인 작가라고 자주 일컬어지는 윌리엄 골딩은 인간이 개명된 자신과 더 어둑하게 숨겨진 심성 사이에 끼어 몸부림치는 그러한 모습을 그릴 캔버스로서 소설이란 양식을 택했던 것이다.

골딩이 쓴 소설의 강력한 상징성은 심리적 사실주의 소설에서 흔히 보는 인물 성격의 발전을 통해서가 아니라 상징들을 통해서 직접 표현되는 빈틈없이 짜인 플롯 같은 데서 잘 나타난다. 골딩 소설의 플롯들이 납득이 안 가는 우발 사건, 초자연적인 사건이나 요소, 인위적으로 조작된 이야기 결말 등이 너무 많다는 비판을 받기도 하지만 골딩 자신은 그것을 반드시 단점으로 보지 않으며 오히려 작품에 우화적인 기미를 더해 주는 설화 양식으로 보고 있는 듯하다.

『파리 대왕 *Lord of the Flies*』 (1954)

플롯 개요

인기척 없이 호젓한 정글 안.

유럽 일대에 핵전쟁이 벌어졌는데 한 동아리의 영국 소년들이 비행기로 피난 나오다가 적기의 공격을 받아 이 무인도에 불시착하면서 갇히게 되었다. 폭풍우가 비행기 기체를 바다 쪽으로 쓸어 내어 갔고 조종사를 비롯한 어른의 기척이 전혀 없다.

백인 소년 랠프(Ralph)는 저 앞 바다에 붙은 호수를 향해 걸어 나가다가 자기와 비슷한 나이의 다른 소년 피기(Piggy)와 마주친다. 두 소년과 함께 탑승했던 아동들은 지금 그 행방이 묘연하다. 정글을 빠져 나온 두 소년은 호수 물속에서 하얀 소라 딱지를 발견하는데 피기가 그걸 트럼페트처럼 불어서 부근에 있는 다른 생존자들을 불러내 보자고 제안한다. 얼마 후 소라 나팔 부는 소리를 듣고 6세 정도부터 12세 정도에 이르는 소년들이 정글 안에서부터 줄줄이 걸어 나와 랠프가 자리 잡고 있는 평평한 암석 위에 모여든다.

지금 형편을 놓고 의논하기 시작한 그들은 전원을 거느릴 지도자를 표결로 선출하는데 우선 랠프가 잭(Jack)를 물리치고 당선된다. 이곳에 올 때부터 소년 성가대원 출신들을 장악하고 있는 활동가인 잭은 랠프가 그에게 그 성가대원 출신들을 여전히 맡아 이끌되 그들에게 사냥대의 임무를 지우겠다고 하니까 그걸 대단찮은 책무라 하여 언짢게 생각한다.

대장이 된 랠프는 이 무리에서 가장 총명한 소년 피기의 조언과 도움을 받아 주거문제와 위생문제에 대한 규율을 세운다. 그는 또 신호 봉화를 피우는 일을 최우선 순위에 두기로 한다. 지나가는 배가 그 횃불을 보고 구조해 주기를 바라는 것이다.

산꼭대기에 몰려 올라가 횃불을 피우려 드는데 성냥이 없는 것을 알자 피기가 자기의 두터운 안경을 렌즈처럼 써서 불을 붙이는데 성공한다. 불을 댕긴 후에 옆에서 그걸 지켜봐야 할 소년들이 자리를 떠나 놀고 있는 사이에 불이 주변에 퍼져 나무들을 태우고 검은 재를 남긴 채 꺼져 버린다. 신호 횃불은 그 후에도 몇 번 꺼지며 규율 생활을 논의하는 회의도 의견 충돌로 여러 번 유회되고 만다.

문명과 책임을 주장하는 랠프의 편과 야만과 방종을 내세우는 잭 편 사이에 마찰과 갈등이 갈수록 잦아진다. 랠프 쪽에서는 주거문제를 신속히 해결하면서 신호 봉화를 계속 피워 두는 일을 강조하는데 잭 쪽에서는 들에 나가서 산돼지를 잡아오는 일이 급선무라고 주장하는 것이다.

양자 간의 갈등은 작자가 "어린 것들(the littluns)이라 명명한 나이 어린 소년들이 어느 날 악령의 존재를 말하기 시작하면서 더욱 악화된다. 숲에서 나오는 <뱀 같은 것> 또는 <마귀 짐승> 때문에 밤에 잠을 잘 수 없다고 그들이 불평해대자 <마귀 짐승>의 출처와 정체를 밝히려는 집회가 열린다.

격론이 벌어지지만 결론은 나오지 않는데 이번엔 <마귀 짐승>이 바다에서 온다는 설까지 나온다. 모두가 어쩔 바를 몰라 허둥대고 있는데 그 중에서 선지자처럼 날카로운 눈을 가진 사이몬(Simon)이 나서서 좌석의 아이들을 깜짝 놀라게 하는 말을 터뜨린다. <마귀 짐승>이란 것이 있기는 있다고 전제하면서 그는 "그건 고작해야 우리 자신들 일런지도 몰라"라고 말하는 것이다.

그러던 어느 날 소년들이 질겁하면서 <마귀 짐승>이 하늘에서 내려왔다고 하며 소동을 부린다. 실인즉 전날 밤 섬 상공에서 격추된 항공기의 조종사가 낙하산을 타고 내려오다가 산꼭대기 바위 사이에 끼어 죽어버린 것인데 낙하산이 바람에 나부낄 적마다 나는 소리와 비치는 그림자가 섬뜩한 유령의 환상을 준 것이었다. 밑에서부터 조사하러 올라간 랠프도 역시 질겁하여 내려오니 이제 <마귀 짐승>의 존재가 거의 확인되는 지경이 되었다.

더욱 의기양양해진 사냥대의 우두머리 잭은 멧돼지를 무참하게 도살해와서 돼지의 머리를 막대기에 끼어 밀림 속 <귀신> 앞에 속죄 제물로서 세워둔다.

공동체가 <마귀 짐승>에 대한 공포에서 풀려나기를 간절히 바라는 사이몬이 이때 산 위 <귀신>의 정체를 알아보려고 과감히 나선다. 산에 오르기 전에 그는 밀림 속 공터에서 잭의 사냥대가 이미 세워둔 속죄 제물과 맞대면하게 되는데 헤아릴 수 없이 많은 검은색 파란색 파리들이 눌러 앉은 돼지머리가 다름 아닌 <파리 대왕 (Beelzebub)>, 즉 <마귀>인 것이다.

<마귀>와의 대화에서 사이몬은 자신의 일부가 곧 마귀라는 것, 자신은 마귀의 손아귀에서 결코 벗어날 수 없다는 것, 그리고 마귀는 인간이 잡아 죽일 수 있는 존재도 아니라는 것을 알게 되자 그 엄청난 충격으로 잠시 의식을 잃고 만다.

다시 정신을 차린 사이몬은 문제의 <귀신>이 다름 아닌 낙하산 캔버스에 감싸인 인간의 시체임을 알게 된다. 얽힌 낙하산 줄을 풀어 가지고 산 밑의 동료들에게 진실을 전한다고 사이몬이 밀림으로 내려오자 때마침 폭풍우가 치는 가운데 랠프와 피기까지 동참한 사냥대 무리의 난동행위와 마주친다. 비속에서 소년들이 광란하는 제식 무도회가 절정에 달하자 무도자들은 복음을 전하려는 사이몬을 본체만체 오히려 마귀로 오인하고 잡아 죽인다. 인간이 악의 힘을 벗어날 수 없는 숙명이라는 <마귀>의 선포가 확증된 것이다.

이제 랠프 편에 남은 아이들은 피기까지 넣어 세 명 밖에 되지 않는다. 득세한 잭의 일당은 고기를 구워먹을 불을 피운다고 피기의 안경을 훔쳐 가기까지 하니 랠프는 신호 봉화를 유지하는데 큰 지장을 느낀다. 랠프는 회의를 소집하여 잭 일당에게 신호 봉화의 중요성을 강조하면서 안경 반환을 요구한다는 결정을 본다. 드디어 랠프의 소수 일당과 잭의 다수 일당이 맞대결하여 훔쳐간 피기의 안경을 놓고 시비를 가린다. 랠프의 열띤 연설에 이어 피기가 소라 나팔을 들고 야만 행동을 규탄하고 있는 사이에 잭 편에서 큰 바윗돌을 피기가 서 있는 쪽으로 굴려 그를 절벽 밑으로 떨어져 죽게 만든다.

순간 후 잭의 창살에 맞은 랠프는 그 자리를 피해 나와 수풀 속에서 하루 밤을 지내지만, 다음날 잭 일당은 그를 밀림 밖으로 내몬다고 덤불에 불을 질러 버린다.

불은 이제 섬의 온 생물들을 휩쓸어 태워버리기 시작한다. 쫓아오는 야만 소년들과 뜨거운 불길을 앞질러 마침내 해변가에 다다른 랠프는 모래사장 위에 푹 쓰러지고 마는데 그것이 공교롭게도 섬에서 큰 불이 나는 것을 보고 상륙해 온 영국 해군 장교의 발 아래였다.

비평과 분석

『파리 대왕』은 해양 모험소설에서 흔히 보는 표류자의 섬나라 생활 경험이라는 이야기 틀을 긴박한 현대 사회의 정황에 맞추어 넣어 짠 소설이다.

인물 구성에 있어 소설 『파리 대왕』은 19세기 영국 작가 발란타인(Robert M. Ballantyne 1825~94)이 청소년 독자들을 위해 쓴 해양 탐험 소설 『산호섬(*The Coral Island*)』(1857)을 원용한 바가 크다. 우선 작중 인물들의 이름과 성격에서 『파리 대왕』은 『산호 섬』의 작중인물들에서 그대로 따거나 비슷하게 변작했던 것이다. 『산호 섬』에서 생각 깊은 설화자로 나오는 랠프(Ralph)가 골딩의 소설에서는 같은 이름을 가지고 나오는데다가 질서와 의회정치 형태를 신봉하는 지도자로 되며, 발란타인의 소설에서 용맹한 인물로 나오는 잭(Jack)는 『파리 대왕』에 와서는 잭 메리듀(Jack Merridew)라는 비슷한 이름으로 바뀐다. 그는 대장 랠프와 맞서서 사냥패의 두목역을 한다.

『산호 섬』의 제3의 인물 피터킨 게이(Peterkin Gay)는 뚱보이며 안경쟁이에다가 놀림가마리이면서도 명랑하고 활동적이며 토론을 즐긴다. 그와 유사하게 『파리 대왕』에서 피기라는 이름의 소년 역시 살찌고 놀림가마리이다. 두뇌가 매우 뛰어난 그는 조직생활에 긴요한 여러 가지 아이디어를 짜냄과 동시에 당면한 현실에서 신호 봉화를 지피는 일과 오두막 확보의 중요성을 강조하는 실리적인 인물이다. 로빈슨 크루소를 연상케 하는 영국인 특유의 기질을 지니고 있다.

두 작품이 인물 구성에서 흡사함에도 불구하고 사회 통제가 결여된 상태에서 작중 인물들이 보인 행동 양상은 서로 다르게 나타난다. 『산호 섬』의 세 인물들은 13세에서 18세까지의 연령층에 있는 소년들로서 어려운 일에 봉착할 적마다 어른스럽게 대처하여 고비를 넘긴다. 불이 필요하면 망원경을 활줄에 갖다 대어 불을 붙이고 식량을 위해 멧돼지를 잡는 것도 별로 힘을 들이지 않고 죄책감 없이 해치운다. 그들은 용감한 영국인이란 걸 서로 자부하며 상부상조하는 자세로 살아간다.

『파리 대왕』의 작중 인물들은 6세에서 12세 정도까지의 연령층인데 우두머리 두세 명을 내놓고는 지각이 있다고 보여지는 인물이 거의 없다. 우두머리들의 노력에 의해 집회가 열리고 공동체의 질서 유지와 생활 운영의 방식들이 말로만 논의될 뿐이지 좀체로 실천에 옮겨지지 않는다.

이러한 대조적인 행동 양상을 무색하게 만드는 더 큰 상이점이 죄와 악의 문제가 두 소설에서 제각기 다루어질 때 나타난다.

에덴동산을 방불케 하는 발란타인의 소설에서 악은 작중인물들의 내면에서 나오는 것이 아니라 그들의 바깥세계, 즉 비기독교인들이 저지르는 행위에서 생기는 것이다. 공포에 질린 소년들이 숨어서 지켜보고 있는 동안 식인종 야만인들이 배를 타고 와서 저희들끼리 혈전을 벌이고 돌아가는 것 등이 그 예이다. 그 다음에는 해적들, 즉 기독교를 비방하고 비웃는 백인들이 산호섬을 습격해 와서 랠프를 잡아간다. 발란타인의 소설에서는 마귀의 밥이 되는 것은 원주 야만인이나 이교도 해적들이지 영국 소년들은 아니다. 골딩의 소설에서는 발란타인의 경우처럼 악이 존재하는 영역이 흑백으로 명백히 갈려져 있는 것이 아니라 희미하게 흐려져 나타나는 것이 특색이다. 골딩은 악의 세력의 침범을 받을 수 있는 대상을 특정한 종족이나 종교의 유무로써 국한시키지 않고 모든 사람으로 규정짓는다.

『파리 대왕』이 출간되고 얼마 후 그 책의 미국 출판사가 낸 설문서에서 작자 골딩은 자신이 이 작품에서 나타내고자 한 근본 취지를 다음과 같이 밝혀 적었다(골딩은 그의 다른 작품에 관해서도 자신의 창작 의도를 기꺼이 밝히는 작가이다).

이 작품의 주제는 인간 사회의 결함을 인간성의 결함에까지 더듬어 올라가서 알아보고자 하는 데에 있다. 대전 전만 해도 사회의 결점을 없애면 인간이 완전해질 수 있다고 유럽인들은 대개 믿었었다. 그런데 원초적인 악을 근거로 삼지 않고서는 도저히 설명되지 않는 어마어마한 일들을 우리는 대전 중에 모두 보았던 것이다.... 그것이 말해 주는 것인즉 인간 사회의 모습이란 필경 인간 개인의 윤리성에 따라 좌우되는 것이지 제 아무리 논리적이고 모양새 좋은 정치제도라고 해도 그런 것에 의해 좌우되지는 않는다는 것이다.

소설 『파리 대왕』에는 인간의 성정의 결함이 사회의 결함으로 결과 되는 이야기들이 고루 깔려 있다. 그 결함은 하찮은 결함이 아니라 원초적인 악에 연유되는 결함이다. 사이몬이 밀림 속에서 깨달았듯이 인간의 내면세계에 도사린 역동적인 악의 힘은 인간이 도모하는 모든 선과 질서를 넘어뜨릴 수도 있다는 것이다.

이것이 소설 『파리 대왕』의 중심적인 의미라면 이 작품의 끝 부분에 달린 에피소드는 한 겹의 아이러니를 담고 있다. 구사일생으로 해변가에 나온 랠프가 우연히 마주친 영국 해군 장교는 방금 전까지 섬에서 벌어진 참변의 내막을 한 치도 들여다보지 못하고 그것을 아이들의 전쟁놀이로만 알고 있다. 그리고 소년들에게 발란타인의 소설에 나오는 <산호섬>의 이야기를 들먹이면서 그들에게 영국 소년다운 기백을 보여 주었으면 한다. 현실에 이토록 눈이 어두운 이 "성인" 장교는 허리에 권총을 찼고 그가 타고 온 저 뒤 함정에는 기관단총이 달려 있다. 그가 곧 돌아갈 저 앞 바다에 뜬 말쑥한 구축함은 소년들이 이 섬에서 겪었던 것과 별로 다를 바 없는 성질의 악-아니면 그보다 더 큰 규모의 악을 행할 수 있는 인간이 만든 쇠붙이가 아니던가.

『파리 대왕』에서 절실한 인성문제의 도전을 과감히 받아들인 골딩의 도덕적 선견은 분명히 발란타인의 『산호 섬』에 나타난 안이한 낙관주의적 인간관과 정면으로 맞서는 것이다. 그런 점에서 골딩의 소설은 발란타인의 소설을 심각히 희화한 작품이라고 하여 마땅하다.

참고서지

Ⅰ. 영국 소설 : 소설 이론 · 역사 · 비평

1. 소설의 이론

Booth, Wayne C. *The Rhetoric of Fiction.* Univ. of Chicago Pr. (Phoenix Bks.) 2d ed. 1983

Daiches, David. *The Novel and the Mordern World.* Univ. of Chicago Pr. rev. ed. 1984 repr. of 1939 ed.

Forster, E. M. *Aspects of the Novel.* 1927. Harcourt 1956.

Friedman, Norman. *Form and Meaning in Fiction.* Univ. of Georgia Pr. 1975.

James, Henry. *The Art of the Novel : Crictical Prefaces.* Fwd by R. W. Lewis, intro. by Richard P. Blackmur. North Western Univ. Pr. 1984 repr. of 1907 ed.

Kermode, Frank. *The Sense of an Ending : Studies in the Theory of Fiction.* Oxford Univ. Pr. 1967.

Leavis, Q. D. *Fiction and the Reading Public.* Folcroft 1932.

Lubbock, Percy. *The Craft of Fiction.* Viking 1957 repr. of 1921 ed.

Lukács, Georg. *The Historical Novel.* Trans. by Hannah Mitchell and Stanley Mitchell. University of Nebraska Pr. 1983 repr. of 1937 ed.

________. *The Theory of the Novel.* Trans. by Anna Bostock. MIT 1971.

Price, Martin. *Forms of Life : Character and Moral Imagination in the Novel.* Yale Univ. Pr. 1983.

Snow, C. P. *The Realists.* Scribner 1978.

Stevick, Philip. *The Theory of the Novel.* Macmillan (Free Pr.) 1967.

2. 역사와 비평

A. 영소설 초기(18세기)

Adams, Percy G. *Travel Literature and the Evolution of the Novel.* Univ. of Kentucky Pr. 1983.

Allen, Walter. *The English Novel : A Short Critical History.* Dutton

1954.

Baker, Ernest A. *A History of the English Novel.* 1924~67. Barnes & Noble 11 vols. 1966~79. Vol.3 on the later romances and the establishment of realism ; vol.4 on intellectual realism from Richardson to Sterne ; vol.5 on the novel of sentiment and the Gothic romance.

Beasley, Jerry C. *Novels of the 1740's.* Univ. of George Pr. 1982.

Brophy, Elizabeth Bergen. *Women's Lives and the 18th-Century English Novel.* Univ. Pr. of Florida, 1991.

Damrosch, Leopold. *God's Plot and Man's Stories : Studies in the Fictional Imagination from Milton to Fielding.* Univ. of Chicago Pr. 1985.

Davis, Lennard J. *Factual Fictions : The Origins of the English Novel.* Demand 1983.

Day, Robert Adam. *Told in Letters : Epistolary Fiction before Richardson.* Univ. of Michigan Pr. 1966.

Frank, Frederick S. *The First Gothics : A Critical Guide to the English Gothic Novel.* Garland 1987.

Green, Katherine Sobba. *The Courtship Novel 1740~1820 : A Feminized Genre.* Univ. Pr. of Kentucky 1991.

Kettle, Arnold. *An Introduction to the English Novel.* 1951. Humanities Pr. 1974 repr. of 1963 ed. Vol. I discusses 18th-century English novelists.

Kraft, Elizabeth. *Character and Consciousness in Eighteenth-Century Comic Fiction.* Univ. of Georgia Pr. 1992.

McKeon, Michael. *The Origins of the English Novel,* 1600~1740. Johns Hopkins Univ. Pr. 1987.

McKillop, Alan D. *The Early Masters of English Fiction.* Greenwood 1980 repr. of 1956 ed.

Paulson, Ronald. *The Fictions of Satire.* Johns Hopkins Univ. Pr. 1967.

________. *Satire and the Novel in Eighteenth-Century England.* Yale Univ. Pr. 1967.

Richetti, John J. *The Popular Fiction before Richardson : Narrative Patterns 1700~1739.* Oxford 1969.

Spacks, Patricia Ann Meyer. *Desire and Truth : Functions of Plot in Eighteenth-Century English Novels.* Univ. of Chicago Pr. 1990.

Todd, Janet M. *Women's Friendship in Literature : The Eighteenth-Century Novel in England and France* Harper 1961.

Van Ghent, Dorothy. *The English Novel : Form and Function.* Harper 1961.

Varey. Simon. *Space and the Eighteenth-Century English Novel.* Cambridge Univ. Pr. 1990.

Watt, Ian. *The Rise of the Novel : Studies in Defoe, Richardson and Fielding.* Univ. of California Pr. 1957.

Yeazell, Ruth B. *Fictions of Modesty : Women and Courtship in the English Novel.* Univ. of Chicago Pr. 1991.

B. 영소설 중기(19세기)

Altick, Richard D. *The English Common Reader : A Social History of the Mass Reading Public 1800~1900.* Univ. of Chicago Pr. 1983

Auerbach, Nina, *Communities of Women : An Idea in Fiction.* Harvard Univ. Pr. 1978.

Baker, Ernest A. *A History of the English Novel.* 1924~67. Barnes & Noble 11 vols. 1966~79. Vols. 6~9 are relevant to this Period.

Bloom, Harold, ed. *Victorian Fiction.* Chelsea House 1989.

Buckley, J. H. *Season of Youth : The Bildungsroman from Dickens to Golding.* Harvard Univ. Pr. 1974.

Cunningham, Valentine. *Everywhere Spoken Against Dissent in the Victorian Novel.* Oxford 1975.

Ford, Boris, ed. *From Dickens to Hardy : A Survey of the Literature of the Age in Its Social and Intellectual Context.* Vol. 6 in *A Guide to English Literature.* Viking Penguin 1983.

Ford, G H. ed. *Victorian Fiction : A Second Guide to Research.* Modern Language Association 1978.

Gregor, Ian. *Reading the Victorian Novel : Detail into Form. Critical Studies Ser.* Barnes & Noble 1950.

King, Jeanette. *Tragedy in the Victorian Novel : Theory and Practice in Novels of George Eliot, Thomas Hardy, and Henry James.* Cambridge Univ. Pr. 1980.

Leavis, F. R. *The Great Tradition : George Eliot, Henry James, Joseph Conrad.* New York Univ. Pr. 1976.

Miller, J. Hills. *The Form of Victorian Fiction.* Bellflower 1980.

Qualls, Barry. *The Secular Pilgrims of Victorian Fiction : The Novel as Book of Life.* Cambridge Univ. Pr. 1982.

Sanders, Andrew. *The Victorian Historical Novel, 1840~1880.* St. Martin's 1979.

Tillotson, Kathleen. *Novels of the Eighteen-Forties.* Oxford Univ. Pr. 1983 repr. of 1954 ed.

Van Ghent, Dorothy. *The English Novel : Form and Function.*

Harper 1961.
Webb Igor. *From Custom to Capital : The English Novel and the Industrial Revolution.* Cornell Univ. Pr. 1981.
Wilt, Judith. *Ghosts of the Gothic : Austen, Eliot, and Lawrence.* Princeton Univ. Pr. 1980.

C. 현대 영소설(20세기)

Aldridge, John, ed. *Critiques and Essays on Modern Fiction, 1920~1951 : Representing the Achievement of Modern American and British Critics.* Scott, Foresman 1952.
Allen, Walter, *The Novel Today.* Folcroft 1960 repr. of 1955 ed.
Auerbach, Erich. *Mimesis : The Representation of Reality in Western Literature.* Trans. by W. R. Trask. Princeton Univ. Pr. 1953.
Baker, Ernest A. *A History of the English Novel* 1924~67. Barnes & Noble 11 vol. 1966~79. Vols. 10~11 are relevant to this period.
Bergonzi, Bernard. *Heroes' Twilight.* Humanities Pr. 1980.
______. *Wartime and Aftermath : English Literature and Its Background, 1939~60.* Oxford Univ. Pr. 1993.
Booth, Wayne C. *The Rhetoric of Fiction.* Univ. of Chicago Pr. 2d ed. 1983.
Bradbury, Malcolm, and David Palmer, eds. *The Contemporary English Novel.* Holmes & Meier 1980.
Brown, E. K. *Rhythm in the Novel.* Univ. of Nebraska Pr. (Bison) 1978.
Daiches, David. *The Novel and the Modern World.* Univ. of Chicago Pr. rev. ed. 1984 repr. of 1939 ed.
Dekoven Marianne. *Rich and Strange : Gender, History, Modernism.* Princeton Univ. Pr. 1992.
Edel, Leon. *Bloomsbury : A House of Lions.* Avon 1980.
______. *Modern Psychological Novel(The Psychological Novel, 1900~1950).* Peter Smith 1955.
Forster, E. M. *Aspects of the Novel.* Harcourt 1956.
Fraser, George S. *The Modern Writer and His World.* Greenwood 1976 repr. of 1965 ed.
Friedman, Alan W. *Multivalence : The Moral Quality of Form in the Modern Novel.* Louisiana State Univ. Pr. 1978.
Gindin, James. *Postwar British Fiction.* Greenwood 1976 repr. of 1962 ed.
Hall, James. *The Tragic Comedians : Seven Modern British Novelists.* Greenwood 1978.

Howe, Irving. *Politics and the Novel.* Horizon Pr. 1977 repr. of 1957 ed.

Humphrey, Robert. *Stream of Consciousness in the Modern Novel.* Univ. of California Pr. 1962.

Iser, Wolfgang. *The Implied Reader : Patterns of Communication in Prose Fiction from Bunyan to Beckett.* Johns Hopkins Univ. Pr. 1978.

Johnstone, Richard. *The Will to Believe : Novelists of the 1930s.* Oxford Univ. Pr. 1982.

Karl, Frederick R. *A Reader's Guide to the Contemporary English Novel.* Farrar rev. ed. 1972.

Karl, Frederick R., and Marvin Magalaner. *A Reader's Guide to Great Twentieth-Century English Novels.* Octagon 1972.

Kazin, Alfred. *Contemporaries from the Nineteenth Century to the Present.* Horizon Pr. rev. ed. 1981.

Kenner, Hugh. *A Colder Eye : The Modern Irish Writers.* Knopf 1983.

______. *Gnomon : Essays in Contemporary Literature.* Astor-Honor 1958.

Kermode, Frank. *The Art of Telling : Essays on Fiction.* Harvard Univ. Pr. 1983.

______. *The Sense of an Ending : Studies in the Theory of Fiction.* Oxford 1967.

Kettle, Arnold. *Introduction to the English Novel.* 1951. Humanities Pr. 2 vols. 1974 repr. of 1963 ed. Vol. II discusses Butler, Hardy, Joyce, Forster, Huxley, Cary, and Greene.

Kostelanetz, Richard, ed. *On Contemporary Literature : An Anthology of Critical Essays on the Major Movements and Writings of Contemporary Literature.* Ayer repr. of 1964 ed.

Krieger, Murray. *The Classic Vision : The Retreat from Extremity in Modern Literature,* Johns Hopkins Univ. Pr. 1971.

Kumar, Shiv K. *Bergson and the Stream of Consciousness Novel.* Greenwood 1979 repr. of 1963 ed.

Lodge, David. *The Language of Fiction : Essays in Criticism and Verbal Analysis of the English Novel.* Columbia Univ. Pr. 1967.

______. *Working with Structuralism : Essays and Reviews on Nineteenth and Twentieth Century Literature.* Routledge & Kegan 1981.

Mansfield, Katherine. *Novels and Novelists.* Somerset repr. of 1930 ed.

Miller, J. Hillis. *Fiction and Repetition : Seven English Novels.* Harvard

Univ. Pr. 1982.
O'Connor, William V. *The New University Wits and the End of Modernism. Crosscurrents Modern Critiques Ser.* Southern Illinois Univ. Pr. 1963.
O'Faolain, Sean. *The Vanishing Hero.* Ayer repr. of 1957 ed.
Russell, John. *Style in Modern British Fiction : Studies in Joyce, Lawrence, Forster, Lewis and Green.* Johns Hopkins Univ. Pr. 1978.
Shapiro, Charles, ed. *Contemporary British Novelists.* Pref. by Harry T. Moore. Southern Illinois Univ. Pr. 1965.
Spender, Stephen. *The Creative Element : A Study of Vision, Despair, and Orthodoxy among Some Modern Writers. Select Bibliographies Repr. Ser.* Ayer repr. of 1953 ed.
______. *The Destructive Element : A Study of Modern Writers and Beliefs.* Folcroft repr. of 1935 ed. ; Saifer 1970.
Tindall, William Y. *Forces in Modern British Literature, 1885~1946.* Ayer repr. of 1947 ed.
Vinson, James, ed. *Contemporary Novelists of the English Language.* St. Martin's 1972.
Webster, Harvey C. *After the Trauma : Representative British Novelists since 1920.* Univ. Pr. of Kentucky 1970.
Williams, Raymond. *The English Novel from Dickens to Lawrence.* Merrimack 1984 ; Oxford 1970.

II. 영국 소설 : 작가 · 작품론

1. Daniel Defoe

Alkon, Paul. *Defoe and Fictional Time.* Univ. of Grorgia Pr. 1979.
Backscheider, Paula R. *Daniel Defoe : Ambition and Innovation.* Univ. Pr. of Kentucky 1986.
______. *Daniel Defoe : His Life.* Johns Hopkins Univ. Pr. 1989.
______. *Moll Flanders : The Making of a Criminal Mind.* Twayne 1990
Blewett, David. *Defoe's Art of Fiction : Robinson Crusoe, Moll Flanders, Colonel Jack, and Roxana.* Univ. of Toronto Pr. 1979.
Byre, Max, ed. *Daniel Defoe : A Collection of Critical Essays.* Prentice-Hall 1975.
Novak, Maximillian E. *Defoe and the Nature of Man.* Oxford 1963.
______. *Realism, Myth, and History in Defoe's Fiction.* Univ. of Nebraska Pr. 1983.

Richetti, John J. *Defoe's Narratives : Situations and Structures.* Oxford 1975.

______. *Daniel Defoe.* Twayne 1987.

Starr, G. A. *Defoe and Spiritual Autobiography.* Gordian 1971.

Sutherland, James R. *Daniel Defoe : A Critical Study.* Harvard Univ. Pr. 1971.

2. Samuel Richardson

Brophy, Elizabeth. *Samuel Richardson.* Twayne 1987.

Carroll, John, ed. *Samuel Richardson : A Collection of Critical Essays. Twentieth-Century Views Ser.* Prentice-Hall 1969.

Castle, Terry. *Clarissa's Ciphers : Meaning and Disruption in Richardson's Clarissa.* Cornell Univ. Pr. 1982.

Cowler, Rosemary, ed. *Twentieth-Century Interpretations of Pamela.* Prentice-Hall 1969.

Doody, Margaret. A. *A Natural Passion : A Study of the Novels of Samuel Richardson.* Oxford 1974.

Eagleton, Terry. *The Rape of Clarissa : Writing, Sexuality and Class Struggle in Samual Richardson.* Oxford Blackwell, 1982.

Eaves, T. C. D. and B. C. Kimpel. *Samuel Richardson : A Biography.* Oxford 1971.

Flynn, Carol Houlihan. *Samuel Richardson : A Man of Letters.* Princeton Univ. Pr. 1982.

Golden, Morris. *Richardson's Characters.* Univ. of Michigan Pr. 1963.

Harris, Jocelyn. *Samuel Richardson.* Cambridge Univ. Pr. 1987.

McKillop, Alan Dugald. *Samuel Richardson, Printer and Novelist.* Univ. of North Carolina Pr. 1936.

Myer, Valerie G. *Samuel Richardson : Passion and Prudence.* Barnes & Noble 1986.

Sale, William M. *Samuel Richardson : A Bibliographical Record of His Literary Career with Some History Notes.* Yale Univ. Pr. 1936.

______. *Samuel Richardson, Master Printer. Cornell Studies in Eng.* Greenwood 1978 repr. of 1950 ed.

3. Henry Fielding

Battestin, Martin C. *The Moral Basis of Fielding's Art : A Study of Joseph Andrews.* Wesleyan Univ. Pr. 1959.

_____. ed. *Twentieth-Century Interpretations of Tom Jones.* Prentice-Hall 1968.

Cleary, Thomas R. *Henry Fielding : Political Writer.* Wilfrid Laurier Univ. Pr. 1984.

Dircks, Richard J. *Henry Fielding.* Twayne 1983.

Golden, Morris. *Fielding's Moral Psychology.* Univ. of Massachusetts Pr. 1966.

Johnson, Maurice. *Fielding's Art of Fiction : 11 Essays on Shamela, Joseph Andrews, Tom Jones, and Amelia.* Univ. of Pennsylvania Pr. 1961.

Miller, Henry Knight. *Henry Fielding's Tom Jones and the Romance Tradition.* Eng. Lit. Ser. Univ. of Victoria Pr. 1976.

Paulson, Ronald, and Thomas Lockwood, eds. *Henry Fielding : The Critical Heritage.* Routledge & Kegan 1969.

Reilly, Patrick. *Tom Jones : Adventure and Providence.* Twayne 1991.

Varey, Simon. *Henry Fielding.* Cambridge Univ. Pr, 1986.

Wright, Andrew H. *Henry Fielding : Mask and Feast.* Univ. of California Pr. 1965.

4. Jane Austen

Apperson, George. *A Jane Austen Dictionary. Studies in Fiction Ser.* Haskell 1969 repr. of 1932 ed.

Austen-Leigh, J. E. *Memoir of Jane Austen.* Ed. by R. W. Chapman. Folcroft 1979 repr. of 1882 ed.

Brown, Julia Prewitt. *Jane Austen : Social Change and Literary Form.* Harvard Univ. Pr. 1979.

Butler, Marilyn. *Jane Austen and the War of Ideas.* Oxford 1975.

Chapman, R. W. *Jane Austen : Facts and Problems.* Oxford 1948.

Halperin, John. *The Life of Jane Austen.* Johns Hopkins Univ. Pr. 1984.

Hardwick, Michael. *A Guide to Jane Austen.* Scribner 1982.

Lascells, Mary. *Jane Austen and Her Art.* Arden Lib. 1977 repr. of 1939 ed.

Mansell, Darrel. *The Novels of Jane Austen : An Interpretation.* Humanities Pr. 1978 repr. of 1973 ed.

Moler, Kenneth L. *Jane Austen's Art of Allusion.* Univ. of Nebraska Pr. 1968.

Monagham, David, ed. *Jane Austen in a Social Context.* Barnes & Noble 1981.

Mudrick, Marvin. *Jane Austen : Irony as Defense and Discovery.* Univ. of California Pr. 1968.

Paris, Bernard J. *Character and Conflict in Jane Austen's Novels : A Psychological Approach.* Wayne State Univ. Pr. 1979.

5. William Thackeray

Bloom, Harold, ed. *William Makepeace Thackeray.* Chelsea House 1987.

______. *William Makepeace Thackeray's "Vanity Fair."* Chelsea House 1987.

Carey, John. *Thackeray : Prodigal Genius.* Faber 1980.

Colby, Robert A. *Thackeray's Canvass of Humanity : An Author and His Public.* Ohio State Univ. Pr. 1979.

Loofbourow, John. *Thackeray and the Form of Fiction.* Gordian 1976 repr. of 1964 ed.

McMaster, Juliete. *Thackeray : The Major Novels.* Univ. of Toronto Pr. 1971.

Peters, Catherine. *Thackeray's Universe : Shifting Worlds of Imagination and Reality.* Oxford Univ. Pr. 1987.

Rawlins, Jack. *Thackeray's Novels : A Fiction That Is True.* Univ. of California Pr. 1975.

Ray, Gordon N. *The Buried Life : A Study of the Relation between Thackeray's Fiction and His Personal History.* Haskell 1974.

______. *Thackeray.* Octagon 2 vols. 1972.

Stevenson, Lionel. *The Showman of Vanity Fair : The Life of William Makepeace Thackeray.* Russell 1968 repr. of 1947 ed.

Sutherland, John. *Thackeray at Work.* Longwood 1979.

Taylor, Theodore. *Thackeray the Humorist and the Man of Letters.* Haskell 1971 repr. of 1864 ed.

Tillotson, Geoffrey, and Donald Hawes, eds. *Thackeray : The Critical Heritage.* Routledge & Kegan 1968.

6. Charles Dickens

Butt, John, and Kathleen Tillotson. *Dickens at Work.* Methuen 1982.

Chittick, Kathryn. *Dickens and the 1830's.* Cambridge Univ. Pr. 1990.

Churchill, R. C. *A Bibliography of Dickensian Criticism, 1836~1974.* Garland 1975.

Collins, Philip, ed. *Dickens : The Critical Heritage.* Routledge & Kegan. 1971.

DeVries, Duane. *Dickens's Apprentice Years : The Making of a Novelist.* Barnes & Noble 1976.

Dickens Studies Annual 1970~1992 : Essays on Victorian Fiction. 21 Vols. AMS Pr. Frist Series, 1970~78 ; Second Series, 1979~92.

Fielding, K. J. *Charles Dickens : A Critical Introduction.* Houghton Mifflin 1958.

Ford, George H. *Dickens and His Readers.* Gordian 1974 repr. of 1995 ed.

Ford. Grorge H., and Lauriat Lane, Jr., eds. *The Dickens Critics.* Cornell Univ. Pr. 1966.

Forster, John. *The Life of Charles Dickens.* Dutton 3 vols. 1872~74.

Gissing, George. *Critical Studies of the Works of Charles Dickens.* Haskell repr. of 1924 ed.

Hardwick, Michael, and Mollie Hardwick. *The Charles Dickens Encyclopedia.* Scribner 1972.

Horsman, E. A. *Dickens and the Structure of the Novel.* Folcroft 1959.

House, Humphrey. *The Dickens World.* Oxford Pap. Ser. 2d ed. 1960.

Johnson, Edgar. *Charles Dickens : His Tragedy and Triumph.* Viking Penguin 1986 ; Richard Seaver 1977.

Leavis, F. R., and Q. D. Leavis. *Dickens the Novelist.* Rutgers Univ. Pr. 1979.

Lucas, John. *Melancholy Man : A Study of Dickens' Novels.* Barnes & Noble 2d ed. 1980

Mackenzie, Norman, and Jeanne Mackenzie. *Dickens : A Life.* Oxford 1979.

Miller, J. Hillis. *Charles Dickens : The World of His Novels.* Harvard Univ. Pr. 1959.

Monod, Sylvere. *Dickens the Novelist.* Univ. of Oklahoma Pr. 1968.

Sanders, Andrew. *Charles Dickens : Resurrectionist.* St. Martin's 1982.

Slater, Michael. *Dickens and the Trials of Imagination.* Harvard Univ. Pr. 1974.

Stone, Harry. *Dickens and the Invisible World : Fairy Tales, Fantasy, and Novel Making.* Indiana Univ. Pr. 1979.

Wilson, Angus. *The World of Charles Dickens.* Academy Chicago 1984.

7. George Eliot

Beer, Gillian. *George Eliot.* Indiana Univ. Pr. 1986.

Bennett, Joan. *George Eliot : Her Mind and Her Art.* Cambridge Univ. Pr. 1948.

Bonaparte, Felicia. *Will and Destiny : Morality and Tragedy in George Eliot's Novels.* New York Univ. Pr. 1975.

Carroll, David, ed. *George Eliot : The Critical Heritage.* Barnes & Noble. 1971.

Dodd, Valerie. *George Eliot : An Intellectual Life.* St. Martin's 1990.

Emery, Laura Comer. *George Eliot's Creative Conflict : The Other Side of Silence.* Univ. of California Pr. 1976.

Haight, Gordon S. *George Eliot : A Biography.* Oxford 1976.

Hardy, Barbara. *The Novels of George Eliot : A Study in Form.* Longwood 1959.

Jones, R. T. *George Eliot. British Authors Ser.* Cambridge Univ. Pr. 1971.

Knoepflmacher, U. C. *George Eliot's Early Novels : The Limits of Realism.* Univ. of California Pr. 1968.

Mintz, Alan. *George Eliot and the Novel of Vocation.* Harvard Univ. Pr. 1978.

Paris, Bernard J. *Experiments in Life : George Eliot's Quest for Values.* Wayne State Univ. Pr. 1979.

Pinion, F. B. *A George Eliot Companion : Literary Achievement and Modern Significance.* Barnes & Noble 1981.

Pratt, John C., and Victor A. Neufeldt. *George Eliot's "Middlemarch" Notebook.* Univ. of California Pr. 1979.

Witemeyer, Hugh. *George Eliot and the Visual Arts.* Yale Univ. Pr. 1979.

8. Thomas Hardy

Bailey, John. *An Essay on Hardy.* Cambridge Univ. Pr. 1978.

Beach, Joseph Warren. *The Technique of Thomas Hardy.* Russell 1962 repr. of 1922 ed.

Carpenter, Richard C. *Thomas Hardy. Twayne's Eng. Authors Ser.* G. K. Hall 1964.

Gregor, Ian. *The Great Web : The* Form *of Hardy's Major Fiction.* Faber 1982.

Howe, Irving. *Thomas Hardy. Masters of World Lit. Ser.* Macmillan

1973.
Meisel, Perry. *Thomas Hardy : The Return of the Repressed－A Study of the Major Fiction.* Yale Univ. Pr. 1972.
Miller, J. Hillis. *Thomas Hardy : Distance and Desire.* Harvard Univ. Pr. 1970.
Millgate, Michael. *Thomas Hardy : A Biography.* Random 1982.
Page, Norman, ed. *Thomas Hardy : The Writer and His Background.* St. Martin's 1980.
Pinion, F. B. *Thomas Hardy : Art and Thought.* Rowman 1977.
Saxelby, F. Outwin. *A Thomas Hardy Dictionary : The Characters and Scenes of the Novels and Poems Alphabetically Arranged and Described.* Greenwood 1980 repr. of 1911 ed.
Vigar, Penelope. *The Novels of Thomas Hardy : Illusion and Reality.* Humanities Pr. 1974.
Weber, Carl J. *Hardy in America : A Study of Thomas Hardy and His American Readers.* Russell repr. of 1946.
______. *Hardy of Wessex.* 1940. Columbia Univ. Pr. 1965.
Williams, Marryn. *A Preface to Hardy.* Longman 1976.

9. Henry James

Beach, Joseph Warren. *Method of Henry James.* Saifer rev. ed. 1954.
Bell, Milicent. *Meaning in Henry James.* Harvard Univ. Pr. 1991.
Bellringer, Alan W. *Henry James.* St. Martin's 1988.
Bloom, Harold, ed. *Henry James. Modern Critical Views Ser.* Chelsea House 1987.
Brook, Van Wyck. *The Pilgrimage of Henry James.* Hippocrene Books 1972.
Dupee, Frederick W., ed. *The Question of Henry James.* Octagon 1973 repr. of 1945 ed.
Edel, Leon. *Henry James : The Untried Years, 1953. The Conquest of London,* 1962. *The Middle Years,* 1962. *The Treacherous Years,* 1969. *The Master* 1972. Avon 5 vols. 1978.
Gale, Robert L. *A Henry James Encyclopedia.* Greenwood 1989.
Gard. Roger, ed. *Henry James : The Critical Heritage.* Routledge & Kegan 1968.
Leavis, F. R. *The Great Tradition : George Eliot, Henry James, Joseph Conrad.* New York Univ. Pr. 1963.
McWhirter. David. *Desire and Love in Henry James : A Study of the Late Novels.* Cambridge Univ. Pr. 1989.
Matthiessen, F. O. *Henry James : The Major Phase.* Oxford Univ.

Pr. 1944.
Putt, Samuel G. *Henry James : A Reader's Guide.* Cornell Univ. Pr. 1967.
Tanner, Tony. *Henry James : The Writer and His Work.* Univ. of Massachusetts Pr. 1989.

10. Joseph Conrad

Baines, Jocelyn. *Joseph Conrad : A Critical Biography.* Greenwood 1975 repr. of 1961 ed.
Berthoud, Jacques. *Joseph Conrad : The Major Phase.* Cambridge Univ. Pr. 1978.
Bloom, Harold, ed. *Joseph Conrad.* Chelsea House 1986.
Bonney, William. *Thorns and Arabesques : Contexts for Conrad's Fiction.* Johns Hopkins Univ. Pr. 1980.
Daleski, H. M. *Joseph Conrad : The Way of Dispossession.* Faber & Faber 1977.
Dowden, Wilfred S. *Joseph Conrad : The Imaged Style.* Vanderbilt 1970.
Erdinast-Vulcan, Daphna. *Joseph Conrad and the Modern Temper.* Oxford Univ. Pr. 1991.
Fleishman, Avrom. *Conrad's Politics : Community and Anarchy in the Fiction of Joseph Conrad.* Johns Hopkins Univ. Pr. 1967
Ford, Ford Madox. *Joseph Conrad.* Octagon 1965.
Gillon, Adam. *Eternal Solitary : A Study of Joseph Conrad.* Irvington 1960.
______. *Joseph Conrad.* Macmillan 1982.
Glassman, Peter J. *Language and Being : Joseph Conrad and the Literature of Personality.* Columbia Univ. Pr. 1976.
Graver. Lawrence. *Conrad's Short Fiction.* Univ. of California Pr. 1968.
Guérard, Albert J. *Conrad the Novelist.* Harvard Univ. Pr. 1958.
Hawthorn, Jeremy. *Joseph Conrad : Narrative Technique and Ideological Commitment.* Arnold 1990.
Hay, Eloise Knapp. *The Politcal Novels of Joseph Conrad.* Univ. of Chicago Pr. 1981.
Jean-Aubry, Georges. *Sea-Dreamer : A Definitive Biography of Joseph Conrad.* Shoe String (Archon) 1967 repr. of 1957 ed.
Johnson, Bruce. *Conrad's Models of Mind.* Univ. of Minnesota Pr. 1971.
Karl, Frederick R. *Joseph Conrad : The Three Lives.* Farrar 1979.
Meyer, Bernard C. *Joseph Conrad : A Psychoanalytic Biography.* Princeton Univ. Pr. 1967.

Meyers, Jeffrey. *Joseph Conrad : A Biography.* Macmillan 1991.
Said, Edward. *Joseph Conrad and the Fiction of Autobiography.* Harvard Univ. Pr. 1966.
Sherry, Norman. *Conrad's Eastern World.* Cambridge Univ. Pr. 1966.
______. *Conrad's Western World.* Cambridge Univ. Pr. 1971.
______. ed. *Conrad : The Critical Heritage.* Routledge & Kegan 1973.
Stallman, R. W., ed. *The Art of Joseph Conrad : A Critical Symposium.* Ohio Univ. Pr. 1982.
Thorburn, David. *Conrad's Romanticism.* Yale Univ. Pr. 1974
Watt, Ian. *Conrad in the Nineteenth Century.* Univ. of California Pr. 1980.

11. E. M. Forster

Brander, Laurence. *E. M. Forster : A Critical Study.* Beekman 1979.
Colmer, John. *E. M. Forster : The Personal Voice.* Routledge & Kegan 1981.
Das, G. K. *E. M. Forster's India.* Rowman 1978.
Finkelstein, Bonnie B. *Forster's Women : Eternal Differences.* Columbia Univ. Pr. 1975.
Furbank, P.N. *E. M. Forster : A Life.* Harcourt & Brace 1981.
Gardner, Philip, ed. *E. M. Forster : The Critical Heritage.* Routledge & Kegan 1973.
Kelvin, Norman. *E. M. Forster.* Southern Illinois Univ. Pr. 1967.
King, Francis. *E. M. Forster and His World.* Scribner 1978.
Macaulay, Rose. *The Writings of E. M. Forster.* Folcroft 1974 repr. of 1938 ed.
Martin, J. S. *E. M. Forster, the Endless Journey.* Cambridge Univ. Pr. 1976.
Martin, Richard. *The Love That Failed : Ideal and Reality in the Writings of E. M. Forster.* Mouton 1974.
McDowell, Frederick P. *E. M. Forster. Twayne's Eng. Authors Ser.* G. K. Hall rev. ed. 1982.
Scott, P. J. *E. M. Forster : Our Permanent Contemporary.* Barnes & Noble 1983.
Shahane, Vasant Anant. *Approaches to E. M. Forster : A Centenary Volume.* Humanities 1981.
Shusterman, David. *Quest for Certitude in E. M. Forster's Fiction.* Haskell 1972 repr. of 1965 ed.
Stone, Wilfred. *The Cave and the Mountain : A Study of E. M. Forster.* Stanford Univ. Pr. 1966.
Wilde, Alan. *Critical Essays on E. M. Forster.* G. K. Hall 1985.

Trilling, Lionel. *E. M. Forster.* New Directions rev. ed 1964.
Summers, Claude J. *E. M. Forster : A Guide to Research.* Garland 1991.

12. James Joyce

Adams, Robert M. *James Joyce : Common Sense and Beyond.* Octagon 1980 repr. of 1966 ed.
Atherton, James S. *The Books at the Wake : A Study of Literary Allusions in James Joyce's "Finnegans Wake."* Southern Illinois Univ. Pr. 1974 repr. of 1959 ed.
Baker, James R., and Thomas F. Staley. *James Joyce's Dubliners :* A Critical Handbook Wadsworth 1969.
Beck, Warren. *Joyce's Dubliners : Substance, Vision and Art.* Duke Univ. Pr. 1969.
Begnal, Michael H., and Grace Eckley. *Narrator and Character in "Finnegans Wake."* Bucknell Univ. Pr. 1975.
Benstock, Bernard, ed. *Critical Essays on James Joyce.* G. K. Hall 1985.
Blamires, Harry. *The Bloomsday Book : A Guide Through Joyce's Ulysses.* Methuen 1966.
Bowen, Zack, and James F. Carens, eds. *A Companion to Joyce Studies.* Greenwood 1984.
Budgen, Frank. *James Joyce and the Making of Ulysses.* Indiana Univ. Pr. 1960.
Burgess, Anthony. *Joysprick : An Introduction to the Language of James Joyce.* Harcourt 1975.
Deming, Robert H. *James Joyce : The Critical Heritage.* Routledge & Kegan 2 vols. 1970.
Edel, Leon. *James Joyce : The Last Journey.* Haskell 1977.
Ellmann, Richard. *James Joyce.* Oxford rev. ed. 1982.
______. *Ulysses on the Liffey.* Oxford 1972.
French, Marilyn. *The Book as World : James Joyce's Ulysses.* Harvard Univ. Pr. 1976.
Gilbert, Stuart. *James Joyce's "Ulysses."* Random (Vintage) 1955.
Glasheen, Adaline. *A Third Census of Finnegans Wake.* Univ. of California Pr. 1977.
Gorman, Herbert S. *James Joyce.* Arden Lib. 1978 repr. of 1926 ed.
Hart, Clive. *A Concordance to Finnegans Wake.* Appel Rev. ed. 1963.
Hart, Clive, and David Hayman, eds. *James Joyce's "Ulysses."* Univ. of California Pr. 1974.

Hayman, David. *Ulysses : The Mechanics of Meaning.* Univ. of Wisconsin Pr. 2d ed. 1982.

Kenner, Hugh. *Joyce's Voices.* Univ. of California Pr. 1978.

Kiely, Robert. *Beyond Egotism : The Fiction of James Joyce, Virginia Woolf and D. H. Lawrence.* Harvard Univ. Pr. 1980.

Levin, Harry. *James Joyce : A Critical Introduction.* New Directions 1960.

Litz, A. Walton. *Art of James Joyce : Method and Design in Ulysses and Finnegans Wake.* Oxford 1964.

______. *James Joyce. Twayne's Eng. Authors Ser.* G. K. Hall 1966.

MacCabe, Colin, *James Joyce and the Revolution of the World.* Barnes & Noble 1979.

Magalaner, Marvin, and Richard M. Kain. *Joyce : The Man, the Work,· the Reputation.* Greenwood 1979 repr. of 1956 ed.

McHugh, Roland. *Annotations to Finnegans Wake.* Johns Hopkins Univ. Pr. 1980.

______. *The Finnegans Wake Experience.* Univ. of California Pr. 1981.

Norris, Margot C. *The Decentered Universe of Finnegans Wake : A Structuralist Analysis.* Johns Hopkins Univ. pr. 1977.

Raleigh, John H. *The Chronicle of Leopold and Molly Bloom : "Ulysses" as Narrative.* Univ. of California Pr. 1978.

Reynolds, Mary T. *Joyce and Dante : The Shaping Imagination.* Princeton Univ. Pr. 1981.

Schlauch, Margaret. *The Language of James Joyce.* Folcroft 1973.

Seidel, Michael A. *Epic Geography : James Joyce's Ulysses.* Princeton Univ. Pr. 1976.

Senn, Fitz, ed. *New Light on Joyce from the Dublin Symposium.* Indiana Univ. Pr. 1972.

Shechner, Mark. *Joyce in Nighttown : A Psychoanalytic Inquiry into Ulysses.* Univ. of California Pr. 1974.

Staley, Thomas F., ed. *James Joyce Today : Essays on the Major Works.* Greenwood 1979 repr. of 1966 ed.

Steinberg, Erwin. R. *The Stream of Consciousness and Beyond in Ulysses.* Univ. of Pittsburgh Pr. 1972.

Sultan, Stanley. *Argument of Ulysses.* Ohio State Univ. Pr. 1965.

Thornton, Weldon. *Allusions in Ulysses : An Annotated List.* Univ. of North Carolina Pr. 1982.

Tindall, William Y. *James Joyce : His Way of Interpreting the Modern World.* Greenwood 1979 repr. of 1950 ed.

______. *A Reader's Guide to James Joyce.* Octagon 1971.

Tucker, Lindsay. *Stephen and Bloon at Life's Feast : Alimentary Symbolism and the Creative Process in James Joyce's*

"Ulysses." Ohio State Univ. Pr. 1984.

13. Virginia Woolf

Apter, T. E. *Virginia Woolf : A Study of Her Novels.* New York Univ. Pr. 1979.
Bell, Quentin. *Virginia Woolf : A Biography.* Harcourt 1972.
Brewster, Dorothy. *Virginia Woolf.* New York Univ. Pr. 1962.
______. *Virginia Woolf.* Greenwood 1979 repr. of 1960 ed.
Clements, Patricia, ed. *Virginia Woolf : New Critical Essays.* Barnes & Noble 1983.
Daiches, David. *Virginia Woolf's Major Novel : The Fables of Anon.* Yale Univ. Pr. 1980.
Fleishman, Avrom. *Virginia Woolf : A Critical Reading.* Johns Hopkins Univ. Pr. 1977.
Freedman, Ralph, ed. *Virginia Woolf : Revaluation and Continuity, a Collection of Essays.* Univ. of California Pr. 1980.
Ginsberg, Elaine. *Virginia Woolf : Centennial Papers.* Whitston 1984.
Kelley, Alice V. *The Novels of Virginia Woolf : Fact and Vision.* Univ. of Chicago Pr. 1976.
Kumar, Shiv. *Virginia Woolf and Intuition.* Folcroft 1978.
Leaska, Mitchell A. *The Novels of Virginia Woolf : From Beginning to End.* John Jay Pr. 1977.
Lehmann, John. *Virginia Woolf and Her World.* Harcourt 1976.
Majumder, Robin, and Aden McLauren, eds. *Virginia Woolf : The Critical Heritage.* Routledge & Kegan 1975.
Marcus, Jane, ed. *New Feminist Essays on Virginia Woolf.* Univ. of Nebraska Pr. 1981.
______. *Virginia Woolf : A Feminist Slant.* Univ. of Nebraska Pr. 1983.
Marder, Herbert. *Feminism and Art : A Study of Virginia Woolf.* Univ. of Chicago Pr. 1972.
Naremore, James. *The World without a Self : Virginia Woolf and the Novel.* Yale Univ. Pr. 1973.
Poole, Rogers. *The Unknown Virginia Woolf.* Cambridge Univ. Pr. 1978.
Rose, Phyllis. *Woman of Letters : A Life of Virginia Woolf.* Oxford 1978.
Schlack, Beverly Ann. *Continuing Presences : Virginia Woolf's Use of Literary Allusion.* Pennsylvania State Univ. Pr. 1979.
Spater, George. *A Marriage of True Minds : An Intimate Portrait of Leonard and Virginia Woolf.* Harcourt 1977.

Sprague, Claire, ed. *Virginia Woolf: A Collection of Critical Essays. Twentieth-Century Views Ser.* Prentice-Hall 1971.
Squier, Susan M. *Virginia Woolf and London: The Sexual Politics of the City.* Univ. of North Carolina Pr. 1985.

14. D. H. Lawrence

Bell, Michael. *D. H. Lawrence: Language and Being.* Cambridge Univ. Pr. 1992.
Daiches, David. *D. H. Lawrence.* Folcroft 1977.
Draper, R. P., ed. *D. H. Lawrence: The Critical Heritage.* Routledge & Kegan 1980.
Goodheart, Eugene. *The Utopia Vision of D. H. Lawrence.* Univ. of Chicago Pr. 1963.
Gregory, Horace. *D. H. Lawrence, Pilgrim of the Apocalypse: A Critical Study.* Grove 1970.
Hough, Graham. *The Dark Sun: A Study of D. H. Lawrence.* Octagon 1972.
Hyde, G. M. D. H. *Lawrence.* St. Martin's 1990.
Jackson, Dennis. *Critical Essays on D. H. Lawrence.* G. K. Hall 1988.
Leavis, F. R. *D. H. Lawrence: Novelist.* Univ. of Chicago Pr. 1979.
Miko, Stephen J. *Toward Women in Love: The Emergence of a Lawrentian Aesthetic.* Yale Univ. Pr. 1972.
Moore, Harry T. *The Life and Works of D. H. Lawrence.* Darby 1981 repr. of 1951 ed.
______. *The Priest of Love: A Life of D. H. Lawrence.* Farrar rev. ed. 1974.
Moynahan, Julian. *Deed of Life: The Novels and Tales of D. H. Lawrence.* Princeton Univ. Pr. 1963.
Nehls, Edward H., ed. *D. H. Lawrence: A Composite Biography.* Univ. of Wisconsin Pr. 3 vols. 1957~59
Pinkney, Tony. *D. H. Lawrence and Modernism.* Univ. of Iowa Pr. 1990.
Ruderman, Judith. *D. H. Lawrence and the Devouring Mother: The Search for a Patriarchal Ideal of Leadership.* Duke Univ. Pr. 1984.
Sagar, Keith. *The Art of D. H. Lawrence.* Cambridge Univ. Pr. 1976.
Smith, Anne, ed. *Lawrence and Women.* Barnes & Noble 1978.
Spender, Stephen, ed. *D. H. Lawrence: Novelist, Poet, Prophet.* Harper 1973.
Spilka, Mark. *Love Ethic of D. H. Lawrence.* Indiana Univ. Pr. 1955.
______. *D. H. Lawrence: A Collection of Critical Essays.* Prentice-Hall

1963.
Stoll, John E. *Novels of D. H. Lawrence : A Search for Integration.* Univ. of Missouri Pr. 1971.
Vivas, Eliseo. *D. H. Lawrence : The Failure and the Triumph of Art.* Northwestern Univ. Pr. 1960.
Weiss, Daniel. *Oedipus in Nottingham : D. H. Lawrence.* Univ. of Washington Pr. 1962.
Worthen, John. *D. H. Lawrence and the Idea of the Novel.* Rowman 1979.

15. Aldous Huxley

Baker, Robert S. *The Dark Historic Page : Social Satire and Historicism in the Novels of Aldous Huxley, 1921~1939.* Univ. of Wisconsin Pr. 1982.
Birnbaum, Milton. *Aldous Huxley's Quest for Values.* Univ. of Tennessee Pr. 1971.
Cockshott, Gerald. *Music and Nature : A Study of Aldous Huxley.* Humanities Pr. 1980.
Ferns, C. S. *Aldous Huxley : Novelist.* Longwood Pr. 1980.
Firchow, Peter E. *The End of Utopia : A Study of Aldous Huxley's Brave New World.* Bucknell Univ. Pr. 1984.
Greenblatt, Stephen J. *Three Modern Satirists : Waugh, Orwell and Huxley.* Yale Univ. Pr. 1965.
Holmes, Charles M. *Aldous Huxley and the Way to Reality.* Greenwood 1978 repr. of 1970 ed.
Huxley, Laura. *This Timeless Moment : A Personal View of Aldous Huxley.* Celestial Arts 1975.
Kuehn, Robert E., ed. *Aldous Huxley : A Collection of Critical Essays. Twentieth-Century View. Ser.* Prentice-Hall 1974.
Nance, Guinevera A. *Aldous Huxley.* Continuum 1989.
Thody, Philip. *Huxley : A Biographical Introduction.* Scribner 1973.
Watt. Donald ed. *Aldous Huxley : The Critical Heritage.* Routledge & Kegan 1975.
Woodcock. George. *Dawn and the Darkest Hour : A Study of Aldous Huxley.* Faber 1972.

16. Evelyn Waugh

Blayac, Alain. *Evelyn Waugh.* St. Martin's 1991.
Davis, Robert M. and others. *Evelyn Waugh : A Checklist of Primary*

and Secondary Material. Whitston 1972.
Greenblatt, Stephen J. *Three Modern Satirists : Waugh, Orwell and Huxley.* Yale Univ. Pr. 1965.
Lane, Calvin Warren. *Evelyn Waugh.* Macmillan 1981.
Lodge, David. *Evelyn Waugh.* Columbia Univ. Pr. 1971.
Phillips, Gene D. *Evelyn Waugh's Officers, Gentlemen and Rogues : The Fact Behind His Fiction.* Nelson-Hall 1975.
Pryce-Jones, David. *Evelyn Waugh and His World.* Little, Brown 1973.
Sykes, Christopher. *Evelyn Waugh : A Biography.* Little, Brown 1975.

17. Graham Greene

Atkins, John. *Graham Greene.* Arden Lib 1979 repr. of 1957 ed.
DeVitis, A. A. *Graham Greene.* Macmillan 1986.
Erdinast-Vulcan, Daphna. *Graham Greene's Childless Fathers.* St. Martin's 1988.
Gaston, George M. *The Pursuit of Salvation : A Critical Guide to the Novels of Graham Greene.* Whitston 1984.
Kunkel, Francis L. *The Labyrinthine Ways of Graham Greene : A Critical Study.* Appel repr. of 1960 ed.
Meyers, Jeffrey. *Graham Greene : A Revaluation.* St. Martin's 1990.
Miller, Robert H. *Understanding Graham Greene.* Univ. of South Carolina Pr. 1990.
Sherry, Norman. *The Life of Graham Greene.* Vol. I : 1904-1934. Viking Penguin 1990.
Stratford, Philip. *Faith and Fiction : Creative Process in Greene and Mauriac.* Univ. of Notre Dame Pr. 1964.
Thomas, Brian. *An Underground Fate : The Idiom of Romance in the Late Novels of Graham Greene.* Univ. of Georgia Pr. 1988.
Vann, J. Don. *Graham Greene : A Checklist of Criticism.* Kent State Univ. Pr. 1970.
Wolfe, Peter. *Graham Greene the Entertainer.* Southern Illinois Univ. Pr. 1972.

18. William Golding

Baker, James R. *William Golding : A Critical Study.* St. Martin's 1965.
Biles, Jack I. *Talk : Conversations with William Golding.* Harcourt 1971.
Biles, J. I., and Robert O. Evans, eds. *William Golding : Some Critical*

Considerations. Univ. Pr. of Kentucky 1979.

Bloom, Harold, *William Golding's Lord of the Flies*, Chelsea House 1996.

Boyd, Stephen J. *The Novels of William Golding.* Harvester press 1988, rev. ed. 1990; St. Martin's 1988.

Crompton, Don, and J. Briggs. *A View from the Spire : William Golding's Later Novels.* Blackwell 1985.

Dick, Bernard F. *William Golding.* Twayne 1967.

Friedman, Laurence S., *William Golding*, Continuum 1993.

Hynes, Samuel. *William Golding.* Columbia Univ. Pr. 1964.

Johnston, Arnold. *Of Earth and Darkness* : The *Novels of William Golding.* Univ. of Missouri Pr. 1980.

Kinkead-Weeks, Mark, and Ian Gregor. *William Golding : A Critical Study.* Faber & Faber 1967, rev. ed. 1984 ; Harcourt Brace 1968.

McCarron, Kevin. *The Coincidence of Opposites : William Golding's Later Fiction*, Sheffield Academic Pr. 1995.

Medcalf, Stephen. *William Golding.* Longman 1975.

Oldsey, Bernard S., and Stanley Weintraub. *The Art of William Golding.* Harcourt 1965.

Redpath, Philip. *William Golding : A Structural Reading His Fiction.* Vision Press 1986 ; Barnes & Noble 1986.

Reilly, Patrick. *Lord of the Flies : Father and Sons.* Twayne 1992.

Ries, Lawrence R. *Wolf Masks : Violence in Contemporary Fiction.* Kennikat Pr. 1975.

Siegl, Karin. *The Robinsonade Tradition in Robert Michael Ballantyne's The Coral Island and William Golding's Lord of the Flies.* Edwin Mellen Pr. 1996.

Swisher, Clarice, ed. *Readings on Lord of the Flies.* Greenhaven Pr. 1997.

Tiger, Virginia. *William Golding : The Dark Fields of Discovery.* Calder & Boyars 1974 ; Humanities Press 1974.

찾아보기

작가 · 작품 · 논제

저 자 : 김용철
서울대학교 문리대 영문학과 졸
서울대학교 문학석사
미국 하와이대학교 문학석사
미국 캘리포니아대학 문학박사
서울대학교, 성균관대학교에서 영문학 교수 역임
저 서 : 「원전 영문학 개설」(편저)
「데이쉬즈 영문학사-II」(박희진과 공역)
「Proverbs, East and West」(편저)
디포오 작 「로빈슨 크루소」(국역)
색커리 작 「허영의 시작」(국역)
하디 작 「테스」(국역)
화이트 작 「인간의 나무」(국역)
데이쉬즈 저 「버지니아 울프의 생애와 작품」(국역)
소오프 저 「20세기 미국 문학」(국역)
김동리 작 「무녀도」(영역)
선우휘 작 「불꽃」(영역)
조해일 작 「아메리카」(영역)

영국 소설가 평전

1판 1쇄 찍음 • 2007년 1월 10일
1판 1쇄 펴냄 • 2007년 1월 15일

저 자 • 김 용 철
발행인 • 정 현 걸
발 행 • 신 아 사
인 쇄 • 남양인쇄

출판등록 • 1956년 1월 5일 (제9-52호)
서울특별시 은평구 녹번동 28-36 2F
전화 (02)382-6411 • 팩스 (02)382-6401
홈페이지 • www.shinasa.co.kr
E-mail • shinasa@chol.com

＊저자와의 협의로 인지를 생략함.

ISBN 89-8396-489-8

정가 ***15,000***원